放眼看世界 举案说税法

赵卫刚 著

剖析国际税经典案例
护航中国企业『走出去』

OVERSEAS TAX CASES

中国财经出版传媒集团
中国财政经济出版社

图书在版编目（CIP）数据

放眼看世界，举案说税法 / 赵卫刚著 . -- 北京：中国财政经济出版社，2023.9
ISBN 978-7-5223-2462-3

Ⅰ . ①放… Ⅱ . ①赵… Ⅲ . ①税法—案例—中国 Ⅳ . ① D922.220.5

中国国家版本馆 CIP 数据核字（2023）第 162735 号

责任编辑：陈志伟	责任印制：史大鹏
封面设计：MXK DESIGN STUDIO Q:1765628429	责任校对：张 凡

放眼看世界，举案说税法
FANGYAN KAN SHIJIE, JU'AN SHUO SHUIFA

中国财政经济出版社 出版

URL：http://www.cfeph.cn

E-mail：cfeph@cfeph.cn

（版权所有　翻印必究）

社址：北京市海淀区阜成路甲 28 号　邮政编码：100142
营销中心电话：010-88191522
天猫网店：中国财政经济出版社旗舰店
网址：https://zgczjjcbs.tmall.com
北京时捷印刷有限公司印刷　各地新华书店经销
成品尺寸：185mm×260mm　16 开　36.5 印张　702 000 字
2023 年 9 月第 1 版　2023 年 9 月北京第 1 次印刷
定价：138.00 元
ISBN 978-7-5223-2462-3
（图书出现印装问题，本社负责调换，电话：010-88190548）
本社图书质量投诉电话：010-88190744
打击盗版举报热线：010-88191661　QQ：2242791300

前言

拆解国际税

拆解讲究"益、料、趣"

早年在美国通用电气公司担任大中国区税务经理时,看到这家国际知名跨国公司超过500名税务精英的豪华阵容,听到其美国总部说起各国税制来如数家珍,曾经感觉到震撼。作为税务咨询师,目前我已经转型到服务中国"走出去"企业客户。十余年的客户服务经历中,我了解到很多境外交学费的事件,每一个都让人痛惜。"一带一路"倡议提出至今已历十年,中国企业税务管理能力今非昔比,有些税务团队的人员数量和质量双双达到世界顶级水平。但是总体上说,这类企业太少,大多数中国企业还面临着税务力量不足的问题。究其根源,在于缺乏具有"全球视野、中国视角"的国际税收人才。这一点已成为中国企业"走出去"的一大短板。

出于交流经验、共同进步、补齐短板的初心。2017年我与王坤女士合著出版了《"走出去"企业税务指南》一书。该书梳理了国际税法规体系,搭建了全球税务筹划以及税务风险管理框架,并辅以近百个案例。出版以后,热心读者反馈想看到更多的有代表性的境外案例,这也正合我意。在学习各国税法的过程中,我发现最好的学习方法就是分析案例。每一个案例后面都有一个精彩的故事,有故事的税法不再抽象,不再模糊。同时,每个案例都是某部税收法规的一个切口,引发读者深度探索、了解整个法规的好奇心。多看这样的案例,不经意间整个法规的轮廓逐渐清晰起来。

从2020年起我开始系统性地搜集整理和分析国际税务案例,融合自己的理解和体会写成故事,按照每周一篇的频率发表在"Taxmasters"微信公众号上。这些文章就是本书的原料。国际税收是个小众话题,但是只要能做到"有益、有料、有趣",仍旧可以反响热烈。有些文章阅读量过万,大大超出了我的预期,让我在欣慰之余,产生了精选部分文章结集出版的想法,这就是本书的由来。

如果说上一本书是一幅大写意，那么这本书则是一百余篇小工笔。本书在编辑时保留了原先公众号文章的体例，并非出于偷懒，而是为了保证读者体验。大部分的专著让人望而却步，而每篇三四千字的科普类文章则亲切随和，既可以填充读者的闲暇，适趣解闷，还可以帮助读者利用碎片化的时间来构建完整的国际税知识体系，一箭双雕，岂不两全？

学到心动才成功

国家税务总局编撰的国别税收指南（以下简称《指南》）上线了，《中国税务报》约我谈一谈如何充分运用它。我借这个机会梳理了自己学习国际税的体会，跟大家分享如下。

一、国际税三件套

每次自我介绍说做国际税，主攻"走出去"，不免有人会问："您对哪个国家的税收最熟悉？"第一次回答之前，我想了足足30秒钟，然后笃定地说，对中国税最熟悉。

我是认真的。所谓国际税收就是跨境税收，体现在中国税法、外国税法以及国际法这个三件套之中，中国税法在其中占据很重要的地位。我的职业生涯前20年都奉献给了外资企业的中国税，说最熟悉中国税难道有错？

那位朋友问到国际税的时候，心里想的一定是外国税，觉得熟悉几国税制就和掌握几门外语一样，虽然不容易，但总有人能做到。这样想也没有错，那么怎样才算熟悉呢？十年前我逐步转向"走出去"企业，开始大量接触外国税。起初的感觉就像突然把你扔在国外某个地方，人生地不熟再加上语言不通，跟周围完全脱节，那种陌生感让你不仅失掉了判断力，甚至怀疑整个世界都是虚幻的。后来接触多了，慢慢找回感觉，周围的事物开始变得可感知了，有意义了，甚至亲切了。熟悉就是一种感觉，与老朋友相处时很放松的感觉。学习外国税如同与一个人交往。从陌生到熟悉这个过程主要是你主观感受的变化过程，是情绪从焦虑到放松的变化过程。总结起来，学有所成的标志就是找到放松甚至心动的感觉，仔细体会这种感觉形成的过程，就能提炼出高效的学习方法。

二、借中国税拉近心理距离

《指南》由国家税务总局委托各地税务机关搜集，根据对外投资需要进行整理，并在国家税务总局网站发布，目前共有104份。每份的标题相似，都是《中国居民赴某国家（地区）投资税收指南》。每份都有上百页，且结构基本一致，都分六章，分别是：

第一章：国家概况及投资环境
第二章：税收制度简介
第三章：税收征收和管理制度
第四章：特别纳税调整政策
第五章：中国与该国双边税收协定及相互协商程序
第六章：在该国投资可能存在的税收风险

每份《指南》中，第二章"税收制度简介"是最核心的部分，篇幅往往接近一半。读懂这部分挑战性很大。有一位律师朋友评价税法时说：明明每个字都认识，连起来不知道在说什么。成熟的税法都是九曲十八弯，不成熟的税法又很突兀，再加上有些外文还不认识，读外国税法简直是噩梦。《指南》是经过系统化和通俗化处理的税法，生肉变成熟肉，易于消化吸收。

那位律师朋友对税法没有感觉，反映了"隔行如隔山"这个朴素的真理，也说明了与税法的缘分未到。长期做中国税的朋友，就相当于认识外国税法的中国亲戚，这缘分就不一样了，至少话题有了，心理距离也就近了。

税收无非就是所得税、流转税、进出口税这些税种，以及税目、税基、税率这些构成要素。如果客户问你：某国甲方预扣了几种税？到底该不该扣？如果操作中国税很有经验，你就会知道先分析税种是什么。查一下《指南》就发现这些预扣税中有些是所得税性质，有些是流转税性质，有些只是行政规费。搞清楚税种很重要，因为跨境合同中的税务条款一般会根据税种或者税收性质约定。搞清楚税种才可以对照合同确定税负该由谁承担。经常还会遇到合同约定模糊、需要协商确定税负的情况，协商之前要分析双方的税务成本。所得税可以抵免，增值税可以进项抵扣，对双方而言税款未必都是100%的税务成本。《指南》中会解释哪些预扣税是临时性质，汇算清缴时多退少补；哪些则是最终税，缴了就不退。搞清楚这些后，才可能知道双方真正的税收成本是多少，各自的底层需求是什么。客户了解了这些之后，才有底气去和甲方谈判。

友情提示，境内外税制有时差别很大，不可生搬硬套。在所得税方面，我国实施全球税制，即针对居民纳税人的全球所得征税；而有些国家（地区）实施区域税制，即只对来源于其辖区之内的所得征税。区域税制典型的代表是香港（请参考：空壳贸易公司要缴香港税吗？——Newfair案例）和新加坡。美国在"特朗普税改"之后，也形成了一种准区域税制（请参考：美国税改釜底抽薪）。我国目前在海南进行的税改试点，也在向这个方向迈进。全球税制还是区域税制，这是一国所得税制的纲。纲举目张，搞清楚税制类型就容易把握，否则会越看越糊涂。

《指南》中的第三章"税收征收和管理制度"也是核心内容之一。这部分读起来不难，难在预判实际操作中可能出现的问题，这需要链接以往在国内的实操经验。好在改革开放以来中国的税务征管变化很大，几十年内走过了国外几百年的路，给了中国的税务从业人员难得的锻炼机会。这就跟中国高铁建设一样，各种复杂的地质环境都经历过，什么情况都能预见。

外国税接触得多了，就会发现境外的税局也不容易，同样要应对逃税避税等问题。即便是发达国家，征管手段也就那么多种，顶多偏好不同，各有侧重而已（请参考：美国没有发票，税收征管靠什么？）。而且税法规定是一回事，实操中税局和相关各方掌握的口径也五花八门（请参考：美国版的非居民冤大头——宁可错杀三千，绝不放过一个）。看到这里，一见如故的亲切感油然而生。至于发展中国家，目前好多做法都是我国在不同时代做法的翻版，亲切感就更强烈了。带着这种亲切感去读《指南》，是不是很轻松？其实每一次相遇都是重逢，税收征收和管理制度正是这样。

三、通过国际法建立友好关系

前面说过，外国税法中也分国际税和国内税部分。涉及跨境交易的就是国际税部分。这一部分与国际法有血缘关系，相当于各国在联合国都有个共同的亲戚。长期做国际税的朋友就相当于认识这个联合国亲戚，有这个缘分，遇到外国税法就可以建立友好关系了。

国际法包括政府间正式签订的条约（例如，双重税收协定），这一部分是"硬法"；也包括各国声明遵守但并不签约的习惯法，这一部分是"软法"。常用的"硬法"如下：

- 税收协定
- 税收情报交换协定
- 航空协定税收条款
- 海运协定税收条款
- 税收征管互助公约
- CRS多边协议
- BEPS多边公约
- WTO协议

常用的"软法"如下：

- 协定范本及注释
- 转让定价指南
- OECD税基侵蚀与利润转移项目成果报告
- OECD《增值税指南》
- 欧盟税收指令

循着国际法与国内法之间的血缘关系，抓住以下少数关键，国内法就容易把握了：

- 通过税收协定把握所得税
- 通过OECD《增值税指南》来把握流转税
- 通过WTO协议来把握进出口税

比如说，印度最高法院明确了四种情形下软件使用费不构成特许权使用费（请参考：软件许可费竟然不是特许权使用费，印度最高法院澄清误区），其观点主要来自OECD税收协定范本及注释下的特许权使用费条款。印度最高法院的该项判决已经构成了其国内法的一部分。如果你对OECD税收协定范本及注释有深入了解，理解这部分印度国内法就很容易了。

再比如说，欧盟的增值税和我国的增值税相似点很多，最大的不同之处在于针对成员国之间供应货物的规定。这一部分初看很费解，但是如果你了解OECD的《增值税指南》，这部分就很容易理解了（请参考：我国增值税法规如何体现OECD的目的地原则）。

再比如说，美亚案例中（请参考：普惠制待遇下的双重实质改变标准——美亚美国进口关税案例）美国法院否决了进口商适用普惠制免税待遇。普惠制是美国国内法规中的规则，并得到了WTO的认可。要了解这个规则，就需要结合WTO规则来分析美国的国内法。

四、听其言，观其行

了解一国税法就像了解一个人，听其言不如观其行。法规是其言，案例是其行。比如说，随着BEPS行动推进（请参考：国际税收的"当铺思维"是如何垮掉的？），各国的反避税法规日渐趋同。表面上看态度都很积极，但是如果看案例则会发现各国进展参差不齐。如可口可乐案例反映出美国对于OECD《转让定价指南》中无形资产部分的保留态度（请参考：你喝的不是可乐，是税务筹划），雪佛龙案例（请参考：雪佛龙案，独立交易不是空中楼阁）反映出澳大利亚对于独立交易原则的激进理解，而麦当劳案例（请参考：麦当劳的避税套餐，让欧盟无言以对）反映了卢森堡在节节抵抗。

案例会为你发出预警。比如说Wayfair案例（请参考：电子商务催生了经济联结——Wayfair美国销售税案例）会向跨境电商运营者提示美国的销售税风险，沃达丰案例（请参考：一根筋印度税局，十年沃达丰争议）和中兴通讯案例（请参考："走出去"企业的税务软肋——中兴通讯印度案例）则为你提示了印度粗暴的税收征管方式。当然，也有一些事会让你发出会心一笑。比如英国法院裁决婚介服务也符合出口免税条件（请参考：别拿媒婆不当专家——G&F英国增值税案例）。理论是灰色的，生活之树常青。

五、活学活用

学习是为了应用，运用会促进学习。现实中的税务问题一般都是复杂的立体的，需要专业思维全方位分析。这个分析和思考的过程会反过来加深理解。

比如说，如果你是一位咨询师，客户问你香港公司要不要申请离岸豁免。回答这个问题，你就需要先从《指南》中搞清楚香港的离岸豁免是什么，然后通过香港税务局（IRD）网站搞清楚这个优惠政策的最新进展（请参考：公司有实质，免税有节操——香港税制迎来大修），另外还要分析香港纳税与内地纳税的互动关系（请参考：衢州反避税案件"细思极恐"的三个细节及冒牌"专家"的盲人瞎马），然后结合客户的业务情况得出结论。有时候客户的业务情况很特殊，还要咨询一下香港当地的专业人士再做回答。这个过程走完后，你对香港税制就更有信心了。

了解一国税制就像相亲，读税法是听其言，看案例是观其行，实际操作就是交往互动。这一切都是为心动的那一刻做铺垫。结合案例读《指南》，这个过程可以大大缩短。读《指南》请上国家税务总局网站税收服务"一带一路"倡议专栏（chinatax.gov.cn）。读案例请打开本书，开启你的心动之旅。

赵卫刚
2023年7月

目录

第一章 所得税老调新词 ··· 001

第一节　空壳贸易公司要缴香港税吗？——Newfair案例 ············· 003

第二节　处置境外投资所得是否免税？
　　　　——新加坡2022年第1号税收裁定解读 ····················· 007

第三节　"走出去"企业的税务软肋——中兴通讯印度案例 ············ 011

第四节　拍脑袋也看先例——中兴通讯印度常设机构利润核定 ········· 016

第五节　戴尔暗度陈仓，西班牙强势反击 ····························· 021

第六节　软件许可费竟然不是特许权使用费，印度最高法院澄清误区 ···· 026

第七节　荷兰挖"坑"，印度尼西亚跳
　　　　——Indosat税收协定待遇案例 ······························ 029

第八节　境外股权划转，据说能免税？ ······························· 033

　　扩展阅读1：欧盟再度警告香港，终结双重不征税 ················· 038

　　扩展阅读2：公司有实质，免税有节操——香港税制迎来大修 ······ 042

　　扩展阅读3：发挥税制优势，拉拢基金"上岸"
　　　　　　　——新加坡投资基金税收优惠 ······················· 048

　　扩展阅读4：大国争当网红，不要税收要流量？ ···················· 054

　　扩展阅读5：新加坡税务局厘清特许权使用费 ····················· 058

　　扩展阅读6：香港放松税务居民身份证明开具，是个阳谋？ ········· 062

　　扩展阅读7：巴菲特想不通的美国税率倒挂 ······················· 066

第二章　转让定价走下神坛 ········· 071

　　第一节　你喝的不是可乐，是税务筹划 ········· 074
　　第二节　可口可乐有点冤 ········· 078
　　第三节　可口可乐望梅止渴 ········· 082
　　第四节　没有比较就没有伤害——可口可乐案中的可比性分析 ········· 086
　　第五节　传统是用来抛弃的——可口可乐转让定价方法 ········· 090
　　第六节　现代之后是后现代——可口可乐转让定价方法 ········· 094
　　第七节　可口可乐案中的功能和风险纠缠 ········· 098
　　第八节　可口可乐案中的价值链分析 ········· 103
　　第九节　穿上马甲就可以卖高价吗？——GSK加拿大转让定价争议 ········· 107
　　第十节　别人家的APA，自己家的"市场溢价"
　　　　　　——GSK美国转让定价争议 ········· 112
　　第十一节　资产无形识别有道——GSK美国转让定价争议 ········· 116
　　第十二节　资产无形贡献有报——GSK美国转让定价争议 ········· 120
　　第十三节　资产无形交易可辨——GSK美国转让定价争议 ········· 125
　　第十四节　资产无形定价有方——GSK美国转让定价争议 ········· 129
　　第十五节　DHL转让定价案例（一）——收购引发天价税单 ········· 135
　　第十六节　DHL转让定价案例（二）——在胡搅蛮缠面前人人平等 ········· 140
　　第十七节　DHL转让定价案例（三）——商标权到底是谁的？ ········· 144
　　第十八节　DHL转让定价案例（四）——并购中的商标权定价 ········· 149
　　第十九节　雪佛龙案，独立交易不是空中楼阁 ········· 155
　　　扩展阅读1：红筹上市公司在哪里报送国别报告？ ········· 159
　　　扩展阅读2：红筹上市公司在哪里报送转让定价文档？ ········· 166

第三章　反避税两度升级 ········· 171

　　第一节　国际税收的"当铺思维"是如何垮掉的？ ········· 173
　　第二节　难啃的苹果（一）——美国税制碎了一地 ········· 177

第三节 难啃的苹果（二）——库克避税有理 ······ 182

第四节 难啃的苹果（三）——列文孤掌难鸣 ······ 186

第五节 难啃的苹果（四）——别想秋后算账，顶多亡羊补牢 ······ 193

第六节 难啃的苹果（五）——欧盟挑起六方大战 ······ 197

第七节 难啃的苹果（六）——独立交易原则的胜利 ······ 201

第八节 难啃的苹果（七）——BEPS尚未成功，OECD仍需努力 ······ 205

第九节 麦当劳的避税快餐，搞成了逃税 ······ 210

第十节 麦当劳的避税套餐，让欧盟无言以对 ······ 215

第十一节 一根筋印度税务局，十年沃达丰争议 ······ 221

第十二节 窃书不是偷，何况明抢的？ ······ 225

第十三节 "坑爹"的核定征收 ······ 228

    扩展阅读1：美国税改釜底抽薪 ······ 232

    扩展阅读2："打土豪分田地"——支柱一方案解读 ······ 237

    扩展阅读3：联合行动——支柱二方案解读 ······ 242

    扩展阅读4：终结银行保密，持续深化透明度 ······ 246

    扩展阅读5：避税港，英国范儿才正宗 ······ 251

    扩展阅读6："小妈"也有尊严——开曼发布《经济实质法案》 ······ 255

    扩展阅读7：把公司卖到白菜价的BVI，现在玩不转了 ······ 257

    扩展阅读8：BVI一夜回到解放前，英国掐住了谁的命门？ ······ 262

    扩展阅读9：中国的税收洼地为什么能够存在？ ······ 266

    扩展阅读10：核定征收的旗帜还能打多久？ ······ 270

第四章 流转税浴火重生 ······ **275**

第一节 电子商务催生了经济联结——Wayfair美国销售税案例 ······ 279

第二节 超市"密探"CPA，信息搬运销售税 ······ 281

第三节 一个"但是"引发的血案 ······ 285

第四节 软件即服务，美国销售税——Market Share案例 ······ 289

第五节　罗马尼亚"私吞"了两项测试——柏林化学增值税案例……… 293

第六节　跨境直播纳税地，不看主播看老板……………………… 297

第七节　辨错了证，开错了药，后果很严重——流服务公司案例……… 302

第八节　别拿媒婆不当专家——G&F英国增值税案例…………… 307

第九节　别问我促销手续费什么税目，打死也不说！……………… 312

第十节　我开玩笑有人当真，虚开发票60亿元…………………… 317

第十一节　跨境电商IPO，深交所税务拷问直击灵魂……………… 321

第十二节　海外代购与跨境电商之间，存在一个境外公司的距离……… 329

第十三节　操着"卖白粉"的心做出口退税（一）
　　　　　——跨境电商和假自营真代理……………………… 335

第十四节　操着"卖白粉"的心做出口退税（二）
　　　　　——中间商退税的正确姿势……………………… 339

第十五节　操着"卖白粉"的心做出口退税（三）
　　　　　——外贸综合服务企业的灰色经济后遗症……………… 343

第十六节　操着"卖白粉"的心做出口退税（四）
　　　　　——认定骗税对货不对人……………………… 347

第十七节　操着"卖白粉"的心做出口退税（五）
　　　　　——购买信息是个什么梗？……………………… 351

第十八节　操着"卖白粉"的心做出口退税（六）
　　　　　——"假自营真代理"模式下的骗税主体认定……… 355

扩展阅读1：销售税是个征管噩梦………………………………… 360

扩展阅读2：数字税应运而生……………………………………… 365

扩展阅读3：行业税负是个伪命题………………………………… 369

扩展阅读4：营改增胜利多年了，我们还在讨论营业税问题………… 371

扩展阅读5：我国增值税法规如何体现OECD的目的地原则………… 375

扩展阅读6：欧盟的增值税指令…………………………………… 379

扩展阅读7：大道至简
　　　　　——欧盟一招理顺B2B跨境服务增值税的启示………… 383

扩展阅读 8：理想很丰满，现实很骨感——面对 B2C 非现场服务，
　　　　　　欧盟也背离了目的地原则 ……………………………… 390

扩展阅读 9：一视同仁，大同小异——欧盟针对现场服务的
　　　　　　B2B 和 B2C 增值税管辖权规则 ………………………… 396

扩展阅读 10："苍天已死，黄天当立"
　　　　　　——基于财产所在地的增值税管辖权规则 ……………… 400

扩展阅读 11：铁路警察，各管一段
　　　　　　——国际运输服务的增值税管辖权规则 ………………… 406

扩展阅读 12：税率升至 8%，新加坡 GST 如何切换？ ……………… 414

扩展阅读 13：主播纳税类比处理，增值税的内耗谁能治愈？ ……… 419

扩展阅读 14：欧盟出手严管跨境零售电商增值税 …………………… 423

扩展阅读 15：电商的岁月静好和欧盟的负重前行 …………………… 428

第五章　进口税暗潮汹涌 ……………………………………………… **431**

第一节　进口关税出口价——日商岩井美国公司案例 ……………… 433

第二节　非市场经济特殊待遇——美亚美国进口关税案例 ………… 437

第三节　海关眼中的独立交易原则——美亚美国进口关税案例 …… 442

第四节　普惠制待遇下的双重实质改变标准
　　　　——美亚美国进口关税案例 …………………………………… 446

第五节　小米印度连遭暴击，进口关税扑朔迷离 …………………… 450

第六节　化铝大法绕不开反倾销税 …………………………………… 454

第七节　浑水露怯了 …………………………………………………… 458

第八节　浑水歪打正着 ………………………………………………… 461

扩展阅读：WTO 不够好吗？为啥还要 RCEP？ …………………… 464

第六章　税收征管殊途同归 …………………………………………… **470**

第一节　"FBAR"一抓就灵 …………………………………………… 472

第二节　起诉"FATCA"违宪？吃瓜群众别捣乱了 …………… 476

第三节　不懂外汇的银行不是好税务 ………………………… 481

第四节　资金滞留中国，这锅该甩给俄罗斯 ………………… 484

第五节　海外逃税第一案（一）——"FATCA"大赦和不准投降 … 488

第六节　海外逃税第一案（二）——富豪养鱼，"FATCA"收网 …… 492

第七节　网红律师偷税案——开弓没有回头箭 ……………… 496

第八节　衢州反避税案件"细思极恐"的三个细节及冒牌
　　　　"专家"的盲人瞎马 ……………………………… 500

第九节　纸糊的离岸公司，稽查的重锤压顶 ………………… 504

第十节　境外税务局帮中国查税，看人下菜碟 ……………… 508

　　扩展阅读1：美国没有发票，税收征管靠什么？ ………… 511

　　扩展阅读2：W-8BEN表是块砖，哪里需要哪里搬 ……… 516

　　扩展阅读3：W-8ECI表格为什么没有存在感？ ………… 520

　　扩展阅读4：个人和实体之间存在一个FATCA的距离 … 525

　　扩展阅读5：工具人的工具W-8IMY表格 ………………… 529

　　扩展阅读6：越南外国承包商税——梳理清楚，避免吃亏 … 534

　　扩展阅读7：美国版的非居民冤大头
　　　　　　　——宁可错杀三千，绝不放过一个 ………… 541

　　扩展阅读8：美国版的非居民冤大头——跨境电商三不管？ … 545

　　扩展阅读9：跨国查账的正确姿势 ………………………… 549

附　录 ………………………………………………………… 554

后记：前浪后浪，驯服了彼得定律就是冲浪 ……………… 566

第一章
所得税老调新词

本章导读

国际税收的核心问题是划分税收管辖权。各国政府会依据两类税收管辖权征税：一类是居民管辖权，另一类是来源地管辖权。两者相比而言，来源地管辖权更为复杂，现实中也更容易发生税收争议。本章所有案例都是来源地管辖方面的争议，并集中在两个方面，一是所得的来源地判断（第一、第三、第五、第六、第七、第八个案例），二是所得的归属（第二、第四个案例）。

因为来源国政府享有近水楼台之利，因此税收协定承认其优先征税权。同时，税收协定区分所得性质（即积极所得和消极所得）分别对来源国征税权给予相应限制。积极所得即生产经营所得，包括企业和个人的生产经营所得；消极所得包括利息、股息、特许权使用费、财产所得和资本利得。针对非居民企业的积极所得，税收协定的"营业利润"条款（一般为第七条）规定只有在构成常设机构的情况下来源国才可以征税。消极所得中的利息、股息、特许权使用费又称为投资所得。针对非居民企业取得的投资所得，税收协定分别设置了专门条款对来源国限定适用税率。此外，针对消极所得中的财产所得和资本利得，协定中的财产收益条款会根据财产的性质来分别限定来源国的征税权。本章第一、第三、第四、第五个案例讨论积极所得，第二、第六、第七、第八个案例讨论消极所得。

本章中各案例的分析重点如下：

序号	案例题目	分析重点	主要涉及的国家（地区）	扩展阅读
一	空壳贸易公司要缴香港税吗？——Newfair案例	香港本地法下的所得来源地判断	中国香港	1.欧盟再度警告香港，终结双重不征税 2.公司有实质，免税有节操——香港税制迎来大修
二	处置境外投资所得是否免税？——新加坡2022年第1号税收裁定解读	新加坡国内法下的所得归属	新加坡	3.发挥税制优势，拉拢基金"上岸"——新加坡投资基金税收优惠 4.大国争当网红，不要税收要流量？
三	"走出去"企业的税务软肋——中兴通讯印度案例	税收协定下的常设机构条款	印度	
四	拍脑袋也看先例——中兴通讯印度常设机构利润核定	税收协定下的营业利润条款	印度	
五	戴尔暗度陈仓，西班牙强势反击	税收协定下的常设机构条款	西班牙	
六	软件许可费竟然不是特许权使用费，印度最高法院澄清误区	税收协定下的投资所得条款	印度	5.新加坡税务局厘清特许权使用费
七	荷兰挖"坑"印度尼西亚跳——Indosat税收协定待遇案例	税收协定下的投资所得条款	印度尼西亚	6.香港放松税务居民身份证明开具，是个阳谋？
八	境外股权划转，据说能免税？	税收协定下的财产收益条款	越南	7.巴菲特想不通的美国税率倒挂

第一节 空壳贸易公司要缴香港税吗？——Newfair案例

一、设立空壳公司分流利润

荷兰有一家小公司VBZH专门从香港采购电子产品并在欧洲市场上销售。VBZH的供应商都是中国香港的贸易公司，产品都产自中国内地。VBZH是个小集团公司，麻雀虽小，五脏俱全，其旗下有一家成员公司VBABV也注册在荷兰，专门负责贸易运营。到了2013年10月9日，基于税务顾问的建议，VBZH在香港成立了一家全资子公司Newfair，并将采购任务交给Newfair来承担。Newfair是一个典型的空壳贸易公司，在香港既无办公场所又无员工，就连注册地址都是当地的一家会计师行提供的。Newfair的采购活动由VBABV的采购经理Bos先生完成的。货物则是直接从中国的深圳港发往荷兰的鹿特丹。在货物所有权方面，Newfair与供应商签订采购主合同（MPA）取得货物的所有权，然后与VBABV签订销售主合同（MSA），将货物所有权转让给VBABV。定价方面，Newfair在采购价基础上加成35%销售给VBABV，VBABV再加成40%销售给客户。

Newfair的交易纯粹是纸面上的。Newfair的董事之一是VBZH的股东兼总经理Le Poole先生。在签订MSA时，Le Poole先生既代表Newfair一方签字，又代表VBABV一方签字，典型的左手倒右手。由于Le Poole先生从未驻足中国香港，以上合同显然是在中国香港之外签署的。

香港税务局认为Newfair应当缴纳香港利得税，并于2018年10月8日发出了决定书。Newfair不服，向税务上诉委员会（Board of Review）提出申诉。委员会于2021年1月19日作出决定，驳回Newfair的申诉请求。Newfair不服，向香港高等法院提起诉讼。香港高等法院于2021年12月21日进行了听证。

二、在香港缴税有两个前提

香港《税务条例》第14节规定，凡任何人在香港经营任何行业、专业或业务，而从该行业、专业或业务获得于香港产生或得自香港的应评税利润（售卖资本资产所得的利润除外），则须向该人就其上述利润，征收其在每个课税年度的利得税。

1990年恒生银行判例中，以上原则被进一步阐述为三项测试，纳税人需要同时满足以下三个条件才需要在香港缴纳利得税：

第一，纳税人必须在香港经营行业、专业或业务。

第二，所得必须来自纳税人在香港经营的行业、专业或业务。

第三，所得产生于香港或得自香港。

税务上诉委员会在其决定书中将争议简化为两个问题，并裁决如下：

（1）Newfair在香港开展了业务（问题一）；

（2）以上业务产生的利润得自香港（问题二）。

针对税务上诉委员会的决定，Newfair向香港高等法院提出了四项申诉理由：

（1）税务上诉委员会错误地认为三项关键因素（请参见下文中的解释）足以确立在香港开展贸易或者业务；

（2）税务上诉委员会错误地认为Newfair的利润直接来源于远程操作香港银行账户，并由此得出结论说，Newfair的利润实质上来源于其在香港实施的运营或者交易；

（3）税务上诉委员会错误地认为Newfair拥有商品的所有权这一事实在确定利润来源地时构成一项相关因素；

（4）税务上诉委员会错误地认为在供应商与VBABV之间插入Newfair构成运营活动，使得Newfair在香港产生利润，且该利润来源于香港。

以上四项申诉理由中，第（1）项理由针对问题一；第（2）至（4）项理由针对问题二。香港高等法院在审理时，沿用税务上诉委员会的做法仍旧围绕上述两个问题进行。

三、是否构成在香港开展贸易或者业务？

香港最高法院说，此前有案例论证过，这个问题有两个构成要件，如下：

（1）纳税人是否开展了业务？

（2）如果开展了业务，其业务是否在香港开展？

香港最高法院说，对于第一个要件双方并无争议，一致同意Newfair开展了业务。因此，唯一的争议点是，以上业务是否在香港开展？开展业务是指以盈利为目的的重复性的行为，需要纳税人做出一定的活动，或者为了盈利使用其资产，才可以构成开展业务。对于赚取佣金的买卖业务，应当将达成相关合同的地点确定为业务开展地。本案中合同的达成地点在香港之外，可以据此确定，业务开展地不在香港。

但是税务上诉委员会却认为Newfair开展的业务不是买卖商品，而是节税。Newfair作为商业模式中的一环，赚取了35%的加成，避免了就这部分利润在荷兰纳税，这才是其真实的业务。节税这一业务活动是在香港开展的，为了论证这个观点，税务上诉委员会列举了以下三项关键因素：

(1) Newfair在香港开立了银行账户，并通过该账户开展业务收支。如果以上银行账户开立在荷兰，Newfair很可能需要在荷兰缴税；

(2) 供应商均为香港公司，在香港管理发货；

(3) MSA中约定Newfair的主要营业地在香港，表明双方认可这一事实。

香港最高法院说，税务上诉委员会这个观点有误。首先，只要不存在假合同，就不能抛开合同谈业务。其次，第(1)项关键因素是拿银行账户来说事，这是说不通的。销售收入来源于合同，而不是来源于收款或者支出活动。再次，第(2)项关键因素与业务的开展得风马牛不相及。供应商（上家）的活动本来就不是相关活动，如果非要说相关，那么关联企业VBABV（下家）的活动更相关。如果看VBABV的活动，就应当看到Bos先生代表VBABV开展的活动都发生在香港之外，那就更无法得出业务在香港开展的结论。最后，第(3)项关键因素，即合同中的营业地约定，不可以据以推定订单接受地在香港，因为主要营业地与利润来源地不是一回事。

香港税务局认为，供应商原来就与VBABV存在联系，后来Newfair横插一脚进来，不管两者之间合同是怎么谈成的，也不管合同条款如何，反正要稳赚35%的差价，且Newfair在香港的存在加之其商业模式下的一系列安排是产生利润的原因。这个差价利润难道不应当在香港征税吗？除了香港Newfair在别处也没有存在，不在香港征税在哪里征税？

香港高等法院说，香港《税务条例》第14节基于纳税人"做了什么"而征税，而不是基于纳税"是什么"而征税，躺着赚钱不算。就算是个业务模式，是个节税安排又能怎样？总之Newfair不构成在香港开展业务。

四、所得是否产生于香港或得自香港？

根据现行香港税法，香港来源的所得应税，境外来源的所得不应税。香港高等法院认为，判断所得来源时，要关注产生利润的运营或者交易的性质，仍旧需要关注纳税人做了什么、在哪里做的。要看什么活动引起了利润产生，而不是偶发的事件。只有产生利润的运营活动有相关性，纳税人开展这些服务或者活动的地点即为所得产生地。对于贸易活动而言，仍旧是要看合同在哪里达成。本案中产生利润的交易是买卖活动，所有达成合同的运营活动都发生于香港之外。

香港税务局认为本案中达成合同的地点不明确，无法得出所有活动发生于境外的结论。对此香港高等法院表示不能认同。谈签合同都是在境外进行的，这还不够吗？香港税务局也说不出还有什么产生利润的运营活动发生在香港，凭什么说不明确？即便如香港税务局主张，Newfair真的说不清楚利润到底来源于香港之外的什么地方，但是这一点不是必要的法律测试。无论如何，证明利润来源于香港的举证责任在税务局一方，Newfair已经能够举证说产生利润的运营活动发生于香港之外，香港税务局却无法举出反证，显然香港税务局的说法缺乏证据支持。

香港税务局认为，Newfair在香港的银行账户收支资金的活动是产生利润的原因。香港高等法院说，收支资金的活动发生于合同达成之后，怎么会构成产生利润的活动呢？

税务上诉委员会认为，Newfair拥有商品的所有权，说明了在香港拥有有价值的资产，香港高等法院说这种说法缺乏法律依据。

税务上诉委员会认为，Newfair的商业模式产生了节税效果，也是产生利润的根本原因。相对而言，购销合同以及采购活动都只是形式。Newfair说，税务上诉委员会没有提供荷兰法律方面的证据就得出以上结论，这没有道理。香港高等法院说，尽管以上商业模式是税务顾问建议的，但是节税与本案的分析无关。另外，认为谈签合同都是形式也没有道理，这些合同不应被否认。

五、国际避税冰冻三尺

香港高等法院最终得出结论，税务上诉委员会在两个问题上都得出了错误的结论，因此审核结论应予以废止。据此，香港高等法院于2022年4月20日作出了裁决，撤销了审核委员会的决定。Newfair胜诉。

本案中纳税人利用荷兰与中国香港税制之间的空隙，即所得来源地规则方面的错配，做了一个人为的安排达到了双重不征税的目的。香港税务局以纳税人在荷兰避税为由，主张在中国香港征税，反映了其对于这类避税安排的态度。香港法院方面则基于香港税法，对香港税务局的主张予以驳回，等于认可了双重不征税的后果。通过本案中税企和法院的三方互动可以看出，国际避税冰冻三尺非一日之寒，反避税是一个长期复杂的过程。

温馨提示：本案中涉及的这种税制错配是荷兰税制的特殊性造成的，并不是个普遍现象，中国内地与香港之间在收入来源地判断上并不存在这种错配。有些内资香港公司客观上也存在双重不征税的情况，但那只是说明了征管不到位，不是税制方面的漏洞所

致。随着征管手段加强,中国内地和香港之间信息沟通进一步流畅,双重不征税面临的风险会越来越大。

第二节 处置境外投资所得是否免税?
——新加坡2022年第1号税收裁定解读

新加坡只对所得征税,不对资本利得征税。另外,只对来源于新加坡的所得,以及来源于境外但在新加坡收到的所得征税。这是一般的原则。凡是有一般就有例外,所得税法(ITA)规定了若干特殊情况免税的情形,包括第S13(7A)节—S13(11)节的境外来源所得免税(FSIE),以及第S13X节①针对从离岸基金取得的所得免税。

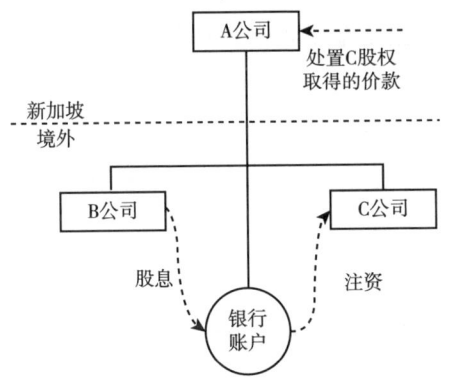

图1-1 新加坡2022年第1号税收裁定案例背景

如图1-1所示,A公司是一家成立于新加坡的投资控股公司,构成新加坡税务居民。A公司下面有两家全资子公司——B公司和C公司,分别位于B国和C国。B公司分红给A公司,A公司用境外账户收取了以上分红,存储一段时间之后作为注资汇入C公司。因为取得分红资金属于境外所得且并未汇入新加坡,A公司未曾缴纳新加坡所得税。现在A公司计划转让其持有C公司的股权。

A公司预计到其取得股权的对价中,有一部分会被视为在新加坡收到此前B公司的

---

① 2022年初ITA部分章节编号发生变化,该节改为第13T节。IRAS在本案中一律用旧的章节编号。

分红所得，从而应该在收到时纳税。为此A公司寻求机会享受13X下的免税待遇。但是这种免税待遇存在不确定性，为此A公司没有贸然行动，而是事先向新加坡税务局IRAS征求意见。基于新加坡的预先裁定制度，IRAS对此作出了2022年第1号税收裁定。

一、否认了13X免税

ITA的第13X节针对从新加坡基金管理人管理的基金取得的所得免税。免税涉及的基金俗称"增强型基金"，可以是离岸基金也可以是在岸基金。ITA第13X节第（1）小节明确，免税的对象要符合相关法规中规定的条件，或者符合相关批复中规定的条件。相关批复可以针对特定的"人"，也可以针对主基金（master fund）、支线基金（feeder fund）、主基金—支线基金架构、主基金—支线基金—SPV架构、主基金—SPV架构。免税对象则包括批准的"人"来自新加坡基金管理人管理的基金的所得，以及在批准的主基金—支线基金架构下作为主基金或者支线基金的"人"（不包括个人）来自新加坡基金管理人管理的基金的所得。

ITA第13X节第（5）小节则明确，主基金—支线基金关系下的主基金和支线基金都可以是法律主体，也可以不是法律主体而只是一个投资工具。主基金和支线基金的关系如图1-2所示。

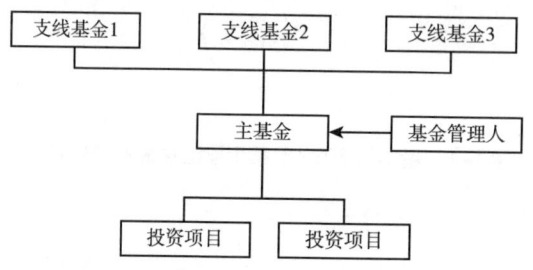

图1-2 主基金和支线基金的关系示意图

以上规定归结到一点，就是免税主体的资格要事先经过审批。本案中的申请人A公司申请按照主基金—支线基金架构享受13X免税。但是在本项裁定中，IRAS认为A公司取得免税主体资格的时间晚于其从B公司取得分红的时间，因而不能享受免税。这个观点耐人寻味。

13X免税条件是事先获得免税资格。"事先"是指以什么时间为基准来与获得免税资格的时间比较？显然是以基金开始运营的时间为基准。那么基金运营的时间应当从单项投资还是整体基金的层面来把握呢？如果从单项投资层面看，本案应以离岸账户资金注入C公司的时点为基准。但是IRAS没有这样做，而是以分红资金汇入离岸账户的时点为基准，这表明IRAS是从整体基金的层面来把握时间基准的。

明白了这一点，就理解为什么A公司提出以主基金—支线基金架构来享受13X免税。A公司的意图是主张B公司下面还有一个主基金，而这个主基金开始运作的时间显然晚于A公司取得免税资格的时间，因此该项投资所得有机会符合免税条件。IRAS驳回了以上诉求。IRAS认为A公司的股权转让所得并非来自新加坡基金管理人管理的主基金或者支线基金的所得。结合以上信息分析，IRAS虽然认可B公司作为13X意义上的新加坡基金管理人管理的基金的资格，但是并不认为其下面还有一个主基金。也就是说，由于B公司与C公司都由A公司持有，IRAS认为这是一个单层基金架构而不是主基金—支线基金架构。

在本项裁定中IRAS指出，在进行13X免税判断时，要将转让C公司股权取得的所得整体进行判断，而不能区分为投资成本和投资升值两部分。这种观点也封死了A公司退而求其次，放弃投资成本部分免税，仅对升值部分单独适用13X免税的可能性。如果升值部分单独考虑，由于升值可能发生于A公司取得免税资格之后，这部分本有机会获得免税待遇。

二、纳税义务发生时间

在裁定中IRAS认为，A公司从B公司收到股息，然后再投资到C公司，从ITA的角度看，股息还是股息，并没有因为经历了一次再投资而改变性质，因此，仍应定性为股息，按照股息判断是否应税。

从所得性质方面看，股息在新加坡所得税的征税范围之内。从所得来源方面看，根据新加坡法规，企业获得的以下收入需在新加坡纳税：

（1）来源于新加坡或产生于新加坡的所得；

（2）在新加坡境内取得的境外所得。

由于该项股息来源于新加坡之外，只有在新加坡收到时才在新加坡产生纳税义务。那么以什么时间确认新加坡收到该项股息呢？

ITA10（25）条规定，不论其所得来源是否终止，以下数额应视为新加坡收到的境外所得：

①来源于境外的所得中汇入、输入、携带进入新加坡的数额；

②来源于境外的任何所得中任何用于偿还因新加坡开展的任何贸易或者业务而产生的债务的数额；

③来源于境外的任何所得中用于购买被携带进入新加坡的动产的数额。

A公司由于经历了再投资这个环节，如何适用以上规定呢？裁定中说：

A公司转让C公司股权并在新加坡收到相应价款时，A公司应就来源于B公司的股息纳税，除非根据ITA的特定规定享受免税。

这就把纳税义务发生时间确定到了A公司转让C公司股权的环节，按在新加坡收到股权转让价款的时间确定纳税义务发生。这表明IRAS允许通过将应税境外所得汇入境外账户来递延纳税义务。A公司在获悉13X免税申请不能获得批准的情况下，如果不通过境内账户来收取C公司股权价款，而是将该价款仍然汇入境外账户，择机继续用于再投资，是否可以继续递延纳税呢？该项预先裁定中并没有明说，按推理是可以的。裁定接着要求A公司跟踪这项所得，确保及时纳税。也就是说，A公司用境内账户收到转让股权款的时候，就要考虑申报该项股息所得了。

三、是否可以按境外来源所得免税

然而，即使13X免税被拒绝，也不意味着一定要交税，因为ITA中规定了部分境外所得可以享受免税。裁定中说道：

……A公司应就来源于B公司的股息纳税，除非根据ITA的特定规定享受免税。

所谓特定规定就包括S13（7A）节—S13（11）节下规定的境外来源所得免税（FSIE）。其中S13（8）节规定新加坡的居民企业在境外取得股息、分支机构利润及服务收入，符合一定条件可以免税。

S13（9）节将上述免税条件总结为三条：

（1）在境外已税。其中针对股息缴纳外国税和针对产生股息的利润缴纳外国税都视为在境外已税。

（2）国外名义税率高于15%。名义税率是当年该国企业所得税最高一档税率。

（3）居民企业是该项所得的受益所有人。

只有符合以上条件，A公司取得来自B公司的分红才能享受境外所得免税。

四、是否构成资本利得从而不征税？

裁定要求在进行13X判断时，需要将A公司转让C公司股权取得的所有所得整体进行判断，但是在13X之外，根据ITA中其他规定判断是否应税时，IRAS并没有提出整体判断的要求。A公司可能会说，就算当初再投资进入C公司的投资成本部分对应的资金可以定性为来源于B公司股息，后来收回再投资时实现的C公司股权增值部分应当定性为资本利得吧？对此IRAS并未表态，理论上说这部分可以单独判断所得性质。

所得性质的判断十分重要。增值部分如果单独判断，很可能构成资本利得，从而不需要在新加坡纳税。

根据新加坡所得税法，应税所得主要包括以下几方面：

（1）源自商业贸易或活动的所得；
（2）源自投资的收益，如股息、利息和租金；
（3）特许权使用费、保险费和源自财产的其他所得；
（4）其他实质性所得。

上述征税范围排除了资本利得。但是，新加坡税法中只定义了以上所得，并未定义资本利得。现实中资本利得的确认是通过排除以上列举的所得实现的。本案中A公司转让C公司股权的行为，如果被认定为贸易活动，则其收益就成为应税所得。ITA规定，某项收益是否应被课税要综合考虑每笔交易的具体情形和有关事实，涉及卖方的动机、持股的时间长短、交易的频度、处置股权的原因、融资的方式等。在IRAS 2016年版的电子税收指南中明确，持有至少20%普通股至少24个月之后发生减资的，可以直接判断为不应税。可惜以上简化判断的规定已经于2022年5月31日到期。因此，未来如果转让C公司股权，仍要根据具体情况和有关事实综合判断。

五、影响

税收裁定属于新加坡税收法规的一部分。本项裁定不仅对申请人A公司有直接影响，而且对于类似案例有多项参考意义。本案例中的再投资情形在新加坡持股平台公司很常见。设立投资平台之前很有必要深入了解本项裁定。

第三节 "走出去"企业的税务软肋——中兴通讯印度案例

2016年5月30日，印度所得税上诉法院的德里法庭（以下简称"德里法庭"）对印度税务局诉中兴通讯一案作出了裁决。该案件的上诉方是印度税务局在新德里的国际税部门负责人（Additional Director of Income Tax, Range-3, International Taxation, New Delhi, 以下简称"印度税务局"），应诉方是中国公司中兴通讯公司股份有限公司（ZTE Corporation, 以下简称"中兴通讯"）。此前中兴通讯与印度税务局就2004—2005财务年度以及2008—2009财务年度的纳税事项发生争议，并互相提起了诉讼。德里法庭对这两个案件并案作出裁决。本案涉及常设机构（PE）、转让定价、特许权使用费等问题。篇幅所限，本文只讨论常设机构的存在问题。

一、印度税务局观点：构成三种常设机构

中兴通讯作为一家中国税务居民公司在相关年度向印度的电信运营商供应电信设备并向印度的顾客供应手机。中兴通讯认为，根据《中华人民共和国政府和印度共和国政府关于对所得避免双重征税和防止偷漏税的协定》（以下简称"中印税收协定"）第五条的常设机构条款，中兴通讯并未在印度构成常设机构，因此不需要向印度税务局根据所得税法案第135节进行税务申报。但是印度税务局经过调查［包括2009年10月6日对中兴通讯的印度子公司ZTE Telecom India Private Limited（以下简称"ZTE India"）办公室进行的调查，调查中取得了相关书面文件以及若干高管的声明文件］，认为中兴通讯与印度有业务联系，而且通过在印度设立的常设机构开展了业务，取得了应税所得。2009年10月23日，印度税务局要求中兴通讯就应归属于印度常设机构的所得进行税务申报。中兴通讯随后进行了税务申报，但是申报所得为零，并且在申报表附注中声明未在印度构成常设机构，因此不需要在印度纳税。此后中兴通讯又在2009年12月29日和31日递交了详细的说明信，进一步阐明这一立场。

印度税务局方面，由于该案件涉及转让定价，新德里争议解决小组（Hon'ble Dispute Resolution Panel, New Delhi, 以下简称"Hon'ble DRP"）参与了该案件并提供了指导。根据其指导，印度税务局于2013年12月9日出具了书面决定，认为中兴通讯构成了常设机构，因而其从供应通信设备以及销售手机业务中取得的所得应当在印度按照营业利润来纳税。

印度税务局从多个角度出发，认为中兴通讯在印度构成常设机构，包括：

（1）子公司ZTE India构成中兴通讯的固定场所常设机构（fixed PE）。

（2）中兴通讯的印度联络处构成中兴通讯的固定场所常设机构。

（3）子公司ZTE India构成中兴通讯的非独立代理型常设机构（dependent agency PE）。

（4）子公司ZTE India构成中兴通讯的安装工程型常设机构（installation PE）。

二、上诉机关观点：常设机构不可避免

中兴通讯随后向所得税上诉专员〔Commissioner of Income Tax（Appeals），以下简称CIT（A），即一级上诉机关〕提出质疑。CIT（A）基本上支持了印度税务局的观点，认为中兴通讯在印度构成常设机构，应当在印度纳税，但是要求税务机关不得加收利息。关于各种类型的常设机构，CIT（A）的观点是：

1. 构成固定场所常设机构

中兴通讯直接向印度客户销售设备，印度子公司 ZTE India 负责设备安装以及相关代理。此前印度税务局对 ZTE India 进行调查时了解到，中兴通讯的员工会出差到印度，同印度子公司的员工一起与印度的顾客商谈合同。中兴通讯员工在印度开展的行为包括协助 ZTE India 员工准备投标文件，与印度顾客会面、提供投标支持、产品支持、售后支持等。中兴通讯员工在 ZTE India 的 Gurgaon\Banglore\Mumbai 三个办公室开展以上活动，因此，以上地点可以视为中兴通讯在印度的固定场所常设机构所在地。

2. 构成代理型常设机构

ZTE India 作为非独立代理人，有权代表中兴通讯签订合同并经常行使这一权利，构成中兴通讯的代理型常设机构。

首先，Zte India 只为其母公司中兴通讯安装其在印度销售的通信设备，并不为其他设备供应商提供此类服务。由于 ZTE India 的行为全部或者几乎全部为中兴通讯进行，因此它不能被视作独立型的代理人。此外，从技术的角度讲，ZTE India 整体上依赖于中兴通讯，因为中兴通讯的员工一直应其要求向其提供技术服务。如果缺少了中兴通讯的支持，ZTE India 无法独立运作，因此它不是独立代理人。

其次，高管的声明文件表明中兴通讯人员和 ZTE India 人员共同组队与顾客商谈合同并签署合同。ZTE India 人员代表中兴通讯与顾客商谈价格。ZTE India 人员负责制作供应设备的投标文件，中兴通讯人员在制作投标文件过程中只提供协助。基于以上信息，可以得出结论，ZTE India 代表中兴通讯在印度不仅开展了准备性工作，还进行了合同和价格谈判以及答复顾客询问。很明显 ZTE India 经常行使其权利代表中兴通讯商谈以及签订合同。虽然中兴通讯最终会出面正式签署合同，但是这也只是在经过 ZTE India 运作，合同签署的条件已经成熟之后例行公事而已，不能改变合同实质上是由 ZTE India 签署的事实。

3.不构成安装工程型常设机构

印度税务局认为中兴通讯在印度存在安装工程型常设机构,但是CIT(A)没有支持这种看法。具体原因,德里高等法院的裁决文书中没有提及。是否构成安装工程型常设机构,这个问题并不重要。由于安装是由ZTE India实施的,安装环节的利润已经由ZTE India在印度纳税,即使能够确认中兴通讯在印度构成常设机构,也无法将更多的利润归属到印度。

中兴通讯坚信自己没有构成常设机构,同时认为印度税务局将利润归属到常设机构过程中的计算方法错误。但是,尽管对构成常设机构持保留意见,中兴通讯无意在这一点上纠缠,而是集中精力就常设机构的利润归属方法开展讨论。因此,德里法庭的裁决书中用了大量篇幅来讨论利润归属的计算方法,关于常设机构的存在问题只是引用了CIT(A)的观点,并没有展开讨论。

三、被忽视的持续性测试

笔者认为CIT(A)对固定场所常设机构的认定存在瑕疵。考量固定场所常设机构,要直接对照税收协定中对常设机构的定义,可参见中印税收协定第五条"常设机构"的第一款:"常设机构"是指企业进行全部或者部分营业的固定营业场所。经济合作与发展组织(OECD)《税收协定范本注释》第五条第11段对此进一步解释道:只要企业拥有可供其支配的、用于营业活动的一定空间,这一事实本身就足以构成营业场所。CIT(A)意见中,确认了中兴通讯利用ZTE India的三个办公室开展经营活动,但是并没有证明中兴通讯对这三个办公室具有支配权,这显然不足以支持构成固定场所型常设机构的论点。

OECD《税收协定范本注释》第五条第12段进一步指出"企业仅在特定地点出现,并不当然意味着该地点处于该企业支配之下。在判断一个地点是否处于企业的支配之下,并构成企业进行全部或者部分营业的营业场所时,取决于企业是否拥有有效使用该地点的权利,以及企业存在于该地点并在此开展营业活动的程度"。关于这一点,《注释》举了一个例子。这个例子放到本案的情形下,相当于说,如果中兴通讯拥有这三个办公室的排他性权利(例如合法所有权),这三个办公室显然是受中兴通讯支配的。但是事实上这三个办公室都不属于中兴通讯。《注释》又举了另一个例子,放到本案中就相当于是说如果ZTE India授权(包括事实上的授权,不是非得有书面合同)中兴通讯使用这三个办公室,那也只有在很长一段时间内连续地开展营业活动的前提下才能构成被中兴通讯支配。即使这种情形下"……如果一家企业在某个特定地点的出现是间歇性或者偶然发生的，那么该地点不能被视为企业的营业场所（例如，一家企业的员工有权经常访问某一关联企业的办公场所，却没有持续地在该场所进行工作）"。印度税务局只证明了中兴通讯的员工在ZTE India的这些办公室开展工作，却没有证明其持续性，就得出存在固定场所常设机构的结论，不能让人信服。

OECD《税收协定范本注释》第五条第15段举了另一个例子。"第二个例子是，某公司雇员被允许在另一公司（如新收购的子公司）的总部长时间地使用一间办公室，以确保另一公司履行同该公司签订的合同项下的义务。在这种情况下，该雇员从事的活动与其所属公司的营业活动是相关的。只要该位于另一公司总部的办公室在其支配之下达到一段足够长的时间，以至于构成了固定营业场所……则该办公室就会构成其雇主的常设机构。"

需要注意到本案中的情形与上述例子中情形出入较大，因为并无相关证据表明中兴通讯的员工在ZTE India的办公场所长时间地使用一间办公室。根据跨国公司最常见的做法，很可能发生的情形是这样的：中兴通讯的员工偶尔出差到印度，在ZTE India的办公场所中的某间会议室与ZTE India的员工开会，或者同ZTE India的员工一起与客户举行会谈。如果只是上述情形，都不构成例子中所说的ZTE India的办公室在中兴通讯的"支配下达到一段足够长的时间，以至于构成了固定营业场所"的情形。

关于"一段足够长的时间"，OECD《税收协定范本注释》第五条第28段指出"……经验表明，在一国用于进行营业活动的营业场所存在的时间少于6个月的情况下，一般不会构成常设机构。……涉及具有重复发生性质的营业活动，该场所每次被使用的时间和使用的次数应加以合并考虑（可能延续几年时间）……"。CIT（A）没有进行以6个月为界限的持续性测试，就做出了构成固定场所常设机构的结论，同样不能让人信服。

四、缺失的服务型常设机构

尽管OECD《税收协定范本》中没有服务型常设机构的条款，中印税收协定中却有，见于第五条第二款："常设机构一语特别包括：……（十一）缔约国一方企业通过雇员或者其他人员，在缔约国另一方提供第十二条（指特许权使用费和技术使用费条款，笔者注）所规定的技术服务以外的劳务，但仅以该项活动在缔约国另一方连续或者累计超过183天为限。"这就是中印协定中的服务型常设机构条款。印度税务局的意见中没有提到服务型常设机构。揣测其原因有二。其一是服务型常设机构的功能限于劳务，能够归属于该类常设机构的利润很有限，印度税务局不想在这方面分散精力，而是重点关注中兴通讯人员在印度与顾客谈签合同的行为，试图确立具有销售功能的常设机构，一旦成功就可以将大量利润归属于该常设机构。其二是服务型常设机构以连续或者累计超过183天为前提，印度税务局可能无法证明中兴通讯达到了这一门槛。

五、护住"走出去"企业的软肋

本案中中兴通讯在固定场所型常设机构方面存在争取的空间，但是在非独立代理型常设机构上明显无法反驳印度税务局的立场。由于在代理型常设机构方面存在软肋，构成常设机构已经无法避免，在其他类型的常设机构上坚持立场意义不大。因此，在常设机构存在问题上中兴通讯没有坚持到底。

尽管印度的国内法以及中印税收协定有其特殊性，但是中国企业在境外有关常设机构的争议却很普遍。对于在境外销售设备，尤其是同时开展工程施工的中国企业，往往会与项目所在地税务机关就常设机构是否存在以及设备销售环节利润的归属发生争议，本案极具代表性。对于常设机构相关税务风险，中国企业一方面要依据项目所在国相关税法，依托OECD《税收协定范本注释》等国际法积极开展争议解决，另一方面要加强税务风险管理。在各种常设机构类型中，代理型常设机构是最薄弱的环节。中国企业一定要注意境内公司与境外子公司的职责划分，制定严格的管理制度，防止授人以柄，被项目所在地税务机关认定为当地子公司替境内母公司谈签合同，从而陷入被动。

第四节　拍脑袋也看先例——中兴通讯印度常设机构利润核定

中兴通讯与印度税务局就2004—2005财务年度以及2008—2009财务年度的纳税事项发生争议。印度税务局于2013年12月9日出具了书面征税决定，中兴通讯不服，随后向所得税上诉专员［Commissioner of Income Tax（Appeals），以下简称CIT（A），即一级上诉机关］提出质疑。CIT（A）基本上支持了税务局的观点，认为中兴通讯在印度构成常设机构，应当在印度纳税（请参考："走出去"企业的税务软肋——中兴通讯印度案例）。常设机构如何纳税呢？先看一下中印税收协定第七条"营业利润"条款。

一、拍脑袋的常设机构利润归属方法

中印税收协定第七条第一款规定了常设机构征税的原则：

……如果该企业通过设在缔约国另一方的常设机构构成在该缔约国另一方进行营业，其利润可以在该缔约国另一方征税，但应以直接或间接属于该常设机构的利润为限。

中印税收协定第七条第二款对以上原则进行了细化，规定：

除适用第三款的规定以外，缔约国一方企业通过设在缔约国另一方的常设机构在缔约国另一方进行营业，应将该常设机构视同在相同或类似情况下从事相同或类似活动的独立分设企业，并同该常设机构所隶属的企业完全独立处理。该常设机构可能得到的利润在缔约国各方应归属于该常设机构。

也就是说，中兴通讯在印度所形成的常设机构在税务上被视为一个独立的企业，该企业被视为在印度从事经营活动，取得收入，发生支出，赚取利润，应就其利润在印度纳税。但是，实际操作中，常设机构往往不单独核算利润，无法通过账簿来确定其实际利润。这种背景下各国税务机关在操作中多采取核定征收的方法来确定常设机构利润。中印税收协定第七条第三款则规定：

如果缔约国一方的税法规定，对于某具体营业活动在核定利润的基础上确定属于常设机构的利润，第二款的规定并不妨碍该缔约国执行其法律的规定，但是所得到的结果应与本条所规定的原则一致。

印度税法中的确有核定征收的规定。印度税务局主张采用印度1962年所得税法下的第10（ii）号规则来进行利润归属，即按中兴通讯在印度销售产品获得利润的一定比例来核定应税所得。这要分两步走：第一步是按照印度的销售收入乘以核定利润率7.5%来确定印度销售收入产生的全球利润；第二步是用上一步的印度销售收入产生的全球利润乘以一个"一定比例"来确定应税所得。

第一步中7.5%的比例是印度国内法中明确规定的，没有争论的余地。那么第二步中的"一定比例"依据何在？是否存在争论的余地？理论上说应当考虑印度常设机构的功能风险，确保应用该比例归属于印度常设机构的利润与中印税收协定第七条规定的原则一致，但是那只是一个目标，实际操作中能否实现这个目标还不一定。

由于印度的成文法中对第二步的比例没有明确规定，印度税务局拍了一下脑袋说，2004—2005年度你们初来乍到不容易，利润的20%归印度常设机构，2008—2009年度收成不错，这个比例就涨到45%。

CIT（A）说，你为啥搞得这么复杂，还要算出印度销售收入对应的全球利润？那不是舍近求远吗？根据1962年所得税法下的第10（i）号规则，我直接就按照印度销售额的2.5%来确认印度常设机构的所得岂不很简单？

中兴通讯喊冤说，你们的说法都有问题啊。就算构成了常设机构，你说的常设机构的功能，实际上都是由ZTE India来完成的。而针对ZTE India提供的相关支持服务，我们中兴通讯已经向它支付了服务费，ZTE India就这些服务费对应的所得已经在印度纳过税了，除此之外不应当有其他利润归属于常设机构了，对吧？

二、德里法庭提出经济活动联结度

对于CIT（A）的裁决，印度税务局和中兴通讯都表示不服，一起诉至印度所得税上诉法院的德里法庭（以下简称"德里法庭"）。德里法庭对常设机构的存在未发表意见，实际上是支持了CIT（A）的看法，即中兴通讯在印度构成固定基地型常设机构和代理型常设机构（请参考："走出去"企业的税务软肋——中兴通讯印度案例）。同时，对于如何确定常设机构的所得，则提出了自己的看法。

德里法庭说，中兴通讯认为不应当有额外利润归属到常设机构，这种说法站不住脚。ZTE India尽管参与了中兴通讯常设机构的活动，它的活动和常设机构所从事的活动不是一回事。根据ZTE India提供的转让定价分析，它的功能包括销售设备、部件和手机（笔者注：指"在岸销售设备"，即ZTE India从中兴通讯购进设备后自己销售）、提供后勤保障服务、维修保养服务和行政支持服务，并不包含中兴通讯常设机构的功能（笔者注：指"离岸销售设备"，即中兴通讯直接销售给当地第三方代理商或者客户），这完全不搭界。因此，需要将部分利润归属到常设机构来征税。

印度属于英美法系，在成文法之外有案例法，成文法中没有明确规定的可以参考以往判例。CIT（A）建议按销售收入2.5%核定所得的方法，是此前法国公司阿尔卡特—朗讯一案中使用的方法。虽然中兴通讯和阿尔卡特—朗讯处于同一行业，而且其在印度的经济活动水平类似，德里法庭还是认为那个案例没有参考价值，因为那个案例中纳税人并没有提出反驳，而现在这个案例中，纳税人提出了反驳，因此不能参考这个案例，要看别的案例。

是啊，会砍价和不会砍价的结果当然不一样。但这是法庭，可不是菜市场！

德里法庭说你们都只顾拍脑袋了，法律依据何在呢？我来给你讲讲。首先我们要确定原则。在向常设机构归属利润时，需要重点考虑常设机构在印度的经济活动中的参与程度，也就是中兴通讯的经营活动与印度的联结度。这个联结度确定了在印度产生应税所得的多少。换句话说，印度常设机构从事的活动越多，归属于常设机构的利润应当越多。

德里法庭说，每个案例都有其特殊性，要先做充分调查研究，然后才能根据常设机构在印度开展的运营活动的水平确定其利润水平。印度税务局和CIT（A）调查研究做得不错，他们对2009—2010年度印度常设机构开展的运营活动做了详细的描述。CIT（A）指出，ZTE India作为中兴通讯在印度的全资子公司，从事准备性的工作，商谈合同价格，并且向顾客进行答疑，这都是产生收入的重要活动。根据以上描述，我们可以认为几乎所有的销售功能，包括营销、银行业务以及售后服务，都是由常设机构来开展的。基于这一点，本院认为尽管有很多案例可以参考，但是一些案例的情形与本案出入较大，应当排除在参考范围之外。综合参考了一大堆案例之后，本院认为按印度销售收入产生的全球利润的一定比例这个方法比较合适，至于比例，35%归属于印度的常设机构最为合理。

三、参考案例

德里法庭参考的一批案例中，诺基亚、摩托罗拉和华为（2014年）三个案例中都按全球利润的20%确定印度常设机构利润。加拿大公司北电（Nortel）一案中，由于业务是一项交钥匙工程，非居民公司北电的参与程度很高，该印度法院将全球利润的50%归属于印度常设机构。劳斯莱斯案例中，全球利润的35%归属于常设机构，理由是100%的利润中，50%归于制造功能，15%归于研发功能，其余的35%归于销售功能。由于35%恰好就是20%和50%之间的中间值，本案中采用了35%，一方面是参考了劳斯莱斯案例，另一方面也是个折中的比例。

比例确定了，那么基数如何确定呢？早先印度税务局认为中兴通讯在印度的软件销售收入应当按照特许权使用费对待，征收预提税，不计入常设机构的利润基础。CIT（A）则认为针对授权给用户的软件使用许可收费不是特许权使用费，而是营业利润，因此向印度顾客收取的软件许可也计入常设机构的利润计算基数之中。德里法庭支持了CIT（A）这种看法（请参考：软件许可费竟然不是特许权使用费，印度最高法院澄清误区）。因此，常设机构的利润基数是向顾客销售硬件和软件取得收入产生的全球利润之和。

由于中兴通讯是上市公司，其税前利润率可以从公开渠道获得，德里法庭主张取其实际数字，而不是印度税务局此前主张的拍脑袋数据7.5%。比如中兴通讯2009年度和2010年度年报的税前利润率分别是1.7%和2.8%。根据月份数平均下来2009—2010财年（2008年10月1日至2009年9月30日）的税前利润率是2.53%。中兴通讯此前已经向印度税务局提供了相关年度在印度的销售收入金额。将销售收入与以上营业利润率相乘，就得到了印度销售收入对应的全球利润，再乘以35%的分配率，就得到印度常设机构的利润，相当于销售收入的0.89%，远低于印度税务局以及CIT（A）核定的利润率。

四、公式分配法的生命力

德里法庭采用的利润归属方法，在转让定价领域被称为全球利润公式分配法（以下简称"公式分配法"）。OECD一直反对这种方法，在其《转让定价指南》中说公式分配法与独立交易原则"不共戴天"，并用了大量篇幅来渲染其缺点，宣称其不可用，从而确认了独立交易原则的唯一合法地位。但是在一些国家（例如印度）的国内法之中，公式分配法仍有其一席之地。本案中德里法庭的分析过程，示范了公式分配法如何运作：先根据公开财务数据确定其全球利润，然后根据利润水平与经济活动水平相一致的原则，选择经济活动水平相近的可比公司，参考之前案例确定印度关联公司的利润比例，用全球利润乘以印度公司的比例来确定其利润水平。这个过程，与独立交易原则下通过功能风险分析来寻找可比公司，然后参照可比公司的定价或者利润水平来确定关联交易定价的方法存在一些相似之处。

公式分配法没有得到世界各国普遍采用，没有机会像独立交易原则一样在很多案例中受到打磨，因此表现得原始、狂野、任性。例如，印度法院在劳斯莱斯案例中，将50%利润归于制造功能，15%归于研发功能，其余35%归于销售功能，这样做依据何在？不同行业不同发展阶段的企业各自功能贡献可能不同，是否应当区别对待？另外，不同的商业模式下各企业的功能资产风险在价值链各环节的分布可能相去甚远，同一个比例是否合适？这些问题在公式分配法之下都很难回答。

说到底，公式分配法最大的问题在于各国之间并未就其达成共识。公式分配法如果在各国的国内层面先做到一致,下一步在国际上达成共识,最终也有可能变成国际公认的规则。当然了,在此之前有很长的一段路要走。

第五节　戴尔暗度陈仓,西班牙强势反击

2016年6月20日,西班牙最高法院针对戴尔的上诉案作出了2016年1475号裁定。此案一方为注册于爱尔兰的戴尔产品有限公司(DELL Products LTD,以下简称"戴尔产品"),另一方为西班牙政府(General State Administration)。这场税务争议始于2005年,历经十余年。最高法院作出本项裁定之后,本案终于尘埃落定。

一、暗度陈仓

戴尔是电子商务的鼻祖。1996年戴尔开发出电子商务功能,在网上接受订单,提供咨询与服务。这种"直线订购模式",对外消除了中间商赚差价,满足了顾客定制需求,对内保证了无库存生产,大大提升了电脑产品性价比,一经推出所向披靡,一举确立了王者地位。在税务架构上,戴尔也开展了创新。早年戴尔模仿了传统跨国公司,在市场所在国设立了全功能的销售公司。随着业务模式逐渐成熟,戴尔对价值链进行了重整,将生产和销售功能集中在爱尔兰,如图1-3所示。

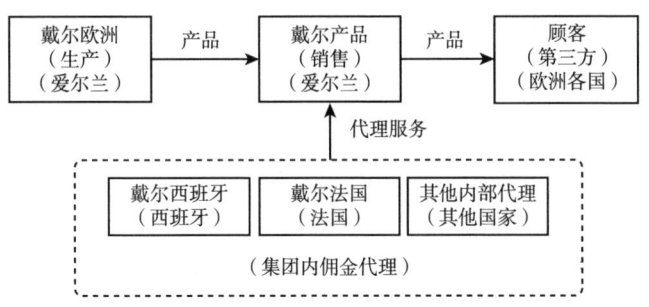

图1-3　戴尔在欧洲的价值链

这种新模式下,注册于爱尔兰的戴尔产品通过设立在欧洲各国的集团内佣金代理商取得销售收入。注册于西班牙等市场国的销售公司变身为佣金代理商。戴尔西班牙仅有

一名员工,但是功能很广,在西班牙从事物流(名下有仓库)、营销,售后服务并管理戴尔产品的西班牙网店。通过佣金代理模式,绝大多数利润暗度陈仓进入了爱尔兰,享受爱尔兰的低税率(12.5%)和某些税收优惠待遇。戴尔产品则根据其西班牙市场的销售收入一定比例向戴尔西班牙支付少量佣金,戴尔西班牙仅就其取得的佣金收入在西班牙纳税。

欧美国家很早就注意到了这种国际避税手段,并开始寻找反制措施。西班牙政府在这方面行动较早,立场较为激进。2005年9月16日,西班牙税务局对戴尔产品就2000—2003纳税年度(纳税年度为2月1日至次年1月31日)进行了检查,经过调查,认为戴尔产品在西班牙构成了常设机构,应就其在西班牙市场销售产品产生的全部利润在西班牙缴税。戴尔产品不服,提起诉讼。此后双方先后对簿于西班牙中央税务法庭(Spanish Central Tax Tribunal,以下简称"TEAC")(2012年3月15日裁定)、西班牙国家上诉法院(Spanish National Appellate Court)(2015年6月8日作出裁定,案件号182/2012),一直到西班牙最高法院。

二、争议聚焦在常设机构

常设机构是税收协定下的概念(请参考:"走出去"企业的税务软肋——中兴通讯印度案例)。戴尔产品作为一家爱尔兰公司,受爱尔兰与西班牙的税收协定(以下简称"税收协定")保护。根据税收协定,只有在构成常设机构的前提下,戴尔产品才需要在西班牙缴纳所得税。常设机构包括固定场所常设机构、工程型常设机构、服务型常设机构、代理型常设机构等各种类型。OECD的协定范本中针对不同类型的常设机构设置了不同的条款。爱尔兰与西班牙的税收协定基于OECD的协定范本制定,与OECD的协定条款基本一致。

本案的争议焦点在于常设机构是否存在,各级法院审理过程中均大量援引了税收协定条文以及OECD对其协定范本的注释。

三、网站不构成常设机构

税收协定中的常设机构规则产生于传统业态背景之下,强调物理存在。电子商务的出现让这一概念变得过时。电子商务背景下非居民企业在市场所在国以网址等虚拟方式存在就完全可以满足业务需求,因此可以通过避免物理存在方式来规避常设机构。此外,税收协定中的常设机构也强调人员的参与,但是与传统业态不同,电子商务业态下卖家可跳过中介直接与顾客对接;传统业态往往需要大量人力,电子商务则通过信息技术手段大大节省了人力。电子商务出现后,常设机构规则的效力大打折扣。

西班牙税务局不愿坐视戴尔避税,意图扩展常设机构的外延,主张网站也构成常设机构。戴尔产品在西班牙拥有网站,由戴尔西班牙进行维护,针对西班牙顾客提供服务。西班牙税务局主张以上网站构成戴尔产品在西班牙的常设机构。

上诉法院和最高法院根据OECD的税收协定范本注释,否决了以上主张。法院认为,常设机构指固定的场所;网站只是代码和信息,是虚拟的,即使其域名归属于西班牙,也不能判定其存在于西班牙;这些代码和信息物理存放于服务器当中,只能根据服务器所在地判断其场所。由于戴尔的服务器不在西班牙,西班牙税务局只能望洋兴叹。

四、代理型常设机构成立

代理有独立代理(协定5.6款)与非独立代理(协定5.5款)之分。非独立代理人如果有权利代表非居民企业签订合同并经常行使这种权利,则可构成非居民企业的代理型常设机构。独立型代理人如果要构成某非居民公司的常设机构,除满足以上条件之外,还需要再满足一个附加条件,即其业务全部或者几乎全部代表该非居民公司。本案中西班牙税务局主张戴尔西班牙构成戴尔产品的非独立常设机构。

(一)戴尔西班牙构成戴尔产品的非独立代理人

西班牙税务局确认:戴尔西班牙依戴尔产品的指示行动,产品价格和佣金水平由戴尔产品决定,是否接受订单由戴尔产品决定,戴尔西班牙须定期向戴尔产品提交报告,戴尔产品有权检查戴尔西班牙的记录和场所,戴尔西班牙购买产品需要戴尔产品授权,戴尔产品拥有无形资产。基于以上事实,西班牙税务局主张戴尔西班牙并不是独立代理人,而是非独立代理人。戴尔一方对此并无异议。两级法院都认可了以上说法。

(二)戴尔西班牙经常代表戴尔产品签订合同

西班牙法律下的佣金代理合同关系中,代理人直接与顾客签订合同收取货款,并将货款全额交回委托人,委托人返还佣金给代理人,货物则由委托人直接发给顾客。

西班牙税务局认为,戴尔西班牙虽然以自己的名义与顾客签订合同(网上签订),但是根据西班牙的相关法律该合同对委托人戴尔产品产生约束力,因此可视为戴尔西班牙代表戴尔产品与顾客签订合同。

戴尔一方认为，税收协定中所说有权代表戴尔产品签署合同，是指戴尔产品与戴尔西班牙之间有一个明确的授权协议，而且是戴尔产品与西班牙顾客之间直接签订合同；然而佣金代理合同模式下并没有这两个环节，而是戴尔西班牙与顾客之间直接签订合同。

最高法院认为，认定戴尔西班牙是否代表戴尔产品签订合同要看实质不看形式，且佣金代理协议并不排除戴尔产品与西班牙顾客之间的紧密联系，因为顾客合同虽然由戴尔西班牙签订，但是法律要求戴尔产品接受所有后果，这个合同对戴尔产品产生约束力，应当视为戴尔产品的合同，戴尔西班牙签订的此类合同应视为代表戴尔产品签订。

基于以上两点，法院支持了西班牙税务局的观点，确认代理型常设机构存在。

五、固定场所型常设机构（协定5.1款）同样成立

虽然已经确认证明常设机构存在，但是西班牙税务局不满足于只确认代理型常设机构存在，而是继续确认固定场所常设机构也存在。西班牙税务局认为戴尔产品对戴尔西班牙的经营场所拥有支配权，并通过其开展经营活动，因此该场所构成其固定场所常设机构。

戴尔一方认为，以上场所属于戴尔西班牙，不归戴尔产品支配，且戴尔产品没有在西班牙从事业务活动。

TEAC认为：戴尔产品虽然没有以自己名义在西班牙拥有经营场所，但是能够完全支配其子公司戴尔西班牙的经营场所。同时，戴尔西班牙的所有人员和物资都用于支持戴尔产品的业务。另外，戴尔产品并没有员工来开展运营，而戴尔西班牙的员工在戴尔产品的监督和控制之下全程承担了戴尔产品的核心业务功能，包括营销、推广、物流、售后服务、收款等。综上所述，戴尔西班牙应视为戴尔产品在西班牙的直接延伸。因此，固定场所型常设机构成立。

上诉法院和最高法院都支持了上述说法。但是两级法院分析的顺序不同。上诉法院先分析了代理型常设机构，而最高法院先分析固定场所常设机构。最高法院的分析顺序与协定条款一致，立场更加坚定。

六、利润归属一刀切

理论上说常设机构的利润归属要按照独立交易原则确定，一般情况下比较复杂（请参考：拍脑袋也看先例——中兴通讯印度常设机构利润核定）。本案中西班牙税务局举

重若轻，主张西班牙市场产生的全部利润应归属于西班牙常设机构，理由是戴尔产品并没有员工（其所有人员都是戴尔欧洲等关联公司的员工，以分包的方式开展业务），其全部经营活动都应视为在西班牙进行。

戴尔一方提出了反驳，主张戴尔西班牙并不承担戴尔产品的全部功能，因此只应将部分利润归属于常设机构。但是戴尔一方的证据很无力，未被采纳。在上诉法院和最高法院层面，判决书中干脆不提戴尔产品没有员工这件事，而是理直气壮地直接认定100%利润应归属于西班牙常设机构。

七、各国的征管实践推动国际税收规则变革

西班牙最高法院声称，考虑到全球化市场环境下跨国公司向低税地区转移利润的现状，对协定的解释不应拘泥于字面和静态。本案中，西班牙税务局和法院从功能和实质上判定常设机构是否存在，而不是纯法律层面进行判断，正是基于这一理念。

同样是针对跨国公司的国际避税行为，OECD推出了税基侵蚀和利润转移（Base Erosion and Profit Shifting，BEPS）行动（请参考：国际税收的"当铺思维"是如何垮掉的？）。2013年2月发布的《税基侵蚀与利润转移报告》（2013年版本）中，OECD描述了各种避税手段，其中包括：

- 规避在市场国的应税存在，或者通过降低市场国利润的方式达到市场国税负最小化；
- 将收入确认在低税率地区等，在低税率地区形成大额非常规利润。

针对以上避税行为，BEPS报告建议了各种行动措施，其中第七项行动计划《防止人为规避构成常设机构》就是其中之一，该行动计划对应的报告见于2015年版的《税基侵蚀与利润转移最终报告》。该报告第一章名为《通过佣金代理人或者类似安排人为规避构成常设机构》。在该章中，OECD建议就常设机构条款修改协定范本及其注释，其立场与西班牙法院基本一致。此后2017年版的OECD税收协定范本及其注释根据这些建议进行了修改。

本案的十年争议期间，国际税收规则沧海桑田。以上国际税收规则演化进程与本案的时间线存在多处重合，显示了很强的互动关系：一方面是西班牙税务局的观点被OECD吸纳进了新规则，另一方面是随着BEPS行动的进展，西班牙法院的态度越来越强硬，最终强势结案。可以看出，本案是BEPS行动的一个里程碑。

第六节　软件许可费竟然不是特许权使用费，印度最高法院澄清误区

支付给非居民的软件许可费属于特许权使用费，交预提税，这有问题吗？很多人对此坚信不疑。直觉上软件涉及知识产权，许可费就是使用费，这还不够吗？事实上这是个误区。许可给最终用户和经销商的软件许可费不构成特许权使用费。最近印度最高法院借审理 Engineering Analysis Centre of Excellence Private Limited 案件的机会通过了一项裁定，把这个问题掰开揉碎地解释了一遍。

一、批量解决历史问题

印度所得税法第9(1)(vi)款规定，由印度税务居民支付的特许权使用费，只要该项许可用于从印度取得所得，则应视为源于印度境内的所得，扣缴预提税。该条法规下的第二条解释将特许权使用费定义为"为针对版权（copyright）转让全部或者部分权利（包括授予许可）所支付的对价"。该条法规下第四条解释则明确，所谓"针对任何权利、财产或者信息转让全部或者部分权利"包括并且一直包括"针对使用或者有权使用计算机软件转让全部或者部分权利"。

预提税是针对非居民纳税人的。长期以来很多跨国公司针对这条关于预提税的法规与印度税务局争执不下。印度税务局认为这条法规是说，特许权使用费包括针对软件支付的所有费用，所有软件使用费都是特许权使用费，印度要征收预提税。跨国公司则认为，有些软件使用费并不是针对版权支付的对价，这些软件使用费就属于营业利润而不是特许权使用费，要看是否在印度构成常设机构，构成常设机构则按营业利润征税，如果没有构成常设机构，则不应在印度纳税。这些官司打到印度各邦的法院，这些法院有时候会支持税务局，有时候会支持纳税人。不管怎么判，总有一方不满，最终都上诉到了印度最高法院。印度最高法院手里压了103个这类案件，这次做了一个集中处理，并于2021年3月2日下达了裁定。在裁定文书中，印度最高法院集中清理基于最终用户使用协议支付软件使用费的案件，并把这些案件按照商业模式归成了4类。

第1类：印度最终用户从非居民供应商手中直接采购软件。

第2类：印度分销商从非居民供应商手中采购软件，然后再销售给印度的最终用户。

第3类：非居民分销商从非居民供应商手中购买软件，然后再销售给印度境内的居民分销商或者最终用户。

第4类：软件与硬件集成为一个整体单元，由非居民供应商销售给印度的分销商或者最终用户。

二、印度国内法下的特许权使用费定义

前文说过，印度所得税法下将特许权使用费定义为"为针对版权（copyright）转让全部或者部分权利（包括授予许可）所支付的对价"。因此印度最高法院认为，如果交易中不涉及版权权利的转让就不构成特许权使用费。

印度最高法院分析了印度1957年的《版权法》，澄清了几个概念并得出结论说，基于最终用户许可协议为再销售或者使用计算机软件支付的费用并不构成特许权使用费。首先版权不同于所有权，因为它是一种限制他人实施特定行为的排他性权利。转让版权意味着与这些限制性权利相分离，这不同于转让涉及版权标的物的所有权，因为后者不涉及利用版权再生标的物的权利以及实施版权下的其他权利。最高法院接着说，计算机软件"再生的权利"和"使用权"是两项截然不同的权利，前者涉及转让版权而后者不涉及。

印度最高法院说，基于最终用户许可协议的许可，并不是转让软件的版权，只是为了给使用计算机软件施加限制条件的目的而给予的许可。最终用户许可协议下的"许可"一词并不能断章取义地理解并用来确定这项安排的最终性质。正确的理解必须通过完整地审视整个协议才能实现。一项非排他性的、不可转让的许可不应理解为《版权法》下的权利的许可。另外，《版权法》明确了出于使用或者备份目的而复制软件也不构成侵犯版权，因此许可最终消费者出于使用或者备份目的而复制软件并不是版权的许可。

基于以上分析，印度最高法院认为非居民制造商/分销商向印度分销商供应软件取得的收入并不构成特许权使用费，因为这些软件进入印度时受分销协议的约束，因而不受印度《版权法》管辖，因为印度《版权法》只限制被许可的拷贝的复制以及后续销售，而不是限制该拷贝的再销售。换句话说，这类交易并不是转让版权权利，支付的费用不构成特许权使用费。

既然不是转让版权，那么前面列举的4类交易到底是什么性质？印度最高法院认为，最终用户从非居民供应商手中直接采购软件的模式下，不论软件是采用光盘等实体存储媒介形式进行交付，还是通过互联网进行交付，非居民供应商都是销售专卖产品；

印度分销商从非居民供应商手中采购软件，然后再销售给印度的最终用户这种交易形式下，不论是以光盘形式交付，还是以嵌入在硬件之中的形式交付都是非居民供应商销售作为商品的软件。这两种行为虽然略有不同，但是只是在间接税（关税和增值税等）处理上不同。在所得税方面，都属于或者类似于转让有形商品，都不构成特许权使用费，都不适用预提税，而应当按照营业利润对待。

基于这一点，印度最高法院为此前各邦法院诉讼中涉及的一系列跨国公司主持了公道，涉及三星、爱立信、诺基亚以及中兴通讯等通信行业的巨头。

三、税收协定的效力

印度法律体系下，税收协定和国内法之间发生冲突时，以有利于纳税人的原则来适用法律。具体地说，在纳税人能够适用税收协定的前提下，国内税法中那些不利于纳税人的条款不能适用。另外，国内法下的那些术语只有税收协定中没有相应的术语的前提下才能适用。

税收协定中对特许权使用费的定义采取了穷尽列举法，而印度所得税法下对特许权使用费的定义则较为宽泛。印度最高法院比较两个概念，发现了它们本质上是一致的。这两个定义下要构成特许权使用费，都以授予该版权的许可为必要条件。

印度最高法院认为协定方面的解释应当以OECD范本下的第12条，即特许权使用费条款的注释为准。印度最高法院认为软件协议的签约双方都有权知道他们在税收协定下的身份和义务。要达到这一目的，签约双方只能依据OECD的注释。众所周知，印度对OECD范本下的部分注释持保留意见，这些意见已经写入协定范本的注释。但是除非该项保留意见在缔约国双方谈判时已经进行过协商，并且将该项保留内容写入协定文本之中，否则这些保留意见不影响对协定的理解。最高法院进一步说印度政府在表达了对OECD范本的保留意见之后，已经逐步开始修改其与各国已经签订的税收协定，尽管如此，协定文本中特许权使用费的定义至今与OECD范本注释中的定义保持一致，因此印度的保留意见在案件审理过程中并不适用。

四、拥护OECD范本共识

国际税收涉及国内法和国际法，而各国的国内法千姿百态，经常与国际法产生冲突，这种冲突是国际税收争议的根源之一。特许权使用费是国际税收中最容易被误解的概念，因而争议很多，不只印度如此，全世界都是这样。印度最高法院的这个裁定，不仅澄清了这个问题,增强了印度税法的确定性,降低了未来争议的可能性,而且就这个问题本身而言,以及就如何协调国内法与国际法的关系而言,对其他国家都具有启发意义。

税收协定属于国际法,而国际法是基于共识的。OECD协定范本及其注释基于各国的共识,对国际税收相关问题做了相当透彻的分析,大多数税收协定的签约国都表示接受。但是在征管实践中,接受的程度各国差异较大。印度最高法院从交易双方应了解各自权利的角度,认为在解释国内法时应尊重OECD协定范本中的共识,从这个观点可以看出,相对于以激进著称的印度税务局而言,印度法院则相当理性,且能够发挥一定的制衡作用。

第七节　荷兰挖"坑",印度尼西亚跳
——Indosat税收协定待遇案例

一、预提税筹划

印度尼西亚卫星公司(PT Indosat Ooredoo Tbk,简称Indosat或公司)是印度尼西亚第二大移动电话服务供应商。Indosat成立于1967年,原是外商投资企业(PMA),于1980年被印度尼西亚政府收购后变为全资国有企业。1994年公司在纽约证券交易所(NYSE)和印度尼西亚证券交易所(IDX)同时上市,政府的股份被稀释至65%。2013年5月16日,印度尼西亚政府将公司从纽约证券交易所退市,变成了纯印度尼西亚境内上市公司。目前政府在公司持有近80%的股份,其中14.29%为直接持有,65%为通过设立在新加坡的Ooredoo Asia Pte.Ltd.持有。

即便是国企,也要搞税收筹划。2003年Indosat要在国际市场上发债3亿美元。根据印度尼西亚所得税法第26条,印度尼西亚公司向境外贷款方支付的利息需要代扣代缴20%的预提税。羊毛出在羊身上,这个预提税当然由公司来承担。Indosat不想承担这个预提税,就想到了税收协定待遇。当时印度尼西亚和荷兰税收协定中,对于两年以上贷款利率的预提税率限定为零(2015年协定修订后该税率限定为5%,但是与本案无关),于是Indosat就通过荷兰来发债。

2003年11月5日,Indosat的荷兰关联公司印度尼西亚卫星财务公司(Indosat Finance Company BV,以下简称"荷兰公司")以自己的名义发行了3亿美元的长期债

券。该债券由母公司Indosat及Indosat的个别子公司提供担保，期限7年（2010年11月5日到期）年息7.75%。当天，荷兰公司与母公司Indosat签订了贷款协议，将收到的融资款3亿美元全数转贷给Indosat，贷款协议与债券的期限相同、利率相同、还款进度相同。

基于这一安排，Indosat支付利息时，不是支付给世界各地的债券持有人，而是支付给荷兰公司，享受印度尼西亚与荷兰的税收协定，不再需要扣缴预提税。按年息7.75%计算，每年利息支出2 300万美元，乘以20%的预提税率，每年节省预提税460万美元，7年合计节省预提税3 220万美元。

二、税务局纠缠税务居民身份

2010年5月，印度尼西亚税务局（简称"DGT"）对此提出异议，向印度尼西亚税务法院起诉，指控Indosat滥用印度尼西亚——荷兰税收协定（以下简称"税收协定"）。利息条款见税收协定第十一条。根据该条第四款，利息的接受方荷兰公司必须是利息所得的受益所有人，且必须是荷兰的税务居民，才可以享受税收协定下的免税待遇。印度尼西亚税务局认为荷兰公司虽然注册在荷兰，但是由于它的股东以及战略决策地点都位于印度尼西亚，因此它的实际管理机构位于印度尼西亚，是印度尼西亚的税务居民，不应当适用税收协定。

印度尼西亚的政府法规No.94/2010规定，利息接受方非居民纳税人必须提供其居民国税务机关认证的税务居民身份证明（Certificate of Domicile，简称"COD"），才可以证明税收居民身份，享受税收协定待遇。此外，根据印度尼西亚税务局文件No.SE-03/PJ/101/1996，COD需要每年核查一次。Indosat向税务法院出示了荷兰税务居民身份证明之后。税务法院判定DGT的说法不成立，因为COD符合条件，足以证明荷兰公司是荷兰税务居民，不是印度尼西亚税务居民。

三、在税务法院帮助下，税务局转攻受益所有人身份

税务居民这个方向走不通，税务局转向了受益所有人方向，提出荷兰公司只是导管公司，并不是合同下利息所得的真正的受益所有人，因此不应适用税收协定中的利息条款享受免税。税务法院认可了这种说法，判定DGT胜诉，荷兰公司需要补税。

这个结果并不意外。根据2002年的《税务法院法》（No.14/2002），税务法院是行政法院体系内的一个特别法庭，受最高法院直接领导，同时，财政部负责税务法院的组

织、行政管理以及财务管理。税务法院的法官由财政部提名（一般是税务局的退休老干部），由总统指定，由最高法院的负责人批准。可见，税务法院形式上归最高法院领导，但人事权、行政权和财权都在财政部，这就决定了它的立场与DGT基本一致。

本案中，税务法院发现了DGT的错误，并及时督促DGT改正，避免了DGT未来在最高法院审理环节陷入被动。此前有过类似的案例（例如Pindo Deli Finance BV案例），其中DGT和税务法院都没有及时发现类似错误，到了最高法院才发现税务居民的立场站不住脚，想改为受益所有人角度，但是迟了。纳税人说税务局从来没有说过受益所有人方面存在问题，现在也不能说。税务局改变异议的方向，属于提供新证据。新证据是否采纳完全看法官的心情。最高法院跟税务法院不同，不会总是向着DGT，结果那个案例中最高法院判纳税人胜诉。本案中税务法院在初审环节就发现了类似错误，并接受了DGT提供的新证据，"救了DGT一命"。

由于税务法院一向站在DGT一边，税务法院判决的结果，纳税人一般都不服，还要向最高法院起诉。本案也不例外。

四、荷兰税务局的鸡毛，印度尼西亚最高法院当成了令箭

2012年最高法院裁决Indosat胜诉，理由是荷兰税务局给荷兰公司签发的COD足以证明它是受益所有人，因此符合享受税收协定的条件。

前面说过，根据税收协定，荷兰公司作为利息收取方享受协定下的免税待遇需要同时符合两个条件：它必须是受益所有人且必须是荷兰税务居民。COD是税务身份证明，只证明荷兰公司满足了税务居民条件，并不能证明其同时满足了受益所有人条件。印度尼西亚最高法院为何认为它证明了同时满足两个条件呢？

印度尼西亚最高法院的逻辑是，荷兰税务局签发的COD是一项税收裁定，荷兰税务局依据荷兰相关法规签发该项裁定时已经把过关了，荷兰公司拿到COD就足以证明它是受益所有人，适用税收协定待遇没有错。

印度尼西亚最高法院所说的荷兰相关法规，是荷兰财政部文件（SSF No.IFZ2004/126M，以下简称"财政部文件"）。该文件中所谓相关条件，并不是判定受益所有人的条件，而是在荷兰申请税务裁定的资格条件。荷兰是个金融中心，是国际投资的中转站。跨国公司通过荷兰进行大手笔的跨境投资时，荷兰政府往往许诺给以低税的待遇，并将许诺体现在预约定价安排（APA）和预先税务裁定（ATR）之类的税收裁定之中让跨国公司放心。但是，这种裁定有"放水"的嫌疑，荷兰也有所节制，因此发布了上述财政部文件，明确了在荷兰注册的公司，只有满足一定的经济实质要求，才有

资格申请裁定。财政部文件中的判断条件，是经济实质方面的条件。这些条件与受益所有人的判定条件有一定程度的重合，但并不等同于后者。

判断受益所有人是个很复杂的问题，有一套独立的判断标准和分析过程。例如，OECD协定范本注释指出，如果收取利息的一方处置所得和资产的权利受限，那么他就是仅仅作为一个受托人或者是管理者来为真正的受益方服务，这种情况下他就不是受益所有人。也就是说，即使荷兰公司有足够的经济实质，如果给别的公司充当管道，它仍然不是受益所有人。荷兰税务局签发COD时，显然没有进行这方面的分析。

荷兰税务局扔下了一支鸡毛，印度尼西亚最高法院捡起来就当成了令箭。

五、协定套路深

堂堂的印度尼西亚最高法院为什么会拎不清？这要从印度尼西亚与荷兰的税收协定说起。税收协定的利息条款（即第十一条）虽然提到了受益所有人条件，但是对受益所有人并无定义。这种情况下，执行协定时只能参考双方各自的国内法。印度尼西亚这方面，DGT曾经发布了No.SE-04/PJ/2005，No.SE-03/PJ/2008，Per-62/PJ/2009等一系列法规文件，对受益所有人进行了定义。这些法规和文件就是DGT否认荷兰公司受益所有人身份的依据。但是印度尼西亚的最高法院认为，以上规定只是印度尼西亚的国内法，而税收协定是国际法。当国内法与国际法发生冲突的时候，国际法的效力高于国内法，以上文件与税收协定冲突，因此统统无效。

事实上，上述文件与OECD协定范本注释的精神一致。那么为何会与协定冲突呢？这是因为荷兰在协定中挖了一个"坑"。该协定第十一条第五款规定，一旦双方对享受上述协定待遇的方式产生争议，或者对受益所有人产生争议，应通过共同协商程序（MAP）来解决争议。然后，就没有然后了。

MAP在税收协定中是个必备条款，一般情况下会以一个独立条款的形式出现（如税收协定的第二十七条）。但是荷兰签订税收协定时，往往要求在独立条款之外，股息、利息、特许权使用费条款中都要各加上一款MAP。荷兰与印度尼西亚的税收协定中，以上三条中都有MAP条款。荷兰与我国的税收协定中，股息条款有MAP条款。

税收协定的股息、利息、特许权使用费条款中，只提到一句MAP，点到为止，然后不做解释。这会给协定执行中带来很大困惑。但是，荷兰是个资本输出国，印度尼西亚是个资本输入国。这三个条款涉及的所得，绝大多数都是从印度尼西亚向荷兰单向流动。因此，困惑都在印度尼西亚这一边。

六、最高法院"神助攻"

税收协定约定了双方对协定的执行方式进行协商,但是签订协定后双方从未进行协商,那么这些协商条款到底如何落地? DGT发现跨国公司滥用协定中的利息条款避税的情况很严重,曾经下了一个文件(No.SE-17/PJ/2005)说税收协定中的利息条款暂停适用,因为两国并未就执行方式进行协商并达成一致意见。最高法院出手宣布以上文件无效,说"你出一个部门规章就想废止国际法,你当你是谁啊!"

回到本案中,印度尼西亚最高法院认为,既然协定中利息条款规定了协定待遇的执行方式和受益所有人要双方协商确定,那么未经过MAP程序,DGT就无权单方面否认荷兰公司的受益所有人身份。这反映了印度尼西亚最高法院对相互协商程序的理解是:两国税务局意见一致的时候听印度尼西亚税务局的,意见不一致时听荷兰税务局的。这等于剥夺了印度尼西亚税务局判定受益所有人,不符合税收协定的精神。税收协定的利息条款的精神是,来源国(印度尼西亚)有优先征税权,为了避免双重征税,约定一个最高税率(税收协定中最高税率是零)对来源国征税权进行一定程度的限制。但是说到底,这个征税权是来源国的。如果非居民纳税人(荷兰公司)有异议,可以向居民国(荷兰)申请启动MAP程序,让荷兰税务局与印度尼西亚来协商。请求发起协商的责任在荷兰公司,不能以没有经过协商为由,剥夺印度尼西亚税务局征税的权利。

荷兰在税收协定中挖的这个坑,本来是姜太公钓鱼,愿者上钩。但是印度尼西亚最高法院不但把判定受益所有人的权力全部判给了荷兰税务局,而且跟受益所有人完全是两回事的COD认定为荷兰方面针对受益所有人的表态,不愧是"神助攻"。

后来印度尼西亚政府与荷兰就税收协定重新进行了谈判,并于2015年签订议定书,在股息、利息、特许权使用费条款中将双方针对执行方式进行协商的条款全部删除,同时明确双方对受益所有人的解释,应与签约时或者后续修订时OECD公布的解释一致。该议定书于2017年10月1日生效。填上了这个"坑"。

第八节 境外股权划转,据说能免税?

划转本是国有资产管理的概念,指国有资产在不同国有产权主体之间的无偿转移。国有企业之间,资产可以无偿划进划出,因此才有这个说法。

2022年8月27日，某上市公司发布了关于股权内部划转的公告。这次划转有些特殊，两家标的公司都是集团内的境外注册公司。篇幅所限，我们只关注其中一家，即位于越南的V公司。对应的划入方是集团内的境内主体I公司，划出方则是集团内的境内B公司。划转前后的股权架构如图1-4所示（所有未标明的持股比例都是100%）。

一、据说划转能免税？

因为划转在国有企业之间很常见，企业所得税法规对其规定了特殊税务处理。后来，本着不同所有制企业一视同仁的原则，这种特殊税务处理也推广到非国有企业。

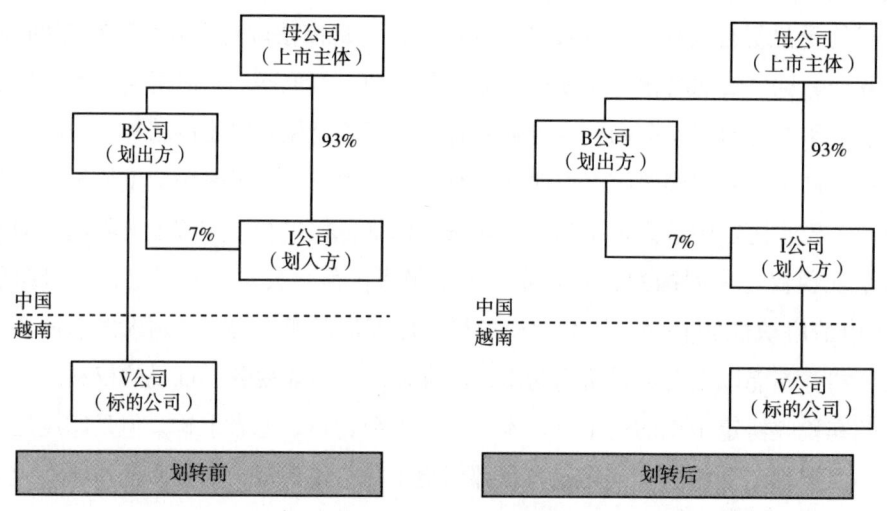

图1-4 划转前后架构对比

税收法规中对划转没有明确定义，而是直接给出了税务处理规则。主要规定见《财政部 国家税务总局关于促进企业重组有关企业所得税处理问题的通知》（财税〔2014〕109号）第三条：

对100%直接控制的居民企业之间，以及受同一或相同多家居民企业100%直接控制的居民企业之间按账面净值划转股权或资产，凡具有合理商业目的、不以减少、免除或者推迟缴纳税款为主要目的，股权或资产划转后连续12个月内不改变被划转股权或资产原来实质性经营活动，且划出方企业和划入方企业均未在会计上确认损益的，可以选择按以下规定进行特殊性税务处理：

1. 划出方企业和划入方企业均不确认所得。

2. 划入方企业取得被划转股权或资产的计税基础，以被划转股权或资产的原账面净值确定。

3. 划入方企业取得的被划转资产，应按其原账面净值计算折旧扣除。

本条法规将划转的税务处理定性为"特殊性税务处理"，并在前半部分规定了特殊性处理的条件，在后半部分明确了特殊性税务处理的具体方式。特殊性税务处理俗称免税，简单地说就是划出方和划入方都不需要立即纳税，同时保留标的（被划转）股权或者资产的税务属性，实际上是一种递延纳税处理。

本案中，该公司将本次重组交易定性为划转，也许是为了享受财税〔2014〕109号文件下的特殊性税务处理即递延纳税待遇，但是未必能够如愿。

财税〔2014〕109号文件为划转的特殊税务处理设置了条件，见财税〔2014〕109号文件第三条前半段，共四项。现梳理如下：

（1）控制要件，即100%直接控制的居民企业之间，以及受同一或相同多家居民企业100%直接控制的居民企业之间进行的交易；

（2）会计处理要件，即按账面净值划转股权或资产，且划出方企业和划入方企业均未在会计上确认损益；

（3）合理商业目的要件，即具有合理商业目的、不以减少、免除或者推迟缴纳税款为主要目的；

（4）权益连续性条件，即股权或资产划转后连续12个月内不改变被划转股权或资产原来实质性经营活动。

针对以上第一个条件，国家税务总局随后又下发《关于资产（股权）划转企业所得税征管问题的公告》（国家税务总局公告2015年第40号，以下简称"40号公告"），进行了细化。40号公告第一条列出了四种情形。其中第一至第三种情形是100%直接持股的母子公司之间的划转，与我们讨论的案例无关；第四种情形则是子公司之间的划转，需要我们重点关注。该情形细节规定为：

> 受同一或相同多家母公司100%直接控制的子公司之间，在母公司主导下，一家子公司向另一家子公司按账面净值划转其持有的股权或资产，划出方没有获得任何股权或非股权支付。划出方按冲减所有者权益处理，划入方按接受投资处理。

本案中划出方B公司与划入方I公司受同一母公司（即上市主体公司）控制（见图

1-5),但由于划出方B公司持有划入方I公司7%的股权,I公司不满足受母公司100%直接控制的条件。因此该项划转不能适用财税〔2014〕109号文件下的特殊性税务处理。

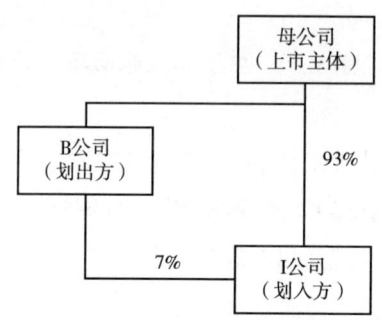

图1-5 划入方与划出方之间的股权关系

二、老板一张嘴,CFO写断笔

既然不能适用划转的特殊性税务处理,那么该方案为什么还要称为划转而不低调地称为重组呢?推测"划转"这个词传达了本次重组的意图,就是最省力地将V公司的股权从B公司变更到I公司之下。为了达到这一目的,重组没有安排现金对价,避免了劳民伤财地调动资金,而是安排为通过集团内的股权关系调整来实现重组目的。在老板看来,这是把股权从左口袋划到右口袋,自然无偿了,也没必要让资金转一圈。因此,"划转"这个词最容易被老板接受。至于税务处理,能适用特殊性税务处理最好,不能适用也就算了。

不能适用特殊性税务处理,那么就适用一般性税务处理。根据《财政部 国家税务总局关于企业重组业务企业所得税处理若干问题的通知》(财税〔2009〕59号,以下简称"59号文件")第四条,股权转让的一般性税务处理具体方式为:

1.被收购方应确认股权、资产转让所得或损失。
2.收购方取得股权或资产的计税基础应以公允价值为基础确定。
3.被收购企业的相关所得税事项原则上保持不变。

根据59号文件,本案中被收购企业是V公司,相关所得税事项保持不变。收购方为I公司,应以V公司股权的公允价值确认该项股权的计税基础。被收购方为B公司,需要确认所得或者损失,即以V公司股权的公允价值减去其投资成本,如果数额为正则确认为应税所得，如果数额为负则确认为税前损失。

三、隐形的交易方

但是苦命的CFO们都知道，不能只从合同字面去理解一项交易，那肯定要误事的。再去想一想，貌似无偿的交易，发生在集团内两个兄弟公司之间，背后一定还有故事。I公司拿到V公司的股权，背后一定付出了代价，只不过是通过母公司结算过了，老板看不出来，但是CFO不能看不见。既然本项交易涉及母公司，母公司一定需要进行税务处理。

那么母公司在本项交易中到底做了什么？这就需要将本项交易分解成两步才能看清楚：第一步是B公司将V公司的股权转让给母公司，用以归还母公司的部分投资额；第二步则是母公司将收到V公司股权以非货币性资产投资的方式注入I公司，增加其投资额。那么母公司的税务处理，也分这两步分别进行就可以了。

第一步可以参考《国家税务总局关于企业所得税若干问题的公告》（国家税务总局公告2011年第34号）第五条处理。该条主要内容如下：

> 投资企业从被投资企业撤回或减少投资，其取得的资产中，相当于初始出资的部分，应确认为投资收回；相当于被投资企业累计未分配利润和累计盈余公积按减少实收资本比例计算的部分，应确认为股息所得；其余部分确认为投资资产转让所得。

假设V公司股权的公允价值未超过母公司对B公司的初始出资，则母公司从B公司减少投资取得的资产（即V公司的股权）根据以上规定应确认为投资收回，不确认所得，不产生纳税义务，只需就相应金额减少母公司对B公司投资的税务基础即可。这是最简单的情形。这种情形下，第二步只需就相应金额增加母公司对I公司投资的税务基础即可，也不确认所得，不产生纳税义务。

但是，如果V公司股权的公允价值超过母公司对B公司的初始出资，那么母公司的税务处理要复杂很多。篇幅所限，不展开讨论。总之，划转这件事，老板们觉得再简单不过了，CFO却一点也不省心。

四、如何向境外税务局解释划转？

V公司注册于越南，其股东要从B公司变为I公司，需要变更公司登记。在这一过程中需要向越南税务机关解释这项交易，以便进行当地的税务处理。这就带来一个问题：如何向越南税务机关解释这个具有中国特色的词汇？说B公司无偿把股权给了I公司？越南税务局会问：无偿转让？什么名堂？想来想去，还是避免说"划转"这个词最好。最简单的说法，就是说这是一个集团内的重组方案，分两步进行：第一步是B公司将V公司的股权转让给母公司，用以归还母公司的部分投资额；第二步则是母公司将收到的V公司股权以非货币性资产投资的方式注入I公司，增加其投资额。

在越南税务机关看来，由于V公司为越南的税务居民，V公司股权变动会被视为B公司转让V公司股权。在特定情况下，B公司需要在越南缴纳所得税。越南对于非居民企业转让居民企业股权一般并不征收企业所得税，但是对于非居民企业转让位于越南境内的不动产按转让价款的2%征收企业所得税。另外，根据中越税收协定第十三条"财产收益"下第四款，如果V公司的财产主要由位于越南的不动产构成，则越南税务局可以就B公司转让V公司股权取得的收益征税。因此，B公司是否需要在越南交税，关键是看V公司的财产是否主要由位于越南的不动产构成，以及当地税收法规以及征管实践中如何确定股权转让对价。这方面的具体判断标准，要咨询当地的专业人士。

如果确认B公司需要缴纳越南所得税，那么就要考虑境外所得税抵免问题。前面说了，本项重组适用一般性税务处理，因此B公司会产生应纳税所得额。这项所得一定要申报成境外所得，这样才能在计算应纳所得税时，就越南已经缴纳的税款进行抵免，按抵免后的金额纳税。当然了，抵免时要先计算抵免限额，如果限额低于实际已纳税额，则按限额抵免。

扩展阅读1：

欧盟再度警告香港，终结双重不征税

2021年国庆节期间发生了一件事，欧盟把香港列入避税港灰名单了。

一、欧盟的仪式感

凡是国际避税的链条中，必定有一国（地区）或者几国（地区）配合跨国公司放水，挖别国墙脚，这些国家或地区就是避税港。被挖了墙脚的国家或地区吃了好多年哑巴亏，直到G20和OECD推出了税基侵蚀与利润转移行动（简称"BEPS行动"），这些国家或地区借势开始找避税港理论，要求避税港改变税制，不要再挖别人墙脚了。作为BEPS的组织者和执行者，OECD督促落实BEPS行动责无旁贷。但是OECD内部的两大山头，美国和欧盟,也各自有自己的算盘。除了在OECD内部争夺话语权之外,双方也在落实BEPS方面各搞了自己的一套。其中欧盟搞了一个税务不合作辖区名单,俗称避税港名单。

欧盟是一个很注重仪式感的组织,指责别人的时候自然要把程序走到位。2015年先针对自己成员国评审了一遍税制,结果不用说都是合格,然后从2016年开始评审第三国。欧盟理事会专门成立了一个行为准则小组(EU Code of Conduct Group on Business Taxation,COCG)来负责这件事情。同年,欧盟经济和财政部长理事会(Eu Economic and Finance Ministers,ECOFIN)确定了评审的标准,分三个方面:

1. 透明度方面

各国(地区)应接受符合税务信息交换的国际标准,包括应要求的信息交换(Exchange of Information on Request,简称"EOIR")标准和自动信息交换(Automatic Exchange of Information,简称"AEOI")标准,并批准OECD关于信息交换的多边公约或者其与欧盟成员国就信息交换签署的双边协定。

2. 公平税务竞争方面

各国(地区)不应存在有害税收实践。违反欧盟行为准则或者OECD有害税收实践论坛原则的制度都是有害税收实践。对公司不征税或者税率为零的国家应保证不鼓励设立没有经济实质的人为离岸架构,而应当引入特定的经济实质要求以及透明度措施。

3. BEPS实施方面

各国(地区)应承诺实施BEPS最低标准。

二、欧盟的灰名单

欧盟的评审来势很猛。2017年12月5日,经过COCG提名,ECOFIN通过,欧盟公布了第一批评审结果,其中17个税收辖区被列入税收不合作辖区名单(俗称"黑名单"),包括巴拿马和中国澳门这类低税地,也包括韩国等态度不好的经济强国。同时,47个税收辖区被列入察看名单(俗称"灰名单"),这其中包括开曼这类低税地,也包括瑞士这样的经济强国;我国台湾地区和香港地区也在其中。

列入黑名单可不是一件小事。黑名单辖区内的实体不允许经手欧盟的援助资金。涉及黑名单辖区实体的税务安排要向主管税务机关报告,黑名单辖区在反洗钱方面也会受到优先关注。跨国公司在黑名单辖区有经济活动的,在国别报告方面要求更高,在税务稽查、预提税、反协定滥用等方面也会受到欧盟成员国的特别关注。总之，只要想和欧盟做生意，就不能上黑名单。

至于灰名单呢？就是承认税制有问题，但是态度较好，答应改正。欧盟给了一定的宽限期来改正错误。到期后再来评审。

三、香港闪展腾挪

香港是个低税地，2017年因为态度较好，没有被列入黑名单，只被列入灰名单。2016年香港向OECD承诺实施BEPS的最低标准，包括反对有害税收实践、防止协定滥用、引入国别报告制度、改进跨境税务争议解决机制等。此后香港言出必行，到了2018年香港进行了一系列的税制改革。在透明度方面，香港签署了《税务征管互助公约》（于2018年9月1日生效），使得香港可以实施AEIO以及OECD推荐的其他行动。同时，香港将转让定价规则写入税法之中，并引入了转让定价文档要求；在公平税务竞争方面，香港修改了若干税收优惠制度，包括企业财资中心（Corporate Treasury Center）优惠制度、若干针对保险业的税收优惠制度、离岸基金税收制度等，使其不再构成有害税收实践。

这其中最有代表性的是针对离岸基金的免税制度。OECD判断有害税收实践，有一个"围栏"性质标准。所谓围栏就是只针对非居民免税，不对居民免税，换句话说就是专门挖别国的墙角，这才构成有害税收实践。香港的离岸基金税收制度，原先只对离岸基金免税，而对在岸基金不免税，这是典型的挖墙脚。为了避免被视为挖墙脚，香港这次税制改革后对在岸基金和离岸基金一视同仁，都免税。

基于以上改进措施，2019年3月12日，香港被欧盟移出了灰名单。

四、香港二进宫

香港通过扩大免税范围来避免构成有害税收实践，别的低税地也这么做了，这不是欧盟希望的结果。欧盟这一轮评审没有达到目的，就回头来修改评选标准，于2019年10月15日出台了《境外所得免税制度指南》。然后根据修订后的标准，欧盟对香港重新进行了评审，并于2021年10月5日宣布香港再度进入灰名单，理由是香港的对境外消极所得不征税的制度，可能导致双重不征税。

所谓消极所得，就是股息、利息、特许权使用费、若干资本利得等。与之相对的是积极所得，最常见的积极所得是经营所得。香港只对积极所得征税，不对消极所得征税，而且对居民和非居民的消极所得，都一视同仁地不征税。按照欧盟原先的标准，只要一视同仁就不构成有害税收实践。但是，《境外所得免税制度指南》将标准提高了，不仅要看是否一视同仁，还要看是否会造成双重不征税。

COCG认为，一旦境外所得免税制度覆盖了被动所得，同时又没有给出任何限定条件，则有可能导致"围栏"以及缺乏实质的行为。这是因为，消极所得一般都来自与非居民公司之间的交易，给消极所得免税就等同于只给非居民免税。同时，由于取得消极所得并不需要经济实质，在香港现有的税制下，跨国公司可以在香港设立完全没有经济实质的空壳公司，而将被动所得实现在该公司享受免税。这些所得在香港享受免税的同时，由于系通过香港公司在香港实现，其他国家无法对其征税，结果是享受双重不征税的待遇，于是产生了有害税收实践。

关于改进措施，欧盟建议构成有害税收实践的辖区考虑以下两个选项：

第一，对全部被动所得征税，或者，

第二，如果对部分被动所得不征税，则采取以下措施：

1. 实施足够的经济实质要求；

2. 引入强有力的反滥用规则；

3. 决定免税范围时杜绝行政自由裁量。

香港特区政府同意与欧盟合作，并且承诺于2022年完成税务法规修订，于2023年将相关措施付诸实施。特区政府发言人说，"……特区政府会在修订有关的税务安排后，要求欧盟尽快把香港从观察名单中剔除"。

但是，香港不会对所有被动所得征税。特区政府发言人说，"建议的修例仅针对企业利用被动收入进行跨境避税，尤其是在香港没有实质经济活动的企业……"可以预见，修订税法时，会选择第二个选项，对被动所得免税增加经济实质要求。

五、地域税制不是问题，双重不征税才是问题

这件事影响面很大。大量中资企业在香港取得经营所得，享受离岸豁免，也会受到影响，尽管它们在香港取得的经营所得属积极所得，不在上述消极所得之列。《境外所得免税制度指南》提到，对境外的积极所得免税也可能导致双重不征税，因此要一并加以分析，分析的重点在于该辖区是否依据OECD协定范本确定的原则（常设机构原则）来判断境外运营所得的来源地。如果一个辖区将依照常设机构原则本应确认为来源于其辖区内的所得确认为境外所得而给予免税，则也会构成双重不征税。因此，各辖区应确保对积极所得按照OECD协定范本确定的原则来确定收入来源以及分配应税所得。

这句话字少意义大。尽管香港特区税务局如今对于积极所得的离岸免税的检查已经相当严格，但是香港税法下积极所得来源地判断原则与常设机构原则仍旧出入较大，客观上会导致双重不征税（请参考：空壳贸易公司要缴香港税吗？——Newfair案例）。

可以预见，香港很快会采取相应措施终结双重不征税，这是大势所趋。

香港税制的最基本特征是地域税制，即只对来源于香港的所得征税。《境外所得免税制度指南》在前言中说，"地域税制本身并不是问题，对境外所得免税不光是可接受的，而且是受鼓励的，因为在特定的情况下它能够有效地防止双重征税。但是这种制度如果被用来形成双重不征税，就是问题了"。香港特区政府发言人指出："香港会继续采用地域来源原则征税，政府亦会致力维持香港税制简单明确和低税率的优势，以保持香港营商环境的竞争力……"香港地域税制的优势依然存在，但是利用香港离岸免税制度实现双重不征税的年代已经一去不复返了。

扩展阅读2：

公司有实质，免税有节操——香港税制迎来大修

香港特区政府《2022年税务（修订）（指明外地收入征税）条例草案》（以下简称《条例草案》）已经于2022年10月28日刊宪，[1]并将于11月2日提交立法会。香港特区政府于2022年10月26日发布新闻，解释了《条例草案》的背景：由于香港目前不就外地被动收入征税，引起欧盟不满。为避免香港被欧盟列入不合作税务管辖区的黑名单，香港依照其公开承诺在2022年年底前修订其税务法例，对外地被动收入免税实施限制，并拟在2023年1月1日起实施新机制。

提交立法会只是履行程序。新机制已经板上钉钉了。所谓"新机制"，就是针对外地被动收入豁免征税增加了限制条件。换言之，就是免税要讲

---

[1] 请参考：TP Person公众号文章【特别关注】中国香港新离岸被动收入豁免制度应关注的15个关键要点及其影响。

节操,不能慷他人之慨随意放水。

一、外地被动收入是什么?

香港的利得税征税范围可以归结为三项测试,即:

第一,纳税人必须在香港经营行业、专业或业务;

第二,所得必须来自纳税人在香港经营的行业、专业或业务;以及

第三,所得产生于香港或得自香港。

按照主流的国际税规则体系,以上三项测试又可以笼统地归结为两个方面,即:所得来源地必须在香港,所得性质必须为积极所得,两个条件同时满足才需要在香港缴纳利得税。

"外地收入"指来源于香港之外的收入。"被动收入"指并非从经营任何行业、专业或业务而获得的所得。外地收入和被动收入都不在香港利得税的征税范围之内。本次《条例草案》所针对的外地被动收入,本来处于两个不征税条件的叠加部分,偏偏要额外设置条件限制免税,这又是为什么?

首先,被动所得具有高度的流动性,征管难度较大。本次《条例草案》中面向四类被动收入,即利息、股息、特许权使用费和处置收益。这四类所得来无踪、去无影。跨国公司容易将这四类收入安排在避税港实现,从而避免或者降低税负,而经济活动所在地和价值创造地税务机关甚至都觉察不到。

其次,外地所得经常是挖了其经济活动所在地和价值创造地的墙角得来的。很多外地所得本该在这些国家或地区纳税,但是跨国公司会在香港设立完全没有经济实质的空壳公司,并通过该空壳公司来实现所得,在香港享受免税。由于所得实现在香港,其他国家无法对其行使居民国管辖征税。虽然来源国可以通过预提税等扣缴机制来行使征税权,但是由于来源国针对被动所得的征税权有限,因此仍存在较大的避税空间,有些被动所得还不在来源国的征税范围之内,这会造成双重不征税。

BEPS报告将这种没有节操的挖墙脚行为称为"有害税收实践"。欧盟建议包括香港在内的构成有害税收实践的辖区进行改进,要么对全部被动所得征税,要么采取相应措施来改进免税规定。欧盟的要求急慢不得,为了维护其国际金融中心的地位,本着宁挨半砖不挨整砖的原则,香港选择了对被动所得免税设置限制条件。这就是本次《条例草案》的缘起。

本次《条例草案》共分17条。核心内容在第3条,即在原有《税务条

例》第4部《利得税》的第3分部之后，加入了第3A分部。第3A分部由第15H至第15T条组成，分为4个次分部。本次《条例草案》还相应修订了原有《税务条例》第16条（应课税利润的确定）和第50条（税收抵免），并在第50条之后插入了50AAA，50AAAB及50AAAC三个条款以细化税收抵免规定。此外，本次《条例草案》还相应修订了原有《税务条例》中的征管规定（第51C条至第89条）等。牵一发而动全身，这是香港《税务条例》的一次大修。

二、征税是本分，免税有条件

新增的第15H条将"指明外地收入"（specified foreign-sourced income）定义为：

在香港以外地区产生或得自香港以外地区的任何利息、股息、处置收益或知识产权收入……

从以上定义可以看出，"指明外地收入"即前文所述的外地被动收入。定义中省略部分与香港的基金免税制度有关，篇幅所限，本文不做展开。

新增的第15J条在来源地规则上设置了例外。其第15J（1）款规定：

指明外地收入视作在香港产生或者得自香港。

结合第15H条的定义来看，这些利息、股息、处置收益和知识产权收入本来是来源于香港之外，却被人为地规定为来源于香港。这种"指鹿为马"的做法是为了原则性地明确指明外地被动收入须在香港缴纳利得税。

有原则就有例外。第15J条的后续各款对"指鹿为马"设置了例外，包括：

第15J（2）款明确本条下的征税受第3次分部的规限。这是本次法规修订中的重中之重，包括经济实质要求、关联要求以及持股要求等，下文会重点介绍。

第15J（3）款明确征税的前提是：

（a）该指明外地收入由香港经营某行业、专业或业务的跨国企业实体在香港收取；及

（b）该指明外地收入根据本部其他条文无须被征收利得税。

第（a）款将征税范围限制在跨国企业实体在香港收取的收入，反避税的用意很明显。第（b）款则协调了与其他征税条件之间的关系。比如，设立在香港的控股公司如果实际管理机构不在香港，就不会被视为在香港开展业务，已经打破了利得税征税三条件之一的在香港开展业务条件，本来

就不需要在香港纳税,当然也不需要考虑包括本条在内的来源地规则了。但是现实中没有人会愿意这么做,如果这样做设立香港控股公司意义何在呢?

有人会有疑问。既然外地被动收入处于"外地"和"被动收入"两个不征税条件的叠加部分,而第15J条只限缩了"外地"这个条件,没有限缩"被动收入"这个条件,能达到限制免税的效果吗?这个不必担心,因为目前的案例法中对"被动收入"的限缩已经相当到位了。比如说香港控股公司取得的所得,一般情况下都已经被视为一种业务所得包含在利得税征收范围之内了。

三、针对利息、股息和处置收益免税的经济实质要求

新增的第15L条明确,符合经济实质要求的利息、股息和处置收益不适用第15J(1)款的征税规定。该条的第15L(2)款就经济实质要求分纯股权持有实体(pure equity-holding entity)和其他实体两个层次分别进行了明确。纯股权持有实体是指仅赚取股息、处置收益以及取得、持有或者出售上述股权权益所附带的收入的持股实体。

其中第15L(2)(a)款明确纯股权持有实体只需要满足较低的经济实质要求,包括:

(1) 该实体遵从……适用的注册及存档规定;

(2) 指明经济活动:

①由该实体在香港进行;或

②由该实体安排在香港进行;

(3) 局长认为该实体有足够的人力资源及处所,以进行该等指明经济活动。

针对纯股权持有实体而言,指明经济活动(specific economic activities)是指持有和管理该实体在其他实体中的股权参与。

第15L(2)(b)款则明确其他实体要满足的经济实质要求包括:

(1) 指明经济活动:

①由该实体在香港进行;

②由该实体安排在香港进行。

(2) 局长认为该实体在香港拥有符合以下条件的足够数目的员工:

①进行该等指明经济活动;

②具有进行该等指明经济活动的资格。

(3）局长认为该实体为进行该等指明经济活动在香港发生了足额的营运开支。

针对其他实体而言，指明经济活动是指：

（1）就该实体取得、持有或处置的任何资产而作出所需的策略决定；及

（2）就上述资产管理承担主要风险。

近期海南省税务局、海南省财政厅、海南省市场监督管理局发布的2022年第5号公告细化了享受15%的自贸港优惠税率必须满足的实质性经营条件的细节。其中针对"生产经营在自贸港"提出了固定经营场所和必要生产经营设置、主要生产经营地点、实质性全面管理和控制等要求；针对"人员在自贸港"则提出了满足生产经营需要的从业人员等要求。对比《条例草案》中的以上要求，可以看出世界各地税务局面临的问题是一样的，解决问题的思路也大体相同。

四、针对合资格知识产权收入免税的关联要求

新增的第15M条明确符合资格的知识产权收入（qualifying IP income）依据附表17FC第3部免税。附表17FC第1部第1条对符合资格的知识产权收入做了比较宽泛的定义，并明确本附表的理解应与BEPS第5项行动计划《考虑透明度与实质性因素更有效地打击有害税收实践》，即《经合组织2015年报告》第4章的规定相一致。

BEPS第5项行动计划针对IP制度下的实质性活动要求提出了多种解决方案。其中的"关联法"方案得到了G20背书。关联法是指以纳税人从事研发活动的程度为条件而给予税收优惠，即将税收优惠与IP相关的支出直接挂钩。

附表17FC第2部按关联度比例来确定可免税的合资格知识产权收入。计算公式为：$P=I \times F$。其中P为可免税收入，I为合资格知识产权收入，F为关联度比例。

计算关联度比例F时，分子为合资格研发开支（QE）×130%，分母为该实体的全部支出，即QE与不合资格开支（NE）的合计数。F如果超过100%，按100%参与计算。

此前《税务条例》第15F条就非居民关联方取得与香港本地团队创造价值的贡献有关的IP收入，不论来自香港本地或者外地，均已经给予免税。第15F条涉及在香港之外收取IP相关收入的部分本次税法修订之后没有变

化。本次限定的15M的免税，只涉及第15F条中在香港收取IP相关收入的部分。这两个条款结合起来看，香港鼓励本地研发的利得税优惠力度依旧很大。

五、针对部分股息和处置收益免税豁免经济实质要求

第15N条规定，在不少于12个月期间连续持股，且持股比例不少于5%的前提下，某些股息以及处置收益免税不需要满足第15J条的经济实质要求。这条规定不仅适用于香港的居民人士取得的股息以及处置收益，而且适用于在香港设有常设机构的非居民人士取得应归属于该常设机构的股息以及处置收益。

第15O条进一步明确在取得股息的情形下，以上第15N条豁免以该项收入在香港以外地区被征税（包括针对股息征税以及针对形成股息的利润征税）为前提，其中被征税时的最高适用税率应等于或者高于15%。另外，如果税务局局长信纳某项安排的主要目的或者主要目的之一是获取税务收益，该项豁免亦不适用。以上规定与新加坡ITA的S13（7A）-S13（11）规定的境外来源所得免税（FSIE）极为相似（请参考：处置境外投资所得是否免税？——新加坡2022年第1号税收裁定解读）。内地的财税〔2020〕31号文件中，对海南自贸港新增境外投资相对应的股息所得免税设置了持股20%以上以及被投资国企业所得税法定税率不低于5%的条件，也存在一定的相似度。

六、"有节操"才能走得远

海南自贸港税收政策自出台之初，就鲜明地提出了经济实质要求。有些人用"税收洼地"的老眼光去看，当然看不明白这一点，更不会明白"有节操"的税收优惠才能行稳致远这个道理。香港的本次《税务条例》修订，短期看有不利之处，长远看必将有利于其发展。

在纳税人层面，行稳致远的道理一样适用。中国企业"走出去"时，往往将香港选定为第一站，在香港设立控股公司或者运营公司。在很多人观念中香港是避税港，香港公司不需要纳税，事实上这种看法是错误的。香港公司在香港和香港之外都有可能存在纳税义务，不纳税的做法可能已经构成避税甚至是逃税。本次《税务条例》修订后，香港公司在香港的纳税义务增加了，这些观念迫切需要检视。

本次《税务条例》修订后，香港公司取得利息收入和知识产权收入不再容易享受免税。相对而言，纯股权持有公司的股息收入和处置收益受到的影响较小。但是，很多香港纯股权持有公司的实际管理机构在内地，内地的税务风险很大。另外本次修订不涉及积极所得，但是很多香港离岸公司都在内地运营，积极所得在内地的税收风险同样很大（请参考：纸糊的离岸公司，稽查的重锤压顶）。随着香港税务局与内地税务局的互动增强，内地的税务风险会持续"爆雷"，不可掉以轻心。

扩展阅读3：

发挥税制优势，拉拢基金"上岸"——新加坡投资基金税收优惠

从应对1997年的亚洲金融危机和2008年的次贷危机开始，新加坡通过一系列制度创新，逆势上扬，加强了其国际金融中心地位，如今正在替代香港，成为亚洲金融中心。在这一过程中，新加坡基金税制功不可没。

新加坡实施区域税制，一般而言不对投资所得和资本利得征税，只对来源于新加坡或者在新加坡收取的经营性所得征税，征税范围较窄，这是新加坡税法自身的优势。但是基金需要专业人员进行管理，而基金一旦在新加坡实施管理，就有可能产生来源于新加坡的经营所得，在新加坡所得应税，从而使得新加坡税制的优势无法发挥。为此，新加坡制定了一系列的税收优惠政策来解决这个问题。

一、吸引人才，为基金管理公司的量身定制的税收优惠

基金由管理人掌控。要吸引基金先要吸引基金管理人。

注册于新加坡的基金管理公司，适用新加坡所得税法（Income Tax Act，以下简称"ITA"）。ITA下的税收优惠见于其第13节，分为多个小节，分别对应不同的优惠政策。业界习惯以小节的编号来称呼各种优惠政策。近年来ITA进行了更新，小节的编号也发生了变化。以下介绍中用最新编号，并将旧编号在括号中注明。

ITA针对基金管理公司的相关优惠包括：

（1）S13G（原13H）/FMI下，针对基金管理公司取得的所得适用5%低税率，最长适用期限可达10年。本项优惠要求管理的资产最低为4 000万新币，最少雇佣一名专业投资人士。本项优惠2025年年底到期。到期后可能延续。

（2）S13O（原S13R）和S13U（原S13X）的FSI-FM计划下，针对基金管理公司取得的所得适用10%低税率。本项优惠要求基金管理公司管理的资产最低为2.5亿新币，最少雇佣三名专业投资人士。本项优惠没有年限限制。

综合以上两项优惠，达到规模条件的基金管理公司最多可以享受10年的5%的低税率，期满后还可以无限期地享受10%的低税率。这对于合规纳税的基金管理公司来说，优惠力度很大。

二、吸引资金，针对基金免税

新加坡对于符合条件的投资基金给予免税，其优惠力度显著高于针对基金管理公司的减税优惠。这些免税以接受新加坡金融部门监管并取得相关资质为前提，在2024年年底之前有效，到期后很有可能延期。这一系列的税收优惠附带了包括基金和管理人等各方面的条件，详情如下：

（1）S13D（原S13CA）小节，离岸基金免税

S13D免税的离岸基金必须满足以下条件：

- 该基金不是新加坡税务居民；
- 该基金可以采取公司、信托甚至个人直接持有投资标的的形式；
- 基金管理公司必须注册在新加坡。如果是信托，受托人也必须位于新加坡境内。

S13D的优惠对象是非居民投资者，但是离岸基金经常会有新加坡投资者参与。ITA规定，新加坡居民企业在新加坡收到来源于新加坡境外的收入（"境外来源"）也需要在新加坡纳税。如果新加坡公司投资离岸基金取得所得，就会产生纳税义务。离岸基金优惠政策中，有个罚款机制来实现这个纳税义务。该机制下，离岸基金取得的所得均可以免税，但是其中的新加坡公司投资者从基金中分得的所得要缴纳罚款。罚款的计算按该投资者在基金中的所得份额乘以企业所得税率计算，实际上是把该投资者在基金层面享受的免税在投资者层面再还回来。由于境外来源所得征税的规定不适用于个人，目前这种罚款也不适用于新加坡的个人投资者。

考虑到罚款机制，新加坡的公司如果投资到离岸基金，事实上不能享受离岸基金优惠，这是离岸基金优惠政策的弱势所在。

（2）S13O（原S13R）小节，在岸基金免税

为了弥补离岸基金的以上弱点，S13O小节针对在岸基金给予免税。免税条件是：

- 该基金必须是新加坡税务居民；
- 该基金必须采取公司形式；
- 基金管理公司必须注册在新加坡。

本项优惠起初有新加坡投资者不能占100%的限制，现已经取消。

在岸基金采取新加坡公司的形式，根据ITA，新加坡投资者从新加坡公司取得分红免税，因此新加坡投资者从在岸基金取得的收益不存在纳税问题，因而在岸基金中也没有类似离岸基金中那种针对新加坡投资者的罚款规定。

该项政策解决了通过新加坡公司投资基金的后顾之忧。同时，由于在岸基金采取新加坡公司形式，而公司容易被认定为新加坡税务居民，方便适用税收协定待遇。在税收居民身份判定时，新加坡采用管理和控制中心标准，重点参考董事会举行会议以及做出重大决策的场所。新加坡生效的税收协定有70个，涵盖很多重要国家和地区。对于在新加坡之外的投资项目，享受税收协定待遇可以有效降低整体税负。

（3）S13U（原S13X）小节，增强型基金免税

以上两项政策都不适用于合伙型基金，而现实中合伙型基金很常见。为此，新加坡又推出了终极版的优惠政策：增强型基金。其优惠条件如下：

- 该基金可以注册在新加坡或者新加坡之外；
- 该基金可以采取公司、信托和有限合伙形式；
- 基金管理公司必须注册在新加坡，雇佣至少三名投资专业人士。

该基金须经过MAS批准，投资额不少于5 000万新币。

增强型基金优惠政策综合了离岸基金和在岸基金两种优惠政策的优点。与在岸基金相比，注册形式可以扩大到信托以及有限合伙形式；与离岸基金相比，不存在离岸基金政策下的新加坡公司投资者罚款。这都是其优势。该项优惠的弱势则是门槛较高，这也反映了其政策定位。总体上说，增强

型基金优惠政策受益范围最广,是投资基金税收优惠政策的标杆。

(4) S13G(原S13H)小节,创投企业免税

考虑到创投企业往往不能达到增强型基金的门槛,新加坡又推出了无门槛要求的S13G创投企业优惠政策。本条政策由基金管理优惠(FMI)和天使投资人税务扣除(AITD)构成。FMI针对符合资质要求的创投基金给予多至15年的免税,其中免税范围内的某些所得需要经过批准。免税条件如下:

- 该基金可以是新加坡或者境外的公司,也可以是合伙形式;
- 该基金一般投资于非上市企业;
- 基金管理公司必须注册在新加坡。

AITD则针对一定范围内的投资额允许个人天使投资者将其对初创企业投资额的50%在税前列支。该优惠适用于公司型和合伙型创投企业。

三、拓展应用空间,推出VCC

为了拓展上述基金税收优惠政策的应用空间,新加坡推出了一种全新的法律形式称作"可变资本公司"(Variable Capital Company,简称"VCC")。根据2018年的《可变资本公司法案》(以下简称《VCC法案》),VCC有单一架构和伞形架构之分。单一架构就是普通的公司制基金。伞形架构的伞形VCC则很有特色,如图1-6所示。

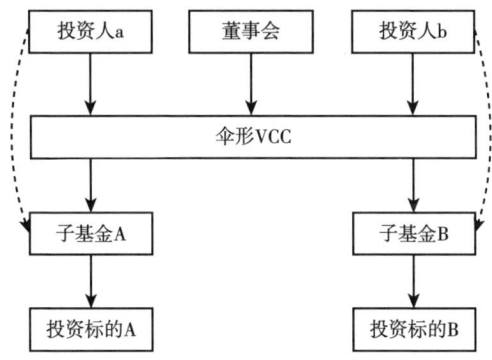

图1-6 伞形VCC示意图

伞形VCC就像一个大家族,住在一个大宅院里,分锅吃饭。各子基金并不是单独的法律实体,而是VCC的内部独立核算的业务单元。以子基金

为中心，投资人、子基金和投资标的之间形成纵向的体系。各子基金之间泾渭分明，以各子基金为中心形成的各体系之间不产生横向的联系。

伞形VCC通过一个公司实现母子基金的功能，避免了设立多个公司或者合伙企业。多个基金共用一个公司登记，共享董事会和支持人员，共用一个牌照，共享有牌照的专业人士，节省了设立成本和运营成本。

共享法律主体的同时，各子基金之间并不存在连带风险。各子基金的投资人可以不同，投资目标可以不同，风险也各自隔离。《VCC法案》第29节规定，各子基金之间，以及子基金与VCC之间，财产和风险相互隔离。这就意味着，一旦债权人对某子基金提出主张，只能用该子基金的资产进行清偿，VCC以及其他子基金的财产不受影响。

另外，正如"可变资本"这个词透露出来的信息，VCC的股东投入和赎回资本非常便利，甚至可以用资本来支付分红。这一点对投资者来讲非常方便。

简单地说，VCC具备合伙企业的所有灵活性，同时能享受公司的税收优势。

VCC在税务上视为公司，可以适用以下优惠政策：

①第13（1）（za）节居民股东从居民公司取得分红免税。

②S13G（原13H）/FMI下的基金免税。

③S13O（原S13R）小节下的在岸基金免税。

④S13U（原S13X）小节下增强型基金免税。

同时，VCC在税务上视为公司，便于享受税收协定。

VCC填报一份所得税纳税申报。VCC的所得额，在子基金层面计算，汇总后按合计数在VCC层面申报。为了实现以上目的，各子基金单独核算，单独记账，单独编制报表。汇总时子基金之间的盈亏不能相抵。境外所得抵免也在子基金层面计算。初创企业免税额以及减税计算也在子基金层面进行。S13Z下的处置普通股收益免税的规定在VCC的背景下如何应用较为复杂，这里不做展开。

四、为家族办公室定制化改造税收优惠

基金的税收优惠条件大致可以分监管/资质要求和经济实质/规模要求两大类。近年来家族办公室成为资产管理行业新的增长点。为了将税收优惠推广至家族办公室管理的基金，新加坡在这两方面同时对家族办公室降低了门槛。

2001年的《证券与期货法案》明确，为单一家族的财富管理架构提供服务的单一家族办公室（SFO）可以免除资质要求。同时，该法案及相关法规也针对SFO降低了经济实质要求。SFO只需要一个本地董事就有可能享受诸如13O和13U之类的优惠。在人员方面，SFO享受13U优惠时，基金管理公司需要至少三名专业人员；而SFO享受13O优惠时则没有规模或者人员的要求。

以上优惠效果很明显。新加坡的家庭办公室数量和资产规模迅速上升。在此背景下，最近新加坡开始为SFO享受13O和13U税收优惠提高规模门槛。新政策于2022年4月18日生效。

新政策针对SFO享受13O优惠：

- 新增了基金规模要求。初始申请时最低为1000万新元，须承诺2年内增至2000万新元。
- 规定最少需要两名投资专业人士。
- 提高了最低业务支出要求。基金规模5000万新元以上的，最低业务支出为50万新元；基金规模1亿新元以上的，最低业务支出为100万新元。
- 新增了本地投资要求，需要资产的10%在本地投资，且本地投资不低于1000万新元。

新政策针对SFO享受13U优惠：

- 规定也必须满足5000万新元的最低基金规模要求。
- 规定也必须满足三名专业投资人士的要求，同时额外要求其中一人至少为家族以外人员。
- 提高了最低业务支出要求。如今基金规模5000万新元以上的，最低业务支出为50万新元；基金规模1亿新元以上的，最低业务支出为100万新元。
- 新增了本地投资要求，需要资产的10%在本地投资，且本地投资不低于1000万新元。

提高规模门槛之后，SFO税收优惠的政策导向更加清晰，就是低资质高规模，精准满足家族资产管理需求。

扩展阅读4：

大国争当网红，不要税收要流量？

收税就是"拔鹅毛"。有些国家奉行属地主义，不区分谁家的鹅一并行使来源地管辖权"鹅过拔毛"，不看是谁家的鹅，这就是区域税制。另有一些国家奉行属人主义，只要自家的"鹅"（税收居民），不管走到天涯海角，也要行使居民管辖权，伸手过去拔毛，这就是全球税制。全球税制的国家一手属人一手属地，两种管辖权一起抓。但是事态变迁，随着经济全球化和新经济成长，生产要素全球流动加剧，流量日趋重要，不知不觉间区域税制大行其道，跟网络直播一样火了起来。

一、不要收入要流量

最先火起来的是中国香港和新加坡。凡是地处全球的十字路口，人流货流集中的，就特别适合走网红路线，采用区域税制吸引人气，汇集资金流信息流，流量为王。香港和新加坡摆出一副只要流量不要税收的架势，只对来源于境内的积极所得（营业利润）征税；对来源于境内的消极所得（股息、利息、特许权使用费、资本利得等）基本不征税；对境外来源的所得，不论积极还是消极，基本上一律不征税。

虽然网红们只要流量不要收入，但是一旦火起来收入不是问题。香港和新加坡走网红路线，税收收入不减反增，而且带动经济空前繁荣，成长为国际贸易中心、国际航运中心、国际金融中心、国际商务中心。这就是区域税制的魅力。

网络世界鱼龙混杂，一大批搅局者一拥而入。一些无底限的"18线明星"们，例如开曼、BVI（英属维尔京群岛）、百慕大、塞浦路斯、马耳他等国家（地区）有样学样，把区域税制发展成了避税港，把自己发展成了离岸金融中心。这些网红们既没有人流也没有货流，只有资金流和信息流，是赤裸裸地薅羊毛。结果，那些奉行全球税制的传统"大牌"国家被薅得惨不忍睹，也被迫向网红路线转型。

二、参与免税——正确的转型姿势

全球税制转型区域税制的第一步，往往是针对从境外子公司取得的投资所得给予免税。这种做法在西方国家被称为参与免税。参与免税的所得范围可以包含境外子公司的股息以及转让境外子公司取得的股权转让所得

（资本利得），地域方面可以针对全部国家或者部分国家（可能采取正面清单或者负面清单），免税幅度可以是全部或者部分，如图1-7所示。

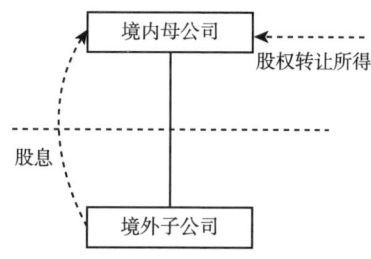

图1-7　对境外子公司征税示意图

组团转型的是欧洲。欧盟成员国商量好了，大家一起实施参与免税。大家都走网红路线了，谁不参与谁吃亏。欧盟成员国之间相互实施参与免税，只有少数国家规定了负面清单。根据免税的范围和幅度不同，可以分这几种类型：

第一类是最彻底的免税，针对股息和资本利得同时100%的免税。代表性国家有荷兰、西班牙、瑞典、瑞士、英。

第二类是部分免税。代表性国家是德国和法国。德国对股息和资本利得都免税95%；法国则对股息免95%，对资本利得免88%；

第三类是只免一种。代表性国家是爱尔兰和波兰。爱尔兰对股息不免，对资本利得免100%；波兰恰好相反，对股息免100%，对资本利得不免。

有人要问了，英国现在脱欧了，还能与欧盟成员国相互参与免税吗？不要担心。脱欧后英国仍然是欧洲经济区（"EEA"）的成员国。欧洲各国的参与免税对EEA成员国同样适用。因此，英国同其他欧洲国家之间的参与免税不变。

三、TCJA，美国式带货

不只是欧洲国家，亚太地区的澳大利亚和日本也先后走上网红路线。2017年美国税改法案（The Tax Cuts and jobs Act，TCJA）对境外股息免税，美国也闪亮登场加入区域税制的战团。倚天一出，谁与争锋？美国的TCJA是既要流量又要收入的打法。这就相当于央视主播上阵直播带货了。

美国通过参与免税赚流量，通过受控外国企业（CFC）规则和全球无形资产低税收入（GILTI）规则赚收入。CFC规则下，美国公司的受控境外子公司取得的部分所得，根本不需要等到分红，在实现当年就要在美国纳税。这种所得称为F分部（Sub-Part F）所得，主要是消极所得，通常包括股息、利息、特许权使用费、租金、年金、若干产生于第三国的销售所得和服务所得等。GILTI将CFC的征税范围扩大了，不仅包括美国公司的子公司，还有可能包括美国公司的兄弟公司；此外，GILTI规则参照经营性固定资产的收入回报率10%来计算境外子公司的合理利润水平，超出部分即视为GILTI，认为是藏了美国母公司（或者兄弟公司）的利润所致。GILTI规则要求美国公司就这部分利润（减去美国母公司已经确认的F分部所得之后）立即缴纳美国税，根本不需要等到子公司分红的时候。

美国不只走向了区域税制，而且将公司税率降低到21%并辅以FDII之类的优惠政策，再推出一系列最低税规定，胡萝卜加大棒。整个TCJA都是既赚流量又赚收入的带货思路。

四、海南自贸港，两种税制并存

我国一向坚持全球税制，直到2020年6月23日财政部、税务总局印发了《关于海南自由贸易港企业所得税优惠政策的通知》（财税〔2020〕31号）才打破金身。财税〔2020〕31号文件规定，对在海南自由贸易港设立的旅游业、现代服务业、高新技术产业企业新增境外直接投资取得的所得免征企业所得税。从此海南也将走上网红路线。

财税〔2020〕31号文件明确，本条所称新增境外直接投资所得应当符合以下条件：

（一）从境外新设分支机构取得的营业利润；或从持股比例超过20%（含）的境外子公司分回的，与新增境外直接投资相对应的股息所得。

（二）被投资国（地区）的企业所得税法定税率不低于5%。

海南的参与免税政策仅限于股息所得（排除了资本利得），且仅限于旅游业、现代服务业和高新技术产业企业。三个行业之内参与免税，三个行业之外仍旧实施境外税收抵免。

比如说，海南母公司投资新加坡子公司，子公司分红给母公司100万元，如图1-8所示。如果母公司属于旅游业、现代服务业或高新技术产业企业，那么这100万元分红在母公司这里免税，母公司收到分红不需要再补缴税。假设母公司不属于这三个行业，不符合免税条件，则收到这100万元要在中国境内纳税，同时子公司在新加坡已纳税额可以抵免。抵免之后，相当于补缴了25%和17%的税率差。

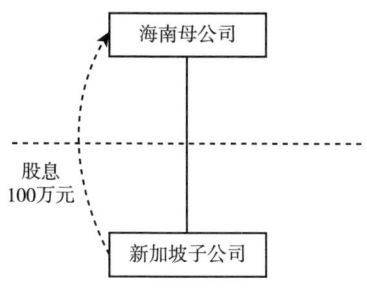

图1-8 海南的境外投资所得免税示意图

补交税的计算过程是这样的：

（1）将100万元还原成税前所得。

假设子公司在新加坡按17%税率纳税，分红时母公司没有缴纳预提税，则税前所得=税后利润100万元÷（1-17%）=120万元①。

（2）计算抵免额。

子公司在新加坡已纳税额根据完税凭证确认，其金额=120万元×17%=20万元。

由于母公司不是高新技术企业，只能适用25%的标准税率，那么，

抵免限额=120万元×25%=30万元。

因为已纳税额小于抵免限额，按实际已纳税额20万元确定实际抵免额。

（3）计算境内补税额。

境内应纳税额=境外所得120万元×适用税率25%-实际抵免额20万元=10万元。

可见，如果是旅游业、现代服务业和高新技术产业企业三种情形之外，收到境外子公司股息100万元，很有可能需要补交税10万元。如果是以上三种情形之一，则不需要补交。这就是全球税制和区域税制最直观的表现。今后的海南，则是两种税制长期并存的局面。

从现已公布的政策来看，海南的参与免税不区分境外投资去向，不管是美欧发达国家，还是亚非拉国家，只要是"走出去"企业，都涵盖在内。

---

① 四舍五入取整数，下同。

除参与免税之外,在海南自由贸易港设立的旅游业、现代服务业、高新技术产业企业从境外新设分支机构取得的营业利润也同样享受免税待遇。这种免税的影响,与上述取得股息免税类似。这种免税也是区域税制的特征体现,标志着海南的区域税制试点已经超出了参与免税的范围。

扩展阅读5:
新加坡税务局厘清特许权使用费

很多人坚信软件费就是特许权使用费,向非居民企业支付软件费需要扣缴预提税,但这是一个误区。新加坡税务局(IRAS)于2008年2月8日发布了《针对软件付款、使用或者有权使用信息以及数字商品付款的基于权利的定性方法指南》(以下简称《指南》),对此予以澄清。《指南》发布之后历经多次更新,最新的一版更新发布于2022年7月15日。以下结合最新版的《指南》向大家说明IRAS的立场。

一、软件、信息和数字商品

《指南》涵盖软件、信息和数字商品,并将软件费、针对使用或者有权使用信息以及数字商品的付款统称为"特定付款"(specified payment)。《指南》中将软件定义如下:

包含声明和指令的一项程序或者一系列程序,可以直接或者间接地用于计算机以实现特定需要的结果。软件包括所有为软件运行所必需的介质、使用手册、文档、数据库以及类似项目。

《指南》将"信息"定义如下:

任何报纸或者杂志文章或者报告中包含的受保护的(proprietary)数据、文字或者其他内容,包括业务数据(如外汇、股票和房产数据);仅为研究目的而取得的其他受保护的数据或者信息。

《指南》中以向信息服务商彭博(Bloomberg)、路透(Reuters)以及律商(Lexis-Nexis)的付费来举例,提到新加坡的银行以及研究机构为了服务客户可能向以上的信息服务商付费,以便自己的分析师利用相应信息开展工作以及生成报告。关于信息,《指南》排除了针对使用专利、商标、注册设计、地理标志、集成电路布局设计、植物品种以及商业秘密的付款，明确以上付款不在本《指南》的讨论范围之内。

《指南》将"数字商品"定义如下：

通过任何电话网络、有线网络、卫星、互联网以及其他类似形式的电子传输方式传播的文字、影像或者声音，例如线上或者可下载的歌曲、音乐、视频、电影、书籍、游戏、铃声、图标以及其他类似商品。

由于软件最为复杂，以下的介绍重点针对软件进行展开。信息和数字商品可以据此类推。

二、以商业利用为标准判断是否存在版权交易

《指南》明确，应根据被转让的权利的性质来确定特定付款的性质。一项交易的付款方如果被允许对版权进行商业利用，则该项付款涉及版权。反之则不涉及版权。因此，针对商品的付款，如果不涉及转让内含的"版权权利"（copyright rights），则不构成版权支付，而是针对"受版权保护的物品"（copyrighted articles）的付款。针对"受版权保护的物品"的付款性质为营业利润，而不是特许权使用费。

所谓"商业利用"，指复制、修改、改编、分发软件、信息或者数字商品，或者根据受版权保护的软件制作衍生作品。一般而言，以上权利是版权所有者的特权，该特权受版权法的保护。商业利用时版权所有人则授权付款人享受以上特权。如果不存在这种授权，使用人享受以上特权会构成版权方面的侵权。

三、版权完全转让不会产生特许权使用费

为软件而发生的付费可以采取多种形式，如为下载软件而付费、为与硬件捆绑的软件而付费、为软件许可（包括场所许可、企业许可以及网络许可）而付费、为定期许可而付费、为具有在线成分的软件产品而付费等。以上付费形式可以分为两大类，一类是为完全转让软件的权利而付费，另一类是为部分转让软件的权利而付费。

所谓完全转让，通俗的解释就是转让著作权。专业的解释是符合以下特征的销售：第一是被转让的版权要构成一项可识别的具体的财产；第二是转让的对象是版权中的排他性权利，受让方为该项权利而支付对价；第三是该转让是永久性的；第四是该转让可以采取同时转让法律以及经济所有权的方式，也可以采取只转让针对某一特定地域的经济所有权的方式。

如果版权所有人完全转让版权中的权利给付款人，则该项交易构成销售版权。如果该项版权构成版权所有人的营业存货，则版权所有人因此而取得的收益构成营业利润；否则该项收益构成资本利得。但是无论如何，完成转让版权中的权利不构成特许权使用费。即便版权所有人是非居民，向其付款时也不应扣缴预提税。

四、产生特许权使用费的情形——转让版权中的部分权利并进行商业利用

《指南》中没有定义特许权使用费。我们来看一看《中华人民共和国政府和新加坡共和国政府关于对所得避免双重征税和防止偷漏税的协定》（以下简称"协定"）中的定义。协定第十二条第三款规定：

"特许权使用费"一语是指使用或有权使用文学、艺术或科学著作，包括电影影片、无线电或电视广播使用的胶片、磁带的版权，专利、商标、设计或模型、图纸、秘密配方或秘密程序所支付的作为报酬的各种款项，或者使用或有权使用工业、商业、科学设备或有关工业、商业、科学经验的情报所支付的作为报酬的各种款项。

以上定义中强调"使用或者有权使用"，即强调使用权，也就是《指南》中的"部分权利"。而使用的对象则是列举的若干权利与财产。那么软件属于其中哪一类财产呢？根据《OECD税收协定范本及注释》（2017年版）第13.1段，软件应当按照文学、艺术或者科学作品来分类。

《指南》明确，如果付款人以接受许可的方式从版权所有人手中取得版权中的部分权利，并对其加以商业利用，则该项付款构成特许权使用费。向非居民支付这类款项时，应当扣缴预提税。

五、许可使用不产生特许权使用费的情形——分销和最终用户使用

前文说道，商业利用是构成特许权使用费的重要前提。《指南》明确，如果被许可人是最终用户，则不存在商业利用，该软件许可不构成转让版权，而是构成转让"受版权保护的物品"。虽然这种情形也涉及版权相关的相应权利的转让，但是这种情形下被转让的权利仅限于为付款人作为个人消费者或者业务运营者运行软件所必需。虽然使用的过程中也涉及软件的复制，但是这种复制只是出于方便最终用户使用的目的，并不构成转让版权意义上的复制。总之这种情形下不产生特许权使用费。如果非居民纳税人取得此类所得，不应产生预提税。

最终用户购买软件时支付的价款中如果包含维护和支持服务费，则所有的款项都属于针对"受版权保护的物品"的付款。但是，如果最终用户在购买软件后支付后续的维护和支持服务费、培训费、针对附加应用的定制费以及开发费，则此类服务费不在本《指南》的规定范围之内，可能构成来源于新加坡的所得并且可能适用预提税。

前文说过软件分销构成商业利用，那只是笼统的说法。在具体应用层面，《指南》根据不同的分销方式进行了细化。典型的分销方式是，软件所有权人将软件存储在自己的服务器上，分销商销售软件时，会向最终用户提供一个密码，以供最终用户下载并使用软件。这种过程中分销商不会复制软件，因而不构成商业利用。另一种分销方式是，软件所有权人将软件的母本存储于分销商的服务器上供最终用户下载。这种情形下，由于分销商复制了软件，有可能构成商业利用，但是 IRAS 认为，即便这种情形下，仅凭最终用户从分销商服务器上下载软件这一点并不足以得出结论说该项付款系针对版权而发生的。分销商向软件所有权人的付款是否构成特许权使用费，要根据各案例中具体的安排和权利而定。

六、《指南》顺应了大趋势

《指南》在前言中解释了其出台背景：随着软件、信息和数字商品的交付模式和许可安排的演化和成长，国际社会越来越意识到最终用户为之发生的付款并不涉及转让对其中的版权加以商业利用的权利，因此这种付费是针对"受版权保护的物品"（copyrighted articles）的付款，不构成版权支付，因而不是特许权使用费。《指南》中提到的这种共识，体现在《OECD 税收协定范本及注释》1992 年以及 2000 年的修订当中，也体现在此后若干国家的立法以及司法实践当中。

IRAS 的《指南》，反映了新加坡以国内法的形式来贯彻这一共识。此外，印度法院以判例的形式来贯彻这一共识（请参考：软件许可费竟然不是特许权使用费，印度最高法院澄清误区）。

国家税务总局在国税发〔2010〕75 号文件中印发了《〈中华人民共和国政府和新加坡共和国政府关于对所得避免双重征税和防止偷漏税的协定〉及议定书条文解释》，其中的第十二条第三款中的以下规定代表了我国国内法的立场：

特许权使用费首先应与使用或有权使用以下权利有关：构成权利和财产的各种形式的文学和艺术，有关工业、商业和科学实验的文字和信息中确定的知识产权，不论这些权利是否已经或必须在规定的部门注册登记。

还应注意，这一定义既包括在有许可的情况下支付的款项，也包括因侵权支付的赔偿款。

笔者注意到，以上内容与《OECD税收协定范本及注释》中第十二条注释下第8段的主干文本基本一致。但是我国国内法就到此为止了，并没有引进第8段下的细化内容，也没有作出类似的细化规定，以至于实践中税企双方都存在巨大的困惑。为此，笔者建议在国内法中对软件相关的特许权使用费进行明确，提高税收的确定性。

扩展阅读6：

香港放松税务居民身份证明开具，是个阳谋？

一、启用新版表格，放松管理

香港公司取得来源于境外所得，在所得来源国享受税收协定待遇之前，来源国往往要求提供香港税务局出具的"税务居民身份证明"。此前香港税务局开具证明时很谨慎，除了看是否满足注册在中国香港以及管理控制在香港之外，还要看在香港是否有足够的经济实质，以及是否存在避税的目的。如果香港税务局判断申请人明显不可享受协定待遇，则会拒绝出具"税务居民身份证明"。2023年6月8日，香港税务局网站宣布启用新版的"税务居民身份证明申请表"（以下简称"申请表"），表明相关程序发生了变化，监管出现了松动。

香港税务局网站的新闻稿很短，其中最核心的一句话是：

"按照经调整的程序，税务局将根据相关的全面性避免双重课税协定/安排（以下简称'税收协定'）中'香港特别行政区居民'的明确定义，决定是否向申请人发出居民身份证明书。"

也就是说，只要申请人符合相关税收协定中"香港特别行政区居民"的定义，香港税务局就会签发"税务居民身份证明"，别的问题不再纳入考量。

为了理解这句话，我们举个例子，来看一下最常用的税收协定，即《内地和香港特别行政区关于对所得避免双重征税和防止偷漏税的安排》（以下简称《税收安排》）中适用于公司的香港税务居民定义。该定义见于《税收安排》第四条第（二）3款，如下：

在香港特别行政区成立为法团的公司，或者在香港特别行政区之外成立为法团而通常是在香港特别行政区进行管理和控制的公司……

比如说A公司注册于香港，则已经满足《税收安排》下香港税务居民身份条件；再比如说B公司注册于开曼群岛，但通常在香港进行管理和控制，则同样满足《税收安排》下香港税务居民身份条件。《税收安排》下税务居民身份判断就这么简单。以前香港税务局在实践中掌握得太严了，增加了额外条件，结果A公司和B公司经常拿不到税务居民身份证明，今后要返璞归真，直接向A公司和B公司签发税务居民身份证明了。

二、为了配合总局工作专门设计了表格

新版的"申请表"自2023年6月12日启用，一共四套。香港税务局网站在上文的新闻稿中也公布了表格的应用场景。以上四套表格中最常用、最与我们相关的当数适用于公司/合伙/信托/团体从内地取得所得情形的IR1313A表。以下的介绍主要围绕这一表格来进行。

IR1313A表由主表和附表构成，所有申请人都要填主表。填写主表时只需要提供收入年份、内地收入情况、申请人的名称地址、申请人的业务运营情况等信息。附表由两部分构成，第1部分适用于上述B公司这种情形下填报。由于这种情形下适用《税收安排》成功的可能性极低，我们在此不做展开。附表第2部分则适用于就股息申请协定待遇，以及该申请属于国家税务总局公告2018年第9号第三条或者第四条规定的情形。

国家税务总局公告2018年第9号全称是《国家税务总局关于税收协定中"受益所有人"有关问题的公告》（以下简称"9号公告"）。"受益所有人"是指对所得或所得据以产生的权利或财产具有所有权和支配权的人。构成受益所有人是非居民纳税人享受税收协定中的股息、利息和特许权使用费条款待遇的前提条件。

9号公告第三条适用于多层架构下取得股息适用税收协定待遇的情

形①，9号公告第四条适用于特定主体取得股息适用税收协定待遇的情形②。这两条的核心都是简化判断，附表第2部分就是为提供进行上述9号公告下的判断所需的信息而设计的。那么问题来了，比如说前面例子中说到的A公司，由于注册在香港，已经满足香港税务居民身份的条件，且证明其满足香港税务居民身份条件的信息在主表中已经提供过了，香港税务局可以凭主表中的信息出具香港税务居民身份证明了，那么还要附表2中的这些信息做什么？

其实不难理解，配合国家税务总局的工作而已。一个地方层级的税务局配合总局的工作，难道不应该吗？不要大惊小怪。

三、画蛇添足

如果香港A公司从内地取得股息需要在内地享受《税收安排》待遇，除了满足香港税务居民身份这个条件之外，还需要满足受益所有人条件。但是，是否满足受益所有人条件以及是否给予协定待遇，是由内地税务局来决定的。这一过程中，香港税务局只需要判断A公司是否构成香港税务居民，如果构成则向其签发"香港税务居民身份证明"即可，至于A公司是否满足受益所有人条件，香港税务局根本不需要考虑。因此，收集受益所有人信息，不是为了香港税务局自己的需要，而是为了配合内地税务局。

---

① 申请人从中国取得的所得为股息时，申请人虽不符合"受益所有人"条件，但直接或间接持有申请人100%股份的人符合"受益所有人"条件，并且属于以下两种情形之一的，应认为申请人具有"受益所有人"身份：
（一）上述符合"受益所有人"条件的人为申请人所属居民国（地区）居民；
（二）上述符合"受益所有人"条件的人虽不为申请人所属居民国（地区）居民，但该人和间接持有股份情形下的中间层均为符合条件的人。
"符合'受益所有人'条件"是指根据本公告第二条的规定，综合分析后可以判定具有"受益所有人"身份。
"符合条件的人"是指该人从中国取得的所得为股息时根据中国与其所属居民国（地区）签署的税收协定可享受的税收协定待遇与申请人可享受的税收协定待遇相同或更为优惠。

② 下列申请人从中国取得的所得为股息时，可不根据本公告第二条规定的因素进行综合分析，直接判定申请人具有"受益所有人"身份：
（一）缔约对方政府；
（二）缔约对方居民且在缔约对方上市的公司；
（三）缔约对方居民个人；
（四）申请人被第（一）至第（三）项中的一人或多人直接或间接持有100%股份，且间接持有股份情形下的中间层为中国居民或缔约对方居民。

那么问题又来了，上述情形下A公司向内地税务局备案办理协定待遇时，本身就需要向内地税务局报送受益所有人相关资料①，包括附表2中要求提供的信息，那么香港税务局也要求提供这套资料，这不是画蛇添足吗？要纳税人重复报送究竟为了什么？用脚后跟也可以想明白，是为了比对。如果报送给内地税务局的信息和报送给香港税务局的信息不符，一下子就会打回原形。这等于是告诉纳税人，不要以为香港与内地之间信息不透明，那已经是陈年旧事了。你可以说这是赤裸裸的震慑。

四、引蛇出洞？

如果A公司从内地取得营业利润，而不是取得股息，不涉及受益所有人，不需要填报附表第2部分，是不是就不用担心了？现在启用了新版的"申请表"，信息简化了，申报放宽了，原先拿不到"香港税收居民身份证明"的，现在可以拿到了，原先不能享受税收协定待遇的，现在不就有机会了吗？

真要这么想也可以。但是别忘了，营业利润对应的协定待遇是常设机构条款，即不在内地构成常设机构的情况下，可以在内地免予缴纳所得税。因此，向内地税务局备案主张享受协定待遇时，需要声明不在内地构成常设机构。问题是这种声明是否与事实相符？是否经得起内地税务局的稽查？如果经得起稽查当然没有问题。但是现实中确实有很多企业经不起稽查。而且一旦稽查，发现的问题就不只是常设机构问题，甚至居民身份的问题，或者其他定性等都有可能（请参考：纸糊的离岸公司，稽查的重锤压顶）。如果是这种情况下还要主张协定待遇，那真是往枪口上撞。有人说香港税务局放宽"香港税收居民身份证明"是个引蛇出洞的阳谋，你说呢？

五、香港税务局学会了做减法

香港税务局放宽监管的原因何在呢？新闻稿中说，是税务局在国际加强税务合作和营商环境不断变化的背景下重新审视了对发出居民身份证明书的处理方法。这句话如何理解呢？国际税务合作和营商环境发生了什么变化呢？香港的避税港税收制度一直为包括欧盟在内的一众国际组织所诟病。为了改善国际形象，香港税务局处处做加法，有意替别的国家或者

---

① 请参考《国家税务总局关于发布〈非居民纳税人享受税收协定待遇管理办法〉的公告》（国家税务总局公告2015年第60号）第七条。

地区的税务机关多做一些事情，包括在税务居民身份证明上严格把关。现在随着国际反避税的新规则逐渐明朗，香港也明确了税制变革的方向，并付诸行动，采取了加强免税管理等措施（请参考：公司有实质，免税有节操——香港税制迎来大修）。这种背景下，香港腰板直了，有底气做减法了，宣称今后只管做好自己该做的事情，别人家的事情就不代劳了。

香港税务局此前对于明显不可享受税收协定待遇的纳税人不予开具"香港税收居民身份证明"，在法理上是有缺陷的。是否可以享受税收协定待遇，应当由收入来源国即协定对方税务机关来判断，香港税务局不应越俎代庖。这次放松"香港税收居民身份证明"的管理，新的做法是符合法理的。事情本该就是这个样子，因此这个变化也在情理之中，没有必要阴谋论，也没有必要阳谋论。至于香港公司从内地取得所得要不要去备案享受协定待遇，要具体问题具体分析。有条件的可以找一个靠谱的税务顾问咨询一下。

扩展阅读7：

巴菲特想不通的美国税率倒挂

一、柿子拣软的捏

十多年前，世界首富巴菲特呼吁"向我开炮"，要求对富人加税。巴菲特想不通为什么他的税率这么低，比他的秘书还要低。这里说的是美国个人所得税的税率差别。巴菲特投资赚钱适用长期资本利得优惠税率，目前分三档：0、15%、20%。而秘书赚的工薪所得适用普通税率，目前分七档，从10%到37%。

长期资本利得优惠税率，我国也有。比如说持有上市公司股票收到分红，根据持股时间长短，按5%、10%和20%三档税率纳税。另外，个人买卖上市公司股票所得免税，个人买卖非上市公司股权以及房产等取得财产转让所得按20%税率纳税。也就是说，我国的长期资本利得税率分0、5%、10%和20%四档，和美国的情况很相似。而我国目前工资薪金适用的综合所得税率也是七档，从3%到45%，和美国也很相似。总之都是长期资本利得享受低税率。

躺着赚钱的税率低,为什么呢?有人说因为资本利得是重复征税,所以要尽量低税率。如果是分红,确实是这个道理,因为公司分红前已经缴过一道企业所得税,个人取得分红再缴个人所得税,确实是同一笔利润再缴税。但是转让股权所得也是来源于公司利润吗?有人说是的,这是拿未来的利润提前变现。好吧,那么转让房产所得是来源于哪里的利润呢?有人说是拿未来的租金变现。就算是吧,但是如果你拿租金和房价比一下就知道,房价可能存在泡沫,泡沫部分就不存在重复征税的问题。股票和股权往往也存在泡沫,泡沫部分同样不存在重复征税问题。那么,长期资本利得低税率到底道理何在呢?

其实道理很简单,因为资本是流动的,税率太高就流走了。要知道一些低税地区对资本利得根本就不征税,吸引力很强。资本流出,不仅导致税源流失,还会造成就业下降,经济萧条,这个后果是政府不愿看到的。因此大多数国家都会对资本利得适用低税率。"柿子拣软的捏",或者说这是务实原则的体现。

二、预提税率"罚到怕"

以上是个引子,我们今天主要说的是美国的非居民税率。所谓非居民就是外国的企业或者个人,取得来源于美国所得。美国的非居民税收制度区分积极所得和消极所得,二者税率差别很大。

针对积极所得,美国税法规定,与在美国的营业以及贸易实际关联的所得应当在美国征税。这里面包含了两层意思,第一层就是积极所得指营业以及贸易所得,定义了积极所得的范围。第二层就是与美国有实际联系的所得才在美国征税,限定了征税的条件。所谓的实际联系,大体上是在美国营业或者开展贸易活动的意思。这个实际联系原则,后来发展成税收协定中的常设机构原则。至于税率,非居民积极所得和居民一样,适用标准税率,目前对个人而言是10%—37%的累进税率,对于公司而言则是21%的单一比例税率。

在消极所得这方面,美国税法给它起了一个奇怪的名字叫"固定或可确定的,年度或者定期的"(Fixed or Determinable, Annual or Periodic,简称"FDAP")。这四个风马牛不相及的词为什么就组合到一起了呢?因为它们有个共性,都是说征管上方便,可以让付款方代扣税。前两个词是说金额固定或者可确定,因此付款方知道应当扣多少税;后两个词说时间上有规律性,付款人容易把握。

税务局都知道，让纳税人自觉缴税，往往比较困难。如果让付款人代扣，那就要可靠得多。付款方扣钱缴税，不是自己的钱，缴起来就不那么心疼，给他一个扣缴义务，他能扣税的尽量扣。工资薪金、股息、利息、特许权使用费这类收入，往往没有对应的成本，因此毛收入约等于所得额，所得容易计算，再加时间有规律性，当然要规定由付款人扣税了。

FDAP的标准税率是30%，这个税率有点高。对比一下，现在美国公司的标准税率是21%，那还是以利润为基数的，别忘了FDAP是以毛收入为基数的。比如说一家中国公司从美国收特许权使用费，如果按毛收入的30%缴税（不考虑税收协定待遇），100元的收入在美国要被扣30元的税。但是别忘了这种收入也是有成本的。假定扣除成本后实际利润30元，那么实际税率是100%。与之对比，如果这家公司从美国收的是服务费，而且是与美国营业有实际联系的，那就要按实际利润自行在美国申报缴纳税款。假定还是收100元，实际利润30元，按21%的税率计算只需要缴6.3元。特许权使用费和服务费的概念虽然有时难以区别，但30元和6.3元，差别怎么这么大呢？

有没有搞错啊？不是说对"躺着赚钱"的消极所得要适用优惠税率吗？怎么税率反而比积极所得更高？刚才说的是居民纳税人，现在说的是非居民纳税人。对内和对外不一样。就算是不一样吧，这么离谱的30%预提税率是怎么来的？这是个历史问题。这个30%的税率出台的时候，当时美国的普通所得税率最高一档是90%。如果还按30%的利润率折算，毛收入的30%和净收入的90%基本上是持平的。但是后来普通税率一降再降，一直降到现在的21%，30%的预提税率却原地不动，才出现了现在这种倒挂情况。

那么预提税率为什么不与时俱进跟着普通税率一并降低呢？主要是美国税务局IRS想给自己多留一些权力。因为给优惠很方便，自己可以做主，30%的高税率给了IRS对不同国家的纳税人区别对待、选择性执法的机会。比如对于与美国签订了税收协定的国家，协定中可以约定低于30%的税率。目前美国签订的税收协定中，一般限定预提税率为15%。中美协定中的限定税率为10%。另一个例子就是海外银行报告（Foreign Bank Account Report，简称"FBAR"）法案下，对于不合作的金融机构，美国税务局（IRS）规定收付FDAP收入时要按30%的税率代扣预提税，不管收入的受益人是否来自签订了税收协定的国家。可见在实际操作中，30%的预提税率是个惩罚性的税率。FDAP这四个字母不好记，知道它代表"罚到怕"，就好记了。

三、消极所得也分三六九等

美国的税法是逐渐成长起来的。其实早期的概念和规定都很模糊，在跟纳税人博弈过程中逐渐地明确起来。FDAP的概念一开始是从征管便利的角度提出来的，背后的实质是什么当时没有人明白。后来通过法庭的若干判例，慢慢地形成了一个轮廓，人们才认识到它主要指消极所得。前面说过，消极所得包括股息、利息、特许权使用费、租金等。

那么我们一开头说的资本利得，也是消极所得，为什么没有涵盖进去？

美国税法中将资本利得排除在FDAP之外，理由是资本利得要按收入减成本来计算，但是付款人（买方）并不知道纳税人（卖方）的成本是多少，所以不知道该扣多少。这个理由还是从征管角度来说的，不那么让人信服。不知道成本你可以问啊！我国税法中对非居民的资本利得都是要求付款方代扣税的，实施了这么多年也没有觉得扣缴义务人有多难。

将资本利得排除在FDAP之外，对FDAP的好处很多。最大的一点就是它按照"与在美国的营业以及贸易实际关联"的原则来判断收入来源，这就与积极所得的待遇一样了。资本利得本来是消极所得，非居民纳税人用不着在美国开展实际经营就可以获得资本利得，现在按积极所得的标准去判断来源地，因此很多资本利得就不需要在美国缴税了。当然了，凡事都有例外。如果一个公司50%以上的价值是由美国的不动产构成的，则美国税法规定应当视同在美国进行经营，按照经营所得来纳税。不管怎样，还是资本利得最优惠，这一点巴菲特体会应该最深。

FDAP范围之内的利息、股息和特许权使用费的预提税待遇也有差别。

总体来说，美国国内税法对股息和特许权使用费没有预提税优惠（税收协定下的优惠税率是税收协定给的，这里说的是美国国内法）。先说特许权使用费，美国国内法允许其在公司税前扣除，但是不能免预提税。在前述例子下，中国公司从美国公司收取特许权使用费100元，美国公司报税时将这100元按税前支出对待，可以从应税所得中减去。所以它没有重复征税问题。实际操作中，中国公司会申请享受税收协定待遇，这样美国公司会扣10%的预提税而不是30%的预提税。

美国国内法下股息没有预提税优惠，而且是从税后利润中支出。但是利息既有预提税的优惠，还可以在公司税前扣除。利息的预提税优惠被称为"投资组合利息免税"，是有条件的。条件就是贷款方不能是股东。这是为了防止股东将股息包装成利息来避税。因此这个优惠是给巴菲特这种财务投资者的。具体的规定是贷款方持借款人5%以上股权就不符合优惠条件了。

巴菲特可能还想不通的一点就是，为什么可以公司税前列支的利息反而免预提税，而从公司税后利润中支付的股息反而不能免预提税？这一点还是请他问一问华尔街的朋友吧，是华尔街无形的手在制定税法。

第二章
转让定价走下神坛

本章导读

转让定价给人性情高冷的感觉。究其原因,一是体系严密让人肃然起敬,二是词汇生僻让人望而生畏。但是这都是表象。如果深入下去就会发现转让定价其实不难理解,而且会发现现行的转让定价体系"外强中干":规则漏洞百出,实践五花八门,而且面临很多无解的难题。本章通过深度分析若干案例,以平视的心态,用通俗的语言,详细展示了转让定价的原理、思路、操作方法、热点问题和发展趋势,让转让定价"走下神坛",回归于"烟火气"。

本章第一至第八篇文章通过可口可乐案例说明了一种事:实现独立交易原则的核心就是比较;整套工作方法,包括功能风险分析、转让定价方法选择以及可比性分析等都是围绕比较而展开的。

第九至第十四篇文章通过GSK案例讨论了无形资产这一转让定价领域最大的热点和难点问题,并展示了OECD《转让定价指南》(2017年版)中针对难以定价无形资产的一套分析方法在实践中如何运用。该案例的亮点是针对营销性无形资产的分析。

第十五至第十八篇文章通过DHL案例从另一个角度继续讨论无形资产,并就无形资产的所有权确认和定价问题展开分析。该案例的亮点是并购中的无形资产定价。

第十九篇文章则通过雪佛龙案例展示了转让定价司法实践的新动向,即法庭如何在现有的法规体系下通过有倾向性的解释来强化反避税。

本章中各案例的分析重点如下：

序号	案例题目	分析重点	主要涉及的国家（地区）	扩展阅读
一	你喝的不是可乐，是税务筹划	转让定价新趋势	美国	
二	可口可乐有点冤	转让定价中的无形资产归属	美国	
三	可口可乐望梅止渴	转让定价中的国际法和国内法	美国	
四	没有比较就没有伤害——可口可乐案中的可比性分析	独立交易原则的实现方法	美国	
五	传统是用来抛弃的——可口可乐转让定价方法	传统转让定价方法的应用	美国	
六	现代之后是后现代——可口可乐转让定价方法	现代转让定价方法的应用	美国	
七	可口可乐案中的功能和风险纠缠	转让定价中的功能分析	美国	
八	可口可乐案中的价值链分析	转让定价中的价值链分析	美国	1.红筹上市公司在哪里报送国别报告？ 2.红筹上市公司在哪里报送转让定价文档？
九	穿上马甲就可以卖高价吗？——GSK加拿大转让定价争议	转让定价中的可比交易确定	加拿大	
十	别人家的APA，自己家的"市场溢价"——GSK美国转让定价争议	转让定价中的市场溢价	美国	
十一	资产无形识别有道——GSK美国转让定价争议	转让定价中的无形资产识别	美国	
十二	资产无形贡献有报——GSK美国转让定价争议	转让定价中的无形资产的回报权	美国	
十三	资产无形交易可辨——GSK美国转让定价争议	涉及无形资产的关联交易界定	美国	

续表

序号	案例题目	分析重点	主要涉及的国家（地区）	扩展阅读
十四	资产无形定价有方——GSK美国转让定价争议	涉及无形资产的转让定价方法选择	美国	
十五	DHL转让定价案例（一）——收购引发天价税单	转让定价中的并购	美国	
十六	DHL转让定价案例（二）——在胡搅蛮缠面前人人平等	转让定价中的服务费和无形资产	美国	
十七	DHL转让定价案例（三）——商标权到底是谁的？	转让定价中的商标权归属	美国	
十八	DHL转让定价案例（四）——并购中的商标权定价	转让定价中的商标权定价	美国	
十九	雪佛龙案，独立交易不是空中楼阁	转让定价中的关联交易界定	澳大利亚	

第一节　你喝的不是可乐，是税务筹划

一、躺在配方上赚钱

要说世界上最贵的一张纸，可能就是藏在美国佐治亚州亚特兰大市可口可乐公司总部保险柜中的一纸配方。1886年，亚特兰大的药剂师John S.Pemberton在其工厂里配制出了大补神水可口可乐，当地人民喝了欲罢不能（早期配方中含有可卡因和可乐果成分，后来去掉了可卡因，但是顾客忠诚依然如故）。这么好的生意，一定不能逃过资本的慧眼。当地同行Asa Griggs Candler以2 300美元的价格收购了配方，于1892年成立了可口可乐公司，随后于1893年注册了可口可乐商标。可口可乐公司在Candler的带领下，不到10年时间席卷全美国。此后，1919年，Candler在原先的买价后面加了四个零还觉得不够，最后以2 500万美元的高价将公司转让给以Woodruff家族为首的一众投资者。Rober Winship Woodruff担任总裁期间，适逢第二次世界大战，可口可乐成为军需物资，并被美国大兵推向了全世界。如今可口可乐销往200多个国家，成为全球最有影响力的品牌，没有之一。

如果能够躺在一纸配方上赚钱，谁还想起早贪黑做饮料？早在1899年，可口可乐就创造了名为"可口可乐体系"的加盟模式，许可第三方装瓶商制造饮料并分销可口可乐饮料。这一体系下，可口可乐公司自己只生产浓缩液的工厂，这些生产浓缩液工厂被称作"供应点"。供应点向第三方装瓶厂供应浓缩液，供其生产可乐饮料。装瓶厂则通过零售商向消费者销售。这种模式保证了可口可乐公司一方面牢牢掌握秘密配方，另一方面将自己从繁重的体力劳动中解放出来。

第二次世界大战期间，可口可乐公司在海外跑马圈地，推进速度和巴顿将军不相上下。由于谈加盟商的速度跟不上扩张的速度，于是可口可乐公司自己在欧洲和亚洲建立了大量的装瓶工厂。战后走向正规化，可口可乐公司将大量的装瓶工厂卖给了第三方，并将"供应点"等资产归入当地的子公司。后来可口可乐公司（The Coca-Cola Co.，简称"TCCC"）在美国境内成立了全资子公司——可口可乐出口公司（简称"出口公司"），这些境外供应点子公司就划到了出口公司的下面。到了1975年，出口公司在27个国家持有子公司或者分支机构。这时候的可口可乐公司全球遍地开花，供应点子公司营销、销售和装瓶商功能高度整合。到了1988年，可口可乐在几乎每个西欧国家都有一家高度整合的供应点。其架构如图2-1所示。

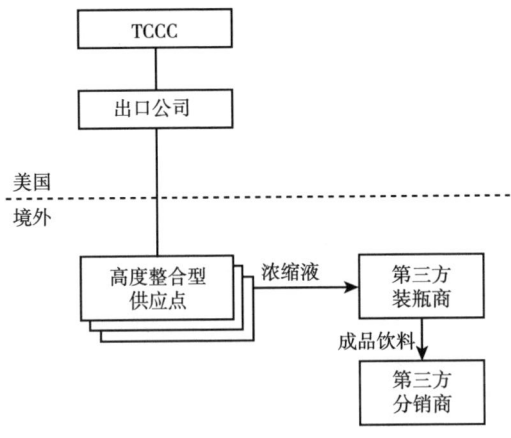

图2-1 "可口可乐体系"示意图

二、人往高处走，钱往低处流

凡是自然生长的跨国公司都会形成这样的架构，就是各国自成一体，当地子公司从采购到生产再到销售功能齐全，各国子公司各赚各的钱。这样做了一段时间，可口可乐总部就发现了一个问题，就是各国税率不一样，有时候相差还很大。比如，法国税率56.8%（这是1995年的税率，现已降至32%），英国25%（这是1995年的税率，目前税率为19%），爱尔兰只有12.5%。同样是赚100元钱，在法国缴完税只能拿回来43元，在英国拿回来75元，在爱尔兰拿回来87.5元。这时候专业人士就开始动脑筋了，能不能把法国的利润拿到爱尔兰去缴税，从而把回报率增加一倍？

不怕做不到，只怕想不到。想到爱尔兰去缴税，只要把运营部门搬到爱尔兰就可以了。"可口可乐体系"下，装瓶商都是第三方不需要搬，只需要搬供应点（原供应点中部分营销和销售人员要留下，这个后面介绍），这就很容易。结果，法国的供应点关掉了，英国的供应点关掉了，所有欧洲的供应点都关掉了，只留下了爱尔兰一根独苗。在欧洲之外也如法炮制，最终全球只留下了7家供应点。除了爱尔兰之外，其余6家之中有4家位于美洲，分别是巴西、智利、哥斯达黎加和墨西哥；另外两家位于非洲，分别是埃及和斯威士兰。从这个分布上就可以看出，爱尔兰供应点的覆盖范围已经远远超出了欧洲，事实上爱尔兰生产的浓缩液供应了欧洲、亚洲和澳洲近90个国家，每年取得收入68.9亿美元（2007—2009年平均值）。

"美洲是美洲人的美洲，或者说美洲是美国的后院"，美国政府盯得紧，因此美国公司一般不敢将美洲的利润向其他地区转移，要转也得转回美国。这就是为什么美洲会有多达4家供应点。墨西哥这家供应点干脆就设置成位于美国亚特兰大的出口公司下的分支机构，所得直接汇总到美国申报。

美洲之外就是另一种情形了。除了撒欢儿向爱尔兰转移利润之外，非洲的利润也归集到2家供应点之中。这2家之中，埃及这一家不难理解，毕竟埃及是非洲大国，有大市场在那里。那么另外一家设在斯威士兰，而且其收入远超过埃及，是出于什么考虑？

斯威士兰是一个拥有120万人口的非洲内陆小国，位于南非和莫桑比克之间，如今仍然保留传统的君主制，有一个富得流油的国王和一群极端贫困的人民，艾滋病感染率高居全球榜首，平均寿命排在全球末位。

可口可乐在斯威士兰的子公司Conco是非洲最大的供应点，为斯威士兰贡献了40%的GDP。可口可乐选个小池子在里面当大鱼，还不是要风得风要雨得雨？这跟国内的大公司到某个贫困县去谈招商引资政策是一个道理。

美洲的利润归美洲，非洲的利润归非洲，其余的利润都归爱尔兰，享受12.5%的低税率（同时还能享受其他税收优惠，实际税负率更低）。你喝的可乐，为爱尔兰贡献了利润，也成就了可口可乐公司的税务筹划。经过税务筹划，可口可乐的税务架构变成这样了（见图2-2）。

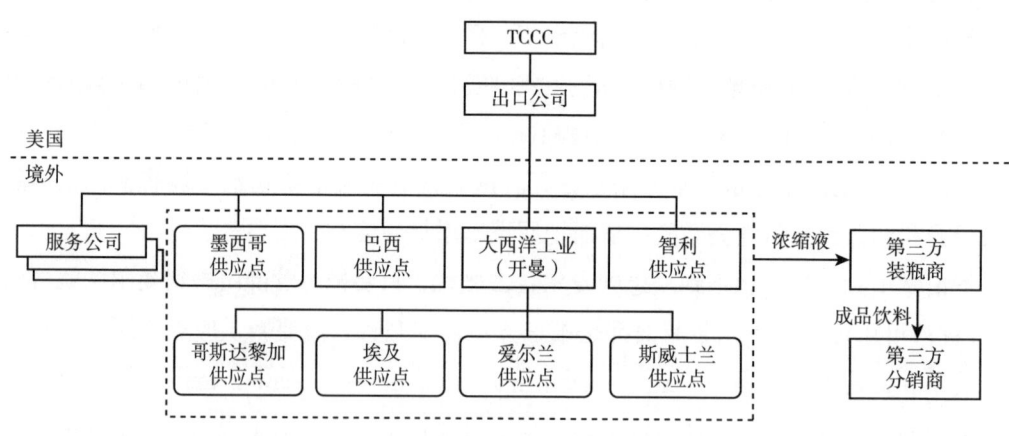

图2-2 可口可乐的税务架构

三、应对境外税务局

这么一来，好多饮料市场国家财源就断了，当地税务局就没有办法了？这要区分情况。如果可口可乐在当地根本就没有经营，按照现有国际税收协定，就不需要在当地缴税。这样当地一点办法都没有。但是这不容易做到，做消费品生意要贴近市场，不可能做到在当地完全没有运营。只要有运营，当地税务局就会讨个说法。虽然装瓶业务交给了第三方，供应点集中到了七个国家，但是毕竟在全球近200个国家卖饮料，在市场所在国总要做营销和装瓶商管理吧？供应点搬走后，留守人员总得有个地方落脚吧？于是可口可乐在境外成立了60家服务公司来容纳这些营销和装瓶商管理人员，个别服务公司还会容纳研发人员。目前可口可乐公司在比利时、巴西、中国、日本四地设置了地区研发中心，这些研发中心也设置在服务公司之内。这60家服务公司也要给当地税务局一个说法。

由于当地服务公司免不了发生跨境关联交易，当地税务局就有了一个抓手。假如在法国有一家服务公司，这家服务公司与当地的第三方机构合作，在当地进行广告和营销活动，并负责联络当地装瓶商，那么这家服务公司会发生支出，为了覆盖这些支出，就要向美国总部收服务费，这就产生了关联交易。法国税务局会说，按照美国和法国的税收协定，关联交易要符合独立交易原则，亲兄弟明算账，该收多少收多少，少收钱可不行。

那么收多少钱合适呢？按照经济合作与发展组织（OECD）的转让定价指南，关联交易定价要与功能资产风险相匹配，这下就有筹划空间了。只要把服务公司的功能资产风险降到最低，就能合理合法地将服务公司的利润降到最低。可口可乐法国服务公司会说，我只负责装瓶商联络，不负责管理，装瓶商管理集中到美国亚特兰大的总部进行，我在当地的联络都是常规活动。营销活动也是集中到美国亚特兰大，亚特兰大总部制定了品牌识别、产品视觉识别、质量保证、业务目标和营销策略方面的详细指引，境外各地的营销团队只能在限定的范围内根据当地文化、宗教、语言和饮食习惯做出适应性调整；法国当地虽然有营销，同样只是常规活动。既然都是常规活动，应当取得常规利润，只需用成本加成方法就可以了。用这种方法算下来，法国服务公司利润很薄，缴税很有限。尽管很长时期内市场所在国税务局心有不甘，可口可乐总能顺利过关，直到近几年OECD推出税基侵蚀与利润转移（BEPS）行动后，事情才变得复杂了。这是后话。

四、跟IRS和解

但是美国税务局（IRS）不答应了。美国税务局说，你把这么多利润留在爱尔兰合理吗？你的高额利润来源于无形资产。可口可乐的配方，再加上商标、制造专利、可乐瓶的外形设计等，是世界上最贵的无形资产，这些无形资产产生于美国，目前被TCCC持有，难道不应当绝大多数利润都归TCCC？目前供应点向TCCC支付使用无形资产的特许权使用费，是不是付得太少了？

可口可乐不这么看。它主张TCCC和供应点都拥有无形资产，而且都是独特的无形资产，所以都应当分享超额利润。1996年IRS针对1987—1995年的纳税申报表向法院起诉可口可乐公司，这场官司当年以双方和解告终。在结案协议中，双方各让一步，供应点按10-50-50的方法分割利润来计算支付给TCCC的特许权使用费，税务局答应不再追究。10-50-50的方法是说供应点的毛利先分10%给供应点，以反映其生产环节常规利润，其余利润看作双方拥有的独特无形资产带来的超额利润，由供应点和TCCC平分。

根据结案协议，可口可乐得以将大多数利润保留在供应点。这个结案协议不仅解决了1987—1995年漫长的历史争端，而且创立了10-50-50的利润分割方法。这个方法一直沿用到2006年，IRS也一直相安无事。后来IRS意识到可能吃亏了，针对2007—2009年发起调查，此时这个方法已经成功运行20年了。20年间可口可乐节省了多少所得税？恐怕抵得上一个世界级品牌饮料厂的利润了。

第二节　可口可乐有点冤

一、掉进夹缝中

可口可乐1996年与美国税务局（IRS）和解时，同意了10-50-50的利润分割方法，这一方法保证了绝大部分的利润集中在爱尔兰等供应点，享受12.5%的低税率以及其他税收优惠。IRS对此毫无意见，直到2015年。

1996—2015年这20年间美国财政部加紧修改转让定价法规。2006年8月，美国财政部通过了关于无形资产的税务规章，明确要求根据法律所有权来判断无形资产的归属，该规章于当年开始生效。紧接着，二十国集团（G20）和经济合作与发展组织（OECD）等国际组织开始推动国际法下的转让定价规则变革。经过艰难和漫长的工作，2015年10月，OECD发布了税基侵蚀和利润转移（BEPS）报告。该报告中第8—10项行动计划标题为《确保转让定价结果与价值创造相匹配》（以下简称"第8—10项BEPS报告"），旨在防止跨国公司通过转让定价来向低税率地区转移利润。第8项行动计划针对无形资产，明确提出了重视实际功能，淡化法律所有权的原则：

关联企业仅拥有无形资产的法律所有权，并不能使其享有利用无形资产所带来的收益；关联企业执行与无形资产开发、价值提升、维护、保护和利用（Development, Enhancement, Maintenance, Protection & Exploitation，简称"DEMPE"）相关的重要价值创造功能时应获得恰当的补偿。

第8—10项BEPS报告直接修订了OECD的《转让定价指南》。此后OECD发布了2017年版《转让定价指南》，将第8—10项BEPS报告的内容正式写入其中的第六章（第8—10项BEPS报告以及2017年版《转让定价指南》中内容重合的部分，在下文中统称为《转让定价指南》）。《转让定价指南》虽然是"软法"，但也是国际法的组成部分。国际法中的转让定价规则由此发生了翻天覆地的变化。同时，OECD鼓励各国更新各自国内法以便跟上国际法的步伐。在涉及无形资产的转让定价方面，美国税法已经远远落后于国际法。虽然美国政府一直表示拥护《转让定价指南》，但至今无意及时跟进，这就造成了美国国内法与国际法脱节。

2015年，可口可乐公司发布公告称IRS对其2007—2009年的申报表进行审计，并通知补税34亿美元，理由是以往的利润分割方法过度补偿了供应点，应当将相应利润调整回美国总公司。这两个时点很有意思，2015年是OECD发布第8—10项BEPS报告的当年，2007年则是美国财政部修订后的转让定价规章生效的第二年。可口可乐公司生生被扯进国际法与国内法的夹缝中遭受碾压。

可口可乐当然不服，于2018年向税务法院提起诉讼。漫长的诉讼牵动了全世界转让定价专业人士的目光。诉讼双方的证人个个都如雷贯耳。IRS害怕自己的税务干部压不住场子，动用了18个外援出庭作证，这18个辩方证人有名牌大学教授、知识产权律师、经济学家、营销专家、行业专家、会计师，当然还有税务律师。其中IRS一方最抢眼的证人是T·司各特·牛伦博士（T.Scott Newlon，以下简称"牛博士"）。牛博士当然很牛，是普林斯顿大学经济学博士毕业生，曾任KPMG合伙人，现任财政部高级经济学家，是美国1994年转让定价法规的主要起草者。

二、牛博士的灵魂拷问

2020年11月18日，美国税务法院法官阿尔伯特·劳伯（Albert Lauber）判决支持IRS的立场，要求可口可乐公司补缴2007—2009年税收共34亿美元，一分也不能少。劳伯法官，江湖人称"阿老师"（Scholar Al），其判决意见洋洋洒洒共达229页，创下一项世界纪录。

在判决书中，阿老师认为美国母公司可口可乐公司（TCCC）作为可口可乐集团全部商标和其他无形资产的法律所有人，占据了品牌价值的主要部分，而供应点只是承担合约制造商的功能，却保留了供应浓缩液过程中获得利润的绝大部分，这是不合理的。之前计算特许权使用费用时采用的利润分割法适用于交易的关联双方同时拥有独特无形资产的情形。而本案中现实情况是独特无形资产归TCCC单方拥有，因此利润分割法并不合适。据此，阿老师裁定供应点的利润必须进行调整，将多出的利润调整到TCCC。

那么供应点利润水平设置为多少合适呢？阿老师接受了IRS以供应点为分析对象，采用可比利润方法（CPM）来确定供应点利润水平的做法。IRS证人牛博士说，可口可乐体系很复杂，供应点却很简单，它只从事常规性的制造，把从TCCC买到的配料根据制造规范进行混合，从实质上来讲，供应点只不过是合约制造商而已，这种情况下采用CPM就非常合适。接下来该去找合适的可比公司。牛博士说，远在天边，近在眼前，供应点制造浓缩液和装瓶商制造饮料差不多，不就是加水、加糖、搅拌、加汽、灌装、包装？利润水平也应当差不多，就用第三方装瓶商做可比公司吧。

法官阿老师简直就是牛博士的"粉丝"，先认可了CPM，又认可了用第三方装瓶商做可比公司。阿老师说，装瓶商和供应点之间非常具有可比性，因为他们身处同一行业，面临同样的经济风险，同TCCC之间的合同以及经济关系也不相上下，都是利用TCCC无形资产开展运营，并且收入都来源于TCCC平台下的饮料销售，用它来做可比公司再合适不过。

这么一算可不得了。装瓶商资产回报率（ROA）的平均值是18%，而7个供应点中有6个资产回报率都超过了90%，只有埃及供应点例外，是亏损。暴利的6个供应点中，爱尔兰和巴西最夸张，资产回报率分别是215%和182%。于是牛博士发出了灵魂拷问：只是常规制造商的供应点，凭什么成了全球最赚钱的食品饮料公司？甚至比拥有无形资产摇钱树的TCCC赚得还多？

按照牛博士的算法，越过18%的利润就应当调整，这样算下来七个供应点应净调出95亿美元。这其中大头是爱尔兰供应点（62亿美元）和巴西供应点（18亿美元），而埃及供应点要调入。按照35%的公司所得税率计算，TCCC要补税34亿美元。

三、为他人做嫁衣

可口可乐说，你有没有搞错啊！凭什么说供应点没有无形资产？供应点拥有上百亿元的营销性无形资产你有没有看见？因为有这么重要而且独特的无形资产，CPM方法并不适用，应当继续使用原先的利润分割法，按10-50-50来分割利润；退一步讲，即使非要用CPM方法计算供应点的独立交易原则利润水平，这些无形资产的价值也必须计入供应点的资产总额之中，计入之后供应点的资产总额会增加，再乘以合理的ROA算出来的利润水平会远高于你牛博士计算的数字。

牛博士说，供应点的无形资产在哪里？在政府部门登记了吗？在账上记了吗？在合同中约定了吗？我只看到所有无形资产都登记在TCCC名下，没有登记在供应点的名下。TCCC是可口可乐、芬达、雪碧等所有商标的登记所有人，也是美学设计、包装材料、饮料成分、制造过程所有专利的登记所有人，此外TCCC还拥有可口可乐公司所有的秘密配方和受产权保护的制造规范；公司研发产生的所有无形资产也归TCCC所有。TCCC还是装瓶商合同的签约方，因此拥有对分销体系的最终所有权。TCCC/出口公司与服务公司的协议中明确规定，所有营销概念，包括第三方创造的营销概念都是出口公司的财产，这就证明了TCCC对所有无形资产，包括营销性无形资产拥有所有权。

可口可乐公司一方说，无形资产这个东西需要维护，尤其是品牌需要持续的宣传，否则它就会贬值。虽然商标注册在TCCC名下，供应点却在持续地开展广告宣传，以维护其价值。这一方面供应点已经花费了上百亿元的资金，没有功劳也有苦劳吧，难道就没有拥有这些无形资产吗？牛博士说，从法律上而言，无形资产不在供应点名下，供应点花了这么多钱只是提升了TCCC的无形资产价值，为他人做嫁衣，不能算自己拥有无形资产。

牛博士这种说法是根据美国的国内法来的，但是明显违背了《转让定价指南》规定的原则。根据《转让定价指南》，尽管TCCC拥有无形资产的法律所有权，但这并不足以支持TCCC取得相关无形资产带来的全部回报，需要进一步分析供应点执行与无形资产开发、价值提升、维护、保护和利用（DEMPE）相关的重要价值创造功能的情况，并根据供应点执行的功能（考虑到使用的资产和承担的风险），承认其获得无形资产带来的恰当补偿的权利。

法官阿老师眼中只有美国国内法，全盘接受了牛博士的意见。阿老师说：

"供应点没有无形资产，即使有也只拥有很少的有价值的无形资产。它们与TCCC之间的协议明确规定所有知识产权归TCCC，供应点只拥有有限的权利即使用TCCC的知识产权来制造以及分销浓缩液。供应点的账上，尤其是爱尔兰供应点的账上，并不体现无形资产。巴西的供应点倒是有少量无形资产，但也只是与当地品牌相关。TCCC和供应点之间的协议给予供应点制造和分销浓缩液的权利，TCCC称为'特许权利'，但是TCCC可以随时终止这种权利。此外，所有的分销点都没有所在地区的独家经营权，而且没有保证享有生产浓缩液的权利。事实上1986—2009年，TCCC终止或者转走了多个供应点的业务，并且没有给转出业务的供应点以任何补偿，这就证明了供应点的特许权利是没有保障的，因而也不构成无形资产。"

可口可乐那是一个大写的"不服"，要上诉。看热闹不嫌事大，好戏才刚开场，吃瓜群众们抓一把瓜子，打开一罐可乐，且等精彩继续。容我去联系一下可口可乐，要点"广告费"。

第三节　可口可乐望梅止渴

2015年10月，经济合作与发展组织（OECD）发布了税基侵蚀和利润转移（BEPS）报告，提出了"确保转让定价结果与价值创造相匹配"的目标，并将其定为BEPS第8—10项行动计划的标题，其中第8项行动计划针对无形资产高喊价值创造论，翻译过来是这样的：

比如说一棵桃树上结了桃子，这树就是无形资产，桃子就是无形资产带来的收益。桃子该由谁摘，这要问桃树是谁栽的，谁挑水浇的。如果有人蹲在山上一担水也不挑，现在他却把手伸得老长要摘桃子，他说此桃子的法律所有权属于我，我是"地主"，你们是"农奴"，我不准你们摘。OECD反驳他，说你没有挑过水，所以没有摘桃子的权利，那些DEMPE的民工们天天浇水，最有权利摘的应该是他们。

DEMPE指无形资产的开发、价值提升、维护、保护和利用（Development, Enhancement, Maintenance, Protection & Exploitation，以下简称"DEMPE"），这是OECD发布的税基侵蚀和利润转移（BEPS）报告中第8项行动计划提出来的，最后写入2017年版《转让定价指南》第六章（以下简称《转让定价指南》）的一套判断标准。该项行动计划指出：

关联企业仅拥有无形资产的法律所有权，并不能使其享有利用无形资产所带来的收益……为关联交易确定独立交易价格时，应当考虑集团成员对无形资产价值创造所做出的贡献及应该获得的相应补偿。集团成员为无形资产的DEMPE所执行的所有功能、使用的所有资产以及承担的所有风险都应得到合理的补偿。因此，需要通过功能分析确定哪个（些）成员执行无形资产的DEMPE功能并实施控制，哪个（些）成员提供了必要的资金和其他资产，以及哪个（些）成员承担了无形资产相关的各种风险。

喊归喊，有人听也有人不听。

一、拿村长不当干部

可口可乐公司在诉美国税务局IRS一案中，主张境外子公司"供应点"参与了

DEMPE，所以部分桃子应当由供应点来摘，这是在回应价值创造论。但是IRS不听，并根据美国国内法认为美国母公司可口可乐公司（TCCC）拥有全部无形资产的法律所有权，因此主张全部桃子应当由TCCC来摘，要求可口可乐公司补税34亿美元。结果美国税务法院站在了IRS一边，表明了美国税务法院也不认价值创造论，这就折射出国际税法的尴尬。今天美国不听，明天别的国家不听，价值创造论难不成是个笑话？

国际税收法规分为两大部分，一部分是各国国内税法中涉及国际税的部分（以下简称"国内法"），另一部分则是国际法。国际法包括政府间正式签订的条约，例如双重税收协定，也包括各国声明遵守但并不签约的习惯法。OECD的《税收协定注释》以及《转让定价指南》就属于国际法中的习惯法。显然签过字的效力更强，没有签过字的效力较弱。即使签过字的条约，在美国最多与国内法同等效力，大多数情况下效力还要低于国内法。至于没有签过字的习惯法，在美国国内法面前更是不值一提。价值创造论虽然出自BEPS报告，进了《转让定价指南》，但只是国际法中的习惯法，美国税务法院认不认要看心情。

OECD在发布BEPS报告时，也考虑到了效力问题，根据约束性强弱将BEPS的15项行动分为"最低标准""共同方法"和"最佳实践"三大类。其中"最低标准"约束性最强，往往要求各国修改国内法，并将执行情况纳入监督执行机制；"共同方法"则是未来可能发展为最低标准的规则，但是目前统一监督执行的时机尚不成熟，OECD也不强推；"最佳实践"则是推荐各国应用的，约束性最弱。不幸的是，无形资产价值创造论所在的第8项行动计划属于"共同方法"，尚不能进入国内法，只能屈就国际法中的"软法"地位。

二、MAP看起来很美

这个价值创造论连法院都不认，到哪里说理去？理论上还真有地方说理，那就是利用国际的税务争议解决机制——共同协商程序（Multiple Agreement Procedure，以下简称"MAP"）。如今各国政府签订税收协定中都含有MAP条款。MAP也见于OECD《税收协定范本》第二十五条第1至第3款，其内容如下：

如一人认为缔约国一方或者双方的行为导致或将导致对其的征税不符合本协定的规定时，可以不考虑各缔约国国内法律的救济办法，将该案件提交给缔约国任何一方主管当局……主管当局如果认为所提意见合理又不能单方面圆满解决时，应设法同缔约国另一方主管当局相互协商解决，以避免不符合本协定的征税达成的协议应予执行，而不受各缔约国国内法律时限的限制……缔约国双方主管当局应通过相互协商设法解决，在解释或者实施本协定时所发生的困难或异议，也可以就本协定未作规定的消除上双重征税问题进行协商。

放到本案中，意即IRS将TCCC应收爱尔兰供应点的特许权使用费调增62亿美元并计入TCCC的应税所得，但是这62亿美元原本在爱尔兰已经作为供应点的利润纳过了税，在美国补税时除非相应在爱尔兰退税，否则就会造成双重征税，这对可口可乐不公平，也不符合协定的规定。要消除双重征税，可口可乐就需要说服爱尔兰退税，如果爱尔兰税务局认为62亿美元的调整有问题，可以与美国IRS协商减少调整额，这就是MAP。美国和爱尔兰之间签订了避免双重征税协定，协定的宗旨就是避免双重征税，协定中也规定了MAP的条款来解决双重征税方面的争议，MAP为适用国际法提供了机会。

题为《使争议解决机制更有效》的BEPS第14项行动计划出于加强MAP的效力与效率的目的，从最低标准和最佳实践层面提出了以下措施。

在最低标准层面，BEPS第14项行动计划要求各国：

- 在双边税收协定中纳入OECD《税收协定范本》第二十五条第1至第3款的内容；
- 允许纳税人启动MAP；
- 力争在平均24个月内解决MAP案件；
- 参与相互协商论坛，按相互协商论坛开发的报告模板提供统计数据，接受检查等；
- 在国内法中细化MAP规则；
- 公布MAP工作情况；
- 保证人员独立性、保证资源充足；
- 在其相互协商指南中明确，税务机关对纳税人的审计、和解不应妨碍纳税人申请启动MAP；
- 允许将预约定价安排的追溯适用于以前年度等。

在最佳实践层面，BEPS第14项行动计划要求各国：

- 培养国际税收审计、检查人员的"全球意识"，以减少不当调整的发生；
- 规定在MAP案件解决之前暂停征收税款等。

此外，BEPS第14项行动计划报告中还提出了监督机制的框架，并记录了各国对具有强制约束力的MAP仲裁的承诺。包括美国在内的大多数OECD成员国已经明确表示有意接受具有强制约束力的MAP仲裁，具体名单为：澳大利亚、奥地利、比利时、加拿大、法国、德国、爱尔兰、意大利、日本、卢森堡、荷兰、新西兰、挪威、波兰、斯洛文尼亚、西班牙、瑞典、瑞士、英国和美国。据OECD的报告，这些国家涉及截至2013年年底90%以上的MAP未决案例。

BEPS第15项行动计划推出的多边工具（"MLI"）也包括了提高争议解决机制以及多边MAP强制仲裁的内容。但是鉴于美国并未接受MLI，因此这里略过了细节。

对MAP美国IRS是接受的。OECD最近发布2019年度MAP统计结果时，美国IRS因为开展工作表现良好还受到了表扬。另外，MAP程序是成熟的，一旦进入这个程序，那就必须根据《转让定价指南》中的价值创造原则来进行国际协商，协商不成还可以仲裁。最重要的一点是，一旦进入MAP就不是可口可乐一个人在战斗了，而是可以将爱尔兰等其他国家拉进来借力打力了。

三、投鼠忌器

转让定价的实质是相关国家之间的征税权分配。表面上是可口可乐公司和IRS打官司，实际上却是美国和若干个国家角力，特别是爱尔兰、巴西等供应点所在国。调低供应点利润，意味着供应点所在国的税基缩水。比如，IRS认为爱尔兰供应点应调低利润62亿美元，如果按12.5%税率计算，爱尔兰供应点可向爱尔兰税务局申请退税7.75亿美元；此外由于爱尔兰供应点利润减少，未来税后分红也会减少，算下来爱尔兰供应点向境外母公司应付股息会相应减少54.25亿美元，按美国与爱尔兰之间税收协定限定的股息税率5%计算，爱尔兰税务局还会损失股息预提税2.71亿美元。以上两项合计，爱尔兰税务局损失10.46亿美元。并且更要命的是，根据美国与爱尔兰税收协定中的约定，爱尔兰对特许权使用费不征收预提税，只能眼睁睁看着股息预提税减少，无法从特许权使用费预提税上找回来。本案看似可口可乐公司败诉，其实却是爱尔兰吃亏。可口可乐如果心有不甘，可以依据美国与爱尔兰税收协定中的MAP条款向爱尔兰税务局提起申请，让爱尔兰税务局与美国税务局磋商。如果磋商成功，美国税务局手下留情，可口可乐和爱尔兰政府都可以少受损失。

这么巨大的损失，爱尔兰会启动MAP吗？MAP会赢吗？如果能赢，会减少多少调整金额？这些都是未知数。鉴于爱尔兰一向手伸得很长，也摘了别人的桃子，自己底气不足，这个就更不好说了。

价值创造论对可口可乐是个双刃剑，一边有助于将利润归入供应点，另一边也有助于将利润归入服务公司，一旦挥舞起来会把服务公司置于危险的境地。可口可乐目前有七处供应点，服务公司却遍及全球。这些服务公司在供应点之外的其他国家开展活动，只按成本加成取得回报，并未将任何无形资产相关利润计入其服务公司。可口可乐公司在和IRS打官司时可以主张供应点拥有无形资产并且应当获得相应回报，但是提供证据时要小心，避免让服务公司所在国抓住把柄，对当地服务公司展开转让定价调查，让服务公司补税。服务公司所在国家税率五花八门，不会都像爱尔兰那样低税率，甚至可能比美国税率还高（目前美国税率21%），如果要在别的国家补税，税负增加先不说，合规和应对转让定价调查的工作量就先吃不消。

可口可乐陷入了两难境地：为了应对外国税务局，要声称无形资产在美国，声称服务公司和供应点都发挥有限功能。但是为了减少美国税又要声称无形资产在国外，国外功能多。这就难以两全了。因此，眼看《转让定价指南》在那里，却只能望梅止渴。你说急不急？美国法院也明白可口可乐公司投鼠忌器，所以更加咄咄逼人。

这种困境的根源在于可口可乐公司未能按照BEPS的主张将无形资产及其利润所在地与价值创造地保持一致。桃树是美国种的，市场所在国挑水浇的，桃子却让爱尔兰来摘。现在美国要秋后算账，爱尔兰理亏难免退缩，可口可乐公司只能孤军奋战，搞不好哪个市场所在国上来再插上一刀，可口可乐公司面临着双重甚至三重征税的风险。一桃三吃，难免要被迫吐出来。出来混早晚要还的。

第四节　没有比较就没有伤害——可口可乐案中的可比性分析

关联交易定价要符合独立交易原则，通俗地说就是亲兄弟明算账。比如你给你哥打工，你就要领工资，该领多少就领多少不要客气。但是到底该领多少钱呢？这个谁也说不清楚，只能看别人领多少钱，拿别人做参考。

关联企业之间转让定价也是一个道理。比如母公司卖产品给其子公司，该收多少钱呢？同理，参考卖给路人甲的价钱，这样才符合独立交易原则，否则税务局不答应。尤其是跨境的情况下，比如母公司在中国，子公司在美国，两国的税务局都盯着，两国的海关也盯着，如果不符合独立交易原则麻烦就大了。

参考是一种模糊的说法，专业的说法是可比性分析，涉及"跟谁比、比什么、如何比"三个问题。

一、跟谁比

"跟谁比"的核心问题是相似性。俗话说，人比人得死，货比货得扔，没有相似性的比较没有意义。比如你和马云去比，虽然差距在那里，但是不痛不痒。转让定价讲究跟有相似性的交易去比较，就好比你和同事、邻居去比，没有比较就没有伤害的那种。

要找相似性先要确定比什么方面。如果是讨论给你哥打工的待遇，你就要找职位、学历、工龄等方面相似的人来比较。如果是讨论关联交易定价，OECD的《转让定价指南》中列出了五项"可比因素"，要找出这五个方面都相似的交易来比较：

- 交易的合同条款；
- 交易各方执行的功能（并考虑使用的资产和承担的风险），包括这些功能如何与所属跨国企业集团广泛的价值创造相联系，交易情形及行业惯例；
- 交易资产或服务的特性；
- 交易各方及其行业市场所处的经济环境；
- 交易各方的经营策略。

以上五项"可比因素"就好比人的五官。要找相似之前先要认清自己，给自己画一张像。OECD的《转让定价指南》在关联交易的可比性分析中，将这一步称作"识别关联企业间的商业或财务关系、交易条件及相关经济环境，以准确界定关联交易"。说白了就是给要讨论的关联交易（受控交易）画一张五官俱全的像，以备下一步按图索骥去找相似的交易。

在可口可乐案中，IRS就给TCCC向七家"供应点"许可制造和销售浓缩液权利的交易（以下简称"可口可乐受控交易"）画了一张"像"，将其定性为类似于委托方与常规制造功能的受托方开展的合约制造行为，并找出身份同为常规制造商的第三方装瓶商作为可比公司来比较。可口可乐公司一方的专家Unni博士则画出了一张完全不同的像，将可口可乐受控交易定性为"特许经营主体交易"，并找出麦当劳、达美乐比萨等特许经营商作为可比公司来比较。这两张风格迥异的画像之间相距数十亿美元的税款。

二、比什么

如果是打工待遇，你可能选择工资总额、基本工资、小时费率、股权激励方式等指标来比较。如果是关联交易定价，就要选择一种或者多种转让定价方法来比较。常见的转让定价方法有五种。篇幅所限，这里先不展开，后续会有详细介绍。

关于五种转让定价方法的选择，OECD的《转让定价指南》和美国税法都没有给出优先顺序，均要求根据具体情况选择最优方法。选择时，一方面要考虑受控交易与非受控交易的相似性，另一方面还要考虑数据的可得性。巧妇难为无米之炊，没有数据谈什么比较？

在可口可乐案中，美国税务法院的劳伯法官（外号"阿老师"）接受了IRS以供应点为分析对象，采用可比利润方法（CPM）来衡量供应点利润水平的做法。IRS证人牛伦博士说，可口可乐体系很复杂，供应点却很简单，它只从事常规性的制造，只把从TCCC买到的配料根据制造规范进行混合，从实质上来讲供应点只不过是合约制造商而已，这种情况下采用CPM就非常合适。此外，鉴于供应点制造浓缩液和装瓶商制造饮料存在很多相似性，利润水平也应当一致，因此选取第三方装瓶商做可比公司。这种看法得到了阿老师的认可。

三、如何比

接下来就是玩数据了。回到那个打工的例子，如果是谈工资待遇，谈之前就要先收集数据，自己算一个结果出来。这个过程中要解决以下问题：到哪里取数据？特殊情况要不要排除或调整？差别多大就不能接受等。计算独立交易价格也要处理这些问题。我们直接来看可口可乐的实例。

1.可比信息的选择与剔除

IRS的证人牛伦博士通过浏览多个数据库、TCCC的授权协议以及装瓶商协会的会员名单寻找可口可乐装瓶商，共找出了508个潜在可比公司。以此为起点，牛伦博士剔除了主营非可口可乐产品的公司、主营酒精饮料的公司以及TCCC拥有控制权益的公司（确保可比公司是第三方装瓶商，避免受控交易乱入）、没有审计报告以及数据不充分的公司，然后再从各公司的年报中阅读业务介绍，进一步剔除一些不符合条件的公司。最终牛伦博士选出了18个可比公司。这些公司的总部分散在10个国家，运营则覆盖南极洲之外的其他各大洲。后来IRS又给牛伦博士提供了一些补充信息，牛伦博士根据这些信息又增加了6家可比公司,其中包括1家中国公司(北京可口可乐饮料有限公司)、1家日本公司和4家西班牙公司。可比公司总数达到24个。

可比公司中利润水平的地域差别很大,其中南美洲利润最高,东亚地区利润最低。最后牛伦博士剔除了东亚地区的数据。

2. 可比性调整

绝对一样的可比交易是不存在的,能做到大致相似就不错了。在大致相似的前提下,针对有差别的地方做一些修改可以使相似性达到可以接受的程度,这就是可比性调整。

牛伦博士选用了资产回报率(ROA)作为利润指标。计算资产回报率的公式中,分子是营业利润,分母是营运资产。计算营运资产总额时,牛伦博士对受控公司,也就是供应点的财务数据进行了适当调整,以消除其会计处理与可比公司会计处理之间的差异。营运资产采用账面净值的口径,取年初值和年末值的平均数。原先从公开渠道取得的数据中,供应点应收账款金额没有单独列出,牛伦博士则按照假设的30天回款期,根据销售收入数值进行了估算。后来可口可乐公司提供了真实的应收账款数据给牛伦博士,牛伦博士懒得改了,就说超过30天回款期的应收账款不合理,不予承认,还是我估算得更科学。可口可乐公司一看,这样做人为缩小了分母,抬高了供应点的利润水平,对自己有利,就没有提出异议。

在计算营业利润时,牛伦博士对装瓶商的运营成本进行了调整,剔除了其中列明的摊销金额、股票期权支出以及其他非营运性支出。鉴于装瓶商和供应点的付款账期不同,为了消除账期差别对利润的影响,牛伦博士从装瓶商和供应点的运营费用中剔除了所有逾期付款实际发生的利息费用,同时假定应付款账期为零,对所有应付款按账龄计提利息并将其计入收入。也就是说,牛伦博士将所有应付账款都视为融资,将账期换算成了利息收入。

巴西供应点比较特殊,它拥有一个非可口可乐的品牌。IRS认可巴西供应点拥有这个品牌相关的无形资产,同意这个品牌的无形资产相应的利润归于巴西供应点而不是归于TCCC。因此,在计算巴西供应点利润时,牛伦博士把这一部分品牌所产生的利润排除在资产回报率的分子之外。这部分利润的数据由TCCC一方的证人提供,牛伦博士予以采纳。

最后一点调整是针对"发票分割"的。2007—2009年南美和土耳其6家服务公司向当地装瓶商共收取了3.85亿美元的服务费。IRS说鉴于服务公司已经从TCCC和出口公司按全部费用加成收过服务费了,再从装瓶商收费就是重复收费,那么这3.85亿美元的重复收费显然是从供应点销售给装瓶商的浓缩液的价值中人为分割出来的,也应当加回到供应点的收入中。关于这一点，可口可乐公司没有异议，最后3.85亿美元服务费中包含的1.35亿美元利润也参与了调整额的计算。

3.交易区间的确认

如前所述，可比公司中利润水平的地域差别很大，其中南美洲利润最高，东亚地区利润最低。为此牛伦博士把这两个地区的可比公司单独处理，最后形成了四组数据：全体组、非东亚组、南美组、非东亚非南美组。其中，资产回报率的中位值在全体组层面为18%，非东亚组为24.5%，拉美组为34.3%，非东亚非拉美组为17.9%。牛伦博士将7个供应点按照所在的地域，与以上资产回报率各自进行对比并参照其进行调整。其中美洲四家供应点的资产回报率以拉美地区的装瓶商的资产回报率作为调整的基准。东亚装瓶商的资产回报率太低，从可比数据中剔除。非洲2家和爱尔兰1家供应点则参照非东亚组的资产回报率进行调整。

剔除可比交易中的利润水平低的数据，这对可口可乐公司有利，可口可乐一方当然不反对。牛伦博士就是这么让了又让，因为他有底气。7个供应点中有6个资产回报率都超过了90%，只有埃及供应点例外，是亏损。暴利的6个供应点中，爱尔兰和巴西最夸张，资产回报率分别是215%和182%。差别太大了，要调到可比公司的中位值，怎么算都是个天文数字，谁还在乎那些零头？最后一算总账，7个供应点净调出95亿美元（其中埃及供应点要调入），大头是爱尔兰（62亿美元）和巴西（18亿美元）。TCCC的利润相应增加95亿美元，按照35%的公司所得税率计算，要补税34亿美元。

四、一门行为艺术

从可口可乐的案例中可以看出，转让定价是一件仁者见仁智者见智的事情。和谁比、比什么、如何比这三个阶段中，每个阶段都存在着巨大的主观性，因此最多形成妥协，很难达成共识。业界有一种说法，说转让定价不是科学，是艺术。这句话将不靠谱等同于艺术，问过艺术的感受吗？就算是艺术吧，那也是一种叫作"伤害"的行为艺术，因为转让定价的核心是比较，比较很难做到客观，但是往往能够带来伤害。

第五节 传统是用来抛弃的——可口可乐转让定价方法

转让定价方法有多少种呢？OECD《转让定价指南》中列举了5种"授权方法"，

分别是：可比非受控价格法、再销售价格法、成本加成法、交易净利润法、交易利润分割法。其中前三种产生于20世纪60年代，被称为"传统交易法"，又称"传统方法"；后两种产生于20世纪90年代，被称为"交易利润法"，又称"现代方法"。美国税法第482节中也列举了各种定价方法，其中OECD的5种方法都在里面，只是名称不同。另外还多出了一个没有定义的"其他方法"。综上所述，转让定价方法一共有5+N种，即OECD的5种"授权方法"再加上美国的那个包容一切的"其他方法"。

一、可比非受控价格法（CUP）

关联交易定价要符合独立交易原则，定价的核心是比较。说到比较，本能反应就是直接比价格，这就是CUP（这是OECD《转让定价指南》中的名称，美国税法中称为"可比非受控交易法"，简称"CUT"。下文中两套名称交替使用），也是最先出现的方法。

在可口可乐案中，可口可乐公司一方的专家Unni博士将可口可乐受控交易定性为"特许经营主体交易"，并找出麦当劳、达美乐比萨等特许经营商作为可比公司，采用CUT来比较。Unni博士计算出主体加盟商付给可比公司麦当劳和达美乐比萨的特许权使用费率为零售额的2.2%，并乘以可口可乐饮料的零售额与浓缩液销售额的比值倍数，将特许权使用费率换算为浓缩液销售额的12.3%，以此确定为独立交易价格。这种做法被法官"阿老师"斥为"错得千疮百孔，我都不知道从何驳起"。其中一点是，阿老师认为受控交易和可比交易相差太大，不能用CUT。阿老师说：

（美国）财政部规章规定，只有受控交易与非受控交易涉及在相同或者基本相同的条件下转让相同的无形资产，CUT方法才有特别高的可靠性。可口可乐公司和Unni博士找出的非关联交易都不涉及与可口可乐受控交易相同的无形资产，即用于制造可口可乐、芬达、雪碧等品牌饮料的商标、品牌名称、Logo、秘密配方以及受产权保护的制造过程。Unni博士找出的可比公司竟然来自快餐业。财政部规章还规定，为了保证受控交易和非受控交易涉及的无形资产具有可比性，两种交易下的无形资产必须用于相似的产品以及过程，并且处于相同的行业或市场之内。浓缩液和汉堡并不是相似的产品，饮料制造商和快餐厅也不是同一个行业，制造和销售浓缩液给装瓶商是一种批发业务，这和制作以及销售餐食给消费者完全不在一个市场……

美国税法中最先只有CUT这一种转让定价方法，税务局找可比交易一般从纳税人内部来找。也就是说，比如纳税人A公司既销售产品给关联企业B公司，又销售产品给第三方企业C公司，那么税务局要求A公司卖给B公司的售价参考卖给C公司的售价（假定产品相同）。当时规则就是这样，简单明了，但是很容易就被滥用了。有些纳税人本来只有关联交易没有第三方交易，却人为地创造出少量第三方交易，并通过各种安排将第三方交易的价格定得很低，目的就是制造一个低价来给关联交易做定价参考。为了堵塞这个漏洞，各国税法都强化了相似性的要求，并逐渐演进为OECD《转让定价指南》中的5项可比因素（请参考：没有比较就没有伤害——可口可乐案中的可比性分析）。在现有的5种转让定价方法中，CUT方法对于交易的相似性要求最高，往往难以满足。

世界上本来没有路，走得人多了便成了路。后来政府在路上设卡，结果通行减缓甚至出现拥堵，行人就开辟新路，于是其他转让定价方法相继出世。但是这些新方法也面临同样问题。新路一开始好走，时间长了哪条都不好走。

二、再销售价格法（Resold Price Method，简称"RPM"）

RPM适用于受测试一方从关联方购入商品再销售给独立第三方的情形，其原理是考虑到中间商都会赚一个合理的差价，用再销售给独立第三方的价格减去合理的差价就可以倒推出从关联方采购商品的独立交易价格。确定合理差价时，一般采用可比非关联交易的毛利率作为指标。这种方法适用的前提就是购入商品后未进行改变外形、性能以及更换商标等实质性加工，因此该方法只适用于购销业务以及简单加工业务。在可口可乐一案中，受控交易是委托供应点制造浓缩液，是一种实质性加工，因此RPM并不适用。双方对此没有争议，也没有就这种方法费口舌。

三、成本加成法（Cost Plus）

成本加成法用关联交易发生的合理成本，加上可比非关联交易毛利得出关联交易的公平成交价格。成本加成法一般适用于有形资产使用权或者所有权的转让、资金融通、劳务交易等关联交易。选用成本加成法时，产品和服务方面的可比性不再重要，企业功能的可比性成为关注的重点。关联交易或可比企业应与该被测试企业或者交易具有相同或高度相似的功能，在相同或相似的产业和环境下经营，并且该可比企业所承担的商业和经济风险与被测试企业相类似。

在可口可乐一案中，可口可乐一方证人Unni博士和Cragg博士认为供应点就常规制造功能而言与合约制造商相同，因此这部分利润可以采用成本加成法来计算，加成率为

8.5%。当然，这两位证人还主张，供应点在执行常规制造功能之外还拥有独特无形资产并为集团利润做出独特贡献，所以应当再多得一部分利润。税务法院否定了可口可乐一方关于供应点拥有独特无形资产，并为集团利润作出独特贡献的说法（请参考：可口可乐有点冤），然后未加分析就将成本加成法弃之不用了。这有些连脏水带宝宝一并泼掉的意思。法官阿老师在说明转让定价方法选择时说，法院同时听取双方专家的意见，但是采用谁的、不采用谁的由法官来定，表明不屑于解释放弃成本加成法的原因。但是法官阿老师在批驳CUT方法时，曾经提到了供应点和可比公司麦当劳及达美乐比萨功能上的差异，在一定程度上间接地解释了成本加成法不适用。阿老师说：

供应点制造浓缩液，他们在管理连锁加盟商、选择加盟商以及监控装瓶商方面不扮演任何角色，这些责任都由TCCC和服务公司来承担，因此不能将装瓶商类比作供应点的分加盟商。装瓶商的合同与TCCC签订，而不是与供应点签订；装瓶商从服务公司而不是从供应点收到指令以及取得营销协助；此外，装瓶商制造和分销浓缩液，这和服务消费者的餐厅也完全不同。

四、传统方法优先只是个传说

以上可比非受控价格法、再销售价格法和成本加成法都属于传统交易法。传统交易法在毛利率层面展开比较。由于不同公司在无形资产等方面存在差异，毛利率差别有时会很大，因此运用传统方法时对相似性（包括产品或者服务的相似性、功能的相似性）要求较高，所以可比公司或者可比交易就很难找。即便处于饮料行业这个传统产业，但是由于拥有秘密配方以及价值巨大的独特无形资产，可口可乐是独一无二的，无法找到可以运用传统方法的可比公司。IRS一方的证人Becker博士将可口可乐的独特性说明如下：

第一，市场份额遥遥领先。可口可乐全球平均市场份额相当于第二位的三倍。

第二，品牌价值比重大。可口可乐品牌的价值占其公司市值的一半左右，而竞争对手百事可乐的品牌价值只占市值的1/10。

第三，利润奇高。支付特许权使用费前的营业利润率同行业平均值为15%左右，而可口可乐高达51%。

这些独特性决定了传统方法不适用于可口可乐公司。至于科技类企业，无形资产普遍重要，销售成本占成本费用的比例过小，毛利水平根本不能反映营利能力，传统方法就更不适用了。

由于以上缺陷，人们开始尝试一些基于营业利润的转让定价方法。后来这些方法也被OECD所接受，进入《转让定价指南》并被称为交易利润法，俗称"现代方法"。关于传统方法和现代方法之间的关系，《转让定价指南》第2.3条中指出：

考虑到第2.2条中所描述的规则的前提下，在传统交易法和交易利润法同等可靠的情况下，传统交易法比交易利润法更可取，此外，在与其他转让定价方法同等可靠的情况下，可比非受控价格法更可取。

这一段是不是说OECD对各种方法给出了优先顺序？其实不是的。美国1968年的税务规章中曾经给各种转让定价方法排过序，但在1994年修改规章时去掉了，如今奉行"最佳方法"的原则，就是具体问题具体分析哪种方法最好。OECD也接受了这个原则。请注意上文中"同等可靠"这个条件，想一想如何证明它。再请注意"第2.2条中所描述的规则"这个前提。第2.2条指出：

要根据案例的实际情况选择最适当的方法。OECD认可的五种方法各有优缺点，选择时要考虑到这一点；还要基于功能分析确定的关联交易性质考虑适合用哪种方法；需要考虑所选的方法是否能够取得可靠的信息，尤其是可比的非关联交易的可靠信息；需要考虑关联与非关联交易之间的可比程度，包括用来消除两者之间重大差异的可比性调整的可靠性。没有一种方法可以包打天下。不想采用某一种方法也无须证明它不适用。

原来如此！ OECD说："你们还是要照顾一下传统方法嘛，特别是可比非受控方法。但是要讲原则！该用的时候用，不该用的时候一定不能用。"结果怎么样呢？目前使用传统方法的还不到10%。

第六节　现代之后是后现代——可口可乐转让定价方法

现代转让定价方法主要指交易净利润法和利润分割法，其特点是在营业利润层面进行比较，因而避免了传统方法的固有缺点（请参考：传统是用来抛弃的——可口可乐转让定价方法）。但是以我们的经验，从A地到B地如果有好多条路可走，往往哪一条路都不好走。好走的话，一条就够了，谁修那么多条路出来？

上一篇说道，可口可乐的业务太过特殊了，以至于在传统转让定价方法之下无法找到可比公司，因而无法适用传统转让定价方法。这一篇我们看一看现代转让定价方法如何提供出路。

一、交易净利润法（Transactional Net Margin Method，简称"TNMM"）

TNMM借助可比非关联交易的利润指标来确定关联交易的利润。利润指标包括息税前利润率、完全成本加成率、资产收益率、贝里比率等。TNMM用到的利润指标以营业利润而不是毛利做分子，因而受交易差异影响较小。受控交易和非受控交易之间功能或者会计处理的方式经常有所不同，如果在毛利层面比较，这种差异会很致命；TNMM避开了毛利而选择在营业利润层面比较，不存在这种缺点。在交易净利润法下，可比企业的非受控交易只需与测试对象受控交易大致相似即可，对于受控交易和非受控交易之间不显著的产品差异和功能差异亦可接受。由于这个原因，TNMM应用较为广泛。

TNMM在美国税法下叫作可比利润法（Comparable Profits Method，简称"CPM"）。可口可乐一案中，IRS以供应点为测试对象，以第三方装瓶商为可比公司，使用CPM并以资产回报率（Return on Assets，简称"ROA"）为利润指标确定受控交易独立交易价格（请参考：可口可乐有点冤）。对此可口可乐一方提出反对，并列出一大堆数据试图说明装瓶商和供应点之间不存在可比性，主张供应点功能资产风险复杂得多，利润水平应当远高于装瓶商。

法官阿老师认为功能上的差异可以接受，而且对可口可乐一方有利。阿老师说：

从合同条款上看，我认为第三方装瓶商的合同条款更优惠，因为他们和可口可乐公司之间的合同期限为10年，虽然理论上来说，可口可乐一方可以随时终止合同，但是两者之间存在一个依赖关系，他们的合同关系总是能够延续，而且他们有很强的地区排他性。与之相比，供应点就没有这么幸运，他们的合同随时可以被终止。装瓶商和可口可乐公司之间的合同中约定，它可以从可口可乐公司指定的任何供应点去购买浓缩液，这就是说供应点都没有壁垒，他们经常会面临产能过剩的问题，意即供应点的可替代性极强，他们与TCCC之间的谈判的地位也更弱。总体说来，第三方装瓶商的交易条件会更好，它的利润按理说应当会更高。

再说资产方面，供应点和装瓶商之间处于同一市场，他们应用到的资源几乎相同，比较而言装瓶商往往规模更大，雇员更多，活动更复杂，但是总体上来说，他们的资产水平比较接近。

至于风险方面，因为他们使用相同的资源来执行相同的功能，处于相同的市场，他们的利润都取决于可乐饮料的销售状况，因为他们的资本无法转向生产其他产品，因此他们面临着同样的风险，包括饮料市场的风险以及产品本身的风险。

基于以上分析，阿老师支持了IRS采用的CPM方法。

从双方的争议可以看出，尽管CPM方法比起传统方法来，对受控交易与可比交易之间差异的容忍度更高，但是如果受控交易非常特殊，CPM仍旧不能适用。也就是说，CPM也是有局限性的。

所有的工具都有局限性，扬长避短才能用好工具。本案中IRS以供应点为测试对象，为适用CPM创造了条件。正如阿老师评论的：TCCC的业务非常特殊，但供应点的业务和第三方装瓶商大同小异，因此可以选择第三方装瓶商为可比公司，适用CPM来确定供应点的利润水平。

二、交易利润分割法（Profit Split Method，简称"PSM"）

PSM根据企业与其关联方对关联交易合并利润的贡献计算各自应当分配的利润额。通俗地说就是两个关联企业之间论功行赏。独立交易原则的核心是横向比较，即参考无关联关系企业之间交易的价格来定价。基于纵向分析论功行赏的PSM，跟独立交易原则有些违和吧？从这一点来说，PSM是一种另类的方法。《转让定价指南》承认了这一点，在其第2.6段中说：

独立交易原则的运用，通常建立在比较某些关联交易和独立企业间可比交易的价格、利润率或利润的基础上。而交易利润分割法的应用，建立在确定独立企业在一项或多项交易中对预期利润进行分割的基础上。

利润分割法一般适用于企业及其关联方均对利润创造具有独特贡献、业务高度整合且难以单独评估各方交易结果的关联交易。翻译成大白话就是：实在找不到可比交易了，或者别的方法都不靠谱的情况下，那就论功行赏吧。

可口可乐公司和IRS对簿公堂不止一次了。上一次双方就1987—1995年的转让定价相持不下，于1996年达成了结案协议，同意按利润分割法确定受控交易的价格。具体的做法是，供应点先将浓缩液销售额的10%确定为执行制造功能的常规利润，从销售浓缩液取得的利润中减掉该项常规利润后，将剩余的利润与TCCC对半分，这种方法简称为10-50-50方法。2015年IRS发起的针对TCCC 2007—2009年度的转让定价调查中否认了这种方法的合理性，理由是供应点并不拥有独特无形资产，不能看作对利润创造具有独特贡献，因此不能使用PSM（请参考：可口可乐望梅止渴）。

看到这里有人要问了，这种方法参照了非关联公司或者交易的利润水平了吗？对半分的依据是什么？这样做还符合独立交易原则吗？OECD认为PSM仍然是独立交易原则下的一种转让定价方法，但是很多人不这么看。PSM已经探索到独立交易原则的边界了，是独立原则力不从心的体现。

因此，采用PSM方法是万不得已的最后手段。IRS在本案中一直不想认可PSM方法。1996年那次争议中，IRS对转让定价方法认识还不够深刻，没有意识到供应点并不拥有独特的无形资产，因此虽然一万个不情愿，仍旧与可口可乐妥协达成和解，勉强接受了PSM。后来IRS醒悟过来了，在2020年这次争议中坚持不认可PSM方法，最后得到了法院的支持。

三、其他方法

美国税务规章第482节规定，如果能提供最可靠的独立交易结果，也可以采用其他未指明方法。所谓其他方法就是各种拍脑袋。你尽管拍，OECD根本不认。美国IRS和美国税务法院有时认有时不认。

可口可乐一方的证人Reams先生是德勤负责客户和市场的合伙人。他提出了一种资产管理模型。他说，TCCC相当于总部，与供应点加服务公司（合称"现场"）之间是一种委托管理资产的关系，这就和对冲基金有些类似。对冲基金的资产管理人会向资金方收两种费，一种是所管理资产价值的2%，另一种是利润的20%。TCCC向供应点收取特许权使用费可以参考这个来定价。按这种方法测算，TCCC特许权使用费应当按供应点浓缩液销售额的9.3%来计算。

法官阿老师说，对冲基金那是纯提供服务，不涉及无形资产，TCCC这是许可无形资产。拿这两个类比，你这脑洞太大了吧？

这简直是个后现代主义玩笑。这件趣事说明了，"其他方法"已经超越了现代方法，属于"后现代方法"。

美国允许"其他方法"存在的原因是，美国税法第482节是结果导向，无论"白猫还是黑猫，抓住老鼠的都是好猫"，只要结果达到符合独立交易原则的效果，不管采取什么方法都允许。因此，美国除了允许使用基于比较的五种方法外，还允许偶尔使用"公式分配法"。公式分配法说起来不陌生。我国税法下总分支机构之间所得额的分配，采用收入、资产和员工薪酬三因素计算，就是一种公式分配法。美国在国内关联企业交易中采用与上述方法类似的公式分配法来分配应税所得，且对于跨国关联交易有时也允许使用上述方法来定价。公式分配法的好处就是纳税人自主权较小。本来嘛，转让定价就是两国之间的税款分配问题，给纳税人那么多自主权做什么？是想让它避税呢还是想看它受夹板气？

OECD的转让定价规则源自美国规则，同样拥护独立交易原则，但是为了便于理解应用，在演进过程中逐渐僵化成了方法导向。基于OECD的转让定价世界观，公式分配法根本不靠谱，因为没有经过比较怎么可能知道是否能达到独立交易原则的效果？OECD在《转让定价指南》中用大量篇幅历数公式分配法的各种弊端，比如各国用的会计准则不一样，会计数据口径不一致等，并宣布把公式分配法踢出独立交易原则的队伍。笔者以为，哪种方法都有缺陷，但公式分配法似乎缺陷更小。公式分配法使用中的分歧大多数都是会计师之间的分歧，而独立交易原则应用中难解的分歧都是经济学家之间的分歧。现在的国际会计准则几乎一统天下了，说明会计师之间的分歧不难弥合；而经济学家之间的争议，恐怕到了天荒地老都不会消除，甚至会上升到意识形态层面，愈演愈烈。

第七节　可口可乐案中的功能和风险纠缠

独立交易原则要求参照可比非受控交易来给受控交易定价，其核心是比较。比较的过程有两大步骤，第一步是给受控交易画像，第二步是按图索骥找到可比交易进行比较（请参考：没有比较就没有伤害——可口可乐案中的可比性分析）。跨国公司和税务局之间在转让定价方面斗智斗勇，在两个战场展开。正面战场是寻找可比公司或者可比交易，敌后战场是受控交易画像。早年跨国公司全力正面进攻，就是创造可比交易。后来转让定价规则中逐渐加入了五项可比性因素，正面战场陷入僵持。于是纳税人转向"敌后战场"，即针对这五项可比因素，歪曲交易画像。

一、功能分析中强调风险分析

五项可比性因素的核心是一个三兄弟组合，即：功能、资产、风险（Function，Asset，Risk，简称"FAR"）。因此，给受控交易画像的最核心一步就是分析这三兄弟。这个分析就称为"功能分析"。听听，明明是分析三兄弟，为什么不叫"功能、资产、风险分析"而叫"功能分析"？这就跟管刘关张组合叫"刘备团队"一个道理，因为"功能"是老大。《转让定价指南》中功能分析的全称是"分析企业执行的功能"（并考虑使用的资产和承担的风险），谁主谁次就更明显了。

所谓功能就是"做什么"，指活动和责任。以可口可乐公司为例，TCCC承担主要的研发和质量保证功能，服务公司在这方面予以协助。制造功能则由供应点和装瓶商来分担。供应点制造浓缩液，装瓶商用浓缩液来制造成品饮料。TCCC主要负责浓缩液供应链的管理。装瓶商负责成品的供应链管理。TCCC和装瓶商共同开展营销和分拨并平摊费用。其中TCCC负责消费者营销，装瓶商则负责商业营销。消费者营销的活动设计主要由TCCC在总部完成，而各地服务公司的人员则给予适当建议。TCCC提供营销和推广材料设计，而服务公司人员则决定是否开展各类营销，如果开展，则基于TCCC提供的材料做少量的本地化改造。服务公司人员还主导地区营销活动，有时TCCC人员还予以协助。消费者营销的预算由各个业务单元提出，最终由TCCC总部批准。

所谓资产就是"用什么"，包括流动资产、固定资产、金融资产和无形资产。其中前几种资产的归属容易确认，而无形资产就比较难说。可口可乐案中双方在无形资产的归属方面的争论非常激烈，法官在这方面的观点决定了案件的走向（请参考：可口可乐有点冤）。

所谓风险就是"谁兜底"。风险有两面：一面是如果没有达到预期目标谁承担损失？另一面则是多赚的钱归谁？高风险高回报。针对可口可乐这种暴利公司，基于风险来论证利润的合理归属很有说服力。

功能分析就是找出这三兄弟在哪里，各自长什么样。这三兄弟之中，功能主要涉及人，人在哪里就是哪里，歪曲的余地相对较小；资产（尤其是无形资产）和风险通常通过合同约定来实现，则易于在集团内歪曲。对资产可以随心所欲地安排法律所有权，对风险可以随心所欲地安排承担方。经过一系列乾坤大挪移，跨国公司经常会抛开经济活动所在地和价值创造地，把资产和风险安排到低税率地区，为利润转移创造条件。

于是OECD推出了BEPS计划。针对资产中最具流动性的无形资产，OECD第8项BEPS行动计划强调不能只看法律所有权，还要围绕DEMPE来分析价值创造地（请参考：可口可乐有点冤）。同时，第9项BEPS行动计划强化了风险分析。2017年版的《转让定价指南》第一章第1节根据BEPS第9项行动计划进行了修改，其中在D.1.2节"功能分析"的标题下，用了90%以上的篇幅指导风险分析。

二、风险分析中强调功能分析

《转让定价指南》有很强的方法导向，风险分析这一部分也不例外，其核心六步法。结合可口可乐案例，现将风险分析的六步法简介如下：

1. 识别风险

风险就是获利机会的不确定性。比如说你投资100万元开了个奶茶店，期待每年赚上20万元，利滚利争取二十年实现"小目标"。但是事情可能不如意，比如一开始装修费超出了预算，你还要再多投10万元。后来又不幸遇到了疫情，一年没有赚钱，搞不好还要赔钱。这些都是风险。

可见风险与投入和不确定性相关。可口可乐公司主张，供应点每年投入大量的资金在海外市场开展营销，还要接受TCCC分摊过来的费用，这些都代表了风险。法官阿老师说，供应点每年销售浓缩液的收入，覆盖这些费用后还能得到天文数字水平的暴利，换了谁也会接受这样的安排。言外之意是，稳赚不赔的生意哪有什么风险？

2. 看合同，谁承担什么风险

理想状态下，合同中可以看出谁承担风险。但是，集团内的公司间合同经常不齐全、粗线条，可口可乐也不例外。有合同缺失的，有合同粗略的，有时实际做法变了而合同没有及时更新，这些都会造成合同与实际脱节。

TCCC与第三方装瓶商签订协议，允许其从供应点购买浓缩液。TCCC与供应点之间签订协议，明确TCCC拥有品牌、秘密配方等无形资产，并许可供应点使用其秘密配方、制造规范等无形资产制造浓缩液，还限定其只能按TCCC确定的价格销售浓缩液给第三方装瓶商。协议期限一般为一年，双方均可以提前终止协议。

服务公司与TCCC/出口公司签订协议，同意向后者提供有关营销、广告、销售推广活动的服务。多数协议还明确服务公司与第三方共同协作来完成以上任务。服务公司也同意就是否参与装瓶商的营销活动提供建议，实施市场调查等活动以及一系列后台服务。协议中约定了服务公司发生的费用都由TCCC给予补偿，有一些费用还可以加成5%—15%。协议中还声明：

服务公司承认，由于其提供的营销建议系在出口公司对品牌所建立的战略性指导框架之内进行的，因此其并不承担企业风险。服务公司同时承认所有第三方所开发的营销概念归出口公司所有。

可口可乐公司承认，这个条款是写给服务公司所在国税务机关看的，不要太当真。IRS当然不会天真到只看合同。《转让定价指南》规定要根据合同结合实际执行情况来判断谁承担风险。毕竟集团内公司间行为经常不受合同约束。

3. 通过功能分析看谁管理和承担风险

虽然风险是"谁兜底"，也就是说谁承担风险。但是看到风险承担方容易被合同转移，OECD就改口说，不仅要看谁承担风险，还要看谁管理风险。《转让定价指南》说，所谓管理风险，是指对商业活动相关风险进行分析和应对的功能。风险管理有决策能力和决策实施两个层面，涉及三个方面：一是如何对待机会，二是如何对待机会中的风险，三是如何减缓风险。前两个方面又合称为控制风险。

《转让定价指南》已经把管理风险定义为功能了，然后接着说，管理风险不是一项单独的功能，而是渗透在其固有的功能之中。这样，功能分析和风险分析就你中有我、我中有你，纠缠不清了。功能分析这一节有90%以上的内容讲风险分析，但是风险分析中绝大部分又是功能分析，读者容易读着读着就忘记在读什么了。

可口可乐一案中，部分消费者营销功能由服务公司来承担。服务公司执行了营销性无形资产的部分DEMPE功能，也承担了相应的风险。例如，服务公司中有大量的运营集团（Operation Group，简称"OG"）和业务单元（Business Unit，简称"BU"）人员坐镇。这些人不仅参与了DEMPE功能并且对其实施了一定程度的控制，而且参与了无形资产的相关决策，证明了服务公司在营销性无形资产相关的功能和风险上均占有一席之地。但是，由于可口可乐一方并不想向服务公司分配大量利润，诉讼过程中没有强调这一点。

风险承担也包括承担能力和实际承担两个方面。承担能力是指承担风险的财务能力。有钱才能投入，投入才有风险。实际承担是指承受有利或者不利后果，真金白银地影响了钱袋子。

4. 分析比较前三步获得的信息

这一步主要是将合同约定的内容与功能分析过程中发现的事实相比较，去伪存真。这一步分两小步：

第（1）步看是否遵循了合同，确认实际行为。可口可乐案中，协议规定服务公司发生的费用由出口公司给予补偿，但是实际上这些费用最终都被出口公司分配给了各个供应点，说明事实上是由供应点给予补偿的。后面这一步费用分配虽然不在合同上体现，但是风险分析时应当予以考虑。

第（2）步则是分析基于第（1）步确认的风险承担方是否对风险实施了控制并且具有承担风险的能力。可口可乐案中，服务公司与出口公司协议中声称由于基础营销性无形资产所有权属于出口公司，服务公司不承担企业风险，但是功能分析中发现服务公司参与了营销性无形资产的决策，表明执行了涉及营销性无形资产相关风险管理的功能。这项差异需要在下一步予以考虑。

第（2）步下，如果合同约定风险由一方承担，但是经过功能分析发现这一方根本没有财务能力，就证明这个约定是假的。这种假承担也要剔除。

5. 风险分配

这一步是根据以上各步的结果确定风险分配。分配时要综合考虑合同约定的风险承担、合同执行情况、实际对风险实施控制以及是否具备承担风险能力各项因素。一项风险存在多家满足分配条件的关联方时，该项风险应当分配给对该项风险实施最多控制的关联企业，对风险同时实施控制的其他企业应根据其所实施的控制行为的重要性得到合理补偿。

合理补偿如何确定？这里没有明确规定。可口可乐案中，服务公司参与了消费者营销活动的风险控制，按照《转让定价指南》应当得到适当补偿。但是，服务公司按照成本加成法从出口公司获得补偿中，是否足够补偿这项风险？案中没有分析，美国IRS也不会关注这件事。服务公司所在国税务机关也许会关注这件事。

6.基于风险分配结果制定交易价格

风险分配完成后，各关联企业分配到的风险如何体现在定价中？这要通过选择和运用转让定价方法来实现（请参考：现代之后是后现代——可口可乐转让定价方法），必要时还要进行可比性调整。

三、功能风险，量子纠缠

BEPS第9项行动计划修改了《转让定价指南》第一章第D节，其中最大的变化是强化风险分析，防范通过合同约定风险承担时进行人为安排来避税。该节指出，合同约定的风险并不一定能算数，要看实际，要看风险管理的实际实施情况以及是否有风险承担的财务能力。这一节的摘要明确指出，"本指南提供了进行转让定价分析的基础，同时也解决了一些税基侵蚀和利润转移方面的关键性难题，即单纯通过合同分配风险并不能使利润发生转移"。这就为通过合同歪曲交易画像设置了一道闸门。

《转让定价指南》第一章第D节下功能分析和风险分析纠缠得难解难分。好在《转让定价指南》是方法导向，一步一步领着你走，绕来绕去最后能走出来。然而美国税法第482节是结果导向，只指给你目的，让你自己走，能不能走出来要看你的福分了。

可口可乐案中双方争议的焦点在无形资产方面。可口可乐公司一方基于TCCC和供应点之间的协议，认为供应点制造和分销浓缩液的权利（特许权利）构成无形资产。但是法官阿老师认为TCCC可以随时终止这种权利，且分销点都没有所在地区的独家经营权，无法保证享有生产浓缩液的权利。阿老师说，1986—2009年，TCCC终止或者转走了多个供应点的业务，并且没有给被转走的供应点任何补偿，这就证明了供应点的特许权利是没有保障的，因而也不构成无形资产。

但是，双方都没有从风险角度来分析。如果从风险角度分析，就会发现供应点的特许权利没有保障，意味着供应点承担巨大的风险，理应获得较高的回报。而可比公司第三方装瓶商则手握10年左右的长期合同，风险显然要小很多。这样分析就会推论出：要么供应点和第三方装瓶商不可比，要么需要进行可比性调整以消除风险上的差异。但是案件审理中缺少这一环（请参考：没有比较就没有伤害——可口可乐案中的可比性分析）。您瞧瞧，法官阿老师把自己绕进去了。

第八节　可口可乐案中的价值链分析

一、转让定价规则从此站起来了

跨国公司歪曲受控交易画像，有时化零为整，有时化整为零。回想一下可口可乐案例（请参考：你喝的不是可乐，是税务筹划），可口可乐的供应点生产浓缩液供应给第三方装瓶商。早年供应点遍地开花，后来将其合并成7家。其中最主要的是爱尔兰，享受12.5%的低税率。这就是化零为整。

早年的供应点还从事装瓶商管理、营销等功能。可口可乐在上面化零为整的过程中，把所有装瓶商的功能进行了分拆。其中装瓶商管理功能归到总部TCCC，营销功能部分归TCCC，部分归当地的销售公司，供应点只留下浓缩液的制造功能。这样，各地服务商就成为有限功能的服务商赚取常规水平利润，市场所在国利润因而降至最低，当地的税负也降至最低。这就是化整为零。

这还没有完。后来IRS对可口可乐开展转让定价调查过程中，可口可乐一方为了证明供应点拥有无形资产，声称供应点和服务公司虽然形式上分开，但实质上在一起，二者可以合称"现场"，"现场"拥有复杂功能，也拥有无形资产，应当继续使用利润分割法。这又是化零为整。

化整为零和化零为整，分分合合，合合分分，运用之妙，存乎心中。目的只有一个：将利润和价值创造相割裂，并将利润转移到低税率地区。

税务机关吃亏多了，总结教训发现化整为零和化零为整都是跨国公司在集团内纵向移动利润。税务机关原先运用独立交易原则，只知道将单个企业或者交易与可比企业或可比交易进行横向比较，没有充分关注跨国集团内的纵向操作。纵向分析是个缺环，如何补上呢？税务专家们找来找去，找到了一个企业管理咨询领域常用的工具，就是价值链分析。

价值链是管理学大师迈克尔·波特教授1985年出版的《竞争优势》一书中提出的概念，是将系统论用于企业价值创造分析的产物。价值链就是把企业创造价值的活动按先后关系排列起来形成一个链条，以展示企业价值创造过程中各功能之间相互关系以及企业与外部的关系。如图2-3所示。

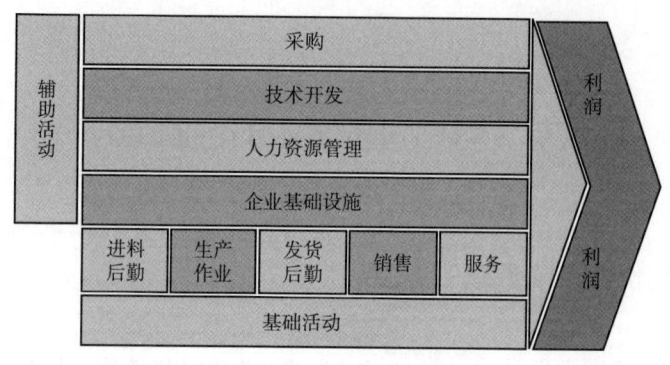

图2-3 价值链示意图

BEPS第9项行动计划报告在细化功能分析（请参考：可口可乐案中的功能和风险纠缠）的同时，要求识别关联交易过程中需要对跨国企业集团进行整体了解，这就是说要把功能分析放在价值链之中去看，不能割裂去看。同时BEPS第8项和第10项行动计划也从不同角度应用了价值链的概念。总而言之，BEPS第8—10项行动计划要求转让定价分析从三个维度展开：第一个维度是交易描述（核心是功能分析，请参考：可口可乐案中的功能和风险纠缠），第二个维度是可比公司和可比交易，第三个维度则是跨国公司集团的全球价值链。多了价值链这个维度，转让定价规则从平面变成了立体，从此站起来了。

二、解放了利润分割法

BEPS第10项行动计划要求将转让定价方法（尤其是利润分割法）基于全球价值链的应用方式加以明确。OECD于2018年6月21日通过了《修订的利润分割法应用指南》，细化了以上要求。利润分割法只是OECD授权的五种转让定价方法之一（请参考：现代之后是后现代——可口可乐转让定价方法），怎么值得OECD兴师动众专门出具一个报告？这是狐假虎威。利润分割法是前面的狐狸，全球价值链以及对独立交易原则的理解是后面的老虎。利润分割法是一种在集团内纵向分割利润的思路，与价值链的思路是吻合的，应用过程也必须以全球价值链分析为基础。这个报告扩大了利润分割法的应用范围，为利润分割法的实施提供了详细指引，同时也为全球价值链分析提供了参考。报告中说，价值链分析并不一定导致应用利润分割法，但是应用利润分割法过程中进行全球价值链分析是必须有的。

利润分割法在美国运用较多，原因是美国税法中就实现独立交易原则主张结果导向，主张"无论白猫还是黑猫，抓住老鼠的就是好猫"。但是OECD一向将独立交易原则理解为各种方法，就是各种横向比较的方法，对于利润分割法这种基于全球价值链的纵向分析的方法一直持保留态度，对其使用做了较多限制。OECD通过的《修订的利润分割法应用指南》极大地丰富了《转让定价指南》第二章"转让定价方法"下第三部分"交易利润法"的C节"利润分割法"的内容，放宽了利润分割法的应用条件，同时也将其对独立交易原则的理解修订为结果导向，体现在新增的第2.124段，内容如下：

有人争论说交易利润分割法在独立企业之间很少采用，因此它在关联企业之间也应当很少采用。这种观点可以置之不理。在交易利润法最合适的场合下，尽管用就是了，因为应用转让定价方法并不一定要复制独立企业之间的独立交易行为，它们只是针对关联交易建立独立交易结果的手段。

OECD借《修订的利润分割法应用指南》修订了自己对独立交易原则的解释，从方法导向转向结果导向，这个变化意义重大。通过以上分析可以看出，这个变化是价值链分析带来的。

数字经济时代，跨国公司业务高度整合，新的商业模式层出不穷，基于横向比较的转让定价方法往往力不从心，方法导向的独立交易原则观点局限性暴露无遗，基于全球价值链分析重新审视国际税收规则的做法已经深入人心。2020年10月OECD发布的数字经济税收"支柱一"蓝图中也吸收了利润分割法的原理来计算市场国应分得的利润。可见，利润分割法今后前途无量。另外还需要知道，"数字经济税收"是一种不准确的简称，全称是"应对经济数字化带来的税收挑战"，其范围并不限定于互联网行业，它对经济的影响是全面的，有人称为"BEPS 2.0"。在BEPS 2.0时代，全球价值链分析和利润分割法一定会大放异彩。

三、价值链透明度

跨国公司之所以敢于化整为零和化零为整，就是仗着信息不对称。跨国公司能够看到集团全景和自己的交易全景，对两个维度都了如指掌；而税务机关在这两个维度却只能看到自己辖区内的个别实体，难以掌握全貌。税务机关虽然在可比公司这一个方面有信息优势，但总体上还是处于信息劣势。为了解决这个信息不对称的问题，OECD发布了BEPS第13项行动计划《转让定价文档和国别报告》，要求跨国公司提供全集团的信息，展示价值创造的全过程。

BEPS第13项行动计划要求纳税人向税务机关提供高水平的转让定价资料，包括三部分：主体文档、本地文档和国别报告。为促进BEPS成果在我国的落实，进一步完善关联申报和同期资料管理，国家税务总局借鉴BEPS行动计划第13项行动成果，于2016年6月29日发布了第42号公告，即《国家税务总局关于完善关联申报和同期资料管理有关事项的公告》（以下简称"42号公告"），明确同期资料和国别报告的相关要求，同时对关联申报的内容加以细化，要求如下：

1. 主体文档反映全球价值链概况

主体文档基于全球价值链来描述集团的整体情况。42号公告第十二条规定，主体文档主要披露最终控股企业所属企业集团的全球业务整体情况。这一条首先规定了如何描述组织架构：

以图表形式说明企业集团的全球组织架构、股权结构和所有成员实体的地理分布。成员实体是指企业集团内任一营运实体，包括公司制企业、合伙企业和常设机构等。

接下来，规定企业集团业务介绍应包含以下内容：

- 企业集团业务描述，包括利润的重要价值贡献因素。
- 企业集团营业收入前5位以及占营业收入超过5%的产品或者劳务的供应链及其主要市场地域分布情况。供应链情况可以采用图表形式进行说明。
- 企业集团除研发外的重要关联劳务及简要说明，说明内容包括主要劳务提供方提供劳务的胜任能力、分配劳务成本以及确定关联劳务价格的转让定价政策。
- 企业集团内各成员实体主要价值贡献分析，包括执行的关键功能、承担的重大风险，以及使用的重要资产。
- 企业集团会计年度内发生的业务重组，产业结构调整，集团内企业功能、风险或者资产的转移。
- 企业集团会计年度内发生的企业法律形式改变、债务重组、股权收购、资产收购、合并、分立等。

2. 本地文档中细化全球价值链分析

本地文档用来描述准备文档的本地企业的情况以及关联方和关联交易的情况。42号文件第十四条规定关联交易描述应当包含关联交易概况和价值链分析，并对价值链分析细化规定如下：

- 企业集团内业务流、物流和资金流，包括商品、劳务或者其他交易标的从设计、开发、生产制造、营销、销售、交货、结算、消费、售后服务、循环利用等各环节及其参与方。

- 上述各环节参与方最近会计年度的财务报表。
- 地域特殊因素对企业创造价值贡献的计量及其归属。
- 企业集团利润在全球价值链条中的分配原则和分配结果。

3.国别报告量化全球价值链

国别报告反映集团内全球收入分配和税款缴纳情况，以及在各税收管辖区从事经营活动的集团成员实体名单及其所从事的经营活动。42号文件规定，跨国企业集团的最终控股企业且其上一会计年度合并财务报表中的各类收入金额合计超过55亿元时，以及被跨国企业集团指定为国别报告报送企业的居民企业的，应当在报送年度所得税申报表时报送国别报告。42号公告修改了企业所得税申报表后附的"关联交易报告表"，将BEPS第13项行动计划报告中规定的国别报告嵌入其中，内容包括最终控股企业所属跨国企业集团所有成员实体的全球所得、税收和业务活动的国别分布情况。

BEPS第13项行动计划规定，主体文档和本地文档由跨国企业直接提供给企业所在地税务机关。国别报告由跨国集团母公司向其居民国主管当局提供，然后该主管当局通过情报交换机制向子公司所在国税务主管当局交换。母公司所在国与子公司所在国之间没有情报交换协议、母公司所在国没有立法要求纳税人进行国别报告，或有关国家之间信息交换失败时，子公司所在国税务主管当局可以要求子公司直接向其提供国别报告信息。交换的信息必须予以保密。

可口可乐集团的国别报告和转让定价主体文档，美国税务局看见会做何感想？市场所在国税务局看见，又会做何感想？避税地利润这么高有道理吗？信息交换后，相关国家税务机关都获得了跨国公司立体的图景，跨国公司在全球价值链维度上的信息不对称优势消失，各种化整为零和化零为整就玩不转了。但是坚固的盾必定会催生更锐利的矛，避税和反避税的较量还会永远持续下去。独立原则的应用从二维进展到了三维，未来如何演化？这需要时间来回答。

第九节 穿上马甲就可以卖高价吗？——GSK加拿大转让定价争议

本案中裁判文书的标题是《女王陛下诉GSK》。其实本案与女王没有关系，是葛兰素史克加拿大公司（GlaxoSmithKline Inc.，简称"GSK加拿大"）与加拿大税务局之间的一场官司。因为女王陛下是加拿大名义上的国家元首，因此裁判文书上就写成了"女王陛下诉GSK"。习惯上将这个案例称作"加拿大诉GSK"。判决法院是加拿大最高法院，判决时间是2012年10月18日。

一、成分一样，价格差别咋这么大呢？

判决书称，1990—1993年，GSK加拿大从一家瑞士关联公司Adechsa S.A.采购原料药雷尼替丁（ranitidine），用来生产其治疗溃疡的品牌药Zantac，即善胃得，其原材料购买价格数倍于可比公司从非关联方进口同类原料的购买价。加拿大国税务局（CRA）据此调整了GSK加拿大1990—1993年四个年度的应税所得额，调增约5 100万美元。

CRA原先应用了可比非受控价格法（CUP，请参考：传统是用来抛弃的——可口可乐转让定价方法），并选择了两家销售普通药的医药公司（Apotex Inc.和Novopharm Ltd.）作为可比公司。两个可比公司向第三方采购同类原料药的价格为每公斤194美元至304美元；而同一时期GSK加拿大的采购价格为1 512美元至1 651美元。CRA以可比公司同类原料药的最高采购价格为基准，对GSK采购价格中超出基准的部分进行了调整。

雷尼替丁穿上GSK的马甲就成了善胃得，价格翻5—8倍。可见有些品牌药品和快速消费品一样，玩的就是营销，和研发专利没有太大关系。

GSK加拿大向税务法院提起了诉讼。税务法院于2008年作出了判决，基本支持了CRA的调整。过程中税务法院用可比非受控价格法进行分析，并用成本加成法进行验证。与CRA的调整计算唯一不同之处在于，税务法院考虑到了原料药颗粒度方面的差别，将可比价格每公斤提高了25美元。

GSK加拿大随后向联邦上诉法院提起上诉，后者于2010年判决GSK加拿大胜诉，将案件发回税务法院，要求税务法院重新确定采购原材料的合理价格。税务法院坚持原来的立场，官司再度升级至最高法院。最高法院也判决GSK加拿大胜诉，再度将案件发回税务法院，要求税务法院重新确定采购原材料的合理价格。

二、采购交易后面还有个交易，要不要一并考虑？

GSK加拿大称，CRA只看原料药采购这个环节，没有看到交易全貌，这种看法是片面的，由此得出的结论是错误的。所谓交易全貌，要先从GSK集团的税务架构说起（见图2-4）。

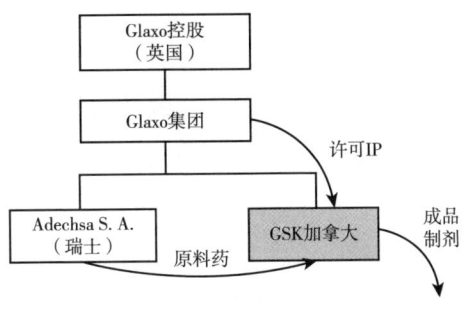

图2-4 GSK的税务架构

Glaxo集团拥有许可IP，包括相关技术以及商标和商号。Adechsa S.A.是原料药生产商，GSK则是二级生产商和销售商，负责利用原料药生产成品制剂，并在加拿大市场向第三方进行销售。Glaxo集团与GSK加拿大签订了一份《许可协议》，并根据协议约定授权GSK加拿大使用相关技术和商标（Zantac，即善胃得）以及商号（即GSK）。许可协议还约定，GSK加拿大所需原料药必须向Glaxo集团指定的供应商采购。关于原料药采购，GSK加拿大同Adechsa S.A.签订了《供应协议》加以约定。至于原料药的采购价格，《供应协议》约定根据再销售价格法确定。具体计算时，将GSK加拿大的毛利率确定为60%，即按照成品制剂价格的40%倒推原料药采购价。

GSK加拿大称，CRA在判断原料药采购价格是否合理时，只看到《采购协议》下的采购交易，没有看到背后还有个《许可协议》以及其代表的相关交易，应当将两个交易综合起来考虑。如果这样考虑，就会发现直接与第三方比较原料药的采购价格的做法存在问题，而且进而会发现GSK加拿大按再销售价格法计算出来的采购价格是合理的。

三、听听OECD怎么说

此前税务法院认为单独分析原料药采购交易即可，联邦上诉法院和最高法院则比较谨慎，先梳理了一下相关法规。加拿大1985年《所得税法案》第69（2）节〔后被1998年版的法案中的第247（2）节替代〕规定，与非居民企业的关联交易价格不符合独立交易原则时，应当以"合理价格"来确认交易价格，但是法规中没有明确如何确定"合理价格"。法院就此搬出OECD的《转让定价指南》。《转让定价指南》中明确要通过与可比交易进行比较来实施独立交易原则（请参考：没有比较就没有伤害——可口可乐案中的可比性分析），并且要求确定可比交易时要考虑交易环境中的各种"经济相关特征"，以保证其"足够可比"。分析"用来比较的情形的经济相关特征"时要考虑影响被分析的关联交易价格的其他交易。

随后，最高法院又梳理了加拿大相关的案例法，结论是没有发现要单独分析交易的说法，因此认为OECD的《转让定价指南》中的原则应当适用于本案。联邦上诉法院和最高法院一致认为，由于《供应协议》和《许可协议》是相互联系的，许可专利和商标的交易应当在进行原料药转让定价分析时纳入考虑范围之内；由于原料药的采购价格中至少包含了《许可协议》下的权利的对价，因此不可对《许可协议》置之不理。CRA选择的那两家可比公司，都是直接向专利权所有人支付特许权使用费，因此原料药采购价格很单纯。而本案中原料采购价格中包含《许可协议》下的各种权利的对价，这就完全是另一回事。换句话说，两家可比公司的经济和业务现实与本案差别太大，根本就不可比。

四、高价买高价卖，有啥不合理？

最高法院和联邦上诉法院都说，我们只是驳回了CRA主张的可比价格，但是别误会，我们并没有说GSK加拿大的转让定价符合独立交易原则。是否符合独立交易原则，还需要税务法院来定，因此本案发回税务法院重新审理。

最高法院要求税务法院接下来审理时，要考虑《许可协议》对原料药采购价格的影响。最高法院说，我们不想确定独立交易价格的原因是，转让定价不是精确的科学。独立交易价格是多少，每个人算下来结果都会不一样，本法院也不想添乱了。本法院只是强调，可比价格只要在合理区间即可，超出这个区间，税务法院可以参考平均值、中位值以及其他合适的数额进行调整。另外，提醒税务法院在接下来审理时，将交易双方的利益都纳入分析之中。本案中GSK加拿大虽然高价进口原料药，但是这种做法符合自己的利益，因为穿上马甲就可以卖高价，最终可能赚得更多，不能仅由于高价采购就认为其采购价格不合理。GSK加拿大提供的证据显示，无关联的第三方也高价向GSK加拿大高价采购原料药，足以说明这一点。

GSK加拿大虽然胜诉，但是问题还没有解决，喜忧参半。GSK加拿大主张自己已经尽到举证责任了，应当明确判定自己的转让定价符合独立交易原则。GSK加拿大在税务法院审理时，已经提出证据说，自己用再销售价格法定价，又用交易净利润法（请参考：现代之后是后现代——可口可乐转让定价方法）和可比非受控价格法验证，结论都是符合独立交易原则，但是其证据未被采纳。联邦法院和最高法院说，这方面的举证责任在GSK加拿大，是不是尽到了举证责任，要在下一环节的审理过程中由税务法院来认定。

笔者认为，本案最大的意义在于最高法院一再强调OECD《转让定价指南》的权威性。尽管最高法院在判决书中明确，OECD《转让定价指南》并不像加拿大法律一样具有约束力，最终依据应当是加拿大法律，但是最高法院得出判决意见，以及针对后续案件审理过程中的一系列指导性要求，都是依据《转让定价指南》作出的。最高法院用行动证明了，在加拿大法律规定存在空白的领域，一定会参考《转让定价指南》。

五、预提税问题你们协商解决吧

联邦上诉法院和最高法院都不想承认GSK加拿大的转让定价符合独立交易原则，原因是这个交易水太深，需要仔细研读《许可协议》才可以得出结论。最高法院法官说：别的先不说了，我拿预提税举个例子。

《许可协议》中，葛兰素集团（Glaxo Group）授予GSK加拿大各种权利，其中包括：

- 在专利之下制造、使用以及销售葛兰素集团产品的权利；
- 独家使用葛兰素集团商标（Zantac，即善胃得）的权利；
- 为二级制造需要而接受技术服务的权利；
- 有权获得葛兰素集团成员公司以整装形式向其销售原料和其他材料的权利；
- 营销支持；
- ……

《许可协议》第11（1）（b）中规定：

- GSK加拿大进口原材料、原料药以及成品不需要向葛兰素集团支付特许权使用费，只需要就其净销售额（即减去进口物料的销售额，笔者注）支付特许权使用费；
- GSK加拿大从葛兰素集团内企业进口原材料，不以支付任何特许权使用费或者许可费为条件，相关进口物料的价格根据相应的《供应协议》确定；
- GSK加拿大不需要就制造或者使用相关产品支付特许权使用费，只需要就其销售产品支付特许权使用费。

以上条款证明GSK加拿大支付给Adechsa S.A.的采购价格中包含了使用专利和商标的特许权使用费。但是GSK加拿大并没有就这部分预提使用费扣缴预提税。最高法院法官说：我前面说过了采购价格与特许权使用费相关，由于《许可协议》中权利构成较为复杂，具体怎样相关我也懒得分析了，这需要税务法院来分析。不管分析结果如何，预提税的问题上要和转让定价问题上立场一致。

早先CRA在调整原料药采购价格时，就要求GSK加拿大针对调整金额5 100万美元调减税前扣除额，并补缴相应的企业所得税，同时就调整的金额视为变相分红，要求GSK加拿大扣缴预提税。可见预提税方面的争议一开始就存在了，只不过当初是当成股息考虑预提税，如今最高法院要求当成特许权使用费考虑预提税。一般来说，当成特许权使用费对GSK更为有利，因为特许权使用费允许税前扣除。

加拿大最高法院虽然没有确定合理的原料药进口价格，但是本案的判决结果基本上认可了采用再销售价格法来定价，因此转让定价调整的空间基本封死，可以想见此后双方争议的焦点转移到了预提税方面。税务法院原定于2015年1月12日再度开庭审理，但是就在开庭前夕，双方达成和解，案件画上了句号。由于和解细节没有公布，GSK最后补缴了多少预提税目前还是个谜。

第十节　别人家的APA，自己家的"市场溢价"
——GSK美国转让定价争议

一、APA和MAP被拒

GSK作为医药行业的王者，不仅为世界贡献了若干经典药品，也贡献了若干经典转让定价案例。上一篇GSK加拿大案例是其一，本篇及以下四篇讨论的GSK美国案例是其二。

本案开始时，葛兰素史克美洲控股公司［GlaxoSmithKline Holdings（Americas）Inc.，简称GSK美国］的名称还没有出现。这家公司当时的名称是GSK美国控股公司（Glaxo Americas Inc.），是英国葛兰素集团在美国的控股公司。GSK的另一半，即美国史克必成集团（Smith Kine Beecham）当时还是同行冤家。1992年，美国税务局IRS开始调查GSK美国1989—1990年的纳税申报表，并对其提出了转让定价调整。GSK美国不同意相关调整。1994年6月30日起，GSK美国尝试通过IRS的复议机制来解决调查年度的争议，并尝试通过预约定价安排（Advance Pricing Agreement，简称"APA"）来消除针对后续年度的分歧。

预约定价安排就是税务机关与纳税人之间事先就转让定价协商，达成一致意见后签署的书面协议。税务机关一旦签订APA，意味着认可了协议下的转让定价安排，不可以事后反悔进行转让定价调查和调整。纳税人签下APA获得确定性，免得担惊受怕，也免除了事后应对转让定价调查之苦。

APA有单边和双边之分。单边APA是跨国公司与一国税务机关达成的协议。双边APA是跨国公司与两国税务机关达成的协议。一项跨境关联交易至少涉及两个交易方，分别受两国税务机关管辖。单边APA只跟一国税务机关达成协议，另一国税务机关的态度还不知道。如果另一国税务机关不认可单边APA下的定价安排，照样调查，那仍旧要应对，如果调查结果形成调整，纳税人还存在双重征税风险。而双边APA可以避免这种烦恼和风险。

双边APA需要两国税务机关谈判，双边税收协定中对此有规定。例如根据美英税收协定第25条，双方税务机关可以进行相互磋商以消除双重征税问题，这在协定中称为相互磋商程序（MAP，又称为主管当局程序CAP）。美国于1991年推出了APA计划，后来该计划演进为预约定价和相互磋商计划（Advance Pricing and Mutual Agreement Program，简称APMA计划）。

APA将转让定价工作环节前移，避免了事后争议和诉讼，能同时提高税企双方的工作效率。对于重点纳税人的APA申请，税务机关理论上持欢迎态度，但是实际上双方各打自己的算盘。针对GSK美国1994年提出的单边APA请求，IRS拒绝了。

1999年12月，GSK美国再次申请依据美英税收协定第25条下的相互磋商程序（MAP），就1989—1997年度的转让定价调查，谈判消除转让定价调整引发的双重征税问题。有了MAP加持，单边APA变成了双边APA，IRS和英国税务局也都接受了申请，开始谈判。但是要谈出个结果实在不容易。英国税务局全力支持GSK美国，主张其并未少缴美国税，IRS则坚决不同意。僵持了4年，2004年1月谈判破裂。

2004年1月6日，美国税务局签发了补税通知，要求GSK美国就1989—1996年度调整应纳税所得额56亿美元。GSK美国则于2004年1月6日向美国税务法院提起诉讼。后来IRS就1997—2000年度也签发了补税通知，涉及调整应纳税所得额27亿美元。GSK美国则针对后面这个补税通知于2005年4月12日追加提起诉讼。两个补税通知算下来，GSK美国1996—2000年涉及纳税调整共计83亿美元（主要包括45亿美元成本调整，19亿美元特许权使用费调整，14亿美元利息调整），应补税45亿美元。

二、这就尴尬了

GSK美国在上诉时主张自己不应当补税，并进一步主张IRS应当退税18亿美元。

GSK美国说：史克必成的泰胃美（Tagamat）和我家的胃善得（Zantac）是同类竞争产品，看看你们给泰胃美确定的利润水平是多少，不能因为史克必成是美国公司，我是英国公司，你就搞双重标准吧？我要求按泰胃美的利润水平来确定转让定价，算下来你应当给我退税18亿美元。

史克必成不是竞争对手吗？利润水平是怎么知道的？原来就在2000年，葛兰素（此时的名字是葛兰素威康）并购了史克必成，并改名葛兰素史克（GSK）。不是冤家不聚头，并购后就是一家人了，葛兰素不仅拿到史克必成的财务信息，还知道史克必成于1992年8月11日提出了APA请求，并于1993年6月28日与IRS签订了APA。该项APA针对史克必成的主打产品泰胃美（Tagamat）确定了1987—1994年的毛利率水平。

史克必成的APA显示，IRS同意泰胃美原料药的供应价格按第三方销售价格的64%确定。也就是说，史克必成美国主体向境外关联销售公司销售泰胃美的原料药，这个销售价格要按再销售价格法（请参考：传统是用来抛弃的——可口可乐转让定价方法）来确定。境外销售公司用原料药经过二次制造，生成出成品制剂出售给第三方客户，假设销售公司的终端售价是100美元，那么原料药的采购价格（即美国主体的关联销售价格）就是64美元，销售公司的毛利就是36美元，即毛利率为36%。APA中解释境外销售公司这36%的毛利构成如下：28%属于正常的营销推广佣金，5%属于对泰胃美商标的报酬，3%属于对史克必成商号的报酬。

IRS一向护着自家孩子，欺负别人家孩子。没想到两家孩子成了小两口，一起来要个说法，这就尴尬了。

三、胳膊拧不过大腿

IRS针对GSK美国的转让定价调查主要涉及六个产品，其中明星产品，即上一篇（请参考：穿上马甲就可以卖高价吗？——GSK加拿大转让定价争议）的主角——品牌药善胃得（Zantac）贡献了77%的调整额。善胃得的上市时间晚于史克必成的同类药泰胃美（Tagamat），但是后来居上成为医生的首选、葛兰素的摇钱树，助力葛兰素成长为药厂的三巨头之一。

与上一篇中GSK加拿大的情形类似，GSK美国作为销售公司，从GSK英国接受许可取得分销药品的权利，并从境外关联方购买原料药生产成品制剂。采购原料药的关联交易按照再销售价格法定价，GSK美国支付原料药采购价（含许可费）之后，毛利率为55%。

对比一下史克必成那个APA，境外销售公司毛利率为36%，IRS认可了。现在GSK美国也是销售公司，毛利率为55%，IRS却嫌低要做调整，凭啥啊？医药公司的经营模式大同小异，同样是销售公司为什么税务待遇差别这么大？不就是因为史克必成是美国公司而葛兰素是英国公司吗？这不是双重标准是什么？GSK美国申请APA外加MAP，这就把双标问题摆到了明面上。

GSK美国在起诉状上，主张其应纳税所得额应当参照史克必成的APA来确定。IRS于2005年6月7日书面回应了GSK美国的起诉状（以下简称"书面回应"），称这是无理取闹。IRS说，APA是一对一的协议，IRS没有义务参照别人家的APA或者和解协议来确定GSK美国的应纳税所得额。

谈不拢那就继续打官司吧。开庭时间初步确定为2007年2月。但是临近开庭的2006年9月11日，双方忽然达成协议，历时14年的跨世纪税务争议案例终于画上了句号。

根据和解协议，GSK美国补税加利息共计34亿美元，涉及1989—2005年共17个年度。GSK美国原先要求退税18亿美元，现在同意缴纳34亿美元，这是巨大的让步。IRS保住了面子很开心，在公告中得意地宣称GSK美国从其原先主张的金额中让步了60%，证明了胳膊拧不过大腿。实际上IRS这是涉险过关。一旦开庭，IRS就要公开史克必成APA详细信息，势必坐实双重标准的名声，胜负也未知。IRS及时和解避免了进一步尴尬，当然开心了。

GSK这一方没有宣称胜利，但是考虑到原先IRS仅针对1989—2000年仅12个年度就要求补税45亿美元，现在17个年度才补税34亿美元，补税数额已经大为减少，也是双赢吧。即便如此，本案中一次性补税金额仍旧创下历史新高。

四、消失的"市场溢价"

如果要给双重标准找一个理由，最简单粗暴的说法是这样的：由于收入水平、医保覆盖等原因，美国长期占据全球医药市场的第一位，美国市场的利润水平高于别国的市场，因此美国的医药营销公司利润水平高于英国的医药营销公司，天经地义。换句话说，就是美国医药市场存在"市场溢价"，市场溢价对应的税收应当归美国政府。

但是别的发达国家会提醒说：说这话要当心啊。新兴市场成长的势头很猛，保不准哪天美国就会被超越。如果我们这么制定规则，新兴市场国就高兴了，到时候以其人之道还治其人之身，我们会很被动。

OECD一商量，决定还是不提"市场溢价"这个概念为好，代之以"本地市场特征"。2017年版的OECD《转让定价指南》（以下简称《指南》）第一章第D6.2段指出：

企业经营所在地的本地市场特征可能会影响关联企业间的独立交易价格……例如，针对特定事项的可比性和功能分析可能表明产品生产或者销售所在地域市场的相关特征、当地市场的家庭购买力和产品偏好、市场的成长性、市场的竞争程度以及其他因素，都会对该市场中产品的定价和利润产生影响……对此应予以分析。如果能够进行合理、可靠的调整以提高可比性，则应进行调整以消除这些因素的影响。

从"市场溢价"到"本地市场特征"，OECD发挥国际税收规则方面的话语权，微言大义地把一个利润归属的主张降格成了一种客观现象的描述，举重若轻地拒绝了市场所在国的诉求。《指南》要求可比分析时要对这些因素进行分析，这也说得过去。但是分析之后如果发现存在"本地市场特征"该怎么办？传统的套路无非三个：或者排除本地市场之外的可比公司，或者进行可比性调整以消除"本地市场特征"的影响，实在不行就推倒重来，另选转让定价方法。问题是，正是由于这三种套路不可行或者不理想，才产生了"市场溢价"这个诉求。《指南》这是绕了一圈又回到了原点。

回到本案中，IRS认为由于美英两国市场存在巨大差异，葛兰素参照史克必成APA的诉求不合理。由于美国市场上没有足够数量的可比公司，而且由于信息来源有限等原因也无法进行可比调整以消除影响，最终GSK被迫放弃了再销售价格法，接受了IRS主张的利润分割法。

应用利润分割法，需要以关联双方同时拥有独特的无形资产为前提条件。本案中是否具备这个条件？双方在这一点上争议很激烈。GSK最后勉强接受了利润分割法，口服心不服。本案中运用利润分割法的过程细节没有公布，读过可口可乐案例（请参考：你喝的不是可乐，是税务筹划）的读者可以自行脑补，无非是各种拍脑袋而已，怎么可能让人心服口服？

第十一节　资产无形识别有道——GSK美国转让定价争议

GSK美国案例中，IRS主张采用利润分割法，将剩余利润的80%左右归结到GSK美国，调整共83亿美元。利润分割法以关联交易双方同时拥有独特无形资产为前提，因此本案中无形资产成为核心问题。OECD《指南》将此类涉及无形资产的转让定价问题浓缩为收益和成本两个方面，参见其中第6.32段：

涉及无形资产的转让定价案件中，确定跨国企业集团中哪些企业最终享有集团利用无形资产所产生的收益十分关键。另一个问题则与之相关，即集团哪些企业应当最终承担无形资产的开发、价值提升、维护、保护和利用（笔者注：无形资产的开发、价值提升、维护和利用，以下简称"DEMPE"）相关的成本、投资和其他负担。

第6.32段接着指出，收益和成本都是基于贡献讲补偿，即：

跨国企业集团成员对于集团利用无形资产获得收益的最终分配以及无形资产相关的成本和其他负担的最终分配必须遵循《转让定价指南》第一至第三章所阐述的原则，并且与跨国企业集团成员在DEMPE的过程中所执行的功能、使用的资产以及承担的风险相一致。

一、涉及无形资产关联交易的分析框架

基于贡献讲补偿的目标明确了，接下来就是如何实现的问题。转让定价的目标是实现独立交易原则，方法是比较（请参考：没有比较就没有伤害——可口可乐案中的可比性分析）。比较前要先识别交易，对交易进行画像，然后寻找可比交易。无形资产交易扑朔迷离，涉及无形资产的交易不容易分析。为此《指南》第6.34段专门就关联企业之间涉及无形资产的交易建立了一个分析框架。这个框架是普通交易分析框架之外的高端配置选项，内容如下：

（1）精准识别关联交易中使用或者转让的无形资产，以及与该无形资产DEMPE的过程中相关的、特定的、有重要经济意义的风险；

（2）识别完整的合同安排，侧重于根据法律安排中的条款和条件确定无形资产的法律所有权人，包括相关的注册、授权协议、其他相关合同、其他能显示法律所有权的文件、合同中列明的权利义务、联属企业之间因关联关系而承担风险的约定；

（3）通过功能分析识别在DEMPE中执行功能、使用资产和承担风险的各方，特别是控制外包功能、控制特定、重大经济风险的各方；

（4）确认相关合同安排中的相关条款是否与企业的实际行为一致，并判断承担重大经济风险的企业是否对无形资产的DEMPE的风险进行实际控制并拥有承担风险的财务能力；

（5）根据相关注册和合同中规定的无形资产的法律所有权和其他相关合同关系，以及关联企业的实际行为（包括企业的功能、资产、风险贡献）准确界定与无形资产的DEMPE相关的实际发生的受控交易；

（6）在可能的情况下，根据交易各方执行的功能、使用的资产和承担的风险所创造的贡献为这些受控交易确定独立交易价格。

读起来有些复杂。简化下来就是：

（1）识别无形资产；

（2）分析合同和法律所有权；

（3）分析功能、资产与风险；

（4）合同与实际相比较；

（5）界定交易；

（6）论贡献定价格。

本文以及后续三篇文章中我们应用这个框架来分析GSK案例中的无形资产争议。

二、识别无形资产

《指南》第6.6段对无形资产作出了以下定义：

无形资产指企业拥有或者控制以便在商业活动中使用的没有实物形态的非金融资产，独立企业间在可比情形下对该资产的使用或者转让会支付对价。

以上定义中，无形资产的外延相当宽泛。第6.15段则细化其内涵，指出无形资产有多种分类方式，现实中最常用的分类是营销性无形资产和交易性无形资产。《指南》词汇表中明确：

营销性无形资产指与市场营销活动相关的无形资产，有助于产品或者服务的商业运作，并且（或者）对产品而言具有重要的推广价值。不同情况下，营销性无形资产可以包括商标、商号、客户名单、客户关系，以及专有市场和客户数据，这些无形资产可以用于或者有助于向客户推广和销售产品或服务。

交易性无形资产指营销性无形资产以外的无形资产。

《指南》第6.7段明确，转让定价分析中需要重点考量的无形资产，并不一定属于根据会计准则确认的无形资产。第6.8段则明确，是否可以获得法律、合同或者其他形式的保护并不构成某项资产在转让定价中被定义为无形资产的必要条件。

顺便提一句，IRS并不认可上述观点。在2020年结案的可口可乐案中，IRS以爱尔兰供应点不拥有法律所有权且没有在账面上确认无形资产为由，否认了其拥有无形资产的说法（请参考：可口可乐有点冤）。

第6.199段举例说，如果被测试方通过受控交易（即被测试的关联交易，笔者注）采购相关产品并负责产品进一步的市场营销和分销活动，则被测试方可能已经在其业务区域内开发了营销性无形资产，包括客户名单、客户关系和客户数据等；甚至还开发了有利于其开展分销活动的物流技术、软件和其他工具等；这些都属于第6.7段和第6.8段描述的无形资产。

本案中上述无形资产都会涉及。

至于上文讨论过的美国市场特征（请参考：别人家的APA，自己家的"市场溢价"——GSK美国转让定价争议），第6.9段则明确其不构成转让定价意义上的无形资产，因为其不能被企业拥有或者控制。第6.31段重复了以上论点，不过将"市场特征"准确表述为"市场特殊因素"。第6.30段则明确集团协同效应同样不属于转让定价意义上的无形资产，因为它不能由单一企业拥有或控制。

GSK美国与IRS在"什么构成无形资产"这方面争议不大，主要的争议在"谁拥有无形资产"，但是这两个问题有时会纠结在一起。例如，IRS主张，GSK美国的医药代表向医生推广时，用到的相关知识也可能构成无形资产。GSK美国主张以上知识限于美国食品和药品监督局（FDA）审批材料的范围之内，而相关材料都是GSK英国开发的，言外之意是要么不构成无形资产，要么构成GSK英国的无形资产。

IRS反驳说，FDA审批时往往有额外的要求；另外，销售人员推广时，不会把沟通内容限制在FDA审批材料的范围之内。IRS似乎主张，FDA审批一定需要当地的数据和信息，这些数据和信息不可能来自GSK英国，一定是GSK美国收集整理并且掌握的，因此构成GSK美国的无形资产。

GSK美国在FDA审批阶段不会涉及向客户推广和销售产品，显然也就不会涉及营销性无形资产，但是有可能涉及交易性无形资产。GSK美国收集的与产品相关的、涉及美国人口的临床试验数据等信息或者知识（如有），可能构成GSK美国的专有技术。对照《指南》中的定义，这些专有技术如果许可或者转让给独立第三方，独立第三方可能愿意对其支付对价，因此，无疑构成GSK美国的无形资产了。

三、分析合同和法律所有权

GSK英国拥有所有交易性无形资产（药品的专利权等）和营销性无形资产（商标商号等）的法律所有权。GSK美国只拥有营销性无形资产在美国的使用权（美国区域内商标和商号的使用权）。《指南》第6.41段指出，在确定无形资产的法律所有权人时，从转让定价角度，某个无形资产以及与该无形资产的相关的授权应被视为不同的无形资产，由不同的所有者所拥有。该段还举了个例子，用到本案中就是说，GSK英国是善胃得商标的法律所有权人，并给予GSK美国在美国的排他性商标授权，GSK美国可以使用该商标开展市场营销和销售等一系列商业活动，本案中，商标是一项无形资产，由GSK英国法定所有；使用该商标推广和销售相关产品的授权是另一项无形资产，由GSK美国法定所有。但是在争议中，IRS主张GSK美国拥有美国境内的营销性无形资产，并没有区分所有权和使用权,反映出IRS当时还拎不清。

另外,IRS一直在说"拥有",实际上是在讨论回报的归属。当时的美国税法以为两者是一回事,后来《指南》第六章明确了两者不是一回事:所有权是所有权,看法律和合同定归属;回报是回报,看贡献定归属。所有权问题相当于"桃树是谁的",回报的归属问题相当于"桃子应当由谁来摘"(请参考:可口可乐望梅止渴)。这是完全不同的两个问题。请参见《指南》第6.42段:

虽然确定法定权利和合同安排是对无形资产相关交易进行转让定价分析的重要起点,但其独立且区别于如何确定符合独立交易原则的补偿这一问题。无形资产法律所有权本身并不能使法律所有权人最终享有跨国企业集团利用无形资产获得的回报,即使从法律或者合同角度而言,此类回报可能最初归属于法律所有权人。法律所有权人最终应得的回报取决于其执行的功能、使用的资产或者承担的风险,以及跨国企业集团其他成员通过其执行的功能、使用的资产和承担的风险所作出的贡献。例如,对一项自行开发的无形资产,如果法律所有权人既没有执行相关功能、使用相关资产,也没有承担相关风险,而是仅仅拥有相关所有权凭证,那么,除了因持有无形资产所有权凭证而应得的符合独立交易原则的补偿外,该法律所有权人不能最终享有该跨国企业集团利用无形资产而获得的回报的任何其他部分。

明白了无形资产所有权和回报权的区别之后,无形资产的合同和法律所有权分析就相对简单了。本案中GSK美国拥有部分营销性无形资产和少量交易性无形资产的使用权,仅此而已。至于回报权的问题,则要复杂得多,我们下文讨论。

第十二节 资产无形贡献有报——GSK美国转让定价争议

现在我们来讨论无形资产的回报权问题。上文说道,《指南》第6.32段确立了按贡献定回报的原则,第6.34段就涉及关联企业间无形资产的交易分析建立了一个框架。该框架第三、第四步是确定贡献的核心环节,是整个分析框架的重中之重。这两步简化的表述就是:

分析功能、资产与风险;合同与实际相比较。

框架中第三步全称是。

通过功能分析识别在无形资产的开发、价值提升、维护、保护和利用(以下简称"DEMPE")中执行功能、使用资产和承担风险的各方,特别是控制外包功能、控制特定、重大经济风险的各方。

《指南》第6.48段将第三步的分析内容细化为:

> ……集团成员为DEMPE所执行的所有功能、使用的所有资产以及承担的所有风险都应得到合理的补偿。因此,需要通过功能分析确定哪个(些)成员执行无形资产的开发、价值提升、维护、保护和利用功能并实施控制;哪个(些)成员提供了必要的资金和其他资产;以及哪个(些)成员承担了无形资产相关的各种风险。

这一步的关键词是功能、资产和风险。接下来我们就此展开讨论。

一、执行了什么功能?

功能,即谁做了什么。本案中GSK一方主张GSK美国只是本地分销商,且全球营销平台设计以及共同营销策略都是GSK英国制定的,GSK美国只是执行以上策略,功能十分有限。IRS则主张GSK美国是一家全功能的公司,指出GSK美国在美国开展了研究、开发、制造、营销、销售、分拨以及其他活动,此外还在美国境外开展了活动。关于研发活动,IRS说,GSK美国与第三方在美国开展了临床试验并通过了FDA认证。在食品和药品监督局(FDA)认证方面,GSK美国不是像自己声称的那样仅提供协助而已,而是全面负责。关于全球营销平台设计,IRS认为这不可能是GSK英国单独完成的,GSK美国也参与其中。另外,IRS还主张GSK美国设计了美国的营销和推广策略并付诸实施。

关于公司战略,IRS说,GSK美国的高管制定自己的战略,意图将公司打造成一个高度整合的医药企业,并指导实施以上战略。以上战略是独特的、广泛的、激进的,制定这些策略要付出巨大成本,而不是简单照搬业内常规做法。

以上争议的核心涉及无形资产的功能。本案发生时,《指南》中的无形资产分析框架还未成形,双方对DEMPE的认识还不全面,因此争议主要集中在无形资产的开发环节,而较少涉及价值提升、维护、保护和利用环节。

二、谁执行了重要功能?

论贡献,就不能只看谁做得多,而且要看工作的重要性。《指南》第6.48段指出:集团成员通过执行的功能、使用的资产和承担的风险对无形资产价值创造贡献的重要性，根据实际情况会有所不同。

《指南》第6.56段指出：

> 对于自行开发的无形资产……相关的重要功能可能包括设计及控制研发及营销流程、指导并制定创造性活动的优先顺序（包括决定创新研究的过程）、控制无形资产开发项目的战略性决策，以及管理和控制预算等。对于任何无形资产而言，其他重要功能可能还包括无形资产保护相关的重要决策制定，以及针对由独立企业或者关联企业执行的，可能对无形资产价值产生重大影响的功能进行持续的质量控制……

关于哪些功能重要，双方并无争议，但是关于重要的功能是谁执行的，企业一方占有信息优势。

IRS强调GSK美国开发了营销性无形资产。GSK声称所有产品的临床前开发、原料药的制造技术开发、原料药的生产（即初级制造）、产品的营销平台设计、商标和商号的选择和申报批准都是在美国之外，由GSK英国或者其美国之外的关联公司完成。产品的政府审批也是先在美国之外完成，后在美国完成；产品先在美国之外发布，后在美国发布；商标和商号的所有权也归GSK英国。GSK美国发生的开发费用，包括美国食品和药品监督局（FDA）对善胃得审批过程中发生的费用，都由GSK英国给予补偿。GSK英国还开发了销售策略，例如在美国发行善胃得时，GSK英国确定了共同推广策略，包括利用其他产品团队的销售力量来补足本产品的销售团队力量上的欠缺。

比较《指南》第6.56段和本案中以上争议点，就会发现两边高度吻合。这不是巧合，《指南》就是来自包括本案在内的相关案例的经验总结。

三、使用了什么资产？

集团成员在DEMPE中会用到各种资产，包括但不限于无形资产、实物资产以及资金。这些贡献比较容易识别，但对其重要性的判断则比较主观，容易产生分歧。

IRS指出，GSK美国与集团内若干关联企业之间存在一个成本分摊协议，约定按利润比例分担研发成本。IRS据此主张GSK美国拥有所有技术开发成果在美国的所有权，而GSK英国拥有美国之外的所有权。由于本案中，争议双方都将无形资产的所有权与取得回报的权利等同起来。因此，我们就不抠字眼了，将关于所有权的一切争论都理解成关于回报的争论就可以了。也就是说，由于GSK美国承担了部分技术开发成本，IRS主张无形资产在美国带来的回报应当全部归GSK美国。这是片面强调资金这种资产的重要性。

《指南》第6.59段指出：

在评估出资应获得的合理预期回报时应当认识到，在第三方独立交易中，仅提供资金但不控制相关风险或执行相关功能的企业一般不会获得与同时提供资金且控制风险和执行相关功能的企业一样水平的预期回报。对于仅承担无形资产相关成本的企业，相关补偿的性质和金额应当基于所有相关的事实确定，并且应当和独立企业之间的类似出资安排保持一致。

可见《指南》不同意IRS的这种说法。《指南》认为提供资金只应拿到部分回报而不是全部回报。如果仅提供资金，收取资金的合理回报就够了，别的不要多想。在具体操作方面，《指南》中提供了"资金回报＝无风险回报水平＋风险调整"的方法。篇幅所限，这里不做展开。

四、谁承担了风险？

承担风险是指在风险实现时承担相应的后果，主要表现为承担相关成本。本案中GSK美国开展了大量的营销活动，如何判断其是否承担了相应的成本从而承担了风险呢？《指南》在第六章附录中用两个案例（案例8和案例9）说明了这一点。这两个案例如果转换到本案的背景下，其分析结论是：如果GSK英国报销GSK美国的营销费用，则可以确定GSK美国不承担相应的成本和风险；反之则可以确定其承担相应的成本和风险。本案中双方都没有提到GSK英国报销GSK美国的营销费用，因此可以确定GSK美国承担了营销的成本和风险。

承担风险就有权获得该风险对应的回报。《指南》分预期收益和预期-现实差异两步来讨论无形资产的回报归属问题。第一步针对预期收益，在第6.71段规定：

如果无形资产的法律所有权人实际上：

（1）执行并控制无形资产DEMPE相关的所有功能；

（2）提供无形资产DEMPE所需的所有资产，包括资金；

（3）承担并控制DEMPE相关的所有风险。

则法律所有权人有权获得跨国企业集团利用无形资产应得的所有预期（事前）收益。当跨国企业集团中除法律所有权人之外，还有一个或多个成员企业在无形资产的DEMPE中执行功能、使用资产或承担风险，所以这些关联企业应当根据其贡献获得符合独立交易原则的补偿。根据实际情况，这一补偿可能会占据利用无形资产应得的预期收益中的全部或很大一部分。

第二步针对实际利润和预期收益之间的差异，在第6.72段规定：

跨国企业集团的成员是否能享有（承担）实际利润和预期利润差异所造成的利润（亏损），取决于跨国企业集团中哪些企业实际承担了实际交易界定中确认的风险。此外，还取决于哪些企业实际执行了重要功能或对重大经济风险进行了控制，针对上述功能确定符合独立交易原则的补偿时应考虑利润分配因素。

这种讨论最终会回到"谁做了什么？"的问题上。本案中这一点争议很大，请参考前文。

五、现实与合同的差异

《指南》在各个层面强调不能只看合同，要同时看实际，因此无形资产分析框架中有个第四步，即合同与实际相比较。第四步全称是：

确认相关合同安排中的相关条款是否与企业的实际行为一致，并判断承担重大经济风险的企业是否对无形资产的DEMPE的风险进行实际控制并拥有承担风险的财务能力。

换言之，这一步要求：

（1）对待功能要看实际行动是否与合同描述一致；

（2）对于承担风险则看是否进行实际控制以及有足够财力。

前文提到，GSK美国一方主张所有FDA认证所需的资料都是GSK英国提供的，这是基于合同来说的。IRS则反驳说这不可能，因为FDA审批时往往有额外的要求，另外销售人员推广时，不会把沟通内容限制在FDA审批材料的范围之内。这就是基于实际情况来说的。这是个在功能方面针对实际行为与合同进行对比的例子。

关于实际承担风险和合同约定风险的对比，本案现有材料中没有详述。我们可以参考《指南》第六章附录中提供的一个案例（案例7）。

该案例下Primero是一家跨国企业集团的母公司，从事医药行业并在M国开展业务。Primero开发了M公司的专利以及其他无形资产，并在全球不同国家注册了这些专利。Primero设立了全资子公司S负责向欧洲和中东分销X产品。根据分销协议，产品召回和产品责任风险由Primero承担。分销协议同时规定，Primero支付给S公司承担分销功能所对应的报酬后，在上述区域内销售X产品的剩余利润或者损失都归属于Primero。

……三年后，有相当一部分使用X产品的病人出现严重的不良反应，因此需要将X产品召回并退出市场。S公司承担了有关召回的巨大费用。但Priemero并未对S公司这些召回费用或引起的产品责任赔偿进行补偿。

……在这种情况下，对S公司进行转让定价调整是合理的……进行调整时……如果交易的真实性质是承担有限风险的分销安排，那么最合适的调整就是将产品召回和产品责任发生的费用从S公司转移给Premero。相反，如果根据相关事实判定交易的真实性质显示，控制产品责任和召回的风险都由S公司承担（虽然这种情况不太可能发生），并且通过可比分析可以确定独立交易价格，那么就可能需要相应提高这些年S公司的分销利润率以反映出双方真实的风险分配情况。

白纸黑字的合同如何理解都有争议，合同之外的事实如何理解，想必争议会更激烈。但是由于本案对外公布的信息所限，无法列举细节。

六、小结

通过第三、第四步分析，我们可以确认GSK美国的确为集团的无形资产尤其是营销性无形资产在DEMPE方面做出了贡献，理应获得相应回报。至于回报如何确定，我们下文继续讨论。

第十三节　资产无形交易可辨——GSK美国转让定价争议

要确定关联交易是否符合独立交易原则，先要界定关联交易。《指南》第6.34段涉及关联企业间无形资产的交易分析框架中，第五步就是准确界定交易，原文是：

根据相关注册和合同中规定的无形资产的法律所有权和其他相关合同关系，以及关联企业的实际行为（包括企业的功能、资产、风险贡献）准确界定与无形资产的开发、价值提供、维护、保护和利用（以下合称"DEMPE"）相关的实际发生的受控交易。

界定交易就是为交易画像，以便未来按图索骥寻找可比交易，然后进行比较，确定符合独立交易原则的价格（请参考：没有比较就没有伤害——可口可乐案中的可比性分析）。

一、"用清朝的剑斩明朝的官"

本案中GSK美国与关联企业之间发生了多种关联交易，在这些交易的界定方面，双方也存在争议。IRS向GSK美国发出的补税通知中提到："许可的产品在美国首次销售时，可以推定你公司与GSK英国实质上已经确立了一个交易，即后者将商标和营销性无形资产免费许可给你公司，你公司随后进一步开发了该项商标和其他营销性无形资产。因此你公司拥有以上无形资产。"

这段话说了三件事：

第一件，IRS在原料药采购之外识别出了另一个交易，即GSK英国向GSK美国之间许可商标商号等无形资产。

第二件，IRS将以上交易界定为免费许可。

第三件，IRS认为以上交易产生的结果就是GSK美国从此拥有了商标商号，从而拥有了相应的回报权。

以上观点有道理吗？我们先来梳理一下《指南》中相关规定，然后再进行分析。本案发生在《指南》修订并纳入无形资产交易分析框架之前，因此基于该框架进行分析，类似于"用清朝的剑斩明朝的官"，虽然不近情理，但是能够达到示范该框架应用的目的。另外该框架正是在总结包括本案在内的大量案例的基础上形成的，这种分析有助于我们了解制定该框架的意图。

二、《指南》中的相关规定

（一）无形资产相关交易的分类

《指南》中将涉及无形资产的交易分为两大类，第一类是涉及无形资产DEMPE的交易，第二类是涉及无形资产使用或者转让的交易。回到那个"桃子应当由谁来摘"的类比中（请参考：可口可乐望梅止渴），第一类交易发生在"种桃树"的过程中，第二类交易则发生在"摘桃子和卖桃子"的过程中。《指南》第6.87段又进一步将第二类交易细分为两小类，即（1）涉及无形资产或无形资产相关权利转让的交易；（2）涉及无形资产使用的商品销售或者服务交易。针对第一小类，《指南》第6.88段指出此类交易可能涉及无形资产的全部权利（如出售某项无形资产，或对某项无形资产的永久性独占许可），也可能仅涉及相关无形资产的部分权利（例如，带有地域限制、使用期限限制和其他在使用、利用、复制、再转让或再开发等方面限制条件的，对使用某项资产的有限权利的许可或者类似转让）。

（二）从合同约定出发结合实际行为来界定交易

针对第一类交易，《指南》第6.73段指出，可比性分析可能会揭示出实际发生的交易未包含或者不同于法律注册或者合同约定的交易；而需要分析的交易（及其真实条款）应该与交易双方的实际行为和其他相关事实相符。《指南》第6.86段针对第二类交易提出了相同的要求。

（三）交易的性质和条件

《指南》第6.89段针对第二类中的第一小类交易要求：

在涉及无形资产转让或者无形资产相关权利转让的交易中，具体识别关联企业间转让无形资产及相关权利的性质非常必要。对于有限制的权利转让，识别该类限制的实质和被转让权利的全部范围也很关键。

《指南》第6.104段针对第二类中的第二小类交易要求：

无论在可比性分析时，还是在选择和应用最适合该交易的转让定价方法以及在选择被测试方时，都需要对这类交易性质作具体说明，识别受控交易各方在受控交易中所使用的所有相关无形资产，并将无形资产相关因素考虑进去。

三、IRS眼中的无形资产交易

（一）推定交易是否存在？

IRS识别的这个交易，即GSK英国与GSK美国之间关于商标商号等无形资产的许可行为，有双方之间1987年的《许可协议》为证。现实中GSK美国也运用了合同下的商标商号用于运营。因此该交易是真实存在的，这一点不需要推定。

（二）该项交易是否可以界定为免费许可？

IRS主张的免费许可，依据在于GSK英国与GSK美国之间的1987年《许可协议》中约定许可商标和商号不收取许可费。读过GSK加拿大案例（请参考：穿上马甲就可以卖高价吗？——GSK加拿大转让定价争议）后我们都知道，天下哪有免费的午餐？所谓的不收取许可费是指不明收，实际上许可品牌对应的价值会作为原料药采购价格的一部分来收取。品牌原料药采购价与无品牌的普通原料药之间巨大的差价主要就是品牌回报的体现。所谓免费就是暗中收取的意思，而不是说别人免费给你让你来享受品牌的回报。

请问独立企业之间会出现这种冤大头交易吗？IRS这就是抠字眼强词夺理。

GSK不想在这方面费口舌，干脆修改了协议，重新表述了许可费。IRS在2005年的书面回应中重申了自己的观点，并且指出1987年的这个许可协议虽然终止，但是GSK美国与GSK英国之间的交易实质并未改变，因此修订协议什么的也不影响，原立场不变。

《许可协议》下的交易对象是相关产品的商标和其他营销性无形资产在美国的使用权，应归入《指南》第6.87段中第二大类交易中的第一小类。原料药的交易，即集团内成员企业销售原料药给GSK美国的交易，属于上述第二大类中的第二小类交易。

在此后的GSK加拿大案例中（请参考：穿上马甲就可以卖高价吗？——GSK加拿大转让定价争议），IRS和加拿大税务局CRA都不否认背后这个许可交易存在，也都是从这个交易与原料药采购交易之间的关系上做文章。CRA从原料药采购交易着眼，拒绝把无形资产许可交易关联起来考虑，简单粗暴地拿有品牌的原料药与无品牌的原料药去比价格。IRS则从商标和商号的许可协议着眼，也拒绝把这两个交易关联企业考虑，把不收取许可费解释为免费许可。二者都错在没有准确地界定交易，即没有准确描述交易的条件。

（三）是否可以推定GSK美国从此拥有了商标商号从而拥有了相应的回报权？

IRS声称GSK美国拥有相关的无形资产，就是为了主张在确定原料药价格时，将商标和其他营销性无形资产应得的回报都留给GSK美国。这种论点的错误在于忽略了全部权利和部分权利的界限。为了GSK美国的经营需要，GSK英国一定会将GSK的商号以及若干产品的商标授权给GSK美国使用。但这种授权一定是有严格限制的使用权，而不是包括所有权在内的全部权利。由这种授权推定出转让所有权，显然是歪曲事实，也不符合《指南》第6.89段的要求。

此外这种说法还忽略了所有权和回报权之间的差别。这一点前文已经介绍过了（请参考：资产无形识别有道——GSK美国转让定价争议），这里不再赘述。

四、《指南》眼中的无形资产交易

基于《指南》的精神，我们应当这么看待本案中的无形资产交易：

第一，既然没有转让所有权，说明GSK英国仍拥有相关营销性无形资产的所有权。鉴于GSK美国仍然在使用相关营销性无形资产，说明双方之间仍存在一个许可无形资产的交易。这个交易当然不是免费许可，GSK英国应当从GSK美国取得相应的回报。

第二，GSK境外关联实体销售原料药给GSK美国，这个交易是涉及无形资产使用的产品销售。这个交易定价时应当考虑无形资产的影响。

第三，GSK美国并没有拿到GSK英国的营销性无形资产的所有权，只拿到了其使用权，并在DEMPE意义上对GSK英国的无形资产做出了贡献，因此也应当得到相应的回报。

第四，GSK的销售和营销活动，在使用GSK英国的无形资产时，也开发和利用了自己的无形资产。确定该活动的利润水平时，也要将该项无形资产考虑在内。针对该类活动相关的交易即原料药采购交易进行定价时，GSK美国的无形资产以及GSK美国为其无形资产的DEMPE做出的贡献也应考虑在内。

《指南》第3.9条指出，经常会发生各个交易密切相关或连续发生，不能单独对其加以适当评估的情形。这种情形下对其进行合并评估比单独评估更加合理，因此应当使用最恰当的方法进行合并评估。第6.135段则指出，事实上无形资产可能经常与其他无形资产一同转让或者随同产品销售或服务提供等交易一并转让，这种情况下，为了提高分析的可靠性，最可靠的方法就是将所有相互关联的交易合并进行转让定价分析。

以上分析的结果总结如下：第一，GSK英国许可营销性无形资产给GSK美国的交易是存在的；第二，这个交易的与采购原料药的交易不可分割，不可视为免费许可；第三，在确定原料药采购价格时应当一并考虑无形资产的影响。本案最后以和解告终，法官的意见没有公布，我们无从验证以上分析。但是GSK加拿大案例中（请参考：穿上马甲就可以卖高价吗？——GSK加拿大转让定价争议），加拿大最高法院的意见与上述分析一致，可以视作一个旁证吧。

第十四节　资产无形定价有方——GSK美国转让定价争议

《指南》第6.32段确立了按贡献定回报的原则，第6.34段就涉及关联企业间无形资产的交易分析建立了一个框架，简化下来就是：(1)找出无形资产；(2)看合同和法律所有权；(3)分析功能；(4)合同与实际相比较；(5)界定交易；(6)论贡献定价格。

走完这个构架的前五步，就完成了交易画像，为第六步通过比较来确定独立交易价格打下了基础。《指南》第6.32段中关于第六步的原文是：

在可能的情况下，根据交易各方执行的功能、使用的资产和承担的风险所创造的贡献为这些受控交易确定独立交易价格。

这一步实际操作起来很复杂。根据《指南》第3.4段就关联交易中实现独立交易原则的"九步法",确立独立交易价格的核心环节就是选择转让定价方法。选择转让定价方法也是本案的争议核心所在。上文分析过,本案中涉及无形资产的许可、利用无形资产开展的营销活动、采购原料药三项交易,且这三项交易高度结合,需要综合起来分析。三项交易中,采购原料药的交易位于中心地位,因此我们以该项交易为中心,考虑其他两项交易,来讨论转让定价方法问题。本案中GSK一方主张用再销售价格法,IRS主张用利润分割法。到底谁有理?

一、选择再销售价格法的道理

《指南》第6.205条指出:

6.205 当被测试方不使用独特且有价值的无形资产,且可以找到可靠的可比信息时,可以通过基于单向测试的转让定价方法,包括可比非受控价格法、再销售价格法、成本加成法和交易净利润法确定独立交易价格,在这种情况下第1至第3章的指导原则通常足以帮助建立独立交易价格,而无须详细分析交易中另一方使用的无形资产的性质。

具体到本案中,如果GSK美国使用了独特且有价值的无形资产,且可以找到可靠的可比信息,则可以选择再销售价格法。

(一)GSK美国是否使用了独特且有价值的无形资产?

前文介绍过,GSK美国拥有营销性无形资产并在营销活动中利用到了这些无形资产,如商标授权、客户信息等(请参考:资产无形识别有道——GSK美国转让定价争议)。这些无形资产无疑是有价值的,那么是否独特呢? IRS认为独特,GSK一方认为不独特。

《指南》第6.17段将"独特且有价值的无形资产"定义为符合以下条件的无形资产:
(1)与潜在可比交易中交易方使用或者可以获得的无形资产不可比;
(2)在投入商业运营(如生产、服务提供、营销、销售或行政活动)后,预期比不使用该无形资产时会产生更高的经济收益。

需要指出一点:GSK美国在经营过程中用到GSK的商号以及善胃得品牌的授权,而不是以上无形资产本身。前文说过,无形资产的授权与无形资产本身有区别,可以看作不同的无形资产。GSK的商号以及善胃得的品牌构成独特无形资产,但这并不代表其授权也独特。这个授权是否独特要另行判断。

关于GSK美国的营销性无形资产是否构成独特无形资产，对照以上标准，读者自己也可以作出判断，到底谁有理？

（二）是否能够找到可靠的可比信息？

GSK一方主张史克必成的信息很可比。IRS认为不可比，因此拒绝使用再销售价格法。那么到底是哪里不可比了？功能资产风险方面的差异肯定是存在的（请参考：别人家的APA，自己家的"市场溢价"——GSK美国转让定价争议），但是这些差异是否足以排除再销售价格法呢？

《指南》对这个问题规定如下：

6.199 例如被测试方通过受控交易采购相关产品，并负责产品随后的市场营销和分销活动，则被测试方可能已经在其业务区域开发了营销性无形资产，包括客户名单、客户关系和客户数据等，甚至还开发了利用其开展分销活动的物流技术软件和其他工具等，进行可比性分析时，应当考虑这些无形资产对被测试方盈利能力的影响。

6.200 但要注意的是，在许多情况下，当被测试方使用这些无形资产时，可比非受控交易的各方也拥有相同类型的无形资产。因此在前文分销企业的例子中，同一行业提供营销服务的独立企业也可能拥有与被测试方相类似的无形资产，包括对潜在客户的了解和联络信息、收集到的客户数据、有效的物流系统等。在此情况下，对被测试方与这些潜在的可比企业间的可比性就足够高，可以根据潜在可比价企业支付的价格或取得的利润，衡量被测试方的功能和拥有的无形资产所获得的补偿是否符合独立交易原则。

6.201 当被测试方和潜在可比企业拥有可比的无形资产时，该无形资产不会构成第6.17段所定义的"独特且有价值的无形资产"，因此不需要对相关无形资产进行可比性调整。在这种情况下，潜在的可比数据将有力证明被测试的无形资产如何对利润做出贡献。然而如果被测试方或潜在可比企业在其业务中拥有并使用了独特且有价值的无形资产，则可能有必要进行适当的可比性调整或采用其他转让定价方法，在此情况下应参考第2.1节至第2.4节的原则评估无形资产的可比性。

以上规定应用到本案中，就是说虽然GSK美国运用了营销性无形资产，但是可比公司（如史克必成）也会运用到类似的营销性无形资产，如果无法证明GSK美国的无形资产具有独特性，则这些可比公司的利润水平可以直接用来参考以判断GSK美国定价是否合理。反之，如果证明GSK美国的无形资产具有独特性，仍需要进一步分析是否需要通过可比性调整来清除无形资产方面差别的影响。如果这个差别可以通过可比性调整来消除（请参考：没有比较就没有伤害——可口可乐案中的可比性分析），仍应继续采用再销售价格法；只有当这个差别无法通过可比性调整消除时，才能采用别的转让定价方法，例如利润分割法。

《指南》反对一言不合就排除可比公司，明确规定：

6.202 纳税人和税务机关根据潜在可比交易方或被测试方就无形资产的使用情况限制排除可比企业的做法是适当的。通常，不应因存在未确认的无形资产或重大商誉而轻易排除某些可比企业或可比交易，如果可比交易或可比企业在其他方面可比，即使被测试方或潜在的可比交易方使用了相对不重要的无形资产，仍可作为验证独立交易价格最合适的证明，只有当潜在的可比交易中的无形资产可予以清晰辨认，且是独特且有价值的无形资产时，才能以存在不可比无形资产为由将潜在可比交易排除。

也就是说，判断独特无形资产时应采用"疑罪从无"的原则。除非存在可以清晰辨认的无形资产，且该资产独特且有价值，才可以拿无形资产来说事，排除可比公司。世界上没有两片完全相同的树叶。在无形方面总是可以找到一些差异，但是本案中这些差异是否明显到足以排除掉某些潜在可比交易，进而以可比交易信息不足的理由排除再销售价值法？由于本案中相关信息并未公开，我们无从得知IRS的理由是否充分。

二、选择交易利润分割法的理由

利润分割法是双向测试的方法，主要用于无形资产相关的交易。《指南》指出其使用的前提和条件是：

6.112 ……考量交易各方的其他可行方案时，必须从交易各方的角度加以考虑，基于单项测试的可比性分析（包括最终使用单向测试的转让定价方法进行分析的情形）往往不能为无形资产相关交易的评估提供足够的支持。

6.209 ……在某些情况下，针对涉及无形资产的产品销售和服务提供的受控交易，如无法找到可靠的可比非受控交易，则可以运用交易利润分割法确定符合独立交易原则的合理利润分配。在交易双方均作出了独特且有价值的贡献的情况下，交易利润分割法可能是合适的方法。

利润分割法的适用条件为独特且有价值的贡献，包括但不限于提供了独特且有价值的无形资产的情形。前面分析过，IRS认为GSK美国提供了独特且有价值的无形资产，GSK一方则不这么认为。那么无形资产之外，GSK美国是否还做出别的独特且有价值的贡献呢？前文说过，IRS强调美国市场的特殊性，强调GSK美国对于GSK全球战略的重要性。但是上述因素无法构成独特的贡献，因为别的医药公司也在美国从事这些活动，并且不难找到在美国从事医药销售的可比公司来运用再销售价格法。本案最终选择了利润分割法，其理由还是回到了无形资产的独特性和价值方面。由于信息并未公开，具体情况无从得知。

三、交易净利润法的操作要点

《指南》指出：

2.108 ……利润分割法，首先确认各关联企业从关联交易中获得的有待于分割的利润（"合并利润"）……然后以经济上合理的、近似于独立交易原则订立的协议中可以预期和反映的利润分割方式，在关联企业间分割这些利润。

根据以上规定，利润分割法的应用包括两个环节，一是确定"合并利润"，二是确定分割比例。合并利润有两种：一种是被审核的全部关联交易利润，即全部利润；另一种是剩余利润。与此相应，利润分割法有"贡献分析法"与"剩余利润分析法"之分。在书面回应中，IRS主张剩余利润的25%应当归属于制造环节（指原料药生产环节，笔者注）用到的无形资产，并据此调整的原料药采购价格。可见，IRS用到的是剩余利润分割法。

关于剩余利润分割法，《指南》要求以全部利润减去常规贡献来确定被分割的合并利润：

2.121 剩余利润分割法按两个阶段划分被审核关联交易的合并利润。第一阶段，参与企业各方就其所设关联交易中所做的常规贡献，取得一个公平合理的回报，这一基本回报通常是运用某个传统交易法或交易净利润法，参考独立企业从事可比交易所获得的回报来确定。因此，此时的基本回报并不包含参与各方拥有的有价值且独特的资产所应产生的回报。第二阶段，将经过第一阶段分割留存的剩余利润（或亏损）根据对个案具体事实和情况的分析，在各方之间分配。

前文提到，史克必成的APA中，IRS将第三方销售价格的28%确定为正常的营销推广佣金，常规贡献就是指此类活动。本案中采用了两步法。GSK美国第一阶段确定基本回报时，常规利润水平可以从可比企业中取得。用从全部关联交易中获得的全部利润，减去以上基本利润之后，剩余的部分就是剩余利润。由于本案中相关细节并未公开，因此IRS最终选择的可比公司中是否包含了史克必成，不得而知。

第二阶段GSK美国可以在GSK英国与美国之间分配剩余利润。这时要用到分配因子。《指南》规定：

2.134 在实践中，应用利润分割法分割合并利润通常要使用一个甚至多个分配因子，根据个案的具体事实和情况，分配因子可能是一个数字或一个变量，当时用了多个分配因子时，就需要给每个因子分配权重，以确定每个分配因子对合并利润的相对贡献。

2.135 在实践中经常使用的分配因子，包括资产（经营运营性资产、固定资产无形资产、应用资本）或成本（重要领域的相对支出或投资，如研发、工程、营销）。其他基于销售增量、员工人数（有关交易创造价值的关键功能所涉及的员工数）、某一特定小组员工花费的工作时间（如果花费的时间与创造的合并利润有很强的相关性）、服务器数量、数据存储、零售点面积等分配因子，依据交易的事实和情况，也可能适用。

《指南》要求通过分配因子计算得出分割比例，但是本案中IRS的做法却不像是计算得出的，而是拍脑袋的结果。IRS将25%的剩余利润归于制造环节的无形资产，相应地将75%的剩余利润归于营销性无形资产，并且以营销性无形资产全部回报应归于GSK美国为由，将75%的剩余利润全部分割给了GSK美国。这个结果和原来的定价相比，变化很大。GSK美国最终补税34亿美元。

这个显然是拍脑袋得出的分割比例是否合理呢？25%的超额利润归属于制造环节的无形资产是否有些少了？GSK的商号以及善胃得品牌这两项无形资产的价值是如何考虑的？通过分析GSK加拿大的案例我们知道，GSK美国确定原料药采购价格时也应考虑商标和商号对应的回报。本案的和解结果显示没有就商标和商号分配剩余利润，那么只有两种可能：一种是将商标和商号对应的回报理解为常规利润的一部分；另一种是将其理解为制造环节无形资产回报的一部分。如果是前者显然不妥，因为GSK的商号以及善胃得品牌显然是独特的无形资产，而且其价值不会亚于将其授权经GSK美国而派生出来的营销性无形资产；如果是后者就更不合理。后者等于是说，制造环节用到的专利加上商标以及商号只分得剩余利润的25%，而GSK美国这个销售公司拥有的营销性无形资产却分得了剩余利润的75%。这怎么能说得通呢？

四、营销性无形资产的经典案例

本案的分析至此结束。本案的主线是IRS论证GSK美国应当获得超额利润。IRS没有从市场溢价的角度，而是从功能、资产、风险方面去论证自己的主张，并聚焦到了营销性无形资产方面，最终以GSK美国拥有独特且有价值的营销性无形资产为由，应用利润分割法，将剩余利润中的75%归于美国GSK。本案为我们展示了如何分析营销性无形资产，也再次向我们证明了那句老话：转让定价不是科学是艺术。《指南》讲逻辑，讲条理，分析得头头是道，然而IRS操作起来异常生猛，诠释了暴力美学。

第十五节　DHL转让定价案例（一）——收购引发天价税单

一、DHL网络和商标

DHL公司（DHL Corporation，中文译名"敦豪"，简称"DHL"）于1969年成立于美国加利福尼亚州。别人家的快递公司都叫什么"顺"啊"通"啊，用以寄托对美好生活的向往，这家快递公司用三个创始人（Adrian Dalsey, Larry Hillblom和Robert Lynn）姓氏的首字母命名公司，很有烟火气。早年DHL只从事美国国内业务。三年之后开始拓展国际业务，1972年在香港成立了海外公司，起了个洋气的名字叫文件处理有限国际公司（Document Handling Limited, International，简称"DHLI"）。起初DHLI的股权99%由DHL持有，1%由创始人Dalsey持有。后来为了满足美国航空货运监管要求，DHLI的股权转让给了境外个人代持。

DHL网络是全球网络，但是为了满足监管要求，国内和海外业务分开运营。1979年DHLI又在荷兰成立了两家子公司，即DHL Operations B.V.（简称"Ops B.V."）和Middlestown N.V.（简称"MNV"）。从那时开始形成的基本格局是：DHL负责美国国内业务，DHLI和Ops B.V.及MNV则负责国际业务。在国际业务方面，DHLI负责管理国际网络，MNV负责持有并管理各国的运营子公司。

涉及国际快件，当地运营公司（以MNV的子公司为主，以MNV和DHLI联属企业为辅）和独立代理人从客户手中收费，并支付一定比例的分成给DHLI，这就是"网络费"。DHL也会利用到DHLI管理的国际网络，同时DHLI还会利用到DHL管理的美国网络。DHL客户发往海外的快件，尾程由DHLI送达。DHLI客户发往美国的快件，尾程由DHL送达。DHL早年并没有独立交易原则的概念，把DHLI和MNV都看成左口袋和右口袋。因此，DHL与DHLI之间相互提供服务不收费。

商标方面，此前1977年DHL已经在美国注册了"DHL"商标。从1983年开始，DHLI则开始在全球各地注册"DHL"商标。1974年，DHL和DHLI签订了一个有效期为5年的口头协议备忘录（1974年MOA），授权后者使用该商标。该协议约定DHL随时可以终止协议，一旦终止协议，DHLI 5年内不得使用DHL商标。但是该协议中没有提到商标使用费。

二、并购

20世纪八九十年代日本企业买遍全世界。1988年12月21日，两家日本公司，即日本航空（Japan Airlines Co., Ltd.，简称"JAL"）和日商岩井（Nissho Iwai Corp.，简称"NI"）邀约收购DHL的全球网络。此后德国的汉莎航空（Lufthansa）也加入进来形成了买方财团（Consortium）。当时DHL在美国市场持续亏损，而国际市场则欣欣向荣，买方财团对DHL的美国网络不感兴趣，只有意收购其国际网络。加之美国对航空运输业设置了25%的外资比例限制，因此买方也不可能控制DHL名下的美国业务，只能将目标确定为控制收购DHLI和MNV名下的海外业务。但是，买方为了避免DHL名下的美国业务未来落入竞争对手之手，买方财团提出要收购少量DHL股份外加DHL商标。

买方财团与DHL的股东于1990年12月7日达成最终协议（以下简称"主协议"），约定买方收购DHLI和MNV 57.5%的股权、DHL 2.5%的股权外加"DHL"商标。其中股权定价基于两家标的公司4.5亿美元的估值，商标权定价则为2 000万美元。

以上交易如约进行。如图2-5所示，收购的结果形成了一家合资公司，即百慕大实体DHL International Ltd.（简称"Newco"），其股权57.502%由买方持有，其余42.498%由卖方持有。DHLI的资产，包括DHL商标的海外权益（注册在DHLI名下，笔者注）和MNV股权随后都进入Newco。DHL商标在美国的权益（注册在DHL名下，笔者注）则进入Newco的子公司Dutchco。

1992年9月17日买卖双方签订的商标收购协议明确，2 000万美元的商标收购价格当中，1 700万美元属于向Dutchco转让美国商标的对价，300万美元属于向Newco转让海外商标的对价。

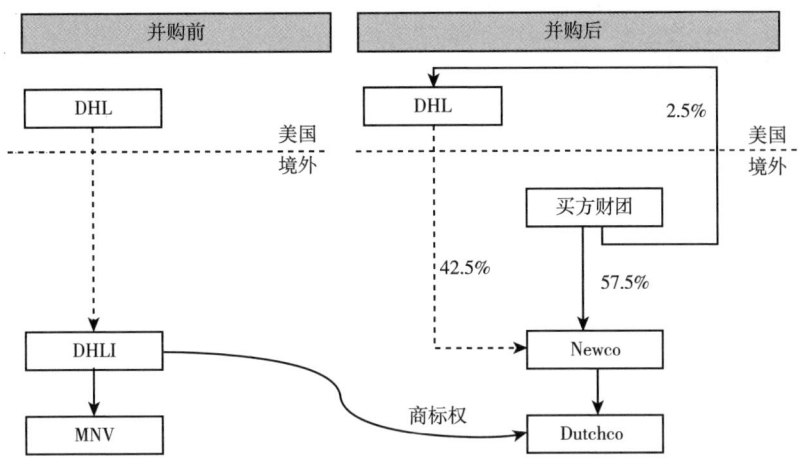

图2-5 收购交易示意图

三、IRS漫天要价

收购完成之后，DHL的海外业务（当时在DHLI和MNV名下）控制权会易手到买方财团，而美国业务（最终仍在DHL名下）的控制权仍在原股东（卖方）手中，DHL的海外业务与美国业务之间不再是左口袋与右口袋关系了。考虑到了这一点，双方在签订收购主协议的同时，让DHL和DHLI于1990年12月7日达成一项代理协议（以下简称"1990年代理协议"）。1990年代理协议约定DHL拥有"DHL"商标在美国的全部权利，而DHLI拥有该商标在海外的同样权利。1990年代理协议仍旧没有约定DHLI就使用"DHL"商标支付使用费，只是约定如果协议终止，则DHLI在5年内不得使用"DHL"商标。该协议期限为15年，并约定如果双方满意，可自动延期10年。同时针对运营方面的相互支持，1990年代理协议约定双方按照服务成本的差额以及转运成本加成2%结算，收取差额费（imbalance）和转运费（transfer fee）。

IRS看到这个最新安排，意识到DHL与DHLI之间在以往的关联交易中没有按照独立交易原则结算，于是开展了转让定价调查。对于IRS的调查，DHL是抗拒的，提供资料就跟挤牙膏一样。IRS人狠话不多，拍脑袋开出了个天价税单。

1995年6月30日，IRS签发了针对DHL1990—1992年度的欠税通知。IRS认为DHL长期未向DHLI收取商标使用费和差额费/转运费，不符合独立交易原则，另外并购过程中的商标权转让也是关联交易，转让定价明显偏低。算下来DHL应补税4.25亿美元，缴纳罚款1.63亿美元,合计5.88亿美元。这比整个海外业务的4.5亿美元估值还高啊,就是砸锅卖铁也缴不起。

四、税务法院坐地还钱

DHL诉至税务法院。税务法院一看,这案子不好审啊。双方都是自说自话,在所有问题上都各执一词,见面就吵架。好不容易把大家拢在一起开了庭,税务法院梳理出了十大争议点:

(1)IRS的转让定价调整是否不合理、任意且不正规?

(2)在1990年12月7日以及之后,DHL与若干相关实体是否存在共同控制,从而构成税法第482节(即美国的转让定价法规,笔者注)下的关联关系?

(3)转让商标时是否实现了额外的资本利得(即定价低于独立交易价格,笔者注)?

(4)DHL在交易后15年内免费使用商标是否构成资本利得性所得(交易后商标归DHLI所有,双方约定DHL可以继续免费使用该商标15年,期满后DHL须每年支付0.75%的商标许可费给DHLI,共支付10年。IRS主张免费使用商标是DHL向DHLI转让商标时获得的一种非现金形式的对价,应当相应调增DHL转让商标时的资本利得,笔者注)?

(5)根据税法第482节,DHL在交易前长期允许DHLI免费使用商标,是否应当进行转让定价调整?

(6)根据税法第482节,DHL在交易前长期不向DHLI收取差额费和转运费是否应当进行转让定价调整?

(7)根据税法第482节,DHL在交易前不向DHLI收取网络费是否应当进行转让定价调整?

(8)DHL计算的1990—1992年度的税前亏损以及亏损弥补是否正确?

(9)根据税法第482节进行转让定价调整时,DHL是否有权进行任何抵销?

(10)DHL是否应当依照税法第6662(a)节和第6662(h)节受到罚款处罚?

经过漫长的审理,税务法院认为,DHL在并购交易中对无形资产的定价存在问题,并且此前没有向DHLI收取特许权使用费和差额费/转运费也不符合独立交易原则;总之IRS的转让定价调整从定性上没有错,其关于推定特许权使用费以及罚款的计算也没有错;但是,在定量方面,税务法院认为IRS将商标估值为6亿美元,这太过离谱。商标的估值应为1亿美元,其中美国和海外的商标权各为5000万美元。税务法院按照新估值重新计算并将补税和罚款合计降至5 900万美元,约为原先IRS通知欠税金额的1/10。

本着各打五十大板的精神,税务法院说IRS这个定价虽然离谱,但是DHL不提供资料是不对的。转让定价争议中举证责任永远在纳税人。税务局的转让定价调整只要不离谱就该认可,纳税人提出反驳时需要提供证据来支持自己的主张。

1999年8月17日税务法院作出判决。DHL根据判决结果缴纳了税款和罚款5 900万美元,再加上利息5 500万美元,合计1.14亿美元。

五、巡回法院折上加折

DHL缴纳了税款,并不表示认可税务法院的判决,只是为了满足前置条件以便提起上诉。此后DHL及时向美国联邦巡回法院提起上诉,并将异议集中到以下三点:

(1)针对DHL向DHLI转让"DHL"商标,IRS作出的转让定价调整;

(2)针对上述交易前DHLI免费使用"DHL"商标,IRS作出的转让定价调整;

(3)针对转让定价调整形成的少缴税款,IRS作出的罚款决定。

以上三点诉求当中并不包含IRS针对差额费和转运费作出的调整。可见DHL在这个问题上接受了IRS的立场。

同时,因为德国的汉莎航空公司也在买方财团当中,德国财政部也向巡回法院发出顾问函,指责税务法院的判决违背德美税收协定中的独立交易原则以及反歧视原则。友邦质疑,巡回法院非常重视,于是厘清基本原则如下:

对于税务法院的判决,法律方面要重新审视,事实方面以及罚款决定方面只要没有明显错误就要认可。美国转让定价法规即税法第482节给予税务局局长非常宽泛的自由裁量权,法院无权改变其决定,除非纳税人能够证明局长的决定不合理、任意且不正规。估值和关联关系的决定属于事实认定,如果没有明显错误则应予以支持,但是对于法规的理解,以及事实是否符合法规的定义,则属于法律问题需要重新审视。

巡回法院认为税务法院关于关联关系的事实认定正确,并针对上诉人提出异议的三个问题裁定如下:

(1)针对转让商标的转让定价调整。

此前税务法院支持了IRS针对DHL向DHLI转让商标所做的转让定价调整,并将商标的独立交易原则定价确定为1亿美元,其中海外和美国各5 000万美元。巡回法院基于1968年财政部规章第1.482-2(d)(1)节下的开发者——协助者规则[后续文章解释,请参考:DHL转让定价案例(三)——商标权到底是谁的?],认为DHL向DHLI转让海外商标不应涉及转让定价调整,只有转让美国商标涉及转让定价调整,因此将该项转让定价调整金额从1亿美元降低为5 000万美元。

(2)基于推定的特许权使用费做出的转让定价调整。

依据1968年财政部规章第1.482-2(d)(1)节下的开发者——协助者规则,巡回法院认为DHL允许DHLI免费使用商标不涉及转让定价调整,推翻了税务法院支持IRS推定特许权使用费的决定。

(3)罚款。

巡回法院推翻了IRS和税务法院基于推定特许权使用费计算的转让定价调整,该项税款相应的罚款也就不存在了。商标权方面,现在只剩下针对美国境内商标做出的5 000万美元的转让定价调整。针对这项调整对应的罚款,巡回法院认为DHL当初确定的低价存在正当理由,因而推翻了税务法院支持该项罚款的裁定。

巡回法院一锤定音,税款大为降低,罚款全部取消,DHL上诉取得全面胜利。这个案例告诉我们,转让定价是一门艺术,讨价还价的艺术。

第十六节　DHL转让定价案例(二)——在胡搅蛮缠面前人人平等

一、不知者无罪?

DHL与DHLI之间一直相互提供服务。DHLI的客户从海外发往美国的快件(入境件),在美国境内这一段(尾程)由DHL来送达。另外,DHLI的客户从海外发往海外的快件,如果过境美国(过境件),美国这一段也是由DHL负责运输的。反过来,DHL的美国客户发往海外的快件,尾程则由DHLI负责。此前双方之间并没有就相互提供的服务收取费用。从1987年开始,双方开始按照服务成本的差额加成2%结算收取差额费(imbalance),且DHL按转运的过境件成本加成2%向DHLI收取转运费(transfer fee)。

IRS发出的补税通知称1987年之前DHL与DHLI之间不相互结算是不对的,不符合独立交易原则。从1987年开始这种结算方法没有错,但2%的加成率太低,也不符合独立交易原则。

DHL一方说,早年间财务核算不细致,没有数据无法结算。从1987年开始结算了,并且参考20世纪70年代美国邮政与外国邮局之间的做法确定了2%的加成率，这是符合独立交易原则的。DHL一方聘用的专家帮腔说，各国的邮局之间一开始没有意识到存在进出不平衡，也不相互结算，后来意识到了这一点就从20世纪70年代开始结算，DHL开始结算的时间与邮局基本同步。

IRS说邮局不知者无罪，DHL却是明知故犯，直到监管部门质疑时才于1987年开始结算。这不一样啊。

税务法院同意IRS的说法，说认识有个过程这不假，但是直到1987年才开始结算这说不通。另外没有数据的说法也不成立，要想结算办法总是有的。你方的专家做了那么多的估算，这个估算还做不了吗？

二、成本加成率

IRS找出了5家同行业可比公司，根据其中位值确定了4%的加成率，并基于DHL与DHLI之间的1990年代理协议中约定的计算方法来计算调整金额。其中1979—1986年度按4%的加成率计算调整金额，件数按照收入的增长率推算，单位成本按同期平均值确定；1987—1992年度按4%与DHL实际采用的2%加成率之间的差额2%计算调整金额，有些年度件数数据不全仍旧按收入的增长率推算，单位成本仍旧按同期平均值计算。

DHL说可比公司4%的成本加成率主要是联邦快递（Federal Express）一家拉高的，不可能谁家都做成联邦快递啊！他家是个特殊现象，该剔除出去，这样中位值就会降至1.55%。税务法院说，联邦快递与DHL同在美国市场运营，且在美国的市场份额最大，最能代表美国市场的利润水平，为啥要剔除？DHL又说4%的成本加成率是依据1990—1992年的数据计算，不应当代表1979—1988年的加成率。税务法院说，光挑毛病没有用，你倒是提供更准确的数据啊？既然不能提供就只能4%了。此外，税务法院还说该法庭确定商标许可费时用了很低的费率（后续文章解释，请参考：DHL转让定价案例——商标权到底是谁的？），意味着淡化商标的价值，而强调服务能力的价值，这种情况下反映服务能力价值的成本加成率指标如果太低就说不过去了。

接下来DHL对IRS推算成本的做法挑了很多毛病。DHL的一位专家证人出具了一份报告说：我算下来DHL与DHLI之间的业务互动过程中一直是DHLI吃亏，每年都是DHL应当补偿DHLI。税务法院说这份报告中用了"总成本法"，把着眼点确定在两个公司的整体利润，而不是相互提供服务所发生的成本。但是税务法院没有说清楚这个神奇的方法到底是什么，显示不懂成本。由于不懂，税务法院对这种说法的批驳显得语无伦次，总之就是不采信。税务法院认为IRS已经尽力做到精确，且方法可取，而且DHL并没有证明IRS的做法存在错误或者不合理，自己也没有提供更准确的推算方法，因此应当支持IRS计算的调整金额。

三、见面分一半可以吗？

这个案例中关于服务费的部分事实很清楚，就是DHL一方理亏。但是法庭本来就是一个强词夺理胡搅蛮缠的地方，因此DHL一直在胡搅蛮缠。另外，IRS也没有做出高姿态，而是提出了一个脑洞大开胡搅蛮缠的说法。

1992年，DHL的海外网络延伸至195个国家，海外的当地运营公司和独立代理人遍及全球。这些当地运营公司和独立代理人从客户手中收件，并将国际快件交给DHL来送达。当地运营公司（以MNV的子公司为主，以MNV和DHLI联属企业为辅）与DHLI或者Ops B.V.签订《网络运营协议》，独立代理人则与这两家公司签订《代理协议》。两种协议下，当地运营公司和独立代理人从客户手中收费，并支付一定比例的分成给DHLI，这就是"网络费"。网络费用来补偿DHL的集中管理以及服务功能，包括空运网络、航站楼站点、结算网络等，也用来补偿报清关服务、技术诀窍、保险以及广告支出。

IRS在补税通知中主张，DHLI从当地运营公司和独立代理人手中收取的网络费，应当分一半给DHL。由于从来没有分过，应当作转让定价调整。至于理由，IRS给出了一个非主流的说法如下：DHL、DHLI和MNV受同一批股东控制，这些股东之间真实的利益关系与法律上的持股关系不同（猜测IRS这么说的理由在于存在代持等安排，笔者注），因此他们之间不能依据持股比例来算账，而是应当将整个DHL网络当作一个整体来算账，所以股东之间的关系近似于一个合伙企业（partnership）。因此，DHL集团内各家实体DHL、DHLI和MNV应当看作共同参与了一个合作项目（joint venture），应当从合作项目中分割总利润。至于分割方法，IRS主张按成本比例计算。算下来，DHL从1985—1992年应当调整合计近1亿美元。

DHL一方反驳说这也太不着边际了。税务法院同意了DHL的看法，认为IRS从股东之间的关系跳到实体之间的关系，这个跨度太大。税务法院说，DHL和DHLI分别运营国内和海外网络，这是真独立不是假独立。将境外网络分开运营并放在DHLI下面，也是出于政府管制的考虑，即使是有税务上的考虑也是次要的。另外，DHLI一直比DHL更赚钱，原因在于DHLI经营得好，成为了国际市场的领头羊。反观DHL，在美国市场上屈居人后，苦苦挣扎，这说明两者利润水平的差别不是人为调节利润的结果。IRS不该仅凭股东的控制权就得出各公司没有遵循独立交易原则的结论。另外，受相关法律限制，DHL不能运营海外业务，因而没有理由将海外的所得调整到其名下。总之IRS的这一主张不予支持。

IRS这种主张看似离谱，但是放在转让定价领域也不觉得突兀。转让定价是一种艺术，本来就是大家发挥创造性的舞台，各种千奇百怪的说法多了去了。IRS这种主张，实际上是一种公式分配法。公式分配法因其主观性太强而不被OECD认可。美国税法下虽然有"其他方法"一说，为公式分配法留下了一线生机，便是实际执行中法院不会轻易放弃独立交易原则的底线。本案的判断结果也正说明了这一点。

IRS当初这个调整，大概是调查初期看到DHL连年亏损而DHLI连年盈利所以产生疑虑的情况下，基于DHL不配合，一言不合就做出的调整。本来就很过分，现在对方已经服软了，自然不再坚持了。

四、我承认我以前作假了

DHL一方说：鉴于DHL一直缺钱，此前为了转钱给DHL，DHL于1984年向DHLI卖了一项技术（激光网技术），收了1 450万美元，这项技术实际上不值这么多，只值145万美元。当时为了多赚钱，就稍微卖得贵了点（差额1 305万美元，笔者注），现在我们承认作假了，根据税收法规第1.482-1（d）(3)节，申请将多收的1 305万美元做转让定价调整（调减所得额，笔者注），从这次调增的金额中抵销。

税收法规第1.482-1（d）(3)节规定：

地区税务局局长也应当考虑关联方之间其他不符合独立原则的交易的影响，使其抵销其他可能形成的调整，前提是纳税人能够以合理程度的明确性确定该交易不符合独立交易原则并且能够确立该项交易合适的独立交易价。

税务法院说，DHL你们不是一直坚持1984年在内的那个期间所有的交易都符合独立交易原则吗？怎么现在自己打脸了？不管怎样，上述法规的意图是防止税务局局长遗漏掉某些调整项目或者只选择能够调增应纳税所得额的调整项目，所以，这条法规适用于上述情形。

IRS说DHL的程序上有瑕疵。以上法规为调减设置了前置条件，要求纳税人在税务局出具检查报告之日起30日内就以上事项通知税务局局长，而DHL一方至今都没有通知过，不符合调减条件。DHL一方说：你根本就没有出具过检查报告就直接发出了欠税通知，30天从哪天起算？IRS说：开庭前我方于1996年10月28日向你方提供过调整项目的具体的详细的说明，应当从那天开始算起；你方直到开庭前最后一刻才提出这项调减主张，连给我方分析的时间都不留，这合理吗？税务法院说，IRS既然没有出具过检查报告，那么这条30天的规定就不适用。至于说分析时间不够，IRS又没有提出证据证明时间不足造成了什么具体影响，所以程序上的障碍是不存在的，这项调整应当抵销。

IRS当初也许是大意了，没有意识到出具检查报告的重要性，犯了个低级错误，这本是很没有面子的事情。尽管如此，IRS在法庭上照样胡搅蛮缠，并没有因为自己是官对方是民就做出任何高姿态。这就对了，在胡搅蛮缠面前人人平等，这也是法治精神的一种体现。

第十七节　DHL转让定价案例（三）——商标权到底是谁的？

无形资产转让定价是本案的精华。为此，我们先来理一理无形资产，搞清楚无形资产到底是什么？是谁的？什么时间产生的？谁开发的？

一、许可协议证明法律所有权

IRS说DHLI这么多年来一直在用的商标不是凭空产生的，分明是DHL将商标卖给了DHLI，且未按照独立交易原则确认所得。DHL说先厘清商标所有权再来谈交易原则，DHL只拥有商标在海外的所有权，商标在海外的所有权一直就是DHLI的，不存在买卖。IRS说哪有这回事？明明是DHL起初拥有商标在全球的所有权，包括在海外的所有权。

公说公有理，婆说婆有理。还得看证据。并购之前公司间的协议等文件［1974年MOA等，请参考：DHL转让定价案例（一）——收购引发天价税单］都声称DHL拥有商标全球所有权，DHLI受其许可使用商标。只有公司的律师在内部文件中一直坚称DHLI拥有商标的海外所有权，理由是商标在海外的权利都注册在DHLI名下。商标海外注册这件事只有律师知道，因为这批注册就是该律师操办的。在诉讼阶段双方都拉来商标法专家助阵。DHL一方的专家强调确定商标的所有权要看商标注册在谁名下；IRS一方的专家则要看许可协议中谁是许可人。DHL一方反驳说不能只凭"许可"两个字就认可认可协议，只有许可人进行质量控制的许可才构成许可关系；IRS一方则指出考虑到双方的关联关系，事实上DHL开展了质量控制活动。

税务法院说，各位专家说得都有道理。商标代表了声誉，即消费者购买商品或者服务的可能性。在许可关系中，这种声誉可能由被许可方所创造，但是归许可方拥有。商标的认可需要多年的多方面连续努力：广告、统一包装、促销、顾客服务、质量控制等。维持消费者知晓水平需要大量的连续的广告投入和产品创新。缺乏充足的投入、管理、营销、广告和销售组织，商标就会严重贬值。另外，许可人的质量控制决定了商标许可安排的有效性。没有质量控制的商标许可被称为"裸许可"，法律上并不承认其能够证明许可人的权利。此外，商标有地域性，同一商标可以在不同国家被不同主体所拥有。在美国，商标因使用而产生，通过注册来保护。在境外有些地区，商标因使用且注册而产生，更有一些地区则仅将注册看作商标所有权的主要证据。

税务法院上述一大段话，虽然同时照顾了双方专家的面子，但是明显倾向于采信许可协议来认定商标所有权。税务法院说，尽管DHL与DHLI之间的许可协议不太正式、不太规范、用词不太准确，但是DHL的美国业务和国际业务同属于一个整体的网络，且这个网络由同一批股东所控制，既然是一家人，还怕协议不能执行不成？大家不要抠字眼了，这个协议就很能说明问题嘛。

尽管如此，税务法院说，许可协议不准确、不正式、不规范，加之DHL在海外商标注册活动中缺乏参与，客观上削弱了DHL对海外商标的部分权利。但是同时要切记，海外商标注册在DHLI名下这件事不要太当真，因为许可协议约定DHL有权以5年为限不允许DHLI使用商标，这一点是判断商标所有权的根本依据。但是不管怎么说，海外商标注册在DHLI名下也削弱了DHL对海外商标的部分权利。削弱权利一定会影响到商标的估值，估值时要考虑这一点。

税务法院的以上说法，巡回法院都认可了。

二、开发者的经济所有权

前面讨论的无论是看许可协议还是看注册证书，争议的对象都是法律所有权。法律所有权之外还有经济所有权也需要考虑。当时有个开发者规则主张无形资产属于开发者，就是强调经济所有权。其规则见于1968年财政部规章第1.482-2（d）（1）节。其中第1.482-2（d）（1）（a）节规定：

在不存在成本分摊协议的前提下，集团内的成员以开发者的身份进行无形资产开发的，其开发活动不做转让定价调整，直至开发的无形资产以销售、转让等方式提供给关联方为止。①

DHL一方据此主张，DHLI本来就是海外商标的开发者，即便并购过程中商标的法律所有权从DHL转让给了DHLI，其中的海外商标仍旧不涉及转让定价调整问题。笔者理解DHL一方对这条法规的理解是，海外商标的经济所有权一开始就属于开发者DHLI，尽管法律所有权属于DHL。并购过程中法律所有权从DHL转移到了DHLI，看似有个关联交易，如果定价不符合独立交易原则会涉及转让定价调整，但是根据该条法规，我们要忽略法律所有权，只看经济所有权。如果这样看，就会看到DHLI只不过是继续拥有自己本来就拥有的无形资产，不存在所有权转让交易，转让定价调整从何谈起？因此，IRS对DHL进行的两项转让定价调整是不对的。第一，针对海外商标的转让，IRS将转让价从合同约定的2 000万美元调增到了5 000万美元，这个调增是不对的。第二，IRS主张以前年度DHL向DHLI免费许可海外商标使用权，未按独立交易原则收取许可费，而进行了转让定价调整，这也是不对的。

三、协助者规则讲合理回报

财政部规章第1.482-2(d)(1)节下还有个协助者规则。其规定见第1.482-2(d)(1)(b)节：

集团成员以服务以及提供有形或者无形资产使用权的方式协助开发者开发无形资产的，其协助的价值可以在针对转让该无形资产进行转让定价调整时予以抵销。

换成大白话就是说，开发者将无形资产转让或者许可给协助者时，应按独立交易原则收取转让价款或者许可费。但是，此前协助者在开发阶段作出的投入，可以从应收的转让价款或者许可费中抵减。

基于以上规则，DHL一方声称IRS的主张是不对的。DHL说，先要搞清楚DHLI的角色。如果DHLI是海外商标的开发者，则根据第1.482-2(d)(1)(a)节规定，因为

---

① 1994年修订的财政部规章第1.482-4(f)(3)(ii)(A)节修改了以上开发者规则。该规章规定，无形资产使用权的法定所有人一般会被认为是本节意义上的无形资产所有权人。后来发生的可口可乐案（请参考：可口可乐有点冤）中也援引了该规章。

不存在DHLI向DHL许可海外商标使用权的交易，这项开发活动不涉及转让定价调整；如果反过来，DHL是海外商标的开发者而DHLI是协助者，则根据第1.482-2(d)(1)(b)节规定，DHL许可DHLI使用无形资产的价值可以被DHLI就海外无形资产提供的协助价值所抵销。DHLI几年来光广告费就花了几个亿美元，抵销海外商标的转让和许可费绰绰有余了。

四、DHLI的开发者身份

IRS回应说，DHLI算不上开发者，DHLI发生了一些支出，但这些都在接受授权使用商标的情形下发生的，其支出没有超出接受授权这个角色的支出范围，这算不上开发支出。

税务法院赞同IRS的说法。税务法院说：DHL与DHLI之间没有就商标的开发、增强以及维护签订成本分摊协议，拿什么来证明其支出构成开发支出？DHL一方虽然能够证明DHLI的广告支出高于DHL的广告支出，但是谁也不知道这些支出会对商标的价值产生多大影响，就连DHL的专家不是都声称商标不值钱吗？其广告效果可想而知了，因此DHL一方的证据不足以支持其主张。另外，全球商标权价值1.5亿美元，本庭将海外商标价值确认为1亿美元，在打这个折的时候已经考虑过DHLI的注册支出以及其他支出了。还有，DHL通过许可协议许可DHLI使用商标，又怎可能同时允许其开发商标？

关于身份的判定，第1.482-2(d)(1)(c)节指出：

开发者和协助者的身份判定应基于具体案例的全部事实和背景来判定，其中最应重视不同成员企业所承担的直接和间接开发成本的相对数量，以及承担的相关风险的相对数量。其他相关因素包括开发活动的地点、不同成员企业独立开展项目的能力以及对项目的控制权。

根据以上法规，DHL一方认为DHLI针对海外商标的付出多于DHL，DHLI承担了注册、推广和保护海外商标的成本和风险，因而要么是开发者，要么是协助者。IRS则认为，商标权不能分成境内和境外来看，应当整体来看。整体上都是DHL开发的，DHLI只是受许可使用境外商标而已。税务法院同意了这种说法。并解释说DHL拥有全部商标的法律所有权，包括在海外的法律所有权，因此DHL是开发者。

另外，IRS主张，DHLI虽然也就商标发生了注册和广告支出，但是又能怎样？注册了商标并不改变商标的所有权。而一般的受许可方也会发生推广支出，DHLI无法证明其支出超出了一个普通的被许可方的推广支出的水平。总之，DHLI仍旧是受许可方，不可能变成了开发者或者协助者。税务法院支持了这种说法并补充说，在一国做广告是增强DHL商标的全球价值，不是开发在该国之内的商标。

巡回法院认为税务法院以上观点有误。首先，按照上述法规的精神，确定开发者/协助者身份需要考虑四项因素，即：成本和风险相对数量、开发活动地点、成员企业开展相应活动的能力、成员企业实施的控制。法律所有权并不在考虑因素当中。显然上述法规的关注点不是法律所有权，而是基于经济方面的支出而形成的衡平法上的所有权（equitable ownership）。其次，要求DHLI证明其支出超出独立交易原则水平的做法已经超出了1968年规章的精神，而且于理不合。另外在税务法院的观念中，无形资产的开发阶段和利用阶段是截然分开的两个阶段，这种观念不符合本案中的客观现实。本案中DHL商标不是DHL开发出来给DHLI利用的，而是双方共同开发的。虽然DHL从国内快递起家，但是其商标的最终价值取决于公司有国际快递能力。DHLI成立的时间略晚于DHL，负责将美国的包裹送往海外，以及在海外不同地点之间传送快递，因此DHLI不仅开发了DHL商标，而且开发了形成商标基础的服务网络。考虑到DHL国际业务的成长性和盈利性，DHLI与DHL更像是合作开发的平等关系，而不是DHL作为母公司开发商标而DHLI作为子公司利用商标的关系。

以上四项因素分析当中，最重要的是成本和风险的相对数量。DHLI主张其承担了商标在海外的注册费用以及保护支出，并且支出了共3.4亿美元的广告费来开发商标，因此应当认定为商标的开发者。税务法院认为，鉴于该商标最终的转让价值只有2 000万美元，以上说法不成立。巡回法院认为二者并不矛盾，因为2 000万美元对应的是DHL在商标中的权利，而不是商标全部价值。此外，巡回法院认为商标需要持续开发，税务法院将开发活动和营销活动看成截然分开的两个阶段是没有道理的[①]。鉴于DHL针对海外商标开发没有承担任何成本和风险，因此DHLI应当被认定为海外商标的开发者。

此外，其他三因素的分析也有利于将DHLI认定为开发者。海外商标开发活动位于海外，由DHLI而不是DHL进行服务。在能力方面，DHLI与境外国家的联系更紧，更方便开展广告和营销活动。最后，DHLI对境外的广告等商标开发活动更有控制权。

巡回法院认为，即便退一万步，说DHLI不是开发者，那么鉴于上述活动，它至少也是协助者，不管怎么从转让定价中抵销其协助的价值都没有错。而且DHLI没有义务

---

① 税务法院认为商标开发阶段早已完成，此后DHLI已经不具备开发者或者协助者资格。巡回法院认为开发阶段一直持续，DHLI一直具备开发者或者协助者资格。

提供其开发支出的准确数量。基于税务法院认定的海外商标价值 5 000 万美元，这里只需要假设 3.4 亿美元的广告支出当中至少有 5 000 万美元构成海外商标的开发支出就可以支持 DHL 一方的主张了。

五、结论及影响

总之，巡回法院认为 DHL 的主张成立。要么 DHLI 是海外商标开发者，不应进行转让定价调整，要么 DHLI 是海外商标开发过程中的协助者，其支出应从 5 000 万美元的调整中抵销。总之巡回法院认为 DHL 转让海外商标给 DHLI 不应涉及转让定价调整，而且 DHL 免费许可商标权给 DHLI 使用，也不应涉及转让定价调整。

跨国公司的无形资产本是一团迷雾。本案试图为这团迷雾理出一个大致轮廓。通过本案我们看到，无形资产转让定价中要先识别无形资产，然后要确定各方的贡献，并厘清关联交易。识别无形资产时要考虑法律所有权和经济所有权；确定各方贡献时要区分开发、维护、利用等环节，并确定开发者和协助者的角色。厘清关联交易时要认识到开发阶段会一直持续，开发者或者协助者发生的开发支出可能常年都允许抵销。本案中反映的这些理念经过一系列的发展演化，最终形成了如今的 OECD 转让定价指南。

第十八节　DHL 转让定价案例（四）——并购中的商标权定价

随着并购交易，DHL 的商标权也易主了。IRS 认为这次商标权转让是关联交易，且定价不符合独立交易原则，对其进行了转让定价调整。转让定价调整需要以存在关联关系（即受控）为前提，以确定的独立交易价格为基准计算调整（即定价），因此说转让定价调整有受控和定价两个方面。本案中 DHL 一方对 IRS 关于转让商标权交易的转让定价调整决定从受控和定价两个方面同时提出了挑战。

一、是否存在共同控制？

DHL 主张，商标权于 1992 年 9 月 17 日从 DHL 转让到当时新成立的两家海外实体，而这两家实体当时受买方财团即境外投资人控制，与 DHL 不存在共同控制，因此本项商标权交易不是关联交易，不适用税法第482节下的转让定价调整规定。

IRS主张，商标转让的决定发生在1990年12月7日，当时还不存在这两家海外实体，当时的决定是DHL将商标权转让给DHLI，而DHLI与DHL在当时存在共同控制，因此商标权转让交易构成关联交易，适用转让定价调整规定。

税务法院梳理了背景事实如下：

买方财团与DHL的股东于1990年12月7日达成最终协议（以下简称"主协议"），约定买方收购以下内容：

（1）分两批收购DHLI和MNV 57.5%的股权，其中针对第二批45%股权买方有选择权，股权的收购价格基于4.5亿美元的公司估值计算；

（2）收购DHL 2.5%的股权；

（3）在买方已经收购DHLI和MNV的第二批股权的前提下，买方可选择收购"DHL"商标，收购价格为2 000万美元。

其中，1992年6月7日买方财团行使选择权买入了DHLI和MNV第二批的45%股权。DHLI的资产，包括其持有的DHL商标的海外权益和MNV股权随后进入了一家百慕大实体DHL International Ltd.（简称"Newco"）。DHL商标在美国的权益都进入Newco的子公司Dutchco。Newco是一家合资公司，其股权57.502%由买方持有，其余42.498%由卖方持有。

1992年9月17日买卖双方签订的商标收购协议明确，2 000万美元的商标收购价格当中，1 700万美元属于收购美国商标的对价，300万美元属于收购海外商标的对价。同日相关各方签订的保留权利协议（RORA）规定，DHL仍旧可以在美国独家使用DHL商标，Dutchco在15年内不收取使用费。期满后10年内，每年须收取0.75%的许可费。

关于如何确定商标转让交易发生时间，税务法院说要遵循"交易法"（transactional approach），本案中境外投资人取得公司控制权的选择权与购买商标权同在一项交易之下，该交易的条款都属于事先预见、相互一致、互相依赖，且各项协议条款都在一个月内达成一致意见，应当作为一个整体来看待。如果分开来看，就会使通过人为操纵一系列交易中的事件顺序来规避关联关系认定成为可能，造成形式重于实质的结果。税务法院赞同IRS的主张。巡回法院也赞同以上主张，认为应当以达成具有约束力的选择权协议的时间即1990年12月7日，而不是实施该选择权的时间即1992年9月17日，来确定交易发生。

接下来需要确定1990年12月7日这个时点上DHL与DHLI是否存在共同控制。DHL一方认为这个时点上DHLI和MNV的董事会中，境外投资人的代表占了13席中的7席。因此当时DHLI受境外投资人控制，与DHL不存在共同控制。IRS则认为境外投资人当时只持有DHLI和MNV的12.5%股权，离控制权很远，这两家实体应当仍旧认定为受DHL控制；另外董事会权力存在诸多限制，董事席位占比不具有参考性。

税务法院赞同IRS的看法。税务法院说，整个交易分两步进行，境外投资人第一步取得DHLI和MNV12.5%的股权并取得了对董事会的控制权，但是在这个过渡期间，这种控制限于保护其投资，而不包括日常运营决策。另外，境外投资人的员工很少出现在运营实体中，因此境外投资人的控制有限。过渡期间公司的若干重大事件须经卖方批准，因此境外投资人对当时的董事会控制权很有限。再考虑到境外投资人当时不拥有股权控制权，因此境外投资人当时不控制DHLI。那就说明仍旧是DHL控制DHLI，妥妥的共同控制。

巡回法院也赞同以上看法，认为税务法院关于共同控制的事实认定正确。

二、并购中的成交价格不会骗人吗？

IRS从交易法角度验证3亿美元的估值，说并购中双方的估值分析表明，公司的整体估值是5亿美元，减去账面净资产2亿美元，剩下的3亿美元不正是无形资产的价值吗？而无形资产不就是商标权吗？

DHL说，1989年6月14日买方发出的意向函中提出基于4.5亿美元的整体估值收购DHLI和MNV60%的股权，以及以5 000万美元的对价收购商标。这其中的5 000万美元就是商标权对价的上限，商标顶多就值这5 000万美元。最终的商标权转让价格是2 000万美元，这不是拍脑袋想出来的，是并购过程中买卖双方基于各自的利益谈出来的。由于买方即境外投资人是没有关联关系的第三方，谈出来的这个价格就是公允价值。为啥不直接看这个数额，而要舍近求远地从并购交易总价中推算商标权的价值呢？

IRS反驳说，并购交易总价是和买方谈的，因此交易总价的确不会骗人，但是总价当中划分多少给商标权，这个买方并不在意，还不是DHL与DHLI自己定的？当时的5 000万美元估值，主要是基于DHL需要的资金量而确定的，不是真正的估值。后来从5 000万美元降到了2 000万美元，就是卖方律师一手促成的。在收购谈判阶段，1989年12月，双方签署的谅解备忘录中在约定"DHL"商标收购价格为5 000万美元的同时，还约定商标的估值有待于税务处理明确之后再最终确认。后来最终协议将商标估值确定为2 000万美元，显然是出于税务考虑。差出的这3 000万美元，DHLI后来通过15年免收商标费，以及后续10年的降低商标费费率的方式，补偿给了DHL。这不是串通好了人为压低商标权转让价格吗?换个角度说,DHL转让商标时保留了一定年限内在美国继续使用商标的权利,这是取得了非现金对价(也就是用部分商标权转让价格抵销商标许可费,笔者注),这个对价也要计入转让商标的价值当中。说合同中约定的商标权转让交易价格不会骗人,你信吗?

税务法院同意IRS的观点,说这个交易有特殊性,就是买方只收购了商标的部分权益,这会导致定价时存在一定程度上的灵活性和主观性,因此不论5 000万美元还是2 000万美元的交易价都不可以确认为公允价值。后来在巡回法院再审时也支持了税务法院以上说法。

三、评估专家靠谱吗?

既然交易价格不可全信,那就来看评估价格吧。双方都请出了重量级的评估专家。法庭成了评估专家的战场。

在前期转让定价调查中,DHL拒不配合,IRS也不含糊,给商标做了6亿美元的估值并据以发出欠税通知,但没有解释估值是怎么来的。到了诉讼阶段,IRS公布了其依据,原来是依据经济学家Nicholas Baran的评估报告做出的。Baran按3%的费率预计商标的特许权使用费,并将其折算为现值,计算出DHL商标的全球价值(1992年数值,下同)为6亿美元,其中美国国内的权利价值3.5亿美元,海外权利价值2.5亿美元。

庭审阶段双方都冷静下来了。IRS换了专家重新评估,两位新专家计算出来的商标权估值分别是2.87亿美元和3.28亿美元[①],总之就是3亿美元上下。为方便叙述,以下我们简称这一次评估价为3亿美元。于是DHL一方的律师说:从6亿美元到3亿美元都是你们说的,这也太不靠谱了吧?仅凭这一点就说明IRS当初的转让定价调整决定不合理、任意且不正规。

税务法院说不能这样上纲上线啊。估值这件事,就是努力"向一个本身不精确的议题中注入巫术般的精确性",不能要求过高。

针对全球商标,DHL一方的评估专家给出了5 500万美元的评估值。跟IRS的3亿美元差别很大。

税务法院说,两方专家主流上都同意采用权利金节省(relief from royalty)方法。该方法的核心是计算商标许可费的现金流折现值。这是个好方法,但是不同专家运同一

---

① 交割发生在1992年,应税所得应当在1992年申报,由于商标转让在1990年12月7日合同中已经约定了,因此本次估值基准时间确定为1990年。双方对此没有异议。

方法结果差别很大，是其假设不同以及变量的取值不同所致。比如DHL商标的特许权使用费率，IRS的一个专家基于市场上的费率水平，确定用1%。DHL的专家则说应该用RORA中的0.75%费率，并说这是双方公平协商谈出来的许可费水平，更有参考价值。税务法院说DHL的这种说法有瑕疵，因为前文分析过了，RORA中的费率是人为确定的，根本不是独立交易价。税务法院认为DHL一方专家由于前提假设有误，所有工夫都白费了；反观IRS一方，不仅假设没有错，而且采用的费率和系数更为合理。但是IRS一方也无法证明其计算出的价值全部都是商标权的价值，而不包含其他无形资产的价值；这也难怪，因为从全部无形资产中分离出商标权的价值这件事本身太难了。

笔者听出来税务法院言外之意是，IRS专家的工夫也白费了。IRS专家用了那么炫酷的方法评估得出的3亿美元数值，还不是约等于DHL网络的全部无形资产价值吗？用交易双方同意的公司整体估值数额减去账面净资产不就是这个数字吗？

四、能够拍板的一定不要解释

税务法院说，双方专家都有可取之处，本庭吸收了双方各一部分意见形成以下观点：

（1）同意DHL网络全部无形资产价值为3亿美元（接受了IRS的主张）。

（2）同意以上3亿美元的价值由多种有价值的无形资产构成，除了商标权之外，还有成本优势、业务量、技术诀窍、基础设施等无形资产的价值也在其中，能归结到商标权的只应是其中一部分（接受了DHL的主张）。

（3）DHL的专家说，在本次收购之前UPS曾有意向收购DHL，当时UPS明确不买DHL商标，说如果收购成功会停用DHL商标，这足以说明DHL的商标没有价值，DHL网络无形资产的主要价值在于商标之外。税务法院说UPS不需要这个商标并不表明本次交易的买家不需要，本次的买家会继续使用DHL商标，这个商标是有价值的，是整个DHL网络无形资产价值的重要组成部分。另外，IRS一方专家也夸大了商标价值占整个无形资产价值的比例。税务法院说，大家都不要极端，折中一下好不好？

（4）IRS计算出的价值并不能全部归于商标权。基础设施和运营诀窍等也很重要。到底3亿美元的价值中有多少是商标权，实在是说不清楚，总之法庭觉得1.5亿美元这个数字比较合适，应当以此确认为全部商标的价值。

看到这里笔者笑出了声。1.5亿美元不就是3亿美元的一半吗？国内的税务局遇到分不清楚的情形就砍一半，美国的法院也会这个？税务法院接着说：

（5）全球商标的价值是1.5亿美元，考虑到DHL在海外的业务更成功，法庭认为2/3

应当归海外商标。也就是说海外商标价值为1亿美元。其余5 000万美元为美国商标的价值。

（6）商标注册在DHLI名下以及公司间协议不规范等问题会影响到独立交易价格。道理显而易见：第三方买家来购买这个商标，就会顾虑到可能产生的争议以及因而发生诉讼费用，要求在1亿美元的价值上再打个市场性折扣。因此法庭认为再砍一半比较合适，砍下来海外商标的价值是5 000万美元，就这么定了。

后来巡回法院说，控制关系和估值都是事实认定，鉴于税务法院的认定没有明显错误，法庭也接受了。

五、花钱买个评估报告是作假还是尽责？

商标权转让定价调整涉及的税法第6662节下的准确性罚款。这种罚款分两档。其中：

重大情形下适用6662（b）款的罚款，称为重大虚报估值罚款（substantial valuation misstatement），适用于转让定价高报至独立交易价格200%以上或者低报至独立交易价格50%以下，罚款比例为税款的20%。

严重情形下适用6662（h）款的罚款，称为严重虚报估值罚款（gross valuation misstatement penalty），适用于转让定价高报至独立交易价格400%以上或者低报至独立交易价格25%以下，罚款比例为税款的40%。

巡回法院已经认定DHL将5 000万美元的商标权低报为2 000万美元，其虚报比例已经达到了严重虚报的水平，是否适用6662（h）款的40%罚款，还要看税法6662（c）款。该款规定，如果存在合理理由（reasonable cause），或者纳税人善意行事（acted in good faith），则可以免予以上罚款。

DHL为了支持这个2 000万美元的价格，曾经找了个金融机构即大名鼎鼎的贝恩（Bain）进行评估。这件事情事先约定在了RORA中，后来贝恩出具了安慰函（comfort letter），评估结果可想而知就是2 000万美元，评估基准日为1990年7月9日。

对于这一行为，税务法院和巡回法院看法截然不同。DHL一方主张信赖专家是善意的体现。税务法院不认可这种说法，认为这就是买报告。巡回法院说纳税人为了税务合规去向一个有声望的金融机构寻求一份安慰函这件事不应被谴责，而且并没有证据表明DHL操纵了贝恩的估值，或者贝恩闭着眼睛按DHL的期望的数字出了报告。如果单说数字，IRS当初主张的估值比贝恩离谱多了，因此税务法院的看法是不对的，罚款应予推翻。

巡回法院的以上看法笔者强烈支持。既然是专家大战，那么就要允许专家各为其主、百花齐放，法院才能兼听则明。让专家说话，天塌不下来。

至此DHL案例分析完毕。

第十九节　雪佛龙案，独立交易不是空中楼阁

雪佛龙案是澳大利亚历史上最大的税务争议案，也是澳大利亚首个转让定价法院判例。该案件于2017年4月27宣判，引起轰动。2018年5月，澳大利亚的税务专家来税智俱乐部演讲，曾经展示过这个案例。

一、融资架构

雪佛龙股份有限公司（Chevron Corporation，以下简称"雪佛龙"或者"CVX"）是美国第三大石油公司，总部位于美国加州圣拉蒙市（San Ramon），并在全球超过180个国家开展业务。雪佛龙成立于1984年，是大名鼎鼎的标准石油（Standard Oil）的后裔。在2020年3月公布的财富全球500强排名中，雪佛龙位列第15。

标准石油公司由洛克菲勒于1870年创立。经过一系列的横向整合和纵向整合，成为全球最大的炼油公司，也是全世界第一个和最大的一个跨国公司。洛克菲勒通过标准石油公司创立并引领了托拉斯模式，推动美国国会通过了反托拉斯法案。1911年，美国最高法院判定标准石油公司非法垄断，并强令其分裂为34家公司。雪佛兰的前身加州标准石油公司就是这34家公司之一。

石油行业分分合合，兼并随时发生。2000年，雪佛龙收购了另一大石油巨头德士古。凡是这种大规模的并购，都是税务筹划大展身手的时机，雪佛龙澳大利亚控股有限公司（CAHPL）应运而生。原先雪佛龙在澳大利亚有一家运营公司，就是雪佛龙澳大利亚有限公司（CAPL）；德士古在澳大利亚也有一家运营公司，就是德士古澳大利亚有限公司（TAPL）。CAHPL成立后，将这两家公司的股权纳入旗下，自身成为CAPL和TAPL的母公司。收购的过程中涉及融资，融资就涉及利息支出，这就存在税务筹划的空间。

为了筹集并购所需资金，CAHPL在美国设立了一家子公司叫雪佛龙德士古融资公司（CFC）。该公司由最顶层的母公司CVX担保，在美国市场上发行商业票据，以1.2%

的利息融资25亿美元。CFC随后与其母公司CAHPL签订了一份《贷款额度协议》,将这25亿美元贷给了CAHPL,年息9%。CAHPL拿这笔款,一部分给了TAPL的原股东,偿还收购TAPL股权时的欠款。另一部分则贷给了CAPL,让CAPL付给其原股东,清退了原股东的股权。清退后CAPL变成了CAHPL的全资子公司。

如图2-6所示,CFC在美国市场发行商业票据并支付1.2%的资金成本,然后转手贷款给其母公司CAHPL并收取9%的利息,这一倒手积累了大量的利润。CFC随后将这些利润以股息的形式派回给CAHPL,这个派息是不需要纳税的。

这个派息首先不需要缴纳美国税。美国税法下有一个备受诟病的"打钩规则"。也就是说,CAHPL作为母公司,在美国税申报表上某个地方打个勾,就可以将子公司CFC确认为其分支机构。这样,在美国税务处理上,总分机构看成是同一个主体,相互之间的交易可以忽略。CAHPL针对CFC打钩之后,CFC支付其的股息就视为没有发生过,不需要在美国交预提税。其次,根据澳大利亚1997年税法第768-A分部(subdiv 768-A of the ITAA 1977),CAHPL收到了这笔股息也不需要在澳大利亚纳税,因为这笔股息属于非征税非免税(NANE)股息。

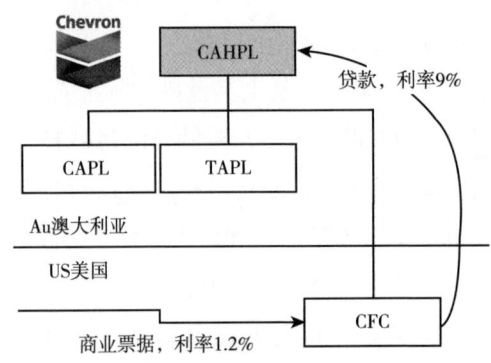

图2-6 融资交易架构示意图

这笔融资安排的最终效果是CAHPL支付巨额利息,相应减少了其应纳税所得额和应纳税额(CAHPL和CAPL以及TAPL在澳大利亚实行集团申报,也就是三家公司的所得合并在一张申报表上。因为利润主要来源于CAPL,这笔利息支出实际上是减少了CAPL的应纳税额)。同时,CAHPL通过股息的形式收回了这笔资金,但股息收入是无税的。整体的效果就是节省了相当于利息金额的30%的税款(澳大利亚公司所得税税率30%)。

二、转让定价调查

少了这么一大笔的税款,对比交易前后CAHPL两个年度的纳税申报表一眼就能看出来。澳大利亚税务局(ATO)很快就开始对CAHPL开展调查,调查期间为2004—2008年共五个年度。这个避税案可以从很多角度切入。经过调查,ATO最终选择了转让定价这个角度,认定这笔融资安排违反了独立交易原则。ATO于2010年5月对CAHPL下达了补税的纳税评定。雪佛龙当然不服,随后提起诉讼。2015年10月,澳大利亚联邦法院一名法官裁定雪佛龙败诉。雪佛龙不服,继续上诉。2017年4月27日澳大利亚联邦法院的全部三名法官一致通过裁决维持原判。该案终于尘埃落定,雪佛龙需要补税3.4亿澳元。

从澳大利亚税务局ATO的角度上来看,这个案件似乎很清楚。因为CFC贷款融资成本1.2%,转手贷款融资的利息收入9%,很明显是CAHPL向境外转移利润。但是雪佛龙一方认为事情没有那么简单,因为CFC融资和CAHPL融资条件是不一样的,不能那么简单相比。雪佛龙认为以CAHPL的信誉水平,在市场上根本无法以1.2%的利率拿到贷款;而基于《贷款额度协议》中约定的贷款条件,CFC向CAHPL收取9%的利率是完全合理的。

澳大利亚的转让定价法规见于1936年所得税法的第13部分(Div 13 of ITAA 1936),主要是136AD(3)和(4),内容如下:

(3)当:

(a)纳税人依据国际协议获取财产;

(b)税务局局长,考虑到协议双方或者多方之间的联系或者其他环境因素,确认协议双方或者多方没有按照独立交易原则进行以上交易;

(c)纳税人支付的或者同意支付对价且该对价超出了独立交易原则下的对价水平;

(d)税务局局长确认本法规适用于纳税人以上该获取资产的行为。

那么,出于针对该纳税人应用本法案的目的,针对以上获取资产行为纳税人支付或者同意支付的对价应根据独立交易原则下的对价来核定。

(4)针对本节而言,如果出于某种原因(包括税务局局长不能获得充分信息),税务局局长不能或者现实允许其确定针对本项获取资产交易的独立交易对价,则税务局局长确定的数额应视为独立交易对价。

在本案中,究竟什么是"财产",什么是"对价"?这是双方争论的焦点。雪佛龙一方主张狭义的解释,认为本案中的财产是CFC和CAHPL之间签署的《贷款额度协议》，具体地说就是一项无抵押无担保无条款约束的贷款安排。ATO一方主张广义的解释，认为本案中的财产就是26亿美元的资金，其实质就是一个融资安排，至于无抵押无担保无条款约束等条件，只是这个融资安排的对价的组成部分，不是财产本身。双方这个争论很关键。

OECD《转让定价指南》给定的可比性分析步骤中，第一步就是"识别关联企业间的商业或财务关系，交易条件及相关经济环境，以准确界定关联交易"。准确界定交易的目的，就是给要讨论的关联交易（受控交易）画一张五官俱全的像，以备下一步按图索骥去找相似的交易（请参考：没有比较就没有伤害——可口可乐案中的可比性分析），然后才能选定转让定价方法，进行比较。雪佛龙和税务局虽然都是抠澳大利亚法规的字眼，但是心里都明白，如何界定交易决定了案件的走向。各国的税收法律条文各不相同，但是万变不离其宗。OECD《转让定价指南》抓住了转让定价的核心，永远是把握转让定价分析的强大工具。

雪佛龙一方强调，该项交易应当定性为无抵押无担保无约束的贷款，因此应当和市场上无抵押无担保无约束的贷款来比较。无抵押无担保无约束贷款，市场上的利率远不止9%。税务局一方认为，CAHPL作为雪佛龙集团的一部分，如果去市场上借款，其集团公司不可能不进行担保，这和一个单体的公司独自去市场上借款面临的条件不同，两者不能相比。因此，应当看一下CAHPL向第三方借款的条件是什么，根据这种情况下的利息水平来确定独立交易价格水平，而不是凭空想象出一个生活在真空中的公司，揣测其以一种完全不可能在现实中存在的条件下去市场上贷款应当支付多少利息。

三、法院判决

法院判决支持ATO的看法。法院说，本案中"财产"就是26亿美元的资金，交易就是融资交易，担保和抵押只能看作对价的一部分，而不应视为财产的一部分。因此，应当以CAHPL向第三方借款的利息水平来确定独立交易价格。

法院说，雪佛龙一方强调可比交易限制在无抵押无担保无约束的26亿美元贷款的范围之内，这种方法必将导致所得税法的第13部分（即转让定价规则）失效。这部分法规的目的是用独立交易基础上的现实去替代集团控制基础上的关联交易现实。如果纳税人在关联交易中有意构造出一种在独立交易背景下不可能发生的交易，那么这部分法规就无法执行。比如对债务人的约束，正常情况下债权人会限制债务人筹集资金的用途，限制其如何运用其资产，限制其进一步举债等，通过这些方式来保护其债权。但是由于CAHPL与CFC之间存在共同控制，事实上CFC的债权受到保护。因此，无抵押无担保无约束这种做法,并不是商业或者业务运营中的因素决定的,而是集团内主动选择的结果。这是一种没有商业或者业务必然性的安排,只是出于规避以上转让定价法规的企图,不能予以支持。

法院说,雪佛龙集团内的政策证明CAHPL一定会寻求以最低利率去贷款,CAHPL如果向外贷款,雪佛龙集团一定会为其提供担保。因此,如果在独立交易原则下进行交易,CAHPL一定会提供担保或者抵押,一定会同意相关约束,因而其支付的利息会低很多。CAHPL没有这么做,而导致了其支付的利息超出了独立交易原则下的利息水平。从这一点上说,上诉人雪佛龙一方无法证明税务局的征税要求不合理。

OECD《转让定价指南》第1.38节指出,"独立企业在评估潜在交易条款时,会将该交易与其他现实可行的选择进行比较。独立企业只会在未发现对其实现商业目标明显更有吸引力的选择时,才会进行该笔交易"。第1.40节指出,"所有应用独立交易原则的方法都与以下概念相联系:独立企业考虑各种现实可行的选择"。因此,一种在现实中不可能被独立企业选择的交易,在可比性分析中没有价值。澳大利亚法院的判决与此不谋而合。独立交易不是空中楼阁,它必须建造于现实的选项之上。

扩展阅读1:

红筹上市公司在哪里报送国别报告?

税务机关和纳税人之间猫捉老鼠的游戏玩了几千年。几千年间税务机关掌握着解释法律的话语权,而纳税人这一方占尽信息不对称的优势。为了弥补税务机关信息方面的劣势,OECD正在推进多种机制来促进各国相互沟通信息,其中包括国别报告(CbC)机制。

G20和OECD于2015年推出了税基侵蚀和利润转移(BEPS)的15项行动计划。其中的第13项行动计划确立了主体文档、本地文档和国别报告(CbC)的三层转让定价文档体系。根据BEPS第13项行动计划,大型跨国公司(年收入额7.5亿欧元以上)必须提供国别报告。之前税务机关看跨国公司,每一个国家都是盲人摸象,只看到自己的一部分看不到整体,吃够了苦头。有了国别报告之后,跨国公司集团所涉及的各个国家,税务机关都能够看到全景,这下跨国逃税就难了。

国别报告由跨国公司集团的最终控股公司准备,并向其居民国主管税务机关提交。主管机关收到后，基于该行动计划下的信息交换机制向相关国家税务机关提供。目前，有90多个国家（地区）立法确立了CbC报告义务，并且确立了2400多个国别报告交换关系。2018年6月第一次信息交换实施后，一些国家的税务机关开始根据收到的国别报告信息对跨国公司展开转让定价调查。

国别报告机制将全球100多个国家联合起来共同对抗跨国逃税避税，跨国公司的税务环境随之一变。此前有一家总部在瑞士的跨国公司的奥地利子公司声称其主要价值创造活动发生在瑞士而非奥地利，但奥地利税务机关基于国别报告信息以及其他信息确定主要价值创造活动发生在奥地利，要求该奥地利子公司补税。法国税务机关则根据国别报告信息对一家跨国公司开展转让定价调查，要求其提供该集团遍布全球80多个国家的法律实体的营销支出、人员、业务收入等资料，目前调查还在进行中。

相对于OECD国家的积极态度，一些低税国家或者地区的态度则较为消极，但也不敢怠慢。最近香港也在本地税法中强化了转让定价文档的规定，就是一例。

一、国别报告及其情报交换机制

三层文档中的国别报告是集团层面的文档，就是给跨国公司集团企业做一张全景画像，显示哪里有经营，经营什么，经营规模有多大，整个集团的利润有多少，分别放在哪些国家和地区，在各个国家缴税多少。出于合规成本考虑，国别报告只限于大型企业集团提供。OCED建议按集团年收入额7.5亿欧元确定门槛，门槛之上的企业集团才需要报送。国别报告由跨国公司集团的最终控股公司准备，并向其居民国主管税务机关提交。主管机关收到后，基于该行动计划下的税收情报交换机制与集团成员实体所在税务管辖区内税务机关分享报告信息。

OECD在BEPS第13项行动计划报告中附上了国别报告的模板（附录三）、国别报告实施方案（附录四，包括实施国别报告所需的立法范本和政府间协议）。以上内容还被OECD纳入了2017年版的《转让定价指南》第五章。此外OECD还发布了《BEPS第13项计划之国别报告实施指南》以及《针对税务部门以及纳税人的国别报告使用指南》。

目前各国主要基于《税务征管互助多边公约》（简称MCAA①）开展税收情报交换。在该机制下OECD推出了《关于国别报告信息交换的多边主管机关协议》并作为附录四的一部分附在第13项BEPS行动计划报告之后。包括内地、开曼群岛和香港在内的93个税收管辖区已先后签署了该协议，签约日期如图2-7所示。

参照OECD的以上规则，各个税务辖区也出台了各自的本地法规。这些法规总体上说大同小异。红筹上市公司架构横跨多个税收管辖区，需要根据所在各管辖区的当地法规来准备和提供国别报告。为此，需要了解所在辖区的相关法规。以图2-8为例，典型的红筹架构一般至少会涉及开曼群岛、香港和内地三个税收管辖区。我们分别来介绍其国别报告相关法规。

1.	Andorra	18-10-2018	24.	Curaçao	30-06-2016
2.	Anguilla	11-04-2019	25.	Cyprus	01-11-2016
3.	Argentina	30-06-2016	26.	Czech Republic	27-01-2016
4.	Aruba	12-03-2020	27.	Denmark	27-01-2016
5.	Australia	27-01-2016	28.	Estonia	27-01-2016
6.	Austria	27-01-2016	29.	Finland	27-01-2016
7.	Azerbaijan	12-03-2021	30.	France	27-01-2016
8.	The Bahamas	10-12-2018	31.	Gabon	26-01-2017
9.	Bahrain	22-12-2019	32.	Georgia	30-06-2016
10.	Barbados	23-12-2021	33.	Germany	27-01-2016
11.	Belgium	27-01-2016	34.	Gibraltar	07-05-2020
12.	Belize	20-06-2017	35.	Greece	27-01-2016
13.	Bermuda	15-04-2016	36.	Guernsey	21-10-2016
14.	Brazil	21-10-2016	37.	Haiti	22-06-2017
15.	British Virgin Islands	08-07-2019	38.	Hong Kong, China	26-07-2018
16.	Bulgaria	17-11-2017	39.	Hungary	01-12-2016
17.	Canada	11-05-2016	40.	Iceland	12-05-2016
18.	Cayman Islands	21-06-2017	41.	India	12-05-2016
19.	Chile	27-01-2016	42.	Indonesia	26-01-2017
20.	China (People's Republic of)	12-05-2016	43.	Ireland	27-01-2016
21.	Colombia	21-06-2017	44.	Isle of Man	21-10-2016
22.	Costa Rica	27-01-2016	45.	Israel	12-05-2016
23.	Croatia	06-07-2017	46.	Italy	27-01-2016
			47.	Japan	27-01-2016

图2-7 《关于国别报告信息交换的多边主管机关协议》签约日期

---

① 没有参与MCAA的税收管辖区可以利用双边机制，包括税收协定（DTA）以及税务信息交换协议（TIEA），开展国别报告交换。OECD也为其开发了相应的国别报告协议文本。详情请参考BEPS第13项行动计划。

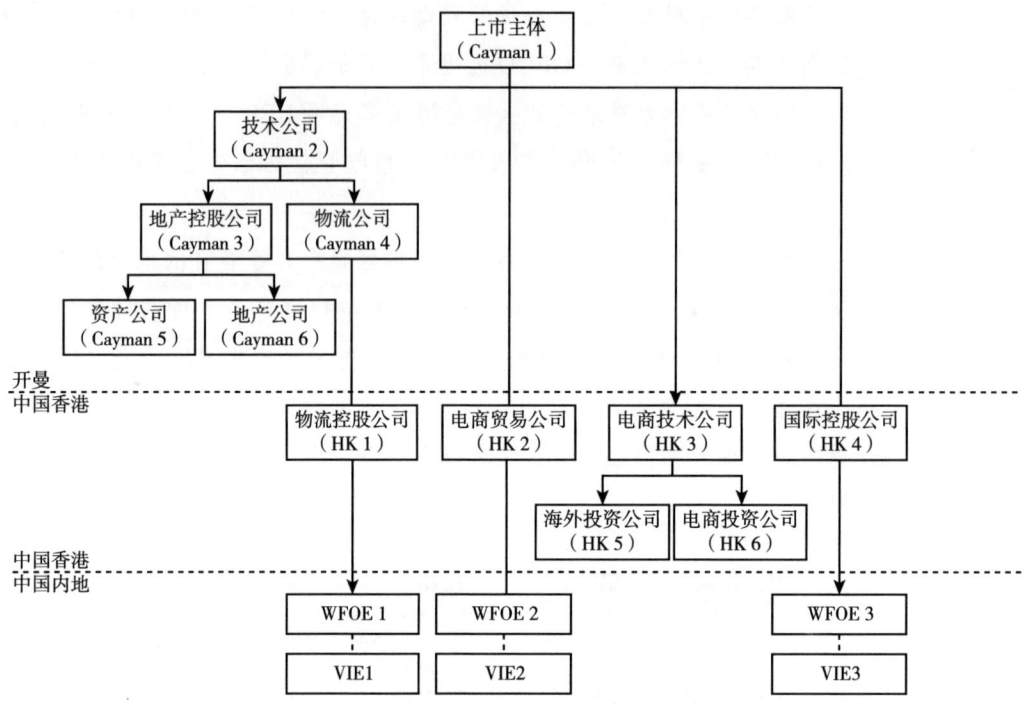

图2-8 典型的红筹架构

二、开曼的国别报告要求

开曼于2017年出台了《税务信息局法》以及《税务信息局国际税务合规（国别报告）条例》以落实OECD的国别报告要求。以上法规的内容与OECD的立法范本高度相符。开曼不征税，没有税务局，税务主管部门称为税务信息局（Tax Information Authority，TIA），其执行机构是国际税务合作司（Department for International Tax Cooperation，DITC）。这些机构的任务就是从居民企业手中获取信息并向别国政府提供。开曼由于不征税，在税收情报交换机制下只向外提供信息，不接收别国提供的信息，所有的国别报告信息都需要自己动手来收集，导致DITC收集国别报告的范围反而最广。

与OECD立法模板中的相关建议一致，开曼的国别报告义务判定过程如下：

1. 确定身份

首先，所有开曼居民实体要判断自己是否构成跨国企业（MNE）的成员实体。国别报告意义上的MNE有个年收入门槛。OECD给出的参照标准是7.5亿欧元，开曼确定的当地标准是8.5亿美元。有些红筹上市企业的规模较小，没有达到这个门槛，就没有提供国别报告义务。

如果构成成员实体，则成员实体要确定谁是报告实体，即谁来履行国别报告义务。报告实体的角色一般由MNE的最终控股母公司（Ultimate Parent Entity，UPE）来承担。UPE是成员实体中最终控股的一个实体。UPE定义中"控股"是指在构成上市公司的假设下，依据其辖区适用的会计准则，因为持有其他成员企业权益而需要出具合并会计报表的实体。以上定义中"最终"是指只有这家实体"控股"别的成员实体的权益，而没有别的成员实体来"控股"它的权益。

以图2-8中的红筹上市公司为例，Cayman 1—6都是该MNE的成员实体，而上市主体Cayman 1则是UPE。一般情况下，Cayman 1会被各集团实体确认为报告实体。说到"一般"，就意味着存在例外。OECD的规则中允许MNE在特定条件下指定"代理母公司"来履行报告义务。

2. 通知和报告

MNE作为一个整体有义务向DITC报送通知。同在一个MNE集团内的多家开曼实体可以共用一份通知。通知是一次性的，须在该MNE的首个财务年度结束之前报送。在通知阶段，MNE要在开曼指定一个主要联系人，该联系人要向DITC提交其所在MNE的名称、网址、联系人、UPE、授权书、成员实体等信息／文件。以后相关情况如果发生变动，联系人需要就变动的信息进行沟通。

报告实体不一定是开曼实体。不管报告实体是不是开曼税务居民，都有义务代表所有开曼成员实体向DITC提交国别报告。提交国别报告须在该MNE的财务年度结束12个月内完成，报告实体也须按照既定的格式（XML）制作并向DITC指定的端口上传报告文件。

仍以某红筹上市公司为例，假设上市主体Cayman 1被集团确定为报告主体，则Cayman 1可以代表6家开曼实体向DITC进行通知，其后通过指定的端口向DITC报送国别报告。

成员实体如果有多重税务居民身份，应报告给其实际管理机构所在地的辖区。也就是说，如果某开曼注册公司的实际管理机构不在开曼，则该实体不需要向开曼报送国别报告。

三、中国香港的国别报告要求

香港特别行政区的国别报告相关法规见于《税务条例》第9A部之第3分部第58D条以及香港税务局发布的第58号《释义与指南》。其规定与OECD的标准高度吻合，在很多方面也与开曼的规定高度相似。下面仅对与开曼有差异的方面以及一些细化的规定进行介绍。

1. 提出了"须报告集团"（reportable group）的概念来指代具有国别报告义务的MNE，并将须报告集团的年收入门槛确定为：UPE在香港的为港币68亿元；UPE在别的辖区适用该辖区规定的门槛；UPE在别的辖区但该辖区没有规定门槛的，适用OECD规定的门槛即7.5亿欧元。

2. 如果须报告集团的UPE是香港税务居民，则该UPE需要在香港提供国别报告。

3. 如果UPE不在香港，则香港的成员实体要自行向香港提供国别报告。但是，因为香港的国别报告交换是互惠的，针对这种UPE不在香港的须报告集团，有些情况下香港税务局可以通过税收情报交换机制获取其香港成员实体的国别报告信息，因此《税务条例》规定，UPE在其税务居民所在辖区内被要求报送国别报告，且该辖区与香港执行信息交换的前提下，该须报告集团内的香港实体可免予提供国别报告。

4. 须报告集团内如果有多家香港实体，其中一家报送国别报告即可，别的实体不需要再行报告。

5. 在UPE指定代理母公司的情形下，如果代理母公司是香港居民，则其可以代表自己以及别的香港实体在香港提供国别报告。如果代理母公司是香港之外辖区的税务居民，并且在其所在辖区报送了国别报告，同时香港税务局可以通过交换机制获取国别报告信息的情况下，香港的实体不需要提供国别报告。

6. 在程序方面，香港实体向税务局提交通知后，会收到回执（return notice），回执中会规定申报期限。

仍以图2-8中的红筹上市公司为例，该集团构成"须报告集团"，其中HK 1—6都是该集团在香港的成员实体，但担任UPE角色的Cayman 1不是香港税务居民。假设Cayman 1已经向开曼DITC提供了国别报告，香港税务局可以通过情报交换机制获取相关信息，则该集团不需要向香港税务局提供国别报告。

四、中国内地的国别报告要求

中国内地国别报告的相关要求见于2016年6月29日发布的《关于完善关联申报和同期资料管理有关事项的公告》（国家税务总局公告第42号，以下简称"42号公告"）。将42号公告与以上香港的国别报告相关法规进行比较，发现两者基本是一致的，差别主要在表述方面。42号公告的表述更为直观。大致是这样的：

1.将国别报告的报送主体范围归纳为三种情形。

第一种情形下［第五条第（一）款］，UPE在境内的，必须在报送"年度关联业务往来报告表"时主动填报国别报告。条件为：

该居民企业为跨国企业集团的最终控股企业，且其上一会计年度合并财务报表中的各类收入金额合计超过55亿元。

第二种情形下［第五条第（二）款］，代理母公司在境内的，必须在报送"年度关联业务往来报告表"时主动填报国别报告。条件为：

该居民企业被跨国企业集团指定为国别报告的报送企业。

第三种情形下（第八条），UPE和代理母公司都不在境内，但集团成员企业在境内的，在满足一定条件时，税务机关实施特别纳税调查时必须应税务机关要求提供国别报告。条件为：

企业虽不属于该公告第五条规定填报国别报告的范围，但其所属跨国企业集团按照其他国家有关规定应当准备国别报告，且符合下列条件之一的，税务机关可以在实施特别纳税调查时要求企业提供国别报告：

（1）跨国企业集团未向任何国家提供国别报告。

（2）虽然跨国企业集团已向其他国家提供国别报告，但我国与该国尚未建立国别报告信息交换机制。

（3）虽然跨国企业集团已向其他国家提供国别报告，且我国与该国已建立国别报告信息交换机制，但国别报告实际未成功交换至我国。

2.规定了豁免规则（第六条）。

最终控股企业为中国居民企业的跨国企业集团，其信息涉及国家安全的，可以按照国家有关规定，豁免填报部分或者全部国别报告。

3.将国别报告的表格直接增加进了"年度关联业务往来报告表"。没有提出报送XML格式电子文档的要求。

与开曼和中国香港的规定相比较，中国内地的国别报告制度下报送企业的范围大大缩小，格式也没有要求，这都意味着纳税人的合规成本最低，体现了税务机关的服务意识。

五、合规要点

综合以上法规，结合到征管实践，红筹上市企业国别报告的合规要点如下：

1.只要存在开曼实体，无论开曼实体中有没有UPE，都需要向开曼报送国别报告。

2.如果UPE在开曼或者在中国香港且已经向所在地主管税务部门报送了国别报告,由于税收情报交换机制存在,中国香港或者中国内地的成员企业一般不需要再向中国香港或者中国内地主管税务部门报送国别报告。

3.很多红筹上市公司架构比较简单,上市主体开曼公司只是纯控股公司,更有一些红筹上市公司甚至连中间层的中国香港公司都是纯控股公司。这种情形下理论上可以考虑指定中国内地公司成为代理母公司。但是这样做是否有利,需要具体问题具体分析。

扩展阅读2:

红筹上市公司在哪里报送转让定价文档?

BEPS第13项行动计划强化跨国公司的信息透明度,确立了主体文档、本地文档和国别报告的三层文档结构[①]。上一篇文章(《红筹上市公司在哪里报送国别报告?》)讨论了国别报告,本篇讨论主体文档和本地文档。

主体文档与国别报告一样,也是集团层面的文档。其目的是简介集团的全球运营情况和转让定价政策情况,包括组织架构、业务描述、无形资产、关联交易、财务和税务状况等。

本地文档则是集团内单个实体层面的文档,是就单个实体的关联交易转让定价进行说明,向其所在的税务管辖区证明其在各个重要方面符合独立交易原则。其内容包括关联交易的财务信息、可比性分析、转让定价方法的选择和应用等。

主体文档和本地文档不存在专门的跨境情报交换机制。OECD要求跨国企业直接向其所属的税收管辖区提交主体文档和本地文档。

对于红筹上市公司而言,由于开曼不要求报送主体文档和本地文档,针对这两项文档只需要满足中国香港和内地的合规要求即可。

一、中国香港的门槛规定

中国香港的主体文档和本地文档相关法规见于《税务条例》第9A部之第2分部第58C条以及香港税务局发布的第58号《释义与指南》。其中门槛

---

① 根据42号公告,中国内地的转让定价三层文档指主体文档、本地文档和特殊文档,国别报告排除在三层文档之外。本文采用OECD的说法。

规定如下:

1. 规模门槛

香港的主体文档和本地文档报送门槛相同。具体地,针对单个实体,采用排除法,满足以下三项要求之中的两项即可免予报送:

(1)该实体年度收入总额不超过4亿港币;

(2)该实体期末资产价值不超过3亿港币;

(3)该实体年度内平均职工人数不超过100人。

现实中单个香港实体超过100名员工的情形很少。因此,绝大多数情况下人数条件都不会达到,因而需要看收入和资产门槛,两者同时达到才需要准备文档。需要注意的是,上述的指标是企业的总收入和总资产,而不是关联交易金额,因此红筹上市公司在香港有运营的,尤其是从事贸易的,这个门槛有可能达到。如果是纯控股公司,尽管总资产金额可能很高,但正常情况下收入较低,则不容易达到报送门槛。

2. 关联交易金额门槛

本地文档需要分交易类型对关联交易进行可比性分析。香港针对各个交易类型规定了金额门槛,某一类型关联交易金额如果未达到相应门槛则不需要进行分析。各类型的门槛如下:

(1)财产转让(含动产和不动产,不含金融资产和无形资产)为2.2亿港币;

(2)金融资产交易为1.1亿港币;

(3)无形资产转让为1.1亿港币;

(4)其他交易(不含支付股息)为4 400万港币。

如果把港币折算为人民币,就会发现以上金额与内地的本地文档门槛金额(下文详述)基本一致。不同的是,内地的门槛规定中,不同类型的关联交易之间连坐,只要其中一个类型的交易达到门槛,所有类型的交易都要进行分析;香港的门槛则是各类型之间相互独立,达到门槛的类型需要进行分析,不达到门槛的类型则不需要进行分析。按照以上规定,如果每个类型下的关联交易都未达到门槛,那么本地文档就不存在需要进行分析的对象。如果出现这种情形,香港法规规定干脆本地文档和主体文档都不需要准备了。

另外一点与内地门槛不同的是,计算以上关联交易金额时,只计算跨境关联交易金额，本地关联交易[①]金额不算。这个口径上的差别导致香港的门槛实际上比内地要高很多。

二、中国香港的其他规定

香港的主体文档和本地文档由达到门槛的各香港实体来准备。所谓香港实体包括构成香港税务居民的公司、合伙企业、信托以及诸如分支机构、合作项目以及代表处之类的常设机构[②]。

《税务条例》第58C（2）规定主体文档和本地文档须在财务年度结束后9个月内准备。如果香港实体的财务年度与集团不同，则本地报告覆盖的期间须从其香港公司的财务年度，主体文档则从其集团的财务年度。红筹上市企业财务年度多采用公历年度，而香港公司多以4月1日至次年3月31日为财务年度。以2021/2022财年为例，如果香港实体的财务年度截止期是2022年3月31日，按照该日截止的财务年度准备本地文档即可，准备的截止期是2022年12月31日；同时如果该集团合并报告的对应财务年度是2021公历年度，香港实体在准备前述期间的本地文档的同时，留存集团准备的2021公历年度的主体文档即可。

主体文档和本地文档只需要按期准备留存备查，并不需要随利得税申报表一并提交。但是在申报表上，香港实体要如实声明其是否应当准备主体文档和本地文档。如果应准备未准备，就会面临处罚。

主体文档和本地文档采用中英文均可。这就意味着如果集团用中文准备主体文档，香港实体留存原文备查即可，不需要翻译成英文。

三、中国内地的门槛规定

中国内地就主体文档和本地文档分别制定门槛。其门槛分也是针对单个实体，主要看关联交易金额。其中主体文档门槛规定见于42号公告第十一条。

符合下列条件之一的企业，应当准备主体文档：

（一）年度发生跨境关联交易，且合并该企业财务报表的最终控股企业所属企业集团已准备主体文档。

（二）年度关联交易总额超过10亿元。

[①] 由于香港利得税的征税范围仅限于得自香港的行业、专业或者业务所得，因此本地关联交易（specified domestic transaction）仅限于两个香港实体之间，与交易至少一方的行业、专业或者业务相关，且计入香港的所得范围的关联交易。

[②] 合作项目（Joint Venture）构成常设机构的情形比较复杂，这里不作解释。

而本地文档的门槛规定见于42号公告第十三条。

年度关联交易金额符合下列条件之一的企业,应当准备本地文档:

(一)有形资产所有权转让金额(来料加工业务按照年度进出口报关价格计算)超过2亿元。

(二)金融资产转让金额超过1亿元。

(三)无形资产所有权转让金额超过1亿元。

(四)其他关联交易金额合计超过4 000万元。

如前分析,由于口径的差别,内地的本地文档门槛低于香港。而主体文档由于单独规定门槛金额,单看金额高于香港。但是如果某个香港实体已经按香港的法规要求准备了主体文档,则按照前述42号公告第十一条第(一)款,内地实体也要准备主体文档。可见如果集团内的香港税务居民公司达到准备主体文档的门槛,内地的主体文档门槛会拉低到香港的水平。

四、主体文档内容方面中国香港与内地要求基本一致

主体文档内容方面,香港的要求见于《税务条例》后附表格17I的第三部分,内地的要求见于42号公告第十二条。都是出于OECD模板,内容如出一辙。大体上说共五个方面,分别是:

(1)组织架构;

(2)企业集团业务;

(3)无形资产;

(4)融资活动;

(5)财务与税务状况。

详情可直接参考42号公告第十二条。

五、本地文档内容方面香港与内地要求大同小异

本地文档的内容要求方面,香港完全追随OECD模板,分为三部分,分别是:

(1)本地实体描述;

(2)关联交易细节;

(3)本实体的财务信息。

内地的内容要求则显得较为特别。共分为五部分,分别是:

(1)企业概况;

（2）关联关系；

（3）关联交易；

（4）可比性分析；

（5）转让定价方法的选择和使用。

形式上看差别较大。从实质上理应是一致的，只是编排不同而已。具体来说二者之间对应关系是这样的：

香港的第（1）项"本地实体描述"与内地第（1）项"企业概况"基本一致，而内地的要求更为详尽。

香港的第（2）项"关联交易细节"则可以对应到内地的第（2）至第（5）项，即关联关系、关联交易、可比性分析以及转让定价方法的选择和使用。

香港的第（3）项"本实体的财务信息"在内地的规定中并未单独列出。其中提到的企业的年度财务报表在内地的本地文档中并无特别要求，而内地第（1）项"企业概况"中有财务数据的要求，且强调分不同类型业务及产品列示收入、成本、费用及利润。另外，香港的第（3）项"本实体的财务信息"中强调列出转让定价方法应用以及可比分析中用到的财务信息，而内地的类似要求则体现在第（5）项"转让定价方法的选择和使用"中。

六、实际操作要点

仍以上篇文章中的企业集团为例。实际操作中首先要梳理企业集团的控股架构，以便确定在各个税务管辖区内是否需要报送主体文档和本地文档。分析要从上至下进行。由于开曼没有这方面的规定，因此要从香港开始分析。如果达到香港的门槛，则需要同时准备主体文档和香港的本地文档。

接下来再判断是否达到内地的门槛。由于内地的主体文档和本地文档门槛不同，要分别进行判断。

在主体文档方面，如果任何一个香港实体已经按香港要求准备了主体文档，则内地实体也需要准备主体文档。实践中香港实体准备主体文档时可以出具中文版本供内地实体留存备查。如果所有香港实体都没有达到准备主体文档的门槛，从而没有准备主体文档，则内地各实体需要判断其年度关联交易金额是否达到10亿元人民币，如果达到则需要准备主体文档。

在本地文档方面，内地实体对照42号文件下的相应标准判断是否准备即可。

转让定价文档准备过程中，针对香港和内地实体要统筹考虑统一进行，以确保全面了解关联交易，提高工作效率。

第三章
反避税两度升级

本章导读

以国际税收协定为代表的国际税收体系已经被跨国公司的避税实践冲击得千疮百孔，国际社会正在尝试彻底改造这套体系，这就是G20/OECD推出的税基侵蚀与利润转移行动（BEPS）。在推行这一套体系的过程中，G20/OECD又开发出了应对经济数字化税收挑战的"双支柱"方案，短短的数年间国际税收迎来两度升级。

本章通过第一篇文章《国际税收的"当铺思维"是如何垮掉的？》介绍了这一风起云涌的背景，然后通过十一个案例展示了这一波澜壮阔的过程。其中，前四个案例来源于美国国会就苹果公司避税举行的听证会实录，第五至第七个案例则回顾了欧盟对苹果公司的反补贴调查实录。这七个案例深度揭示了国际避税的成因、手法和相关国家以及国际组织的反制措施。

第八、第九个案例介绍了涉及麦当劳的有害税收实践和相关各国的反制措施，第十二个案例则展示了我国国内的有害税收实践和反制措施。第十个案例展示了围绕沃达丰间接转让股权案相关各国政府之间的互动。第十一个案例展示了一些避税地的经济实质法对我国"走出去"企业的影响。

各案例的分析重点列表如下：

序号	案例题目	分析重点	主要涉及的国家（地区）	扩展阅读
一	国际税收的"当铺思维"是如何垮掉的？	国际税收协定		
二	难啃的苹果（一）——美国税制碎了一地	国际避税手法和美国的反制措施	美国	1.美国税改釜底抽薪
三	难啃的苹果（二）——库克避税有理	国际避税手法和OECD的反制措施	美国	2."打土豪分田地"——支柱一方案解读 3.联合行动——支柱二方案解读
四	难啃的苹果（三）——列文孤掌难鸣	国际避税的成因——法规方面	美国	
五	难啃的苹果（四）——别想秋后算账，顶多亡羊补牢	国际避税的成因——征管方面	美国	
六	难啃的苹果（五）——欧盟挑起六方大战	国际避税手法和欧盟的反制措施	爱尔兰	
七	难啃的苹果（六）——独立交易原则的胜利	国际避税手法和欧盟的反制措施	爱尔兰	
八	难啃的苹果（七）——BEPS尚未成功，OECD仍需努力	国际避税手法和OECD反制措施	爱尔兰	4.终结银行保密，持续深化透明度
九	麦当劳的避税快餐，搞成了逃税	有害税收实践	法国	5.避税港，英国范儿才正宗
十	麦当劳的避税套餐，让欧盟无言以对	混合错配、滥用协定、BEPS公约	卢森堡	
十一	一根筋印度税务局，十年沃达丰争议	通过单边行动推进反避税	印度	
十二	窃书不是偷，何况明抢的？	通过经济实质法推进反避税	英属维尔京群岛	6."小妈"也有尊严——开曼发布《经济实质法》 7.把公司卖到白菜价的BVI，现在玩不转了 8.BVI一夜回到解放前，英国掐住了谁的命门？
十三	"坑爹"的核定征收	有害税收实践	中国	9.中国的税收洼地为什么能够存在？ 10.核定征收的旗帜还能打多久？

第一节 国际税收的"当铺思维"是如何垮掉的？

巴塞尔协议是由位于瑞士巴塞尔的银行业监管委员会（以下简称"巴塞尔委员会"）发起的，得到各国监管部门认可的银行业监管国际标准。到2009年，二十国集团（G20）的所有成员国银行监管机构都已经加入了巴塞尔委员会，这从侧面反映了其影响力。巴塞尔协议由一系列三个协议组成，分别简称为巴塞尔Ⅰ（1988年），巴塞尔Ⅱ（2004年）和巴塞尔Ⅲ（2010年）。巴塞尔协议建议银行监管部门利用各种指标并采取监管措施确保银行资本充足。

监管的使命就是束缚创新，创新的使命就是冲破监管的束缚。对于金融笔者是外行非专业，也就只能说这么多。三句不离本行，还是回到国际税收。国际税收界也有一系列国际标准，其中最重要的则是国际税收协定。

一、国际税收协定的宿命

比起巴塞尔协议，国际税收协定的历史更为悠久。20世纪20年代，随着跨境经济活动的增加，税收管辖权之间的冲突时有发生，划分和协调税收管辖权提上了西方各国的议事日程。在这种背景下，当时的政府间组织国际联盟着手研究避免双重征税的方法。这些方法后来落实在为数众多的双边税收协定中，并固化为经济合作与发展组织（OECD）和联合国（UN）两个税收协定范本。两个范围之中，OECD协定范本更为经典且使用广泛，相当于税收界的巴塞尔协议。

税收协定指两个或两个以上的主权国家为了协调相互间在处理跨国纳税人征税事务和其他有关方面的税收关系，本着对等原则，经由政府谈判所签订的一种书面协议（agreement）或条约（treaty），也称国际税收条约。税收协定是国际税收关系与税务合作的法律基础，资本、技术或劳务输出国（又称居民国）和东道国（又称所得来源国），通过签订税收协定分配跨国经营及投资所得的征税权，从而提高税收确定性，避免双重征税，并通过开展税务合作与双边磋商解决涉税争议，保障纳税人的合法权益，从而促进双边经济、技术、文化、人员等交流。

税收协定签订初衷虽然是避免双重征税，但是无法摆脱被滥用的命运，出台之日就是被滥用之日。时逢跨国公司兴起，税务律师们很快就找到了税收协定之中的漏洞，发明了各种避税操作。为此OECD也与时俱进，在税收协定中加入了反避税的内容。如今签署的税收协定，已经是升级版的税收协定，其标准名称是《××国与××国关于对所得和财产避税双重征税以及防止偷漏税的协定》，显示出防止双重征税与反避税并重的思想。

国际税收协定的目的是建立一套国际税收标准。但凡标准一开始都是一条直线，然后就有各种创新来拉扯这条线，把这条线弄得曲折模糊、七零八落。国际税收协定也难逃这种宿命。

二、税收协定属于当铺时代

税收协定主要通过降低所得来源国税率或提高征税门槛来限制其按照国内税收法律征税的权利，同时规定居民国对境外已纳税所得给予税收抵免，双管齐下以图达到避免双重征税的目的。要实现这一点，先要厘清征税权。在厘清征税权时，税收协定用到了两个重要原则，分别是常设机构原则和独立交易原则。

常设机构原则是划分生产经营所得征税权的标准。协定的"营业利润"条款（一般为第七条）会规定只有在非居民纳税人设立常设机构的情况下，来源国才可以对其征税，并且仅可以对归属于常设机构的利润征税。

常设机构是企业进行全部或部分营业活动的固定营业场所。从这个定义中，我们可以看出：首先，常设机构必须是一个营业场所；其次，常设机构具有三个特性，即固定性、持续性和经营性。其中固定性强调物理存在。

常设机构原则在当铺时代很管用。当铺要赚钱，必须有一个固定的门面，还要常年营业，因此当铺在门面所在地缴税，合情合理，税收征管上也很方便。但是到了数字经济时代，常设机构原则就玩不转了。互联网金融的业态下债权人和债务人相隔千里都成为可能，这就不需要门面了。如果互联网金融企业都设立在避税地，按照常设机构原则就不用缴税，这样下去各国政府都要破产。

独立交易原则日子也不好过。独立交易原则是指没有关联关系的交易各方，按照公平成交价格和营业常规进行业务往来遵循的原则。通俗地说，就是亲兄弟明算账。跨国关联交易不仅涉及集团内的至少两个实体，而且涉及交易相关实体各自居民国政府的利益。各国税务机关都会关注转让定价是否符合独立交易原则，担心跨国公司集团会将利润转移到其他国家从而使本国的税收权益受到损失。因此，协定双方约定了独立交易原则来公平维护各自利益。这个原则在当铺时代具有可操作性，因为相同或者相近物品价格总是可以找到的，找到了就可以用来确定公平成交价。如果实在找不到，可以找同行比较利润率，总能八九不离十。但是到了数字经济时代同样玩不转了。互联网金融基于信用，依托大数据，互联网金融企业的核心资产是数据。数据是无形资产，而且是难以定价的无形资产，到哪里去找可比价格？因此，互联网金融企业会将以数据为核心的无形资产布置在税负较低的地区，然后通过转让定价安排将大量利润归集至这些地区，最终实现避税。此时独立交易原则也失效了。

三、改良主义的BEPS

同一个创新，同一个数字经济，同一个二十国集团，国际税收界和金融界面临的难题何其相似？进入21世纪，特别是2008年金融危机之后，国际税收合作不断加强，包括OECD和G20在内的国际组织开始协调各国政策来挽救已经破烂不堪的国际税收规则。里程碑的事件是2015年10月G20采纳了应对税基侵蚀和利润转移（BEPS）的十五项行动计划。BEPS十五项行动计划根据约束性强弱分为"最低标准""共同方法"和"最佳实践"三大类。其中"最低标准"约束性最强，将纳入监督执行机制。"最低标准"共4项，即防止税收协定滥用、防止有害税收竞争、转让定价国别报告和争端解决。"共同方法"是未来可能发展成为最低标准的规则，但目前统一监督执行的时机尚不成熟，如混合错配、利息扣除等。"最佳实践"则是推荐使用的，约束性相对低一些，如受控外国公司制度等。

BEPS针对原先的国际税收体系采取了改良主义的态度，在维持现有的税收协定框架的前提下试图通过修补来完善现有的规则，这就注定了它存在严重的不彻底性。OECD的专家们在其官方博客（oecdecoscope.blog）中承认（2020年10月20日文章）："OECD/G20的BEPS项目是一项针对利润转移的空前行动，但是征税权分配方面的很多问题仍然没有解决。现行的国际税收框架下主要基于物理存在来分配征税权，其脆弱性在数字化和全球化经济环境下暴露无遗。此外，一些BEPS问题依然如故。"

四、革命性的双支柱

BEPS行动孵化出了一个数字税收项目，以图在国际上达成协议来变更国际税收规则从而应对数字化带来的税收挑战。这是个推倒重来的税收革命，是希望所在。2015年10月，OECD/G20推出的BEPS行动计划中将应对数字经济的税务挑战列为第一项行动。当时就完工程度而言，该项行动计划最低，仅指示了几个可能的前进方向，但是现在看来这反而造就了后发优势。为跟进BEPS行动计划，OECD/G20组织了税基侵蚀与利润转移包容性框架（以下简称"IF"），持续推进各项BEPS的应对措施，包括继续探索数字经济的应对方案。目前，该包容性框架有137个国家参与，包括G7、G20、OECD的成员国以及大量发展中国家。

2019年6月8日，在日本福冈举行的G20财长和央行行长会议批准了OECD呈报的《制定应对经济数字化税收挑战共识性解决方案的工作计划》（以下简称《工作计划》）。《工作计划》要求IF必须在2020年内达成共识，形成解决方案。IF的《工作计划》提出了包含两大支柱的解决方案。第一支柱针对数字经济独有的问题，第二支柱则是针对数字经济和传统经济共同的BEPS问题。这个方案被称为BEPS2.0版本。两个支柱撑起了国际税收规则的新框架。

2020年10月，OECD发布了支柱一和支柱二蓝图报告。"第一支柱蓝图"提出的新征税权放弃了传统国际税收规则的独立实体原则、联结度规则和独立交易原则等，建议以基于公式分配的方法实现向市场国的利润分配。"第二支柱蓝图"则意在建立全球最低税[①]。

五、空间换时间

国际税收协定产生于20世纪20年代，从那时起，纳税人就开始与国际税收规则制定者斗智斗勇。随着双支柱方案的完成与落实，预计它在不远的将来会走到尽头。所有的规则最终都会被创新打破，完成从建立、成熟、衰落、到消亡的生命周期。规则被打破是早晚的事情，唯一的区别在于其生命周期有长有短。无论修补旧规则还是创建新规则，在创新的面前，都只是争取有限的一段时间而已。所以制定规则的第一条定律，就是空间换时间。

在国际税收方面，改良主义的BEPS1.0能争取到的时间极为有限，革命性的BEPS2.0即双支柱方案则能争取到较长一段时间。后者是新生事物，有着旺盛的生命力。

国际税收协定如今已经是百岁高龄。产生于20世纪80年代末的巴塞尔协议，如果也按至少一个世纪的寿命来预计，它现在还是个青年。虽然年轻，巴塞尔协议经过了两次全球金融危机的考验，已经进入成熟期。巴塞尔协议目前还能束缚创新，说明它还健康，地位不可撼动。到哪一天被各种创新轻易绕过，就说明它已经日薄西山，该退出历

[①] 资料来源：励贺林、姚丽：《"双支柱蓝图"更加清晰 关键环节仍待国际协调》，《中国财经报》2020年10月27日。

史舞台了。所以不能怨监管束缚创新，要怨也只能怨创新还做得不够好。创新是矛，监管是盾。不能怨矛太利，也不能嫌盾太坚。

第二节　难啃的苹果（一）——美国税制碎了一地

从古到今，有三个苹果改变了世界。第一个被夏娃和亚当吃了，从此他们的眼睛明亮了；第二个打了牛顿爵士的头，害得他天天仰望星空；我们今天要说的是第三个苹果，它敲响了美国税改的钟声，改变了国际税收的面貌，打翻了欧盟友谊的小船。

一、列文历数"三宗罪"

2013年苹果公司在财富500强榜单中蹿升11位，跃至第6名。而此时世界正从金融危机中复苏，美国民众对大公司的不满情绪一时难以平复，政客们顺应民意开始对苹果公司展开境外避税调查。美国参议院下的国内安全和政府事务委员会常设调查分会（以下简称"调查分会"）于2013年5月21日举办了题为"离岸利润转移和美国税法"的听证会。此前2012年9月，调查分会对微软公司和康柏公司已经开展过同样的调查，先期取得了一些资料，对问题也有初步了解。这次听证会专门针对苹果公司，调查分会有备而来。

调查分会主席、民主党参议员卡尔·列文（Carl Levin）开场发言说道，美国公司加速向境外转移利润，造成国内税收急剧下降。美国公司所得税法定税率是35%，实际税收负担率只有15%，部分原因就是利润转移。这是一个普遍性的问题，不是苹果一家的问题，根源是美国税制太烂。美国人民和参议员们要知道问题的严重性。

说到苹果公司的避税手段，列文参议员总结为以下三点：

第一，大量利用海外公司囤积利润。

苹果公司设立了大量的海外公司来囤积利润。其中三个公司AOI、ASI和AOE竟然是"无国籍公司"（见图3-1）。这三个公司注册在爱尔兰，但是根据爱尔兰法律，实际管理机构不在爱尔兰，不构成爱尔兰税务居民。一方面，苹果公司利用了爱尔兰税法上的这个"漏洞"，将这三个公司申报为非居民，避免在爱尔兰缴税。另一方面，这三个公司的董事会在美国召开，主要资产在美国，银行账户在美国，主要的管理层也在美国，但是美国法律按照注册地来确定税务居民身份，仅仅因为这三个公司注册在爱尔兰，不构成美国税务居民，美国也无法对其征税。

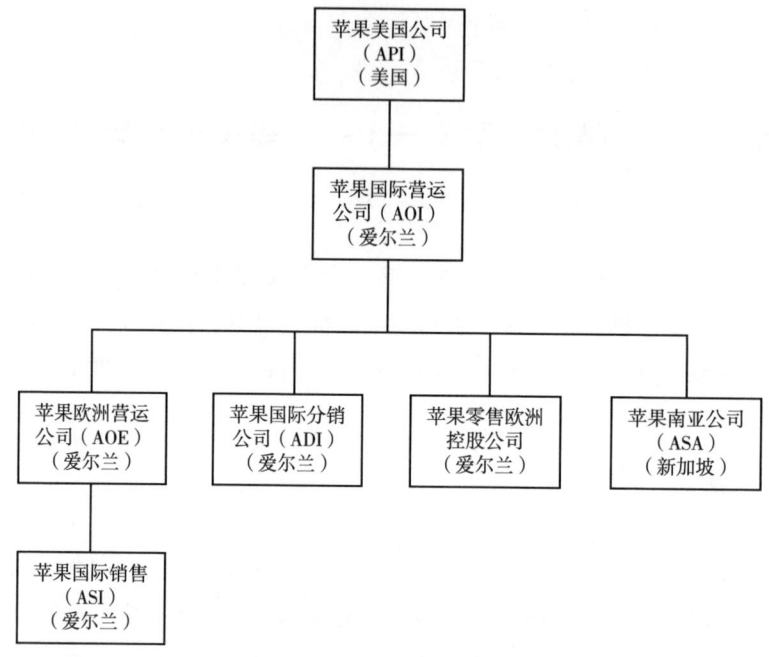

图3-1　苹果公司架构图

第二，通过成本分摊协议转移利润。

苹果公司的研发活动在美国进行，按理研发成果应当归美国母公司Apple Inc（"API"）。但是，美国母公司与几家境外关联公司之间签了一个成本分摊协议，把大部分知识产权转移到海外（主要是爱尔兰），然后苹果公司通过制定转让定价政策，合法地将知识产权有关的利润归集到位于爱尔兰的ASI（见图3-2）。

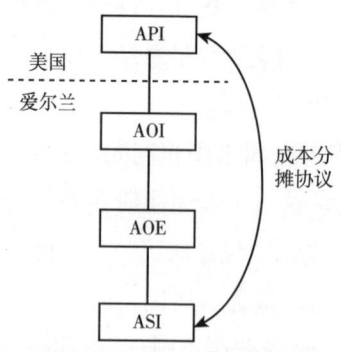

图3-2　成本分摊协议示意图

爱尔兰税率很低，只有12%（笔者注：2011年为12.5%）。但是苹果公司仍会追求更低的税负率。通过与爱尔兰政府谈判（笔者注：通过预约定价安排，即"APA"，降低爱尔兰子公司的利润水平，将大量利润转移到避税地），苹果公司将税负率进一步降至2%。这样，大量的利润却纳税很少。

第三，利用打钩规则规避美国税。

为了防范境外子公司避税，美国税法中设置了F分部规则对ASI这类受控外国公司的利润征税。该规则下，ASI收到特许权使用费这类消极所得的当年，美国母公司就需要在美国纳税。但是，美国税法中另有一个打钩规则，允许境内外子公司通过打钩来选择不被当成子公司对待（笔者注：忽略实体，即disregarded entity，被当成分支机构来对待。一旦打钩，母子公司之间的交易也就会被忽略，当成未发生一样。关于打钩规则请参见拙著《"走出去"企业税务指南》第216—219页）。结果苹果公司利用了这条规则，将ASI和AOE打钩，让AOE和AOI收到的特许权使用费从美国纳税申报表上神奇地消失了。

历数了苹果上述"三宗罪"之后，列文参议员最后强调，美国税制已经碎了一地，这次听证会目的是改进税制，不是专门跟苹果公司过不去。

二、麦凯恩打圆场：苹果还是好苹果

接下来出场的是共和党参议员约翰·西德尼·麦凯恩三世（John Sidney McCain Ⅲ），就是2008年总统大选中败给奥巴马，2018年去世，遗嘱中不许时任总统特朗普参加葬礼的那位。麦凯恩开场就说，我对苹果公司的景仰如长江之水绵绵不绝，尽管如此，苹果公司这种税务策略，我也不能装聋作哑、视而不见，这样对美国人民不公平。美国的税收体系破烂不堪，毫无竞争力，我一直都想改进。现在是时候该堵住漏洞，让苹果这种公司"改邪归正"，回到美国缴税，把一万亿元的海外利润拿回美国进行投资。

共和党一向对大公司很友好，麦凯恩说完了他的事出有因、情有可原，再接着说：苹果公司的CEO库克是一位杰出的CEO，前期调查中他来跟我们见面态度很好，苹果公司确实想在美国境内发展制造业，创造更多的工作机会，有弃暗投明的意向，我们的税收制度要鼓励他这么做。

当天预定发言的还有调查分会的两位参议员，分会主席列文当场征求他们意见。

三、"伦大炮"火力全开

共和党人参议员伦德·保罗（Rand Paul，人称"伦大炮"）早就坐不住了，一听此言，立刻开炮说：你们这是干嘛呢？堂堂国会欺负一个公司合适吗？尤其是这么伟大的一个公司！避税有错吗？你们在座的参议员们，哪个不想少缴税？你们雇CFO的时候，哪一个不想让他帮你们合法节税？苹果公司违法了吗？你把人家CEO拉过来做什么？我认为国会这件事做得不对，应当向苹果公司道歉。国会向伟大的美国公司海外利润伸手征税，这很不对，受审的应当是国会。我们的税法有问题，税太高！在座的各位应当扪心自问，谁制定的这么糟糕的税法？想让公司把海外利润拿回来，就不要征人家35%的税。我曾经提案把海外利润的税率降至5%，鼓励大公司把利润拿回来搞基建。这个提案在国会得到了70票，但是没法通过。他们害怕这是引诱他们接受整体税改，但整体税改太难了。我觉得我们真应当先向苹果公司道歉，感激他们创造了就业机会，然后回过头来把自己的工作做好，把我们的税法修改得更好、更公平、更有国际竞争力。

列文参议员回应说：老炮啊，你想跟谁道歉跟谁道歉，没人拦你。我们这个委员会可不是来干这个的，我们是来调查税务法规问题的。苹果公司很了不起，也很能游说，但是该缴多少税，该在哪里缴税并不该它说了算。避税是不对的，美国人民不答应。另外我们没有强迫他们来这里，他们是自愿来解释清楚的。我们只是想听听他们是如何做的，同时我们也请到了一些专家，也想听听专家们怎么说。

四、哈维教授主张放弃全球税制

议员之外的参会人都是以证人身份出席的。作证前都要举手宣誓所言属实，人神共鉴，忒有仪式感。宾夕法尼亚州Villanova大学法学院教授理查德·哈维（Richard Harvey）履历十分亮眼：前国税务局官员，1986年税改时在财政部税收政策办公室任职，后从普华永道管理合伙人位置上退休。哈维教授说，我仔细看了苹果公司的架构，个人意见是苹果公司所作所为没有越过国际税法的边界，但是对他们的一些做法我有一些自己的看法。

"2011年苹果公司将64%的利润归入爱尔兰的子公司，其中ASI一家税前利润就有220亿美元，只缴了5‰的税。这些子公司纯粹是纸面上的，没有员工，也没有活动，更不在爱尔兰管理和控制。苹果公司说它没有玩过什么花招，我惊呆了！这不是花招是什么？"

接下来哈维教授提到了转让定价、独立交易原则、成本分摊协议和打钩规则，就此涵盖了列文参议员提到的"三宗罪"。可以看出，哈维教授是列文参议员背后的智囊。哈维教授说，苹果公司有约60%的利润既不在爱尔兰缴税，也不在美国缴税，在哪里都不缴税。因此，问题并不是苹果公司是否违法，而是容忍苹果公司这么做是否有道理。大家都同意应当做出改变了。但是如何改变，大家意见不同。

哈维教授说：如何行动，大体上有两种情形。一种是大家等一等OECD出成果。OECD在研究这件事，据说近期会出一些成果。但是我个人认为OECD行动迟缓，咱等不起。另外一种情形就是美国单边行动，这种做法符合前期的形势要求。因此，我建议短期内强化F分部法规防止通过打钩规则来规避它，同时，强化信息报送规定增加透明度；长期来看，独立交易原则不靠谱，因此除非美国将税率降至15%，否则美国就应当放弃全球税制。如果这种做法无法实现，那么就要考虑最低税。另外，美国公司在美国境内借债并转借贷给境外公司，这种利息支出税前扣除也要做出限制。

五、美国税改从这里启航

2017年11月2日，当选刚好满一年的时任美国总统的特朗普履行承诺签署了《减税和就业法案》(TCJA)，该法案于2018年1月1日正式实施。这次税改是继1986年里根税改以来涉及范围最广、力度最大、影响最深远的一次。公司税方面，TCJA将公司所得税最高35%的累进税率改为21%单一比例税率，通过对境外子公司汇回股息免税放弃了全球税制。此外，TCJA推出了税基侵蚀最低税额（BEMTA）规则和利息列支限制规则，并通过全球无形资产低税收入（GILTI）的征税规定来加大针对CFC的反避税力度。

现在回头看，这次税改中的所有武器，在五年前的苹果听证会上已经亮相过了。TCJA法规目前有1000多页，数量庞大，质量很高，是美国政客和税务专家通力合作的成功典范，哈维教授功不可没。此外，推进这次税改的难度极大。税改方案历经数次修改，终于以51∶49票在参议院涉险过关，政客们的领导力也可圈可点。从税改开始，经济强劲上升带动股市屡创新高，这是后话。

听证会还在继续。正如哈维教授所述，这次听证会是针对苹果公司的"批斗会"，即使现行法规拿你没办法，公开你方避税细节也会对你方公众形象不利。苹果公司如何应对才能逃出生天？且看下回分解。

第三节 难啃的苹果（二）——库克避税有理

2013年5月21日的这次听证会是参议院为了税改拿苹果公司说事，把苹果公司推到了风口浪尖，会议安排为三个环节。第一个环节由两位教授作证，推出税改建议；第二个环节由苹果公司CEO蒂姆·库克作证，参议员们通过质询库克来为税改造势；第三个环节由美国财政部和国税务局官员作证，参议员们倾听执法部门的意见。

一、蒂姆·库克"表忠心"

听证会进入第二个环节。苹果公司CEO蒂姆·库克携CFO彼得·奥本海默（Peter Oppenheimer）和税务负责人菲利普·A·布洛克（Phillip A Bullock）出席美国国会作证。库克做了开场陈词。

（一）"我的美国心"

库克说：苹果公司现在海外销售额两倍于国内，在这种情况下，别人问我苹果还是不是一个美国公司，我坚定地说是，永远是一个美国公司。苹果不仅是一家"爱国"的公司，也是一家创新的公司，而且这些创新都是在美国完成的，同时还为美国创造了5万个就业岗位，再加上背后的配件供应商，又共为美国创造了60万个工作岗位。顺便提一下，苹果将最新的PC机生产线总装厂选在得克萨斯州。看得出，海外赚了钱我们会拿回来在美国投资，为美国增加就业。

（二）一边全世界薅羊毛，一边缴足美国税

库克说：苹果公司是美国企业所得税第一纳税大户，2012年向美国国库缴税60亿美元，在美国税负率达到30.5%，今年会更多。库克坚定地说，我们该缴的税都缴了，一块钱都不少。我们不光遵守法律条文，还遵守法律精神。我们没有偷税，也没有玩过什么花招。

苹果公司把知识产权转移到境外没有错，但是这是针对海外销售的知识产权，跟美国销售的产品不搭界。我们并没有把资金堆积在加勒比来避税。境外公司持有70%的资金是因为它们境外业务好，这些资金我们用于在国外扩大生产，发展国际销售。

(三)"坑爹"的美国税法

库克说:苹果公司价值观很正。肯尼迪总统说得好:得到的越多,付出就应当越多。我们想为国家做贡献,但是美国税法有问题,把资金调回国内要缴35%的税,国外的竞争对手就不用缴这个税,这对美国公司很不利。我们奉行简单的原则,听说美国税法要进行全面的改革,我建议税法首先要简化,其次要中性,要废除所有税式支出,最后要降低企业所得税税率,对境外所得征税要合理,这样便于美国公司把资金调回美国境内。虽然这次税改可能会导致苹果公司多缴美国税,但是我们相信它会更公平、能增强美国的全球竞争力、促进美国经济增长。

二、CFO打了个"苦情牌"

领导讲话点到为止。接下来库克介绍同事,CFO彼得·奥本海默(Peter Oppenheimer)继续陈词。奥本海默说,苹果公司为了满足当地法律要求在海外设立子公司,出于开拓海外市场需要,为了管理方便,又设立了区域性运营公司。在欧洲,苹果的运营公司主要注册于爱尔兰,这些公司早在20世纪80年代就设立了,目前雇佣了4 000多名员工。至于成本分摊协议,也是1980年就签了,当时公司的销售额只有现在的千分之一(言外之意是不赚钱哪里用得着避税),(现在虽然赚了钱)协议主要内容至今没有变。这个协议下,爱尔兰子公司为苹果公司的研发活动提供一半的资金,并分享研发成果。爱尔兰子公司和苹果美国公司休戚与共,20世纪90年代公司不景气时,爱尔兰子公司也亏损。奥本海默顺便打了个"苦情牌",说别忘了1997年苹果公司濒临破产,世界几乎失去了苹果。

奥本海默说:苹果公司把运营整合到爱尔兰是为了提高运营效率;ASI本身没有员工,但是它和AOE共用了很多员工;AOI和ASI不构成爱尔兰税务居民不是为了逃避美国税,把资金集中到这两个公司对美国税没有影响。我们将境外资金用于再投资,境内需要资金时我们另想办法。有人质疑我们为什么境外有钱不用而要在美国举债170亿美元,我的答案是,如果我把境外的资金调回境内,要缴35%的企业所得税,要损失35%,何苦要这样呢?目前美国银行贷款利率低于2%。这个资金成本远低于35%,借债难道不是顺理成章的事?我当然要选择最有利于苹果公司股东的做法。

美国现行的税法中有一般反避税条款,其内容是:如果一个安排以避税为目的或者主要目的,那么税务局可以忽略这种安排。库克和CFO的这通陈词是事先准备好的,中心思想只有一个，就是苹果公司的一系列安排都具有合理商业目的，其目的不是避税，因而一般反避税条款伤不到苹果公司。

三、列文指东打西

接下来进入质询阶段。参议员们各自立场鲜明，提问态度迥异。

调查分会主席列文参议员是民主党人。民主党人喜欢"为难"大公司。列文参议员质问库克：你刚才发言提到肯尼迪总统，肯尼迪总统1961年说过，税收递延为利用避税港逃税提供了方便，你同意吗？

库克：肯尼迪兄弟都是我的偶像。如果肯尼迪总统这么说肯定有他的道理。但是时过境迁，税收递延不等于作假或者滥用税法。

列文转向质问库克身边的苹果公司税务负责人菲利普·A·布洛克（Phillip A Bullock）：苹果公司是否直接或间接控股AOI、AOE和ASI？得到肯定答复后，列文又问，那么这三个公司功能上是在哪里管理和控制？布洛克回答，从爱尔兰法律意义上讲，在美国。

列文：2月11日苹果公司向调查分会来函中说还没有搞清楚AOI的管理控制中心在哪里，这又是为什么？

布洛克：因为爱尔兰法律只要求我们确认管理和控制中心在不在爱尔兰，没让说具体在什么地方。

列文：现在你弄明白啦？

布洛克：没错。上次跟你团队见面时我也这么说的。

列文又转向库克：你同意不同意AOI的管理和控制中心在美国？

列文参议员不愧是律师出身，这种指东打西的法庭对质问法让人眼花缭乱，感到一种无形的压力。库克啥大风大浪没见过？但是终究心虚，担心掉坑里。

库克：我不知道法律上怎么说，实际上是的。

列文再转向布洛克：那么再来说说ASI。ASI的管理和控制在美国吗？布洛克很律师范儿地回答说：从实际角度，根据爱尔兰法律下的管理控制标准，管理和控制中心在美国。库克长出了一口气，前面确实没有答错。

列文：苹果公司同意ASI的管理和控制中心在美国吗？

布洛克：根据爱尔兰法律……

列文：别跟我提爱尔兰法律。根据美国法律，你同意ASI管理和控制中心在美国吗？

布洛克：美国法律下没有这种说法。

列文：好吧，那么你怎么看？你同意ASI管理和控制中心在美国吗？

布洛克：是的。

列文：库克先生，你同意吗？

库克：我们在爱尔兰有4 000多名员工，大量的决策、领导、谈判都在当地进行。但是最重要的战略性决策在美国进行。

列文：总体上你同意吗？

库克：实际中是的，我同意。我不知道法律上怎么说。

列文：AOI注册在爱尔兰对吗？

布洛克：是的。

列文：AOI是哪里的税务居民？

布洛克：AOI没有税务居民国。但并不是说它没有缴税，它从美国赚的利息API都代扣税了。

列文：你说的利息是上百亿美元资金带来的？

布洛克：是的，资金是AOI从下面子公司收到的。

列文：我不是问你利息有没有缴税，而是说AOI从子公司收到这些资金本身，苹果公司都没有缴税？

布洛克：这些子公司都在其所在国缴了税。

列文：但是AOI收到这些资金既没有在爱尔兰缴税，也没有在美国缴税，对吗？

布洛克：AOI收到的这些资金在美国不征税。ASI和AOE赚到的应税所得，根据我们与爱尔兰政府的协议，都在爱尔兰缴了税。

列文：最多2%的税，对吗？

布洛克：是的。

列文：AOI近五年报过税吗？

布洛克：没有。五年之前在法国就一个分支机构所得报过税。

列文：但是大多数的利润都进了AOI，对吗？

布洛克：是的。AOI从子公司收利润，近五年共收了300亿美元。

列文：ASI从子公司共收了700亿美元，其中300亿美元进了AOI，对吗？

布洛克：大概吧。

列文：总结一下，AOI从子公司收利润，近五年共收了300亿美元但是没有报税，对吗？

布洛克：是的。根据美国税法，这些利润不该缴美国税。下面的子公司赚到利润时在当地缴了税。

列文：或多或少缴了税，对吗？

布洛克：是的。

列文：ASI拥有美国以外知识产权的经济所有权吗？

布洛克：是的，部分拥有，ASI和AOE共同拥有。AOE负责部分生产活动，这些生产活动至今还在爱尔兰进行。

列文：好吧。这几个公司都没有在美国报税对吗？

布洛克：是的。但是API就代扣的利息缴了税，还就ASI的外国基地公司销售所得缴了税。

列文参议员此前确定的，每个环节15分钟。此时时间到了，只能打住。这一回合坐实了苹果公司的海外利润没有在美国纳税的事实，算是得了1分。

四、台上一分钟，台下十年功

列文咄咄逼人，库克阵脚不乱，既不承认逃税（违法），也不承认避税（缺乏合理商业目的），有理有利有节。库克的自信来源于苹果公司税务筹划做得好。苹果的节税安排，讲技术、讲操作、讲政治。技术上，利用美国和爱尔兰税法漏洞节税，但没有任何硬伤；操作上，与爱尔兰政府达成协议，获得其背后支持；政治上，只避外国税，不避美国税。苹果在爱尔兰的几个公司只递延美洲以外的所得，不但不把美国市场获取的利润转移到境外，而且把加拿大和拉丁美洲的销售所得也归集到美国缴税。这套做法算路深远，且与美国税务局达成默契，在国内国外均进退自如，早已立于不败之地。

第四节　难啃的苹果（三）——列文孤掌难鸣

库克在参议院作证的时候，苹果已经在财富500强榜上攀升至第6位。生意做到这个体量，要风得风要雨得雨，不愁没有神仙相助。

一、事出有因，查无实据

麦凯恩面带慈祥的微笑，恭喜库克本人和苹果公司取得的成就，称赞他们改变了世界，为世界人民做出了贡献。此前伦大炮炮轰列文主席，说参议院欺负库克。麦凯恩开场即问库克：我看得出你是个聪明人，也不是个省油的灯，我喜欢跟你谈话。你觉得参议院有人欺负你、骚扰你吗？库克回答说：我想推动美国税制改革。我觉得苹果发出自己的声音很重要，我要让美国人民听我当面说。

麦凯恩：没有人强拉你过来吧？

库克：没有。

麦凯恩：你也不是轻易能被拉得动的。哈哈！你也用足了税法中的漏洞，国内和国际方面的漏洞都用到了。但是很多美国小公司只在美国境内运营，无法在爱尔兰开公司，这对于他们是不是不公平？

库克：不是啊。苹果公司在国内实际税负是30.5%，我猜这在美国公司中算是较高的。苹果公司在境外的税负较低，但那是境外销售带来的，不是境内销售。苹果公司没有把境内利润转移到境外去。

麦凯恩：那你说说为什么要在爱尔兰成立AOI？ AOI收入从哪里来？在哪里缴税？4 000人不少了，但是和全部员工比较起来，究竟算不算多？

库克：AOI是20世纪80年代成立的，当时苹果还没有现在这些拳头产品，也不赚钱，成立AOI是为了在欧洲销售产品。这么多年来苹果公司和爱尔兰政府建立了良好的关系。

麦凯恩：苹果公司在爱尔兰缴那么低的税，看得出来你们和爱尔兰政府关系很铁。

库克：通过设立AOI，苹果公司了解当地市场，为当地客户提供服务。另外，AOI是个控股公司，不是运营公司。控股公司只从子公司收利润，而子公司的利润在当地已经缴过税了。

麦凯恩：通过设立AOI，苹果公司少缴了很多税，对吗？

库克：在我看来，设立AOI主要是为了管理现金。子公司分配利润给AOI之前已经在当地缴了税，AOI向API分配利润时，API按35%税率全额缴了美国税，因此设立AOI并没有减少美国税。

麦凯恩：AOI、AOE和ASI都是哪里的税务居民？

库克：三家子公司都没有税务居民国。

麦凯恩：这样符合逻辑吗？

库克：我不大懂什么是税务居民，什么是税务存在。但是该在爱尔兰缴的税我们都缴了，该在美国缴的税我们也都缴了。

麦凯恩：你说设立AOI是为了降低管理成本，难道你没有降低税务成本吗？缴税明显少了。我没有说这么做不对，但是你比只在美国市场销售产品的小公司明显有优势。

这公平吗？

库克：我很尊敬您，但我不这么看。苹果海外销售收入本来就不该在美国缴税。设立AOI是为了汇集在海外已经缴税的利润，并且用于再投资。

麦凯恩：那为什么有人觉得你们比起只在美国运营的小公司明显占据了优势？

库克：这很复杂。但是我没有觉得不公平。我不是不讲公平的人，苹果也不是不讲公平的公司。

麦凯恩辩解式质询只能到这里，因为时间到了。麦凯恩活跃了一下气氛。"其实我最想问你的是，苹果的App为什么要不停更新？你们为啥就不能改进得让我省事一些呢？哈哈。"库克笑着说："我们一直在改进。"全场笑声一片。

二、请给自己下个套

民主党人参议员克莱尔·麦卡斯基尔（Claire McCaskill）做过检察官和州政府审计官，作风务实。冲着解决问题来的人不需要做陈词，直接开始质询。

麦卡斯基尔：我理解你们做了筹划，好的公司都做税务筹划，你如果不做就不合格。但是我还是想了解你们的具体做法，以便我们改进税法，让它更简单，更能支撑美国企业在世界舞台上发展壮大……爱尔兰政府给了你们2%税率，这是怎么谈成的？

库克：苹果20世纪80年代进入爱尔兰。当时爱尔兰政府大力招揽科技企业。我们彼时还没有开始在欧洲运营。为了吸引我们，他们和我们签了一个税收优惠协议，给了2%的优惠待遇。我们当时业务很小，从那以后就开始壮大，现在已经达到4 000人，还扩建了新址。

麦卡斯基尔：你们销售只有1亿美元的时候爱尔兰就招揽了你们。现在移动互联网企业主要增长都来源于新兴市场。如果我们现在改革税法，降低税率……但是某个新兴市场国家如果要学习爱尔兰当时的做法挖我们墙角，我们怎么办？

库克：我觉得美国优势很大（不用担心）。现在我们把资金汇回美国的障碍就是35%的企业所得税率。我个人建议是消除所有税式支出，简化税制，把汇回利润征税降低到合理水平。

麦卡斯基尔：如果倒过来呢？让你们离开美国要付出更多税务成本会不会效果更好？从成本和收益分析角度，什么因素阻止你们搬出美国？

库克：人是美国人，公司是美国公司。我们研发在美国做，我们喜欢这里，这里是个创造奇迹的地方。

麦卡斯基尔：这么说是由于无形因素，对吗？无法具体？

库克：无论走到哪里都改变不了我的美国心。我很有想象力，但从来没有想到要离开美国。

麦卡斯基尔：说到债券利息，允许利息支出扣除是不是也是税式支出，是不是也可以消除？

库克：是啊，综合税改也可以考虑这一点。

麦卡斯基尔：这个看起来很复杂，但是你们如何分配销售得来的资金？有一些分配到销售地，来源于知识产权的收入你们自己决定去向。

库克：有一些销售公司在当地缴税。欧洲的销售公司设在爱尔兰，所以在爱尔兰缴税。知识产权相关的资金留在AOI，其中有一部分在美国缴税。

麦卡斯基尔：我（买你们产品）出的钱有没有放到爱尔兰去？

库克：这一点布洛克先生更清楚。布洛克先生？

布洛克先生作了否定答复。时间到了。麦卡斯基尔也没有套出来什么话。后来通过的税改方案中含有利息支出限制以及税基侵蚀的条款，也许就是麦卡斯基尔参议员当时心中所想的条款。

三、闷声发大财就得了

共和党人参议员罗恩·约翰逊（Ron Johnson）做过会计，做过CEO，后来买下了公司自己当老板。CEO对CEO，惺惺相惜。约翰逊也是质询式辩护。

约翰逊：为啥苹果公司美国的销售收入占全球收入39%，利润占比只有35%？

库克：美国产品有一大部分是MAC电脑，利润率低。海外销售主要是手机，利润率高。

约翰逊：海外少缴税，谁受益呢？

库克：美国公司汇回利润时要抵免外国税，外国税越低，美国税越高。所以是美国政府受益。

约翰逊：你们是个大公司，国税务局常驻苹果公司稽查你们，对吗？

库克：是。

约翰逊：税务局检查了苹果公司的架构和转让定价，没有发现问题，对吗？

库克：没有。

约翰逊：你们的股东都有谁？

奥本海默：苹果公司股权很分散。前50名股东只拥有一半的股份，包括退休计划、共同基金等。

约翰逊：境外少缴税，所有这些人都受益，对吗？

奥本海默：是的。

约翰逊：苹果公司去年缴了多少税？

布洛克：在国内缴了大概20亿美元。在国外缴了大概9亿美元。国内有5万名员工，境外2.5万员工……

约翰逊没有明说，但是意思很明白：什么税改不税改，闷声发大财吧。

四、顺便"黑中国"一下

共和党人凯利·阿约蒂（Kelly Ann Ayotte）是律师出身，也是上来直奔税改方案的细节。

阿约蒂：你觉得税率多少合适？

库克：我觉得企业所得税税率25%左右，汇回利润税率10%以下比较合适。这样总体税额不变，税制更有竞争力。

阿约蒂：改革税制对改善投资环境有多重要？

库克：很重要。可以增加投资、增加就业、增加税收。

阿约蒂：区域税制有多重要？

库克：很重要。吸引资金回来在美国投资，对美国有利。

……阿约蒂忽然话锋一转：关于知识产权，听说你们在中国受到挑战？具体是什么挑战？知识产权保护显然是美国的优势之一。我们和国际合作伙伴应当如何解决这个问题？

库克：实际上我们在中国之外面临的问题更严重。

阿约蒂：我是说中国山寨苹果商店。

库克：啊，是有这回事。国外有山寨，美国也有山寨。美国的诉讼程序太长，给了山寨者一段时间来抄袭我们。国内的知识产权保护要加强，国际关于加强知识产权保护的对话也很重要。

不是说税改吗？怎么忽然说到了知识产权保护？看来这个话题比税法更好懂，议员们都喜欢这个话题。

五、美国公司也是"弱势群体"

共和党人参议员罗伯特·波特曼（Robert Johnes Portman）做过小布什时代的美国贸

易代表。波特曼做了开场陈词：只堵漏洞是不够的，要对税法进行彻底改革，因此我做了税制改革提案，已经被税收联合委员会接受了。我的提案中主张通过区域税制推动美国公司在海外的竞争力。我们的竞争对手都改为区域税制了，还降了税率。我们也要降税率。

波特曼询问布洛克，你们的竞争对手三星实际税负是多少你知道吗？不等对方回答，他自己说：你不知道我知道。三星和苹果的全球税负基本相同，都是14%，但是三星可以自由地把资金调回国，苹果不行，要额外缴税。因此要改革。

波特曼又说税法太复杂，合规成本很高。请问苹果有多少税务律师？奥本海默回答：70—80人，纳税申报表有两尺厚，还有没完没了的检查。波特曼说这太复杂了。一定要改革，不改革企业怎么受得了？希望这次听证会能推动税改。

六、列文不依不饶

议员之中共和党人多势众，都是替苹果说话的。列文参议员很不爽。作为调查分会主席、听证会主持人，列文在本环节还有一次质询机会。

列文：你们的知识产权是摇钱树。美洲之外的摇钱树你都转移到了三个不缴税的爱尔兰公司，对吗？

布洛克：对的，是经济所有权转移到了ASI和AOE。

列文：美洲的知识产权你保留在API，这样就把加拿大、墨西哥和巴西的利润拿回境内了，是吗？

布洛克：这些利润是API挣的，产生于美国境内，不用拿回来。

列文：API保留了美洲的知识产权，对吗？没有保留别国的知识产权吗？

布洛克：是的，通过一个共同出资协议实现的。

列文：那个协议还不是你们自己搞的？

布洛克：是两个关联企业之间签的。

列文：关联公司还不是苹果公司控制的，要怎么签就怎么签，对吗？

布洛克：我觉得不该看谁来签，要看有没有符合独立交易原则。

列文：这个协议符合独立交易原则吗？都是你们自己签的。

布洛克：美国财政部三次都批准过，国会也批准过这个成本分摊协议，说明它符合独立交易原则。

列文：知识产权是皇冠上的明珠，你们内部签了一个协议就把它转移到境外去了。我看就是这回事儿。

库克：我不同意这种定性。

奥本海默：我也不同意这种定性。

列文：难道不是你签的？难道你没有在苹果工作？对方也是苹果的雇员。苹果公司自己签了这个协议把知识产权转移到了自己控制的三个爱尔兰公司。

奥本海默：我不同意这种定性。

列文：你们控制了这些公司，有办法把利润转移回来。你能把加拿大和南美的利润拿回来，也就有办法把其他国家的利润拿回来。是不为也，非不能也。你不想拿回来是不想缴税。结果在爱尔兰堆积了上千亿美元的利润。我的问题是，这些利润你要拿回来吗？你跟我的团队说，如果不降低税率就不拿回来，对吗？

库克：我没说过。

列文：你要拿回来吗？

库克：在现在的税率下，我目前没有计划要拿回来。

列文：那还不一样？

库克：不一样。

列文：有啥区别？

库克：我没说永远不拿回来，世事难料……

列文：你转移利润，你不把资金汇回来就是为了避税……

奥本海默：我不同意这种定性。

列文：你转移了知识产权的经济所有权……

奥本海默：20世纪80年代……

列文：你转移利润……

……

时间到了。列文参议员单枪匹马地说明了自己的观点：资本是贪婪的，不能太纵容了。后来的税改方案中，民主党人的意见也被部分采纳。最终方案是双方妥协的结果，例如提案中15%的税率最终定格为21%。

但是参议院只有立法权，只能通过立法来防范未来的避税行为，不能秋后算账。列文参议员本环节结尾陈词说，现有体系下，像苹果这样赚大钱的公司可以自己决定利润流向哪里，这种体系不能再继续了，我们要重写法律……

第二个环节结束了。苹果终于走下了"烤盘"。这个环节厘清了这几件事：第一，国际避税是不对的，因为对美国的小公司不公平；第二，国际避税只要是薅全世界的羊毛给美国政府和美国股东织毛衣，大家心照不宣就好了；第三，要防止国际避税，只用"堵"的办法是行不通的，还要降低美国的税率。

第五节　难啃的苹果（四）——别想秋后算账，顶多亡羊补牢

第三个环节由美国财政部税政司副司长马克·马祖尔和税务局转让定价和大企业局局长萨缪尔·马鲁卡作证。苹果避税这么多，财政部和国税务局也得有个说法吧？国税务局常驻苹果公司实施稽查，为什么一直就没有发现过问题？

一、不是我不明白，这世界变化快

马祖尔宣誓后，开篇陈词如下：

随着经济全球化，跨国公司利润在全球各地产生。把跨国集团公司的利润分配到全球各地征税不是件容易的事。虽然理论上应当按照独立交易原则来进行，但是实际操作中很难把握，因此跨国公司在目前的法律下能够通过多种架构和交易，把利润转移到境外，并且在境外子公司之间相互转移。跨国公司经常会用到成本分摊协议。理论上来讲，美国公司利用成本分摊协议转出无形资产的时候，可以一次性地拿到相应的报酬，这不过是把未来的无形资产应得的收益提前实现了，不会造成避税，但实际操作中无法做到这一点。由于存在风险因素，事情就变得复杂了。很多美国公司通过各种方法把无形资产转移到境外，但是转出时没有拿到相应的对价，他们宣称这种无形资产的转移不适用独立交易原则。

我觉得产生这个问题的根本原因在于我们的税率太高。我们现行的税率是1986年确定的，当时世界各国的税率差不多都是这个水平。但是从那往后各国都降了税率，我们没降，结果跨国公司就有动力把利润转移到境外低税率国家。因此我觉得利润转移的核心问题是税率。

另外会计处理方法也有影响。境外子公司的利润如果永久性地投资在境外，那么他就不需要计提所得税费用，否则还要计提所得税费用。如果计提所得税费用，会计报表上的净利润就会下降，影响股价，因此很多公司把利润实际投资在境外，或者宣布要投资在境外不汇回来。几种原因综合下来，每年转移到境外的利润，在100亿—800亿美元。

还有F分部法规也不得不提。这个法规的主要目的是防范把消极所得转移到境外，但是这个规则又被规避了。一些跨国公司利用混合的实体或者混合的工具就能规避这个

规则。混合实体就是说一个实体在一国税法下是公司，但在另一国税法下是分支机构。混合工具就是说在一个国家当成利息对待，在另一个国家当成股息对待。本届政府曾经多次提议采取措施防止这种情况发生，每年年度预算案中都提，这次总统的税改框架建议中也提到了。

这次总统的税改框架是一个多方位的改革方案，该方案采取多种措施来降低对跨国公司向低税国家转移利润以及转移投资的动力。这个框架所依据的原则就是增加美国税收的竞争性，让美国更有吸引力，创造更多就业机会。同时我们财政部正在和经济合作与发展组织（OECD）开展合作。我们深知通过多边行动来防范避税非常必要。

二、不是我们无能，是敌人太狡猾了

马鲁卡的开场陈词更具体：

税务局一直致力于保证美国的跨国公司遵纪守法，防范转移利润，对于跨国公司的税收筹划，一直都保持高度的关注。尽管我们的人力有限，对于境外避税这种重点领域我们也一直集中投入力量。我们关注的领域包括利润转移、纳税递延筹划、外国税收抵免以及境外积累的利润，并且我们还成立了18个国际行动网络来协调行动。

转让定价方面我们一直密切关注，以保证独立交易原则得以实施。但是老革命遇到新问题，美国公司利用无形资产向境外转移利润，这种情况独立交易原则用起来很吃力，这是目前我们执法过程中面临的最大挑战。这种无形资产交易在第三方之间很少见，因此关联企业之间定价时很难找到合适的可比交易来参考。另外，这些拥有无形资产的高科技公司都是高风险高回报的公司，各实体分别承担什么风险一般很难定量，因此转让定价就很难说得清楚。最后，成本分摊协议只是转移无形资产的方式之一。很多公司还可以通过公司重组来转移无形资产。重组中技术性无形资产和商誉以及持续经营等因素混在一起，很难分辨出各自的价值。

截至2013年的5月9日，税务局已经发现250个公司涉嫌利润转移，涉及利润大约180亿美元。虽然国际税收征管对我们挑战很大，我们仍然要集中力量全力应对。

三、我们来甩锅吧

苹果避税这么多年，政府部门难道就只能干看着？这如何向吃柠檬的小企业和吃瓜的群众交代？民主党按说是代表这些人的，列文参议员质询起来那可是要红红脸，出出汗的。

列文：F分部法规不就是用来防止滥用税收递延吗？

马鲁卡：是的，但是多少年来这个法规给出了很多例外，例外之中又有例外。还有现在国际经济环境变了，再加上打钩规则，跨国公司规避F分部的方法太多了。

列文：我问你F分部的初衷就是防止递延，对吗？

马鲁卡：没错。就是对消极所得以及流动性所得在当年征税，对积极所得允许递延。但是这个法规主要是用来防止美国的利润向外转移，而不是用来防止境外的利润在境外子公司之间相互转移。

列文：这种状况是不是违背了原始的立法意图？

马祖尔：大概是吧。

列文：你在政策建议中提到了1998年曾想修改打钩规则，但是由于国会尤其是企业界的反对，最后没能实现，对吗？

马祖尔：是的。

列文：转让定价法规的初衷是防止人为转移利润。苹果公司几个雇员之间签了个协议，就绕过去转让定价法规了。你觉得这是不是太容易了？

马鲁卡：这个事情还真是比较复杂。公司之间这种交易，你不能拿事后的结果去挑战事前的决定。事前定价的时候信息有限，有很多情况预料不到，你要求他保证结果正确就强人所难了。

列文：那新签的协议你难道不应当仔细看看吗？

马鲁卡：当然要仔细看啦，但是要看整体情况……

说到细节，列文参议员毕竟不是专业搞转让定价的，担心露怯也不敢多说，于是转而问马祖尔。

列文：那我们到底有没有义务去防止跨国公司转移利润？

马祖尔：财政部的职责就是保证国会通过的法律能够按照国会的意图去执行，我们能做的就是制定规章。一旦出现问题，我们就提出立法建议，仅此而已。

列文：税法的第482节难道不是说过应当保证关联交易符合独立交易原则吗（这立法意图不是很明显吗）？

马祖尔：是的。2009年我们提出了一个关于成本分摊的临时性规章来应对这个问题，2011年完成了。

列文：你有没有听说过有些公司竟然没有国籍？

马祖尔：那就是个法律问题啊。两国法律规定不一致的时候会出现这种情况，不足为怪。

列文：这个打钩规则你也没有办法了？

马鲁卡：我们现有的法规只能防范通过转让定价转移利润。但是设立境外公司，这不是个转让定价问题，我们没有办法防范。

列文：即使境外公司没有员工，就是一个空壳，你们也没有办法？如果一个交易没有商业目的，纯粹是为了节税，你也没有办法？

马祖尔：有时候我们以经济实质为判断标准，但是大多数情况下我们还是要依据法律上明确的标准。比如，如果符合法规中规定的风险转移等要件的安排，税务上还是要承认的。现在我们讨论的问题是转让定价中最难的问题，因为转让的无形资产并没有可比的活跃市场交易价，所以准确定价非常难。

列文：那么即使一个空壳子公司，所有的控制都归于母公司，子公司虽然有资产，但是控制都归母公司，你还是要尊重它的形式安排？

马祖尔：一般情况下我们是要尊重它的。

……

列文：转移无形资产经济所有权对我们的影响有多大？

马祖尔：每年100亿—800亿美元吧。

列文：财政部也许能够部分地解决这个问题。比如改变打钩规则，出台一些规章，让国税务局放开手脚去应对空壳公司，阻止成本分摊协议等。你打算这么做吗？

马祖尔：本次行政部门的预算方案中我们提出了一系列的立法选项，也有具体建议。

税务局说它依法征管，财政部说它已经提出了立法建议，这个锅谁也不接，甩回到国会头上，怨国会立法没有跟上。好吧，过去的事情到这里就打住了，谁也不要提了，说说以后怎么办吧。列文参议员做了第二环节的结束陈词：

"谢谢各位证人，我们本次听证的目的是让大家了解美国税法的缺陷，虽然我们聚焦在苹果公司，但是问题显然是普遍性的。我觉得事实很清楚了，税法上有巨大的漏洞，这些公司利用了漏洞。苹果公司的说法，很多方面我都不同意。我认为苹果在税务上要了很多花招，因此我建议在会议记录中列举苹果的几个花招做示例用。苹果公司的做法是否合法我们并不想评判，我们要决定是不是可以容忍它继续这么做。这些做法损害美国的财政健康，妨碍我们保护美国人民、为美国人民服务。

苹果公司的三个雇员签了一个协议，就能决定有多少的利润回到美国来缴税。他们决定把皇冠上的明珠，也就是他们的无形资产留在海外的避税地来避税，我们的税收法律法规竟然能容忍它。我们的法律本来是要求关联交易符合独立交易原则的，但是这种情况根本不符合独立交易原则。这种做法对我们的税收造成了巨大的影响，是可忍孰不可忍。我们要堵塞漏洞，不光是简化税法，不光是像苹果公司主张的那样保持税负不变,我们要保证这种利润转移行为不能继续进行下去。我希望本次听证会过程中发现的事实将催生以上变革,谢谢各位。"

四、SEC收场和2017年税改

苹果公司的做法到底有没有违法,总得有个说法吧?财政部和税务局都说了没有违法,参议院又能怎样?最后参议院找了个台阶下,将这个烫手山芋甩给了证券交易委员会(U.S.Securities and Exchange Commission,以下简称"SEC")。毕竟苹果是个上市公司,归SEC管,而且SEC的宗旨是保证公平竞争,那你就说说有没有违反公平竞争原则吧。SEC装模作样地调查了4个月,然后宣布苹果无罪。这还用说,如果能够确定有罪,税务局早动手了,还用得着SEC?于是2013年10月,对苹果的税务调查终于画上了句号。

苹果听证案后,美国的税改进程明显加速。2017年11月,时任美国总统的特朗普签署了最终的税改法案。在该法案下,美国将企业所得税率降低至21%吸引投资,对境外子公司汇回利润免税,鼓励资金回流,规定了最低税GILTI和反利润侵蚀税BEAT规则来限制将利润向境外转移,推出了境外无形资产收入FDII优惠吸引美国公司将境外销售收入确认在美国。这些措施都是美国政府在与苹果等公司的碰撞中找到,通过调查研究形成的,现在看来是很成功的。

第六节 难啃的苹果(五)——欧盟挑起六方大战

美国国会放过了苹果,美国证券交易委员会宣布它无罪,但是欧盟委员会(European Commission)不答应,避税案再起波澜。

一、挖墙脚磕到了公平竞争法

欧盟委员会是欧洲联盟(欧盟)的常设执行机构。欧盟26个成员国,个个都不是省油的灯,总得有个执行机构来摆平各方吧?话说苹果避税这件事,是爱尔兰挖了别的成员国墙角,如果不管,何以服众?但是欧盟的税收法规只起协调成员国税收法规的作用,各国的税法和征收管理都是独立的,无法从税收法规入手。欧盟委员会在现有的法规库里面翻箱倒柜，终于找出了一个公平竞争法规，就拿出来凑合用了。

要说公平竞争法本来是用来防范各成员国偏袒本国公司，给他们特殊待遇从而对别的公司造成不公的。在苹果这个案例中，爱尔兰少收了苹果公司的税，而苹果公司是一家美国公司，这个法规用得有些勉强啊！但是总比没有强吧？于是委员会中负责公平竞争的工作组组长玛格瑞特·维斯塔格（Margrethe Vestager）受命对苹果立案调查。

维斯塔格雄心勃勃，可不想只调查苹果一家公司。从2013年开始，欧盟委员会就盯上了一大票跨国公司。2014年开始，欧盟委员会要求所有的成员国提供税收裁定方面的信息，随后公布了一系列的调查报告，掀起了不正当税收优惠调查的高潮，涉及：

（1）卢森堡（2015年）与菲亚特、亚马逊、麦当劳（请参考：麦当劳的避税套餐，让欧盟无言以对）；

（2）荷兰与星巴克（2015年）；

（3）比利时与35个跨国公司（2016年）。

2013年6月12日，欧盟委员会致函爱尔兰政府，要求提供税收裁定相关信息，特别是有关苹果公司的税收裁定信息。爱尔兰政府提供资料后，欧盟委员会于2014年6月11日作出决定，正式开始调查。两年后，维斯塔格于2016年8月30日发布了报告，得出结论说爱尔兰政府向苹果公司提供了非法的税收优惠，使其在很多年中都比其他企业少缴了大量税款。调查报告说，苹果公司从欧洲取得的利润，其税负在2013年仅为1%，在2014年则进一步降至5‰。

二、风口浪尖上的两个税收裁定

这么低的税负率是如何实现的呢？在技术层面，这就是个转让定价问题。当初苹果公司声称ASI和AOE都是以非居民公司身份在爱尔兰开展运营，在当地存在开展运营活动的分支机构。这两家公司的总部都不用在爱尔兰缴税（事实上在哪里都不缴税），而归属于当地分支机构的利润需要在爱尔兰缴税。那么如何在总部和本地分支机构之间划分利润，这就是一个转让定价问题。分支机构划分的利润多，就要多缴税，反之就要少缴税。

总部和分支机构之间的利润划分要多离谱，才能把ASI和AOE的税负降到这么低？离谱的做法难道不担心哪国政府秋后算账？当然担心了，所以要想办法防范风险。相关国家政府的默许靠不住，只有相关政府书面认可才能降低风险。因此，苹果公司就跟爱尔兰政府谈了一个利润分配方法，只将极少量的利润分配给爱尔兰的分支机构，并让爱尔兰政府以事先裁定的方式确认了这种利润分配方法。这个裁定于1991年生效，2007

年进行了更新。库克和团队在美国参议院听证会上反复强调这种安排早在20世纪就形成了,指的就是这两个事先裁定。

爱尔兰政府在1991年和2007年确认的这两个事先裁定采用了预约定价安排的形式,反映了爱尔兰政府和苹果公司之间就转让定价的合理水平事先达成的一致意见。有了这个安排,苹果公司就不用担心爱尔兰政府秋后算账。也不用担心因为税务(包括欧洲税和美国税)上存在风险而需要在会计报表上计提准备。

三、欧盟委员会的决定

但是这个安排给欧盟委员会落下了一个把柄。也就是说,爱尔兰政府给苹果公司的待遇太过优惠,明显对别的公司不公平。欧盟委员会抓住这个把柄开展了调查。根据欧盟委员会的调查结果,爱尔兰政府对苹果公司的两个税收裁定构成了国家援助,理由如下:

(1)爱尔兰政府通过两个税收裁定减少了ASI和AOE的纳税义务,放弃了自己的税收收入;

(2)ASI和AOE属于苹果公司,而苹果公司在欧盟所有成员国都有运营,因此爱尔兰政府的两个税收裁定影响到了所有成员国;

(3)这两个税收裁定背离了爱尔兰公司税的一般规则,选择性地对ASI和AOE额外给予税收优惠待遇;

(4)因此,这两个税收裁定使得ASI和AOE在竞争中取得优势,扭曲了竞争。

但是欧盟没有权利对苹果公司直接进行处罚,根据政府援助法案,只能试图消除对公平原则的扭曲,也就是强制爱尔兰政府向苹果公司收取少收的税款。欧盟委员会于2016年8月30日发布了报告,向爱尔兰政府提出了这种要求。根据政府援助法案,追溯期限为10年。算下来2004—2013年这10年内的税款加利息共计130亿欧元。这些金额里面,AOE只应补缴5 000万欧元,其余的大头由ASI来缴。这个计算没有涉及2014年度,因为2007年的这个裁定到2014年已经失效了。

为了争取支持,欧盟委员会鼓励别的国家加入谴责爱尔兰的行列,其在报告中建议说:如果任何一个成员国认为自己从苹果公司的税务安排中受到了损害,少收了税款,也可以主张让苹果公司补税。苹果公司把整个欧洲、印度、中东、非洲等地的销售收入都记到爱尔兰这两家公司账上,不在这些国家缴税,实际上是爱尔兰挖了所有这些国家的墙角。如果别的欧盟国家让苹果公司补税,相应的税款应当从应付爱尔兰的13亿欧元税款中相应减少。各国对欧盟的鼓动反应冷淡。说到底这是一个国际税收竞争力的问题,大多数国家都不想因为秋后算账而吓跑跨国公司投资者。那就得不偿失了。

四、诉讼与反诉讼

苹果公司当然不服了。2017年1月3日,欧盟委员会的补缴税款期限已到,苹果公司并没有上缴税款,理由是爱尔兰政府还没有算清楚具体金额。爱尔兰政府说了,这个账最早2018年3月才能算清。有令不行,有违《欧盟运行条约》。于是欧盟委员会将爱尔兰政府告上欧盟法院(the Court of Justice of the European Union)。

欧盟法院成立于1952年,其使命是解释和实施欧盟条约。为实现该目标,欧盟法院审查欧盟各机构行为的合法性,确保各成员国遵守其条约下的义务,并应成员国法院和法庭的要求解释欧盟法律。欧盟法院位于卢森堡,包含两部分,即欧洲法院(the Court of Justice)和普通法院(the General Court)。一审归普通法院,因此欧盟委员会向普通法院提出了这次诉讼。

爱尔兰政府以攻为守,已于2016年11月9日向欧盟法院的普通法院提起诉讼,要求欧盟委员会收回成命。但是,起诉的前提是,要么先收税,要么先收一笔相当于税款的押金。于是苹果公司上缴了押金,130亿欧元的税款加上利息共143亿欧元。爱尔兰政府收了钱,放在一个监管账户,然后启动诉讼程序(Case T-778/16)。诉讼期间,这笔押金就一直待在监管账户中,爱尔兰政府申诉成功才能退回苹果公司。欧盟委员会见爱尔兰政府已经缴纳了押金,认为对竞争的扭曲已经矫正,撤回了对爱尔兰政府的诉讼。

同时,ASI和AOE于2016年12月19日也向欧盟法院的普通法庭提起了申诉,要求撤销欧盟委员会的决定(Case T-892/16)。现存的两个案子的被告都是欧盟委员会,原告分别是爱尔兰政府和苹果公司,也都有若干个参与方。其中爱尔兰政府申诉的案例中,卢森堡政府充当参与方力挺爱尔兰;苹果公司申诉的案例中,波兰政府和欧洲自由贸易联盟的监察委员会均充当参与方力挺欧盟委员会,爱尔兰政府则作为参与方力挺苹果公司。美国政府一直想作为参与方力挺苹果公司,结果法院以没有直接利益关系为由在2017年和2018年两次驳回了美国的请求。卢森堡也是欧盟多起税收优惠调查的主要对象之一,帮苹果就是帮自己。波兰政府想必是缺钱了,但是也没有急着直接动手抓钱,强令苹果公司补税,而是很有风度地通过参与诉讼来争取利益,进可攻退可守。另一个参与方欧洲自由贸易联盟的监察委员会则是欧盟委员会在欧盟之外的小跟班。最终,苹果、爱尔兰、卢森堡形成起诉阵营,欧盟委员会、欧洲自由贸易联盟的监察委员会、波兰形成应诉阵营,各方就位,大战开演。欲知后事如何,且看下回分解。

第七节　难啃的苹果（六）——独立交易原则的胜利

爱尔兰诉欧盟委员会（Case T-778/16）和苹果诉欧盟委员会（Case T-892/16）这两个官司，主要的应诉方都是欧盟委员会，因此欧盟法院做了并案审理。从2017年1月开始，前后审理了3年。期间除过普通法院第七法庭于2019年9月17日和18日举行了听证会之外，其余都是书面审理。

一、争议的背景

争议的核心是关联交易，因此法庭对于争议背景的调查集中在两个方面：

（一）苹果的业务背景

美国母公司API和爱尔兰子公司AOE、ASI之间，以及AOE、ASI的总部和各自爱尔兰分支机构之间交易安排的核心是两个协议：首先是API与ASI和AOE之间订立的成本分摊协议，这是针对研发服务的，AOE签订于1980年12月，到了1999年ASI也加入了。这个协议下，协议各方分摊研发所有的成本和风险（主要就是研发支出），共同开发技术，API成为知识产权的法律所有者，同时API授权相应技术（使用区域为除北美和南美以外的世界各地）给AOE和ASI来制造和销售苹果产品，且不收取许可使用费。另一个协议则是营销服务协议，最早是2008年ASI和API签订的。根据这个协议，API提供营销服务给ASI，ASI向API支付服务费，服务费按照成本加成法来计算。

ASI和AOE都在爱尔兰设立了分支机构，AOE则同时在新加坡设立了分支机构。ASI的爱尔兰分支机构负责采购，销售和分销苹果产品，覆盖的地域包括欧洲、中东、印度、非洲以及亚太地区，其中很多的活动实际是由其他的关联方根据服务协议提供的。AOE的爱尔兰分支机构负责制造和装配特定范围内的计算机产品，该活动在爱尔兰进行。

（二）爱尔兰的税收裁定

爱尔兰税务局的两个税收裁定是应纳税人的要求，于1991年1月29日和2007年5月23日分别作出的。依据爱尔兰税法下的程序，这两个裁定先由ASI和AOE的税务代表就爱尔兰的应税利润计算方法提出建议，其后由爱尔兰税务局以书面方式表示认可，最终达成。

1991年的税收裁定历史比较久远，这点就略过不提。2007年的税收裁定起因于苹果公司于2007年5月16日建议修改爱尔兰分支机构的利润计算方法。新方法下，ASI的爱尔兰分支机构应纳税的所得依据其发生的运营成本（不含支出给关联方的成本）的一定比例来计算。AOE爱尔兰分支机构的利润依据其运营成本的一定比例加分支机构销售收入的一定比例（后者代表该公司关于制造过程的技术开发应得的回报）来计算，计算过程中运营成本要减掉厂房的折旧等。2007年5月23日，爱尔兰税务局书面同意了修改后的方法，形成了预约定价安排，有效直到2014年税务年度。

（三）欧盟委员会的不正当竞争决定

2016年8月30日，欧盟委员会公布了其不正当竞争决定，是本次诉讼的争议之所在（以下简称"受争议的决定"）。该决定在描述了相关的事实和法律背景以后，通过以下步骤认证了政府援助的存在：

第一，两个税收裁定是由爱尔兰政府作出的决定，只要这两个决定减少了ASI和AOE的纳税义务，则可以认为爱尔兰政府放弃了其税收收入，造成了其资源损失。

第二，ASI和AOE属于苹果集团，而苹果集团在所有的欧盟成员国都开展运营，所以爱尔兰政府的裁定影响了欧盟内部的贸易活动。

第三，两个税收裁定减少了ASI和AOE的纳税义务，给这两个公司形成了竞争优势。此外，两个裁定只针对ASI和AOE单独作出，从本质上具有选择性。因此，这种做法违背了爱尔兰的通常的公司税规则。

第四，综上所述，爱尔兰政府的税收裁定减少了两个公司的税务负担，增加了两个公司的竞争优势，扭曲了竞争。

二、苹果和爱尔兰的主张

苹果公司提出了14项法律方面的主张，从各个角度反对欧洲委员会的决定。

第1项主张直奔主题，说爱尔兰政府的两项裁定符合其1997年税收合并法案第25节（TAC1997 Section 25），因此并未给予AOE和ASI额外照顾；同时，欧盟委员会认为在归集利润到两个公司的爱尔兰分支机构时应当适用独立交易原则，这是错误的。

第2项主张是，根据欧盟条约第107条（TFEU 107），判断国家援助时不应当参考独立交易原则。

第3项主张是，欧盟委员会在分析AOE和ASI在爱尔兰境外活动时存在严重错误。苹果公司的相关知识产权在美国管理和控制，相关利润应当归于美国总部，不应归于爱尔兰分支机构。

第4项主张是，欧盟委员会分析两个公司在爱尔兰的活动时存在严重错误。两个公司的爱尔兰分支机构只拥有常规功能，并未参与知识产权的开发和商业化。

第5项主张是，欧盟委员会违反了举证责任原则，违反了OECD的转让定价指南以及专家的一致意见，自相矛盾，没有充分考虑反映利润应归属于爱尔兰之外的相关证据。

第6项主张是，爱尔兰给苹果公司的待遇与给其他公司的待遇相同，并没有选择性地给予照顾。欧盟委员会把ASI和AOE当成爱尔兰居民公司，认为其全球利润应当在爱尔兰缴税，这是错误的。

以上构成反驳的主线。由于篇幅所限，本文中剩下的8项主张中略去6项，只列出最后2项主张：

第13项主张是，欧盟委员会违反了欧盟条约第296条，越权了。

第14项主张是，欧盟委员会的决定超出了欧盟条约第107（1）条规定的其能力范围。

同时，爱尔兰政府提出了9项主张，大部分与苹果公司的以上主张重叠。这里不再列举。

三、法院判决

欧盟法院的普通法院第七审判庭（以下简称"法院"）于2020年7月15日公布了审判结果。要点如下：

1. 支持了欧盟委员会的调查权限和分析方法

首先法院认为欧盟委员会的这次调查在其权限之内，因为税务上的选择性优势的确会影响到公平竞争，欧盟委员会有权保证欧洲条约107条下赋予其的权力得以执行，因此并没有越权。此外，为了就是否构成额外的税务优势得出结论，就必须要分析爱尔兰税法下的一般税务处理，因此这种法规分析也没有超出它的权限。

双方争辩的核心问题仍然是知识产权由谁来控制。显然知识产权由谁来控制，大部分的利润就应当归属于谁。欧盟委员会认为AOE和ASI的总机构并没有人员，全部的人员都在分支机构，所以知识产权只能是在分支机构实施控制的。对此诉方提出了三点反驳意见：第一，不能将取得优势与选择性对待等同，两个应当分别分析；第二，欧盟委员会以独立交易原则作为参考框架，以及按OECD的2010年版转让定价指南以及其中的OECD授权方法进行分析存在错误；第三，爱尔兰根据其税收优惠政策给予AOE和ASI的待遇并不是选择性的。

法院对此予以驳回，理由是：第一，优势和选择性可以同时进行分析，并无过错。第二，以独立交易原则作为衡量的标准来分析是否给予特别的优惠也并无过错；尽管爱尔兰的税法中没有明确提出独立交易原则，但是类似于独立交易原则的精神可以从其税法中看到，而且同样适用于居民公司和非居民公司。法院认为，根据OECD的转让定价原则方法以及OECD授权方法来分析合理的利润水平是适当的，而且根据OECD的方法参考知识产权的归属来确定利润分配也是适当的。

2.核心证据不足

法院认为欧盟委员会的论证线存在硬伤。法院认为，一个非居民公司拥有的财产由其高管控制，如果高管并不在爱尔兰任职，相应财产带来的利润并不应当归属于爱尔兰分支机构。尽管爱尔兰分支机构实际运用了这些财产开展业务，只要分支机构的人员没有控制相应的财产，相应财产对应的所得就不应当归集到爱尔兰分支机构纳税。即使分支机构拥有全部的人员，总部一个人都没有，也不能证明分支机构拥有了这些财产，因为即使没有一个人的公司总部，也有可能通过它的管理机构来对公司财产实施控制。

也就是说，欧盟委员会想通过反证的方法来证明无形资产只能属于爱尔兰公司，但是法院不这么认为。法院认为举证的责任在欧盟委员会，所以它不能将结论建立在反证上，他应当证明分公司的人员实际控制了这些无形资产，并且实际管理这些无形资产。虽然总公司事实上没有人员，但是考虑到总公司仍然可以通过管理机构（例如外包）来控制这些财产，总公司没有人员并不能证明这些无形资产由分支机构来管理和控制。欧盟委员会的证据不足，这是很致命的，因此控方认为欧盟委员会对独立交易权原则的应用方式不对，因为它没有考虑苹果公司的经济现实、结构架构以及特点，法院对此予以支持。

欧盟委员会在受争议的决定中认为分支机构从事产品质量管理、设施管理以及业务风险管理的部门涉及了对无形资产的管理和控制，苹果和爱尔兰则提供了详细的证据证明分支机构人员的职责只是日常性的行政性工作。受到欧盟委员会怀疑的爱尔兰分支机构开展的经济活动和实施的功能在整个公司只占很小的一部分，因此他们所应分配到的利润也应只是公司的整体利润中的很小一部分。这些活动和功能既不是针对无形资产的管理，也不是针对无形资产的战略性决策，无形资产管理和决策实际上都是在美国进行的。API在美国的人员通过一些管理机构来实施这些管理和控制，因此，将大量与无形资产相关的利润分配给爱尔兰分支机构是完全没有道理的。

由于欧盟委员会缺乏核心证据证明ASI和AOE在爱尔兰少缴了税，因此整个不正当竞争决定不攻自破，其他的主张也就没有必要再去检查。综上所述，欧盟委员会并没有充分地证明爱尔兰给了苹果公司选择性的税收优惠，从而违反了欧盟条约107（1）条的规定，所以，欧盟委员会的决定应当取消。

四、跟你没完

爱尔兰挖别国墙角，这本是个税务问题，但是欧盟委员会无法追究这个问题，非得要拿企业与企业之间的公平说事，将公平竞争法赶鸭子上架，这官司也太难了。欧盟委员会煮熟的鸭子又飞了，但也不是一无所获，至少独立交易原则站住了脚，这一点非同小可。欧盟条约下各成员国税务司法主权独立，解决这个税务问题束手束脚，但这个税务问题的核心是独立交易原则，现在把独立交易原则这个"旧酒"装到公平竞争法这个"新瓶"下，这场架还能继续打下去。

2020年7月15日欧盟法院宣判当天，玛格瑞特·维斯塔格（Margrethe Vestager）发表声明说，欧盟委员会要仔细研究该项判决，研究接下来如何行动。作为欧盟委员会的执行副总裁，维斯塔格说现在的疫情危机下，各国政府和民众急需用钱，但是一些成员国放纵某些跨国公司少纳税，不仅不公平，也损害了政府和民众的财力。因此，呼吁从公司哲学和立法层面采取措施协助国家援助法案的执法行动。

在维斯塔格看来，此前普通法院在卢森堡向菲亚特以及荷兰向星巴克的国家援助法案中，已经确立了成员国必须尊重欧盟的国家援助法的原则，这次普通法院又确认了可以参照独立交易原则来判断税收优惠是否具有选择性，这都是巨大的进步。维斯塔格说，欧盟委员会还会一如既往地审查激进的税务筹划，根据国家援助法判断其是否构成非法的国家援助，这项事业此前已经在国家、欧洲以及全球层面取得了显著进展，今后仍会坚持，直到取得全面胜利。

维斯塔格在向苹果喊话："你等着，跟你没完。"

第八节 难啃的苹果（七）——BEPS尚未成功，OECD仍需努力

扛住了美国国会的调查，又迎来了欧盟委员会的调查，2014年对苹果公司而言是忐忑的一年。难兄难弟爱尔兰政府的日子同样不好过。这段时间，OECD的税基侵蚀与

利润转移项目（BEPS）进展得如火如荼，爱尔兰挖墙脚的税法，尤其是税法中"无国籍"的规定成了众矢之的。在美国质询苹果公司的听证会上，多名参议员曾经质问库克，没有国籍的公司是否符合逻辑（请参考：难啃的苹果（三）——列文孤掌难鸣）。为了缓解压力，爱尔兰修改了税法，不再允许税收方面无国籍企业存在，改为按照管理和控制中心所在地确定税务居民身份。这就动摇了苹果公司现有税务筹划的根基，苹果公司相应调整了税务安排。

一、"海上"利润上岸了

苹果公司旗下AOE、AOI和ASI这三个实体，原来都是"无国籍"，是漂在"海上"的税务居民。现在要上岸了。这三个公司集中了苹果公司在美洲以外市场的全部利润，上岸到爱尔兰全额缴税苹果会愿意吗？当然不会。2015年苹果公司对爱尔兰三个实体的税务架构进行了重组。ASI和AOI这两个爱尔兰公司的管理和控制中心迁移到了泽西岛，变为泽西岛的税务居民。利润跟着无形资产走，相应的海外现金也移到了泽西岛。

泽西岛行政区（Bailiwick of Jersey）是英国皇家属地，位于诺曼底半岛外海20公里处的海面上。由于天气较温和，泽西岛是英国人非常喜欢的度假观光胜地之一。英王管辖再加上度假胜地，避税港的这两个特征都具备了，泽西岛当然不会浪费掉"天生丽质"，成了跨国公司避税地中的"新宠"。

AOE却没有去泽西岛，而是老老实实地把管理和控制中心迁到了爱尔兰。要说避税，没有爱尔兰政府帮忙可不成，绝不能和爱尔兰脱钩。新的税务架构下，苹果公司继续利用爱尔兰来作为避税策略的中心，苹果公司在美国以外的销售集中到AOE这个爱尔兰税务居民。这一安排对爱尔兰的影响非同小可。2015年第一季度爱尔兰的GNP、GDP、出口、进口、投资、外债等一系列指标都发生了巨大的增长，但是爱尔兰政府从苹果公司收到的税收却几乎没有变化。

AOE收入猛增，利润不增，其中的玄机在于成本费用大幅增加，抵销了收入的增长。这些都是在爱尔兰政府帮助下完成的。2015年这个新架构下，无形资产则归两个泽西岛税务居民AOI和ASI所有，由爱尔兰税务居民AOE使用。AOE要向AOI和ASI购入无形资产，爱尔兰政府则允许AOE对购入的无形资产一次性列支。

说起来这个一次性列支的规定，还是爱尔兰政府根据美国商会的建议为苹果公司量身定制的。爱尔兰政府在2014年对知识产权推出了一次性列支的优惠政策，除了这个一次性列支规定之外，还有研发支出抵免税款的优惠政策。这些政策共同作用的结果，就将AOE利润大大降低了。

凡是避税地实体都是有钱没处花。根据合同约定，爱尔兰子公司需要向泽西岛的子公司支付巨额的无形资产支出，但泽西公司用不着这么多资金，干脆当作贷款留存在爱尔兰的3个子公司，泽西子公司则向这3个公司收取利息，更加降低了爱尔兰子公司的利润。

无论是购入无形资产支出，还是利息支出，都不用担心预提税的问题，因为爱尔兰对这两种支出都不征收预提税。此外，这两种支出都涉及转让定价风险。爱尔兰政府则一如既往地与AOE达成预约定价安排来让苹果公司安心。预约定价安排过程中，爱尔兰坚持单边测试，只看AOE一方的利润水平，对ASI和AOI畸高的利润视而不见。基于以上所有原因，苹果公司"咬定"爱尔兰绝不放松。

2015—2017年，苹果公司在欧盟国家税负率为多少呢？根据苹果公司向美国证券交易委员会申报的资料，苹果公司在采用爱尔兰新的架构之后，2015—2017年，美国以外的税收负担率在3.7%—6.2%，根据这个资料推断，苹果公司在欧盟国家2015—2017年避税金额在40亿—210亿英镑。

二、不以实质性活动为前提的税收优惠都是挖墙脚

爱尔兰这种挖墙脚的做法，OECD称作有害税收实践。OECD在BEPS第5项行动计划《考虑透明度与实质性因素，更有效地打击有害税收实践》中对此进行了反思：有害税收实践的根本问题在于滥用税收优惠而导致产生人为利润转移风险，以及相关国内法规对某些税收裁定缺乏透明度。也就是说，税收优惠超过一定界限就是有害税收实践，那些躲躲闪闪缺乏透明度的税收优惠大概率是有害税收实践。

早在1998年OECD就发布了一份名为《有害税收实践，一个新兴的全球性问题》的报告，并根据该报告设立了有害税收论坛（FHTP）以推进此项工作的开展。该报告明确，有害税收实践是指一项潜在有害并且实际有害的税收优惠制度，并总结了有害税收实践的四项关键因素和八项其他因素。其中四项关键因素是：

第一，对流动性的融资及服务不征税，或者是税率极低。

第二，有选择性，与其所在国的国内经济之间存在"围栏"，也就是说只是针对特定的境外所得、外资企业，或者是对国内特定产业给予的税收优惠。

第三，该制度缺乏透明度。

第四，没有针对该制度的有效情报交换。

八项其他因素则包括人为扩大税基、违背国际转让定价原则、鼓励在并无实质活动的情况下仅仅为了税收利益而进行的运营和安排等。总结下来，有害税收实践是指各国

通过降低税率、增加税收优惠等方式，减轻纳税人负担，从而吸引具有高度流动性的生产要素和经济活动，以促进本国经济发展的行为。

爱尔兰以及泽西岛这种做法就是典型的有害税收实践。对待有害税收实践应当怎么办？OECD指出要靠各国相互监督。这不是件容易的事。从1998年至今，20多年过去了，没有看到多大进展。2013年的BEPS报告说：革命尚未成功，同志仍需努力，要求FHTP重新修订有害税收实践的相关内容，并优先关注两大更新的焦点：第一，对优惠制度提出实质性活动的要求；第二，提高透明度，其中包括对优惠制度的相关裁定、实施强制性的自发情报交换等。

在实质性要求方面，2013年的BEPS报告针对知识产权提出以下原则：只能允许对实际开展了相关研发活动，并就此实际发生了支出的纳税人给予税收优惠。针对知识产权（IP）的税收优惠制度，必须在支出、IP资产以及IP收入之间建立关联性。

这个要求对苹果公司是隔靴搔痒。新的架构下，AOE以成本分摊的方式参与苹果公司的IP开发，并在爱尔兰享受IP税收优惠，但是其涉及的利润有限，符合以上要求并不难。泽西岛是个避税地，干脆就不征税，哪里还用得上税收优惠？以上规定也不适用。

针对非IP的税收优惠制度，如总部优惠制度、分销或者服务中心优惠制度、融资或者租赁优惠制度、基金管理优惠制度、银行和保险优惠制度、航运公司优惠制度，以及控股公司优惠制度，2013年的BEPS报告也提出了实质性活动要求，同样要求将可以享受税收优惠的收入和取得该收入必须开展的核心业务活动联系起来。然而，AOE很少涉及这方面的活动，爱尔兰政府也不用为此费心。

在透明度方面，2013年的BEPS报告要求对六类相关特定裁定开展强制性自发情报交换，其中包括优惠制度相关的裁定、单边的预约定价安排或与转让定价相关的其他跨境单边裁定下调整应税利润的跨境裁定、常设机构的裁定、关联方导管公司的裁定，以及经FHTP同意的，因缺乏自发情报交换而可能引发BEPS问题的其他任何类型的裁定。爱尔兰对苹果公司的预约定价安排也在交换之列，问题是，有泽西岛这种新兴避税地继续放水，情报交换能够解决问题吗？

三、另一种税收竞争

理论上来讲，情报交换可以让其他相关国家发现跨国公司的避税行为并采取相关反避税行动。但是，美国和欧盟早已发现了苹果公司没有缴税，尤其在爱尔兰没有缴税，又能如何呢？

2016年欧盟委员会要求爱尔兰政府向苹果公司追税之时，美国税务局（IRS）的前局长Mark Evansen在接受采访时说道，这是一个巨大的倒退，不是钱的问题，这是法治的问题，欧盟没有权利征税。同时，美国财政部长Jack Law说，欧盟这种做法并不符合公认的税收法律，引发美国和欧盟的领导人之间为此争论不休，这样做会形成一种对美国公司不利的环境。参加过苹果听证的几位参议员表态也很有意思。共和党的伦大炮说，这个决定太糟了，让一家公司缴那么大一笔税还要倒追很多年，向大洋两岸的就业岗位提供者发出了错误的信号。民主党人列文则说，苹果公司从海外销售的手机中取得的特许经营费产生于在美国进行的设计和开发活动，应当在美国征税，不应当在爱尔兰缴税。最后，美国通过国内税法改革解决了在国内缴税的问题，对于帮助欧盟征税并没有任何帮助。

美国税改采用了两大手段来对付跨国避税问题。手段之一是大幅降低企业税率，一直降低到21%，与全球所有重要经济体相比取得了税率优势。再加上针对境外所得的各种税收优惠，美国税收优势更加明显。这也是一种税收竞争，但这是正当的竞争，不是有害税收竞争。另一个手段则是以GILTI和FDII为代表的各种核定征收规则，则在一定程度上防止了利润向避税地转移。美国税改目前看来是相当成功的。

此前苹果公司避税的一个重要前提，是美国和爱尔兰在税务居民身份认定规则方面的错配。爱尔兰以公司的管理控制中心所在地为标准认定税务居民，美国则以公司的注册地为标准。苹果公司三个子公司ASI，AOE和AOI都注册在爱尔兰，其管理控制中心都在美国。按照两国的纳税居民标准，在两边都不是税务居民。一个巴掌拍不响，要说谁造成这三个子公司"无国籍"，美国和爱尔兰都有责任。但是为什么后来只有爱尔兰修改了税务居民标准，而美国没有修改税务居民标准呢？这还是个税收竞争的问题。对美国不利的事情，美国是不会做的。

欧盟这一边没有在自身税法上做文章，还是寄希望于在原先的国际税收体系框架下，通过各种税务合作机制来防范国际避税。但是国家援助法案下的调查并未得到欧盟法院支持，针对爱尔兰、卢森堡之类的挖墙脚国家无计可施，纵使相互交换相关税收裁定信息又能如何？

总之，从小处看，反击有害税收实践的行动进展有限；从大处看，整个BEPS的实施过程也不顺利，全球反避税道路漫漫。未来各国税收竞争加剧，税率越来越低，以邻为壑且依据核定所得思路来保障财政收入会大行其道。

第九节　麦当劳的避税快餐，搞成了逃税

就营业额而言，美食大国法国是麦当劳在全球的第二大市场。麦当劳在法国赚得盆满钵满的同时，缴纳的税收却不升反降。为此，法国税务局对麦当劳展开审计，以逃税定性。麦当劳诉至法院，最后法国税务局借助欧盟的力量迫使麦当劳就范，2022年5月31日各方达成和解协议，麦当劳同意补税罚款合计12亿欧元。

2022年6月16日，巴黎法院批准了以上和解协议。根据巴黎法院公告，以上和解协议一方为法国财政检察官，另一方为麦当劳。麦当劳一方共有三家实体，分别是：

（1）注册于法国的麦当劳法国公司（McDonald's France SA，简称"MSA"）；

（2）注册于美国的麦当劳法国系统公司（McDonald's System of France LLC，简称"MSF"）；

（3）注册于卢森堡的麦当劳卢森堡房地产公司（McDonald Luxembourg Real Estate S.A.R.L.）。

一、门店卖汉堡，公司卖IP

麦当劳公司（McDonald's Corporation，简称"MC Corp"）于1964年成立于美国，目前在全球运营38 000间餐厅，其中约80%为加盟店，20%为自营店。自营店由麦当劳的子公司经营，目前大约有400家子公司。加盟店则为第三方实体，向麦当劳支付许可费。2017年麦当劳营业收入228亿美元，其中127亿美元为自营店营业收入，101亿美元为来自加盟店的许可费收入。

与可口可乐一样（请参考：你喝的不是可乐，是税务筹划），麦当劳最重要的资产是IP。"麦当劳体系"包含技术诀窍以及商标，当初由MC Corp拥有。1990年MC Corp与MSA及MSF签订了一个为期20年的《主许可协议》，向其许可使用"麦当劳体系"以及与之相关的知识产权，许可费相当于法国子公司和加盟店营业额的5%。MSA及MFS则转手将"麦当劳体系"分许可给法国境内子公司和加盟店，分许可费相当于其营业额的20%。

1994年MC Corp将部分无形资产所有权转让给了麦当劳国际产权公司（McDonald's International Property Company，简称"MIPCO"）后，MIPCO取代MC Corp成为主许可

方,相关安排如图3-3所示。

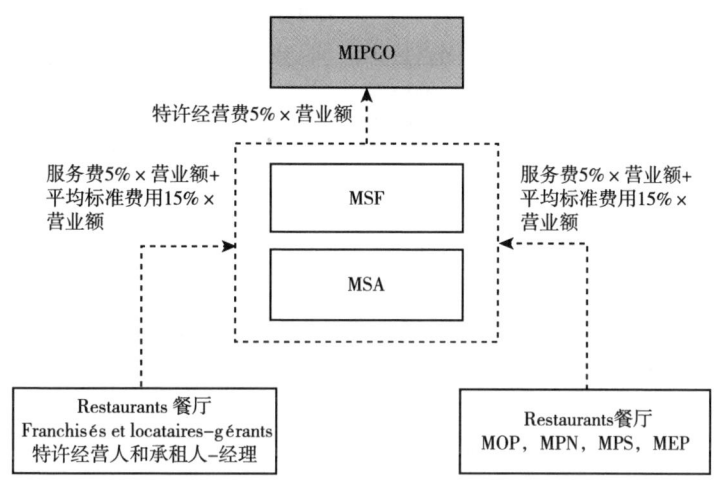

图3-3 2009年之前的麦当劳集团组织结构图

二、加上一层,收费翻倍

MC Corp与MSA及MSF之间的《主许可协议》预计于2009年到期。这个时间节点临近时,麦当劳声称要对无形资产实行集中管理。2008年,麦当劳在卢森堡成立了麦当劳欧洲特许公司(MCD Europe Franchising S.A.R.L.,简称"MEF"),并计划在IP许可架构中加上MEF这一层。

原先的《主许可协议》到期后,MEF与MC Corp以及MIPCO签订了两份协议,均自2009年1月1日起生效:

其一是《购入协议》。根据该协议,MEF从MC Corp以及MIPCO手中买入其现有以及未来开发的无形资产。

其二是《成本分摊协议》。根据该协议,MEF从MC Corp以及MIPCO手中取得了分许可"麦当劳体系"的权利。该协议下,MEF向MC Corp以及MIPCO支付的特许权使用费,在2009年为5%,随后逐年降低,至2017年降至1%。

自此,MEF拥有了"麦当劳体系"及相关无形资产的受益所有权,MSA和MSF不再向MC Corp支付特许权使用费,转而向MEF支付特许权使用费。原先MC Corp直接向法国提供无形资产,现在是绕道卢森堡向法国提供。请参见图3-4。

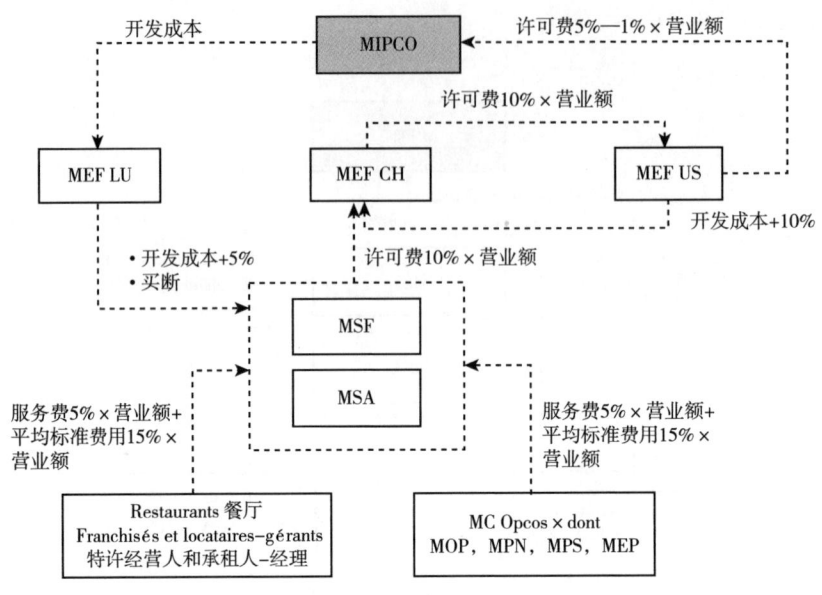

图3-4　2009年之后的麦当劳集团组织结构图

绕道卢森堡不是为了绕开马奇诺防线，而是为了绕开法国税。法国企业所得税率当时高达33.3%。麦当劳想把法国的利润转移到卢森堡，节省法国税。

卢森堡名义上税率为28.80%（指2012年税率。2013年上涨至29.22%），说起来也不低，但是卢森堡的税法中有多项免税优惠，加之执法层面有意"放水"，实际税负为零。

一边是法国税率33.3%，另一边是卢森堡零税负，麦当劳当然想让卢森堡公司多收钱，多盈利。原先MSA和MSF要向MC Corp支付营业额5%的许可费，现在向MEF支付许可费，比例提高到10%。

MSA和MSF支付到境外的特许权使用费加倍了，考虑过法国税务局的感受吗？这就好比一个汉堡原来卖5块，现在你坐地涨价到10块，你不怕被消费者喷死？麦当劳懂得消费者心理，当然不会这么做，每次涨价都会说产品升级了。原来那个叫汉堡，现在这个叫巨无霸，内容不一样，价格当然也不一样。如法炮制，麦当劳对税务局则会这么讲道理：这个特许权使用费原来收5%，不负担无形资产开发支出；现在收10%，承担无形资产开发支出。也就是说，无形资产开发支出原先由MSA和MSF自行承担，现在改由MEF来承担，承担方式就是按MSA和MSF的无形资产开发支出加成5%向其付费。

三、不是避税是逃税

这么容易就避税了？天上不会掉汉堡。法国税务局随即对麦当劳开展调查，调查期间为2009年1月1日至2012年3月16日。调查结果是，法国税务局认为许可费从5%上升到10%不符合独立交易原则。

MSA和MSF辩解说，2009年以来利润水平增加很快，公司的税收负担已经很高了，特许权使用费加倍后利润水平还在合理区间内。

法国税务局改口说，不是这样的，你们俩的问题不是利润水平问题，也不是转让定价问题。MEF没有经济实质，这不是避税，是赤裸裸的逃税！MSA和MSF构成犯罪，MEF则构成同谋犯罪。

很多类似的避税案例存在以下共同点：外在表现都是离岸公司没有经济实质，主观动机都是想节税，做法上不肯把架构做实，认知上都把税务筹划看成了点子，没有考虑配套措施。这些共同点都可以归结为一种快餐思维。

麦当劳不会轻易认输。2014年5月27日和10月2日，一家负责餐厅运营的麦当劳法国子公司McDonald's Ouest Parisien（简称"MOP"）在凡尔赛法院就法国财政检察官的逃税指控提起了诉讼，2015年12月17日MOP又追加诉讼至针对其他指控。2016年1月4日，凡尔赛法院开始调查。2016年1月12日，凡尔赛法院驳回了MOP的起诉要求。

法国政府乘胜追击，扩大指控事项范围。2016年11月15日，法国财政检察官指控MSA和MSF在2009年向MEF转让无形资产的价格偏低，也构成逃税。但是这个问题因证据不足，后来就没有继续追究，核心问题仍然聚焦在特许权使用费上。

本案涉及美国、法国、卢森堡三国，包含多种博弈；加之独立交易原则方面的事情从来就不容易说清楚，查这种案子不容易，十年八年结不了案很正常。法国政府要从哪里突破呢？

四、欧盟下场参战

但凡是跨境避税，背后必定有一国放水。本案中明显就是卢森堡在放水。法国政府要让麦当劳就范，先要降伏了卢森堡。法国在欧盟是个话事人，自然要借助欧盟来实现这一目的。

根据《欧洲联盟运作条约》和《欧洲经济区协议》，欧盟成员国不得对任何企业提供国家援助从而扭曲公开竞争。任何一个成员国如果存在这类嫌疑，欧盟委员会有权对其展开调查。

政府对企业放水，一般是通过税收裁定的方式来实现的。2013年6月19日，欧盟委员会请卢森堡政府喝茶，客客气气地想了解一下以往税收裁定是怎么做的。随后根据卢森堡政府提供的信息，欧盟委员会图穷匕见，聚焦到麦当劳，于2014年6月24日要求卢森堡政府针对麦当劳的所有税收裁定提供信息。

卢森堡2014年8月4日提供的信息显示，卢森堡曾经于2009年3月30日针对MEF出具了SA38945号税收裁定，并于同年9月17日修改了该项裁定。2015年12月3日，欧盟委员会正式立案调查以上裁定。

经过广泛收集证据听取各方意见，2018年8月19日，欧盟委员会决议判定以上裁定不构成国家补贴。篇幅所限，这里不做展开，请留意下一篇文章。

五、避税易扯皮，逃税好定案

麦当劳赢了欧盟的国家援助调查，但输了底气和人气。欧盟的调查起到了敲山震虎的作用，并且向世界公布了真相：MEF缺乏经济实质，只有屈指可数几名员工；MEF是卢森堡税务居民，但并未向卢森堡纳税；MEF还在瑞士和美国设立了分支机构，但也从未向瑞士或者美国纳税。

2015年BEPS行动成果发布之后，声讨跨国公司避税行为的声浪不绝于耳。面对这种态势，麦当劳意识到众怒难犯，否则声誉坏了，生意就不好做了。2020年MSA和MSF向法国税务局提起双边预约定价安排磋商请求。磋商结果，法国税务局确定MSA、MSF以及MEF在2009—2020年逃税469 781 538欧元。麦当劳同意补税。

2022年5月31日，各方基于以上磋商结果达成和解协议。和解协议仍旧按逃税定性。其中2009年1月1日至2012年3月16日定性为普通逃税，2012年3月16日之后则定性为严重逃税。逃税为刑事犯罪，应处以公共利益罚款，罚款按违法所得的30%计算。和解协议确定违法所得按确定犯罪之日前3年的营业额，且不高于税款计算。计算下来，麦当劳应缴纳罚款共计508 482 964欧元。

此外，根据和解协议三家麦当劳公司还要向本案的受害者即法国税务局赔偿损失共计264 067 964欧元。以上税款、罚款和赔偿合计超过12亿欧元。至此本案落幕，法国完胜。

六、避税快餐遇到反避税法国大餐

麦当劳2009年做的这种无形资产集中化安排，在当时颇为流行。但是流行即危机，采用这一类方案的跨国公司，在2015年BEPS行动计划出台之后，很多遭到了多国税务机关的清算，大额补税的案例屡见不鲜。

所有的税务方案都会经过两个阶段。第一个阶段是大餐阶段：天才的创意外加用心的实施，很精致且回味无穷。但是好景不长，跟风的蜂拥而至，会把这个方案做成产品来卖，这就进入了第二阶段。这个阶段类似于餐饮工厂化，就是快餐阶段。快餐阶段质量下降，就离集体翻车不远了。麦当劳的做法较为激进，在新设的卢森堡公司几乎没有经济实质的情况下，收费翻番，这就是快餐阶段的典型特征，其结局也在情理之中。

本案中法国税务局十年坚持，韧性十足，借助欧盟施压，措施得力。然而本案最为最可圈可点的地方，则是以逃税定性，占据道义上的制高点，夺得主动权。综上所述，本案内容丰富，精彩纷呈，法国税务局的表现堪比一出经典的法国大餐。

第十节 麦当劳的避税套餐，让欧盟无言以对

麦当劳避税案中，卢森堡功不可没，税收协定也功不可没。单向防水的税收协定+有意放水的卢森堡=麦当劳的避税套餐。

一、狡兔三窟

麦当劳搞定了卢森堡，在卢森堡成立了麦当劳欧洲特许公司（MCD Europe Franchising S.A.R.L.，简称"MEF"），但这是不够的。既然要走避税的路，那就要让所有相关国家都无话可说。

避税是个技术活，讲究"狡兔三窟"。MEF随后成立了美国许可分公司（以下简称"MEF US"）和瑞士服务分公司（以下简称"MEF CH"）。美国分公司的办公地址就在美国的伊利诺伊州麦当劳母公司MC Corp的园区里。瑞士分公司则位于瑞士日内瓦。这两个分公司与MEF卢森堡总部（以下简称"MEF LU"）共同构成MEF三窟（见图3-5）。

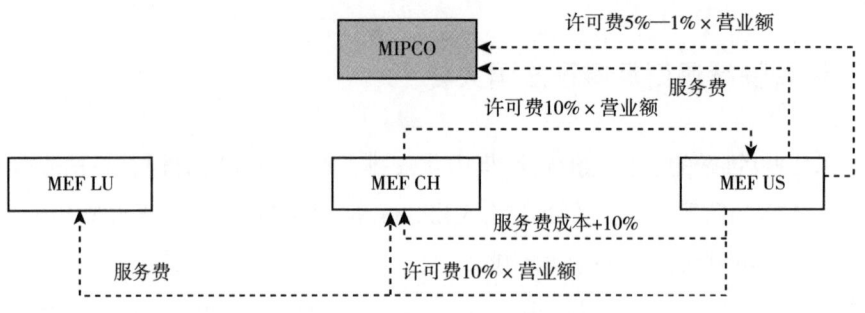

图3-5　MEF及分支机构示意图

美国分公司（MEF US）名为许可分公司，当然要负责许可。MEF将其许可权利以及相关义务划归美国分公司，由美国分公司负责收取特许权使用费。瑞士分公司（MEF CH）名为服务分公司，自称提供与许可权相关的管理、支持、开发以及类似或相关服务，实际上服务对象只有一家，就是MEF US，说白了就是向欧洲的加盟店收取许可费然后转手付给MEF US。MEF CH本身发生的费用加成10%以后向MEF US收取。事实上也不真正收取，而是从应付MEF US的许可费中冲抵。MEF LU每年也会发生40万—50万美元的费用，这些费用也以服务费的方式向MEF US收取。

不就是收个许可费嘛，怎么搞得这么复杂？你如果抬头看一下全局，就会发现其实也不复杂。MEF每年上亿美元的收入，那么员工有多少？

起初MEF LU没有员工，在法国税务局开始税务审计之后的2014年，MEF LU才开始有了个位数的员工。起初MEF CH只有个位数的员工，2014年起增至10多人。MEF US一直只有一个MC Corp员工兼职担任其许可经理，MEF US每年向MC Corp支付1万—2万美元的服务费作为补偿。

二、一个敢说，一个也敢信

仅仅设立了一个公司，签了几份内部合同就能实现零税负？麦当劳心里也没底。卢森堡税务局拍胸脯的保证靠不住，一定要落实到纸面上。为此，MEF向卢森堡税务局申请税收裁定，即主动披露其税收安排和税务处理，请求卢森堡税务局书面确认其理解是否正确。

税收裁定由事实认定和法规理解两部分构成。在事实认定方面，MEF在申请中声称MEF US开发了许可权资产并承担了相应的费用，因而承担了许可权的经济风险，并且以承担开发成本的方式有效参与了与MC Corp以及MIPCO之间的成本分摊协议。事实上

MEF US 只是出钱，许可权资产开发活动都是由 MC Corp 的人员完成的。如果按照现行的《转让定价指南》来判断，不能认定为 MEF US 实际承担了无形资产开发风险（请参考：资产无形贡献有报——GSK 美国转让定价争议）。但是当时的《转让定价指南》还没有这些规定。因此一个敢说，一个也敢信。

三、税收裁定花式放水

关于法规的理解，主要涉及卢森堡与美国之间的税收协定第25条"消除双重征税"条款，第（2）项规定：
在卢森堡，消除双重征税的方法如下：

卢森堡居民取得的收入或者拥有的财产，根据本协定相关条款，可能在美国被征税的情况下，卢森堡政府……应对该所得或者财产免税……

卢森堡与瑞士之间的税收协定中也有类似的内容。麦当劳对 MEF CH 和 MEF US 的税务处理持相同立场。为避免重复，以下只讨论涉及 MEF US 的税务处理。

在税收裁定申请中，麦当劳强调 MEF US 承担了许可权的经济风险，并以此为理由主张 MEF 的利润应全部归属 MEF US。然后依据卢森堡与美国之间的税收协定，主张 MEF US 取得的利润在卢森堡免税。针对这一理解，MEF 向卢森堡税务局申请税收裁定予以确认。卢森堡税务局于2009年3月30日回函说：

首先，MEF 是卢森堡税收居民，因此可以享受税收协定待遇。其次，基于申请中的描述，MEF US 和 MEF CH 似乎构成境外常设机构，因此可以认为，应归属于 MEF US 和 MEF CH 的利润应当分别在美国和瑞士纳税，从而卢森堡应给予免税待遇。但是，作为免税条件，MEF 必须每年提供证据，证明以上利润已经分别在美国和瑞士实际申报纳税。

四、一个敢说，一个也敢认

卢森堡放水的意图很明显啊。但是即便这样，麦当劳仍旧穿帮了，因为 MEF US 没有在美国纳税。MEF 的税务顾问回函说，MEF US 的活动并不构成贸易或者业务，其所得是消极所得而不是有效联系所得（ECI），根据美国国内税法判断其来源于境外；同时，根据美国税法，MEF US 的活动没有达到实质门槛，因此 MEF US 不构成税收协定下的常设机构，该项所得也不构成与常设机构有联系的消极所得，总之不应在美国纳税。

但是，MEF的税务顾问主张，MEF US是否在美国纳税并不重要，因为根据卢森堡税法，卢森堡可以认为MEF US构成美国的常设机构因而应在美国纳税，这就足够让MEF US的所得在卢森堡享受免税了。MEF的税务顾问要求卢森堡税务局确认以上理解是否正确。

等等，这有些绕啊。MEF US是否实际构成美国常设机构不重要，卢森堡税务局认为其是否构成美国常设机构才重要。这是什么奇葩逻辑？但是一个敢说，一个也敢认。2009年9月17日，卢森堡税务局回函认可了以上理解。

五、欧盟委员会无言以对

欧盟委员会怀疑以上裁定曲解了美国与卢森堡的税收协定，从而选择性地给了MEF竞争优势，扭曲了竞争，构成了国家援助，因此对其展开调查。欧盟委员会说，既然MEF US不构成常设机构，因此其利润不可能在美国征税，这就不满足美国与卢森堡税收协定第25条下的免税条件，因此卢森堡不应同意对其免税。卢森堡税务局明知这一点，仍旧给予免税，这就是国家援助。

卢森堡税务局说：美国征不征税我怎么知道？美国税务局又没有告诉过我。中介的分析就那么可信吗？再说了，美国税务局的心思我有必要知道吗？跟我有关系吗？我免税还要看他的脸色？我的裁定违背协定了还是违反国内法了？说我给麦当劳特别对待，这是不对的。麦当劳不缴税是因为美国不征税，这要算是特别对待，那也是美国给的，不是我给的。再说我作出不征税裁定在先，美国不征税在后。我作出裁定时美国政府也没有告诉我是否对MEF US征税，我怎知道他最后会不征税？另外，MEF的利润，最终分红到MC Corp时，美国还要征税，因此现在的免税只是递延而已，这也算国家援助？

神助攻麦当劳则让MEF出面，于2016年8月9日回复说，欧盟委员会肆意解释卢森堡和美国之间的税收协定，侵犯了卢森堡的税收主权，而且其理解是错误的。国内法下本来不存在的纳税义务，税收协定不会凭空创造出来。税收协定双方应各自独自理解协定内容，即便双方理解有出入导致双重不征税，也不应干扰对方的理解。你如果觉得税收协定这一点有问题，那就修改协定好了。卢森堡按自己的国内法理解美国的常设机构概念，这不可以吗？根据协定第25条第（2）项，在美国可能征税的情况下，卢森堡从一开始就没有征税权，即使美国税务局后来实际上没有征税，卢森堡免税也是既成事实不容更改。

避税无罪，放水有理。面对卢森堡和麦当劳的双簧，欧盟委员会竟然无言以对。欧盟委员会发现裁定并不背离税收协定，最终无奈地承认争议中的税收裁定不构成国家援助。欧盟委员会于2018年8月19日作出了决议，认为税收协定中将常设机构定义为"一个企业开展全部或者部分业务的固定场所"，但是协定对于"业务"一词并没有定义。这种情况下，根据协定第3条第（2）项，该词的含义应根据各缔约方各自的国内法来理解。卢森堡的国内法规定运用知识产权的活动构成"业务"，因此卢森堡按自己的国内法理解该词，并推断MEF US在美国构成常设机构且应当在美国纳税，并因而就其利润在卢森堡给予免税，这没有违背协定。

六、《公约》将协定改为双向防水

欧盟委员会在国家援助调查的结论中指出，造成双重不征税的原因在税收协定上。协定的产生是为了解决双重征税问题而出现的，协定中所有的规则都是为了防止双重征税而制定的，也是照此目的来解释的。早期谁也不曾想到，现在竟然有人想利用这些规则来达到双重不征税的目的，而协定对这种做法完全没有防范措施。这就像单向防水的阀门防不了水流倒灌。拿协定来防范双重不征税，力不从心啊。

对此，国际层面已经采取了行动。G20和OECD在2015年的BEPS成果（请参考：国际税收的"当铺思维"是如何垮掉的？）中推出多项行动计划来完善税收协定，其中包括第6项行动《防止税收协定优惠的不当授予》和第15项行动《制定一个多边协议来修订双边税收协定》等。为落实第15项行动计划成果，OECD受G20委托随后制定了《实施税收协定相关措施以防止税基侵蚀与利润转移的多边公约》（以下简称《公约》）。截至2022年6月30日，已经有97个国家或者地区签署了《公约》。

《公约》在序言中解释其宗旨时指出：

注意到有必要确保将避免双重征税协定的目的理解为消除对协定适用税种的双重征税，同时防止逃避税行为所造成的不征税或少征税（包括第三方管辖区居民通过择协避税安排取得协定规定下的税收优惠而间接获益的情况）……

《公约》第三章则针对协定滥用出台了反制措施。其中第6条要求（这也是BEPS第6项行动计划的要求）修订被涵盖税收协定，在序言纳入下述内容：

旨在消除对本协定所适用税种的双重征税，同时防止逃避税行为所造成的不征税或少征税（包括第三方管辖区居民通过择协避税安排，取得本协定规定的税收优惠而间接获益的情况）……

协定序言中的这些变化，将彻底改变协定中很多条款的解释，将单向防水改为了双向防水。今后类似麦当劳的这种双重不征税将不再被协定允许。

七、《公约》恢恢，疏而不漏

如果从卢森堡这一端来看，本案中的情形就是相关所得在来源国美国未征税，而在居民国卢森堡免税。这也是一种混合错配行为，属于BEPS第2项行动计划《消除混合错配安排的影响》所针对的一种避税行为。《公约》第二章针对混合错配出台了反制措施，其中第5条就消除双重征税方法的适用，提出了三种替代性方案来限制居民国的免税待遇。同时，欧盟出台的《反避税指令》也推出了类似的反制措施。篇幅所限，这里不做展开。

如果从法国这一端来看，麦当劳绕道卢森堡享受税收协定待遇这种做法，就是"择协避税"（Treaty Shopping，直译就是"收买协定"）。《公约》第三章第7条"防止协定滥用"就是为了为反制此类行径而制定的。该条要求在协定中加入了主要目的测试（PPT测试），其指出：

虽有被涵盖税收协定的任何规定，如果在考虑所有相关事实与情况后，可以合理地认定就某项所得或财产获取被涵盖税收协定某项优惠是直接或间接产生该优惠的安排或交易的主要目的之一，则不应对该项所得或财产给予该优惠，除非可以确认，在这些情形下给予该优惠符合被涵盖税收协定相关规定的宗旨和目的。

根据该条款，MEF没有经济实质，麦当劳通过MEF来收取特许权使用费的安排，主要目的就是获取税收协定待遇，因此卢森堡不应向其提供其免税待遇。可见，《公约》生效后，卢森堡的这种放水行为将不再被协定所允许，麦当劳也不可能继续收买协定。

《公约》中这些内容，早在2015年的BEPS成果中已经成形了。麦当劳当时就看清了局势，着手撤出卢森堡。现在的MEF已经改名为麦当劳卢森堡房地产公司（McDonald Luxembourg Real Estate S.A.R.L.），并且只经营卢森堡本地业务，不再担任欧洲的许可权中枢。

第十一节　一根筋印度税务局，十年沃达丰争议

一个税务争议从2007年打到2020年，官司打到地方法院，到高等法院，再到最高法院，最后要打到国际仲裁。除了印度税务局，谁会如此执着？为了这个争议，印度税务局鼓动国会修改了税法，还中止了69个双边投资协议。撞了南墙也不回头，一根筋到底。

2020年9月25日，国际仲裁庭就沃达丰国际控股公司（Vodafone International Holding BV，简称"VIHBV"）与印度共和国的争议，裁决印度未能给予VIHBV应有的公平和平等对待，违反了印度与荷兰于1995年签订的双边投资促进和保护协议（Bilateral Investment Promotion and Protection Agreement，简称"BIPA"）。这个案件以印度税务局的失败画上了句号。

一、税之不存，扣缴焉附？

这场税务争议源于一起股权转让。卖方是李嘉诚的和记黄埔，买方是沃达丰。标的公司涉及印度的运营业务。

李嘉诚20世纪就开始在印度经营电信业务，此后通过设立在开曼的和记黄埔电信国际有限公司（Hutchinson Telecommunications International Limited，简称"HTIL"），与当地合作方合资在印度设立了和记黄埔埃莎通信公司（Hutchinson Essar Limited，简称"HEL"）。沃达丰（Vodafone）1982年成立于英国，是欧洲最大的移动电话运营商。2007年5月8日，沃达丰通过设立在荷兰的VIHBV，以111亿美元的对价，从HTIL手中收购了其持有的HEL的股权（股权占比67%），进入印度市场。印度税务局认为根据1961年所得税法第195节，并购环节HTIL应缴纳资本利得税26亿美元，该项税款应当由VIHBV扣缴。印度税务局根据税法的第201条（1）（1A）款以及第220（2）款，以未扣缴税款为由，要求VIHBV补缴税款。

应不应该缴税呢？要看交易的细节。问题出在HTIL和HEL之间还有一层开曼公司［CGP Investments（Holdings）Ltd.，简称"CGP"］。如图3-6所示，交易方式是VIHBV向HTIL付款，收购了CGP的全部股权，随着CGP易主，HEL也相应易主到沃达丰旗下。也就是说，HTIL通过转让开曼公司CGP，间接转让了HEL的股权。

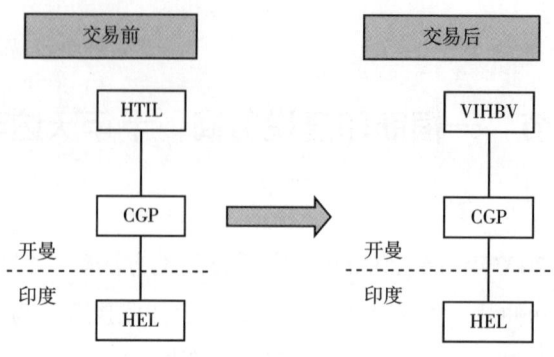

图3-6 沃达丰间接转让股权示意图

印度所得税法第2节（14）条规定，转让印度公司股权需要在印度纳税。但是，本案中被转让的标的是开曼公司CGP，不是位于印度的公司，这种情况是否需要在印度纳税？税法上没有说啊。

但是印度税务局不这么看。它说，CGP是个空壳没有价值，下面的印度境内公司HEL才是交易的真正标的公司。间接转让HEL的股权也是转让HEL股权，也应当在印度境内纳税。而且沃达丰作为买方，付款时要承担扣缴义务，现在必须扣缴税款1 200亿卢比。你不想缴，先扣押你250亿卢比的存款。

沃达丰不这么看，所以提起诉讼。印度最高法院一看，税务局的说法没有法律依据吧？最高法院认为HTIL向沃达丰转让案例中的股权并不构成所得税法第2节（14）条下的转让资本性财产，没有纳税义务何来的扣缴义务？ 2012年1月20日，印度最高法院判沃达丰胜诉，解除了印度税务局强加给VIHBV的扣缴义务，并撤销了此前印度税务局要求沃达丰扣缴1 200亿卢比税款的决定，同时要求退还此前扣押的250亿卢比的存款，外加返还每年4%的利息。

二、步子太大扯了胯

印度税务局不服。不就是法律有漏洞让你钻了空子吗？印度税务局鼓动国会通过2012年的财务法案修订了所得税法第2节（14）条，添加了几个条款，其中一条说，一家注册在印度境外的公司，如果其主要的价值或者几乎所有的价值间接来源于位于印度境内的资产，那么它也应被认为位于印度境内。也就是说，间接转让印度公司股权要在印度纳税。有了这几条解释，沃达丰不只要补税，还要交罚款。税款和罚款合计33亿美元。

修订一下税法，这很正常啊。但是印度税务局说了，这不是新规定，这是澄清现有税法中的一些说法，应当从现有税法生效日期，也就是1961年起开始生效，追溯50年。50年啊！

要说针对间接转让股权征税，国际上有很多先例。几乎同一时期中国也有个儿童投资主基金案。该案件也是间接转让股权，结果杭州市中级法院和浙江省高级法院均判税务局胜诉。这个交易发生在2011年，杭州市国税务局依据国家税务总局2009年发布的国税函〔2009〕698号文件（简称"698号文件"）征税。698号文件从2008年1月1日起生效，向前追溯了1年。追溯的理由是2007年修订的《企业所得税法》从2008年1月1日起生效，其中已经包含了一般反避税条款。具体内容见于《企业所得税法》第四十七条"企业实施其他不具有合理商业目的的安排而减少其应纳税收入或者所得额的，税务机关有权按照合理方法调整"，及《企业所得税法实施条例》第一百二十条"企业所得税法第四十七条所称不具有合理商业目的，是指以减少、免除或者推迟缴纳税款为主要目的"。一般反避税条款在纳税人的安排不具有合理商业目的之前提下，给了税务机关忽略间接转让境内公司股权的安排，将其视为直接转让境内公司股权并征税的权力。这个一般反避税条款是698号文件的上位法，也是法院审理该案的主要法律依据。698号文件是税法中一般反避税条款的一个补充，因此追溯到反避税条款生效日期2008年1月1日起生效，这是顺理成章的。

但是印度税法中的反避税条款2021年才生效，当时还没有一般反避税条款。皮之不存，毛将焉附？印度税务局只能扩大原税法中针对在印度境内转让资产的解释，使其涵盖到间接转让股权。这就涉及对税法中收入确认这种最基本条款的修订，而且这个条款太古老了，1961年就生效了，印度税务局这一步迈得太大，结果扯了胯。

印度国会修改了税法，税务局据以上诉，最高法院一看，这下有法律依据了，就转变了立场，裁定支持印度税务局。印度税务局再度要求沃达丰补缴税款、滞纳金及罚款，三项涨到了51亿美元，在原先的税款数额上翻了一倍。

三、半路里杀出个BIPA

这下全世界都炸了锅。追溯50年，这得翻出多少老账来？这不是沃达丰一家的事情，而是牵涉无数家在印度投资的跨国公司，连美国商会也惊动了。

国际争议解决，有个仲裁机制。比如印度和荷兰之间1995年签订的双边投资促进和保护协议（BIPA）中就有争议仲裁的条款。2012年4月17日，VIHBV根据印度和荷兰的BIPA提起了仲裁申请。

印度税务局说：啥？征税是自家的事情，还要受BIPA约束，有这回事吗？2014年2月20日，印度政府声称全部或者主要与税收相关的争端，应当不含在印度与荷兰的BIPA范围之内。仲裁庭说，BIPA中没有排除税收事项啊？这事就归我管。2014年4月17日，VIHBV再度向印度政府发出仲裁通知，提醒应诉。

看来荷兰的分量不够啊。沃达丰是一个英国公司，那就向英国政府求助吧。英国与印度之间也有BIPA。2017年1月24日，VIHBV的母公司，即注册于英国的沃达丰集团PLC（VGPLC）并行向印度提出了仲裁要求，挑战印度政府对税法的追溯性修订，加大了仲裁的压力。

印度税务局一看，一个仲裁不行就来两个？要打群架我也会。所以也向其本国的法院提起了诉讼，主张税务争议不受BIPA约束，要求法院出具禁令反对VGPLC提起仲裁。2017年8月22日，德里最高法院通过了限制被告启动继续仲裁程序的临时禁令。但是VGPLC不服，继续施加压力，2018年5月7日，德里最高法院推翻了原来的临时决定，最终的裁决印度政府败诉，VGPLC可以提起仲裁。

四、BIPA让外国投资者"别怕"

2020年9月25日，国际仲裁庭通过了裁决，支持VIHBV的主张，裁定印度政府以前的做法违反了印度与荷兰BIPA下的公正与公平待遇标准。仲裁庭要求印度政府返还沃达丰诉讼的相关费用，大约8.5亿卢比。裁决书说印度政府不顾最高法院的判决，对原告强加税收义务，还加收利息以及罚款，违反了BIPA下的公正与公平处理原则，印度政府应当立刻停止以上违反BIPA的行为，如果不能遵守以上BIPA，国际责任自负。

裁决书中说，法规要事先制定，让纳税人知晓，纳税人才能履行纳税义务。本案中印度政府事后修补法规，并且追溯生效，这就让外国投资者难以履行义务。尤其对扣缴义务人来讲，法规中一定要明确规定付款时扣缴义务。如果没有明确，款项已经支付的情况下，事后制定法规追加扣缴义务并且追溯生效，让人从哪里去扣款？难道已经付出的款项再管别人要回来？法律的基本原则是不能强人所不能。这个道理你总该懂吧？

印度税务局一脸委屈。谁说我们的法规没有明确的？我们法规一直写的资本利得要缴税，现在只是就原有的法规作了一个澄清而已。

仲裁庭认为，基于BIPA下的公平和公正待遇要求，印度政府应当向外国投资者保证一个稳定和可以预测的法律框架，要做到公正和程序正义。涉及外国投资者的法律框架要不断地修订，修订时要透明，不能随意。仲裁庭说，你这哪里是澄清？你这纯粹是新增加的内容。而且你增加的内容里边也有很多不清楚的地方，后来还有更多的澄清要作。你见过越澄清越糊涂的吗？

印度政府胳膊扭不过大腿，认栽了。回来一想，BIPA真不是个好东西，要它做甚？都给废了吧。BIPA一般都是10年或者15年到期，到期自动续签的。印度这下都不续签了。印度经济事务部网站披露，原先84个双边投资协议，从2016年起至今69个已经到期终止。有些BIPA不得不续签，就修改，明确规定税务争议不在仲裁之列。有些BIPA修改也不成怎么办？例如印度与荷兰的双边投资协定于1991年12月5日生效，原到期时间是2016年9月22日。由于种种（显而易见的）原因，印度政策还是续签了，而且没有修改。只要思想不滑坡，办法总比困难多。印度政府修改了国内法中的投资保护以及投资者与政府之间的争端相关条款，规定税务争议不受BIPA约束。

这个案件告诉我们，印度法院是个"文艺青年"，保留从英国殖民时代沿袭下来的风格，中规中矩。印度税务局是个"暴躁青年"，平时不学习，遇事干着急。再说了，避税这件事情，"水至清则无鱼"。哪个国家没有过亡羊补牢的一段历史？有谁这么一根筋？这个案件还告诉我们，投资促进和保护协议也能用来解决税务争议。提醒大家密切关注中国和欧盟2020年年底达成的投资协议。

第十二节 窃书不是偷，何况明抢的？

某境内公司要上市，向证券交易所进行IPO备案。控制人是外籍个人，因为通过5个BVI公司间接持有上市主体，证券交易所询问实际控制人控制的各BVI公司是否满足经济实质法的要求，是否存在被处罚或者注销的风险，是否影响控制权稳定性。

境外架构中经常会用到BVI公司和开曼公司。这两个都是出名的避税地，迫于国际社会的压力都开始"改邪归正"，出台了《经济实质法案》打击避税洗钱等行为。

一、语不惊人死不休

IPO审查关注到了这些法律的合规，那么该公司做到合规了吗？律师答复说："根据BVI《经济实质法案》[the Economic Substance（Companies and Limited

Partnerships）Act〕以及某某境外律师事务所出具的法律意见书，2019年1月1日起实施的BVI《经济实质法案》规定，在任何财务年度从事相关活动的法律实体应当满足关于经济实质的要求。根据BVI《经济实质法案》的规定，前述相关活动系指从事银行业务、保险业务、基金管理业务、金融和租赁业务、总部业务、航运业务、控股业务、知识产权业务、分销和服务中心业务9类业务。

"某某境外律师事务所的法律意见认为，《经济实质法案》第2条规定的控股业务是指纯控股企业的业务。纯控股企业是指仅持其他实体的股权，并仅赚取股息和资本利得的企业。根据《经济实质规则》（the Rules on Economic Substance）第5.25款（及其注释），纯控股企业采用狭义定义，即只有一个法律实体只持有产生股息或资本利得的股权时，才符合纯控股企业的定义。根据《经济实质规则》第5.27款，拥有其他形式资产（比如有息债券、政府证券、不动产法定权益或受益权）的实体，也不属于纯控股企业，不会被认为从事控股业务。"

"某某境外律师事务所的法律意见书认为，鉴于控制人及其近亲属与BVI设立的5家公司持有美国政府债券，因而不属于纯控股企业；此外5家公司亦未从事《经济实质法案》规定的其他相关活动，因此不属于经济实质法案的规制范围。"

"此外，根据某某境外律师事务所出具的法律意见书，发行人提供的注册登记资料以及确认，截至本补充法律意见书出具之日，前述5家公司，目前均有效存续。"

"基于上述核查，根据境外律师事务所的意见，本所律师认为，截至该法律意见书出具之日，发行人相关BVI公司不属于《经济实质法案》的规制范围，不存在被处罚或者注销的风险，因此不会对发行人的控制权稳定性产生重大不利影响。"

这真是惊人之语啊！大意是说：境内律师事务所请了个外国"和尚"念经，这个外国"和尚"说了：窃书不能算偷，明抢的更不是。所以，东家抢书的行为完全合法，没有法律风险。

二、扔掉了纯控股实体的优惠待遇

BVI的经济实质法根据效力从高到低分为三个层面：第一个层面是法律，也就是前面说的《经济实质法案》；第二个层面是国际税收局（简称"ITA"）发布的《经济实质规则》（简称《规则》）；第三个层面则是ITA对《规则》的注释（简称《注释》）。

外国"和尚"提到的《经济实质法案》第2条定义了一系列的名词，其中将"纯控股实体"定义为仅持其他实体的股权，并仅赚取股息和资本利得的企业。但是，要了解"纯控股公司"这个概念的立法意图，需要先对《经济实质法案》做一个整体的了解。

如前述,《经济实质法案》是BVI政府在国际社会的压力之下,为了防范通过在BVI设立空壳公司进行避税而出台的,该法案的核心思想是要求在BVI设立的实体要有经济实质而不是空壳公司。关于经济实质的要求见于《经济实质法案》第8条,该条对纯控股活动规定了较低的经济实质要求,对其他活动则规定了较高的门槛。对控股活动的门槛为:

(1)符合BVI公司法或者有限合伙企业法的规定;

(2)在BVI有足够的员工和办公场所来持有相应股权;在管理相应股权的情况下,拥有足够的员工和办公场所来实施管理。

对其他活动的门槛为:

(1)相应活动的指导和管理地在BVI;

(2)相对于相关活动的性质和规模,在BVI需要:

①有足够数量和合格的员工在BVI实际工作(不论是否相关实体的雇员,也不论合同是长期或短期);

②在BVI发生足够的支出;

③在BVI有实体的办公室或者场地来开展取得收入的相关主要活动;

④如果相关活动是知识产权业务并且需要用到相关设备,该设备位于BVI。

(3)相关实体在BVI开展取得收入的主要活动;

(4)如果取得收入的主要活动由其他实体提供,则:

①该取得收入的主要活动不得在BVI以外进行;

②其他实体从事的活动中,只有仅为相关实体开展的部分才能在判断是否满足经济实质条件时纳入考虑,其他活动不纳入考虑;

③相关实体能够监控和控制其他实体实施以上活动。

显然,这种分层管理是对纯控股实体网开一面,降低了要求,这是个优惠政策。享受优惠的前提是不能拥有股权之外的资产。奇怪的是,这家公司通过买入美国政府债券,主动放弃了纯控股实体的身份,等于放弃了享受优惠政策,这不是自己挖坑自己跳吗?

三、掺沙子也绕不开经济实质法

这个外国"和尚"振振有词地说,因为BVI公司持有美国政府债券,从而不是纯控股实体,此外5家公司亦未从事《经济实质法案》规定的其他相关活动,因此不属于经济实质法案的规制范围。提醒看一下《经济实质法案》第5条,内容如下:

（1）在相关期间从事相关活动的实体必须就相关活动符合经济实质要求；

（2）从事多种相关活动的实体必须满足各种活动相应的经济实质要求。

这第5条是说，即便是给米里面掺了沙子，检验的时候还要分开，米归米，沙子归沙子，各适用各的检验标准。你想说米里面掺了沙子就不适用任何检验标准了，没有人管了，哪有这种好事？

外国"和尚"引用的第5.27条其实不是《规则》，而是《注释》。紧邻该条注释，还有个第5.29条注释说："如果一个实体持有的资产中包含非股权类的资产，那么它就不是纯控股公司，但同时它可能会被认为是从事了其他相关业务活动。"美国政府债券不是股权类资产，这家公司持有美国政府债券从而不是纯控股公司，意味着它在控股业务之外还有可能从事了别的相关业务。不论这个别的相关业务是什么，总之它的合规要求一定会高于纯控股业务，合规的难度更大了。退一万步说，即使一时无法确认这个别的业务是何种相关业务，纯控股业务对应的合规要求也不能减轻。

总之持有美国政府债券是个大坑，目测和外国"和尚"的脑洞一样大。

第十三节 "坑爹"的核定征收

一、税务总局一脚急刹

2021年12月30日，财政部、税务总局发布了《关于权益性投资经营所得个人所得税征收管理的公告》（财政部 税务总局公告2021年第41号，以下简称"41号公告"），宣布从2022年1月1日起，持有股权、股票、合伙企业财产份额等权益性投资的个人独资企业、合伙企业（以下简称"独资合伙企业"），一律适用查账征收方式计征个人所得税。也就是说，转让权益性投资不得再核定征收。

这份文件公布到生效衔接得太紧，是针对核定征收的一脚急刹。

本来税务局征收所得税要确定所得额，正常情况下要查账。但是有些企业没有账，有些企业有两套账，还有些企业有账拒不提供怎么办？针对以上情形，《个人所得税法实施条例》第十五条第三款规定，纳税人从事生产、经营活动，未提供完整、准确的纳税资料，不能正确计算应纳税所得额的，由主管税务机关核定应纳税所得额或者应纳税额。可见，核定征收本是一种必要的征管手段。如果情况需要，这种手段用在独资合伙企业转让股权、股票、合伙企业财产份额等权益性投资（以下简称"转让股权"）环节，也是正常操作。但是税收洼地税务局滥用这种手段，通过有意压低核定利润率向转让方放水，挖外地税务局墙脚，将这一征管手段变成了税务黑洞，因此税务总局被迫限制它的使用范围，这就是41号公告出台的起因。

核定征收本来就是一件对抗避税的利器，因此大幅度限制使用的决心也不好下。多年来国家税务总局通过稽查、政策解答等形式，力图规范税收洼地的核定征收行为，但是最终招致各种反弹无疾而终。这次国家审计署督战，税务总局心一横，这一脚"刹车"重重地踩了下去。

二、税务总局一声叹息

核定征收这件武器很单纯，复杂的是人。

举个例子，甲乙两位个人股东在A市出资设立了一家公司，假设两人在该公司的股权投资成本是每股1元，后来公司要被某个大公司收购了，假设收购价为每股20元。如果是个人直接转让股权，每股收入20元，成本1元，印花税之类的忽略不计，财产转让所得是19元，也就是说，实际利润率是19÷20=95%。适用20%的个人所得税率，要在A市缴纳个人所得税3.8元。

这时候，税收洼地的招商代理找到甲乙二人说，持股平台了解一下？平台核定征收，税负率你要多低有多低。两人一听，有这种好事啊，于是在这个洼地成立了一家有限合伙企业丙，然后将二人名下的股权转让给了这家合伙企业。合伙企业丙就成了持股平台。

税收洼地只做临门一脚，成立持股平台时甲乙二人的股权往往已经升值，这个转让股权环节，甲乙二人要缴税啊，不缴税A市税务局不答应。但是左手倒右手，价格自己定。定价越高纳税越多。甲乙二人会找A市税务局说，按成本价每股1元转让成不成？A市税务局会说，不可以。然后拿出了《股权转让所得个人所得税管理办法（试行）》（国家税务总局公告2014年第67号，以下简称"67号文"）。67号文第十二条规定，股权转让收入低于公司净资产视为明显偏低。第十一条规定，申报的股权转让收入明显偏低且无正当理由的，主管税务机关可以核定股权转让收入。第十四条规定，主管税务机关应依次按照下列方法核定股权转让收入：（一）净资产核定法；（二）类比法；（三）其他合理方法。

这里说的核定股权转让收入，并不同于洼地的核定所得，不在41号文件的禁止之列。假设A市主管税务机关同意采用净资产核定法，且当时公司账上净资产是5元，那么转让环节甲乙二人每股应纳税所得为4元（5元收入–1元成本），适用20%税率，要缴税0.8元。

左手倒右手还要缴税，二人犹豫。洼地的招商代理会说，舍不得孩子套不着狼。现在缴0.8元，未来少缴好几倍。

缴完税后股权过户到持股平台。假设很快就发生收购，这时候甲乙二人通过持股平台丙取得每股收入20元。报税时，在招商机构的指导下，二人不提供准确的成本资料，洼地税务局心领神会地说，你不提供资料我只能核定征收了，就核定你的利润率为10%吧（提示：本例中真实的利润率是95%）。这样，持股平台的应税所得就是2元（股权转让收入20元 × 核定利润率10%），按5%—35%的经营所得个人所得税率计算，甲乙二人每股应当缴纳个人所得税0.7元（为简化计，不考虑累进税率，按35%的比例税率测算）。

甲乙二人缴完税后发现，加上原来在A市缴纳的0.8元，每股共缴税1.5元，比原先测算的3.8元少了2.3元。然后感慨说，这就是传说中的税务筹划啊，我也会了。

税务总局了解到洼地税务局这波操作之后，会长叹一声："'坑爹'啊！"甲乙二人通过持股平台丙持有的公司股权，投资成本是5元，这是明摆着的。洼地税务局想查成本，翻开持股平台的账本就知道了。持股平台说没有账，你就信，然后核定征收，还把核定利润率定得这么低。你收了0.7元的税，A市损失了3元的税，这不是挖墙脚是什么？

三、持股平台一声叹息

税务总局一脚急刹，车上一大片乘客东倒西歪。乘客也委屈啊，都是从洼地税务局手里买票上车的，司机和售票员闹矛盾我们遭殃啊！

41号公告第二条规定，独资合伙企业应自持有上述权益性投资之日起30日内，主动向税务机关报送持有权益性投资的情况；公告实施前独资合伙企业已持有权益性投资的，应当在2022年1月30日前向税务机关报送持有权益性投资的情况。税务机关接到核定征收独资合伙企业报送持有权益性投资情况的，调整其征收方式为查账征收。第三条规定，各级财政、税务部门应做好服务辅导工作，积极引导独资合伙企业建立健全账簿、完善会计核算和财务管理制度、如实申报纳税。独资合伙企业未如实报送持有权益性投资情况的，依据《税收征收管理法》相关规定处理。

如果查账征收，每股5元的成本，20元的收入，账目清清楚楚。甲乙二人在被收购环节的所得是每股15元，如果不考虑累进税率，按35%的比例税率测算，每股应纳税5.25元。再加上当初设立持股平台时在A市已经缴纳的0.8元,每股合计纳税6.05元,如果当初不来洼地,现在总共只要缴3.8元,如今反而多出了2.25元。二人会仰天长叹:"'坑爹'啊!"

甲乙二人找到洼地招商部门说,当初你们拍着胸脯保证过节税,现在反而要多缴税,有这么做事的吗?算了,节税我们也不奢望了,能不能按20%缴啊?招商部门说,这个要找税务局,我们说了不算。甲乙又找到洼地税务局,洼地税务局会说,当初为了享受核定征收,持股平台的所得特意定性为经营所得,经营所得税率就是35%,我们自己打自己嘴巴这不合适吧?要不你们赶紧拆合伙,把股权还原到个人,避开35%的税率,回到20%的税率?

如果收购方催得紧,来不及就不用说了。如果还来得及,那就拆合伙,把股权从持股平台丙转回给甲乙二人吧。因为洼地现在变成了高地,适用35%的税率,因此转让价格高出合伙企业持股成本(每股5元)的部分都要承担高税负。甲乙二人会找洼地税务局商量,能否就按每股5元转让,以避免在洼地纳税。洼地税务局也为难:"地主家也没有余粮"啊,洼地政府也不能"坐吃山空"啊,一点税都不缴也说不过去啊,我们不敢继续放水啊!能不能按公司上月的账面净资产定价,多少实现一点增值,多少缴点税啊?

甲乙二人说:凭啥啊?你们是不是成心的?我们一进来你们就"关门打狗",啊不对,"关门放狗"!连个过渡期也不给?

洼地税务局会说,这是总局定的,我们没有办法啊。41号公告没有倒追以前的我们就烧高香了。哪敢提过渡期?

有道是:税收洼地,好景不长;核定征收,"坑爹坑娘"。

四、上车容易下车难

2022年上班第一周,有些税务师同行电话已经被打爆。这时候有个自动语音应答就很给力。

问题一:这阵风啥时候过去啊?请按"1";

问题二:股权转让今后还会有核定征收吗?请按"2";

问题三:啥地方还有洼地啊?请按"3";

问题四:洼地变高地了,今后怎么办?请按"4"。

建议事先录好,自动应答如下:

针对问题一:这阵风不会过去,只会越刮越猛烈,要准备与它共处。

针对问题二：核定征收以后还会有的，但不是你想要的那种。

首先，税务局并不反对核定。核定收入也是核定，67号文中就鼓励采用，因为它有利于征管。41号公告中所谓采取查账方式，只是不让核定利润率而已。而且税务总局也不是跟核定利润率过不去，如果有些交易就是没有成本数据，如何处理？总不能为此就不征税吧？也不该一律确认成本为零吧？总得用一定的办法来合理推断吧？说到底，核定利润率在特定情况下税务总局会允许的，前提是有利于征管。税务总局反对的是洼地大规模的放水式核定，反对有意压低核定利润率。

针对问题三：洼地也许还有，但是靠谱的洼地没有了。

针对问题四：夜长梦多，建议迅速撤离。上车容易下车难，请咨询专业人士。今后股权税务筹划要趁早，专业的事情一定要找专业人士来做。

扩展阅读1：

美国税改釜底抽薪

八国集团（G8）和经济合作与发展组织（OECD）领导着税基侵蚀和利润转移（BEPS）项目对抗跨国避税。但是领导集团内部也有路线斗争。欧洲国家代表保守派，走多边主义路线，主张保持原有的国际税收规则体系并进行适当的补充和修改；而美国则代表激进派，走单边主义路线，主张打破一个旧世界，建立一个新世界。

一群人走得远，一个人走得快。2018年1月1日，时任美国总统特朗普签署的《减税和就业法案》（TCJA）正式实施。这次税改是继1986年里根税改以来涉及范围最广、力度最大、影响最深远的一次。在应对BEPS方面，美国的TCJA简单粗暴，实用有效。

一、全面降低税负，釜底抽薪

利润像水，必定流向低税率地区。TCJA第一招就是全面降低美国的税负率，遏制利润流出，吸引利润回流。

公司税方面，TCJA将公司所得税最高35%的累进税率改为21%单一比例税率；在未来一段时间内允许符合条件的固定资产一次性税前列支；10年内允许固定资产加速折旧。个人所得税方面，将个人所得税累进税率从最高39.5%降低至37%并调整了各档税率；同时，将个人从公司分红所得减税20%，将个人所得税标准扣除额几乎加倍。

税改前，美国居民从境外子公司取得分红要缴纳所得税。TCJA下，美国居民取得分红免税。具体而言，2017年12月31日以后，持有外国企业10%以上股份的美国C类公司就其收到的该公司股息免税。这就是股息参股免税制度。该制度标志着美国由全球征税制转变为股息属地征税制。虽然这只是有限度属地税制改革，并非全面改革，但是其对美国公司整体税负的影响是明显的。

二、FDII，利润越高税负越低

21%的税率还不够低，如果利润率足够高，还可以享受更低的税率，这就是境外无形资产所得（Foreign-Derived Intangible Income，FDII）制度。该制度对美国C型公司取得的境外无形资产所得（FDII）减税，其中2018—2025年内取得的FDII减征37.5%，按21%的税率计算，这一期间FDII的有效税率为13.125%；2026年起，FDII的扣除额减少到21.875%，根据21%的企业所得税计算，该期间FDII的有效税率为16.406%。

这个政策很好，但是名字实在费解。顾名思义，FDII是产生于境外且来源于无形资产的所得。要得出FDII数额，先得辨别出所得来源，再取来源于境外和来源于无形资产这两类所得的交集。应税所得是一池子水，怎能分出是哪个管道流入的？TCJA用一系列神奇的公式来估算。

公式的第一步是：DII（即核定无形资产所得）=DEI（即符合条件的所得，指不考虑国际税收调整的应税所得）-QBAI（即符合条件的经营资产投资额，指经营性固定资产）×10%

这一步目的是辨别出无形资产所得，亮点在于用到了10%的核定资产回报率，并将超出这个回报率的利润都视为无形资产所得。这一步神奇在连这个公司有没有申请专利、商标，有没有技术诀窍都没有问过，就知道它拥有无形资产；连这个公司的功能风险资产都没有分析过，就知道它的可比资产回报率为10%。这个10%的回报率显然是核定利润率思路的产物。这说明了FDII就是"挂羊头卖狗肉"：无形资产所得是"羊头"，分享超额利润是"狗肉"。

公式的第二步是：FDII（即境外无形资产所得）=DII（即上一步算出的核定无形资产所得）×FDDEI（即境外产生的符合条件的所得，解释如下）÷DEI（即上一步用到的符合条件的所得，指不考虑国际税收调整的应税所得）

这一步目的是从无形资产所得中辨别出境外产生的部分。出口货物（不论是否自产）、出口无形资产以及出口服务的DII都包含在内。向关联企业出口，只要没有回流到美国，其DII也可以计算在内。

以上公式显示出FDII政策的实质是对超额利润适用更低税率从而吸引利润回流美国；政策导向在于鼓励外向型经济，鼓励轻资产公司（固定资产少，易于达到优惠门槛），有利于跨国公司将微笑曲线的两端，即研发和销售环节放置到美国。至于吸引制造业回流美国的国策，半毛钱的关系都扯不上。

三、核定利润率限制利润转移

BEPS出现之前的国际税收规则很"天真"，以为只要管住转让定价就可以避免利润向境外转移，而且以为独立交易原则能够做到这一点。但是事实证明两个假设都错了。其实跨国公司转移利润的方法层出不穷，早已超出了转让定价的范畴，而且独立交易原则远远落后于数字经济时代的要求。虽然欧洲的保守派抱定独立交易原则不放，美国则一直对独立交易原则半信半疑（例如，美国税法第482节规定，在独立交易原则失效的情况下，允许采取公式分配法确定关联方的利润，国内各州之间的跨境所得计算方面则全部采用公式分配法，分配指标多采用收入、资产、员工人数三因素）。TCJA下，美国更加冷落独立交易原则，转向各种花式核定法对抗利润转移。前面说到的FDII是一种核定法，另外还有一个税基侵蚀最低税额规则（BEMTA）也是一种核定法。

BEMTA这个规则通过最低税来限制将向境外关系企业支付的金额在税前列支。最低税的税负率目前为10%，2026年开始会上升到12.5%。税负率的分子不用说是税额，分母则是调整后的应纳税所得额，通过在应纳税所得额基础上加回已经列支的支付给境外关联企业的若干扣除项目来计算得出。加回扣除项目包括：

（1）给特定非居民关联方的税基侵蚀费用（如利息、特许权使用费和服务费）；

（2）从特定非居民关联方处采购的财产折旧或摊销以及其他调整。

这个政策目的是防止跨国公司通过关联交易避税，但无意造成重复征税。因此，如果关联交易的对方，即非居民关联方，收到以上税基侵蚀费用时已经缴纳美国税，则这笔费用不需要在美国公司计算调整后的应纳税所得额时做加回处理。例如，美国公司支付特许权使用费给外国的关联公司，如果支付时已经按30%的国内法税率代扣了预提税，则该项特许权使用费不必加回到调整后的应纳税所得额中。假如非居民关联方收到以上税基侵蚀费用时部分缴纳美国税，则已纳税部分不加回，未纳税部分要加回。例如，假设关联公司是中国税务居民，美国公司根据中美税收协定按10%的低税率代扣了预提税，则只需就该项特许权使用费的2/3（=1-10%÷30%）做加回处理。

实际操作中，美国公司如果实际税负率达不到最低要求，则应就差额部分补缴税基侵蚀与反滥用税（BEAT）。税基侵蚀与反滥用税是针对大型跨国公司的，适用范围为符合以下条件的C型公司：

（1）在平均3年内，所属集团每年至少有5亿美元的国内总收入；

（2）向外国关联方付款产生的抵扣额占总扣除额的3%或以上（特定银行和注册的证券交易商的比例为2%或以上。该比例称为：税基侵蚀百分比）。

BEAT税不仅适用于美国居民公司，也适用于在美国直接从事贸易或经营活动的外国企业。一般来说，当一个外国居民企业在美国从事贸易或经营，所有与其所从事的贸易或业务相关的来源于美国的所得也要适用以上BEMTA规则。

四、核定的手伸向受控外国公司

你可能会说，参与免税真好，那么将利润体现到境外子公司不纳美国税，再从子公司分红回来还不纳美国税，岂不省掉所有的美国税？天上不会掉馅饼。这里有受控外国企业（CFC）规则（CFC Rules）等着你。这个规则下，美国公司的受控境外子公司取得的部分所得，根本不需要等到分红，在实现当年就要在美国纳税。这种所得称为F分部（Sub-Part F）所得，主要是消极所得，通常包括股息、利息、特许权使用费、租金、年金、若干产生于第三国的销售所得和服务所得等。在此基础上，TCJA出台了全球无形资产低税收入（GILTI）的征税规定来加大针对CFC的反避税力度。

GILTI这个缩写中第一个字母代表全球，意味着将手伸向了美国公司旗下的CFC取得的利润。TCJA下，CFC的范围扩大了，不仅包括美国公司的子公司，还有可能包括美国公司的兄弟公司。第二个和第五个缩写字母是无形资产所得。所谓无形资产所得，与前文解释的FDII类似，字面上是针对科技公司的知识产权产生的无形资产所得征税，实际上参照经营性固定资产的收入回报率10%来计算，超出部分即视为GILTI，仍旧是基于核定利润率来计算。不过这次是盯着CFC的资产回报率，如果回报率太低则认为是隐藏了美国母公司（或者兄弟公司）的利润所致。GILTI规则要求美国公司就这部分利润（减去美国母公司已经确认的F分部所得之后）立即缴纳美国税，根本不需要等到子公司分红的时候。

第三个和第四个缩写字母是低税，体现在就GILTI缴纳美国税时先扣除50%（自2026年度起扣除37.5%）的所得（等于减征50%或者37.5%），以及可以抵免80%的已经缴纳外国税。按照21%的标准税率计算，减征50%意味着实际税率为10.5%。这样，如果已经缴纳的外国税负担率大于或者等于13.125%，则可抵免外国税负大于或者等于10.5%（13.125%×80%），抵免之后应纳美国所得税为零。自2026年度起扣除率降为37.5%，按同样的方法计算下来，以上外国税负担率临界点上升为16.4%。这就是说，只要缴纳的外国税足够多，就不需要缴GILTI税。美国科技公司常用的避税港显然是GILTI的主要打击对象。爱尔兰税率12.5%，目前影响较小，2026年后则受影响较大。香港、新加坡税率分别为16.5%和17%，始终受影响较小。

需要注意的是，只有C型美国公司才可以适用GILTI 50%（自2026年度起降至37.5%）的扣除优惠以及享受境外税收抵免。如果不是C型公司则不能享受以上待遇，他们的GILTI可能需要按照个人所得税最高税率37%纳税。因此，如果将外国子公司置于美国非C型公司之下，即便CFC不在低税地区仍然要受到GILTI的暴击。因此今后税收筹划时，美国控股公司的类型选择很重要，海外子公司的地点选择也很重要。

未来除了子公司的地点选择之外，也可以针对子公司的利润水平和资产水平开展筹划。例如，美国公司可以充实受控外国公司的资产，以增加最低税的下限，从而降低GILTI的影响。但是，和FDII一样，这与促进美国实体发展的意图南辕北辙。

五、单边主义不等于独来独往

美国税改TCJA的主要目的是刺激经济、吸引资金回流、改善营商环境，其次是通过应对BEPS来保障财政收入。在应对BEPS方面，一手抓降低税负，降低避税动机；另一手采取各种核定利润率的手段如BEAT及GILTI来降低或者消除避税效果。两手一起抓，立即见效。

但这并不意味着美国不需要积极参与国际税收合作。首先，美国需要信息交换等国际征管合作来保障税务合规。如果这一点不能保证，任由跨国公司和高净值人士在境外隐藏利润和财产，TCJA必定无法落实。因此，美国仍会继续引领或推动FATCA以及关联交易国别报告等行动。其次，国内法反避税只是防御，这是远远不够的。美国会联合其他国家对避税地展开反攻，促使其实施经济实质法案等措施。最后，国内税法涵盖的范围终究有限，今后用到国际规则的地方不会少。所以，在多边制定的实质性措施，如数字经济、混合错配、多边工具等方面，美国必然也会积极参与，以维护本国政府以及企业的利益。

自从第二次世界大战结束以来，美国一直是国际税收规则的引领者，其国内税法的概念和规则后来被推广成了现行国际社会公认的税收规则。TCJA体现了美国在应对BEPS方面的单边主义激进路线，这种做法能否继续引领国际税收规则，以及如何塑造国际税收规则，我们还有待观察。

扩展阅读2：

"打土豪分田地"——支柱一方案解读

历经3年艰苦谈判，一度濒临绝境的双支柱方案终于达成了共识。2021年10月8日经济合作与发展组织（OECD）发布了《关于应对经济数字化税收挑战的双支柱方案的声明》，并宣布双支柱方案已得到137个税收管辖区的支持，其代表的经济体量占到全球经济总量的90%以上。

双支柱方案缘起于税基侵蚀和利润转移（BEPS）行动。2015年10月，OECD和G20推出的15项BEPS成果最终报告中，第一份报告就是《应对数字经济的税收挑战》。该报告指出数字经济和新商业模式的崛起，加剧了所得实现地与经济活动所在地或者价值创造地相背离的现象，使原有的国际税收规则不再有效。因此该报告要求OECD继续研究措施进行应对。

这之后的5年间OECD与G20共同组织了139个国家参与税基侵蚀与利润转移包容性框架（以下简称"IF"）来落实BEPS行动计划，包括讨论应对数字经济税收挑战这一话题，并于2019年提出了针对国际税收体系改革的双支柱方案。该方案如今得到了139个IF成员国几乎全体的支持。

双支柱方案颠覆了原有国际税收规则下的两个基本原则，即常设机构原则和独立交易原则，而代之以新的联结度规则以基于全球利润公式分配法的新规则,重塑了国际税收规则,使之走向团结、公正和透明(笔者注:OECD的原话是"建立了一致性,使经济实质和征税权利相统一,增加了透明度")。这两项规则在支柱一方案当中得到了直观的体现,给市场所在的税收管辖区(以下简称"市场国")分配了部分所得。支柱一方案简单地说就是"打土豪分田地"。

一、"土豪"的门槛

双支柱方案被业界称为BEPS2.0版本,是一场革命。革命的对象是少数富可敌国的跨国公司。OECD为支柱一方案的革命对象设定了两个门槛:其一是年收入门槛,暂定为200亿欧元,实施七年后看效果,如果效果良好,这一门槛有望降至100亿欧元;其二是利润门槛,暂定为10%。

200亿欧元是个什么概念?看一下2020年的全球500强排名,第500名恰好是一家中国企业(山西晋城无烟煤矿业集团),营业收入254亿美元,折合215亿欧元。由此推断,支柱一方案针对的企业,几乎都在全球500强榜上有名。

再拿全球500强的前20名出来看一下(见表3-1)。其中一大堆的石油公司,这并不是支柱一方案针对的对象。支柱一方案特别规定将采掘业排除在外,理由是采掘业的利润应当主要在资源所在国征税,支柱一方案无意改变这一点。同时排除的还有金融服务业,如以上榜单上的伯克希尔·哈撒韦。OECD说排除金融服务业的理由是由于各国政府的金融监管,金融行业不存在经济活动和所得实现地背离的情况。

表3-1　　　　　　　　全球500强排名前20名

排名	公司名	国家
1	沃尔玛(WALMART)	美国
2	中国石油化工集团公司(SINOPEC GROUP)	中国
3	国家电网公司(STATE GRID)	中国
4	中国石油天然气集团公司(CHINA NATIONAL PETROLEUM)	中国
5	荷兰皇家壳牌石油公司(ROYAL DUTCH SHELL)	荷兰
6	沙特阿美公司(SAUDI ARAMCO)	沙特阿拉伯
7	大众公司(VOLKSWAGEN)	德国
8	英国石油公司(BP)	英国
9	亚马逊(AMAZON.COM)	美国

续表

排名	公司名	国家
10	丰田汽车公司（TOYOTA MOTOR）	日本
11	埃克森美孚（EXXON MOBIL）	美国
12	苹果公司（APPLE）	美国
13	CVS HEALTH公司（CVS HEALTH）	美国
14	伯克希尔·哈撒韦公司（BERKSHIRE HATHAWAY）	美国
15	联合健康集团（UNITEDHEALTH GROUP）	美国
16	麦克森公司（MCKESSON）	美国
17	嘉能可（GLENCORE）	瑞士
18	中国建筑集团有限公司（CHINA STATE CONSTRUCTION ENGINEERING）	中国
19	三星电子（SAMSUNG ELECTRONICS）	韩国
20	戴姆勒股份公司（DAIMLER）	德国

排除之后，前20名剩下的企业既包括以亚马逊、苹果和三星为代表的科技公司，也包括以沃尔玛、大众、丰田和戴姆勒为代表的传统产业。支柱一方案并不对这两类企业分别对待，更关注其经济行为。

二、市场国分田地

我们回想一下那只打翻欧美友谊小船的苹果［请参考：难啃的苹果（一）——美国税制碎了一地］。苹果公司市场遍及全球，但是只在个别国家缴税，美洲之外的利润几乎只在爱尔兰缴税。这是怎样做到的呢？原有的国际税收体系下按照居民国和来源国划分税收管辖权。苹果公司主要利用AOI、ASI和AOE三个公司来囤积海外利润，这三个公司注册在爱尔兰，但是利用了爱尔兰税法下的居民规则，由于实际管理机构不在爱尔兰，因而不构成爱尔兰税务居民。结果这三个公司不构成任何国家的税务居民。居民国管辖权无从实施。而在来源国这方面，只有在存在常设机构的前提下，来源国才可以对归属于常设机构的利润有征税权。数字经济时代，经济活动不依赖物理存在，苹果公司不需要在所有市场国构成常设机构，只是选择在税率低、税务局很友好的爱尔兰构成常设机构，因此，只在爱尔兰纳税。对此，别的市场所在国有心无力。

支柱一方案提出和应用了市场国概念来弥补常设机构原则的缺陷。支柱一方案的要点是市场所在国（一般是穷人，欧盟除外）去分"土豪"跨国公司的利润。市场国的确认适用关联度规则。只要跨国公司从一国取得的年收入达到100万欧元，该国即取得市场国的资格，取得征税权（参与金额A的分配，详述见下文）。对于那些GDP小于400亿欧元的小国，关联度门槛降低为25万欧元，几乎是见者有份。对于苹果公司这种数字"土豪"来说，常设机构规则容易规避，而市场国的关联度规则就不容易规避了。

在原先的国际税收规则之下，苹果这样的公司即使在来源国存在常设机构，来源国也只能对归属于常设机构的利润征税，利润归属必须基于独立交易原则进行。即使构成常设机构，苹果也可以在市场国只保留很少的功能风险，致使能够归属到常设机构的利润十分有限。支柱一方案则打破了独立交易原则的束缚，转向了全球利润公式分配法（关于公式分配法请参考：现代之后是后现代——可口可乐转让定价方法）。

支柱一方案下，市场国的"穷人"们要去瓜分"土豪"们的剩余利润。剩余利润的计算方法见支柱一方案中的金额A的计算过程。支柱一方案假定10%的利润率为正常利润水平，超过这个水平之上的利润就是剩余利润，即金额A。利润率不到10%的，就不涉及金额A的计算，前文说到利润率门槛设置为10%就是这个意思。支柱一方案规定，金额A的20%—30%应当分配给市场国。涉及多个市场国的，按与收入相关的分配参数来分割这20%—30%的剩余利润。至于收入相关的参数都包括什么，G20的公告中说细节会随后公布。

G20的报告中声明金额A将通过一个多边公约（MLC）来实施，该多边公约原计划于2023年生效实施，但由于未能如期完成签署和批准工作，预计生效时间将推迟至2024年。付诸实施以后，苹果这类公司产品卖到哪国，就要在哪国纳税了。

三、打破旧世界，建设新世界

原先的国际税收规则之下只有居民国和来源国，没有市场国。市场国可以看成是来源国的延展，但它是一个新概念，需要建立与之配套的相关概念和规则。首当其冲的是所得来源地规则。原先的来源地规则用来划分来源国的税收管辖权边界，例如规定营业利润来源于企业管理机构所在地，投资所得来源于支付方所在地，资本利得来源于资产所在地等。但是来源国语境下的来源地规则并不能适用于市场国的语境。因此，必须新建适用于市场国的所得来源规则。支柱一方案确定所得来源的总原则是，只要商品或服务在最终市场国使用或消费，就可以确定所得来源于该最终市场所在地管辖区,这就类似于增值税的目的地原则了(关于目的地原则请参考:我国增值税法规如何体现OECD的目的地原则)。

数字经济时代,由于税收规则极度复杂,很多发展中国家面临税收征管能力不足的问题。双支柱方案加剧了这个问题。双支柱方案并不是对原有规则的彻底否定,而是增加了在原有规则失效的前提下才适用的补充规则。其适用范围局限于特定的企业(收入门槛和利润率门槛之上的企业)以及特定情形(未在市场所在国实现所得或者实现所得与经济活动或价值创造活动不匹配)。除此而外,原有规则还继续适用。支柱一方案使税收管辖权分配的参与方从两国变为了三国,再加上各种新的规则,使现有国际税收规则的复杂性成倍增加。跨国公司的合规难度和各国税务机关的执法难度急剧加大,发展中国家征管能力的问题更加突出。为此,双支柱方案力图通过金额B对原有规则进行一定程度的简化,以照顾部分发展中国家。

支柱一方案下,基础的营销和分销服务产生的应纳税所得仍可以按原有规则在来源国征税。但是,原有的独立交易原则下,需要进行复杂的可比性分析才能确定其合理的利润水平。针对这一部分所得,支柱一方案在明确继续适用独立交易原则的前提下,基于交易净利润法(TNMM),试图通过分行业和地区规定利润率范围的方法来确定来源国企业基础营销和分销活动合理利润水平,这个计算过程称为金额B。细节有待随后公布。

四、"好得很"和"糟得很"

2021年7月在威尼斯举办的G20峰会上,G20发布公告称,"我们在一个更加稳定和公平的国际税收框架上达成了历史性的共识"。也就说,双支柱方案"好得很"。但是,IF讨论中也有不同的声音。IF的139个参与国之中,爱沙尼亚、巴巴多斯、匈牙利、爱尔兰、肯尼亚、尼日利亚以及斯里兰卡等国拒绝签署支持双支柱方案的声明。爱沙尼亚政府和非洲税收管理论坛(ATAF)先后发表声明称,双支柱方案门槛太高,蛋糕太小,规则太复杂,执行太难。总之"糟得很"。

针对支柱一方案,爱沙尼亚政府抱怨说,原先讨论的门槛是7.5亿欧元,现在提高到200亿欧元,太高了。ATAF则抱怨说,利润的20%—30%分配给市场国太少了,至少应当35%。另外,分配的基础是剩余利润而不是总利润,这不只减少市场国的份额,也导致现有规则太过复杂,执行起来有难度。

双支柱方案是一场革命,是对现有国际税收规则体系的颠覆性变革,这一点在支柱一方案中得到充分体现。原先的国际税收规则在居民国和来源国之间划分税收管辖权，而支柱一方案使得第三方，即市场所在国也得以分一杯羹。此外，支柱一方案颠覆了原有国际税收下的两个基本原则，即常设机构原则和独立交易原则，而代之以新的联结度规则以基于全球利润公式分配法的金额A计算规则。与之配套，收入来源规则也会随之发生巨大变化，借鉴增值税的目的地原则，采取以物品和服务的最终消费地标准。总之，这是一场深刻的革命，而且有进一步发展的空间。

扩展阅读3：

联合行动——支柱二方案解读

双支柱方案革命的对象是大型跨国企业。支柱一将来源国管辖权加以扩展提出了市场国的税收管辖权，主要回应了市场国的诉求。支柱二则从母国的角度将居民国的税收管辖权加以强化，主要回应了居民国的诉求。同时出于统一战线的需要，支柱二对来源国税收管辖权也给予一定程度加强。

一、从GILTI到GloBE

要了解这场革命，我们还是从打翻欧美友谊小船的那只苹果谈起［请参考：难啃的苹果（一）——美国税制碎了一地］。在2012年美国国会的听证会上，参议员质问为何放纵苹果公司避税。美国财政部和IRS答复说，不是我们无能，是苹果太狡猾了，现行的税收法规拿它没有办法。尽管如此，我们还是积极参与OECD的BEPS行动，试图联合国际社会一起来解决这个问题［请参考：难啃的苹果（四）——别想秋后算账，顶多亡羊补牢］。

改良性的BEPS行动存在局限性，力度不够（请参考：国际税收的"当铺思维"是如何垮掉的？）。习惯于用国内法引领国际法的美国没有耐心干等OECD制定规则，于是通过2017年的税改法案大刀阔斧地改变了国内法中的国际税收规则。2017年美国税改法案中引入了全球无形资产低税收入（GILTI）规则，其核心是：把手伸到海外去，把海外子公司的利润拿回来在美国母公司层面征税。GILTI基于美国税法中的受控外国企业（CFC）规则（CFC Rules）。CFC规则下，美国公司的受控境外子公司取得的部分所得,根本不需要等到分红,在实现当年就要在美国纳税。原先CFC主要针对消极所得,通常包括股息、利息、特许权使用费、租金、年金、若干产生于第三国的销售所得和服务所得等,这类所得称为F分部(Sub-Part F)所得。GILTI规则把CFC规则加以扩大,规定不论所得的性质,只要CFC在境外利润高过一定水平(经营性固定资产回报率超过10%),且实际税负率低于一定水平(目前为13.125%),则超出该水平的利润需要由母公司在美国纳税(请参考:美国税改釜底抽薪)。

这个GILTI法规真让人大开眼界。原来国内法下的反避税还可以这么做,对海外子公司没有分红的利润征税!母公司居民国的手伸得是不是太长了?不用担心。虽然是海外子公司的利润,但是GILTI法规下美国是针对美国母公司来征税,税收协定中没有说不可以这么做。另外美国不满足于只有自己这么做,还想带动全世界这么做。因为如果只有美国一家这么做,美国"土豪"公司和个人会用脚投票,到别的国家去。美国利用自己在OECD中的影响,成功地将美国规则变成全球公认规则。GILTI变身为GLoBE,成为支柱二方案的核心部分。

GLoBE的规定包括两部分。其中核心部分是所得纳入规则(IIR),另一部分是低税支付规则(UTPR),属于补充。

二、CFC规则升级为IIR

IIR就是国际版的GILTI。IIR下只要海外子公司和海外分支机构的实际税负率低于15%,则母国有权就超额利润征税。超额利润按实际利润减去扣除项目计算,扣除项目按有形资产净值与工资支出的合计值的5%(5年的过渡期内按7.5%的比例)确定。也就是说,有形资产净值与工资支出的合计值的5%为正常的利润水平,超过这个水平的利润就是超额利润,可以在母国征税。

凡是国际避税的链条中,必定有一国或者几国配合跨国公司放水,挖别国墙脚。仍以苹果为例,爱尔兰只按实际管理机构所在地确认税务居民身份,ASI和AOI虽然都注册在爱尔兰,但是其实际管理机构不在爱尔兰,在加勒比海某个避税地,因此不构成爱尔兰税务居民。至于是加勒比哪里呢?爱尔兰没有问,苹果也不说,结果谁也不知道。爱尔兰的态度是:"爱哪儿哪儿,只要实际管理机构不在我这里就行",这是从居民规则方面放水。爱尔兰接着从转让定价方面放水。ASI和AOI都在爱尔兰设立了分支机构,这两个爱尔兰分支机构倒是在爱尔兰纳税。但爱尔兰公司税率只有

12.5%，再加上爱尔兰税务局以预约定价方式提供的照顾，这两个公司实际纳税很少［请参考：难啃的苹果（五）——欧盟挑起六方大战］。至于加勒比那个避税地，更是全方位地放水。整个链条下来，ASI和AOI只在爱尔兰缴少量的税，实际税负率肯定低于15%（曾一度低于1%）。现在根据IIR规则，ASI和AOI的超额利润要并入美国母公司Apple Inc.，在美国纳税。IIR规则下，不管别国怎么放水，美国税务局总能最后兜底一网打尽。

IIR也有例外。有时候子公司或者分支机构的居民国/来源国未征税是临时性的，后来还要补税，这种情形下要例外处理。IIR规定如果3—4年内进行了分配，且分配时税负率高于15%，则不适用以上的IIR税。这就是说，假设苹果在中国有个子公司，享受软件企业的"两免三减"优惠，那么前两年中国未征税。这两年该子公司的利润也不需要在美国母公司纳税。如果第3年将前2年积累的未分配利润分配回美国，则要看缴纳了多少预提税。由于中国股息预提税率为10%，低于15%，整体实际税负率一定低于15%，则该股息需要在美国纳税。反之假如中国的预提税率高于15%，则该笔股息不需要在美国缴纳IIR税。

对于美国来说，早已经有了GILTI，与GLoBE存在冲突如何解决？这个由OECD来操心，我们就不管了。我们要操心的是IIR何时实施以及实施后对中国企业有何影响。OECD宣布将拟定一个多边工具以促进规则的实施。税基侵蚀与利润转移包容性框架（以下简称"IF"）成员只要采纳GloBE规则，则将参照IF商定的示范规则和规则指引来实施和管理这些规则，各包容性框架成员将于2022年更新其国内法规及协定条款，而相应规则或条款将从2023年起生效。一旦采纳GLoBE，会倒逼中国的反避税法规进行升级，那些离岸公司就要当心了。另外需要注意的是，支柱二方案目前的门槛是年销售收入7.5亿欧元，与CBC的报告门槛一致，远低于支柱一的门槛，而且允许一些国家自定更低的门槛。此外支柱二方案不排除任何行业，因此支柱二覆盖面远远广于支柱一。一句话：影响深远。

三、给来源国一点甜头——UTPR和STTR

一套规则不论如何完善，中间只要有个别国家放水，都会千里长堤溃于蚁穴，因此一定要争取广泛接受。但是很多国家都会说：我们是穷人，没有这么多跨国公司总部，IIR好是好，但对我没有半毛钱好处，我凭啥要支持？考虑到这一点，支柱二也出台了一些规则照顾来源国利益，并将这些规则与IIR一起打包到支柱二之中。

第一个规则是征税不足的支付规则（UTPR）。IIR与UTPR共同构成GLoBE。UTPR这个规则是说，如果支付给关联方的款项以低于15%的有效税率征税，则该笔支付不得享受税前扣除，或来源国有权利基于属地原则征税（包括预提税）。这个规则对来源国很友好，但是有个前提，就是在IIR规则之后才适用UTPR。

仍以苹果为例，假设位于新加坡的ASA向无国籍的AOI支付品牌使用费，如果AOI收到这笔服务费在全世界都不纳税或者虽然缴税但实际税率低于15%，则新加坡可以不允许这笔款项扣除，或者对其征收预提税。现实中虽然爱尔兰会放水，但是美国会兜底，一定会运用GILTI或者GLoBE征收超过15%的税，因此新加坡不会有机会用到这条规则。

第二个规则是STTR规则，这个规则在GLoBE之外，与GLoBE共同构成支柱二。STTR规则是说，如果来源国实体支付给关联企业的特定支出，在另一方纳税过低（目前按名义税负率范围为7.5%—9%），则来源国可以获得有限的属地征税权利。这个规则与UTPR有很多相似性。但是存在以下两点不同：第一，该项规则优先于GLoBE的IIR规则实施，体现了来源国优先的原则；第二，STTR规则下的纳税过低界限为名义税负率7.5%—9%，不同于UTPR规则下的实际税负率15%。

名义税负率这么低的一定是那种避税地无疑了。爱尔兰名义税率为12.5%，不是这个规则的针对对象。仍以苹果为例，2015年苹果公司被迫将ASI和AOI的管理和控制中心迁移到了泽西岛，变为泽西岛的税务居民。假设还是位于新加坡的ASA向泽西岛税务居民的AOI支付品牌使用费，那么新加坡的税务局只要看到泽西岛这个避税地的名字，知道其名义税率低于7.5%，就可以先根据STTR规则征一道税。

这就是支柱二的原理。字面上看，是来源国先切一块STTR，母国再切一块IIR，如果母国没有切IIR，来源国还可以再切一块UTPR。来源国有两次机会，是不是很照顾资本输入国穷朋友们？实际上这个规则的实质是IIR，是为资本输出国服务的。STTR和UTPR都是资本输出国的统一战线政策。

四、"钉子户"爱尔兰

IF139个成员国之中，至今只剩下7家还未声明支持双支柱方案，其中有5家坚决反对支柱二。双支柱方案最大的阻力就来自这5家：爱尔兰、爱沙尼亚、匈牙利、肯尼亚和尼日利亚。其中爱尔兰态度最坚决：我们的法定税率只有12.5%，凭啥要接受15%的最低税？

爱尔兰专注挖墙脚数十年，在有害税收实践方面最有经验。OECD在BEPS第5项行动计划《考虑透明度与实质性因素，更有效地打击有害税收实践》中提出了要对这类国家施加压力，并优先关注两大焦点：第一，对优惠制度提出实质性活动的要求；第二，提高透明度，其中包括对优惠制度的相关裁定实施强制性的自发情报交换等。对于这些要求，爱尔兰尽管一百个不情愿，仍旧做出了正面的响应，如修改了税法，不再允许税收方面无国籍企业存在［请参考：难啃的苹果（七）——BEPS尚未成功，OECD仍需努力］，目前还在修改分支机构的转让定价规则。但是，对所有企业一视同仁的低税率并不是有害税收实践，不在BEPS第5项行动计划的反对之列。现在一旦接受支柱二之下15%的最低税率，跨国公司在爱尔兰享受12.5%的低税率，回到母国还要补税，爱尔兰的低税率优势就消失了，这不光是要钱，简直要我爱尔兰的老命。凭啥啊？

情愿不情愿，国际税收规则是几个大国说了算。胳膊还能拧得过大腿？

扩展阅读4：

终结银行保密，持续深化透明度

有人说，世界上的事情怕结盟。但是，世界各国政府最喜欢结盟。对那些在"三不管"地区享受阳光、沙滩和信息不透明的机构和个人来说，各国政府结盟的确是件可怕的事情。但是无可奈何花落去，结盟的事情还是发生了，有一群政府结成了同盟叫作G20。G20成立后小试牛刀，一出手就终结了银行保密时代。余波所及，2023年3月，瑞士信贷银行爆发危机，被同行瑞士银行收购。但是G20的雄心不止于此，誓要将国际税收信息透明化进行到底。

一、G20号令天下

1994年墨西哥政局的一次小小动荡引发了其货币比索大幅贬值，通货膨胀率高达52%，经济陷入衰退。1997年，泰国、印度尼西亚等亚洲国家遭受同样命运，日本、韩国受到冲击，是为亚洲金融危机。1998年，危机波及俄罗斯，让休克后重启的俄罗斯经济遭受"大出血"。一时间全球信心动摇，投资消费萎缩，经济衰退，美国的互联网泡沫破灭。

西方列强这才发现,全球经济你中有我、我中有你,金融动荡之下谁也不能独善其身。原先的布雷顿森林体系是个富人俱乐部,但是金融稳定不能只靠富国,发展中国家城门失火殃及列强池鱼,必须建立更广泛的同盟推进全球金融稳定。这时候"冷战"已经成为过去,世界各国从两大阵营的对抗转向全球合作。在德国和加拿大的倡导下,在美国和德国力挺下,1999年9月26日,以促进全球金融稳定为宗旨的二十国集团(Group of Twenty,简称"G20")宣告成立。二十国集团严格的翻译是"二十方集团",其成员不是20个国家,而是19个国家外加欧盟,覆盖的国家远超过20个。G20是由20方的政府以及中央银行行长组成的论坛(欧盟代表为欧洲委员会以及欧盟中央银行)。这20方成员具有广泛的代表性,其中有:

发达国家:澳大利亚、加拿大、法国、德国、意大利、日本、韩国、英国、美国、欧盟;

"土豪"国家:沙特阿拉伯;

金砖国家(即"新兴经济体"):巴西、俄罗斯、印度、中国、南非;

其他发展中国家:阿根廷、印度尼西亚、墨西哥、土耳其。

G20生于金融危机,长于金融危机。10年后美国的次贷危机又一次沉重地打击了全球经济,却成为G20的发展良机。G20早就不想将自己局限于金融稳定的职能,借机强烈要求管得更宽、级别更高、手段更强。2008年G20的议事范围扩大,涵盖了其他国际组织没有覆盖的所有事情,成了"国际不管组织",参会人员也扩大到了国家元首和政府首脑、财政部长、外交部长以及智库人士。2009年9月25日,G20的"大佬"们干脆宣布原先的G7和G8"富国俱乐部"今后都歇了吧,有事到G20上说去。进入"多事之秋"的2020年,G20更加彰显其行动力,从年初至今举办了多次财政部长和央行行长会议、财政部长和卫生部长会议,会议形成了"G20行动计划",并不断更新以应对新冠疫情。"G20行动计划"包含五个支柱,分别是:第一支柱——卫生应对;第二支柱——经济和金融应对;第三支柱——回归强劲、可持续、平衡、包容性增长;第四支柱——支持有需要的国家;第五支柱——总结经验。

G20会议最抢眼的当然是每年的峰会,即国家元首和政府首脑会议。第一次峰会举办于2008年,这么多"大佬"聚在一起,还真是头一回,得说说大家真正感兴趣的话题:怎样弄钱。当时正值金融危机,各国财政收入吃紧,又接连曝出几桩跨国逃税丑闻。脑补一下,大会的主旨发言是这样的:

"各位老大,大家早该聚一聚了!这么多年来我们只顾着互相掐了,没有防备有人趁机挖我们墙脚。瑞士这个国家是头一号,仗着资格老跟大家混得熟,借口银行保密天经地义,针插不进、水泼不进,专替有钱人藏钱。还有一大波"小混混"像百慕大、BVI、开曼、马耳他之流的,帮着有钱人设置架构障眼法。这几个刺头拿村长不当干部,拿豆包不当干粮,跟我们捣乱,撺掇有钱人明目张胆地跨国逃税,害得我们收不上税,日子过得辛苦。叔可忍婶不可忍!老虎不发威,当我们是病猫啊!"

二、国际论坛来者不善

跨国逃税是多年的顽疾,千头万绪的工作从哪里入手?G20选择了银行保密作为突破口。要说银行保密,那最有发言权的就是瑞士。俗话说,铁打的银行,流水的列强,瑞士这个国家在欧洲列强的丛林中屹立数百年,"铁银行"不是浪得虚名,就连当年横扫欧洲的拿破仑陛下和阿道夫元首也不敢动它。G20就不信这个邪,有底气,要动它。G20本身代表了全球生产总值的90%,贸易额的80%,人口的2/3,面积的1/2,还掌控着国际货币基金组织(IMF)、世界银行(WBG)、经济合作与发展组织(OECD)等一众国际组织,G20跺一跺脚,那就得地动天摇。越是有实力,说话越客气。G20请"刺头"们喝茶,也请"街坊邻居"们喝茶,哪个敢不给面子?于是G20牵头凑齐了89个国家(地区),将OECD旗下的一个国际税收论坛改组为透明度和税务信息交换国际论坛(以下简称"国际论坛")。改组后的国际论坛于2009年在墨西哥首次召开大会,大家宣誓平等合作,终结海外避税。

会上"大佬"们动嘴,会下"小弟"们做事。国际论坛的工作机制是:定标准、促执行。2009年国际论坛制定了应要求的信息交换(Exchange of Information on Request,以下简称"EOIR")标准并付诸执行。看到效果不错,G20找来OECD,于2014年将EOIR标准升级为自动信息交换(Automatic Exchange of Information,以下简称"AEOI")标准(俗称"CRS",下文有介绍,这里先按下不表),这是定标准。执行方面,国际论坛有三个手段,一是监控,二是同行评审,三是技术支持(针对第三世界国家)。

三、EOIR标准一剑封喉

2009年的国际论坛大会确立了EOIR标准。要说EOIR早已存在。一国税务机关怀疑某纳税人存在逃税或者避税嫌疑的时候,可以向别国税务机关请求提供该纳税人相关信息。各国之间的双边税收协定（全面税收协定）中早已为这种情形设置了信息交换条款，约定了相关税务机关的协助义务。此外，没有全面税收协定的国家之间还有可能签订信息交换的专项协定来约定协助义务。目前，我国生效的税收协定数有100出头，此外还与10个国家（地区）签订了税收情报交换协定（"情报"与"信息"是一个词两种翻译而已，是一个意思，跟007没有关系，下文根据习惯同时使用两个词），签约对方包括开曼群岛、BVI等。

2009年的国际论坛大会将EOIR工作标准化。这就是EOIR标准。这个标准涵盖信息的可得性、信息获取以及信息交换三个环节。EOIR下交换的税收信息涉及银行信息、所有权信息和会计信息等多个方面，EOIR标准都提出了细化的要求。在银行信息方面，EOIR标准要求各国要在法规以及实践层面确保银行记录信息、政府部门获得信息、国际交换信息。当然，国际论坛承认银行保密有其合理性，比如防范竞争对手知晓，保护人身安全等。国际论坛的态度是，保密可以，但是不要对税务局和监管部门保密。税务局要信息，银行必须提供，同时税务局要替账户持有人保密。因此，EOIR标准中也包括了各种保密规范。

根据EOIR标准，国际论坛对各国成分进行划分。透明度方面符合标准的进入白名单，不符合标准的再看态度。瑞士等一众国家（地区）虽然不符合标准，但表示愿意改正错误，被划入了灰名单。有问题且顽抗到底的按理该进入黑名单，但是哪个不要命的会顽抗？结果黑名单空缺。

倚天一出，谁与争锋！从此税务局跨境获取银行信息就名正言顺了。2009年在伦敦举办的峰会上，G20宣布银行保密时代结束了。

四、同行评审一网打尽

峰会"大佬"们说的结束是指出台了标准，真正结束银行保密还要看落实。在促进执行层面，国际论坛采用了"发动群众斗群众"的策略，开展同行评审。第一轮同行评审在2010—2016年进行，共评审了125个国家（地区），共对114个国家（地区）给予了打分。这125个国家中，有70家的法律中规定有银行保密条款，限制了取得并交换银行信息。经过评审，67个国家（地区）接受了批评，修改了法律，取消了限制。10年后，只有3家还存在限制，这3个钉子户分别是危地马拉、哈萨克斯坦、特立尼达和多巴哥。3个无名小辈，可以忽略。

2016年开始的第二轮评审目前正在进行中。这轮评审中G20也懒得分别邀请了,国际论坛干脆把所有非成员国家(地区)一次性纳入了评审范围。到这个时候,非成员国都看清楚形势了,伸脖子也是一刀,缩脖子也是一刀,那就认命吧。第二轮评审一方面提出了更高的要求,进一步强化信息交换的准确性,另一方面重点审查第一轮没有覆盖到的30个国家(主要是发展中国家),促(逼)进(迫)其取消针对获取银行信息的限制。因为是第三世界国家,能力有限,国际论坛给这些国家提供了技术支持,以便解决其存在的问题。

EOIR标准加上同行评审执行10年来效果明显。论坛中的所有成员国的银行保密法律几乎都被改写,不再对税务机关保密。信息交换的效率大大提高,一国税务机关要求他国税务机关协助提供的信息,99%情况下都可以拿到。

五、双剑合璧,横行天下

透明度以摧枯拉朽之势向纵深发展。早先在双边税收协定框架下,税收情报交换工作已经进行多年,但是效率不高,原因是就是一对一双边谈判耗时费力,交换关系数量较少,信息格式不统一,而且经常遇到对方不配合的情形。2010年《多边税收征管互助公约》(以下简称《多边公约》)向各国公开征求签字,税收情报交换形势焕然一新。《多边公约》涉及各种国际税收征管协作,当然也包含了税收收报交换。《多边公约》目前有136个签约方,任何一个签约方自动获得与其他签约方之间的情报交换关系。不需要一对一双边谈判,一次性批量搞定了8 000多个双边交换关系。这就为下一步的飞跃准备了交换网络。

国际论坛推出EOIR标准后,银行信息对税务局保密不再合法,这就为下一步飞跃准备了法律基础。于是大批量、自动化的银行信息交换时代到来了。2013年OECD峰会同意接受金融账户自动信息交换(以下简称"AEOI")标准作为新的全球标准,并且要求在全球范围内实施新标准,国际论坛则被委以重任来监控新标准实施。国际论坛应要求开发了一个实施路线图,并将发展中国家纳入这一标准中来。此后,国际论坛将AEOI标准与EOIR标准并行使用。AEIO针对高净值人士的金融账户,由金融账户所在地税务机关收集信息并向账户持有人的居民国税务机关提供信息,是一种自动定期信息交换机制,是EOIR的升级版。

AEOI交换的信息包括账户持有人的信息以及账户信息,包括存量和收入信息。AEOI标准的核心是共同报告准则(Common Reporting Standard,

以下简称"CRS"),规定了银行账户信息收集和交换的规范,因此国内习惯用CRS来代称AEOI。AEOI机制于2017年开始运行,至2018年有100多个国家参与交换,涉及账户4 700个,资产4.9万亿美元。

英国税务及海关总署(HMRC)称,AEOI实施后,目前有100多个国家的税务机关相互共享税务信息,2018年,AEOI向HMRC报告了567万个账户,涉及约300万英国纳税人的海外金融资产,结果HMRC从离岸公司和财团挖出了约5.6亿英镑的额外税款。澳大利亚税务局(ATO)去年宣称,"ATO已经收到超过160万离岸账户的记录,这些账户持有金额超过1 000亿澳元,现在正在通过数据匹配和复杂的分析来识别尚未申报的海外收入"。ATO敦促纳税人申报所有海外收入,无论是投资收入、家庭成员收入还是海外就业收入,无论数额多少,也无论是否已经在海外缴纳税款。

AEOI与EOIR双剑合璧,横行天下,银行保密时代彻底终结。如今全球160多个国家已经接受了论坛确立的关于透明度和税务信息交换的国际标准,信息交换的网络正在以前所未有的速度增长。10年内信息交换成果显著:处理了25万个信息需求,涉及10万亿欧元金融账户,查补税款100亿欧元。2019年11月,全球论坛在法国巴黎召开了迄今为止最大的一次大会,庆祝了其成立10周年。这是一场团结的大会,胜利的大会。来自全球140个国家的500多名代表参会,庆祝银行保密时代的终结,庆祝税务合作达到新高度,庆祝境外逃税时代的结束。

扩展阅读5:

避税港,英国范儿才正宗

一、避税港的英国血统

避税港(Tax Haven)不只风景优美,还要有气质。避税港气质有两个基本特征:一是低税,二是保密性。有一个国际组织名叫税务正义网络(TJN),开发了一套共20项指标的评价机制用来评价避税港。这20项指标分为5大类,其中4类都涉及税务,其余一类就是透明度(即保密性的反面)。这5类指标分别是:第1类,最低的公司所得税率;第2类,漏洞以及差距；第3类，透明度；第4类，反避税法规；第5类，激进的双重税收协定。这5类20项指标再加上经济活动权重构成了公司避税港指数（CTHI）。TJN用它来对各个国家和地区打分，形成了避税港排名，结果前10名分别是：

第1名，英属维尔京群岛（BVI）；

第2名，百慕大；

第3名，开曼群岛；

第4名，荷兰；

第5名，瑞士；

第6名，卢森堡；

第7名，泽西岛；

第8名，新加坡；

第9名，巴哈马；

第10名，香港。

第1名BVI是加勒比海的一群小岛，人口只有3万多，GDP高达900亿美元，人均300万美元。对比一下，中国目前的人均GDP约1万美元，BVI人均GDP相当于中国的300倍。BVI这么多的收入主要来源于旅游业和其他服务业。从20世纪80年代开始，BVI金融服务业迎来迅猛发展，其中最重要的行业就是公司注册。在岛上注册的公司大概有46万家，人均15家公司。典型的避税港就是这个样子。

排名的时候，TJN发现很多避税港都和英国存在着各种渊源。一种是英国的海外领地（OT）或者皇家附属地（CD）。这些地区承认英国女王为其国家元首，重要的政府官员由女王任命，相关的法律必须经过伦敦批准，并且英国政府还拥有其他的权利。前10名中有四个国家（地区）是这种情况，分别是BVI、百慕大、开曼以及泽西岛。另外一种则是OT和CD之外的英联邦国家。这些国家（地区）虽然没有给英国以及英国女王这么大的权利，但是最终的上诉法院为英国枢密院的法律委员会。前10名中巴哈马就是这种情况。这么一来，前10名避税地中有一半都是英国的小兄弟。

有人说了，不止这5个啊，新加坡和香港还曾受英国殖民统治，与英国渊源也不浅。如果将这2家也算上，前10名避税地中70%都有英国血统。这不是偶然的。英国法律容许较高的保密性，英国在殖民以及处理殖民地独立的过程中，一手促成了这些避税港的产生。

二、英国范儿是怎样练成的

20世纪初期,日不落帝国达到了辉煌的顶点。伦敦当时是全世界的金融中心,华尔街还处在幼年。伦敦地区的中心是伦敦城,城中都是叱咤全球的金融业大亨,跺一跺脚世界都为之震动,更不用说能左右英国的立法。到了20世纪中期,大英帝国夕阳无限好只是近黄昏,眼看全球金融中心的地位就要被华尔街夺去,伦敦心有不甘,于是游说议会放松金融监管吸引资金流向伦敦,以保持英镑的强势地位。英国议会欣然同意,允许在英国境内开展离岸金融。所谓离岸,就是说这些交易虽然是在伦敦进行的,但从法律上来讲,视为在英国境外进行,因此并不受英国法律的约束。资金似水,避实而就虚,哪里监管松就会流向哪里,因此伦敦的金融中心地位再度稳固起来。

金融监管宽松有多个方面,其中一个方面也就是保密性。一说到金融保密性,人们就想到了瑞士银行。但这是较低级的保密性,就是告诉全世界,赃钱存在我的银行里,如果有人问我谁存的款,我打死也不说。但是英国的保密性较高级,体现在所有权法律制度中,尤其是信托制度上。英国范儿的保密,特点是银行账户可以查,但是账户持有人是谁,这个你就不容易搞清楚了。英美都擅长所有权方面的保密,不稀罕银行账户保密,于是联手搞掉了瑞士的银行账户保密,然后于2009年G20在伦敦峰会上宣布银行保密时代已经终结。

但是藏钱终究是个肮脏活,说出去英国的绅士们面子不好看。好在日不落帝国在欣赏残阳的时候,海外殖民地相继走上了独立之路。帝国垮塌过程中,有些人看到了机会,就是有些殖民地独立以后享有双重的身份,既可以从法律和治理方面受到英国的操纵,又可以对外宣称主权独立而不需要英国负责任。英国政府一边继续通过种种方式对其施加影响,纵容其从事各种原先想做而不能做的事情,又时刻准备着与其撇清关系。于是这些原殖民地变身成了离岸金融中心,成为伦敦的延伸,焕发出了强大的生命力。大英帝国虽然已经成为辉煌的记忆,但是大英帝国的金融统治仍然得以延续,伦敦目前仍然是全球重要的金融中心之一。

有了宽松的金融监管,沙漠也能变绿洲,往日只出产鸟粪的小岛都会变成离岸金融中心。同时,英王直接统治下的一些小岛,比如马恩岛、泽西岛之流借助其传统的相对独立的地位,有样学样,也摇身一变成了各种保密性良好的离岸金融中心。有了资金的流量,当地的金融机构赚得盆满钵满，政府就不愁没钱花，就不用收税了。所以宽松的税务制度也建立起来了。这就是一众英国血统避税港的起源。

三、为避税港正名

仍以BVI为例，金融监管是有的。从事银行业务、保险业务、融资业务、货币服务业务以及投资业务、公司注册、信托业务都需要取得金融服务委员会的执照。但是政府的金融监管，仅限于对这些业务征收许可费，别的都不管。另外，政府还对设立公司收手续费。许可费加上手续费，政府钱够花了，就不再征税了。因为BVI对公司和个人所得都不征税，只是针对当地工作的人员征收工资税、财产税和印花税，对进口货物征关税。对于离岸公司来说，就是零税负。

"避税港"这个词翻译得不准确。原文Tax Haven中只有"税"和"港"但没有"避"。避税用不着保密制度。保密制度纵容纳税人通过信息不对称来少缴税，这就不是避税了，这是逃税。"逃税""避税"一字之差，性质截然不同。逃税是见不得光的，是赤裸裸地造假，一旦被发现就完蛋了，补税以后要交罚款甚至还要负刑事责任。避税则是明的，是符合法律字面意义，但是不符合法律精神的行为，因为涉及合理性的问题，即使被发现也还要理论一番。即使最后理亏顶多也就补税，往往不用交罚款，更不会涉及刑事责任。所谓"避税港"主要是为逃税提供方便的，应当翻译成"逃税港"才对。但是没办法，约定俗成。

有人说了，避税港不是不征税吗？为什么还要偷偷摸摸的？容我补充一些国际税的基础知识。国际税收语境中的每一笔所得，都有至少两个国家对其拥有征税的权利：一个是来源国，另一个是居民国。避税港往往既不是来源国，又不是居民国，大多数情况下是个"第三方"。避税港当地政府不征税，并没有解决来源国和居民国要征税的问题。为了解决来源国和居民国的征税问题，一些跨国公司和高净值个人钻法律的漏洞，走避税路线。后来，随着各国的避税法规完善，避税越来越难。就开始走简单粗暴的逃税路线。避税港的保密性为后者提供了条件，方便他们把钱藏在避税地，来源国和居民国都看不见也就无法征税了。

四、最正宗的英国范儿在英国

上万亿美元的资金藏在避税港，很多政府税源流失，日子就不好过了。近10年来，国际社会联手打击国际避税和逃税。其中重要的一项行动就是G20和OECD的税基侵蚀和利润转移（BEPS）项目。2015年出台的BEPS

第5项行动计划中就包含了防止有害税收实践和加强透明度的内容。在此基础上，税收透明度国际论坛（以下简称"国际论坛"）对120多个参与国一轮又一轮开展透明度方面的同行审议，这些都是针对避税港的。

  2013年，国际论坛对BVI的透明度法律体系进行了同行审议，将其评定为整体不合格，责令整改。经过整改，BVI的法律体系已经基本整改到位。原来的不记名股票现在变成记名；原来不登记公司股东的，现在要登记股东，还要登记董事；信托的所有权识别也有更加严格的规定。2015年国际论坛再次对BVI开展同行审议，审议的内容包含法律体系以及实施情况。鉴于大体上BVI已经"改邪归正"，国际论坛这次将其整体评分改为大体合格。

  此外，BVI被迫通过了经济实质法案，要求在当地注册的公司必须具有合格的场地和人员等开展业务的能力。这也击中了离岸公司的软肋，挤压了逃税和避税空间。

  这不是BVI一家的烦恼。所有避税港都面临国际社会的挤压。所有避税港反过来都在挤压离岸公司的生存空间。这时候，这些避税港的缺点就暴露出来了：抗压能力太弱。

  抗压能力强的避税港有没有？这个可以有。请看TJN的避税港排名：英国在第13位。百足之虫，死而不僵，这可不是个省油的灯。避税的需要始终存在，有需要就有供给。如果海外的离岸金融中心不管用了，英国可能会亲自上阵。脱欧以后的英国摆脱了羁绊，在所有权保密和税收制度两方面都可以独行其道，"赤膊"上阵的机会已经成熟，就看英国是要"面子"还是要"里子"。如果英国破罐破摔，把自己变身成避税港，美国有样学样，跨国逃税会再度泛滥，BEPS面临崩盘的风险。辛辛苦苦十几年，搞不好一夜回到解放前。

扩展阅读6：

"小妈"也有尊严——开曼发布《经济实质法案》

  每个行当都有规矩。国际税收这个行当的规矩是，孩子挣钱给父母花。对跨国公司这个孩子来说，居民国是"妈"，来源国是"爹"。爹妈也有为钱吵架的时候，吵来吵去最后折中一下搞个税收协定，大家好说好商量。但是有这么一批熊孩子偏偏不守规矩，在外面另找个小妈，从此不给亲妈交钱了；还对外宣称这是"我的小妈"，从此亲爹别想见着钱，这可激起了公愤。有一个名叫OECD（经济合作与发展组织）的组织出了一个叫BEPS（税基侵蚀与利润转移）的行动计划，叫板要手撕小妈。

说起来这些"小妈"也冤啊，什么时候见着钱来？自家熊孩子管不住拿我来撒气？但是这个OECD可惹不起，里面全是有头有脸财大气粗的大国。小妈团里名声不大好又没有后台的那几个扛不住了就出来赔礼道歉，宣布改邪改正。这里面有BVI（英属维尔京群岛）、百慕大和开曼群岛。最新一个是开曼，2018年出了一个《国际税收合作（经济实质）法案》（以下简称"经济实质法案"）于2019年1月1日生效。2019年2月22日，又针对这个法案出了一个《实践指南》，要对熊孩子们清理门户了。当然了，也不是不分青红皂白，一律赶尽杀绝，要区分情况分三层对待。

第一层：投资基金及其控股公司。最上面这一层"高富帅"是核心客户，先不清理，以后再说。开曼这类地区，坊间叫作"避税港"（Tax Haven），后来以讹传讹，变成了"避税天堂"（Tax Heaven），非给人家往"天上人间"靠，名声就是这么搞坏了。其实人家官方的名称是"离岸金融中心"，优势在于金融方面保密性好，"高富帅"往那里跑不是为了省那几个税钱。再说把这些核心客户都赶走了让人家怎么活？

第二层：控股公司。中间这一层鱼龙混杂，有世界五百强之类的"高富帅"，也有一众"凡夫俗子"。有些是为了上市需要用到开曼的法律体系，诸如一大批红筹上市公司BAT之类；有些则是通过架构来避税的。BVI也不舍得放弃这一层客户，就允许继续玩暧昧，半年的过渡期（截至2019年7月1日）满之前好歹充实一些经济实质进去，也不需要太多，一点点就好了，要求太多全吓跑了就不好玩了。毕竟控股公司都是纸面上的，员工人数和办公室面积都不重要。日久见真心，最后玩不下去的自然就淘汰了。至于啥叫经济实质，看下文就知道了。

第三层：渣渣。除了以上两层，剩下的不用说全是渣。这一层当然要清理，要不怎么向OECD交代。说起来都是泪啊，人家的名声都毁在这层渣手里。这些公司要么是为了洗钱藏钱，要么是通过交易（离岸贸易、特许权使用费、服务费）来避税。奥巴马曾经举例说，开曼有一栋楼里注册了上万家（其实是两万家）公司，这栋楼要么是世上最大的大楼，要么是世上最大的避税手段。要洗刷恶名，就要抬高门槛，这一层公司必须具有与营利活动相符的经济实质。说白了就是要雇人，要租办公室，要在这里消费（雇多少人、租多大办公室、消费多少金额才算相符？目前还没有明确）。如果做不到就不客气了，半年过渡期满，要么走人，要么罚款。第1年罚1万美元，第2年起每年罚10万美元。再看不顺眼的，直接吊销营业执照。人家这是要动真格了，可见人家是有原则的。

差点忘了说了，人家也不是那么绝情。满足不了经济实质条件又实在不想走，也不是非走不可，只要跟人家撇清就可以了。你要给人家证明你在别的地方有个妈。给人家看你在别的地方的税收居民身份证明、税号、纳税申报表之类的。至于那个地方是不是亲妈，人家就不好过问了。你懂的。

全球多有避税港，各领风骚数十年。在国际金融竞争的大背景下，BVI（英属维尔京群岛）、百慕大和开曼群岛三地归英国管，离美国近，占尽天时地利。然而其兴也勃，其亡也忽。《经济实质法案》是个转折点，以后避税港的日子不好过，熊孩子们也要且行且珍惜。

扩展阅读7：

把公司卖到白菜价的BVI，现在玩不转了

在浩瀚的加勒比海上，散落着一串璀璨的明珠：百慕大、开曼、巴哈马等。BVI是其中最耀眼的一个，在避税港排名中位列第1。

根据英国的2002年《海外领地法案》（British Overseas Territory Act），BVI是英国海外领地（OT），BVI居民是海外领地公民，同时也是英国公民。BVI全称是英属维尔京群岛，官方名称是维尔京群岛。之所以俗称英属维尔京群岛，是因为西边还有一个美属维尔京群岛。此外，西边还有美国的领地波多黎各，与美国本土的佛罗里达隔海相望。

一、发现BVI

离美国近是BVI的地利，BVI成长为避税港的"头牌"也靠天时。BVI的全部历史可以概括成几个高光时刻，其中一个时刻是被哥伦布发现，另一个时刻是被华尔街发现。

1492年10月12日，哥伦布在不远处的巴哈马登陆，标志着发现了新

大陆。第2年哥伦布航行经过附近的一串岛屿,将其命名为"圣厄苏拉和一万一千名处女群岛",取材于早年的一个殉教者传说(Saint Ursula and the 11 000 virgins)①。这个名字太长了,后人简化成"处女群岛"(the Virgin Islands),音译为"维尔京群岛"。这就是官方名称的由来。

后来1917年,美国从丹麦手中买下了西边的三个岛(当年的美国就跟开发商似的到处拿地,现在的美国成了"拆迁队")。这三个岛原本跟维尔京群岛八竿子打不着,但是美国人太喜欢这个名字了,就奉行"拿来主义"把这三个岛命名为"美属维尔京群岛"。此后原先的"维尔京群岛"就被人称作"英属维尔京群岛",简称"BVI"。英国人以及被改了名字的群岛居民一百个不乐意,官方文件中坚称自己是"维尔京群岛",但是又能怎样?就像一个人有了外号,大名反而没有人叫了。

哥伦布发现新大陆之后的近500年期间,前400年BVI以奴隶贸易为支柱产业。后来贩卖人口不能做了,改为发展旅游业,这是近100年来的事情。这时候离美国近的地理优势就体现出来了。华尔街的精英们扎堆到BVI度假,发现这里没有税,是个成立离岸公司的好地方,回头就忽悠美国政府和BVI政府签了一个税收协定。税收协定是两国政府之间的一种条约,为了避免双重征税,双方约定各自放弃一部分征税权。但是BVI国内税法中,对所有的离岸贸易本身就不征税,放弃了也没有损失;而美国那边放弃了征税权却是真金白银地受损失。这是个不平等条约。

到了20世纪70年代,美国和不少避税地都签了这种不平等条约。BVI官方语言是英语,美国人没有语言障碍,因此BVI备受华尔街青睐,美国公司蜂拥而至。就像平日冷冷清清的十三线小镇,赶集时候忽然热闹起来。但是所有的税收洼地,都逃不脱"见光死"的命运。美国政府醒过神来,不想再当冤大头,就招来BVI代表团商讨税收协定事宜。说是商讨,不如

---

① 传说中厄苏拉是公元4世纪时英国西南部一个小邦的公主,被其父王远嫁至英吉利海峡对面的一个总督。送亲的船队在海上遭遇风暴,飘到当时高卢某地。上岸后厄苏拉不急着到夫家完婚,而是决定就近前往罗马朝圣,想以此来劝说不信教的未婚夫皈依上帝。不幸途中遇到当时在欧洲横冲直撞的匈奴人,厄苏拉被俘,被匈奴王用弓箭射杀。随行的一万一千名侍女也一齐被杀。因为死于朝圣途中,教会追认厄苏拉为殉教者,尊称圣厄苏拉。
圣厄苏拉的故事在地理大发现时代流传很广,被航海家们借来彰显宗教情怀。另一个大航海家麦哲伦也曾将麦哲伦海峡附近某个地方命名为圣厄苏拉和一万一千名处女。
这个故事有不同的版本。另一个版本中侍女只有11名(缩水到千分之一,可信度更高)。BVI的国旗上有手提油灯的厄苏拉,周围环绕着另外11盏油灯,似乎表明官方采用了这一版本。

说是下个最后通牒。最后当然谈不拢，因此1982年美国作废了与BVI的税收协定。

二、把公司做成白菜价

美国生意不好做了，BVI何去何从？精英们反思了一下，发现做人不能太实诚，薅羊毛不能可着一个地方薅，要薅就薅全世界。要做到这一点，就要把公司做成产品来卖，卖到白菜价，把全球资金都吸引过来。

见地这么深远的精英共有五个人，人称"五虎上将"。他们是起草BVI公司法的五人委员会，不是英国人就是美国人：

——BVI的司法部长Lewis Hunte；

——美国Shearman & Sterling律所的律师Paul Butler，是早年发现BVI的华尔街律师之一；

——BVI Harneys律所的三名律师，Neville Westwood, Michael Riegels, Richard Peters。这三位都是英国的学霸，毕业院校不是牛津就是剑桥。

司法部长Hunte把握大方向，高屋建瓴地指出，你们不是在起草法律，是在设计一款产品，是一款全新的公司产品。这个产品要低税、理念先进、用户友好、灵活、多用途、全球通用。华尔街律师Paul Butler出主意说，目前最先进的公司法就是美国特拉华州的公司法，拿它做蓝本最合适。委员会中最年轻的一位，Harneys律所的律师Peters负责动手，主要工作是：

第一步，查询美国特拉华州的公司法；

第二步，复制粘贴；

第三步，把美国术语改成英国术语；

第四步，查询其他国家的公司法，吸收其精华，并重复第二至第三步。

这项工作看似简单，实则不容易。整整18个月后才起草完成。这18个月期间，委员会讨论了无数轮，核心议题只有一个：如何让公司设立成本没有最低，只有更低。

1984年8月15日，BVI的法律理事会通过了五人委员会起草的《国际公司法》（International Business Company Act）。这个法律的特点是要求极低，限制极少，程序极其简单。最后归结到一点就是设立和维护成本极低，很容易转让。

三、国际公司如日中天

这么好的产品不愁卖。1989—1997年，注册公司数以每年50%的速度增长。政府收注册费发财了，修了机场、铁路。基础设施改善了，律师、会计师以及信托公司也进驻了。到1999年，BVI占到了离岸公司市场份额的41%。第一避税港的地位由此确立。

这段期间BVI公司在美国之外大受欢迎。在香港，BVI公司家喻户晓。有一个英国人Ted Powell是持牌的公司秘书，选了一个黄道吉日1988年8月8日一口气注册了一大批的BVI国际公司，然后在香港卖得很火。要做到这一点很不容易。因为这一天是BVI的法定假日，Ted Powell有能力使得BVI政府破例加班，是不是很神？

后来李嘉诚的和记黄埔把控股公司也设在了BVI，给BVI做了一个广告。此后，BVI公司成了香港商人的标配。香港商人常用的套路是，一次开两层BVI公司，未来股权转让时让上层BVI公司转让下层BVI公司股权，能省0.2%的香港印花税。

那个年代笔者刚参加工作，在涉外税务局打杂，看到外资企业的外方投资者不是香港就是BVI，想不通为什么，也不知道BVI是个什么样的地方。现在明白过来了，就想起来太后老佛爷说过的一段话，大意是这世上哪有这么多国家？都是英国人为了要钱编出来的，要了几次还想要，整得自己都不好意思了，就换个名字来要。太后圣明啊！"香港就是BVI，BVI就是香港"，都是"英国人为了要钱整出来的"，呵呵。

四、加量不加价

《国际公司法》的名称暴露了离岸公司定位，造成了挖别国墙脚的嫌疑；《国际公司法》规定对外资公司免税，坐实了这种嫌疑。这种行为引起了OECD等国际组织不满。BVI政府受到压力，被迫修法。另外，BVI的《国际公司法》出台后受到广泛效仿。不仅是各个避税地效仿，就连BVI的"家长"英国也来抄袭，BVI感受到了竞争威胁，也想升级换代。

2004年12月24日，BVI出台了《BVI公司法案》(the BVI Business Company Act)，取代了原先的《国际公司法》并于2005年1月1日起生效。这个法案不再只针对外资公司，而是涵盖了所有公司。BVI政府说，我不征税不是针对外资公司，而是针对所有公司，因此我不是挖墙脚。另外，新公司法下的监管要求进一步放松，取消了分红时的资本保全要求，取消了分红限制，增加了公司种类，更新证券权益登记制度等，这款产品更实惠了。

不是说不承认BVI这个外号吗？怎么堂而皇之地写进法律里了？官方的解释是：我这个BVI不代表地区名称，只代表一种公司类型。实际上是BVI这个品牌太响亮了，不舍得丢掉。就像是"狗不理"，能卖出包子就成,管它中听不中听。

五、BVI突然不香了?

近年来G20和OECD推出BEPS行动计划,其中第5项行动计划题为《关注信息透明度与实质性因素,有效打击有害税收实践》,就是专门针对避税港的。具体来说,透明度方面措施包括终结银行信息保密以及终结所有者信息保密;实质性因素方面,则是逼迫避税港推出经济实质法。

银行信息保密方面,美国于2010年推出了境外账户税务合规法案(FACTA),开始逼迫BVI签订实施FACTA的政府间协定(IGA)。BVI消极抵抗了一阵子准备让步,但是BVI的英国"家长"觉得自己的孩子被别人教训很没面子,怎么说也得自己先教训。于是英国和BVI于2013年11月28日先签了一个类似的IGA,此后2014年6月30日美国和BVI签订了实施FACTA的IGA。后来,G20和OECD仿照美国的FACTA推出了金融账户自动信息交换(AEOI),在世界各地推广,这就是俗称的CRS。这样说起来,BVI是CRS的先行者之一。

有人说BVI受到最大的创伤来自CRS,这是讹传。CRS针对的是瑞士所擅长的银行保密,BVI的核心竞争力是所有权保密,并没有因为CRS而伤筋动骨。CRS的伤害性不如经济实质法,更不如所有权信息方面的透明度措施。下面我们来说说这个所有权信息保密。

BVI公司最大的优势是所有权信息不透明。BVI的公司法下,公司股东和董事都只在注册机构登记,注册机构向政府提供的注册文件中只有注册机构自己的信息,没有客户公司的股东和董事信息。屏蔽了所有权信息的公司不仅是逃税的利器,也是洗钱的利器,这就招致了多方的压力。

多重压力下,BVI于2017年引入了所有权安全检索体系(Beneficial Ownership Secure Search,以下简称"BOSS")制度,出台了《所有权安全检索体系法案》(BOSS法案)。该法案要求注册机构登记的客户公司股东和董事等信息要与BVI政府联网并向其开放,BVI政府或其授权人员可以查询这些信息。当然了,这种制度下吃瓜群众还是不能通过天眼查之类的平台查询到所有权信息,但BVI政府可以,同时意味着别国政府也可以通过信息交换渠道来获取这些信息。不管是逃税或者洗钱,不就是为了瞒过政府吗?

但是吃瓜群众还不满足。近年来英国的吃瓜群众很来劲,跟跨国公司死磕。BVI帮助富人隐藏收入和财富,是可忍,孰不可忍。迫于吃瓜群众的压力,英国政府要求所有海外领地公开所有权信息。

西边的太阳快要落山了，BVI的好日子快要到头了。还没有上BVI这条船的，回头是岸。已经上了船的，要做好应对准备。

扩展阅读8：

BVI一夜回到解放前，英国掐住了谁的命门？

人说拉丁美洲离美国近离天堂远，但英属维尔京群岛（BVI）似乎是个例外。这地方离美国近，但风光宜人宛如天堂，加上专注挖墙脚几十年，早就成避税天堂（请参考：把公司卖到白菜价的BVI，现在玩不转了）。BVI岛上往来的不用说都是精英人士，跟精英人士打交道的政府官员，自然也是有头有脸。但是2022年年初发生了一件事情颠覆了大家的认知，BVI总理安德鲁·法希（Andrew Fahie）贩毒被抓了。

美国缉毒署（DEA）当时发现了一条新通道，就是从原产地哥伦比亚，经过BVI到波多黎各，再从佛罗里达上岸进入美国本土。为了摸清这条通道，DEA派出了卧底和线人搭上了一个BVI当地人。谁曾想这个当地人自称能和总理说上话，还爆料说总理也是道上的。于是线人称有好几吨的货物计划过境BVI，想找总理给予方便。通过这个当地人，线人果然见到了总理，证明那个当地人不是吹牛，几番谈判下来，BVI总理同意了放货物过境，答应有关部门会睁一眼闭一眼。就在总理满心欢喜去美国迈阿密拿提成的时候，DEA一拥而上，将总理抓了现行。

一、民选政府不靠谱

BVI是英国的海外领地，名义上的国家元首是英国女王。实际工作中，英国政府有个BVI总督代行女王的权力，直接对接BVI的总理。这么说来BVI的政府官员确实是给英国"打工"。现任的BVI总督名叫约翰·詹姆斯·兰金（John James Rankin），2021年年初上任。新官上任三把火，兰金总督对包括总理在内的BVI政府全体开展调查，整理了一个900页的调查报告，当时已经基本成形了。BVI总理被带走后，这个报告由BVI调查委员会（COI）委员长加里·希金伯顿（Gary Hickinbottom）爵士于2022年4月4日向兰金总督正式提交，在报告中，Gary爵士洋洋洒洒900页，历数了现任BVI民选政府（Elected Government，即构成BVI内阁的当地官员，与英国指派的总督相对应）的几大罪状，并提请总督大人严加管束。

Gary爵士说，受兰金总督委派，本委员会奉命调查BVI官员近年来是否存在严重的不诚信行为，以提高BVI执法和司法部门的治理和运作水准。经过一年的斗智斗勇，现在已经调查清楚，在治理方面现任政府近年来根本没有做到为人民服务，而是处处践踏开放、透明和法治的原则。民选官员在采购招标、发放补助、官员任命、处置土地、发放居民身份等方面无章可循，恣意妄为。这种情况在所有部门普遍存在，而且在近年来的几届政府中愈演愈烈。造成这种局面，民选政府责无旁贷，而且是有意为之，且不思悔改。为此，提出四项建议如下：

第一，不仅BVI人民不答应，英国政府也有义务保护BVI人民脱离滥用权利的腐朽政府，享受开明的治理。因此本人别无选择，只能建议暂时中止BVI宪法中有关民选政府的内容，直至民选政府能够恢复讲原则为止。中止BVI宪法后，总督将临时执掌原先民选政府的权力，并成立顾问委员会笼络当地贤才，任命高级官员维持治理；

第二，审核并修改现有BVI宪法，以斩草除根；

第三，审核政府的自由裁量权；

第四，对若干政府决策和支出领域深入开展独立审计。

Gary爵士最后说，冰冻三尺非一日之寒，BVI的政治生态积弊甚深，必须彻底肃清。

二、另一种放水养鱼

这个报告有没有让人失望？就这还900页？干货不多啊！

Gary爵士说：我不是针对你们某个人的，我是针对你们全体。我认为各种腐败不是人的问题，而是体制问题。事实证明了当地的民选政府不可靠，还是英国委派的官员可靠。我的任务不是调查具体的人和具体的事，而是着眼于全体。我的任务已经完成了。接下来是独立审计委员会的事情。

不愧是爵士，果然站得高看得远，不是针对某个人而是针对体制。BVI原先是英国直接管辖，1960年获赋予殖民地的地位，到1967年又行政独立。和英国渐行渐远也只有50多年。

或者说，此一时彼一时。当初放手的时候，谁曾想BVI随后成长为全世界数一数二的离岸金融中心。有多少事不可以重来？或者说，这也是一种放水养鱼。

BVI果然没有让英国失望，成长为避税头牌。自从1984年的《国际公司法》（请参考：把公司卖到白菜价的BVI，现在玩不转了）出台以来，BVI成立了超过100万间公司。活跃公司数在2011年曾高达48万，如今虽已跌至40万之下，仍占全球离岸公司的40%。此外，BVI信托在离岸信托方面也是数一数二，对冲基金数量仅次于开曼群岛。国际货币基金组织（IMF）估计BVI公司持有的资产高达6150亿美元。有道是，放水养鱼，水深而鱼肥。

三、BVI的大鱼们

放水养鱼总有收网的那一天。一网下去，能捞着什么呢？

这6150亿美元的资产绝大多数并不在BVI，而在别的地方，BVI公司虽然持有这些资产，但都是空壳公司。举个例子，伦敦切尔西区有一个高档公寓，名为海德公园一号（One Hyde Park），是世界最贵的房产。这个公寓的一半房产归一家BVI公司所有，这家公司背后是谁？吃瓜群众说不清楚，要能说清楚就不是BVI公司了。设立BVI公司要的就是空壳，不透明的空壳。

说到切尔西，就不得不说说切尔西足球队的老板，俄罗斯寡头罗曼·阿布拉莫维奇（Roman Abramovich，外号"阿布"）。2022年3月初英国政府宣布制裁7名俄罗斯寡头，身价94亿美元的阿布位列榜首。悲催的是，阿布有70亿美元的资产落在英国手里，被英国政府冻结了。想必阿布此刻后悔得想拿头撞墙，悔不该把那么多资产都放在注册于泽西岛的空壳公司名下。泽西岛位于英吉利海峡，是英国的皇家附属地（CD），与英国海外领地（OT）地位的BVI很类似，都是著名避税地。

空壳公司没有实物资产，但是有信息，特别是所有权信息。如今全球都在反避税。OECD等国际组织开发了很多好用的工具，包括应要求的信息交换（Exchange of Information on Request，简称"EOIR"）和自动信息交换（Automatic Exchange of Information，简称"AEOI"）标准（俗称"CRS"）。有了这些工具，就能从空壳公司中提取信息出来。因此避税港的空壳公司不再空空如也，而是变成了富矿。掌控了BVI，就等于掌控了矿山。取之不尽，用之不竭。不信你看，每过两年就会泄露一批文件，以"××文件"的标题轰动一时，极大地震撼一下世界的政治经济格局。想想这些文件是怎么泄露出来的，就不难理解为什么英国人要卷土重来了。

四、背靠英国好乘凉

当初你爱搭不理，现在你高攀不起。英国想卷土重来，BVI人民同意吗？当然有不同意的。这个报告公布之后，当地群众上街游行，表示不走回头路，不受二茬罪。英国倒是想一夜回到解放前，有阻力啊。

但是BVI离不开英国。投资者选择BVI，不是看重当地的自然风光，也不只是为了便利和低税，主要是为了安全。在BVI的财产受英国法律保护，这是重点。英国法律后面有英国的实力背书，这是根本。那么多岛国，为何避税地多是英国血统（请参考：避税港，英国范儿才正宗）？原因就在这里。

因此，背靠英国好乘凉。一旦和英国闹翻，BVI就不再安全，资本会作鸟兽散。当地精英们不会不明白这个道理。那些反对的声音终究盖不过精英们的声音。大英在BVI有自己的群众基础，自然会以夷制夷，分而治之。玩了几百年的殖民地，这一套太熟练了，英国闭着眼睛也会。

何况几十年前的大背景是英国日落西山，美国取而代之，英国被迫收缩战线。如今世界格局不同了，是新冷战背景下的美英另一个"蜜月期"。有了美国支持，英国"胡汉三"又回来了。所以英国在BVI达到目的是没有悬念的。

五、所守或匪亲，化为狼与豺

英国接管BVI之后，又有一批"阿布"们会遭殃。更难的是，比起俄罗斯人来，中国人更喜欢BVI（请参考：把公司卖到白菜价的BVI，现在玩不转了），因此BVI的中资公司远远多于俄资公司。要了解BVI对于中国的重要性，有两个排名很能说明问题。一是中国的外商投资（FDI，即"引进来"）来源地排名，其中第一位是香港，第二位就是BVI，别忘了BVI借道香港的算在香港名下；二是对外投资（ODI，即"走出去"）目的地排名，其中BVI在香港和开曼之后位列第三，但是根据笔者亲测，这个统计不全面。如果把没有办理正规手续的对外投资算进去，BVI很有可能仍是第二。不管怎么排名，BVI在中国的FDI、ODI以及返程投资链条中，始终是重要的一环。

接下来英国掐住了这一环，未来会对中国企业产生什么影响？我们摸着俄罗斯过河吧，看看英国与俄罗斯之间如何互动。今天发生在俄罗斯身上的一切，未来有可能也会发生在中国身上。

美国缉毒局放出一只蝴蝶，在BVI掀起一阵飓风，到了中国这边可能出现一场海啸。在BVI布局的中国企业要有心理准备啊。

扩展阅读9：

中国的税收洼地为什么能够存在？

一、说起来都是泪

2021年12月22日和23日两天有31个省级税务局发出通告，敦促明星艺人和网络主播"加紧对照税法和有关通知要求进行自查，并于2021年年底前向税务部门主动报告和纠正涉税问题"，坦白从宽，抗拒从严。这些通知同时发出，措辞一字不差，推断是国家税务总局的通稿。

同时，税务机关在接受审计署检查，也要过关。此前一天，即2021年12月21日，审计署发布了财政部、国家税务总局提交的《财政部 国家税务总局关于违规返还税收收入等方面问题的整改情况》总结（以下简称《整改情况》）。国家税务总局就跟交上补考答卷一样，忐忑不安。《整改情况》列举了审计查出的两个问题，一是"违规返还税款造成财政收入流失"问题，二是"个人所得税核定征收存在漏洞、部分高收入人员借此逃税"问题，总结到一点，就是税收洼地问题。财政返还屡禁不止，这不是税务局管的事情，也就不说了。单说核定征收，这是一些地方层面税务局亲手操办的。国家税务总局三令五申下过很多文件，说是一些行业不能核定，达到一定规模不能核定，但是执行起来还是大打折扣。《整改情况》中规定：

"上述问题的产生，既有盲目追求政绩、相互竞争攀比、政府职能越位的情况，也有政策约束不强、违规成本不高、监督力度不够等因素。"

二、违规成本不高

反避税很难，难在国内有税收洼地，国际上有避税港，两者其实是一回事儿，都是避税的温床。税收洼地搞核定征收以及财政返还，避税港搞税收裁定等有害税收实践，这也是一回事儿，都是挖墙脚。国内是税收洼地的地方政府挖别的省市的墙脚，国际上是避税港挖别国政府的墙脚。国际上，一个建立在双边税收协定基础上的国际税收体系生生被玩坏了（请参考：国际税收的"当铺思维"是如何垮掉的？）。

国际反避税就是和避税港博弈，国内反避税就是和税收洼地博弈。

笔者认为《整改情况》中说到的"违规成本不高"，表面上是说纳税人避税的违规成本不高，实际上是说地方政府的违规成本不高。从范×冰案到郑×案再到薇×案，补税就不说了，罚款均以亿元计。钱能解决的问题都是小问题，只要能够继续赚钱。但是赚钱的事业也终结了，就是大问题了，这违规成本不可谓不高。反观地方政府这一方，挖了别人的墙脚，增加了自己的政绩，哪一个被追责了？只有违规收益，没有违规成本。

三、监督力度不够

《整改情况》中说道"监督力度不够"，没有说对谁监督力度不够。是对下属的地方层面税务机关还是对纳税人监管力度不够？从道理上说应当指纳税人，因为下属机构是自己家里事情，家丑不外扬。但是这里也有难言之隐。

国家税务总局一般不直接负责征管，征管由下面地方层面的税务局进行。2018年国税和地税合并后，各层级税务局统一更名。在省级层面有国家税务总局浙江省税务局、国家税务总局上海市税务局等；在地市级层面有国家税务总局杭州市税务局、国家税务总局上海市崇明区税务局等。地方层面税务机关，前面非要冠以"国家税务总局"，初看很不习惯，后来习惯了。

范×冰案中，有个税务局的副所长受了处分。薇×案中，会不会有税收洼地的税务干部受到处分？如果不处分，无法向审计署交代。如果处分，洼地那些核定征收的口径都不是基层税务局定的，处分基层干部难以服众啊。

四、"三不管"地区

要说针对纳税人的监督力度，确实也存在问题。首先要明确责任才能监督。监督主体是谁？薇×案中，其主管税务机关是哪里？

根据身份证号码判断，薇×户籍在安徽。杭州市税务局公布的信息显示，薇×通过设立上海蔚贺企业管理咨询中心、上海独苏企业管理咨询合伙企业等多家个人独资企业、合伙企业虚构业务，将其个人从事直播带货取得的佣金、坑位费等劳务报酬所得转换为企业经营所得进行虚假申报偷逃税款。这些税收洼地在上海市崇明区。那么问题来了，杭州市税务局是什么角色，有权来稽查吗？

《国家税务总局关于办理2019年度个人所得税综合所得汇算清缴事项的公告》（国家税务总局公告2019年第44号，以下简称"44号公告"）第九条就接受个人所得税年度汇算申报的税务机关明确如下：

按照方便就近原则，纳税人自行办理或受托人为纳税人代为办理2019年度汇算的，向纳税人任职受雇单位所在地的主管税务机关申报；有两处及以上任职受雇单位的，可自主选择向其中一处单位所在地的主管税务机关申报。纳税人没有任职受雇单位的，向其户籍所在地或者经常居住地的主管税务机关申报。扣缴义务人在年度汇算期内为纳税人办理年度汇算的，向扣缴义务人的主管税务机关申报。

上述的在受雇单位所有地申报，并不是只针对工资薪金所得，而是针对包括劳务报酬所得在内的所有综合所得。由于薇×在杭州的多家企业任职，理论上可以选择向杭州市税务局就全国各地的所得申报。但是，薇×同时也在包括崇明、广州等地的其他企业任职，因此，也可以选择在崇明或者广州就所有的综合所得进行申报。选择哪里，取决于自己。换了谁也会选崇明，根本就不理杭州市税务局。杭州市税务局就算想管崇明的避税问题，也师出无名啊。

当然了，针对这种大案，有个国家税务总局驻上海特派办负责协调，指定杭州市税务局来负责，这就不成问题。从2017年起，国家税务总局先后设立了6个特派办，开展跨区域税务稽查和督察内审工作。其中上海特派办分管的范围包括上海市、江苏省、浙江省、安徽省、福建省、江西省、山东省、青岛市、厦门市、宁波市。崇明和杭州都归其管辖。但是，如果没有形成大案，杭州市税务局就管不到崇明的事情。

管辖权是能不能管的问题，责任是该不该管的问题。就算杭州市税务局有管辖权，那其有没有责任去管呢？薇×夫妇名下几十个实体，在多个实体任职，理论上这些实体所在地的税务机关都有管辖权。大家都负责等于谁都不负责。

要落实责任实在不容易，会遇到和国际税务领域的居民管辖权冲突类似的问题。虽然国际税收领域有个经济利益中心原则，但是实际操作起来经常要相互协商，然而地方税务局之间没有动力去相互协商。

更何况44号公告中所说的汇算清缴，是针对综合所得而言的，不是针对经营所得。一旦纳税人把属于综合所得的劳务报酬所得转换为企业经营所得进行申报，各地相关税务局的责任就更模糊了。

五、信息不全

《整改情况》中说，对跨地区多层嵌套的交易，一地税务机关无法掌握全貌，给逃避税留下可乘之机。这说的是，即使想管，信息不足，管起来有难度。在国际避税方面，这是个老大难问题。因此，各国税务局之间搞了应要求的信息交换制度（EOIR）和自动信息交换制度（AEOI），还搞了国别报告（CbC）来加强管理。国内虽然有金税系统，但是应对多层嵌套的交易，还是力不从心。

六、知易行难

关于核定征收的税收政策，国家税务总局此前已经进行了梳理，严格管理，地方上的核定征收大为收敛，但是并未根除。接下来要做的，还是继续加强政策执行力度。《整改情况》中规定：

关于"个人所得税核定征收存在漏洞，部分高收入人员借此逃税"的问题。税务总局核查了有关人员逃避税的主要方式，通过深入分析论证和评估，研究确定了纳税调整和追征税款的处理方式。各地税务部门加强内外协同，多措并举推进整改。截至11月20日，涉及的197人中，除重病3人、失联37人外，其余157人已申报补税8.4亿元。同时，按照"先试点、后扩围、再推开"的工作部署，税务总局对个人所得税核定征收进行规范，已在15个省分两批开展试点，共调整规范近8万户企业，将适时向全国推开。

《整改情况》说明了，税收洼地是个老大难问题，症结在地方政府，单靠税务局推不动，就算能推动，也要做很多准备工作。因此，虽然有国家审计署督战，国家税务总局围剿，税收洼地也不会立即消失。但是，税收洼地风险集中爆发，提醒纳税人注意头上那一把剑。

避税一时爽，事后一直怕，值得吗？

扩展阅读10：

核定征收的旗帜还能打多久？

国家税务总局叫停了独资合伙企业权益投资经营所得核定征收个人所得税（请参考："坑爹"的核定征收），给了税收洼地沉重一击。但是独资合伙企业经营所得种类很多，权益性投资所得只是其中一部分，其余部分无法一刀切全部停止核定征收，因此税收洼地还有一线生机，核定征收的旗帜还能继续打下去。但是，千万别忘了税务局手上握着两个"大杀器"。

一、"大杀器"之一：所得定性

国家税务总局有权解释税收法规，手中握了一个"大杀器"，就是所得定性。只有经营所得才可以核定，包括劳务报酬所得在内的综合所得不可以核定。到底哪些所得算是劳务所得，哪些是经营所得？国家税务总局的解释空间很大。

2018年修订后的《个人所得税法》和实施条例中对经营所得的定义很模糊，与之相对，对劳务报酬所得定义则相对清晰。《个人所得税法实施条例》第六条规定：

（二）劳务报酬所得，是指个人从事劳务取得的所得，包括从事设计、装潢、安装、制图、化验、测试、医疗、法律、会计、咨询、讲学、翻译、审稿、书画、雕刻、影视、录音、录像、演出、表演、广告、展览、技术服务、介绍服务、经纪服务、代办服务以及其他劳务取得的所得。

……

（五）经营所得，是指：

1.个体工商户从事生产、经营活动取得的所得，个人独资企业投资人、合伙企业的个人合伙人来源于境内注册的个人独资企业、合伙企业生产、经营的所得；

2.个人依法从事办学、医疗、咨询以及其他有偿服务活动取得的所得；

3.个人对企业、事业单位承包经营、承租经营以及转包、转租取得的所得；

4.个人从事其他生产、经营活动取得的所得。

以上条文给人的初步印象是，劳务报酬所得看行业，经营所得看形式。两个概念分别从两个角度进行定义必定有重合。重合之处就是国家税务总局的解释空间。

国家税务总局在针对灵活用工平台的答复中说："……取得的收入是否作为经营所得计税，要根据纳税人在平台提供劳务或从事经营的经济实质进行判定"。也就是说，明星艺人和网络主播从事的演出、表演、介绍服务、经纪服务已经被列名为劳务报酬所得，不管你依托什么平台，是否注册为个体工商户、个人独资企业、个人合伙企业或者其他个人的经营活动，都是劳务所得，都不能核定征收。

上海市税务局在其政策解答中说：

> 个人所得税经营所得，一般是指有稳定的机构场所、持续经营且不是独立的个人活动而取得的所得。劳务报酬所得，是指个人独立从事劳务活动而取得的。

这个解答很接近学术界的观点，虽然有个别省级税务机关附和，税务系统内并不普遍认可。从薇×案来看，在崇明设立的那些个人独资企业和合伙企业在当地有没有机构场所？有没有持续经营？有没有团队？能算是独立个人活动吗？如果根据上海市税务局的观点，这可能就是经营所得。可惜杭州市税务局不这么看，国家税务总局也不这么看，因此才有将个人劳务报酬所得转换为企业经营所得的结论。

二、"大杀器"之二：虚开发票

2021年12月28日，河南省税务局发布新闻称，国家税务总局漯河市税务局稽查局根据税收大数据分析和相关线索，与公安部门密切配合，依法查处了以王××（男）、朱×（男）、冷××（女）为首的文娱领域"黑中介"涉税违法案件。经查，2019年7月以来，王、朱、冷等利用他人身份信息，通过在全国11个省（市）注册北京××税务咨询有限公司、九江市××影视文化产业园有限公司、湖南××企业管理中心、舞阳县××文化服务有限公司等600余户企业，以从事影视劳务外包、推荐演员和宣传合作等名义，在没有发生实际经营业务的情况下，为有关文娱领域从业人员虚开发票，并帮助有关文娱领域从业人员设立"空壳"企业逃避缴纳税款，从中牟取非法利益。目前，3名主要犯罪嫌疑人已被司法机关依法逮捕。

这个案件细节还有待了解，初步判断这个"黑中介"是兜售税收洼地方案的灵活用工平台，不是专业的税务咨询机构，北京××税务咨询有限公司是其对外拓展业务的窗口而已，拜托不要给税务咨询脸上抹黑。灵活用工平台本身并不是问题，但是用在艺人网红身上就有问题了。从新闻稿中可以看出这个平台的业务模式有两种，一种是利用自身平台和委托代征资质对艺人网红等"从业人员"劳务所得进行包装，将其转化为经营所得；另一种则是协助从业人员设立工作室等"空壳"企业，同样达到转换所得性质的目的。两种模式，前一种针对散户，后一种针对大客户；前一种相当于自营模式，后一种相当于第三方店铺模式。两种业务模式的共同点都是包装业务，转换所得性质，都会用到核定征收。

包装业务是否构成虚开发票？毕竟存在从业人员的真实活动，不能说是虚构业务。但是，这些业务本来是独立个人劳务，不是经营活动，从这个角度来说"没有发生实际经营业务"也在理。怎么定性，仍旧是税务机关的解释空间。根据最高法院对虚开发票定罪提供的指导性意见，凡是上游缴了增值税，下游取得发票不得按虚开增值税专用发票定罪。平台缴纳增值税后如果享受财政返还，这就只能算是部分缴纳了增值税，如此看来漯河市税务局在行政执法过程中认定灵活用工平台为虚开发票，也没有与最高法院这个精神产生冲突，但是不能不说下手很重。不过同一时期微×案中空壳企业都是按偷税定性的，没有按虚开发票定性，所以这样看来下手就没有那么重。

平台虚开发票，从平台取得发票的企业就是取得虚开发票的。不管是善意取得还是恶意取得，先要接受调查，那个滋味很不好受。调查结果，如果定性为善意取得还好，补了增值税了事；如果定性为恶意取得，那就与虚开方同罪，补税、罚款、纳税信用降级都是小事，搞不好还构成刑事犯罪。因此，虚开发票是国家税务总局手中针对避税行为的另一件"大杀器"。

三、坚壁清野

国家税务总局警告艺人和网红：不要以为你在洼地缴完税就万事大吉了，你那个所得本来就不是经营所得，不该核定征收，你头上始终悬着一把剑。接着告诉下游说，不要以为你从灵活用工平台拿到发票就完事了，虚开发票了解一下？

国家税务总局拿挖墙脚的地方政府没有办法，手上握着两个"大杀器"

都是针对纳税人的，因此围剿必定"围"重于"剿"。总局出手一次，税收洼地的门前就冷清一阵，税收洼地的生存空间就被蚕食掉一块，这就是坚壁清野策略。

薇×案中，杭州市税务局以纳税人将个人劳务报酬所得转换为企业经营所得虚假申报为由，按偷逃税款定性，要求补税1.16亿元外加1倍罚款。是不是下手太重了？

有人说这是避税，不是偷税。避税是形式上合法，实质上少缴税，是钻税收法规的空子，偷税则是明目张胆地越线，违反税收法规。在所得定性这方面，《个人所得税法》及其实施条例规定都不明确，财政部和国家税务总局也没有下文件予以明确，地方层面的税务机关掌握的口径各不相同，合法与非法的界限都没有划出来，怎能判定越线了？

也有人说，范×冰案不是划出了界限吗？你没有引以为戒怨不得别人。

避税不可以加滞纳金，只可以加利息。不可以罚款，可以加罚息。偷税的罚款区间是0.5—5倍，避税的罚息至多5%。这不光是量上的差别，质上的差别更大，偷税是违法行为，明星艺人偷税会被标记为劣迹，一定面临着"封杀"，避税虽不是光彩的行为，但是不违法，是否"封杀"还难说。

按照偷税定性，出手过重，放到围剿税收洼地这个大背景之下就不难理解了。同样的道理，针对灵活用工平台按虚开发票查处，放到围剿税收洼地这个大背景下也不难理解。

今后，如果有人跟您说洼地能避税，您心里要打一个问号。您保证不是偷税吧？如果有人向您推荐灵活用工平台，您心里也要打一个问号。虚开发票怎么防范？

四、重赏之下，必有勇夫

武器总得有人来操控。总局人手有限，就广泛动员地方参加"围剿"。除了避税地税务局之外，别的地方层面税务局都在动员之列。但是地方层面税务局由于责任难以落实（请参考：中国的税收洼地为什么能够存在？），惩罚无从谈起，只有奖励路线能行得通。

税务总局一声喊：洼地那里有税源，先到先得啊！然后拿范×冰案、郑×案、薇×案做了示范，漯河市税务局就磨刀霍霍向"黑中介"下手了。这个"黑中介"触角伸向了全国多个税收洼地，为什么是漯河市税务局来查处？上面那个新闻稿中没有解释。重赏之下，必有勇夫，毕竟对钱不感兴趣的不多。

同时也不能低估税务系统的政治觉悟。财政部、国家税务总局在《整改情况》中说，"个人所得税核定征收存在漏洞、部分高收入人员借此逃税"，漯河市税务局查处相关灵活用工平台，这就是讲政治。

税务总局通过一系列案例告诉纳税人，不要以为搞定洼地税务局就万事大吉了，还有无数个税务局盯着你，总有一个会关照你。

范×冰案貌似意外，郑×案还貌似意外，实际上都有必然性。几个月内出了雪×案、林×珊案、薇×案，税务机关声明这是开展专项行动。这次专项行动对象有三类，高收入人员是其中之一。高收入人员第一波是明星和网红，接下来还会有第二波、第三波，以后还会常态化。

在"大杀器"常态化打击之下，税收洼地一定会陷落，但是核定征收不会绝迹。虚开发票处罚那么重，以前还判死刑，都没有绝迹。核定征收最多能按偷税定罪，更不可能绝迹。但是有格局的生意人谁不知道远离虚开发票？今后顶流明星哪个还会冒着职业生命危险去享受核定征收？只要把核定征收挤出主流生态圈，"围剿"的目的就达到了。

第四章
流转税浴火重生

本章导读

流转税属于间接税。间接税是纳税人和负担者分离的各个税种，所有间接税都由消费者最终负担。间接税已经有几千年的历史。与之相对，所得税近代才出现。由于"多赚多缴"的累进性质，所得税受发达国家所推崇，发展迅猛，不到200年时间占据了税收收入的大半。但是风水轮流转，随着经济全球化以及数字化，所得税易于逃避的弱点被跨国公司利用到了极致，这种背景下间接税又强势回归。目前世界各国财政收入中流转税占比总体上呈明显上升趋势。

中国企业"走出去"，最先遇到的境外税往往是流转税。各国的流转税虽然名称各异，但总体上说有两类：全额流转税和增值税。

全额流转税的课税对象是流转全额，有的对多阶段、多环节进行普遍全额征收，有的则是对生产制造、批发、零售和服务中某一环节的产品或劳务收入全额征收。美国的销售和使用税属于后者，本章第一至第四个案例对此进行了介绍。

增值税对商品或劳务的增值额征收，征税范围包括生产、批发、零售各环节。增值税是目前国际上应用最为广泛的流转税税种。据统计，如今全球已有150多个国家征收增值税。增值税在有些国家（例如新加坡、澳大利亚等）被称为货物与劳务税（GST），在本章中我们将其归入增值税进行讨论。

本章导读

境外的增值税与我国的增值税相似点很多,至于其不同之处,结合OECD的《增值税指南》也不难理解。本章第五至第七个案例讨论了欧盟的增值税征税地规定,展示了《增值税指南》在司法实践中的运用。这三个案例外加七篇扩展阅读文章,有助于理解目的地原则,初步认识欧盟的共同增值税体系。第八至第十个案例则涉及增值税的征税范围、税目划分、征管变化趋势等方面,其中不管是境内案例还是境外案例,都有助于我们加深对增值税原理的全面理解。第十一至第十八个案例则探讨了跨境电商遇到的若干具体增值税问题。

关税也属于流转税,但由于其一般由各国的海关负责征收,而不是像别的流转税由税务机关负责征收,且自成一格,因此本章不做讨论,在下一章进口税中专门讨论。

本章中各案例的分析重点如下:

序号	案例题目	分析重点	主要涉及的国家(地区)	扩展阅读
一	电子商务催生了经济联结——Wayfair美国销售税案例	销售税——征税地	美国	1.销售税是个征管噩梦 2.数字税应运而生
二	超市"密探"CPA,信息搬运销售税	销售税——应税范围	美国	3.行业税负是个伪命题
三	一个"但是"引发的血案	销售税——应税范围	美国	4.营改增胜利多年了,我们还在讨论营业税问题
四	软件即服务,美国销售税——Market share案例	销售税——应税范围	美国	

续表

序号	案例题目	分析重点	主要涉及的国家（地区）	扩展阅读
五	罗马尼亚"私吞"了两项测试——柏林化学增值税案例	增值税——目的地原则	欧盟、罗马尼亚	5.我国增值税法规如何体现OECD的目的地原则 6.欧盟的增值税指令 7.大道至简——欧盟一招理顺B2B跨境服务增值税的启示
六	跨境直播纳税地，不看主播看老板	增值税——目的地原则	欧盟、荷兰	8.理想很丰满，现实很骨感——面对B2C非现场服务，欧盟也背离了目的地原则 9.一视同仁，大同小异——欧盟针对现场服务的B2B和B2C增值税管辖权规则
七	辨错了证，开错了药，后果很严重——流服务公司案例	增值税——目的地原则	欧盟、罗马尼亚	10."苍天已死，黄天当立"——基于财产所在地的增值税管辖权规则 11.铁路警察，各管一段——国际运输服务的增值税管辖权规则
八	别拿媒婆不当专家——G&F英国增值税案例	增值税——收入额	英国	12.税率升至8%，新加坡GST如何切换？
九	别问我促销手续费什么税目，打死也不说！	增值税——税目	中国	13.主播纳税类比处理，增值税的内耗谁能治愈？
十	我开玩笑有人当真，虚开发票60亿元	增值税——税收优惠	中国	
十一	跨境电商IPO，深交所税务拷问直击灵魂	增值税——电子商务出口	中国	14.欧盟出手严管跨境零售电商增值税
十二	海外代购与跨境电商之间，存在一个境外公司的距离	增值税——电子商务进口	中国	15.电商的岁月静好和欧盟的负重前行
十三	操着"卖白粉"的心做出口退税（一）——跨境电商和假自营真代理	增值税——出口退税	中国	

续表

序号	案例题目	分析重点	主要涉及的国家（地区）	扩展阅读
十四	操着"卖白粉"的心做出口退税（二）——中间商退税的正确姿势	增值税——出口退税	中国	
十五	操着"卖白粉"的心做出口退税（三）——外贸综合服务企业的灰色经济后遗症	增值税——出口退税	中国	
十六	操着"卖白粉"的心做出口退税（四）——认定骗税对货不对人	增值税——出口退税	中国	
十七	操着"卖白粉"的心做出口退税（五）——购买信息是个什么梗？	增值税——出口退税	中国	
十八	操着"卖白粉"的心做出口退税（六）——"假自营真代理"模式下的骗税主体认定	增值税——出口退税	中国	

第一节　电子商务催生了经济联结——Wayfair美国销售税案例

美国的销售税是州税，各州自定税率（税率4%—10%不等），征税范围覆盖终端消费的货物和服务。目前，全美国共有45个州和哥伦比亚特区设置了销售税，销售税已成为各州政府的主要财政收入来源。

一、销售方代收税是尽义务

美国的销售税全称是"销售和使用税"，准确地说包括销售税和使用税两种税。销售税对零售有形动产和提供特定服务征收，使用税是对销售税的一种补充。使用税针对纳税人在所在州以外购买应税项目并带入所在州使用、贮存或消费的行为征收。通常一项应税交易要么被征收销售税，要么被征收使用税。一些州允许本州税收居民将就相关应税项目在其他州已缴纳的销售税用于抵免其在本州应缴纳的使用税。

这些规定看起来很美，执行起来有难度。虽然销售和使用税都是最终消费者负担，但是指望广大消费者个人去缴使用税那是不现实的。即使人民的纳税意识极大提高，征管成本也受不了，因此操作中都是销售方代收销售税，然后缴纳给销售方所在州政府。

在我们的观念中，不管是现在增值税还是营改增之前的营业税，商家缴税是天经地义的事情。但是美国的商家不这么看，他们觉得销售税是代收的，自己从消费者手中收取，缴给各州税务局。平时消费者去商场或者餐馆消费后，付款时拿到的小票上价款多少、税款多少写得清清楚楚。因此商家和消费者都明白，税款是消费者负担的，由商家代收转交税务局的。商家觉得代收税是替各州尽义务，这个义务是有前提的，也是可以讲条件的。传统的零售和服务企业在本地经营本地缴税无话可说，而那些"新业态"做跨州销售的，就跟各州政府讲条件了。

二、Quill案确立的实质性联结标准

早先出来讲条件的是邮购企业，个别邮购企业和州政府打官司一直打到联邦最高法院。其中最著名的两个官司，一个是Quill公司诉北达科他州，另一个是National Bellas Hess公司诉伊利诺伊州。脑补一下，法庭上对质场景是这样的：

原告：法官大人，我们是跨州经营的邮购企业，不在被告的地盘上经营，被告强迫我们代收销售税，道理何在？

被告：被告从我们州赚钱就该缴税，这有错吗？

原告：法官大人，被告搞错了。销售税纳税人是消费者，商家只是代收，是尽义务。我们在被告的地盘上一没有员工，二没有场所，三没有享受被告任何服务，哪来的义务代他收税？

被告：法官大人，原告向我们州的消费者邮递广告，从我们的消费者这里收钱，怎能说没有享受我们的服务？难道货物不经过我们的公路、机场，不受我们州警察保护？

原告：法官大人，被告这是强词夺理。我们邮购企业，货物是邮局送到顾客手中的，这和消费者开车到别的州买货一个道理。消费者开车到别的州买货，回到他们地盘上消费，按理说要缴使用税。但是他们什么时候缴过使用税？也没见哪个州跨州向商家追缴过使用税。现在让我们来代收税，这不公平。

以上对话纯属于演绎，请勿较真。总之联邦法院出于鼓励跨州商业活动的目的，支持邮购企业的主张，即在没有实质性联结的各州不应代收税。所谓实质性联结，当时就是指人员和场所。这就带来个问题，如果邮购公司在不征销售税的州营业，在征税的州不设立营业场所，不就可以避免销售税了吗？这种情况联邦法院当然知道，但那是各州自己的问题，联邦政府只管维护各州之间的团结和稳定，权衡下来还是发展洲际商业更重要。再说邮购企业能有多大油水？

三、Wayfair案更新了实质性联结标准

然后世事变幻，现在到了电商时代，跨州交易额放量猛增，销售税流失就无法忽视了。各州又开始旧事重提。于是南达科他州通过了一个法案，要求在本州销售的商家即使在本州没有营业场所，只要一年内州内销售超过10万美元，或者州内销售交易超过200笔，就要收取和缴纳销售税。电商Wayfair公司不服，官司打到联邦法院。联邦法院与时俱进，这次推翻前例，改为支持州政府一方，于2018年6月21日裁定支持南达科他州。该案件之后，美国几乎所有电商公司跨州销售都要在顾客所在州缴税了。

联邦最高法院态度来个180度大转弯，这是为了什么？原先被告都是为了钱，但是法官从来不谈钱，而是谈公平。法院判词中说，当初判邮购公司不需要代收税是为了公平，如今判电商公司应当代收税也是为了公平。当初说不让邮购公司代收税是为了避免歧视跨州销售，现在说电商公司应当代收税是为了避免电商公司逃税从而对别的零售商不公平。毕竟现在技术那么发达，电商公司很容易远程销售，在所有征收销售税的州都

可以不安置人员不设置营业场所。所以实质性联结的门槛要压低，一旦达到一定交易量就该认定为构成实质性联结，要代收税。总之，公平这件事怎么说怎么有理，对判决起决定性作用的还是出于钱的考量。审判期间有41个州、2个区域再加上哥伦比亚特区联名向联邦最高法院请愿，叫苦说要不放开手脚让各州对电商征税大家都得饿死。判词洋洋洒洒几十页，这个信息是最关键的。

Wayfair案还有一个重大意义，就在于无意间弘扬了目的地原则。前文说过，不管是销售税还是使用税，都是最终消费者负担的，在最终消费地缴税天经地义。以前出于征管方便的考虑，都是零售商在其营业活动所在地代收代缴的，长此以往大家忘记了本来应当在最终消费地缴税。Wayfair案判决后，南达科他州的做法受到普遍仿效，如今几乎所有州都采用了与当地销售额或者销售量挂钩的联结标准。可见，Wayfair案客观上促进了销售税的征税地与消费地之间的一致性，弘扬了目的地原则。

第二节 超市"密探"CPA，信息搬运销售税

一、这个CPA不是那个CPA

有一种职业就是到超市抄价签，然后把价格信息提供给另一家超市。在美国这种抄价签的行为堂而皇之地称为竞争性价格审计（Competitive Price Audit），并简称"CPA"。作为一名注册会计师，笔者对此感觉有些异样。这也能叫审计？也能叫CPA？再一想也就算了，大家都是数字搬运工，谁比谁体面？再说了，早晚都会被机器取代，争什么争？

RetailData LLC（以下简称"RetailData"）是一家美国公司，为一家美国连锁超市Wegmans Food Markets Inc.（以下简称"Wegmans"）提供这种CPA服务。纽约州税务局（Department of Taxation and Finance，简称"DTF"）在2011年稽查Wegmans时发现RetailData没有就这种服务缴过销售税，要求Wegmans补缴2007—2010年度的销售税。美国的销售税全称为"销售和使用税"，是州税或者地方税，由州政府或者市级政府下辖的税务局征收。销售税的纳税人是货物或者服务的买方。正常情况下货物或者服务的销售方从买方手中收取销售税，然后向政府缴纳；如果销售方没有收取销售税，则买方自行缴纳销售税。

本案中DTF向服务接受方Wegmans下达了补税通知，Wegmans缴纳了税款然后提出

复议。一位行政法官听证后裁决支持DTF的补税决定。Wegmans对以上裁决提出异议。纽约州税务申诉裁判庭（Tax Appeals Tribunal，以下简称"TAT"）听证后判决Wegmans败诉。Wegmans上诉到纽约州最高法院，纽约州最高法院受理上诉司第三处判Wegmans胜诉。TAT上诉至纽约州上诉法庭，后者判其胜诉。

不只纳税人和税务局意见分歧，纽约州上诉法庭内部也有分歧，致使这官司一打3年多。2019年6月6日法庭进行了辩论，然后6名法官进行了投票。其中3名赞成征税，2名反对征税，1名有保留地赞成征税。少数服从多数，2019年6月27日法庭作出判决，纽约州政府胜诉，Wegmans应当纳税。

二、信息服务征税有例外

纽约州税法规定信息服务应当缴纳销售税，但是第1105(c)(1)节规定了以下情形下的信息服务是例外，不征税：

提供信息具有个人或者个体性质且未能或者不会被实质性地纳入报告提供给其他人的情形。

赞成征税的法官们说，看见了没有，不征税的前提之一是信息具有个人或者个体性质，而CPA报告中的信息都是来自公开渠道，不符合条件；而且即便是这些信息随后经过了加工，加工过后的信息仍旧不具有个人或者个体性质。总之不符合第一个前提，这就够了，可以得出征税结论了。至于第二个前提，即未能或者不会被实质性地纳入报告提供给其他人，就不用分析了。

但是这些法官们没有解释法规中这个例外的逻辑是什么，说服力有些欠缺。

三、还原立法意图

不赞成征税的Wilson法官口若悬河。其开场词很有文采：

法规构建的星座中如果有一颗众星参拱的北极星，那么它一定是这句话："法庭解释法条的主要考虑应当是确定立法意图并加以贯彻。"赞成的各位都没有仔细分析法规中"个人或个体"的含义以及其背后的立法意图，就得出了免税要求信息保密的结论，这也太……

Wilson法官说，问题出在第1105（c）（1）节法规有歧义，尤其是这一段：

提供信息具有个人或者个体性质且未能或者不会被实质性地纳入报告提供给其他人的情形。

Wilson法官说：大家有没有想过，文中的"个人或者个体性质"到底是修饰"信息"还是修饰"提供信息"这项服务？似乎两种理解都可以。赞成的各位都是理解成了前者，自然也就得出了免税要求信息保密的结论，进而否决了Wegmans不征税的主张。但是我倾向于后一种理解。依照后一种理解，个人或者个体性质的服务，即一对一的服务，都在免税范围之内，意味着应当支持Wegmans不征税的主张。那么到底哪种理解符合立法意图呢？我们要回顾一下历史。

日常工作中笔者也经常会因为法规不清晰而苦恼。曾经因为一个法规的理解问题反复和税务机关核实，问了很多人还是确定不了，最后问到税务总局。税务总局领导回答说，这个我也吃不准，需要问一下当初起草这个文件的同事，只有他知道这么写是出于什么考虑。通过这件事笔者意识到立法意图的重要性，也体会到了确定立法意图不是件很容易的事。由于这次经历，我很赞同Wilson法官这种理念，也能体会到他的不易。

Wilson法官无法去问当初起草法规的那个人，因为这条法规很古老。还好有历史法规和以往的判例可以检索。通过梳理这条法规的演进过程，Wilson法官坚定了自己的立场。

四、从前有个"参考书"

纽约州的销售税起源于纽约市。纽约州和纽约市的关系，相当于吉林省和吉林市的关系。纽约市很早就开始征收销售税。早先的征税范围主要是特定货物，称为"个人财产"，简称"TPP"不含服务，后来逐渐增加了少量服务进去，但是服务征税的范围很有限，绝大多数服务是不征税的。书籍是特定货物，要征税。这时候报社、杂志社会说，我们的报纸期刊是服务不是货物，不应征税。这种说法纽约市的立法机关就认了。但是1937年发生了一个Dun & Bradstreet讼案。有家杂志社收集个人的财产信息，将其汇编成册提供给订户。杂志社将这种册子称为"参考书"。税务机关认为这是书，应当征税。报社说这不属于货物，是服务，不应征税。杂志社的订阅合同中规定，"参考书"只能订户自己使用，订户不能给别人看也不能让别人使用，更不能公开其中的信息。基于此，法院认为"参考书"的所有权并未转移到订户，因此不构成销售货物。另外，法院认为杂志社的目的是向订户提供信息,为其销售和赊销提供参考,这是妥妥的服务,不应征税。

纽约市的税务局说不过纳税人,于是推动立法机关开始对信息服务征税。信息服务如果单从字面上理解,范围很宽。税法中的征税范围又不想那么宽,因此做了很多排除。纽约市的销售税法规中,特别举了两个不征税的例子,一个是投资顾问,另一个是私家侦探,这两种情形下不征税的理由都不是因为涉及的信息是"个人和个体的"(即需要保密),而是因为这种服务有个人和个体属性,即属于一对一、定制化的服务,而不是像参考书那样商品化地大批量搬运信息的服务。

纽约市的销售税法规之后演变成了纽约市行政规章中的一条,后被纳入1952年的本地法律。该条法律后来被1965年的纽约州法律照搬了过去(经过小改动),此后经过少许变化,演变成了现在的第1105(c)(1)节。该节全文如下:

(c)接受销售方销售的以下服务应纳税,但再销售的情形除外:
(1)借助打印、油印、印刷的物品或者通过复制书写品或者印刷品等形式提供信息,包括收集、汇集或者分析任何种类以及性质的信息并向他人提供相应报告的服务,但不包括提供信息具有个人或者个体性质且未能或者不会被实质性地纳入报告提供给其他人的情形,不包括广告以及其他代理提供的服务、代表他人提供的服务、报纸、电子新闻提供商、广播播放者、电视台在收集或者传播新闻过程中使用的信息服务,不包括气象服务。

回顾了以上历史,大家就能理解为什么第1105(c)(1)节信息服务的描述中有打印、油印、印刷以及提供报告等字眼,以及排除项目中有向他人提供报告的字眼,也会意识到针对信息服务征税,起因就是"参考书"这种具体业务,立法意图就是排除一对一服务的。也就是说,法规中的"个人或者个体"从一开始就是修饰"服务"的。

五、相信直觉

Wilson法官认为,本案中解读法规时本该关注服务的属性,结果从DTF到初审法院和上诉法院都去关注了信息的属性,一众人等都被带偏了,导致后来法官们多数通过了错误的裁定。只要你关注服务属性而不是信息属性,就会发现RetailData提供的CPA服务是"个人和个体的",不应征税。

从直觉上笔者赞同Wilson法官按服务的属性来划分征税和不征税范围的看法。总体上看美国销售税征收范围内的服务都具有"类商品"的性质，一对一的服务不是销售税针对的对象。反过来，如果按信息的属性来划分信息服务是否应当征税，就想不出个所以然了。同样是搬运信息，为什么具有保密属性的信息就不征税，而公开的信息就征税？说不出个道理来，肯定有问题。

第三节 一个"但是"引发的血案

遇到法规模糊该怎么办？有人会去刨根问底搞懂立法意图，关注"谁对"，这是较真派。另有一类人认为对错永远说不清楚，关键是要搞清楚该向着谁，关注"站谁"，这是站队派。纽约州上诉法院审理Wagmans案的6名法官中，Wilson法官1人是较真派，其余5人都是站队派。

站队派不是不讲原则，通过以往判例形成的若干规则被站队派们奉为圭臬。其中一条规则是，征税的规定按不利于政府的原则从紧解释；另一条是，免税的规定按不利于纳税人的原则从紧解释。这个道理很浅显。征税条款设置纳税义务，相当于允许政府伸手到纳税人口袋里拿钱。常言说，拿人手短，因此要尽量节制。而免税条款则相当于允许纳税人从政府口袋里拿钱。这次轮到纳税人拿人手短，同样要尽量节制。

一、非应税项目和免税项目

美国的法院在长期司法实践中，通过多个判例确立了一条规则，就是非应税项目视为征税规定，这就意味着非应税项目按不利于政府的原则解释，与免税项目按不利于纳税人的原则来解释形成鲜明对照。

非应税项目是从一开始就不允许征税，不征税是无条件的；而免税项目是本该征税，但是政府放过纳税人一马，是附有条件的。这种区别说起来头头是道，现实中却实在不容易分辨，本案中的站队派就遇到了这种情形。我们先来回顾一下纽约州税法第1105(c)(1)节，其全文如下：

（c）接受销售方销售的以下服务应纳税，但再销售的情形除外：
（1）借助打印、油印、印刷的物品或者通过复制书写品或者印刷品等形式提供信息，包括收集、汇集或者分析任何种类以及性质的信息并向他人提供相应报告的服务，但不包括提供信息具有个人或者个体性质且未能或者不会被实质性地纳入报告提供给其他人的情形，不包括广告以及其他代理提供的服务、代表他人提供的服务、报纸、电子新闻提供商、广播播放者、电视播放者在收集或者散播新闻过程中使用的信息服务，不包括气象服务。

那么问题来了，上一段法规中"但不包括"之后的内容，即从信息服务征税范围中排除的内容，是非应税项目还是免税项目？应当照征税项目按不利于政府原则来解释，还是照免税项目按不利于纳税人原则来解释？本案中站队派内部对这个问题存在分歧，导致内部分裂成两系。以下我们简称"挺非系"和"挺免系"。

二、"挺非系"有话说

"挺非系"搬出纽约州税法第1105节说，这一节的标题就是"征收销售税"，正文开始就说"应对以下项目征税"，这说明本节整个都是征税规定。另外，第1105节列举征税范围如下：

（a）有形个人财产；
（b）煤气、电力和其他形式的能源；
（c）列明的服务；
（d）销售含酒精的饮料；
（e）旅馆房费；
（f）入场费。

"挺非系"说，本案中有争议的信息服务，就是以上（c）项"列明的服务"下的第（1）项。（c）项下共列举了10项服务，都是正列举，列举到的征税，没有列举的不征税，说明（c）项整个都是征税规定。第1105（c）（1）节是上述第1105（c）项的一部分，自然也是征税规定了。

三、"挺免系"有理讲

"挺免系"说，问题出在第1105（c）（1）节中间那个"但是不包括"之后。这几个字后面那些内容，与前面没有分段，显然不是平级，而是附属于前面那些内容。换言之,"但是不包括"把这段话分成两个半段,前半段先把所有信息服务都纳入了征税范围,然后后半段再把某些特殊的信息服务从征税范围中抠出来排除掉,这显然是免税规定的表述方式。

"挺免系"还说,第1105(c)节别的段落中对于不征税服务都是与征税服务分段列示的,各段之间是平级;而且不征税项目之前都用"除了""不适用于"等字眼来引导,没有用到"但是"。别的段落中那种表述方式,表明那些服务打一出生就不征税,那种方式表达的才叫不征税项目,那种方式的规定才是征税规定;第1105(c)(1)节用了这个"但是"性质就不一样了,后半段的内容就从属于前半段了①,这是免税的表述方式。

四、规则是用来打破的

"挺非系"和"挺免系"相持不下。这时候Feinman法官说,大家别争了,不征税项目和免税项目都是不收税,需要区分吗?为啥不一视同仁呢?规则是用来打破的,区别对待的规则该改一改了。

众人听了,一开始有些惊愕,片刻安静之后一片叫好。照这个思路下来,"挺非系"和"挺免系"两边面子都保住了,而且各位站队派法官都会因为这个标志性判例而名垂青史,何乐而不为呢?于是众人推举Feinman起草了意见书,大意如下:

纽约州从来不区分免税项目、非应税项目和扣除项目。鉴于三者的作用都是减少纳税义务,纽约州在解释法规时采用功能分析的方式,采用一种单一的、可行的规则来对待三者。将免税项目和非应税项目一律按有利于政府的原则来解释,这是符合立法意图的。

包括首席法官在内的大多数法官都同意这个看法。但是Stein法官不同意,说这个意见推翻了先例,建立了新规则,会导致纽约州以后所有的税务争议中纳税人必败无疑。Stein法官说这个新规则不仅错了,而且没有必要,构成了附带意见(dicta)。较真派的Wilson法官附和Stein法官说,这会导致一旦遇到法规模糊纳税人在法庭上必输无疑,请问哪位立法者会愿意看到这种局面?照这种理念去立法的人很快就会下台。

---

① "但是不包括"原文是"But excluding",问题出在"excluding"上。笔者在翻译时无法传达分词带来的从属含义,只能将问题归结在"但是"。张冠李戴,指鹿为马。大家不要学我。

Stein法官一方面反对这个规则，另一方面从举证责任方面主张对Wagmans征税。Stein法官说，但凡主张不纳税时，纳税人有义务举证。本案中纳税人无法证明自己没有纳税义务，因此应当纳税。

另外一名法官不仅反对这个无差别规则，而且反对向Wagmans征税。但是由于主张征税的一方占据了多数，最终法院裁决Wagmans败诉。

五、立法机关抓狂了

Wagmans案开创了无差别对待非应税项目和免税项目的先例，在后续别的税务争议案例中被多次援引，将多个案件的审判倒向了偏袒政府部门的结果。在立法部门看来，Wagmans案的站队派法官们越界了。司法部门越权解释法规，侵占了立法部门的领地，这可不行。州税和地方税的立法权在州议会，议会不会坐视不管。2022年6月16日，纽约州议会让州税和地方税委员会出面发表了一个报告，谴责了本案中多数通过的新规则。

州议会试图运用立法权来改变这种局面。州税和地方税委员会在报告中说，问题的根源在于第1105（c）（1）节法条模糊，建议修改法律条文。这节法条歧义太多，不仅难以定性非应税项目和免税项目，而且还难以判断例外情况有三项还是四项。州税和地方税委员会建议彻底修改法条，改为以下文字：

（c）接受销售方销售的以下服务应纳税，但再销售的情形除外：
（1）借助打印、油印、印刷的物品或者通过复制书写品或者印刷品等形式提供信息，包括收集、汇集或者分析任何种类以及性质的信息并向他人提供相应报告的服务。应税服务不包括：
（A）提供信息具有个人或者个体性质且未能或者不会被实质性地纳入报告提供给其他人的；
（B）广告以及其他代理提供的服务、代表他人提供的服务；
（C）报纸、电子新闻提供商、广播播放者、电视播放者在收集或者散播新闻过程中使用的信息服务；
（D）气象服务。

这种修改让笔者感觉极度舒适。码字久了，对文字挑剔了，看见清晰的表达就感觉赏心悦目，看见纠结一团的表达就浑身不自在。

州税和地方税委员会在报告中除建议立法部门采纳以上第1105(c)(1)节的修订之外,还建议立法部门起草法律以明确非应税项目和免税项目应当区别对待,并就起草税法提出了一般要求:不仅要表达清晰,而且要说明举证责任在政府还是纳税人。报告中说,Stein法官说纳税人和政府打官司必输无疑,这并非危言耸听。销售税一般由卖方代收,卖方面临两难处境:该收不收政府不答应,收了不该收的买方不答应。跟政府打起官司来,输了自己补税,赢了买方会来向其主张多收的税。基于这种情况,如果立法部门不能明确非应税项目按照不利于政府的原则来解释,那就该立法限制买方向卖方主张多收的税款。

这事情就闹大了。回想起来,起因就是一小段语意模糊的法规,尤其是其中一个"但是"。可见凡是码字的,表达清晰很要紧。

第四节 软件即服务,美国销售税——Market Share案例

MarketShare Partners, LLC(以下简称"MarketShare")注册于美国加州,是一家市场分析公司。其纽约办公室取得业务收入,但是未在纽约州进行销售税登记,未缴纳销售税。这家公司规模不大,多年来没有人在意,直至2015年这家公司被一家上市公司NeuStar收购,上了新闻,才招来了纽约州税务局的稽查。经过稽查,纽约州税务局于2017年12月10日发出L-047339013号《决定通知书》,要求MarketShare就2010年3月1日至2015年11月30日(以下简称"稽查期间")补缴销售及使用税43万美元,外加利息。

MarketShare共有四条业务线,分别是:

(1)向广告主(brand owners,又称advertiser)的销售;
(2)向媒体公司的销售;
(3)向广告代理的销售;
(4)销售白皮书研究服务。

MarketShare主张以上销售中的所有主要服务都不在征税范围之内。纽约州税务局认为,主要服务中有两种应税成分,分别是应征税的信息服务和预先写成的软件(prewritten software),同时也许包含若干非应税成分,如咨询服务、软件定制和调试以及培训和软件支持。纽约州税务局在最终定性时,称广告代理产品构成预先写成的软件,其余产品构成应税信息服务,都属于应税销售。同时,考虑到这类服务属于大数据

服务，是个新生事物，税务问题复杂，因此犯错误也可以理解，不处以罚款。

MarketShare不同意这种处理，向纽约州税务上诉司（Division of Tax Appeals，以下简称"DTA"）提起诉讼。经过听证和书面审判，DTA的行政法律法官（ALJ）James P Connolly（以下简称"柯法官"）于2020年12月3日作出了第828562号裁决。

纽约州销售税的征税范围包括两大类，一大类是有形个人动产，其中也包括预先写成的软件，另一大类则是列名的服务（请参考：销售税是个征管噩梦）。列名的服务中包含信息服务。信息服务中如果销售方提供的信息具有个人或者个体性质则作为例外不在征税范围之内（即"个人或者个体例外"）[①]。具体到本案，如果稽查期间MarketShare销售的服务产品构成预先写成的软件，则无疑在征税范围之内；反之如果不构成预先写成的软件，则需要进一步判断是否构成应税服务。

本案中柯法官区分四个业务线来分别进行分析。

一、向广告主提供的服务

尽管该项服务同时涉及软件授权以及服务，MarketShare和纽约州税务局都认可该项服务产品属于服务，因此双方争议的核心在于服务的性质，从而确定是否构成应税服务。纽约州税务局说该项服务的性质是分发信息（dissemination of information），应税；MarketShare说该项服务性质是咨询服务，不应税。

柯法官说，以往有案例已经明确，判断服务的性质要看整体，看主要功能以及主要目的，而不是分解开来看，或者只看其实现方式。看主要目的时，不要只看其服务描述，而是要仔细检查公司的功能来进行判断。本案中，MarketShare收集信息并基于信息建立模型，然后通过模型生成信息和建议提交顾客。提供的方式有两种，一种是向客户进行展示以及提供报告，包括"初步模拟报告"和"最终发现报告"，内含标杆数据库分析，媒体支出水平和营销载体有效性优化等内容；另一种是通过其在线平台提供服务。顾客可以在平台上获取报告，并自助创建情景模拟，或者获取MarketShare为其进行的情景模拟。有些合同中将这类服务描述为软件即服务（SaaS），有些合同中则没有这种明确描述，但是从所有合同中都可以看出服务中的软件成分，有些发票中还写明了软件许可费。最关键的是，有些合同中还就顾客使用平台的用户数以及在线时间进行了约定。尽管使用软件在该项服务中很重要，但该项服务远远超出了提供软件以及通过软

[①] 该项例外的法规原文是："如服务属于个人或者个体性质且未能或者不会被实质性地纳入报告提供给其他人的情形下则不在征税范围之内"（请参考：超市密探CPA，信息搬运销售税）。

件来提供信息。正如MarketShare称,该项服务是一项战略营销分析咨询服务,帮助广告主确定营销战略,另外,该项服务有赖于咨询师,数据专家以及行业专家的专业知识和经验来产生见解和建议;相关业务合同也支持了这种说法。因此可以得出结论,提供信息只是本项服务的组成部分之一,而本项服务的总体性质是咨询服务。

接下来,柯法官援引了Wegmans案例(请参考:一个"但是"引发的血案)等一众案例,以及纽约州税务局的若干咨询意见,证明此类服务是咨询服务,不构成信息服务,因而不属于销售税征税范围。

二、对媒体公司的服务

MarketShare称其对媒体公司的服务与对广告主的服务十分类似,唯一不同之处在于,媒体公司会要求MarketShare向媒体公司的潜在客户展示媒体公司的广告效果,以及媒体公司的每种特征为具体客户带来的影响。柯法官说大多数媒体合同都支持这种说法。对于这些合同中的服务而言,柯法官认为其定性应当与提供给广告主的服务相同,都是咨询服务,非应税;至于向媒体公司的潜在客户展示媒体公司的广告效果,这种服务含有提供信息的成分,但提供信息的功能是从属性的,不影响整体服务的定性。

但是,柯法官举出一些例外情况。比如说与特纳公司(Tuner)的合同中,有一项附件中的《工作范围》只包含接入软件平台的服务。针对这一业务,柯法官说已经有案例明确,构成信息服务。这种情形下,需要判断该服务是否符合个人或者个体例外条件。根据Wegmans案例(请参考:一个"但是"引发的血案),如果提供的信息来源于公开渠道,则不符合该例外条件。问题是MarketShare提供的证据不足以证明其信息来源于客户而不是来源于公开渠道。因此,这类个别业务属于应税服务。

三、白皮书服务

白皮书服务涉及提供白皮书以及就不同类型广告媒体的效果提供信息。MarketShare称其白皮书服务与营销分析服务基本相同,唯一不同之处在于提交成果的形式是白皮书。MarketShare还主张以往有案例明确,此类服务属于研发服务,因此不属于信息服务。

柯法官说,MarketShare提供的相关合同不支持这种说法。合同表明,白皮书服务不涉及建模过程,也没有提到信息来自顾客而不是公开渠道,这与营销分析服务区别很大。由于MarketShare提供的证据不足以证明其属于咨询服务或者研发服务,且未证明其信息来源于公开渠道从而可以适用个人或者个体例外，因此该项服务构成应税的信息服务。

四、广告代理产品

纽约州税务局和MarketShare都同意该项产品构成预先写成的软件，也就是说属于有形个人财产，在应税范围之内。但是本案中软件平台的服务器位于纽约州之外，纽约州的顾客通过互联网平台来使用，这种情形下是否构成在纽约州销售有形个人财产[1]？双方对此存在争议。

本案中合同约定相关软件许可给顾客使用。柯法官说，相关税法规定，许可使用也构成销售。另外如果构成销售，这些销售是否发生在纽约州呢？相关税法规定，销售行为在有形个人财产或者服务提供地纳税，或者在占有权从卖方转移到买方的地点纳税。由于MarketSharer的广告代理客户都在纽约拥有办公室，因此其并未在转让发生地方面提出异议。但是MarketSharer指出，有些情形下，其许可软件并不给予客户实际上的排他性拥有权，并援引了一些案例说这种情形不构成销售。柯法官说，相关法规已经明确，许可使用也构成拥有权转移，至于那些案例，都涉及特殊情况，比如说的使用财产都是现场使用，不单独收费，且对使用人有很多限制；而本案中的软件有独立功能，且能单独定价，顾客对软件的使用权不限时等，总之情形差别太大，那些案例不具有参考性。因此，本项产品构成应税销售。

五、总结

软件即服务（SaaS）既有软件属性也有服务属性，其按软件定性或者按服务定性，对所得税以及间接税处理会产生直接影响。在本案的裁决结果中，有些SaaS属于软件（如广告代理产品），有些SaaS则属于服务（如向媒体公司提供的只包含接入软件平台的服务，以及白皮书服务），这一系列判决结果反映出了具体情况具体分析的原则。同时，由于SaaS经常与其他服务一同提供，一同提供情形下如何定性？本案中应用了整体判断，并依据主要功能和主要目的进行分析的方法，这对我们也具有一定参考意义。

---

[1] 该项定义的法规原文为："转让所有权或者拥有权或者两者同时转让、通过交换或者以物易物、租赁、出租或者许可给纽约州顾客来使用或者消费"。

第五节 罗马尼亚"私吞"了两项测试——柏林化学增值税案例

一、"两票制"模式起争端

一家德国医药公司,柏林化学公司(Berlin Chemie AG,以下简称"德国公司")为了在罗马尼亚销售产品,先在德国成立了一家德国子公司Berlin Chemie/Menarini Pharma GmbH(以下简称"德国子公司",持股95%),再通过这家德国子公司在罗马尼亚的布加勒斯特成立了一家孙公司(德国子公司100%控股)Berlin Chemie A. Menarini SRL(以下简称"罗马尼亚公司")。德国公司和罗马尼亚公司签订协议,将当地的营销推广、市场调研、临床研发、政府合规等工作一股脑外包给罗马尼亚公司,并根据协议向罗马尼亚公司支付服务费。德国公司直接同罗马尼亚的客户结算货款,以贯彻"两票制"原则。德国公司是罗马尼亚公司的唯一客户,服务过程中,罗马尼亚公司一边从罗马尼亚的客户手中收集订单并传送给德国公司,另一边从德国公司手中取得发票并传递给罗马尼亚的客户。

德国和罗马尼亚都是欧盟成员国,要遵守欧盟的增值税法规,主要是欧盟理事会第2006/112/EC号指令(以下简称《增值税指令》)。《增值税指令》标题五为"应税交易地点",其下第三章标题为"服务提供地"。该章规定确定服务的提供地时要看买方是不是纳税人。一般来说,如果是纳税人,适用目的地原则;如果不是纳税人,适用原产地原则。换成大白话来说,B2B在买方所在地纳税,B2C在卖方所在地纳税。本案中,服务的买方德国公司是纳税人,因此应在德国公司所在地纳税。于是罗马尼亚公司就其取得的服务费收入在德国纳税。

2016年布加勒斯特税务局对德国公司开展了稽查,检查期间为2014年2月1日至2016年12月31日。经过检查,布加勒斯特税务局认为,因为德国公司在罗马西亚拥有固定机构(fixed establishment),罗马尼亚公司提供给德国公司的服务应当视为是在罗马尼亚提供。在法律依据方面,布加勒斯特税务局援引了《增值税指令》和罗马尼亚国内法中的相关规定。其中《增值税指令》标题五下第三章第44条规定:

> 就向纳税人提供服务而言,服务提供地是服务接受方纳税人的营业场所所在地。但是,如果该服务接受方在其营业场所所在地之外拥有固定机构,且该服务向该固定机构提供,则服务提供地为该固定机构所在地……

另外，罗马尼亚本地法规定，如果纳税人在罗马尼亚拥有开展日常业务足够的技术以及人力资源，则在罗马尼亚构成固定机构。

布加勒斯特税务局认为，德国公司通过罗马尼亚公司，在罗马尼亚拥有开展日常业务足够的技术以及人力资源，已在罗马尼亚构成固定机构，因此应当按该固定机构所在地，即罗马尼亚来确定服务提供地，在罗马尼亚纳税。据此布加勒斯特税务局于2017年11月29日下发了税务评估文件，要求罗马尼亚公司补税折合约900万欧元，外加利息折合126万欧元以及滞纳金折合329万欧元。

二、布加勒斯特上诉法院的人生三问

罗马尼亚公司向布加勒斯特上诉法院提起诉讼，主张其并未构成固定机构，并援引了《增值税指令》的实施条例，即"欧盟理事会实施条例第282/2011号"（以下简称《实施条例》）第五章第11（1）条中的相应规定，如下：

固定机构应当具有如下特征：在人力资源和技术方面具备足够水平的长久性以及合适的架构，使得它能够接受提供给它的服务以满足自己的需要。

与上文中罗马尼亚国内法中的相应规定比较一下，我们就会发现《实施条例》中固定机构的门槛更高，多了两项测试（下文解释）。事实上欧盟成员国的增值税国内法都应参照《增值税指令》和《实施条例》制定或者修订，立法要受欧盟约束，罗马尼亚税务机关在执法时也不能超越欧盟法规征税，罗马尼亚法院也不能违背欧盟法规解释税法。由于罗马尼亚国内法与《实施条例》在这一条款规定上有出入，布加勒斯特上诉法院觉得解释两者之间的差异时自己不够权威，于是干脆向欧州法院（Court of Justice）提出请求，申请预先裁定。

在申请中，布加勒斯特上诉法院提出了三个疑问。因为裁定结果可以适用于以后类似案例，这三个疑问都采取了宽泛的情形描述的形式，并未涉及具体公司。本文为了表述方便，将其具体化到本案中德国公司和罗马尼亚公司的情形，如下：

第一，德国公司在罗马尼亚销售商品，如果要构成固定机构，是否必须以相关的人力以及技术资源属于德国公司为前提条件？换言之，像德国公司控股罗马尼亚公司，且罗马尼亚公司只为德国公司提供服务的情况下，德国公司永远能够随时获得罗马尼亚公司的人力和技术资源，这是否足以构成固定机构？

第二，要构成固定机构，需要该固定机构参与销售货物的决策吗？在没有决策权仅能通过服务合同约束来直接影响某个公司经济表现的情况下，是否仍可以构成该公司的固定机构？

第三，如果确认德国公司因永远能够随时获得罗马尼亚公司的人力和技术资源而构成拥有固定机构，是否意味着不能确认罗马尼亚公司为该固定机构提供服务？换言之，罗马尼亚公司是否既能构成德国公司的固定机构，又能同时为该固定机构提供服务？

这三个问题很绕吧？本质上就是一点：能否将罗马尼亚公司直接认定为德国公司的固定机构？

三、欧洲法院坚持两项测试

欧洲法院于2022年4月7日作出了判决。欧洲法院在判决书中说：我注意到你们的法规与欧盟的《实施条例》不同，我也不说什么了。我知道你的心思，核心问题只有一个，就是这种受股权控制的、提供专属服务，并能对服务接受方销量产生直接影响的子公司能否构成母公司的固定机构？我也不加区分了，将三个问题一并回答如下：

《实施条例》第五章第11(1)条为构成固定机构设置了两项测试，分别是：（1）在人力资源和技术方面具备足够水平的长久性以及合适的架构，以及（2）使得它能够接受提供给它的服务以满足自己的需要。现在我们就两项测试分别分析如下：

1.在人力资源和技术方面具备足够水平的长久性以及合适的架构（以下简称"架构测试"）

法规中并没有明确这些人力以及技术资源必须属于德国公司才能认定固定机构，只是要求这个技术以及人力资源方面具备足够水平的长久性以及合适的架构。从这一点能清楚地看出固定机构指一个最低水平的稳定性，该稳定性来源于永久存在的，提供服务所需的人力以及技术资源。据此，如果没有一个由人力或者技术资源证明其存在的可以辨认的架构，那么就不可能存在固定机构。另外，这个架构还必须是长期存在的而不能是偶尔存在的。

至于子公司是否能够构成固定机构，这是个伪命题。应用增值税共同体系[①]时关键考量点应当是经济和商业现实，而不是法律形式。因此不能仅凭在一国拥有子公司就认定其拥有固定机构，还是要回到上述法条上。是否拥有人力或者技术资源并不能决定是

---

① 欧盟现有的增值税制度成型于1993年。该制度要求各成员国征收增值税，在不低于15%的前提下自定税率，自行征收。同时，欧盟理事会通过立法（以《指令》和《实施条例》为主）对各成员国的增值税体系进行协调，形成统一的增值税体系。

否拥有上述的架构,判断的标准应当是德国公司是否有权利像调动自己的资源一样调动这些资源。自己的资源指自己的员工和自己租用的资产这类情形,可以在相当长的一段时间内一直使用,别人无法说中断就中断。

另外,《增值税指令》第44条的出发点是贯彻目的地原则:商品和服务尽量在消费地征税。只有在存在固定机构的情况下,才可能在固定机构消费,固定机构所在地才有权征税,这是上述条文的内在逻辑。如果给固定机构强加上拥有相关人力和技术资源的限制条件,就会严重限制以上第44条的应用。另外,这个限制条件也不能将法规的确定性提高到一个较高的水平,因为纳税人完全可以为了税务目的人为地安排这些资源的所有权。

本案中架构测试的关键是判断德国公司是否能够像调动自己的资源一样来调动罗马尼亚公司的资源,布加勒斯特上诉法院要自行判断这一点,并据以判断德国公司是否构成在人力资源和技术方面拥有合适的架构。

2. 该结构能够接受提供给它的服务以满足自己的需要(以下简称"使用测试")

欧洲法院的回复说,罗马尼亚公司的服务影响德国公司的业绩,这件事什么也说明不了,原因有三个:第一,德国公司从事销售,罗马尼亚公司从事服务,这两个不是一回事,增值税的征税机制也不一样。第二,是否构成固定机构与该架构是否有权决策无关。第三,如果说罗马尼亚既作为固定机构代表德国公司接受服务,又代表自己提供服务,这是说不通的,它不可能既是服务提供方又是服务接受方。因此就使用测试而言可以确定以下事实:罗马尼亚公司提供的服务被德国公司接受,德国公司运用自己的人力以及技术资源在德国执行与罗马尼亚分销商之间的销售合同,因此不在罗马尼亚构成固定机构。当然了,这一点还需要布加勒斯特上诉法院来确认。

四、固定机构不是常设机构

增值税下的固定机构与所得税下的常设机构存在很多相似之处:都是用于判断来源地来确定征税权,都用到了能否调动相关资源的测试,都强调长久性。但是两者的思路不同:增值税是间接税,要以实现目的地原则(请参考:我国增值税法规如何体现OECD的目的地原则)为目标;而所得税是直接税,要以与经济活动和价值创造地一致为目标来划分来源国和居民国征税权。

如果从所得税角度看,罗马尼亚公司只代理德国公司一家客户,已经构成了非独立代理人,如果再有权代表其签订合同,则会构成代理型常设机构。罗马尼亚税务局很可能是借鉴了双边税收协定中的代理型常设机构的理念,提出了固定机构方面的挑战。但是增值税和所得税的征税机制内在逻辑不同，不可类比。

罗马尼亚国内法中规定，拥有开展日常业务足够的技术以及人力资源即在罗马尼亚构成固定机构。该规定中没有设置架构测试和使用测试，反映了罗马尼亚在参考欧盟的《增值税指令》制定或者修改国内法时，有意"私吞"了若干限制，拓宽了征税范围。这一点提示我们，"走出去"企业在境外纳税时，一定要充分了解国际法，并且要善于通过国际法来维护自己的合法权益。

第六节　跨境直播纳税地，不看主播看老板

一、跨境直播是不是娱乐服务？

有一个自然人吉伦先生（Mr L.W. Geelen）在荷兰组织直播，向荷兰民众提供服务。吉伦一边通过网络平台让顾客建立账号，登录直播间观看直播，另一边给主播们提供硬件和软件，组织主播们与客户视频互动，平台向顾客收费后给吉伦分成。主播们（也称为模特）则位于菲律宾。

吉伦在荷兰进行了增值税登记，但是从未申报缴纳增值税。荷兰税务局向吉伦发出补税通知，要求补缴2006年6月1日至2009年12月31日的增值税。吉伦不服，就以上补税通知向荷兰某地区法院提起诉讼，该地区法院驳回了吉伦的诉讼请求。吉伦上诉至荷兰某地区的上诉法院，该上诉法院认为吉伦提供的服务属于娱乐服务，根据相关法规，娱乐服务应当以模特们的直播地点，即菲律宾来确定服务发生地，因此不应在荷兰纳税。据此，该上诉法院于2015年7月30日裁决撤销了上述补税通知。

荷兰财政部不服，向荷兰最高法院提起上诉，主张该项服务不构成娱乐服务，应当按顾客所在地来确定服务发生地，即确定服务发生在荷兰，应当在荷兰缴纳增值税。

二、税目不同，征税地不同

荷兰最高法院梳理了一下相关法规。在欧盟共同增值税体系下，欧盟通过立法来协调增值税的管辖权。欧盟共同增值税体系的核心是确定纳税地点，对服务而言就是确定服务提供地。协调增值税管辖权的根本原则是实现目的地原则，即确保最终在消费地征税。欧盟共同增值税体系起初依据第六项指令，在2007年1月1日欧盟理事会第

2006/112/EC号指令（以下简称《增值税指令》）生效后则依据《增值税指令》。2011年3月15日欧盟理事会又通过了欧盟理事会实施条例第282/2011号（以下简称《实施条例》），为《增值税指令》提供详细指引。本案中的争议年度横跨第六项指令和《增值税指令》的生效期间，应当按所在期间分别适用旧法和新法，但是由于新法和内容大体相同，判决书中只引用旧法的条文。为了增加实用性，笔者在分析中则将其引用的内容转换成新法，即《增值税指令》和《实施条例》的条文并加以引用。

《增值税指令》标题五为"应税交易地点"，其下第三章为"服务提供地"，其第二节为"一般规则"，规定确定服务的提供地时要区分买方是不是纳税人根据情况来判断。一般来说，如果是纳税人，适用目的地原则；如果不是纳税人，适用原产地原则。换成白话来说，B2B在买方所在地纳税，B2C在卖方所在地纳税（请参考：欧盟的增值税指令）。其中B2C的一般规则当时见于第43条①，原文如下：

服务的提供地应确定为供应商营业场所或者提供服务的固定场所所在地，如果供应商不存在上述营业场所或者固定场所，应按其永久住址或者经常性居住地确定服务提供地。

"特别规定"则见于该章下的第三节，其中包括与本案密切相关的当时第52(a)条②以及当时第56(1)条③。其中当时的第52(a)条内容如下：

针对文化、艺术、体育、科学、教育、娱乐以及类似活动提供服务，包括组织活动以及适当的辅助服务，应当以服务的实际实施地确定服务提供地。

当时的《增值税指令》56(1)条则明确：

向欧盟境外的顾客提供的，以及向欧盟境内不同成员国应税人提供的以下服务，应

---

① 该条规则适用于向非纳税人提供的服务。另外，在2022年版的《增值税指令》下，该条序号已经变为第45条。请参考：理想很丰满，现实很骨感——面对B2C非现场服务，欧盟也背离了目的地原则。

② 2022年版的《增值税指令》下该条序号已经变为第54条。请参考：一视同仁，大同小异——欧盟针对现场服务的B2B和B2C增值税管辖权规则。

③ 在2022年版的《增值税指令》下该条序号已经变为第58条。请参考：理想很丰满，现实很骨感——面对B2C非现场服务，欧盟也背离了目的地原则。

当以顾客经营地或者顾客接受服务的固定场所所在地确定服务提供地，如果顾客不存在上述经营地或者固定场所，应按其永久住址或者经常性居住地确定服务提供地：

……

（k）以电子方式提供的服务，尤其是附件L中列举的服务。

当时的附件L（如今的附件Ⅱ）将以电子方式提供的服务列举如下：

（1）提供网址、主机托管、远程维护程序和设备；
（2）提供软件以及后续更新；
（3）提供图像、文字、信息以及数据库供查询；
（4）提供音乐、电影以及游戏，包括机遇游戏和赌博、提供政治、文化、艺术、体育、科学和娱乐广播以及活动；
（5）提供远程教育。

通过梳理以上欧盟法规，荷兰最高法院发现，根据相应税目，服务提供地标准可以是现场服务提供地，也可能是服务提供者机构所在地或者顾客所在地。因此先要确定税目，然后适用相应标准来确定服务提供地。

按理说，在考虑欧盟法规的同时还应当考虑荷兰的国内法规，但是鉴于荷兰的增值税法规基本照抄了以上欧盟法规，荷兰最高法院在分析中对国内法规就一笔带过了。

三、将娱乐服务管辖权规则适用于直播服务，荷兰最高法院感到力不从心

荷兰最高法院先来判断第52（a）条特别规定是否适用。适用这条规定的前提是吉伦提供的服务构成该条规定中列举的特定服务，在本案中指娱乐服务。一方面吉伦提供直播节目的目的在于娱乐顾客，收取的线上入场费中也包含了顾客为娱乐支付的支出，构成娱乐服务似乎没有疑义，适用第52（a）条的服务提供地判断规则似乎也没有疑义。但是另一方面，此前的一些案例表明，针对此类服务适用相关规则时，相关服务必须在一段确定的时间提供，且服务提供方和接受方必须物理地共处于一个确定的地点。本案中的服务显然不满足上述要求，那么还能不能构成娱乐服务？随着互联网的发展，之前案例中构成娱乐服务的判断要件是否还有必要坚持？另外，本案中的服务如果构成娱乐服务，由于服务提供地和服务接受地分离成了两个地点，到底哪个才是服务的实际实施地？是模特们表演的地点（菲律宾），还是顾客们欣赏表演的地点（荷兰）？

为此，荷兰最高法院中止了案件审判，转而于2017年9月22日向欧州法院提出了预先裁定申请（案件号C-568/17），要求明确《增值税指南》下的第52(a)条是否适用于网络视频互动情色服务，如果构成了娱乐服务，那么服务的实际实施地点是哪里？

四、欧洲法院定调了，网络直播构成娱乐服务

2019年5月8日欧洲法院第一审判厅就本案作出了裁决。欧洲法院分析说，《增值税指令》标题五为"应税交易地点"，其下第三章为"服务提供地"，其第二节为"一般规则"，第三节为"特别规定"。具体适用时，先看特别规定是否适用，如果不适用再看一般规则如何规定。

先来看《增值税指南》第三节"特别规定"下的第52(a)条是否适用于网络视频互动情色服务。针对第52(a)条，欧洲法院此前的解释指向巡回演出的场景，即演出场所在顾客所在国但不一定在演出者营业场所所在国，针对这一场景，欧洲法院主张以服务的实际实施地来确定服务提供地，目的是明确演出场所所在国而不是演出者营业场所所在国拥有征税权。

欧洲法院接着分析说，适用第52(a)条的前提是构成娱乐服务，根据相关案例，判断的关键点是看提供服务的目的，而对于服务的艺术水平并无要求。本案中的服务性质复杂，一方面包括模特们在菲律宾进行的情色表演，另一方面包括吉伦在荷兰开展的通过网络进行的组织活动，使得顾客不仅能够观看相关视频直播并能够与模特们进行互动，且根据其意愿调整表演内容。分析两者关系时，要看到模特们与组织者构成了雇佣关系，演出以此为背景进行，还要看到组织者吉伦为付费顾客接入以上活动提供了技术、组织和合同构架，同时为模特们提供了相关软件和互联网传播。总之吉伦所有活动的目的都是使顾客享受到相关直播服务，因此整个服务的目的是娱乐，构成娱乐服务，受第52(a)条管辖。虽然本案中的互动活动与音乐会、展览会等传统文化活动有所不同，吉伦提供的服务并不在特定时间和特定地点举行，而是通过网络随时随地进行制作和传播，顾客并没有到现场参与，且没有在同一地点参与，但这些问题都不相干，因为法条中并没有要求娱乐服务必须具备以上特征。

五、欧洲法院明确了，直播服务按组织者营业场所确定服务提供地

既然已经构成了娱乐服务，那么服务的实际实施地点是哪里？是模特们表演的地点

(菲律宾），还是顾客们欣赏服务的地点（荷兰）？鉴于此案影响广泛，审理过程中，欧洲法院广泛听取了各方的意见，包括当事一方荷兰政府发表的意见，以及当事方之外的法国政府以及欧盟委员会发表的意见。欧盟委员会主张按模特们实际表演的地点来确实服务的实际实施地，荷兰政府和法国政府则主张按顾客能够接入以上服务的地点来确定服务的实际实施地。

欧洲法院倾向于后一种观点，认为它符合目的地原则。欧洲法院的理由是，本项服务的提供方不是模特们，而是组织者吉伦，因为吉伦一手组织了相关活动，并且给顾客们提供了在网上接入相关活动的机会，因此应当按吉伦的营业场所即荷兰来确定实际实施地。这是基于《增值税指令》的特别规定即第52（a）条得出的结论。由于吉伦的营业机构在荷兰，如果应用《增值税指令》的一般规定即第43条，则征税地仍在荷兰，这与适用第52（a）条得出的结论相同，但这也没有什么问题，因为特别规定不应被理解为一定要与一般规定得出不同结论。本案中服务实际实施地与提供方营业场所一致也很正常。

综上所述，欧洲法院确认本案中的直播服务构成娱乐服务，其服务发生地在吉伦的营业场所所在地即荷兰。

六、有枣没枣打一竿子

《增值税指令》中的第56（1）条也是一条特别规定，适用于非现场服务。针对本案是否适用该条特别规定，荷兰最高法院也提出了疑问。此前荷兰财政部以顾客在荷兰为由主张在荷兰征税，也是参考了这条法规。但是，荷兰最高法院发现，本条法规中列举的服务对人工干预需要极少，而本案中的服务属于现场直播，有互动性，需要人工干预较多，似乎不应构成上述以电子方式提供的服务。为此，荷兰最高法院在申请预先裁定时也提出了以下两个问题：

（1）网络视频互动情色服务是否构成《增值税指令》第56（1）条下以电子方式提供的服务？

（2）网络视频互动情色服务如果既构成娱乐服务又构成以电子方式提供的服务，那么服务的提供地如何确定？

对此，欧洲法院回复说，《增值税指令》第56（1）条适用的场景是向欧盟之外的服务接受方提供服务，以及欧盟成员国之间的跨境服务，本案中的场景是服务的提供方和接受方都在荷兰，因此以上规则并不适用。

该条法规明显不适用于本案，那么荷兰财政部为何还主张参考它，而且荷兰最高法院明知故问向欧洲法院寻求指引？可以推断是老革命遇到了新问题，要解决问题就要突破原有的法规，各个方向都想试一试吧。

七、增值税规则与时俱进

本案中，荷兰最高法院希望欧洲法院明确，针对直播服务确定增值税管辖权时，到底应当按娱乐服务对待，还是按电子方式提供的服务对待，或者两边都不靠，直接适用B2C的一般规则？欧洲法院通过裁定明确了按娱乐服务对待，适用欧盟的《增值税指令》下针对现场服务制定的第52（a）条特别规定。随着数字经济的发展，在服务通过互联网提供的情形下，一些服务的特征都与传统经济情形下有所不同，如何判定服务的税目存在一定的难度。本案中欧洲法院以服务的目的来把握，为分析类似问题指明了方向。

此外，在跨境直播的场景下适用现场服务规则，面临不存在服务现场的尴尬局面。本案中欧洲法院明确了以活动组织者的所在地来确定服务实施地从而确定征税地，不啻为一种务实的做法。

第七节　辨错了证，开错了药，后果很严重——流服务公司案例

一、回过神来的欧盟将跨境直播踢出了现场服务

欧盟《增值税指令》针对B2C服务制定了三条规则，包含一条一般规则和两条特别规定。其中一般规则要求按供应商营业场所确定服务提供地，两条特别规定则分别对应现场服务和列举的非现场服务，规定现场服务按服务的实际实施地确定服务提供地，列举的非现场服务按顾客的永久住址或者经常居住地确定服务提供地。打个比方，这三条规则可以理解为三味药，分别称为卖方所在地标准、现场服务地标准和买方所在地标准。具体应用时，如果是B2C现场服务直接适用现场服务地标准；如果是B2C非现场服务，要先区分是特殊"病症"还是一般"病症"，如果是特殊"病症"则适用买方所在地标准，如果是一般"病症"则适用卖方所在地标准（请参考：理想很丰满，现实很骨感——面对B2C非现场服务，欧盟也背离了目的地原则）。

传统的娱乐服务属于现场服务，直接服用现场服务标准即可。但是吉伦案反映出跨境直播带来的难题，就是现场服务标准用于互联网时代新型娱乐服务时疗效很不理想（请参考：跨境直播纳税地，不看主播看老板）。欧洲法院在裁决吉伦案时，将明显不是现场服务的跨境直播仍旧按现场服务对待，同时务实地将直播服务组织者的营业场所解释为服务实施地，勉强缓和了尴尬。但是这种解决方法存在问题，因为它首先辨错了证，其次开错了药。说它辨错了证是因为现场服务的灵魂在于"现场"二字，即服务的提供方和接受方同时存在于一地的地点，而跨境直播中不存在这样的现场。说它开错了药是因为在现场服务地标准失效的前提下，只剩下两个可选项，分别是卖方所在地标准和买方所在地标准。两者之中显然后者更符合目的地原则，而且易于把握，疗效更理想，但是欧洲法院却选择了前者。

在吉伦案中，荷兰最高法院曾经问过欧洲法院纳税人是否可以按以电子方式提供的服务适用买方所在地标准，反映出荷兰最高法院也认识到买方所在地标准用于跨境直播存在合理性。欧盟法院回复说这明显不符合《增值税指令》。当时的规则确实如此，只有欧盟成员国之间以及欧盟出口的B2C服务才可以适用买方所在地标准，无论荷兰最高法院还是欧洲法院都无法突破《增值税指令》进行裁决。

规则是用来打破的。欧盟理事会意识到这一点后立即开始行动，于2022年4月5日发布了新规则，即欧盟理事会指令2022/542号修订版的《增值税指令》修改了相应内容，具体变化如下（以下简称"新规定"）。

（1）在第53条①插入一段以排除了远程参与的文化娱乐等服务。该条规则本来是为现场服务制定的，适用现场服务地标准，而网络直播的表演与欣赏地点互相分离，不符合现场服务的特征，因而不应当在其中混事。修订中插入的内容为：

当远程参与第一段所述服务时，本条不适用。

（2）新增了第54(1)条，内容如下：

当该项服务以及相关辅助服务通过网络流播放或者其他虚拟方式提供时，服务提供地应按非纳税人的机构所在地，或者其永久住址或者经常居住地确定。

---

① 吉伦案中所称第52(a)条，在本案审理时已经分化成第53条和第54条。其中第53条针对向纳税人提供的文化娱乐等服务，第54条则针对向非纳税人提供的文化娱乐等服务，包括相关辅助活动以及组织活动，两条均以服务的实际实施地来确定服务提供地（请参考：一视同仁，大同小异——欧盟针对现场服务的B2B和B2C增值税管辖权规则）。

由于上述第53条和第54条适用于向非纳税人提供服务的情形，因此法规中的"非纳税人"指服务的接受方，即付费观看直播的个人。

新规定明确了跨境直播不再适用现场服务地标准，而将跨境直播移入非现场服务特别规定的适用范围之内，即适用买方所在地标准。这一拨乱反正的新规定将于2025年1月1日生效。

二、跨境直播远比想象中复杂

欧洲法院对吉伦案的裁决虽然辨错了证，开错了药，但是该案件中买方和卖方都在荷兰，适用买方所在地标准和卖方所在地标准结果一样，由于案件本身的特殊性最终疗效还是不错的。但是该案件的裁决带偏了方向，对后续案例造成了困惑。本文介绍的就是这么一个案例。由于新规定于2025年1月1日才生效，该案例发生于新规定生效之前，仍旧需要参考吉伦案的裁决结果。

本案的主角是一家罗马尼亚公司叫作流服务公司（Streaming Services Srl，以下简称"SSS"）。SSS作为直播的组织者位于罗马尼亚，而顾客则位于欧盟的其他成员国。也就是说，本案中直播间位于第一国（简称P1，在本案中指罗马尼亚），直播平台位于第二国（简称P2），顾客位于第三国（简称P3）。可见本案的业务模式远比吉伦案要复杂，至于P2和P3具体分别在哪一国，案例文件中没有说，猜测可能各不止一国。具体哪国不重要，重要的知道是分别处在两个不同的国家。

案例文件中说SSS是一家视频聊天工作室（video chat studio），实际上是一家MCN机构，一边为主播（案例文件中称为模特或者视频聊天艺人）提供服务，另一边向网络平台提供视频版权。本案中涉及的主播都是罗马尼亚人。主播们与工作室签订劳务合同，并将其形象以及视频版权授权给工作室。主播不是工作室的雇员，也不是直播平台的雇员，属自雇性质。

SSS向主播提供的服务称为流服务（streaming services），就是录制视频，同时提供设备、装修、家具、技术支持服务、专家和语言培训课程、美妆等服务，以及协助将直播内容上传直播平台，并提供必要的后勤保障服务，帮助主播们实现收益最大化。向网络平台提供的服务是以授权或者转让在线互动音频视频资料版权的方式换取报酬。这些内容版权最终归网络平台所有。平台控制了顾客接入直播内容的入口，负责将内容进行归类，解释流规则，对违反内部规定的行为进行处罚或者将相关内容下架，并根据观看量进行收费。总之，平台组织直播活动，从顾客手中取得收入与SSS分成，SSS与主播分成。

SSS在罗马尼亚进行了增值税登记，成为罗马尼亚纳税人，但是就上述收入从未在罗马尼亚缴纳增值税。2020年年底至2021年年初，罗马尼亚的税务机关对SSS开展了税务稽查，稽查期间为2015年11月1日至2020年7月31日。经过稽查，罗马尼亚税务机关于2021年3月31日下发了补税通知，要求SSS补税折合78万欧元。SSS提起了行政复议无果，于是向布加勒斯特上诉法院提起了诉讼，要求撤销税务部门的补税通知。

三、如何参考吉伦案？

在诉讼中，SSS主张税务局对服务的性质界定错误，同时对服务的提供地点界定错误。申请人称，网络平台认为他们所提供的服务应适用《增值税指令》下的第44条的规定，其服务的提供地应当是平台的所在地。SSS称平台已经从顾客手中收取了增值税并向所在国的财政机关缴纳，且各成员国的税务机关出具了文件，确认网络平台增值税纳税义务，而且确认平台已经缴了该缴的增值税。

SSS称，2021年1月14日罗马尼亚的税务局（National Tax Administration Agency）曾经向欧盟的增值税委员会就该问题进行咨询。欧盟的增值税委员会在2021年3月22日的书面回复中确认，像这种在线传输情色数字内容，增值税纳税义务应当发生在服务供应行为的发生地，即网络视频平台所有者的注册地；因为只有网络平台才有权允许顾客接入这种娱乐活动，而视频聊天工作室没有这个权利。

罗马尼亚税务局认为增值税委员会出具的上述指南对成员国并没有约束力，因为它并不构成对欧盟法律的正式解释，罗马尼亚国内的财政及税务部门并不承认这些文件有效。罗马尼亚税务局认为，由于这种在线视频聊天服务构成在线娱乐服务，应当参考2019年的吉伦案，因服务的实施地在罗马尼亚而构成在罗马尼亚境内发生应税交易，因此SSS需要收取增值税并向罗马尼亚税务局缴纳。罗马尼亚税务局称吉伦案确立了服务的提供地应当按服务提供方的营业场所确定的原则。本案中SSS为模特们提供工具（IT工具），并从平台收到服务费，因此可以认定SSS是负责向平台提供服务的一方。由于SSS的活动与吉伦相似，都是组织互动网络情色直播活动，应当认为本案中SSS负责授予网络直播的接入，构成服务增值税意义上的服务提供方。服务地点的判断确定为罗马尼亚。

四、聚焦问题

SSS向欧洲法院提起了预先裁定申请。本案的编号为C-69/23，提起申请时SSS公司已经进入清算期，申请由其财产接收人代为发起。被申请方是罗马尼亚的国家税务局

（National Tax Administration Agency）以及罗马尼亚的某个地区财政局。

SSS申请裁定的问题包括：

（1）SSS提供的此类数字内容是否构成欧盟成员国之间的提供服务，从而适用《增值税指令》第44条的一般规则，抑或构成提供娱乐活动的准入服务从而适用《增值税指令》第53条的特殊规则？

（2）解释和应用《增值税指令》第53条[1]和其《实施条例》[2]第32（1）条时，鉴于P1、P2和P3分别位于不同的成员国或者欧盟之外，应将哪个地点确定为活动的实际发生地？

（3）基于以上两个问题的回答，P1、P2和P3所在的三个欧盟成员国哪个应当征收增值税？

（4）基于《增值税指令》以及欧盟的防止双重征税规定：

①一国的税务机关是否有权对本案中发生的服务进行定性？如果一国的定性与另一国税务机关不一致时，是否还有提起审核的可能性？

②基于上一问题的回答，哪个地点应当被认定为服务的提供地？

请注意以上第（4）下的①问，该问题已经超出了案件本身，甚至超出了直播业务本身，涉及欧盟的税务争议解决机制问题。这也是本案的一大看点。

五、思考

目前该案还在审理之中。裁决结果如何尚难预料。我们试着来分析一下。如果适用新规定，无疑应当是在顾客所在地即P3纳税。但是新规定尚未生效，只能参考吉伦案。可惜欧洲法院采用卖方所在地标准对吉伦案进行了裁决，与新规定背道而驰。本案证明了，卖方所在地标准不容易把握。在多方参与服务的背景下，服务提供方是谁见仁见智。本案中有P1和P2，未来类似的案例中还有可能出现Pa、Pb甚至Pc，这都会造成潜在的争议。试想当初裁决吉伦案时如果采用了买方所在地标准，类似于本案的争议本可以避免。可见欧洲法院当时的考虑不够深远，至少不如欧盟理事会考虑得深远。这就是司法部门和立法部门的区别。

---

① 即吉伦案中所称第43条，适用于向非纳税人提供服务的一般规则，在本案审理时序号为第44条，在2022年版的《增值税指令》下该条序号已经变为第45条（请参考：理想很丰满，现实很骨感——面对B2C非现场服务，欧盟也背离了目的地原则）。

② 《实施条例》的全称为"欧盟理事会实施条例第282/2011号"，于2011年3月15日通过，为实施《增值税指令》明确了方法。

退而求其次，本案要在直播间所在地P1和直播平台所在地P2当中进行抉择，寻求更合理的一个。两者相比，平台更易于征管，而且更确定，而直播间以及类似的角色可能会存在更多变形，不容易把握，因此P2标准更易于为各国税务部门所接受。本案中各平台已经扣税缴税说明了这一点。从这一点出发，欧洲法院大概率会认可这一现实的做法，驳回罗马尼亚税务局的主张。

本案例有力证明了三件事：第一，税收法规永远跟不上技术和经济发展的步伐，老革命要经常面对新问题。第二，修改法规广阔天地大有作为，法规解释层面的回旋余地有限，因此重大问题需要立法部门来解决。第三，法规落后到与现实严重脱节时要修改法规，不要在实施层面强行上马，否则结果后患无穷。

第八节 别拿媒婆不当专家——G&F英国增值税案例

英国伦敦的弗吉尼亚·斯维汀汉姆（Virginia Sweetingham）女士于2005年创立了一家婚介中心Gray & Farrar International LLP（简称"G&F"），致力于在全球范围内为顶级的人类高质量男女提供纯手工打造的专属传统相亲服务。2010年创始人的女儿克莱尔·斯维汀汉姆（Claire Sweetingham）继任管理合伙人。如果不是一场税务官司，你永远想象不到这家婚介中心有多风光。

婚介服务的税目是什么？G&F与英国税务局（官方全称是"女王的收入和海关部门"，官方简称"HMRC"，本文中简称"英国税务局"）发生了争议。G&F认为是咨询服务，英国税务局认为是联络服务。对于国际业务收入而言，这个定性很关键。英国早年基于欧盟的《增值税指令》修改了国内的增值税法规，满足了欧盟的增值税协调要求。欧盟和当时英国的增值税法规都规定了向欧盟之外消费者提供的咨询服务不纳税，向欧盟之外消费者提供的联络服务则要纳税。

G&F从欧盟之外取得大笔的收入，未缴纳增值税。英国税务局于2018年6月14日和2019年6月19日两次向G&F作出评税，要求补缴2012年12月至2016年9月的增值税175万英镑。G&F不服，向英国初审裁判所（以下简称"初审法院"）提起诉讼。初审法院于2019年11月8日作出裁决，支持英国税务局。G&F仍旧不服，向上诉裁判所（Upper Tribunal，以下简称"上诉法院"）提起上诉。上诉法院于2021年7月29日和30日进行公开审理，并于2021年11月25日公布判决结果，G&F胜诉。

一、抠字眼有意思吗？

关于咨询服务，欧盟《增值税指令》第59(c)条（以下简称"59(c)条"）定义如下：

咨询师、工程师、咨询所、律师、会计师提供的服务和其他类似服务，以及（as well as）数据处理及（and）提供信息。

G&F主张其婚介服务中的"咨询师的服务"或者"提供信息"成分都在59(c)条范围之内，因而整体上在第59(c)条范围之内。英国税务局认为，所谓"咨询师的服务"指的是自由职业者提供的服务，婚介服务不属于"咨询师的服务"。至于"提供信息"，英国税务局认为，第59(c)指的是"数据处理及提供信息"，只有处理数据且提供信息才在范围之内，G&F只提供信息不处理数据，这部分也不应包含在内。

提供信息这个问题比较简单，我们先来讨论一下。这是个抠字眼的问题。G&F主张提供信息和处理信息都在范围之内。英国税务局说：你这是无理取闹啊，如果立法意图是这样，法规中应当用"或"而不是"及"。

初审法院分析了一下英文的语法，说由于前边有个"as well as"，后面那个"and"应当理解成"或"，而且欧盟别的成员国有案例已经证明要按"或"理解。笔者一边惭愧自己英文没学好，没有觉察这种细微之处，另一边体会到英国法院也不容易，还负责给人民群众补习英文。

上诉法院支持了初审法院的说法，说英国的增值税法规要尊重欧盟共识，欧盟的立法意图已经有案例展示过了，英国议会在国内立法时也没有表达另行解释的意图，英国税务局就不要鸡蛋里面挑骨头了。

然而，本案中提供信息是否构成咨询服务并不影响判决结果，因为初审法院和上诉法院都将提供信息这部分视为辅助性活动忽略不计了（下文有解释）。但是，由于本判例对后续案例有指导意义，初审法院和上诉法院还是尽心尽责地把这个问题给捋清楚了。

既然提供信息不是问题，那么问题就聚焦到：G&F提供的服务是否构成"咨询师提供的服务以及类似服务"？我们看看上诉法院怎么说的。

二、"咨询师"有行业边界吗？

英国税务局认为，所谓咨询师就是传统意义上的"自由职业者"。你不想想，能与律师、会计师等专业人士并列在法规中，一定是同样体面的行当，说媒这种营生怎么可以乱入？

G&F说：你可以侮辱我的人格，不可以侮辱我的职业。我咋就不是咨询师了？你觉得说媒拉纤没有技术含量那你就错了。高端人士交友的水有多深你知道吗？新客户我们要面试，然后准备简介材料，经客户确认后才能成为会员将信息入库，此外还要辅导客户，匹配客户，推荐介绍，安排见面，跟踪回访以及应客户要求对潜在对象开展背景调查。这里面最关键的步骤是面试，一大半的面试都是管理合伙人Claire亲自做的，另外一小半是在而Claire监督之下另一个面试者做的，所有的简介材料或者由Claire亲自起草，或者由另一个面试者起草而Claire审阅。你以为每个客户都了解自己的个性，了解自己的需求，能说清楚自己的需求吗？这要靠我们通过面试来挖掘。你以为这些事情是个人都可以做吗？只有Claire这种经验丰富的专家才能听得懂言外之意，看得懂肢体语言，再加上运用直觉才能真正了解客户，帮助客户把自己真实的个性以及需求表达出来。另一个关键步骤是匹配。这种事情交给电脑你放心吗？我们提供的是传统的纯人工服务，都是Claire亲自完成的。

这家婚介机构核心就是Claire，支持团队只有四个人且都是新手。根据英国税务局主张的补税额175万英镑和20%的增值税税率推算，3年零9个月的争议期间，G&F从欧盟之外取得收入875万英镑，年均233万英镑，折合人民币近2 000万元，五年就能实现"小目标"。这个收入水平足以让多数律师和会计师汗颜。但是别忘了，这还只是欧盟之外的收入，从欧盟以及英国取得的收入还没有算进去。

初审法院说：我们仔细地查阅了以往案例，没有发现咨询师限于自由职业者的说法。日常意义上的咨询师都应当包含在第59（c）条范围内，只要是外部顾问就是咨询师，说媒的是，算命的也是。

上诉法院支持初审法院这种说法，笔者也坚决支持。说媒这个行当，做到顶端就是专家。再高大上的行当，做到低端也成了搬砖。这要不算咨询天理何在？

三、掺杂的联络服务影响定性吗？

英国税务局说，就算Claire的活动算咨询师的服务，支持团队的联络服务肯定不是。有这部分联络服务掺杂其中，整个服务就不能确定为咨询师的服务。

所谓的联络服务包括电话回访、安排见面、辅导等活动，主要由支持团队开展，Claire监督。G&F也承认这部分确实不是咨询师的服务，但是居于次要地位，不影响整个服务定性为咨询师的服务。

初审法院说：这种情形属于"单一复合供应"，咱们先做一下方法论。为了确定服务适用的税目，要先了解一个典型的消费者寻求服务的目的。本案中典型的消费者寻求长期的交往关系，从这个角度出发，就可以理解G&F的服务就是为提供信息以及提供建议来满足这种需求，其他活动都是过程而已。另外提供信息是为了提供建议，因此以提供建议为主，提供信息为辅，两者混合在一起时都应当总体算作提供建议。Claire是个专家，因此C&F提供的建议具有"高度专业性"，构成"专家建议"。

初审法院接着说：支持团队的联络活动不是"专家建议"，而且构成C&F服务的"重要和实质性"特征，是其特色的一部分。至于这部分服务如何影响整体定性，本庭内部也有不同声音。根据领导说了算的原则，本庭认为这部分联络服务构成整体服务中的实质性部分，不能理解为仅为支持专家服务而存在，换言之不能理解为辅助性的，而是与专家服务分庭抗礼的。因此，C&F的服务超出了提供信息和专家服务的范围，不能整体定性为第59(c)范围内的服务，C&F的上诉予以驳回。

上诉法院说：初审法院的分析方法有问题啊。初审法院根据"主要成分"来确定税目，这种方法要区分主要服务和辅助服务，并根据主要服务的性质来确定税目，这一点没有错；但是初审法院的领导认为因为联络服务不是辅助性质的，因而整个服务就超出了第59(c)的范围，这就不对了。"主要成分"的判定方法遇到这种情形时，不应当马上得出结论，而是应当结合另一种方法，即"主导性成分"来继续分析。此前欧洲法院(CJEU)在"levob, or Mesto"案例中曾经展示过如何使用后一种方法。两种方法结合使用的结果应当是，即使一种成分不是辅助性的，但是由于另一种成分居于主导性地位，服务的税目应当根据起主导作用的另一种成分来确定。换言之，分庭抗礼的情况下要区分谁占上风，谁占上风就算谁的。本法庭认为，鉴于C&F服务的主导性成分是提供建议，因此整个服务是"咨询师的服务或者类似服务以及提供信息"，在第59(c)的范围之内。因此，本法庭支持C&F的上诉主张。

四、时代不同了，媒婆成专家

仁者见仁，智者见智。一件事情中有多种成分，哪种成分更重要？这取决于判断者的价值观。就本案而言，如果你相信缘分天注定，认为说媒重在分析和寻找，就会认可婚介服务本质是咨询。反之，如果你认为相亲就是打猎，发现目标最关键，就会觉得婚介服务不过是提供信息罢了。或者你认为说媒重在撮合，那么联络服务就是最体现价值的部分。俗话说"媒婆的腿唱戏的嘴"，这是强调联络对于说媒的重要性，但这是包办婚姻时代的说法。现代人认为说媒是帮忙找到另一半，咨询的成分更重，联络反居其次。这正是英国法院在这个判例中展示的价值观，反映出社会进步了。

"单一复合供应"在现实中很常见，我国的税法中相关规定还很粗糙，这个判例很有借鉴意义。由于这部分比较枯燥，放在后面的拓展中了。不嫌烧脑的朋友们可以继续阅读。

拓展：

欧盟和英国增值税法规中的"单一复合供应"概念类似于我国增值税法规中的"混合销售"概念。不同之处在于后者范围更窄，仅限于同时提供商品和服务的情形，不适用于同时提供多种服务但不涉及货物的情形。相同之处在于，都是针对一项业务中混杂多种成分的情形，都是要求根据其中的一种成分所属的税目来为整个业务确定税目。

混合销售的主要规则见于财税〔2016〕36号附件一《营业税改征增值税试点实施办法》（以下简称"36号文件附件一"）第四十条：

一项销售行为如果既涉及服务又涉及货物，为混合销售。从事货物的生产、批发或者零售的单位和个体工商户的混合销售行为，按照销售货物缴纳增值税；其他单位和个体工商户的混合销售行为，按照销售服务缴纳增值税。

这种方法就是将混合销售视为例外予以排除，看纳税人日常经营行为主要是销售货物还是提供服务，根据主要的日常行为而确定其适用税目。但是，现实中有客户会问到，如果本项混合销售行为不是例外而是主要业务，甚至极端情况下全年只提供这一种混合销售，那么如何确定税率？目前的法规中这部分还是空白。笔者认为这种情况下英国上诉法院的分析方法值得借鉴，即从一个典型消费者的视角入手参考其消费的目的来判断混合销售中哪种为主、哪种为辅。如果无法分清主要和辅助，则进一步分析哪种成分占据主导地位。概括地说，就是分析主要成分和分析主导性成分相结合。这两种分析都要为了找出主要矛盾，两者结合下来就能确定适用税目了。

另外，对于一项服务中涉及多种成分的情形，我国现行法规按照"兼营"对待。其主要规则见于36号文件附件一第三十九条：

纳税人兼营销售货物、劳务、服务、无形资产或者不动产，适用不同税率或者征收率的，应当分别核算适用不同税率或者征收率的销售额；未分别核算的，从高适用税率。

针对一项业务如果按照兼营来分别核算，在现实中不容易操作。最典型的是维修和保养。前者属于"加工修理修配服务",税率13%,后者是什么大家都说不清楚,我们假定按照某种现代服务业对待适用6%的税率。典型的维修保养合同会同时包含二者,如果涉及配件则会构成混合销售,可能会更复杂。为了简化,我们假定配件另签合同,只讨论只包含维修和保养的合同。在这种情形下,维修保养在同一合同下,本是一项业务,根据兼营规则就要人为地对维修和保养服务收入分别核算,这是削足适履的规定,是回避问题的法规,为税企纠纷埋下隐患。远不如借鉴"单一复合供应"概念以及上述主要成分和分析主导性成分相结合的方法来适用税目更为靠谱。

但是,无论采用哪种方法,区分税目都会遇到难解的问题,还会涉及大量的价值判断,仍会出现仁者见仁智者见智的情形。如果采用单一税率,就会大大减少区分税目的必要性。实现单一税率的主要障碍是行业利润率,但这是个伪命题(请参考:行业税负是个伪命题),这里就不讨论了。

第九节 别问我促销手续费什么税目,打死也不说!

商业企业的收入主要来源于两部分:一部分是从下家收取的货款;另一部分则是从上家收取的服务费。商业企业缴纳的增值税分两种:一种是针对销售货物征收的增值税,目前税率一般为13%;另一种是针对提供服务征收的增值税,目前税率一般为6%。13%的税率主要针对从下家收取的货款,本质上是代收代缴;6%的税率主要则针对从上家收取的服务费,是针对商业企业本身收入征收的增值税。因为销售本身是一种服务,按提供服务适用6%的税率也顺理成章。

但是在现行的税收法规下,并不是所有的服务费都按提供服务征收增值税。因此实践中商业企业收到服务费,增值税处理上经常会出现偏差。近日,某上市商业企业公布了《前期会计差错更正公告》,披露了主管税务机关对其进行稽查并出具的"稽查处理决定书",其中查处的多项增值税问题都涉及了服务费。

一、收到服务费别忘了缴增值税

上文说到的服务费,在实践中会有很多不同的名目。根据公告,该公司从上游收到手续费、促销费、奖励等多种名目的服务费。以下我们根据其税务处理的复杂程度,对这些服务费从简单到复杂排序进行分析。我们先来看"稽查处理决定书"第2项处理决定：

公司2019—2021年向供应商收取促销费收入直接冲减进货成本，未作增值税进项税额转出处理，应补缴增值税25万元。

说到服务费的增值税处理，最先想到的文件一定是国家税务总局《关于商业企业向货物供应方收取的部分费用征收流转税问题的通知》（国税发〔2004〕136号，以下简称"136号文件"），该文件主要内容如下：

（一）对商业企业向供货方收取的与商品销售量、销售额无必然联系，且商业企业向供货方提供一定劳务的收入，如进场费、广告促销费、上架费、展示费、管理费等，不属于平销返利，不冲减当期增值税进项税金，应按营业税的适用税目税率征收营业税。

（二）对商业企业向供货方收取的与商品销售量、销售额挂钩（如以一定比例、金额、数量计算）的各种返还收入，均应按照平销返利行为的有关规定冲减当期增值税进项税金，不征收营业税。

136号文件出台于营改增之前，当时对加工修理修配之外的服务（以下简称"服务"）征收营业税。营改增之后对服务改为征收6%的增值税。136号文件虽然随着营改增完成已经失效，但是其精神仍旧被税务机关和企业广泛认可。在营改增之后的当下，只要用"6%的增值税"替代136号文件中的"营业税"，就可以推导出现行的政策口径如下：

针对从上游收取的服务费，可参照136号文件第（一）款就是按服务适用6%的税率征收增值税，或参照136号文件第（二）款则按照平销返利的有关规定冲减当期增值税进项税金。后一种做法效果上等同于对服务费金额适用货物的增值税率，即按货物适用13%的税率征收增值税。

本案中该公司冲减进货成本，说明是买断模式下从供货方收到的返还收入，而且收取的促销费与销售额或者销售量挂钩，属于136号文件中第（二）款的情形，因此参照该款规定，应当作进项税额转出处理。该公司没有进行增值税处理，显然是不行的，要补税。

二、服务费按货物进行增值税处理

再看"稽查处理决定书"第1项,其内容为:

公司取得变动进货奖励未按规定冲减当期增值税进项税金。公司取得的变动进货奖励按照"现代服务业——商务辅助服务"6%申报缴纳增值税,商业企业向供货方收取的与商品销售挂钩的各种返还收入,均应按照平销返利的有关规定冲减当期增值税进项税金,该项业务涉及税率差异,依据相关税率进行增值税补差结算,应补缴增值税52万元。

这处理显然也是参照136号文件进行的。"变动进货奖励"顾名思义是买断模式下与销售额或者销售量挂钩的收费,应当参照136号文件第(二)款规定按照平销返利的有关规定冲减当期增值税进项税金,效果上等同于对奖励金额适用货物的增值税率13%。

因此,"稽查处理决定书"第1项可以理解为:税务机关认为,本该参照136号文件第(二)款进行了处理,但是公司错按136号文件第(一)款进行了处理,结果按"现代服务业——商务辅助服务"适用6%的税率申报缴纳了增值税。与按货物处理的正确做法相比,该公司少缴了增值税,少缴金额相当于收费额6%与13%之差,因此需要补缴这个差额。

撇开税率不谈,该企业适用的税目很耐人寻味。促销服务对多数服务接受方来讲都是核心业务,为什么要按"现代服务业——商务辅助服务"税目纳税呢?提起来都是泪啊。

三、"代购代销货物"的前世

促销服务对应的税目是什么?现行的增值税法规中怎么也找不到。只有穿越回营业税时代,看国税发〔1993〕149号下的《营业税税目注释(试行稿)》,才会在其中"七、服务业"之"(一)代理业"之下找到"代购代销货物"这个税目。这个税目注释为"受托购买货物或销售货物,按实购或实销额进行结算并收取手续费的业务"。

当时的背景是增值税和营业税并行,销售货物缴增值税,提供服务缴营业税。当时根据是否买断货物的所有权,将商业企业的经济活动区分为适用增值税的销售货物行为

（商业企业买断货物所有权，俗称赚差价）和适用营业税的代销服务（商业企业不买断货物所有权，赚手续费）。营业税下代销服务税目为"代购代销货物"。

当时适用"代购代销货物"税目缴纳营业税的商业企业，往往还要同时代收货物的增值税。典型的做法是供应商要根据销售清单开增值税发票给商业企业，商业企业则按原价开增值税发票给顾客。商业企业的增值税进项和销项相同，因此实际上不负担增值税。商业企业实际的税负就是针对手续费缴纳的营业税。

现在回过头来看，当时代收增值税的代销企业都是受托零售代销的货物；如果是在批发环节代销货物，则完全没有必要开这种平进平出的增值税发票，让委托方直接向客户开增值税发票就可以了。这种情况下代销企业根本不需要代收增值税，代销企业直接向委托方收取服务费，缴营业税就好了。很多这类企业缴纳营业税时，同样适用"代购代销货物"这个税目。

代销的本质是向委托方提供服务。服务内容很多，介绍商品、促成交易这些内容可以统称为促销；结算和代收增值税也是一项服务。但是相对而言，促销是核心，结算和代收增值税是边缘。批发环节代销的情况下，代销商不参与结算或者不代收增值税，但是促销的核心仍在，这种情况下适用"代购代销服务"的税目也完全正确。目前火爆的直播带货，就类似于这种不参与结算、不参与代收增值税的促销。

回顾这段历史就会发现，对商业企业取得的收入按货物或者服务区分征税，关键是看商业模式。差价模式按货物征税，佣金模式按服务征税。按服务征税时，其税目是"代购倾销货物"。这个思路很清晰，以至很多人因此而怀念那个营业税时代。

四、失去了"代购代销货物"的日子

后来营改增了，营业税下的"服务业——代理业"变身成增值税下的"现代服务——商务辅助服务——经纪代理服务"，其注释变为：

各类经纪、中介、代理服务。包括金融代理、知识产权代理、货物运输代理、代理报关、法律代理、房地产中介、职业中介、婚姻中介、代理记账、拍卖等。

从这个注释中后半段列举的服务来判断，经纪代理服务指各种专业中介提供的服务，并不包括代购代销服务这种最普通的经营行为。此外，根据《财政部 国家税务总局关于企业手续费及佣金支出税前扣除政策的通知》（财税〔2009〕29号），支出佣金的企业在所得税前列支时有比例限制。比如，一般企业扣除限额为收入金额的5%，收入金额按与具有合法经营资格中介服务机构或个人按所签订服务协议或合同确认。根据这条规定，代销方如果开具佣金发票就会坑了商家，因此商家收取发票时会竭力避免这个税目。

找其他税目吧。然而找遍整个增值税税目，也不见"代购代销货物"或者类似的描述。营改增之后代销服务竟然没有名分了。

那么问题来了。代销这种服务，现在适用6%税率缴增值税时，适用什么税目呢？实践中做法五花八门。开发票时有些企业笼统地写"现代服务——商务辅助服务"，如果你问他是不是"现代服务——商务辅助服务"下的"经纪代理服务"，他就打死也不说。事实上"现代服务——商务辅助服务"下除了"经纪代理服务"就是"企业管理服务""人力资源服务"和"安全保护服务"。后几个税目都和代销八竿子打不着，因此发票上开具"现代服务——商务辅助服务"几乎就等于默认了"经纪代理服务"税目。但是默认终究不是明认，至少可以避免让委托方难堪，避免其在税前列支时受到5%的比例限制。

此外有些商家用"现代服务——其他现代服务"这个税目。我们知道，"其他"是个兜底条款，用来涵盖那些无名无分的例外事项。电商时代让代销服务再度焕发青春，已经成为主流，但是却没有名分只能适用兜底条款，是不是很郁闷？

五、场景犹在，税目当存

"稽查处理决定书"第3项称：

公司2019年收取商户手续费收入未申报增值税。公司招商引进小规模纳税人经营，其销售额由公司统一收银结算，公司按照3%的税率代扣代缴税费，该事项涉及公司应补缴增值税260万元，并依法加收滞纳金。

该项行为显然是代销场景。公司提供服务收取手续费，同时代商户收款结算，结算时代商户从消费者手中收取货物的增值税随后交给税务局。这种模式的好处是，商户可以按小规模纳税人适用3%的征收率。作为对比，以本案中这家公司的体量，如果采用买断模式只能按一般纳税人适用13%的标准税率，税负高出好几倍。但是除了要向税务局缴纳代收的增值税之外，公司还要就收到商户的手续费缴增值税。针对后一部分服务费该公司没有缴增值税，因此要补税。

那么这个补税税率是多少呢？公告中没有交代。有人会说，看136号文件啊，与销量挂钩就适用13%，与销售无关就适用6%。然而这是错的。136号文件的标题反映出其适用的场景是"商业企业向货物供应方收取的部分费用"。这里说收入来源于"货物供应商"而不是"委托方"，表明136号文件适用于买断的场景不适用于代销场景。然而本案不是买断模式而是代销模式。对于代销的场景，本身就不适用136号文件，其收入在营改增之前应当在"代购代销货物"科目下全额适用营业税，现在应当适用6%的税率缴增值税，而不论收入是否与销售额或者销售量挂钩。因此，本案中公司对这种商户手续费按6%的税率补税才是正解。

由于代销场景缺乏相应的税目，上述情景在实践中经常被错误适用136号文件，这种现象值得思考。代销场景很常见，税目上却是空白，这不正常。填补这个空白刻不容缓。

第十节　我开玩笑有人当真，虚开发票60亿元

一、当初是个玩笑，现在成了大案

2019年3月20日，财政部、税务总局、海关总署发布了2019年第39号公告《关于深化增值税改革有关政策的公告》（以下简称"39号公告"），推出了增值税加计抵减政策。一周之后笔者在微信公众号上发表了一篇文章（请参考：行业税负是个伪命题），指出了这个政策存在漏洞。

举个例子。一个老板开两家公司，一个叫左口袋公司，另一个叫右口袋公司。老板让左口袋公司提供旅店住宿服务给右口袋公司，同时让右口袋公司提供咨询服务给左口袋公司。假设左口袋公司提供旅店住宿服务缴了100元增值税，按这个加计抵减的政策，右口袋公司可以进项抵扣110元，凭空赚了10元。然后右口袋公司提供咨询服务给左口袋公司，假设把那110元增值税再缴出去，这次左口袋公司按这个加计抵减的政策能进项抵扣121元，又赚了11元。转一圈下来净赚21元，而且钱又回来了，可以继续转。一年之内利滚利想赚多少取决于老板想做几个来回。这样一来，老板今后自己给自己放高利贷赚钱，不用做原来的生意了……

有朋友留言说，老兄你找到生财之道了。笔者说，有贼心没贼胆，那是虚开增值税

专用发票啊，要进班房的，不过重赏之下必有勇夫，早晚有人会这么做。

转眼3年过去了。2022年7月8日，澎湃新闻公布了一条消息【百日行动】《上海公安经侦部门成功侦破本市首例利用"加计抵减"税收优惠政策虚开增值税专用发票案件》，显示笔者不幸言中了，有人把这做成了生意。以下是澎湃新闻相关消息节选：

3个职业犯罪团伙，50余名犯罪嫌疑人，在"加计抵减"税收优惠政策推行实施后，利用所控制的400余家空壳公司，层层"接力式"虚开，不断放大票面金额后，对外暴力虚开牟利……

上海公安经侦部门……在人民银行上海总部的大力支持下，会同税务部门开展集中收网行动，成功侦破本市首例利用"加计抵减"税收优惠政策虚开增值税专用发票的系列案件，捣毁开票窝点10个，涉案价税合计60余亿元……经查，以唐某、张某、高某等为首的3个职业虚开犯罪团伙为牟取不法利益，指使他人在本市注册成立了400余家服务类空壳公司，在没有真实交易的情况下，虚假申报"加计抵减"项目，并通过在空壳公司间层层过票虚开的方式大幅增加开票金额，然后再以收取票面金额6.5%—12%不等开票费的方式，大肆对外虚开增值税专用发票，帮助受票企业偷逃税款并骗取国家留抵退税。同时，高某团伙还通过虚开增值税专用发票直接骗取国家留抵退税。截至案发，高某团伙和上述受票企业累计骗取国家留抵退税款2 000余万元。

39号公告推出加计抵减政策后，财政部、税务总局又于2019年9月30日发布了2019年第87号《关于明确生活性服务业增值税加计抵减政策的公告》，将生活服务业的加计抵减比例从10%提高到了15%。这下虚开的效果更强了。澎湃新闻中提到：

通过上述手法，一张票面金额100万元的进项发票，以"加计抵减"比例15%来计算，经过5次过票虚开后，票面金额就能翻番；经过17次过票虚开后，票面金额就能达到1 000万元，将给国家税款造成巨大损失。

笔者说的放高利贷、利滚利，就是这个意思。企业之间循环开票威力如此巨大，可不可怕？

二、背后的高手是谁？

有人说，老兄你这是社牛症啊。吹嘘这件事情有好处吗？现在税务局正在严打"黑中介",当心被当成教唆犯罪抓了典型。

对此笔者严正声明:第一,笔者指出政策中存在漏洞,用意是曲突徙薪,不是教唆犯罪。第二,当时笔者的微信公众号刚开张,没有多大阅读量,不会产生那么大的效果。第三,这个漏洞笔者能发现,别人也能发现。现在的犯罪分子高智商高学历,发现这个漏洞比笔者还快。这里有另一则消息为证,即来源于上海税务微信公众号2022年7月6日的【媒体视点】《上海税警破获一起团伙式、跨区域重大骗取留抵退税案件》:

> 近日,国家税务总局上海市税务局稽查局在国家税务总局驻上海特派办指导下,联合上海市公安局经侦总队,在上海市开展集中收网打击行动,成功侦破上海首例利用增值税优惠政策虚开增值税专用发票骗取留抵退税案,打掉犯罪团伙2个,捣毁开票窝点2个,抓获犯罪嫌疑人48名。经初步统计,虚开发票价税合计金额55.87亿元,下游共有40余户企业涉嫌骗取留抵退税款1 500万余元。目前,税务部门正全力追回留抵退税款。
>
> ……经过对该案的深入分析发现,其涉案企业分工明确、层级清晰。主犯均具有财税专业背景,曾出版过涉税筹划书籍,对税收优惠政策进行过深入研究,属于高学历专业犯罪。由其操控的虚开团伙通过设立跨区域、多层级的开票企业,企图以纷繁复杂的业务流、发票流躲避税务部门的执法监管。

这个高智商犯罪案件受到媒体的高度关注,上海电视台和中央电视台都作了详细报道。业界尤其好奇,这个出版过税收筹划书籍的筹划大师到底是谁?上海电视台报道中信息量很大。看过几遍后,根据各种蛛丝马迹,笔者断定这两则报道指向同一个案件,而且这个筹划大师是谁也有线索了。

三、同一个案件报道的角度不同

两个报道中涉案金额一致(55.87亿元四舍五入就是60亿元),但是标题不同。一个强调虚开发票,一个强调骗取留抵退税,这里面有什么玄机吗?

首先关联企业相互循环提供服务,利用加计扣除政策虚增进项税时,本身就是虚构服务,涉嫌虚开发票。另外,39号公告在推出加计抵减政策的同时,也推出了留抵退税政策。本案中的筹划高手一定会将两项政策结合,将通过加计抵减政策虚增出来的进项税,一部分用来抵减销项税,另一部分用来申请退税。当然了,计算进项留抵退税额时,要用到一个进项构成比例,这个比例也是基于进项发票的,也就是说本环节直接虚增出来的10%或者15%加计扣除进项本身是不能申请留抵退税的，一定要经过再次循环通过关联公司开票回来，才可以申请留抵退税，或者直接开票给第三方公司，让下家来抵扣或者申请留抵退税。所有这些开票，都涉嫌虚开增值税专用发票。因此说，利用加计扣除政策、虚开发票和骗取留抵退税，这是一件事情不可分割的三个方面。

虚构业务利用加计扣除政策来多抵扣税款或者骗取留抵退税，这都属于偷税的范畴。首次偷税行为不追究刑事责任，可以补了税缴了罚款了事。虚开增值税专用发票可能直接构成刑事犯罪，即便首次犯罪也可能要被追究刑事责任。这件事情的三个方面当中，虚开增值税专用发票是后果最严重的一个方面，也是业界最为关注的方面，因此有些媒体从这个角度出发进行报道。而另有一些媒体从追逐热点出发，会从留抵退税这个角度来报道，这也能理解。大家知道指向同一个案件就好了。

四、政策有漏洞，税务局也有防范措施

我们再来说说这位高学历出版过财税专业书籍的筹划高手。虽然只是个挂名作者而已，但确实不简单。此人的高明之处不仅在于找到了税收政策中的空子，还知道结合多项政策灵活运用，而且有一定的风险意识，懂得分散风险拉长环节，注册了400多家服务类公司来操作，"企图以纷繁复杂的业务流、发票流躲避税务部门的执法监管"。这方案和执行都是一流的。但是聪明人难免自负，忽略了税务部门的反制措施，也低估了金税系统的大数据分析功能，结果躲避不成，栽了跟头。

上海税务的报道中说道：

得益于金税三期系统强大的数据分析能力和上海税务"智能稽查"系统的上线运行，上海市税务稽查部门结合增值税税收优惠政策的申报、开票特点，有针对性地进行了指标设定和数据分析，通过多维度的数据筛查，彻底厘清了虚开企业架构和开票层级。同时，循线深挖，对下游受票企业的留抵退税情况进行了全量扫描。通过证据固定，最终联合市公安经侦部门实现了对上游虚开企业和下游受票企业全链条打击。

可见上海市税务局的这次稽查就是直奔享受增值税相关税收优惠政策的企业而来的。全国税务局都在严查骗取留抵退税行为，相信上海市的经验一定会全国推广，所有相互开票的行为都会作为疑点受到关注。这也提醒了有相互开票行为的企业要做好自查。

五、税收筹划要有敬畏之心

相互开票是一件让人很无语的事情,但是有时出于客户的要求,有时出于企业内部的业务上的原因,往往难以避免,尤其是关联企业之间相互开票并不少见。这个案件提醒我们,相互开票有风险。实践中要把握以下原则来防范风险:

一是真实性。要有真实的业务流、货物流、服务流、资金流来支撑。

二是有合法商业目的。要符合商业常规且不是出于加计抵减等税务目的而人为开展的业务。

三是关联交易定价要符合独立交易原则。

如果符合以上原则,即便是享受了加计抵减的优惠政策,只要保留了相关证据,就不必担心。反之,如果只是为了所谓的"税收筹划",人为地相互开票,则要当心了。

税务筹划不是卖点子,而是一套严密的方案,外加专业的实施。市场上有很多所谓的筹划大师,只卖点子,不讲体系;只讲财务税务处理,不结合业务;只描绘收益,不分析风险。到处给人指捷径,最后都给忽悠进坑里去。做企业不容易啊,防火防盗防忽悠时刻都不能放松。

第十一节 跨境电商IPO,深交所税务拷问直击灵魂

一、深交所直击要害

近日,深圳证券交易所就某拟上市的跨境电商公司(以下简称"发行人")发出审核问询函,要求"结合线上商品销售业务中的采购、仓储、销售的具体运行模式和相关法律法规,补充说明公司境内商品是否以邮政小包方式寄往境外?是否需要履行报关程序?是否属于出口?

对此发行人回答说,报告期内公司主要采用跨境直邮的物流方式向消费者寄递商品,公司邮政小包模式下的商品均委托中国邮政等报关出口。具体方式是:旗下有一家香港公司(以下简称"香港公司")从境内供应商处采购货物,供应商交货地点为香港公司在境内的仓库,然后香港公司委托中国邮政等物流企业报关后运出境交付境外消费者。这个过程中,相关海关按照邮政小包进行监管。

发行人这种业务模式,俗称为C2C,如图4-1所示。

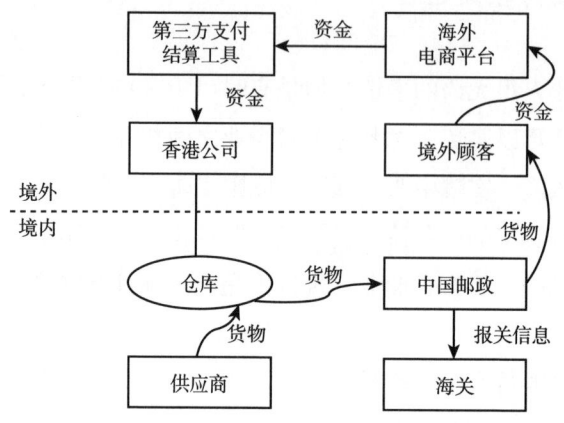

图4-1 跨境电商C2C出口示意图

在说明中,发行人认为供应商同香港公司之间的交易属于出口。言外之意,货物是供应商出口给香港公司的,香港公司则没有从事出口。

证券发行审核部门,包括深交所在内,都很懂税。深交所知道C2C的软肋在税务上,此前两轮问询函中已经反复问到了税务问题,这次是第三次问询函,在函中一连发出四问:

第一,采购环节是否存在税务合规风险?
第二,商品销售是否应视同内销,是否应在境内缴纳流转税?
第三,以邮递物品而不是货物的方式报关是否存在合规风险?
第四,公司的商品采购、出境相关模式是否属于行业通行做法?

这四个问题个个都直击要害,尤其最后一个问题简直是灵魂拷问。

二、券商的三板斧

遇到合规方面的这种询问,券商即保荐人(主承销商)通常会使出三板斧:发行人说明、第三方证明、控股股东承诺,本案也不例外。至于效果如何,就要看说明是否说得过去,第三方能证明到什么程度,控股股东承诺是否能够覆盖风险。

本案中,发行人针对第一个问题,声称采购环节不存在税务合规风险,理由是:

《中华人民共和国增值税暂行条例(2017年修订)》第一条,在中华人民共和国境内销售货物或者加工、修理修配劳务（以下简称"劳务"），销售服务无形资产、不动产以及进口货物的单位和个人，为增值税的纳税人，应当依照本条例缴纳增值税。

在上述交易中，采购环节发生在中国大陆，境内供应商为货物的销售方，因此，境内供应商应作为增值税的纳税义务人并申报缴纳增值税。在该等采购模式下，相关纳税义务及税收风险由境内供应商承担，香港公司作为采购方且为香港主体，不存在被国内税务机关追缴境内增值税或处罚的风险。

这最后一句话存在问题啊！说香港公司作为采购方没有纳税义务这没有问题，但是如果说香港公司作为香港主体因而不受内地税法管辖，这就不对了。既然引述了《中华人民共和国增值税暂行条例（2017年修订）》第一条，就应当看到"在中华人民共和国境内销售货物……的单位和个人为增值税的纳税义务人"，认识到增值税的纳税义务应以行为发生地来判断，与行为主体是否境内机构并无关系。换言之，香港公司如果在境内（指关境内，不包括港澳台，下同）发生纳税行为，仍然产生境内增值税纳税义务。当然了，这未必是采购环节的税务风险，有可能是销售环节的税务风险，未必需要放到这里来讨论，但是这个大前提先要搞清楚。

发行人针对第二个问题，即"商品销售是否应视同内销，是否应在境内缴纳流转税"，声称香港公司的商品销售不属于内销，不涉及境内流转税。发行人的核心理由是：

根据《中华人民共和国香港特别行政区基本法》第十八条，除列于该法附件之少数法律外，全国性法律不在香港特别行政区实施，香港公司作为香港主体，其向海外消费者出售商品的行为适用境外相关规定进行税务处理，不适用境内的相关税务规则。

别的先不说，看到前面的《增值税暂行条例》第一条，就知道这个理由也站不住脚。但是，尽管声称不适用境内相关税务规则，发行人在其说明中还是对国内税务的相关规定进行了分析。这个我们暂时撇开，下文再作评论。

针对第三个问题，即"以邮递物品而不是货物的方式报关是否存在合规风险"，发行人称不存在合规风险，且有相关的第三方证明为证。发行人取得了中国邮政出具的"合法合规性确认函"。该函中称"我司的出口国际小包业务经过××海关驻邮局办事处全程监管，并履行法定的邮递物品出境手续后方可放行寄出，符合法律规定，迄今未因使用邮政国际小包业务而受到海关行政处罚"。同时，发行人还取得了××海关的"复函"，该复函中称"我关依法对出境国际小包进行监管，对符合法律规定的予以放行,迄今未对你司有行政处罚"。

理论上说,国际小包监管适用于个人自用物品等非商业用途的出口,大多数情况下其出口方应当是个人而不是企业,以此为基础形成的所谓C2C业务模式实际上处于灰色地带。一个年销售额上10亿元的企业采用这种业务模式,是否可持续?深交所这个问题的核心即在此。针对这个问题,发行人拿出了中国邮政和某海关的证明函,有力地证实至今没有出过问题,暗示未来也不会出问题。由于跨境电商零售出口很少涉及出口关税的问题,因此海关在管理中对于按货物出口和按包裹出口的区分并不在意,海关出具类似的确认函也在情理之中,但是现在没有问题能否可以推断未来不会出问题?要看深交所什么态度了。另外,C2C业务模式的税务问题都在出口环节的增值税和所得税方面,这些都不归海关管,因此海关的证明不能消除这方面的疑问。当然了,增值税和所得税的问题,与深交所询问的其他问题重合了,我们就不在此分析了。

针对第四个问题,即"公司的商品采购、出境相关模式是否属于行业通行做法",发行人从两个方面进行了说明:(1)直邮模式很常见;(2)通过香港公司来运营并非出于避税目的。针对第(2)点,发行人还引述了某"四大"出具的《转移定价分析报告》,声称不存在转移利润的情形,并举出例证:某可比上市公司子公司以及另一家上市公司同样设有香港子公司并由其承担跨境出口电商业务相关职能(见本篇文后附注一)。

看得出深交所和发行人已达成共识:这第四个问题虽然针对业务模式,本质上却是个税务问题,而且是个关键问题。这个答复如何评价?这里先暂时撇开,下文再作分析。

发审部门发出问询,发行人和中介机构(包括保荐机构及发行人律师、申报会计师)都要回答。本案中的券商照例把发行人的以上说明写入其回复报告,并附上中介机构核查过程说明以及核查意见。券商在回复报告的核查意见部分重复了发行人的观点,并且指出发行人控股股东已经出具承诺,如发行人及控股子公司因相关主管税务部门对上述境内流转税事项的认定或相关法规适用发生变化等情况导致被追缴税款,处以罚款、滞纳金及相关费用或承担其他经济损失,将无条件以现金方式承担……以保证发行人其控股子公司不会因此遭受任何损失。

券商三板斧虎虎生威。效果如何,看发审部门的意见。

三、深交所直击灵魂

深交所至今还未作出答复,根据以往经验,发审部门会看答复中有多少硬伤。本案中发行人针对第一、第二个问题的答复中都声称香港公司不受内地税法管辖,这是明显的、常识性的硬伤。前面说过，发审部门很懂税，这种硬伤绝不会放过。

针对第二个问题即"商品销售是否应视同内销，是否应在境内缴纳流转税"，发行人主张香港公司不受内地税法管辖，并对内地的相关税法进行了分析以支持这一观点（见本篇文后附注二）。发行人引述了《关于跨境电子商务零售出口税收政策的通知》（财税〔2013〕96号）第四条和《关于跨境电子商务综合试验区零售出口货物税收政策的通知》（财税〔2018〕103号）第四条，称以上法规下的出口企业，是指利用电子商务平台开展出口业务的企业。本案中的香港公司虽然利用电子商务平台向境外消费者销售商品，但由于并未开展出口业务，因此不属于以上政策范围内的出口企业。至于视同销售，那也是针对出口企业而言的，由于香港公司不是出口企业，视同销售的问题自然也不存在了。

发行人主张香港公司并未开展出口业务，在这里并没有解释原因，结合前文可以理解成：发行人认为供应商向香港公司销售构成出口业务，由此可知供应商向香港公司交货时，货物已经完成了出口，因此香港公司再度销售给境外消费者时，已经是销售境外货物，不是出口业务。

按照增值税法规中的定义，出口货物是指跨境销售货物，其特征是货物的起运地在境内，目的地在境外。前文提到，供应商在境内仓库向香港公司交货，根据这个定义，采购环节不能算作供应商出口，即便买方是个香港公司也不能算。接下来，香港公司委托中国邮政将货物运输出境，这才是真正的出口，应当确定香港公司为出口企业。香港公司发生了出口行为，就要适用以上出口退税法规。而香港公司作为出口企业未按规定申请退免税，视同内销的风险是存在的。这是答复中的另一处硬伤。

接下来我们来看看第四个问题，即"公司的商品采购、出境相关模式是否属于行业通行做法"。前面说过，发行人已经说明了直邮模式很常见，通过香港公司来运营也很合理，而且提供了一个《转移定价分析报告》来支持。但是，有个核心点没有涉及，即目前的政策导向鼓励C2C转变为B2C，行业内通行做法也在转变，发行人为什么没有做出相应改变呢？

这个问题本质上是个税务问题。C2C模式下，采购环节在境内仓库交货，供应商拿不到出口报关单，不能申请增值税出口退税，同时香港公司声称不是出口企业，也不会去申请增值税出口退税，总之整个链条上都不会拿到出口退税，失去了降低成本的机会。而如果改为B2C模式，发行人则可以拿到出口退税，从而降低成本。转变模式明显有好处，却不想改，为什么呢？这个问题直击灵魂。

发行人的回复，针对第一、第二个问题振振有词，而对直击灵魂的第四个问题则支支吾吾。发审部门看到这个回复，会不会生出更多疑问呢？

四、税务机关怎么看？

在问询函中，深交所还要求发行人说明相关税务风险对经营业绩的影响。发行人在回应时提到了曾经就视同销售的风险向12366进行了咨询，并与主管税务机关相关工作人员进行了访谈，并声称咨询和访谈的结果都支持不会被视同销售追缴税款（见本篇文后附注三）。根据笔者经验，税务局在没有掌握足够背景信息的情况下，很不情愿回答这类复杂问题，即使勉强回答了，也会表示纯属个人看法，不代表所在的税务机关，而且绝对不会出具书面答复。据此，这些口头答复的效力可想而知。

发行人在回复中称"国内法规并未对直邮出口模式运输商品视同内销进行规定"，在笔者看来，国家税务总局不会同意这种说法。在税务局看来，新的业务模式层出不穷，但税务法规法力无边。不论C2C还是B2C，只要构成出口行为，《关于出口货物劳务增值税和消费税政策的通知》（财税〔2012〕39号）第七条列明的视同内销相关规定就会适用。但是在征管层面，税务局在相当长一段时间内并未严格执行视同内销的政策。跨境电商零售出口兴起的时候，没有相应的监管措施，海关只能暂时按C2C进行监管，这就给税务征管造成了诸多难题。难题之一就是C2C模式下跨境电商零售出口企业不能取得出口报关单因而无法申请出口退税，如果都按视同内销政策执行，相关企业面临死路一条。那种时代背景下税务局在征管上网开一面，是不得已而为之，但是我们绝不能将这种权宜之计当成理所当然。

自从海关对B2C模式的监管方式成熟之后，跨境电商零售出口企业有了转型的出路，形势就不同了。为了扶持跨境电商出口业务发展，海关推出了B2C的"跨境贸易电子商务"（代码9610）监管方式，并对跨境直邮出口采用"清单核放、汇总申报"模式办理通关手续，为跨境直邮出口退税创造了条件。随后财政部和国家税务总局以《关于跨境电子商务零售出口税收政策的通知》（财税〔2013〕96号）落实了配套的出口退税政策。后来海关又推出了"保税跨境贸易电子商务"（代码1210）的监管方式，适用该政策的余地更大了。此后财政部和国家税务总局发布了《关于跨境电子商务综合试验区零售出口货物税收政策的通知》（财税〔2018〕103号），推出了无票免税政策，彻底解决了跨境电商零售出口企业在增值税方面的难言之隐。

B2C模式及其配套的出口退税政策都是阳关大道，但是仍有一些企业对C2C的羊肠小道产生了途径依赖，觉得那么多年一直走过来也没有出事，有必要改吗？这类企业要认清形势。这些政策出台以后税务局的征管一定会收紧，征管措施一定会升级。这种形势下阳关大道你不走，期望税务机关仍旧网开一面，那是一厢情愿。

本案中，香港公司不仅涉及增值税，还会涉及所得税。篇幅所限，就不详细分析了。有兴趣的朋友可以参考另一篇文章《纸糊的离岸公司，稽查的重锤压顶》。

上市的过程就是透明化的过程。发行人会向外披露海量信息，披露前要想一想主管税务机关拿到这些信息后如何反应。理想的情况下，税务机关会以支持企业上市为原则，对于企业主动披露的历史问题作补税处理但不进行处罚，补税后仍旧为企业出具税务合规证明，如果有些问题不便处理，也留待上市以后再处理，以便扶持企业发展，为未来涵养税源。但是，税务局也会担心执法风险。如果硬伤太过明显，发行人恐怕难以如愿。

五、税务师怎么看？

从发行人说明的写作风格和对税务问题的理解程度上判断，撰稿人不是专职的税务师。从内容上看，申请上市过程中税务师有一定程度的介入，但是并不全面也不充分。

从决定上市那一刻起，企业战略往往需要做出重大调整，税务战略更是需要做出重大调整，有时为了税务战略，需要对业务模式进行重塑。另外，跨境电商涉及国际税务，需要精通国际税务的税务师深度参与税务筹划。这个过程中零敲碎打不能解决根本问题，一定要寻找合适的国际税务专家，在全球视野中国视角下全面系统开展税务分析和设计。IPO是惊险的一跳，多算者胜，税务方面绝不可等闲视之。

附注一：

原文如下：公司商品以直邮模式销售到海外，通过采购中国邮政等物流公司的寄递服务，由专业物流公司统筹安排跨境运输、通关手续及末端派送，是目前跨境出口电商企业的主要物流交付方式。根据广发证券发展研究中心报告显示，2020年直邮和海外仓交付模式的市场份额分别约为70%和30%，而发往海外的包裹中邮政渠道占50%以上。

公司在香港设立子公司并由其承担跨境出口电商业务的采购及销售相关职能，是根据市场、商业、政策环境等情况综合考量的结果，香港公司所承担的职能是基于公司前期对体系内子公司战略定位所作的合理安排，根据某"四大"出具的《转移定价分析报告》，公司不存在利用香港所得税税率低于中国内地所得税税率的情况将主要利润留存至香港的情形。此外，公司的上述安排亦属于跨境电商行业通行做法，例如某可比上市公司子公司、某上市公司等均设有香港子公司并由其承担跨境出口电商业务相关职能。

附注二：

原文如下：（1）香港公司跨境电商直邮出口模式不适用国内货物出口的相关税务规定。

《关于跨境电子商务零售出口税收政策的通知》（财税〔2013〕96号）第四条规定，适用该通知退（免）税、免税政策的电子商务出口企业，是指自建跨境电子商务销售平台的电子商务出口企业和利用第三方跨境电子商务平台开展电子商务出口的企业。

《关于跨境电子商务综合试验区零售出口货物税收政策的通知》（财税〔2018〕103号）第四条规定，该通知所称电子商务出口企业是指自建跨境电子商务平台或利用第三方跨境电子商务平台开展电子商务出口的单位和个体工商户。

在上述交易模式中，香港公司为境外采购方，不符合上述规定中关于出口企业的定义……与此同时，除上述相关规定外，目前中国内地暂无其他有关跨境电商直邮模式出口的相关规定。

（2）现行法规并未对直邮出口模式下跨境电商业务视同内销进行规定。

《出口货物劳务增值税和消费税管理办法》（国家税务总局公告2012年第24号）第十一条第（七）款规定，适用增值税免税政策的出口货物劳务，除特殊区域内的企业出口的特殊区域内的货物、出口企业或其他单位视同出口的货物劳务外，出口企业或其他单位如果未在规定的纳税申报期内按规定申报免税的，应视同内销货物和加工修理修配劳务征免增值税、消费税。《关于出口货物劳务增值税和消费税政策的通知》（财税〔2012〕39号）第七条列明了适用增值税征税政策的出口货物劳务的具体情形。

上述法规规定了企业出口如未在规定纳税申报期内申报免税应当视同内销及应当视同内销征免增值税的具体情形，但上述法规并未对跨境电商企业（香港公司）通过直邮出口模式运输商品视同内销进行规定。

综上……香港公司也不符合中国境内现行税收法规中关于出口企业的定义，其向境内供应商采购商品并通过境外第三方电商平台将商品销售给境外消费者的行为不适用境内的税务规则。境内法规并未对直邮出口模式运输商品视同内销进行规定，香港公司无须按《中华人民共和国增值税暂行条例》《财政部 国家税务总局关于全面推开营业税改征增值税试点的通知》（财税〔2016〕36号）等境内法律法规的要求申报及缴纳增值税，且现行法规下，跨境电商境内经营主体或其香港主体不会被境内税务局要求以视同内销或其他方式补缴流转税。

附注三：

原文如下：根据国家税务总局12366纳税服务平台（https://12366.chinatax.gov.cn/）

对相关问题的答复，香港主体委托中国邮政在内的境内外物流供应商负责包裹的报关、运输和派送，最终向海外终端个人消费者交付，根据相关规则香港主体未取得报关单。该直邮出口模式不适用境内货物出口的相关税务要求，跨境电商境内经营主体或其香港主体不会被境内税务局要求以视同内销或其他方式补缴流转税。

此外，根据与国家税务总局深圳市税务局相关工作人员的访谈，香港主体作为采购方，由于未在中国境内发生销售行为，并非境内增值税纳税义务人。在该交易模式下，境内供应商并未执行出口相关的免（退）税，其应当就其商品销售正常申报缴纳增值税，其并未因为通过直邮出口模式运输商品出境而少缴纳境内增值税税款。即使出现境内供应商需要补税或被税务处罚的情况，香港主体作为采购方亦无须承担补缴税款和缴纳罚款的义务。

第十二节　海外代购与跨境电商之间，存在一个境外公司的距离

一、海外代购的原罪

海外代购历史很悠久。比起正规的B2B进口，海外代购压缩了中间商差价，因此生命力极强。在海关监管方面，海外代购处于灰色地带，实际操作中海关无法识别代购行为，相当长一段时间内只能按照个人邮递物品进行监管。依据海关总署公告2010年第43号《关于调整进出境个人邮递物品管理措施有关事宜》（以下简称"43号公告"）等文件，海关对个人携带、邮递进境的物品将关税、进口环节增值税和消费税合并在一起征收进口税，俗称"行邮税"，目前适用的税率表如图4-2所示。

个人物品（行邮税）的税目1对应零关税、不征收消费税、只涉及增值税的进口物品。该类物品综合税率为13%，与目前增值税的标准税率一致，换言之税率与一般贸易方式下的税率持平。而税目3下的50%综合税率一般情况下比一般贸易方式稍高。以高档化妆品为例，如果按一般贸易方式，则增值税税率13%，消费税税率15%，最惠国关税税率5%，简单合计33%（未考虑各税种的税基差别），税负远低于50%的综合税率。税目2下的商品，区分其不同的关税税率以及是否在消费税征税范围之内，其20%的综合税率有些比一般贸易方式下偏高，有些则偏低。

税目序号	物品名称	税率(%)
1	书报、刊物、教育用影视资料;计算机、视频摄录一体机、数字照相机等信息技术产品;食品、饮料;金银;家具;玩具、游戏品、节日或其他娱乐用品;药品注1	13
2	运动用品(不含高尔夫球及球具)、钓鱼用品;纺织品及其制成品;电视摄像机及其他电器用具;自行车;税目1、税目3中未包含的其他商品	20
3注2	烟、酒、贵重首饰及珠宝玉石;高尔夫球及球具;高档手表;高档化妆品	50

注:1.对国家规定减按3%征收进口环节增值税的进口药品,按照货物税率征税。
　 2.税目3所列商品的具体范围与消费税征收范围一致。

图4-2　中华人民共和国进境物品进口税税率表

在进口货物计税价格方面,个人物品一般按照核定价格确定。最新的核定标准见于海关总署公告2019年第63号。例如,针对个人邮递进境食品类奶粉,海关审定的完税价格为200元/千克。

严格来说,代购行为并不在个人物品的监管范围之内。《中华人民共和国海关法》第四十六条规定:个人携带进出境的行李物品、邮寄进出境的物品,应当以自用、合理数量为限。代购不是自用,一度是非法经营。另外,43号公告对物品的价值设置了限额,规定:个人寄自或寄往港、澳、台地区的物品,每次限值为800元人民币;寄自或寄往其他国家和地区的物品,每次限值为1 000元人民币。个人邮寄进出境物品超出规定限值的,应办理退运手续或者按照货物规定办理通关手续。

以上政策对于个人物品进境方式设置了诸多限制,而现实中的代购行为经常会突破以上限制。因此实际操作中代购行为的风险很高。加之还有其他更不正规的操作方式,很容易构成走私,后果相当严重。例如前空姐李××伙同他人采用以客带货的方式从机场无申报通道将化妆品等货物携带入境,被法院认定偷逃税款8万余元,以走私普通货物罪判处有期徒刑3年,并处罚金4万元。

二、一条出路:跨境电商零售进口政策

生产力推动生产关系。灰色的海外代购凭借顽强的生命力,终于得到了官方承认,变成了跨境电商零售进口。既然承认了是合法经营进口货物,按照个人物品入境征税就不再名正言顺了。在这种背景下,2016年财政部、海关总署、国家税务总局出台了

《关于跨境电子商务零售进口税收政策的通知》（财关税〔2016〕18号，以下简称"18号文件"），对跨境电商B2C进口出台了特殊政策如下：

跨境电子商务零售进口商品按照货物征收关税和进口环节增值税、消费税，购买跨境电子商务零售进口商品的个人作为纳税义务人，实际交易价格（包括货物零售价格、运费和保险费）作为完税价格，电子商务企业、电子商务交易平台企业或物流企业可作为代收代缴义务人。

……在限值以内进口的跨境电子商务零售进口商品，关税税率暂设为0%；进口环节增值税、消费税……暂按法定应纳税额的70%征收。

与个人物品进境以及一般贸易下的货物进口相比，跨境电商零售进口政策在税率上优势明显。同时由于采用实际交易价格为计税价，计税价格与个人物品监管方式下采用的核定价相比，偏高或者偏低的情况都有可能存在。

18号文件对适用以上政策也设置了3个限制条件：

一是货物范围有限制，海关总署出台了《跨境电子商务零售进口商品清单》予以明确，清单之外按一般贸易方式征税。

二是交易方式有限制，限于或者通过与海关联网的电子商务交易平台交易，能够实现交易、支付、物流电子信息"三单"比对的跨境电子商务零售进口商品；或者虽未通过与海关联网的电子商务交易平台交易，但快递、邮政企业能够统一提供交易、支付、物流等电子信息，并承诺承担相应法律责任进境的跨境电子商务零售进口商品。不符合条件的按一般贸易方式征税。

三是货物价值有限制，包括单次交易限值（目前为人民币5 000元）和个人年度交易限值（目前为人民币26 000元）。18号文件规定，超过单次限值、累加后超过个人年度限值的单次交易，以及完税价格超过单次限值的单个不可分割商品，均按照一般贸易方式全额征税。

此后商务部、发展改革委、财政部、海关总署、税务总局、市场监管总局出台了《关于完善跨境电子商务零售进口监管有关工作的通知》（商财发〔2018〕486号，以下简称"486号文件"），推出了"网购保税进口"（海关监管方式代码1210）和"直购进口"（海关监管方式代码9610）两种监管方式，明确了各参与主体的责任和资质要求。随后海关总署又出台了《关于跨境电子商务零售进出口商品有关监管事宜的公告》（海关总署公告2018年第194号，以下简称"194号公告"），针对各参与主体就信息登记、注册登记、通关管理、信息传输、清单核放、汇总申报等程序作出了详细规定。从监管严格程度上看,跨境电子商务零售进口与个人物品进境相比,一个在天上一个在地下。

三、机会当中有风险:美乐购案例

跨境电商零售进口政策出台后,海外代购商可以选择按照这项政策合规纳税,阳光经营,而且税负可能比原先的个人物品方式纳税(行邮税)要低。政策变了,监管环境完全不同,经营者的思路要随之改变。如果不及时转换为合规经营的思路,就会产生巨大的风险。以下的湖南美乐购案①就是一例。

湖南省长沙市人民检察院指控:湖南美乐购网络科技有限公司(以下简称"美乐购公司")从事跨境电子商务经营活动,系电子商务企业、电子商务交易平台。平安快递公司(EFS Post)是新西兰的一家国际快递和货运物流公司。2016年下半年,为牟取非法利益,美乐购公司的被告人曹×国与平安快递公司的夏某合谋,以国内淘宝、京东网站奶粉等物品的价格的6—7折作为申报价格,将国内购买人向新西兰代购商所购买的本应通过行邮渠道进境的奶粉等物品由美乐购公司伪报成跨境电商贸易方式走私入境,并将快递送达给国内购买人。2017年3月27日至2018年3月21日,美乐购公司按照申报价格11.9%的税率向海关缴纳税款,并要求平安快递公司向其支付税款等费用。这一期间,美乐购公司以伪报贸易方式、低报价格的方式走私进口奶粉362 258罐,价值4 208.55万元,涉嫌偷逃税款224.910 5万元。

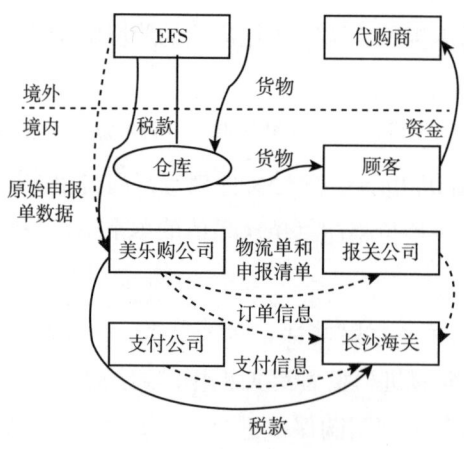

图4-3 美乐购案例背景示意图

---

① 资料来源:湖南省长沙市中级人民法院刑事判决书(2020)湘01刑初50号。

美乐购公司虽然注册为电子商务企业和电子商务交易平台，实际上是个清关代理公司。美乐购公司实际控制人曹×国曾经任湖南邮政速递物流公司国际业务分公司副总经理，于2015年8月17日成立了美乐购公司。美乐购刚成立时主要业务是接受国外货代公司委托在湖南代理国际快件的进口清关。EFS公司是海外华人在新西兰成立的物流清关代理公司，业务主要从新西兰职业代购者手中揽收他们为国内购买者购买的奶粉，负责在新西兰清关及运输到国内，通过合作方在国内清关并派送到实际购买者手中。2016年6月，美乐购开始代理EFS在中国境内清关。美乐购最开始时以行邮方式按15%税率缴税（现税率降为13%）。2016年18号文件生效后，经美乐购控制人曹×国提议，EFS同意，改为跨境电商模式报关进口。从2016年10月开始，EFS揽收订单后把货物集中发往长沙，货物到黄花机场转关后再运输到金霞监管仓库或邮办监管仓库，由美乐购按跨境电商直购进口方式申报进口。美乐购再联系中国邮政下属快递公司取货并分发至境内购货人。

跨境电商模式下奶粉税率为11.9%（当时适用的增值税标准税率17%×70%），远低于当时15%的行邮税率。同时，跨境电商模式下要采用实际交易价格确定计税基础，而不是原先核定的价格每千克200元，低报价格也成为可能。公诉人称购买人实际支付价格180—250元/罐，而美乐购公司按淘宝价格6—7折合80—110元/罐申报清关纳税。

新政策规定跨境电商的贸易模式须进行三单对碰，即订单信息、支付信息、物流信息须由跨境电商企业、支付公司、物流企业分别向海关推送报备，三单相符审核通过后才能缴税放行。如果提供真实的三单信息，低报价格就会被发现。为此，美乐购与EFS以及境内的两家支付公司串通，向海关推送虚假的电子信息用于清关申报。过程中，美乐购会提供虚假的成交价格给EFS，由其制作虚假的购物小票用于报关；同时针对超过个人限额的消费者购买人，美乐购会将其身份信息替换为虚假的购买人身份信息，并将虚假信息提供给EFS用于制作快递面单。包裹到货清关后美乐购员工会将相关包裹上的虚假快递面单撕下，替换成真实购买人信息的面单，然后将包裹交给快递公司发出。

海关对于进口申报价格很敏感。2018年5月，海关缉私局开始调查美乐购。经过调查，海关缉私局认定美乐购通过低报价格方式偷逃税款93.3946万元，且通过伪报贸易性质方式偷逃税款131.5159万元。2018年12月6日，民警将被告人曹×国抓获归案。

四、海外代购变身跨境电商的正确姿势

长沙市中级人民法院支持了海关的以上认定，并判决被告单位湖南美乐购网络科技有限公司犯走私普通货物、物品罪，判处罚金人民币225万元；判决被告人曹×国犯走

私普通货物、物品罪，判处有期徒刑4年。

其中，法院认为美乐购公司通过跨境电商方式报关系伪报贸易方式，理由为：……（2）跨境电商贸易进口是国内购买人在跨境电商企业平台上下单购买国外奶粉，由该跨境电商企业统一向国外销售商购买奶粉报关进口，贸易方式属B2C模式。本案奶粉进口的实际贸易方式是国内购买人直接与海外代购联系购买，由国外代购者通过快递公司将奶粉报关后运送回国，贸易方式属C2C模式。两种方式在贸易性质和税收政策上有本质区别。(3)另外，根据相关法律法规，个人代购不适用跨境电子商务零售的规定，也没有将海外代购和个人境外行邮物品纳入跨境电商贸易属性的规定。不属于跨境电商零售进口的个人物品应按普通物品进口的规定执行，即走行邮进口途径并缴纳15%进口税。除跨境电商外，快递邮政企业可走跨境电商零售进口渠道，但前提是快递邮政企业统一提供交易、支付、物流等电子信息。本案中的EFS公司无法提供真实的交易、支付信息，不能走跨境电商零售进口渠道……

笔者认为以上结论正确，但论证有误。

针对第（2）点，18号等文件并没有将网上下单作为跨境电商零售进口税收待遇的先决条件，而是规定只要能够提供相关电子信息，即使不通过网上下单，也可以享受跨境电商税收政策。尽管其他案例中也曾见过类似的执法口径，但是本案中法院掌握的口径过严，仍旧超出相关法规的范围。另外，将海外代购等同于C2C是不对的，海外代购初始阶段是非法的C2C，后来进化成了合法的B2C。跨境电商零售进口政策中强调B2C，立法意图并不是将海外代购排除在外，而是促进海外代购从C2C向B2C转化。也就是说，不是"堵"，而是"疏"。

海外代购和跨境电商的界线在哪里呢？从相关文件中可以看出端倪。486号文件第二条第（一）项明确，跨境电商零售进口经营者（以下简称"跨境电商企业"），指自境外向境内消费者销售跨境电商零售进口商品的境外注册企业，为商品的货权所有人。从这一条可以看出，海外代购只要在境外成立了公司，就可以享受跨境电商企业的税收待遇。

针对第（3）点，个人代购不适用跨境电子商务零售的规定的说法缺乏法律依据。笔者注意到，法院说除跨境电商外，快递邮政企业也可走跨境电商零售进口渠道。从中可以看出法院把个人代购与快递邮政企业清关相对立，这是不对的。代购商和快递邮政企业在业务链条中处于不同环节，二者并不相互排斥。现实中代购商完全可以委托快递邮政企业清关，走跨境电商零售进口渠道，享受相关税收待遇。因此以上论证有误。

但是本案中，美乐购和EFS都没有提供真实的信息，不符合18号文件相关条件，因此不能享受跨境电商零售进口税收待遇，所以伪报贸易方式的定性成立。法院判决按个人物品进口税收政策计税，补缴相应差额也是合法的。在其他案例中，还有过按一般贸易计算应纳税款的情形。本案的口径不算最严。

对比离职空姐代购案与美乐购案，二者虽然手法有差别，但是都涉及代购，都构成走私被追究刑事责任，反映代购风险很大，但是风险并不来源于海外代购这种方式本身。在如今的跨境电商零售进口政策下，只要操作合规，安排得当，代购不仅合法，还有可能实现低税。控制风险的关键是强化合规经营的理念，守住真实交易的底线。

第十三节 操着"卖白粉"的心做出口退税（一）
——跨境电商和假自营真代理

增值税出口退税做起来极为操心，往往会因为很小的失误，损失巨大的金额。宁夏XDT企业服务有限公司（以下简称"XDT"）就是因为几个细节上没有做好，2 000万元的退税款打了水漂。

一、自己赚差价就是自营，帮别人赚差价就是代理

贸易的本质是中间商赚差价。出口贸易的核心竞争力是能够一手搞定境外客商，一手搞定境内供货商。当然了，外贸也有专业的一面，就是制作单证、处理函电、收汇、对接海关、商检、外贸、外汇、银行、税务等政府部门。这些专业性工作外人看起来很光鲜，在有能力赚差价的人眼中都是搬砖。由于不是核心能力，这些工作可以外包，有能力的出口企业也乐于外包。

《财政部 国家税务总局关于出口货物劳务增值税和消费税政策的通知》（财税〔2012〕39号，以下简称"39号文件"）第二条第（二）项明确，外贸企业指不具有生产能力的出口企业。同时，该文件第一条第（一）项明确，出口企业是指依法办理工商登记、税务登记、对外贸易经营者备案登记，自营或委托出口货物的单位或个体工商户，以及依法办理工商登记、税务登记但未办理对外贸易经营者备案登记，委托出口货物的生产企业。这一条有些复杂，先不展开解释，结合上文先理解为出口货物的企业，可根据是否有生产能力分为两类：有生产能力的是生产企业，没有生产能力的是外贸企业。换句话说，外贸企业就是赚境内外差价的中间商。

上一条文件中还说了，出口企业有自营出口和委托出口两种方式可以选择。所谓自营，对生产企业来说就是自己有客户，不让中间商赚差价；对外贸公司来说就是自己

找客户自己找供应商自己赚差价。所谓委托出口就是出口企业（包括生产企业和外贸企业）自己有客户有货源但是懒得做那些专业性的工作，而将这些专业性工作外包给第三方。这么说来，外贸公司有两类工作，一类工作是做中间商赚差价，另一类工作是专门承接专业性工作，也就是为中间商打下手，即代理。实践中，很少外贸公司只做其中一类，绝大多数外贸公司都是两种同时做。

二、"假自营真代理"是代理中的战斗机

39号文件规定，委托出口方式下，出口退税在委托方办理，而不是在受托方（即代理方）办理。前面说过，委托出口的产生的原因之一是委托方不想操这份心办理出口退税，这才找的代理。找完代理还要自己办出口退税，那还有意义吗？要知道出口商怕麻烦不是一般的怕，而是非常怕。实践中有很多出口商干脆放弃申请出口退税，有钱不拿，可见怕麻烦到了什么程度。退税怕麻烦的痛点催生了一种加强版的代理，就是能够代办出口退税的代理。这就是"假自营真代理"。所谓"真代理"也可以理解为真正给力的代理，是代理中的战斗机。

区分自营和委托出口，主要看境外客商是谁找来的。假如说A公司找来的境外客商，自己出口，这就是自营。假如说A公司找来的境外客商，却委托B公司来出口，这就是代理。代理关系下，A公司和B公司签订代理合同，货物所有权不经过B公司。现在假如说A公司找来的境外客商，委托B公司来出口，已经和B公司签订了代理合同，但是因为怕麻烦，让B公司去申请退税，为了退税又和B公司签了一个买卖合同，约定货物所有权转移给B公司，然后由B公司出口，这就是"假自营真代理"。它实质上是代理，因为境外客商不是B公司找来的，而且A公司、B公司之间的代理关系有代理合同为证；但它形式上却是自营，因为A公司、B公司又签订了买断合同，形式上看是B公司外购货物自己出口。

这种"假自营真代理"让税务局很不爽。税务局认为本该出口企业办理出口退税，你做个假合同就变成了代理企业来办退税；代理企业既不了解境外客商的底细，也不了解货源的情况，还敢跑来办出口退税，这很不负责任嘛！出了问题找谁去？因此，39号文件规定"假自营真代理"不能退税，应按内销征税，并在第七条第（一）项第7目列举了"假自营真代理"的各种手法：

7.出口企业或其他单位具有以下情形之一的出口货物劳务：

……

（2）以自营名义出口，其出口业务实质上是由本企业及其投资的企业以外的单位或个人借该出口企业名义操作完成的。

（3）以自营名义出口，其出口的同一批货物既签订购货合同，又签订代理出口合同（或协议）的。

……

（5）以自营名义出口，但不承担出口货物的质量、收款或退税风险之一的，即出口货物发生质量问题不承担购买方的索赔责任（合同中有约定质量责任承担者除外）；不承担未按期收款导致不能核销的责任（合同中有约定收款责任承担者除外）；不承担因申报出口退（免）税的资料、单证等出现问题造成不退税责任的。

（6）未实质参与出口经营活动、接受并从事由中间人介绍的其他出口业务，但仍以自营名义出口的。

现在来说XDT这个案子。2014年8月8日至2015年8月7日，XDT出口了若干货物，供货商是西安HF电子科技有限公司（以下简称"HF"）。XDT于2014年8月8日至2015年12月申报了相应货物的出口退税，取得出口退税1 200万余元。后来银川税务局进行稽查，发现XDT与HF之间既签订了销售合同，又签订了代理合同。银川税务局于2019年11月7日出具了33126号"税务处理决定书"，援引39号等文件的规定，认为XDT能构成假自营真代理，不符合退税条件，要求XDT退还已经收到的增值税退税款1 200万元。同时，XDT还有800万元的出口退税尚在申请之中，因为涉及同样的问题，也不能退还。

三、招安形成的外贸综合服务企业

XDT不服提出了行政复议。理由是XDT为外贸综合服务企业，不适用39号等文件。那么什么是外贸综合服务企业呢？前面说过，外贸中的专业性工作不是其核心竞争力，外贸企业经常想外包出去，外贸综合服务企业就是专门承接这种服务外包的外贸企业。国家税务总局公告2014年第13号《国家税务总局关于外贸综合服务企业出口货物退免税有关问题的公告》（以下简称"13号公告"）第五条规定，外贸综合服务企业是指为国内中小型生产企业出口提供物流、报关、信保、融资、收汇、退税等服务的外贸企业。13号公告说了，外贸综合企业是一种特殊的外贸企业，言外之意可以合法地开展"假自营真代理"并申请出口退税。

"假自营真代理"本来是"山贼"，为啥要招安呢？原因在于，现在不是那个十三行买办的年代,也不是那个中字头的粮油、土特产、机械、化工、五金矿产公司垄断外贸的年代,现在是互联网时代。仗着互联网平台,阿里巴巴要让天下没有难做的生意。外贸不就是中间商赚差价吗?"地球村"里是个人都会。很多人会赚差价,但是不会也懒得做那些专业性工作,同时很多外贸企业规模太小,也没有力量雇专人来做,只有外包一条路可走。互联网平台比如说阿里巴巴的一达通平台专门承接外包的这种专业性工作,收费也很亲民,但是不能代办退税始终是一大痛点。

从2012年开始,为了稳定外贸增长,国务院强化鼓励电商平台发展措施,税务政策不得不松动。国家税务总局2014年2月27日发布了13号公告允许"假自营真代理"在代理方退税。该文件于2014年4月1日起生效,其第一条规定:

外贸综合服务企业以自营方式出口国内生产企业与境外单位或个人签约的出口货物,同时具备以下情形的,可由外贸综合服务企业按自营出口的规定申报退(免)税:
(一)出口货物为生产企业自产货物;
(二)生产企业已将出口货物销售给外贸综合服务企业;
(三)生产企业与境外单位或个人已经签订出口合同,并约定货物由外贸综合服务企业出口至境外单位或个人,货款由境外单位或个人支付给外贸综合服务企业;
(四)外贸综合服务企业以自营方式出口。
上述出口货物不适用《国家税务总局 商务部关于进一步规范外贸出口经营秩序切实加强出口货物退(免)税管理的通知》(国税发〔2006〕24号)第二条第(三)项规定、《财政部 国家税务总局关于出口货物劳务增值税和消费税政策的通知》(财税〔2012〕39号)第七条第(一)项第7目之(3)的规定。

四、"代办退税"自圆其说

13公告出台得很仓促,仓促到顾不上自圆其说。文件中第(二)项和第(四)项说的是外贸综合企业自营出口,第(三)项则说外贸综合企业代理出口。对这种做法,原先的39号文件定性为"假自营真代理",如果是一真一假,还能理解。而新来的13号文件则说外贸综合服务企业既是自营又是代理,这跟量子力学一样费解。同时,13号公告还废止了39号文件第七条第(一)项第7目之(3)的规定,允许出口的同一批货物既签订购货合同,又签订代理出口合同(或协议),也就是说生产企业可以将货物同时卖给外贸综合企业和境外客商。

过了3年,国家税务总局终于找到了一种自圆其说的说法,就是"代办退税",见

《国家税务总局关于调整完善外贸综合服务企业办理出口货物退（免）税有关事项的公告》（国家税务总局公告2017年第35号，以下简称"35号公告"），主要内容在第二条：

　　生产企业出口货物，同时符合以下条件的，可由综服企业代办退税：
　　（一）出口货物为生产企业的自产货物或视同自产货物。
　　（二）生产企业为增值税一般纳税人并已按规定办理出口退（免）税备案。
　　（三）生产企业已与境外单位或个人签订出口合同。
　　（四）生产企业已与综服企业签订外贸综合服务合同（协议），约定由综服企业提供包括报关报检、物流、代办退税、结算等在内的综合服务，并明确相关法律责任。
　　（五）生产企业向主管税务机关提供代办退税的开户银行和账号（以下简称"代办退税账户"）。

　　35号公告明确了外贸综合服务企业的角色是受托代理，而且是能够申请退税的代理，同时为了避免推翻39号文件下退税主体是出口企业（即委托方而不是代理方）的立场，创造了一个"代办退税"的新名词给这种模式正名。35号公告还强化了针对各方的监管措施，这就不仅是从字面上自圆其说了，而且在行动上自圆其说，兼顾了营商环境与税收征管要求。在综合服务企业方面，征管措施包括综合服务企业备案、代办退税备案等；在生产企业方面，则包括委托代办退税备案、出口货物的贸易真实性核查等措施。

　　XDT在复议中，提出自己是外贸综合服务企业，不适用39号等文件，"假自营真代理"是合法的，可以既签订代理合同又签订购销合同，不影响退税。2020年3月20日宁夏税务局作出了1号"行政复议决定书"，以"程序违法"为由，撤销了33126号"税务处理决定书"。但是该案还远未结束，欲知后事如何，且听下回分解。

第十四节　操着"卖白粉"的心做出口退税（二）
——中间商退税的正确姿势

　　书接上回。XDT说得有道理，现行政策允许外贸综合性服务企业既签订代理合同，又签订国内购销合同并以自营方式出口。但是，现行法规中针对以外贸综合性服务企业身份申请出口退税也设置了前提条件，XDT是否满足条件呢？

一、一字千金

早先的复议过程中，宁夏税务局提出，供货商HF提供的产品不是自产产品，不符合13号文件下的退税条件，同时，XDT在退税申报时，未按照13号公告要求在"出口退税出口明细申报表"上业务类型栏填写代码"WMZHFW"（表示"外贸综合服务"，笔者注），因此不能按照外贸综合服务企业对待。随后银川税务局又于2020年5月15日出具了23号"税务处理决定书"，其中包含补缴税款，追缴已退税款1 200万元，未退税款800万元不再办理、多缴税款予以退税四项内容，与此前撤销33126号"税务处理决定书"内容几乎一样。

XDT大呼冤枉并且向法院提出了行政诉讼。在起诉状中XDT主张自己就是外贸综合服务企业，应当适用13号公告，声称申报表上少填了那几个字母，纯属漏填。至于是不是自产货物，这个还不确定。HF的产品是委托别人加工的，这个税务局做过函调，是知道的，算不算自产货物你们也说不清楚。

是不是真的漏填呢？这个真不好说。在13号公告下，代理企业想怎么说就怎么说，在生产企业方面没有佐证。而在35号公告下，采用代办退税模式的，生产企业开具的增值税专用发票时要在备注栏注明"代办退税专用"字样，这样一来代理企业就不能自说自话了。何况代办退税的申报表也改成专用的了，再发生这样的事情就不能说漏填，只能说是拿错报表了。交易发生时适用13号公告，XDT怎么解释都有空间。

如果真是漏填，六个字母代价2 000万元，一字千金。

二、委托加工不是自产

13号公告和35号公告说到的委托方，都是"生产企业"。这表明综合服务企业的通道只对生产企业开放，不对贸易公司开放。另外，这两个文件中明确综合服务方式退税还要满足自产货物以及视同自产货物（以下合称"自产货物"）的条件。必须是生产企业的自产货物才能退税，早先的39号文件也是这么规定的。17号公告和35号公告下外贸综合企业为生产企业代办退税，也不许超出这个规定，这说得通。那么这个规定的道理何在呢？是为了方便追踪，防范骗税。不同于贸易企业原样进货原样出货，生产企业进货是原材料，出口是成品，税务局觉得就是个黑箱，作假机会很大。生产企业自产产品退税，税务机关只监控一个黑箱，尚且能够接受。生产企业如果出口非自产产品，那就是一连串黑箱，这可不行。

那么，委托加工是不是自产呢？不是的。出口退税语境下的委托加工，是外贸企业才有的做法。对于生产企业不存在委托加工。39号文件第四条第五款规定：

外贸企业出口委托加工修理修配货物增值税退（免）税的计税依据，为加工修理修配费用增值税专用发票注明的金额。外贸企业应将加工修理修配使用的原材料（进料加工海关保税进口料件除外）作价销售给受托加工修理修配的生产企业，受托加工修理修配的生产企业应将原材料成本并入加工修理修配费用开具发票。

从以上条文上看，所谓的委托加工是外贸企业采购原材料，委托厂家加工，厂家收取加工费的模式。这种安排下，税务局要求按两次买卖开具发票，即外贸企业先开票将材料卖给厂家，厂家随后将成品开票卖回给外贸企业。这样外贸企业取得成品发票，方便办理出口退税。外贸企业凭成品的发票退税，形式上与直接采购成品的一般自营模式下无异。委托加工是外贸企业的一种模式，自产货物是生产企业的说法，这两个风马牛不相及。委托加工不是自产货物，哪里不清楚了？

三、陷入死局

又是自营，又是代理，又是生产企业，又是委托代理，这太复杂了吧？但是法院也不用了解这么多名词，而是直接根据程序法，以未先进行税务行政复议为由，裁定驳回起诉。

银川铁路运输法院（2020）宁8601行初505号行政裁定书称：

案中，被告银川市第一稽查局针对原告XDT公司作出的23号税务处理决定共包含补缴税款，追缴已退税款，未退税款不再办理、多缴税款予以退税等四项内容，属于《税务行政复议规则》第十四条第（一）项的范围，根据《税务行政复议规则》第三十三条规定，原告与被告对23号税务处理决定产生争议时，应适用复议前置规则，即先行申请行政复议。原告未先行申请行政复议，直接向法院提起本案行政诉讼，不符合行政诉讼法的规定。依照《中华人民共和国行政诉讼法》第四十四条第二款，《最高人民法院关于适用的解释》第六十九条第一款第（五）项、第三款之规定，裁定：驳回原告宁夏XDT企业服务有限公司的起诉。

前面不是复议过了吗？怎么说没有经过复议？原来，前面说的复议是针对银川税务局出具的33126号"税务处理决定书",该决定书已经被2020年3月20日宁夏税务局作出的1号"行政复议决定书"撤销。现在的诉讼事由是银川税务局2020年5月15日出具的23号"税务处理决定书",这个文书中的处理决定还没有经过复议。

XDT不服,提起上诉,说税务局不能说撤销就撤销,我看两个税务处理决定书结论一致,应当算一个,因此后面那个处理决定也应当算是经过复议并且复议机关维持原行政行为。但是二审银川市中级法院维持了原裁定。两次行政裁定都认为XDT未经过复议,不具备行政诉讼的条件。争来争去,到底在争什么?原来复议是有前提的,就是要根据23号"税务处理决定书"先补税1 200万元。XDT此时资金链已经断裂,无法缴税,怎么可能再去复议然后继续诉讼?这个案件已经走进了死胡同。

四、专业公司要不得无知无畏

现在来复盘这个案件。交易是真实的交易,由于一些细节操作不当,损失2 000万元的退税,着实冤枉。到底是哪里出了问题?有没有办法避免损失?

说起来也事出有因。供货商HF是个有能力赚差价的贸易公司(如果有对外贸易备案就是外贸公司,如果没有对外贸易备案就是内贸公司。鉴于对外贸易备案很方便而且门槛很低,这里就不区分外贸公司和内贸公司了),不是生产企业。贸易公司退税,可以自己办理,但HF嫌麻烦不想自己做。当然也有替代方案,就是将货物卖给另一家外贸公司,由该外贸公司出口给境外客商,该外贸公司按自营出口申请退税。HF也不愿意这么做,因为这就等于放手让该外贸公司去联系境外客商,今后该外贸公司自己可以中间赚差价,HF就断了财路。思来想去,似乎只有"假自营真代理"这条路可走,这种做法下可以将代理接触的信息降到最低。XDT有外贸综合服务企业的资质,做"假自营真代理"似乎是合法的,于是HF找到XDT来做。但是,HF和XDT似乎都忘记了,这条路对生产企业是合规的,对贸易公司是不合规的。硬着头皮做,结果损失了2 000万元。

像HF这样能够在境内外赚差价的中间商多如牛毛,如果13号公告和35号公告把他们排除在服务范围之外,外贸综合服务企业存在的意义何在呢?事实上,并没有排除在外,只是对服务方式有特别要求。这两个公告都要求出口商品是生产企业的自产产品,商业企业赚差价的前提下,这个条件仍然可以满足。HF可以到上游找到厂家,让它来和XDT签约,由XDT申请退税,这就符合自产产品的条件了。至于HF应当赚到的差价,可以三方约定,由XDT或者厂家以服务费的方式支付给HF,或者与境外客商约定,由境外客商支付给HF。另外案例中HF与厂家之间是委托加工关系,开发票时还要多一个环节,就是HF将材料卖给厂家,但也只是多了一个环节而已,不影响可行性。总之现有的税收政策不妨碍HF赚差价。

外贸综合服务企业这条路虽然能走通，对于HF这类中间商来说，要把信息提供给境外客商、境内生产商和外贸综合服务企业，仍然有一些顾虑。虽然两头都是自己联系，外贸综合服务企业只是处理一些事务性工作，但是日久生情，处理得多了，保不准会发生什么事情。而且境内生产商要和境外客商签约，以后撇开中间商的风险很大。

中间商赚差价讲究信息不对称，交易链条越长越容易达到信息不对称的目的。出口退税管理方面税务局则要求信息透明，链条越短越好。这个矛盾天然存在，而且会永远存在。在现有的政策下，只能两害相权取其轻。中间商规模小的时候可以利用外贸综合服务企业，达到一定规模就该考虑自营出口。说来说去，无非就是在商务局办个对外贸易经营者备案，在海关、外汇等部门办个备案，在税务局做个退（免）税认定，然后日常报送结汇办理出口退税而已。这些工作虽然繁杂，但是总能找到专业的人来做，还可以分拆开来外包出去。同样是外包，工作分拆以后交给不同专业的专业人士各做一段，这和整个交给综合服务公司这种同行大不一样，可以避免业务流失。

本来有阳关大道，偏偏要走独木桥。如果说HF有顾虑或者不懂政策还可以理解，XDT没有顾虑，而且是专门做这个的，应当懂政策，为什么不指这条大路给HF？难道怕HF不同意？不走大路，出了问题XDT拿不到退税，HF也连带受损失，这个道理不难讲通吧？或者是XDT觉得自己神通广大，搞定谁都不在话下？这种心理更是要不得。出口退税这项工作，就是合规地去做，也要小心翼翼，那还敢不合规地做？外贸综合服务公司承接专业性工作，更要做得专业，分清是非，守住合法合规的底线。

第十五节　操着"卖白粉"的心做出口退税（三）
——外贸综合服务企业的灰色经济后遗症

上回说道，中间商可以让生产商和贸易综合服务公司直接签约，自己以收取服务费的方式合法赚差价。但是在另一单业务中，XDT这么做了，仍旧惹上了麻烦，涉嫌接受虚开发票和骗税。

一、字字惊心

XDT成立于2014年2月24日，只比国家税务总局发布13号公告早3天。创始人公司董事长马某是宁夏人，长期在对外贸易的桥头堡、外贸公司的集中地深圳工作。XDT公司设立在宁夏银川，同时又在深圳设立了分公司。公司在银川只有4名员工，主要负责出口退税相关事宜；公司的主要业务人员都在深圳，深圳分公司有10名人员。

XDT的第一单生意来自马某的同学，SLM公司的小股东彭某某。SLM公司的大股东是一个阿尔及利亚人。看得出两个股东的分工就是一个负责找客户，另一个负责找供应商。2014年4月，彭某某联系了一单生意，供应商是佛山市南海区罗村BLC手袋厂（以下简称"BLC手袋厂"）。SLM公司与BLC手袋厂签订了订购单，订购化纤妈咪包若干，约定不含发票的货物总价为453 380元人民币。SLM公司是典型的中间商赚差价的公司，懒得做任何专业性工作，甚至都没有去办工商登记，谈成了生意就找代理来做。这次彭某某找来XDT代理，完成了这单生意。

不久宁夏开展出口退税专项检查，银川税务局稽查了XDT，这第一单生意就查出了大问题。银川市国家税务局×××号税务稽查报告称，马某从彭某某手中购买出口信息，并从BLC手袋厂购买虚开增值税专用发票5份，金额427 194.87元，骗取出口退税金额64 079.25元。2015年7月1日银川市国家税务局稽查局以银国税稽税移〔2015〕005号涉嫌犯罪案件移送书将XDT公司涉嫌犯罪的事实移送宁夏回族自治区公安厅。自治区公安厅接受报案后于2015年7月3日决定对XDT公司虚开增值税专用发票罪一案立案侦查。银川市人民检察院以银检公诉刑诉（2016）1号起诉书（以下简称"起诉书"）指控包括XDT以及其董事长马某在内的多名被告犯骗取出口退税罪，于2016年11月8日向银川市中级人民法院提起公诉。

以上起诉书字字惊心。第一单生意也不大，怎么就摊上这么大的事？我们先来回溯一下事件过程。

二、检方听了两眼放光，辩方听了眉头紧锁

银川中级法院认定的事实如下：

（1）2014年4月9日，按照SLM公司指示，XDT公司与BLC手袋厂签订采购合同，约定货物含税总价为499 818元人民币。

（2）2014年4月10日，XDT公司将474 380元人民币的货款转入BLC手袋厂银行账户。

（3）2014年4月10日，按照SLM公司指示，BLC手袋厂发货并出具了以XDT为收货人的送货单。

（4）2014年4月11日，XDT公司以其为经营单位和发货单位，委托广州市LS报关

有限公司在南沙海关申请报关,两种货物总价合计73 405.32美元。以上货物于2014年4月16日出口。

(5)2014年5月5日,SLM公司指示BLC手袋厂给XDT公司开具了5张增值税专用发票价税,合计499 818元人民币。

(6)2014年5月13日XDT公司将剩余货款25 438元人民币转入BLC手袋厂的银行账户,至此共计转款499 818元人民币,付清了货款。此前彭某某曾向BLC手袋厂支付定金2万元人民币。XDT付清货款后,手袋厂将2万元定金归还给了彭某某。

(7)2014年9月10日,XDT公司向税务部门申请退税64 079.25元。

出口这方面,XDT与一家境外公司HJ公司签订了出口合同。起诉书中引用了证人海某某的证言称:

我是HJ公司负责人。合同编号MK×××××××这份合同是XDT公司为了使用HJ公司在香港汇丰银行的美元账户转账,实际上没有真实的销售业务,因为当时XDT公司没有开通美元账户所以就使用HJ公司的美元账户。这是XDT公司拟定的合同,合同上的货物名称、数量、单价及金额是XDT公司定的,合同中使用的印章是HJ公司财务章。这份销售合同涉及的货物为化纤妈咪包,这批货物不是HJ公司的。我听马某说是SLM公司彭某某的货,找XDT公司代理货物出口。

外贸综合服务公司一般都在境外设立公司充当出境货物的名义买方(随后名义买方会再将货物卖给境外客商),并由境外公司在境外开立银行账户从境外客商收取外汇,然后支付给境内外贸综合服务公司结汇。马某当时还没有设立境外公司,因此没有境外账户,海某某证言中所谓的XDT公司没有开通美元账户可以推断为这种情形。在这种情形下,海某某设立在境外的HJ公司充当了境外名义买方的角色,与XDT签订了出口买卖合同,并向阿尔及利亚客商收款。

海某某的证言中说到的"实际上没有真实的销售业务"把自己和XDT都置于非常不利的地位,让检方听了两眼放光,辩方听了眉头紧锁。后来公诉机关对马某和XDT按骗取出口退税罪提起公诉,推断这是主要的证据之一。对外贸易实践中,因为境外客户也可能是中间商,甚至境外客户的客户仍然是中间商,货物所有权在境外多次转手的情形很常见。多了一个名义买方只是所有权转移多了一个环节,相当于交易链条中多了一个中间商而已,并不是虚假交易。出于方便征管的考虑,目前的出口退税法规对货物所有权境内转移提出了多种限制,但是对所有权的境外转移并无限制。海某某的证言反映出其对相关法规变化并不了解,对于合法与非法的界线也不敏感。这种情形在目前的电商从业者之间之中普遍存在，体现了挥之不去的灰色经济后遗症。外贸综合服务企业这种业务模式已经被相关法规认可了，但从业者心态上还继续游走在合法与非法之间，不免让人感慨。

三、外贸综合服务不是倒外汇

海某某的证言中还说，"HJ公司美元账户进的钱我听马某说是SLM公司转进来的……总共是73 405.09美元。HJ收到这些钱之后，财务按照XDT公司财务提供的账户……转到船务公司的账户支付海运费用了……XDT公司使用HJ公司的美元账户，HJ公司没有收取费用。"

根据以上证言，这笔出口货款并没有结汇，而是通过HJ公司的境外账户被XDT坐支了。在外汇管理方面，外汇坐支当时是个灰色地带。后来2020年5月20日国家外汇管理局发布了《关于支持贸易新业态发展的通知》（汇发〔2020〕11号，以下简称"汇发11号文件"），明确"从事电子商务的企业可将出口货物在境外发生的仓储、物流、税收等费用与出口货款轧差结算……"认可了坐支的做法。汇发11号文件还明确了外贸综合服务企业可根据客户委托，代办出口收汇手续，外汇或者结汇资金可以直接进入委托客户的账户。汇发11号文件给外贸综合服务企业代办出口收汇业务正名，与35号文件对外贸综合服务企业出口退税业务正名如出一辙。

彭某某的证言称"货款是由外商客户将外汇打到我熟悉的倒外汇的人账户上，再由倒外汇的人将美金换成人民币打给我，我再付给BLC手袋厂"。似乎是说，外商的美元货款是通过地下钱庄兑换成人民币并由彭某某付给BLC手袋厂的。这也同样把自己和XDT置于非常不利的地位。但是，上述说法与海某某上的说法有出入，而且其他相关证据中并未表明在HJ和XDT之外另外有一条资金流。根据银川中级法院认定的其他相关事实推断，彭某某所称的"倒外汇的人"系指HJ和XDT。这种说法同样反映了不少人对外贸综合服务企业的业务性质和合法性地位非常不了解，对于合法的出口收汇与非法的逃汇套汇之间的区别极不敏感。

四、坐支外汇的退税风险已经成为过去

税务机关一向厌恶各种代收代付行为，尤其是收支互抵的坐支行为。HJ公司代收外汇也许是银川市国家税务局将这笔交易定性为骗税的原因之一。出口退税有个前提就是收汇。操作层面当时适用《国家税务总局关于出口企业申报出口货物退（免）税提

供收汇资料有关问题的公告》(国家税务总局公告2013年第30号,以下简称"30号公告")。30号公告规定,出口企业申报退(免)税的出口货物,须在退(免)税申报期截止之日内收汇并提供收汇资料,未如期收汇的出口货物,除若干特殊情形外,不得退税,只能适用增值税免税政策。

境外坐支的外汇算不算已经收汇?这在汇发11号文件之前并不明确。在实际操作层面,从2012年起外汇局对企业采取非现场总量核查的方式进行贸易外汇管理,企业不再办理出口收汇核销手续(请参考:国家外汇管理局公告2012年第1号),而且出口企业在申请出口退税当月一般并不需要提供付汇凭证(请参考:30号公告第四条),因此汇发11号文之前已大量存在坐支仍旧获得出口退税的情形,但是遇到事后稽查都难以过关。在汇发11号文件之后,境外坐支应当看作已经收汇,有明确规定可以退税,不再存在这种风险。

外贸综合服务企业的业务模式是互联网时代电商经济的产物,是不断创新的结果。经济活动的创新不免会触碰原有监管政策的边界,二者之间产生冲突。如果创新代表正确的方向,最终一定会推动监管政策的进步。外贸综合服务这种业态正是这样一种创新,原先非法的"假自营真代理"最终取得了合法地位。对于这一变化,从业者要及时刷新认知。

第十六节 操着"卖白粉"的心做出口退税(四)
——认定骗税对货不对人

增值税是一个链条,税负一个环节一个环节向后传递,最终转嫁给链条末端的消费者。增值税遇到跨境的时候,出口国为了鼓励出口,增加出口商品竞争力,会从前面各环节已经缴纳的增值税中拿出全部或者部分金额退还给出口企业,这就是出口退税。相应地,进口国会在进口环节对进口商品全额征收增值税,再把链条续上。

可见,增值税出口退税有两个前提,第一是商品出口,第二是出口商品在前端已经缴纳了增值税,有付出才可以得到回报。但是,世界上总有人不想付出只想回报,这就有了骗税。骗税可能构成刑事犯罪。《中华人民共和国刑法》第二百零四条在"骗取出口退税罪"的标题下规定:

以假报出口或者其他欺骗手段,骗取国家出口退税款,数额较大的,处五年以下有期徒刑或者拘役，并处骗取税款一倍以上五倍以下罚金……纳税人缴纳税款后，采取前款规定的欺骗方法，骗取所缴纳的税款的，依照本法第二百零一条的规定定罪处罚；骗取税款超过所缴纳的税款部分，依照前款的规定处罚。

该条文表明了骗税必须同时具备两个客观要件，第一是假报出口，第二是骗取未实际纳税的出口退税款。由于骗税的处罚重于逃税，以上条文中规定了，即便构成骗税，骗取税款未超过所缴纳税款的部分，也不按骗税处罚，而是按照《刑法》第二百零一条中的逃税罪处罚。这也从侧面印证了骗税罪第二个客观要件的重要性。

一、假报出口要件

《最高人民法院关于审理骗取出口退税刑事案件具体应用法律若干问题的解释》（2002年9月9日最高人民法院审判委员会第1241次会议通过，以下简称《司法解释》）第一条规定：

刑法第二百零四条规定的"假报出口"，是指以虚构已税货物出口事实为目的，具有下列情形之一的行为：

（一）伪造或者签订虚假的买卖合同；

（二）以伪造、变造或者其他非法手段取得出口货物报关单、出口收汇核销单、出口货物专用缴款书等有关出口退税单据、凭证；

（三）虚开、伪造、非法购买增值税专用发票或者其他可以用于出口退税的发票；

（四）其他虚构已税货物出口事实的行为。

第二条则规定：

具有下列情形之一的，应当认定为刑法第二百零四条规定的"其他欺骗手段"：

（一）骗取出口货物退税资格的；

（二）将未纳税或者免税货物作为已税货物出口的；

（三）虽有货物出口，但虚构该出口货物的品名、数量、单价等要素，骗取未实际纳税部分出口退税款的；

（四）以其他手段骗取出口退税款的。

综合《司法解释》中的以上两条，除两条中各自的最后一款"其他"之外，共列举六项实质性骗税手段。这是假报出口要件的核心判断标准。

二、"假自营真代理"并不构成虚假出口

书接上回，银川市人民检察院在起诉书中指控：

2014年4月，被告人马某从SLM国际商贸有限公司（以下简称"SLM公司"）负责人彭某某处购买出口货物信息，宁夏XDT企业服务有限公司（以下简称"XDT公司"）分别与佛山市南海区罗村BLC手袋厂（以下简称"BLC手袋厂"）……公司签订虚假采购合同，并从上述两家企业取得虚开的增值税专用发票，以马某控制下的×××（以下简称"香港XDT公司"）为外商签订虚假出口货物销售合同，以XDT公司自营出口方式报关出口，由香港XDT公司付汇，结汇后由XDT公司持虚假业务形成的单证向银川市××区国家税务局申报出口退税，共骗取出口退税款……

本案中，已税货物出口是真实发生的。我们来对比一下《司法解释》列明的六项实质性骗税手段。首先不存在伪造单据情形，也不存在骗取出口退税资格情形；其次本案中出口货物确系已税货物，且不存在虚构该出口货物的品名、数量、单价等要素的情形，因此起诉书中也没有从这些角度提出指控。起诉书认为马某的行为属于《司法解释》中的第一种骗税手段，即签订虚假的买卖合同。

XDT与BLC手袋厂之间的业务是真实存在的，合同怎么会虚假？起诉书认为双方同时签订了销售合同和代理合同，是"假自营真代理"，而且依据虚假的自营合同申请退税，因此构成骗税。笔者认为，这种理解是片面的。《司法解释》在列举的各种行为包括签订虚假合同之前，有一个"以虚构已税货物出口事实为目的"的前提。而本案中确系已税货物出口，没有虚构出口的必要，也就不存在虚构已税货物出口的目的。

显然，起诉书指控的虚构合同，不是指针对已税货物出口这一事实的虚构，而是指合同约定与实际交易存在不符，反映了其对"假报出口"的理解偏离了《司法解释》的精神。

即便是出于判断合同约定是否与实际交易相符的目的，也不能因购销合同与代理合同同时存在，就认为二者必有一假。理论上说，购销合同下所有权发生转移，而代理合同下所有权不发生转移，购销合同是赚差价模式，而代理合同是赚服务费模式。但是考虑到时间维度，二者并不必然矛盾。试想，如果双方在合同上约定，商品所有权先从BLC转移到XDT，经过一个极短时间再从XDT转移到客商，那这个时间段内购销合同可

以成立,而其他时间段内则代理合同成立。另外,假如购销合同约定XDT的差价为零,而在代理合同上约定XDT以服务费的形式取得所有应得的报酬,则两个合同也可以同时成立。

起诉书指控虚假合同是出于"假自营真代理"的思路。笔者认为这个问题虽然会影响XDT退税资格的判定,但是不应影响《刑法》下XDT是否构成骗税的判定。何况前文已经讨论过,在13号公告之下,"假自营真代理"模式下XDT已经可以申请退税[请参考:操着"卖白粉"的心做出口退税(一)——跨境电商和假自营真代理],XDT作为外贸综合服务企业可以与作为生产企业出口自产产品的BLC手袋厂既签订购销合同,又签订代理合同。这种双重合同的做法都不影响退税,怎么会构成骗税的证据?

至于收汇方面,13号公告允许货款由境外单位或者个人支付给外贸综合服务企业。前文已经分析过了,HJ公司作为一个境外单位付款给XDT并不存在问题。但是,由于XDT通过HJ公司坐支了收到的款项,在当时的外汇管理法规下存在一定的瑕疵。但退一步说,即使外汇坐支算成未收汇,导致不能退税,但这并不影响XDT不构成假报出口的结论。

三、退税未超出前端真实纳税数额

至于第二个要件,即骗取未实际纳税部分出口退税款,本案中也不满足。

BLC手袋厂厂长叶某某证言称:

这单货物的货款是XDT公司支付给我们厂的,我们收到的货款数额是499 818元人民币。BLC手袋厂出口的这单货物的货款是454 380元人民币,XDT公司给我们厂的货款是499 818元人民币,之间的差价45 438元人民币是我厂收的税金,我们是按照10个点收的税金。因为我们厂算的是10个点的税金,所以XDT公司合计税额是72 623.13元人民币,而我厂收取的是45 438元人民币。

叶某某所说的BLC手袋厂按十个点收取税金,推断是BLC手袋厂按17%的销项税减去原材料等购进货物进项税之后测算的税负率为10%,反映了其开具发票正常缴税的意愿。后来BLC手袋厂的主管税务机关在回复XDT税务机关协查函时证实了5张增值税专用发票的真实性,间接证明了BLC手袋厂已经正常申报纳税。叶某某所说XDT公司合计税额是72 623.13元人民币,是指BLC手袋厂开具的5张增值税专用发票上税额合计为72 623.13元人民币,即含税价499 818÷(1+17%)×17%=72 623.13元人民币。这5

张增值税专用发票是XDT申请出口退税的凭证之一。

39号文件规定，外贸企业出口货物，按"免退"方法退税，即出口环节免征增值税，相应的进项税额予以退还。免退税的计算公式为：

增值税应退税额=购进出口货物的增值税专用发票注明的金额×出口货物退税率

本案中出口货物退税率为15%，购进出口货物的增值税专用发票注明的金额指发票上的不含税金额，可以按含税价499 818÷（1+17%）折算为427 194.87元。按以上公式计算的应退税额为427 194.87×15%=64 079.25元。XDT公司后来全部收到了这笔退税。

本案中，BLC手袋厂以及其上游各环节就出口货物实际缴纳的增值税为72 623.13元人民币，即BLC手袋厂开具的增值税专用发票上显示的增值税额。XDT实际收到的退税为64 079.25元，未超过BLC手袋厂以及其上游各环节实际缴纳的增值税额。因此，不满足骗税的第二个构成要件。

四、两个客观要件的另一种表述

银川中级法院认为，被告单位XDT与BLC手袋厂存在真实的交易，BLC手袋厂给被告单位出具了增值税专用发票，缴纳了相应的税款，BLC手袋厂将货物出口后符合退税的条件，该起不应认定为犯罪行为。法院的逻辑是，虽然该批货物不是由BLC手袋厂申请出口退税，而是由XDT申请出口退税，但是由于BLC手袋厂符合退税的条件，因此该案件不应认定为骗税。换言之，骗税的判定对货不对人，只要该批货物可以退税就不存在骗税，申请退税人有没有资格取得退税并不重要。

BLC手袋厂符合退税的条件，说明出口是真实的，不存在虚报出口，同时前端增值税已经缴纳，不存在骗取退还未缴纳的增值税的情况。这与针对骗税罪两个构成要件的分析结果相符。由此可以看出，认定骗税对货不对人的说法，是骗税罪两个构成要件的另一种表述，符合相关法律精神。

第十七节　操着"卖白粉"的心做出口退税（五）
——购买信息是个什么梗？

书接上篇。起诉书称，被告人马某从SLM国际商贸有限公司（以下简称"SLM公司"）负责人彭某某处购买出口货物信息，因此涉及骗税。

一、购买信息不能等同于骗税

此前已经分析过，XDT这类外贸综合服务企业向业务介绍人支付服务费，是业界惯常的做法。虽然证据中没有明确提到XDT支付了服务费给彭某某，但是可以推断存在支付服务费购买信息的情节。那么问题来了，购买信息违法吗？购买信息与骗税是什么关系？

国税发〔1992〕156号《国家税务总局关于出口企业以"四自三不见"方式成交出口的产品不予退税的通知》（以下简称"156号文件"）明确，"客商"或中间人自带客户、自带货源、自带汇票、自行报关和出口企业不见出口产品、不见供货货主、不见外商（以下简称"四自三不见"）的做法，为不法分子骗取退税提供了便利条件，给国家和企业造成严重损失，因此，对出口企业成交的"四自三不见"业务，一律不予办理退税。

此后，《国家税务总局关于规范出口贸易和退税程序防范打击骗取出口退税行为的通知》（国税发〔1998〕84号，以下简称"84号文件"）又将"四自三不见"业务称为"买单"业务，并要求出口企业特别注意教育业务人员认真负责地对货源、货物质量、价格以及纳税、客商资信等情况进行认真了解，对交易、仓储、运输、报关等具体出口贸易环节要亲自操作或监管，要求出口企业定期收集退税凭证，要求税务机关对有疑问的单证且电子信息核对不上的，要及时发函调查，落实清楚后再办理退税。

以上税收法规表明，"买单"或者称为购买信息的做法，本身并不必然构成骗税，因而不构成犯罪；但是由于为骗税创造了条件，因而为税务征管措施所不容，从这个角度上说是违法行为。有些税务机关在执法中，看到购买信息的现象会本能地警觉起来，并按骗税进行调查。这是没有错的，但是如果将买信息等同于骗税看待，这就进入误区了。起诉书中的说法就陷入了这个误区之中。

二、举一个"买单"骗税的例子

《起诉书》中还有一项涉及XDT公司和马某的骗税指控，正好提供了买单骗税的例子。该项指控涉及的供应商是福建省石狮市GX贸易有限公司（未在工商部门注册，以下简称"GX公司"），该公司是彭某某联系的，客商也是彭某某的阿尔及利亚客户，出口货物为学生校服。

彭某某的证言称：

福建石狮的一家名叫GX贸易有限公司的货要出口，我又将该业务交给马某做。当时报关的时候，马某打电话问我这批货能不能开具增值税专用发票，我告诉他GX这边开不了，马某就说可以找别的公司开具等额的增值税专用发票，于是……联系到了MYF公司的老板朱某甲，朱某甲说可以开票，但是MYF公司需要收取4个点的开票费……MYF公司就给XDT公司开具增值税专用发票……真实的出口货物是由GX公司外包给其他生产厂家生产的……

这单货物的订金是由我垫付给GX公司的，一共垫付了130 000元人民币的订金。后期的货款是由外商打到马某提供的汇丰银行账户上，再由马某将美金换成人民币以后打给MYF公司，MYF公司扣除4个点的开票费之后将剩余资金打给李某，李某将钱打给我，我再付给GX公司剩余的货款。

XDT公司开具增值税专用发票应该是用于出口退税。开始谈的时候马某说是要给我报酬，后来由于GX公司的货物出口时被厦门的海关以出口货物实际生产厂家和开票方信息不一致为由查扣了，造成8万多元的损失。马某就将本应支付给我的报酬都算到8万元的损失里了，所以实际上没有给我报酬。

经法院审理查明，2014年4月26日，XDT公司以其为经营单位和发货单位，委托厦门市Q报关行有限公司向厦门海关申请报关，货物名称为棉梭织上衣，货物总价合计94 614.46美元。2014年5月30日，MYF公司给XDT公司虚开了7张增值税专用发票，票面货物为"棉梭织*式上衣"，合计不含税价583 612.17元，税额99 214.03元，价税合计682 826.2元。2014年5月，XDT公司与香港XDT公司签订采购合同，结汇资金由香港XDT公司支付。2014年9月10日，XDT公司结汇后，骗取出口退税款93 377.92元。

以上事件中，中间人彭某某自带客户、自带货源、自带汇票；出口企业XDT不见出口产品、不见供货货主、不见外商（彭某某没有自行报关，因而不是"四自三不见"，而是"三自三不见"），符合买单的主要特征。彭某某虽然最终并未收到报酬，但是可以认定存在购买信息的情况。

但是，购买信息并不是法院认定骗税行为的主要理由。主要理由是，该案真正的卖方为GX公司，开具发票的MYF公司并未供应出口货物，而实际供应出口货物的GX公司并未纳税，因而无法开具增值税发票。换言之，XDT公司存在将未出口货物申报为出口货物申请退税的情况〔符合骗税的客观要件一，请参考：操着"卖白粉"的心做出口退税（四）——认定骗税对货不对人〕，而且该批货物在上一环节并未真实纳税的情况下获得了退税（符合骗税的客观要件二）。另外，过程中还存在资金从MYF回流至彭某某的情况，这也是骗税和虚开发票的行为特征之一。

三、信息不能一买了之

被告人马某的辩护人在辩护意见中称，国家税务总局关于出口退税重点检查"四自三不见"或者"买单"业务的文件已经废止，因此不构成骗税罪。这种说法不仅把骗税与违反出口退税相关征管规定的一般违法行为相混淆，而且本身是错误的。前文提到的涉及"四自三不见"或者"买单"业务的文件并没有废止，而且相关规定在后续文件中不断得到细化。例如，35号公告要求：

综服企业应履行代办退税内部风险管控职责，严格审核委托代办退税的生产企业生产经营情况、生产能力及出口业务的真实性。代办退税内部风险管控职责包括：

（一）制定代办退税内部风险管控制度，包括风险控制流程、规则、管理制度等。

（二）建立代办退税风险管控信息系统，对生产企业的经营情况和生产能力进行分析，对代办退税的出口业务进行事前、事中、事后的风险识别、分析。

（三）对年度内委托代办退税税额超过100万元的生产企业，应实地核查其经营情况和生产能力，核查内容包括货物出口合同或订单、生产设备、经营场所、企业人员、会计账簿、生产能力等，对有关核查情况应有完备记录和留存相关资料。

（四）对年度内委托代办退税税额超过100万元的生产企业，应进行出口货物的贸易真实性核查。核查内容包括出口货物真实性，出口货物与报关单信息一致性，与生产企业生产能力的匹配性，有相应的物流凭证和出口收入凭证等。每户委托代办退税的生产企业核查覆盖率不应低于其代办退税业务的75%，对有关核查情况应有完备记录和留存相关资料。

以上要求与156号文件以及84号文件精神一致。因此，即使中间商可以卖信息，外贸综合服务企业也不可以一买了之，而是要尽到防范骗税的义务。

前文分析过［请参考：操着"卖白粉"的心做出口退税（一）——跨境电商和假自营真代理］，外贸就是中间商赚差价。中间商赚的就是信息差。信息也是生产力，提供信息也应当得到回报，包括以服务费的方式取得回报。买卖信息不是骗税，也不是别的犯罪行为。但是，根据相关税务法规，申请出口退税的一方有义务起到应有的监督作用，而不是仅仅付费取得信息而已。相关税收法规规定，如果没有尽到相应义务，就是违法行为，就不给出口退税。这就是"买卖信息"这个说法的真正含义。但是，骗税是另一回事，要根据两个构成要件来判定。存在买卖信息的现象不一定会构成骗税。

第十八节 操着"卖白粉"的心做出口退税(六)
——"假自营真代理"模式下的骗税主体认定

上一篇文章论证了购买信息不等于骗税,并分析了一个购买信息构成骗税的案例。本篇再补充一个同类的案例,这个案例同样涉及XDT公司。

《起诉书》称,2014年4月至2015年10月,被告人蒋某利用其控制下的两家公司购买出口信息,委托XDT公司代理出口并申报出口退税。XDT公司明知被告人蒋某意欲骗取国家出口退税,仍将虚开的增值税发票、出口货物报关单、出口收汇核销单等虚假业务形成的退税单证向银川市××区国家税务局申报出口退税,共同骗取出口退税款6 170 401.55元人民币。

一、我有醋谁有饺子?

根据《起诉书》以及法庭调查结果,我们来还原一下事件过程。

蒋某控制的两家公司(以下简称"蒋某公司"),一家是深圳市A实业有限公司(以下简称"A公司"),据辩护人称系外贸公司;另一家是深圳B有限公司(以下简称"B公司"),据辩护人称系有生产能力且有对外贸易经营资格。蒋某公司在指控相关的交易中并没有真实出口业务,其出口信息是买来的。信息的卖方有实际出口货物的企业(以下简称"实际出口企业")也有中介公司,出口信息涉及液晶电视机、液晶显示器、单喇叭音箱、电子烟等货物。这些货物的实际出口企业因为种种原因,不能或者不想申请退税(判决书中的说法是"没有退税需求"),于是蒋某公司从这些实际出口企业买来这些交易的报关单信息用于退税。

要出口退税,只有报关单远远不够,还要有出口合同,有收汇,有国内采购的增值税发票。蒋某公司手里没有这些,于是就来虚构。

出口合同方面,蒋某指示XDT以袁某某控制下的G公司实业有限公司(以下简称"G公司")为外商,签订虚假的出口货物销售合同。

收汇方面,蒋某通过非法手段从李某甲、黄某某、韩某某等多人处购买外汇,通过G公司向XDT公司支付外汇。

增值税发票方面，蒋某公司向XDT公司开具了增值税销项发票来匹配虚假出口信息。但是，蒋某公司并不生产液晶电视机等出口货物，为了使交易自圆其说，需要取得出口货物的采购发票来匹配其开出的销项发票。这一环节，蒋某主要通过支付开票手续费等非法手段从深圳市和惠州市共十余家企业（以下简称"开票公司"）取得虚开增值税专用发票。

接下来，蒋某公司委托XDT公司代理出口并申报出口退税。XDT公司按照0.04—0.06元/1美元的标准收取代理费。此后，XDT公司向银川市××区国家税务局申报出口退税并取得出口退税款6 170 401.55元人民币。

整个交易中蒋某公司只有公司名是真实的，其余都是虚构的。

二、谁挣钱，谁顶罪

法院认定这是骗税无疑了。但是骗税主体是谁？《起诉书》中涉及三个被告，分别是蒋某、XDT（即"被告公司"）以及马某。三个被告可以分成两方，客场作战的蒋某为一方，主场作战XDT和马某为另一方（以下简称"XDT方"）。双方都觉得自己很无辜，对方才是骗税主体。

蒋某的辩护人称起诉书认定蒋某犯罪的事实不清、证据不足，理由如下：

……起诉书指控的被告人蒋某骗取出口退税的业务发生期间为2014年4月至2015年10月，但根据国税部门出具的有关A公司和B公司委托XDT公司申报退税的汇总表可知，2014年12月以后，A公司与B公司没有申报出口退税记录……

翻译成大白话就是：退税是XDT方申请的，要说骗税也是XDT方骗税，凭啥说是蒋某骗税？

马某证言称：

XDT公司……只为企业提供出口退税服务……我们按照出口金额每1美元提出4—5分人民币的手续费，其余全部退还给生产企业。退税实际是以货款的形式支付给生产企业。国外购货方将货款支付到XDT公司，XDT公司扣除服务费后将货款和退税款一起支付给生产企业。

的确，只挣了卖白菜的钱，却承担"卖白粉"的罪，说不过去啊！应当让挣大钱的人承担重罪，对吧？

一审法院认为蒋某是骗税主体。本案判决后，三个被告同时向宁夏回族自治区高级人民法院（以下简称"二审法院"）提起了上诉。二审法院支持了一审法院的观点，并解释说委托出口企业（指蒋某公司）虽不具备直接出口经营权，但其仍有权享有出口退税利益，所以也可以成为骗取出口退税罪的主体。另外，蒋某在骗税整个过程中发挥了主要作用，这也是一审法院认定蒋某构成骗税主体的原因之一，判决书中有大量证据可以证明，二审法院也认可这一点，判定蒋某一方构成骗税没有错。

三、不知情不构成共同犯罪

至于XDT一方，虽然申请了出口退税，但是并未按出口骗税定罪。一审法院认为：

关于起诉书指控被告单位XDT公司明知被告人蒋某骗取国家退税款，仍将虚假业务形成的单证用于申报出口退税的意见，经查证，被告单位XDT公司报关形成的报关单上记载的报关行为深圳N物流报关有限公司、深圳市P物流有限公司等16个公司，公诉机关提供的现有证据不能证实系被告人蒋某自行报关和自带汇票，进而无法证实被告单位XDT公司以及被告人马某对被告人蒋某骗取国家退税款主观上是明知的。被告单位XDT公司、被告人马某与被告人蒋某不属于共同犯罪。

这条判决的依据显然来自《司法解释》第六条：

有进出口经营权的公司、企业，明知他人意欲骗取国家出口退税款，仍违反国家有关进出口经营的规定，允许他人自带客户、自带货源、自带汇票并自行报关，骗取国家出口退税款的，依照刑法第二百零四条第一款、第二百一十一条的规定定罪处罚。

这里说明一下，《刑法》第二百零四条第一款是针对骗税的处罚规定，第二百一十一条是针对单位犯危害税收征管罪的处罚规定。

适用《司法解释》第六条时，核心是判断XDT是否明知蒋某意图骗税，如果明知故犯则构成共同犯罪。在当时14号公告的背景下，外贸综合服务公司的职责并不明确，应尽的义务也不明确，因此，XDT可以声称完全不知道对方有意骗税，看到对方没有自带汇票且没有自行报关，认为已经尽到了自己的义务，然后才去申请退税，所有没有责任。这一点很关键。回想一下，在GX公司/MYF那项指控下，一样提供服务的XDT和马某被认定为骗税主体。那项指控下，马某的确对骗税知情，并且主动向 GX 公司的彭某某建议另找发票匹配退税信息。这处差别很重要。

但是，外贸综合服务公司不知情的说法在当时行得通，在35号公告出台之后就行不通了。35号公告要求：综服企业应履行代办退税内部风险管控职责，严格审核委托代办退税的生产企业生产经营情况、生产能力及出口业务的真实性。代办退税内部风险管控职责包括：

……对年度内委托代办退税税额超过100万元的生产企业，应进行出口货物的贸易真实性核查。核查内容包括出口货物真实性、出口货物与报关单信息一致性、与生产企业生产能力的匹配性，有相应的物流凭证和出口收入凭证等。每户委托代办退税的生产企业核查覆盖率不应低于其代办退税业务的75%，对有关核查情况应有完备记录和留存相关资料。

出台于2002年的《司法解释》第六条重形式，出台于2017年的35号公告重实质。从这两条法规的对比中可以看出立法理念进步了。

四、尾声

一审法院认为，被告人蒋某采取签订虚假买卖合同，非法取得有关出口退税单据、凭证，虚开增值税专用发票的手段假报出口，骗取国家出口退税款 4 635 825.81 元人民币（请参见本篇文后附注），数额特别巨大，其行为已构成骗取出口退税罪，因此对被告人蒋某应处十年以上有期徒刑或者无期徒刑，并处骗取税款一倍以上五倍以下罚金或者没收财产。最终一审法院判处蒋某有期徒刑十二年，并处罚金人民币六百万元；后来二审法院改为有期徒刑十年，并将罚金减至人民币五百万元。

马某和 XDT 虽然没有在与蒋某合作的业务中构成共同犯罪，但是在 GX 公司/MYF一单业务中构成了骗税罪。虽然马某以有期徒刑一年，缓刑二年，并处罚金人民币十五万元的代价暂时避免了牢狱之灾，但是 XDT 的退税受到致命影响。39号文件第九条第（一）款规定，出口企业或者其他单位骗取国家出口退税款的，经省级以上税务机关批准可以停止其退（免）税资格。在 XDT/西安 HF 一案中［请参考：操着"卖白粉"的心做出口退税（一）——跨境电商和假自营真代理］，税务机关停止办理应退税款813万元，也是受到本项判决的影响。

五、总结和回顾

至此本系列出口退税案例全部分析完毕。回顾一下,本系列案例中,XDT就四批交易申请了出口退税,最终两批交易违反出口退税规定但不构成骗税,以税务机关对涉案公司不予退税和行政处罚结案,分别是:

- HF委托XDT出口交易
- SLM委托XDT出口交易

另外两批交易则构成了骗税,以涉案人员受到刑事处罚结案,分别是:

- GX虚构委托XDT出口交易
- 蒋某公司虚构委托XDT出口交易

通过分析以上四批交易我们可以看出,出口退税专业性强、细节繁多、要求严格,稍有不慎就可能拿不到退税。如果涉及虚构交易,还会构成骗税,面临刑事处罚,更不能掉以轻心。XDT的辩护律师在针对HF委托XDT出口交易上诉环节的《起诉状》中称:

(银川税务局)以原告涉嫌犯罪为由,一直未给原告办理出口退税,直接导致马某失去人身自由,原告因资金链断裂而停止经营,一个好的民营企业就倒在了被告银川市税务局的错误执法上,给原告以及社会经济带来极大破坏,使马某失去人身自由,且带来极大的精神打击。

律师的观点这里不做评判,但是有一点笔者表示赞同:出口退税,交易真实的情况下要担着十二分的心去做,如果交易不真实,那就准备好失去人身自由,遭受极大的精神打击。

附注:
公诉机关指控蒋某骗税617万元,法院认定436万元。中间差额主要原因如下:
公诉机关称,蒋某公司从广东省T公司(以下简称"T公司")购买液晶电视机

35 108 台，取得增值税专用发票，后将货物全部内销，且用该发票取得出口退税169万元。法院认为，因公诉机关没有查明出口信息来源方，被告人蒋某从T公司购买的液晶电视机的去向也没有全部查清，不能排除该部分是被告人蒋某的真实出口业务，故该部分金额不予认定。

扩展阅读1：

销售税是个征管噩梦

海南要试点销售税，这是2020年6月1日印发的《海南自由贸易港建设总体方案》中确定的任务，作为中期目标要在2025年以前启动。这个任务很艰巨，因为销售税征管很难。笔者怀疑销售税是否适合中国这种征管环境，甚至担心其成为一个征管噩梦。我们来看看美国的销售税，感受一下难在哪里。

一、纳税登记讲究实际联系

美国销售税的登记由货物的卖家或者服务提供商（以下合称"卖家"）向各州的税务机关进行。登记后，税务机关会发一个授权证书（Certificate of Authority），卖家需要亮证经营，凭证向顾客收税然后交给州政府。

那是不是说凡是开展业务，都要进行销售税登记？也不一定，还要看门槛。美国的销售税是州税，因此如果在多个州有销售，要分别登记。在销售税登记方面，各州有自己的门槛，达到门槛就需要进行销售税登记，不达到门槛就不需要登记。这种门槛的官方说法叫作"有足够的联系"。一般而言，门槛会根据卖家在该州的活动水平以及在该州的顾客数量确定。在活动方面，送货、推销（包括通过雇员或者代理进行的推销）等都可能构成足够联系；在顾客方面，在该州达到一定销售额或销售单数就构成足够联系。

这里面又会看出个问题。纳税人要向各个州分别登记，分别纳税，这多麻烦？能不能统一缴纳？欧盟成员国之间都能一站征收增值税（请参考：电商的岁月静好和欧盟的负重前行），美国境内各州之间为什么不能统一征收一站缴纳销售税？事实上真的不能。是不是因为协调各州很难，比欧盟协调各成员国还难？也许是的，但是此外还有销售税本身的因素。增值税是全环节征收，各地区之间你中有我、我中有你，只能协同征收，此外别无选择。而销售税貌似可以独立征管，各地区之间协同的动力不足。政府之间没有协同，商家就很不方便。因此说销售税不利于改善营商环境。

二、征税范围搞得很复杂

理论上说销售税只是针对最终阶段的消费，通过零售商征收。但是零售商难以定义，实践中难以把握，因此法规中无法从纳税人角度来实现仅针对最终消费阶段征税的目标，只能从应税范围角度来想办法，这就让列举征税范围这项工作很累人。以纽约州的销售税为例，应税范围中各项货物和服务杂乱地堆积在一起，让人头大。作为一个"强迫症患者"，笔者将其梳理为三类，这才能够看得下去：

第一类：零售有形个人财产（Tangible Personal Property，简称"TPP"）；

第二类：销售特定服务；

第三类：销售其他服务。

关于第一类，也就是TPP，所谓销售也包括出租，这有些别扭，但是不费解。TPP这个概念则很费解，它既包括家具、家电、电脑（硬件及软件）、汽车、船舶游艇这种大件，也包括特定的服装、糖果、瓶装水、苏打水和啤酒、烟草、化妆品这类易耗品，还包括燃料这种消耗品，甚至动物以及动物饲料、植物等。不管怎样这些都是生活资料，跟销售税的理论不违和。此外还有珠宝、艺术品、特定收藏品等个人财产，这也不违和。最难理解的一点是还包括机器设备、工具、配件、原料这类生产资料，以及建筑材料等。如果生产资料都在应税范围之内，这个销售税还是那个理论上针对最终消费征收的税种吗？

想来起初征税范围内没有这些生产资料，于是有人就想钻这个空子，把生活资料包装成生产资料。举个例子。改革开放初期的20世纪90年代，外资企业可以免税进口生产经营用车辆，于是满街跑的都是挂黑牌的皮卡，当时称为农夫车。这些车一般都是两排座，舒适程度完全达到高档轿车的水平，与轿车唯一不同的是后面有个封闭或者开放式的小车厢可以用来拉货。但是现实中这么高档的车谁会用来拉货，大家买来就是当轿车用的。这种车也是起源于美国，不知道是不是早年的销售税政策催生的，但是当时中国的进口税政策确实让它火了一把。

这个例子说明了销售税的范围不能限定在生活资料之内，也说明了凡是限定征税范围的，都容易被规避。纳税人占据信息不对称的优势，税务机关征管力量有限,在这方面斗不过纳税人,为了防止避税,只能被迫扩大征税范围。但是这样做可能会背离了立法的初衷,还可能影响税法的确定性。从这一点上来说,单一环节限定征税范围的销售税远不如环环相扣360度无死角的增值税好用。

第二类和第三类都是服务,按我们习惯的说法就是生活类服务为主。两大类的区分是销售税演变历史造成的,也许是不同立法权限造就的。仔细观察一下就会发现第二类服务与TPP关系较为密切,而第三类服务则相对独立于TPP。

第二类即销售特定服务包括:

(1)特定信息服务(请参考:超市"密探"CPA,信息搬运销售税);以电报或者电话方式提供的娱乐以及信息服务;

(2)制作个人财产的服务(如制作家具);

(3)安装、修理以及保养TPP;

(4)储存TPP;

(5)出租保险箱;

(6)房产翻修、修理及维护;室内装修及设计;

(7)停车、车库服务;

(8)旅客运输服务。

第三类即销售其他服务包括:

(1)销售煤气、电力、冷气和蒸汽[合称公共服务(utilities),笔者注:utilities翻译过来就是公共服务,可见在美国的日常习惯下水电气是看作服务的。在我国增值税法规下这些看作是货物]以及相关服务;

(2)销售电报电话通信服务以及相关服务;

(3)销售堂食的食品和饮料、承包酒席者销售食品和饮料、销售三明治及热狗;

(4)出租旅店以及汽车旅馆的房间;

(5)娱乐场所提供入场服务,本项服务排除项较多,包括音乐或者戏剧现场表演、电影院、顾客参与的体育活动、马戏团现场表演、赛马、拳击、摔跤表演等;

(6)社交或者体育俱乐部会员服务;

(7)出租屋顶花园、歌厅或者类似场所。

征税范围很复杂是不是?每一款复杂的法规背后都是无数个争议案例。

增值税是全覆盖，大家已经形成所有货物或者服务都该缴税的观念，征税范围方面争议反而少；销售税是零售环节征税，部分覆盖，可以想见征税范围方面的争议会很多。这就跟发冰激凌一个道理，要么全发，要么全不发，如果区别对待就容易引起争议。

三、免税范围有些费解

划定征税范围是一刀切，遇到特殊情况需要照顾的，就通过免税来实现。纽约州的TPP采取负面清单方式确定征税范围。也就是说就TPP而言，除了列明免税之外，默认都是征税的。纽约州服务则采用正列举的方式明确征税范围，即只有上文列明的特定服务和其他服务才征税。由此可以想，TPP的免税范围清单较长，而服务的免税范围清单较短。

纽约州TPP的免税范围也是杂乱的一大堆，其中首先包括食品和部分饮料。回顾一下，上文提到餐饮业服务是应税服务，还提到食品当中的三明治和热狗视作服务是应税的（上文其他服务中列明征税项目）。由于销售食品和餐饮服务有重合，因此这里的免税食品规定中专门排除了三明治，还排除了加热过的食品。这个免税排除项规定中将加热这个动作看成了区分销售食品和提供餐饮服务的分界线，想必是从热狗这种食品中引申出来的。另外，出于提高人民健康水平的考虑，部分不健康的食品饮料，如糖果蜜饯、软饮、酒精饮料、天然成分低于70%的果汁等，也排除在免税范围之外。

TPP的免税范围自用的药品、医疗仪器及其供应品、假体、助听器及眼镜。

单价110美元以下的服装鞋类等。

观察以上TPP免税范围，就会发现其共同点在于都是生活必需品。同样的道理，服务方面免税的主要部分是生活必需服务，例如：

洗衣、干洗、清洁地毯，报纸、杂志和其他期刊；修鞋服务。

销售食品免税，而提供餐饮服务不免税，推测背后的道理是穷人自己做饭吃，有钱人才上餐馆。那么洗衣、干洗、清洁地毯服务为什么免税呢？看来穷人也需要洗衣服务。

四、免税证明是个大问题

理论上说，销售税只对最终阶段的消费征收，实际上政策比较复杂，操作起来更复杂。比如说你开一家商场，你的顾客可能是最终消费者，也可能不是，怎么判断是不是呢？你只能默认所有顾客都是最终消费者，收款时一并收取销售税,然后将销售税上缴税务局。如果有人声称不是最终消费者,不想让你收税,那就需要拿出证明来。这个证明就是免税证明(exemption document)。不用说,制造商或者批发商采购TPP时会向你开具免税证明。

那么制造商或者批发商销售TPP时,可不可以说:我不从事零售,不需要收税,因此不需要登记?不可以,因为是不是零售不是自己说了算,要看买家能不能提供免税证明。买家没有提供免税证明的情况下,你凭啥就敢断定对方是制造商或者批发商?你如果判断错了,税款就要自己承担。

要开具免税证明,必须先进行销售税登记。登记后,采购用于再销售的存货、用于生产的机器设备、包装材料、卡车等货物时就可以开具免税证明给卖方,卖方就不再扣税。这里也可以看出,有没有免税证明,决定了买家是否支付销售税。这里免税证明的作用,就相当于我们增值税体系之下用来支持进项抵扣的增值税专用发票。这么重要的凭证,在美国是买家自己开具的,怎么想怎么觉得不踏实。

我国如果试行销售税,如何管理这个免税证明呢?在强大的金税系统威慑之下,虚开增值税专用发票还时有发生,想象一下抛开金税系统转而依靠免税证明来管理,会是个什么景象?那么用现成的金税系统来管理免税证明是不是可解决这个问题?可以,但是效果肯定不如管理增值税专用发票好。现在的数字增值税专用发票,采集信息高达30多项,不容易作假。如果改成免税证明,能采集几项信息?信息少了就容易作假,为了防止作假就要加大信息采集量。如果信息采集量和增值税专用发票一样多,那么这个免税证明就是个改了名字的增值税专用发票而已。试点了一圈销售税,最后发现又回到了增值税。

五、现在来说一说使用税

销售税全称是销售及使用税,也就是说,不只在销售环节征税,有时还在使用环节征税。美国目前有5个州不征收销售税;征收销售税的45个州以及哥伦比亚特区之间税率也各不相同,在4%—10%。纽约州的税率为8%,居于较高的区间。由于存在免税州和低税州这种税收洼地,就存在到洼地采购进行避税的可能性。为了防止避税,凡是征收销售税的州都会同时征收使用税。

仍以纽约州为例,如果从外地采购货物或者服务在纽约州使用,也有可能需要在纽约缴税。需要交税的情形举例如下:

(1)在别的州采购未缴纳销售税的;

（2）将TPP移到外州接受应税服务然后带回纽约州使用（例如驾车外出时在外地修车）但未缴纳销售税的。

也就是说，只要在别的州缴过税，不论高低，回纽约州就不再需要补税。看来纽约州对于本州居民到低税州采购还是比较宽容的。从另一个角度来说，不宽容又能怎样？即便是未缴过税的，征管起来都会很难，结果基本上是靠自觉，何况好歹缴过税的？

放眼全球，目前增值税是主流，销售税是非主流。通过以上分析可以看出，销售税的征管面临很多难题，大多数国家选择增值税是有道理的。销售税的问题之一在于只对部分商品或者服务征税，在征税范围方面容易产生争议；问题之二则在于使用税的征管缺乏有效手段。未来海南试点销售税，也可能会遇到类似问题，需要事先想好应对策略。

扩展阅读2：

数字税应运而生

2019年7月11日，法国国会通过法案，向大型互联网企业征收数字服务税。数字服务税（简称"数字税"或者"DST"）从2019年1月1日起生效，针对全球数字业务营业收入不低于5亿欧元，且在法国营业收入超过2 500万欧元的互联网企业，就其在法国提供的数字界面服务、广告服务（向广告商提供的服务）、以广告为目的出售用户数据服务，按营业额的3%征收。

时任美国总统的特朗普不答应了，说你这不明摆着针对美国公司？达到征税门槛的数来数去不就是谷歌（Google）、苹果（Apple）、脸书（Facebook）、亚马逊（Amazon）（合称"GAFA"）那么几家美国公司吗？他们是美国公司，你凭啥征税？要征税也该美国来征。

一、老革命遇到新问题

GAFA缴足了税吗？没有。这个地球人都知道。十几年前，苹果在海外的实际税率只有2%。这说明原有的依赖于所得税的，以国际税收协定为中心的国际税收体系彻底失败了。不同于传统经济，数字经济不依赖于物理存在，所以常设机构规则失效了。GAFA的主要资产是无形资产，具有高度流动性，只要纸面上做个安排，这些无形资产就可以转移到避税港，再利用转让定价规则的漏洞，巨额利润也随无形资产堂而皇之地流入避税港。此外，数字经济时代，羊毛出在猪身上，狗来买单，传统的国际税收规则对此更是毫无办法。

这个问题不是美国一家能够解决的，需要国际社会协作。为此，G20和OECD于2015年推出了税基侵蚀和利润转移（BEPS）共15项行动计划，这是针对包括税收协定在内的现行国际税收规则的治疗方案。应对数字经济的税收挑战是15项行动计划中的第1项。根据G20要求，OECD/G20的BEPS包容性框架（IF）必须在2020年内达成共识，形成应对数字经济税收挑战解决方案。

所得税这个"老革命"遇到了数字经济这个新问题。IF的解决方案包含两大支柱，第一支柱针对数字经济独有的问题，第二支柱则是针对数字经济和传统经济共同的BEPS问题。2020年年初的这次IF会议上，参与各国同意采用第一支柱下的"统一方法"作为未来谈判的基础。"统一方法"包含两部分内容，第一部分是联结规则，规定利润应当在哪个国家征税；第二部分是利润分配规则，规定各国如何分割利润。在技术层面，两项规则可以细化为将应税利润分配到市场所在国的一套计算方法，包含金额A和金额B，分别对应剩余利润和常规利润。BEPS行动和IF框架，这些听着就头疼，实施起来当然很漫长。没办法，所得税就是这么难。

二、数字税临危受命

要说应对数字经济税收挑战，间接税更好用。首先，间接税不受已经千疮百孔的税收协定约束，一张白纸可以画最好看的画。其次是协调起来简单。间接税用不着什么支柱一、支柱二，一个目的地原则就能支持消费者所在国征税。最后，间接税的征管能力高度发达。欧盟的MOSS和OSS很强大，形成管理数字服务企业的天罗地网，这和所得税制下海外税收信息不透明导致的征管无力的现状形成鲜明对比。

早在2018年3月，欧盟委员会就发布了数字税指令提案来调整对大型互联网企业的征税规则。欧盟的提案说得很直白，因为不想受协定约束，特意将数字税定义为间接税，并实行目的地原则。从美国的Wayfair案，到OECD的增值税指南，再到欧盟的增值税指令，目的地原则已经深入人心，不可动摇。数字税借助消费者创造价值的经济理论，再从目的地原则出发，让消费者所在国行以理直气壮地征税。但是由于成员国之间难以达成一致，这项提案并未获通过。尽管如此，欧盟并没有限制各成员国自行立法独自开征数字税。因此包括法国在内的个别欧盟成员国借鉴提案中的方法，自行立法对境内发生的互联网业务所产生的利润征收数字税。不同成员国的数字税虽然范围、门槛略有不同，但有一点是相同的，那就是GAFA永远首当其冲。

三、不列颠之战

时任美国总统的特朗普不是省油的灯，面对法国开征数字税的方案，宣称要对法国奶酪、香槟、红酒加征100%关税。法国屈服了，宣布把数字税推迟到2020年12月底实施。按下葫芦起来瓢，2020年3月11日，英国又宣布4月1日起开征数字税，和法国如出一辙，只不过税率改为2%，门槛改为5亿英镑全球销售额和2 500万英镑的英国销售额。此外，奥地利、匈牙利、意大利、土耳其已经实施数字税，捷克、斯洛伐克、西班牙已经形成了数字税提案，拉脱维亚、挪威、斯洛文尼亚也有意实施数字税。

从间接税的家族来看，从增值税到数字服务税只是很小的一步，只要把征收范围扩大到创造价值但不产生收入的方面即可实现。但是到了具体操作层面，需要解决征税范围方面和税基计算方面若干实际问题。下面以英国为例，看看这个问题是如何解决的。

英国数字税的征收范围包括搜索引擎、社交媒体平台以及线上市场（电商平台）。征税范围内的企业的共同特点就是用户创造价值但用户并不付费。数字税征收对象和增值税不同。以电商平台亚马逊提供的服务为例，根据目的地原则，商家销售货物取得的增加值在消费者所在国征收增值税，通常在入关环节或者通过OSS机制进行征收。但是这个过程中亚马逊取得的由顾客创造的价值，由于并未由顾客付费，目的地原则管不到，因此并未在消费者所在国征税。由于这部分价值具有流动性和隐蔽性，在所有国家都没有征税。这部分价值才是数字税征收的对象。

广告服务、以广告为目的出售用户数据这两项服务也是一样的道理。Google和Facebook账号的使用者创造价值，但并不为之付费。Google和Facebook从商家取得广告收入，根据增值税的目的地原则，用户所在国也无法对其征收增值税。如果这些商家注册在不征收增值税的国家，可能永远不需要缴纳增值税。因此，这部分价值同样是数字税征收的对象。数字税的征收范围是针对增值税征收范围以外的这部分价值的，体现了其防范避税的特点。

英国数字税的税基是业务收入。由英国用户参与创造价值的收入计入计税收入，英国用户不参与的部分则不计入。因此，确认税基的关键是确认哪些业务收入有用户参与。为了防止跨国集团利用关联交易人为减少计税收入，收入的归集从集团层面开始。首先将集团内的关联交易相互抵销掉，只留下第三方收入，计算出集团收入后再分配到各实体，在各实体层面征税。

集团的计税收入池，按以下规则确定：

（1）电商平台的业务收入中，只要交易中有一方是英国用户，则计入计税收入。但是，如果另一方来自同样征收数字税的国家（例如法国），则减半计入计税收入。

（2）搜索引擎和社交媒体平台的收入主要来自广告服务收入，其中来源于针对英国受众的广告的计入计税收入。

四、友邦诧异论

数字税的反对声音从一开始就不绝于耳。反对的理由之一是歧视。歧视的表现就是门槛高，只对大公司征收。法国数字税尽管被称为"GAFA税"，实际适用范围较宽，大约有30个跨国公司会涉及。这些公司在全球都有分布，也包括中国的BAT。而英国的门槛相对较低，为针对全球业务营业收入（不同于法国的全球数字业务营业收入）不低于5亿欧元，且在英国营业收入超过2 500万欧元的互联网企业，覆盖范围更广。说起来，大企业缴税小企业不缴税这在很多国家是常态，不算歧视。区分国家或者区分地域对待才是歧视。30多家跨国公司分布这么广，算不上是国家歧视或者地域歧视。

另外，欧盟的数字税提案的理论依据是数字企业比起传统企业税负低，有违公平原则。正反反方都拿公平说事，这和美国联邦法院裁定南达科他州诉Wayfair公司案时的情形如出一辙。此亦一公平，彼亦一公平，公平这件事谁都说不清。关键是美国主张程序正义。就是说，数字企业逃税不假，但是大家不是在商量吗？BEPS下的支柱一、支柱二谈得热火朝天的时候，你咋就单边开展数字税了呢？这一说在理。数字税不受税收协定约束，说到底是单边行动。单边行动容易造成跨境的重复征税，受伤的总是跨国公司。OECD也来帮腔，说谁也不愿意看到重复征税，呼吁大家还是回到所得税的谈判桌上来吧。所得税改革长路漫漫，数字税争端剑拔弩张。吃瓜群众持续关注吧。

扩展阅读3：

行业税负是个伪命题

一、天上掉下来个加计抵减政策

国务院送来增值税大礼包，6个文件重磅出台。一项一项看，降税率是实实在在地减税，好事没的说。购进不动产一次性抵扣以及留抵税额退税，改善企业现金流，也是好事。生产服务行业和生活服务行业增值税进项税加计抵减，保证这两类行业税负只减不增，还是好事，想恭喜这些行业。再一想，全球首创！想恭喜一下财政部。再一琢磨，不对啊，加计抵减这件事为啥别人家没搞过？

没搞过可能是不想破坏税收中性。OECD出了个《增值税指南》，强调了两个原则，其中一个就是中性原则。OECD还要时不时出一个税收中性报告，所谓中性就是不影响企业的正常经济活动。据说增值税最大的优势就是中性，简单说就是上家缴多少税下家抵多少税，纳税人犯不着为了少缴税，在经营上玩什么花活儿，玩了也没用。但是这个加计抵减的政策就不中性。还是前文的一个例子。一个老板开两家公司，一个叫左口袋公司，另一个叫右口袋公司。老板让左口袋公司提供旅店住宿服务给右口袋公司，同时让右口袋公司提供咨询服务给左口袋公司。假设左口袋公司提供旅店住宿服务缴了100元增值税，按这个加计抵减的政策，右口袋公司可以进项抵扣110元，凭空赚了10元。然后右口袋公司提供咨询服务给左口袋公司，假设把那110元增值税再缴出去，这次左口袋公司按这个加计抵减的政策能进项抵扣121元，又赚了11元。转一圈下来净赚21元，而且钱又回来了，可以继续转。一年之内利滚利想赚多少钱取决于老板肯做几个来回。这样一来，老板今后自己给自己放高利贷赚钱，不用做原来的生意了。这就说明了这项税收政策不中性。

二、行业税负重要吗？

当然了，加计抵减是为了保证这些行业税负只减不增，兑现政府的承诺，出发点是好的。或者说，财政部顶不住这些行业的压力，做了让步。但是行业税负只减不增真的重要吗？

其实行业增值税税负是个伪命题。这些行业游说的时候，一定是把税负跟行业的利润水平挂钩了。但是说客们有一个基本的问题没搞清楚，就是增值税会转嫁。增值税只是从你手上走了个过道，你从下家收多少就缴给税务局多少。你缴得多证明你收得多，只能证明你有苦劳，不表示你从自己的利润中拿出钱缴给国家。当然了，说客们会说我们这些行业不容易啊，上家下家都不好惹只能找财政部给减税了。如果真是这样的话，减税的实惠最后能归你吗？短期内可能你日子好过一点。时间一长，上家提价下家压价，你的利润还会下降。行业的利润水平取决于行业的议价能力。如果整个行业没有议价能力，那只能说明这一个问题，你的行业产能过剩了，谁也救不了你。所以说，增值税不存在行业税负，也不应当将行业税负作为政策目标，增值税政策要保持中性即可。

三、不要让短痛变长痛

当然了，新政策实施过程中，个别行业由于销项税率不变、进项税率降低，存在多缴增值税的压力，如果没有议价能力，是要承受一些短痛。这个问题，有些是财税部门能解决的，有些不是财税部门力所能及的。退一万步来说，短痛不应当通过长痛来解决。

现在这些行业短痛变成了财税部门的长痛，就是上面提到的这种政策套利的空间，自己放高利贷给自己也能赚钱，破坏了增值税的闭环，这是税收征管上的噩梦。别忘了税务征管上的困难是要所有行业买单的，因为增值税是一个链条，牵一发而动全身。

很多企业到了销售旺季增值税发票不够用，干着急没办法，因为税务部门发票限量。虽然税务总局下文件严禁不合理限制发票供应量，但是也没有办法说清楚什么是不合理，实施效果有待观察。其实发票限量是为了防止虚开发票，而虚开发票的根源在于增值税链条不完整，存在套利空间。哪些行业最容易出现虚开发票？就是涉及废品的收购、农产品收购、矿产品采掘收购等业务的行业。这些行业都处于增值税的链条不完整的环节，或者说是税收政策不中性的地方。这些行业都可以通过自己开具收购发票抵免进项税，一旦失控就造成了进项过剩，为了把进项卖出去，就会出现虚开发票。最典型的就是黄金票，其实也是存在套利空间的后果。所以说，套利空间必定造成征管加严，最终买单的是所有行业。这是财税部门的长痛，也是所有行业永久的痛。

自己给自己放高利贷能赚钱？这说明了行业税负是个伪命题。破坏了中性是增值税永久的痛。

扩展阅读4：

营改增胜利多年了，我们还在讨论营业税问题

2021年五一劳动节期间税务界的大咖们照旧辛勤劳动，讨论结构性存款要不要缴增值税的问题。笔者一边吃瓜一边想，这个问题问错了啊，应当问要不要缴营业税。

一、名不正则言不顺

大家说不对啊。财税〔2016〕36号文件于2016年5月1日生效，宣布了包括金融业在内的最后4个行业实现营改增，到2021年已经整整5年了，怎么还会有营业税呢？别忘了当年营改增的时候，金融业营业税是平移过来的，是增值税的新瓶装了营业税的旧酒，实际上还是营业税。你想想看，增值税都是进项销项环环相扣，对增值额征税。而36号文件规定贷款利息不能抵扣进项，每个环节都全额征税，这不还是营业税吗？

如今营改增完成7年了，金融业"营业税"还依然坚挺。

俗话说，名正言顺。如果金融业彻底营改增，贷款利息允许进项抵扣，成了名副其实的增值税，这个问题就简单很多。要缴税就缴吧，缴完了下家能抵扣就行了，反正是个转嫁。对银行来说无非就是代扣一下增值税，然后自己做进项税抵扣，本身不增加税负，整个链条上也不增加税负，这个问题就不那么重要了。而现实的情况是，金融业实际上还在适用"营业税"，面临的问题是结构性存款要不要缴"营业税"的问题。缴"营业税"就是额外的税收负担，缴或者不缴区别很大，这个问题分析起来就很复杂。

二、缴不缴"营业税"看两个部门的博弈

赵国庆老师主张不应缴税，理由是银保监办发〔2019〕204号明确了结构性存款是商业银行吸收的嵌入金融衍生产品的存款，说到底还是存款，而存款不在增值税的税范围之内，即"不征税收入"。对此韦国庆老师评论为"具有实操上的说服力"。对二位国庆老师笔者都赞同。笔者在基层税务机关工作过，了解基层税务机关的思考习惯：遇到税法不明确的地方，参考税法之外的法规，也算是依法征税。在操作层面，税务机关参考金融监管部门的文件来分析和把握政策，具有合法性。如果有基层税务机关这么做，笔者会赞赏这是有担当的税务局。

叶永青律师则主要从法理方面探讨合法性，主张存款和贷款一样，都

是提供资金收取收益的服务，都属于增值税的范围，而且基于税收中性的要求，原则上同样应纳入增值税的征收范围；而对于一般性存款利息，出于其社会性考虑，现规定免予征税（36号文关于"不征税项目"的表述实为误用）。既然是免税，那就要法规明确才免，结构性存款是个新生事物，法规还没有明确免税，那么就应当征税。对此笔者的看法是，如果放在营业税下，这些论述笔者完全赞同。如果放在增值税下，则税收中性还要考虑更多方面，下文会有解释。

笔者愚见，结构性存款是个金融创新。凡是金融创新，主要有两个动力，一个是逃避金融监管，另一个是避税。银保监办发〔2019〕204号文件从金融监管角度定义了结构性存款还是存款，是出于行业严管的目的，因为相对于理财产品而言，金融部门对存款的监管更严。而税务方面，要不要承认结构性存款是税法意义上的存款，则是另一个问题。如果从反避税的目的出发，定性为不是存款也有道理。因此，这个问题需要财政部和人民银行以及国家金融监督管理总局来确定。对于结构性存款要不要征税的问题，是两个部门之间的博弈。这个问题要在高层加以明确，不能将难题留给基层税务机关。

营业税时代，税收政策往往都是财政部和相关行业主管部门博弈的结果。久而久之，就形成了一套行业税负的思维。存款和贷款都是占用资金，存款的特殊性在于只能存在银行。对存款利息不征税无非是针对银行的特殊优待，这和针对银行同业贷款免税是一个道理。这种政策是出于存款的社会性考虑也罢，还是出于对银行的特殊照顾也罢，总之已经构成了银行行业税负的一部分，是财政部（代表公共利益）和银行业之间部门利益均衡的一个砝码。也许正是出于维持部门之间的利益格局的目的，贷款服务的营业税平移到了增值税之下，但这造成了很多问题。行业税负思维放到增值税时代是行不通的（请参考：行业税负是个伪命题）。引用韦国庆老师一句话，"容易引起思维混乱的还是改革中的过渡性规则"。

三、要尊重增值税的中性原则

叶永青律师说到的法理，着重于立法意图和法条之间的相互关系。韦国庆老师的法理分析则偏重增值税固有的特性，强调存款利息不在消费型增值税基范围内，不应征税。这里笔者沿用韦国庆老师的思路分析如下：

OECD的《国际增值税/货物劳务税指南》（2014年版，以下简称《增值税指南》）第1.2段明确指出"增值税的最终意图是针对最终消费征税，所谓最终消费是指家庭的最终消费。原则上只有个人发生的消费才被增值税所针对，企业发生的消费不在此列"。结构性存款是作为企业的银行一方消费的服务。企业消费的服务不应在增值税的针对范围之内。也就是韦国庆老师说的，不在消费型增值税的税基范围之内。

关于中性原则，《增值税指南》给出了三项指引（guideline），分别是：

第2.1项指引：增值税负担不应由纳税的企业承担，除非法规中有明确例外规定。

第2.2项指引：相似情形下从事相似交易的企业应缴纳相似水平的税收。

第2.3项指引：增值税法规应确保增值税不构成商业决策的主要影响因素。

为了实现第2.1项指引的目的，增值税都是允许抵扣进项的，企业虽然是纳税人，税负最终都转嫁给消费者承担。现在贷款利息是不允许抵扣进项的，违反了这一条指引。在这种背景下，对结构性存款如果再征增值税，会加剧背离中性原则。比如，存款人向银行存入结构性存款，取得利息如果缴纳增值税，而银行不允许抵扣进项，会构成重复征税。

根据第2.2项指引，贷款、存款和结构性存款，本身都是相似的服务。人为区分为征税和不征税，违反了这条原则，因此应当一视同仁，一概不征税。

根据第2.3项指引，如果A企业有多余资金，就会面临两个选择，一是作为结构性存款存入银行，由银行贷款给B企业；二是直接贷款给B企业。该项指引要求两种选择下税负是一样的，商业决策时可以不需要考虑增值税的影响。事实上，如果允许对贷款利息进项抵扣，就能达到这个效果，因为增加一个环节不影响税负。但是在现在不允许抵扣进项的背景下，多一个环节会多一道税负，这本身就不中性。如果对结构性存款征税，会加剧这种不中性。

四、欧盟一免了之

增值税起源于欧洲，而欧洲的金融业很发达，处理金融业增值税问题的经验丰富。让我们看看欧盟怎么做。

为了解决金融业增值税方面的种种问题，欧盟采取了免税的方法。为了协调成员国的增值税制度，欧盟发布了《增值税指令》。1977年版的《增值税指令》第135条第（1）(a)—(g)款规定了几乎所有的金融和保险服务都免增值税,据说免税的理由是借贷业务中进项的价值难以确定,因而金融保险机构的税基难以确定。这是怎么回事呢?

假定自然人甲存一万元活期存款到银行,银行支付年利息0.35%,随后将这笔款贷给B企业,约定期限一年,贷款年息4.35%,请问银行的增值税税基是多少?答案是400元,即(利息收入10 000元×4.35%)-(利息支出10 000元×0.35%)=435元-35元=400元。这很难确定吗?看似不难,现实中却很难,原因是:

其一,支付给个人的这35元应当是不征税的。前面已经讨论过,这不是提供消费者个人消费的服务产生的收入,不在增值税的税基范围之内,因此,这部分价值本没有缴税。如果要计算税基,就要人为算出一个进项税,这就有难度。就像我国针对购进免税农产品要计算进项税一样,会产生一系列问题。

其二,银行的资金来源可能比较复杂,不会只是单一的存款,一定会出现类似结构性存款的各种复杂情况,这种情况下,进项确实会难以确定。

可见,欧盟对金融业免增值税,其中原因之一就是我们讨论的这种结构性存款下的复杂情况。当然了,免税还有一个考虑,就是金融行业的竞争力。要知道美国对金融服务是没有流转税的。如果征税,欧洲金融企业与美国同行竞争时会处于劣势。也正是出于竞争力方面的考虑,欧洲的金融行业觉得免税是不够的,因为免税意味着进项税要转出,进入成本,而美国同行则没有这项成本。因此,欧盟相关税务专家目前正在讨论如何解决这个问题。

欧盟免税的做法,看似对银行保险行业特殊照顾,实际却引发了进项税转出,造成了额外的税负。依笔者看来,还不如跟别的行业一视同仁,同样征税。也就是说,从源头开始,对个人存款利息征税,然后银行提供服务再征税,由于存在进项抵扣制度,所有增值税最终转嫁给消费者个人,银行和保险公司本身不承担税负,岂不更好?而在我国,允许贷款利息进项抵扣,然后取消针对存款利息的免税政策,把银行和别的行业一视同仁,也是解决一系列痛点问题的最佳方案。

结构性存款的小问题折射出营改增不彻底的大问题。革命尚未成功,同志仍须努力!

扩展阅读5：

我国增值税法规如何体现OECD的目的地原则

一、当增值税遇到跨境

目前，全球大约150多个国家和地区征收增值税或货物与劳务税（以下简称"增值税"）。增值税是个链条，针对各环节的增值额征税。在全球化的背景下，这个链条经常会跨境。跨境时增值税链条如何延续下去，保证既不断线也不重复？这需要各国之间达成共识。为此，OECD借鉴了所得税方面的成功经验，探索增值税方面的国际管辖权分配和协调，组织讨论并起草了《国际增值税/货物劳务税指南》（本节中以下简称《指南》）。

2017年4月12日，OECD全球增值税论坛在其巴黎会议上公布了《指南》。《指南》针对跨境增值税管辖权提出了"目的地原则"，即跨境交易的服务和无形资产只在消费国征税。

针对货物而言，实现目的地原则相对简单。出口国一般退税或者免税，进口国在进口环节征税。但是针对服务和无形资产实现目的地原则则相对复杂。《指南》用整个第三章来讨论如何确定跨境提供服务或无形资产的征税地点。该章由规则和解释构成，其中规则被称为"指南"，包括目的地原则、B2B的一般规则、B2C的一般规则以及特别规则（注：B2B，即Business-to-Business，是指企业对企业提供的服务；B2C，即Business-to-Consumer，是指企业对最终消费者提供的服务）。

《指南》第三章的框架结构如表4-1所示。

表4-1　　OECD《国际增值税/货物劳务税指南》第三章框架

章节	内容概括	适用范围	对应指南
A节	目的地原则	B2B和B2C	第3.1条
B节	B2B一般原则	B2B	第3.2条、第3.3条和第3.4条
C节	B2C一般原则	B2C	第3.5条和第3.6条
D节	特殊规则	B2B和B2C	第3.7条和第3.8条

《指南》第3.1条解释了目的地原则，即跨境服务和无形资产应根据消费地原则确定征税国，这是征税地规则的最终目的。至于实现目的的途径，又分B2B和B2C两种情形。在B2C的情形下，通过预测并确定服务和无形

资产的最终消费地即可直接实现这一目标；而在B2B的情形下，最终消费地往往难以确定，因此，只能间接地实现这一目标，即通过保持增值税中性，利用分段征收机制，通过税负转递，确保只有最终消费者承担税收。

1. B2B的情形下的三个一般原则

《指南》第3.2至第3.4条描述了B2B增值税管辖的一般规则。一是对于跨境的B2B服务和无形资产交易，客户公司的所在地具有征税权；二是客户的身份根据业务协议确定；三是如果客户公司在多个管辖地有机构（比如常设机构），使用或接受服务的客户公司机构所在地具有征税权。

2. B2C的情形下的两个原则

对于B2C交易，如果服务实质上属于在服务提供地立即消费的，即现场服务，则按服务提供地确定增值税管辖权。如美容美发、按摩、住宿、酒店、影院、展览、运动赛事、演出等。此时，适用《指南》第3.5条。

如果消费发生在某个其他的时间，而不是在服务提供当时，或者消费行为是延续性的，或者服务是通过远程提供的，而顾客有习惯居住地，这就属于非现场服务，其特征是消费地与服务的提供地及服务方的所在地没有必然联系。对于非现场B2C服务使用消费者的习惯居住地来确定增值税纳税地是最合适的方法。这时，基于最终消费者通常在其习惯居住地消费服务的认识，以消费者的习惯居住地作为一种标志来预测消费地。此时，适用《指南》第3.6条。

3. 特殊规则

《指南》第3.7条指出，在一些特殊情况下，适用B2B的情形下的客户机构所在地原则或适用B2C的情形下的消费地原则可能导致不合理的结果，而利用一个标志物（proxy）来判定征税国可能导致一个相对合理的结果，此时应利用该标志物来决定征税国。

《指南》第3.8条指出，对于不动产相关的服务，征税权归不动产所在国。这些服务包括转让、销售、租赁、有权使用、占用、开发、或开发不动产；为改变或保持不动产的物理状态而进行的劳务，如不动产的建设、翻新、粉刷、清洗等；与易识别的、具体的不动产相关的知识服务，比如建筑设计。

二、目的地原则在我国增值税法规中的体现

2016年3月23日，随着财政部和国家税务总局发布《关于全面推开营业税改征增值税试点的通知》（财税〔2016〕36号，以下简称"36号文"），

增值税实现了对货物、服务、无形资产和不动产的全覆盖，同时增值税的目的地原则也相应得到了全面体现。综合现行的《增值税暂行条例》及其实施细则，目的地原则体现如下：

（1）针对货物，按目的地确定征税国，即出口货物实行免税或退税，进口货物征税。

（2）针对不动产，按不动产所在地确定征税国，即不动产在境内的征税，不在境内的不征税。

（3）针对自然资源使用权，与不动产类似，按自然资源所在地确定征税国。

对服务和无形资产，则较为复杂。36号文采取了先画大圈再排除的方法来体现目的地原则。排除又分为进口和出口两个方面。

36号文附件一《营业税改征增值税试点实施办法》第一条明确在中华人民共和国境内（以下称"境内"）销售服务和无形资产构成应税行为。第十二条明确"在境内销售服务和无形资产"是指服务（租赁不动产除外）或者无形资产（自然资源使用权除外）的销售方或者购买方在境内。这两条将增值税的管辖权规定得很广，画了一个大圈，只要销售方或者购买方一方在中国境内都纳入了征税范围。

接下来，36号文附件一第十三条对部分进口行为进行排除，明确下列情形不属于在境内销售服务或者无形资产：

（1）境外单位或者个人向境内单位或者个人销售完全在境外发生的服务。

（2）境外单位或者个人向境内单位或者个人销售完全在境外使用的无形资产。

（3）境外单位或者个人向境内单位或者个人出租完全在境外使用的有形动产。

（4）财政部和国家税务总局规定的其他情形。

同时，36号文附件四《跨境应税行为适用增值税零税率和免税政策的规定》中对部分出口行为进行排除，通过零税率和免税政策来体现目的地原则，其中的主要规定如下：

第一条按服务类型列举了零税率的适用范围。

第二条按服务类型列举了免税的适用范围。

第七条规定，本规定所称完全在境外消费，是指：

（1）服务的实际接受方在境外，且与境内的货物和不动产无关。

（2）无形资产完全在境外使用，且与境内的货物和不动产无关。

（3）财政部和国家税务总局规定的其他情形。

三、雾里看花

我国的增值税法规没有明确提出目的地原则，《指南》第3.1条、第3.3条、第3.4条、第3.6条均没有对应的国内法规定。相关规定虽然一定程度上体现了目的地原则精神，但这种先画大圈再排除的路线，淡化原则性规定，强调具体规定，导致法规中的目的地原则成了雾里看花。

此外，现行法规中并没有明确提出B2B和B2C的概念，也没有基于这两个概念分别制定政策，但是在对进口服务和出口服务进行排除时，对B2B和B2C服务通过税目列举的方式做了区别对待。具体来说，在针对出口服务列举零税率和免税服务税目时，考虑了各税目B2B和B2C的性质，并利用"单位"或"个人"的字眼来适用管辖权标准。例如36号文附件四《跨境应税行为适用增值税零税率和免税政策规定》规定在境外提供的广播影视节目（作品）播映服务可以享受免税；而同时规定只有向境外单位提供的电信服务，知识产权服务等服务才可以享免税待遇。因此，从税目层面看，B2B及B2C的区别对待以一种曲线救国的方式渗透了进来。

1.针对B2B应税行为的曲线救国

第一步，通过画大圈将进口服务纳入征税范围。就进口服务而言，因服务接受方在中国境内而在中国征税，客观上达到了按照顾客所在地确定征税国的效果。

第二步，通过出口服务零税率或免税的方式，对因销售方在境内而确定的征税权进行限制，对部分应税行为适用零税率或免税规定。这些应税行为因服务的接受方在境外而不在中国征税，客观上达到了按照顾客所在地确定征税国的效果。

2.针对B2C应税行为的曲线救国

在出口服务方面，规定在境外提供的广播影视节目（作品）的播映服务、文化体育服务、教育医疗服务以及旅游服务免税。免税的理由没有解释，但是可以看出这些服务是B2C的性质。

在进口服务方面，规定境外单位或者个人向境内单位或者个人销售完全在境外发生的服务不属于在境内销售服务或者无形资产（即不在征税范围）。关于完全在境外发生，虽然没有更进一步明确，但从字面上推断，因为发生的内涵包含了提供,所以在境外提供是必要条件。可以说这是《指南》第3.5条的一种变相的表述。

四、各种标志物

《指南》第3.8条规定对于不动产相关的服务,以不动产所在地为标志,将征税权归不动产所在国。这方面我国的增值税法规与《指南》第3.8条基本一致。例如,明确在境内销售服务或无形资产(即征税范围)是指所租赁的不动产在境内,以及所销售自然资源使用权的自然资源在境内。再如,针对出口的工程建筑、工程监理以及勘探等服务,规定如果工程所在地在境外的免税。但是,请注意采用这个不动产所在地标志的范围远远窄于指南第3.8条列举的相关服务范围。

我国增值税法规中还大量采用其他标志物。在出口服务方面,规定会议展览地点在境外的会议展览服务、存储地点在境外的仓储服务、标志物在境外使用的有形动产租赁服务等适用零税率或免税待遇。在进口方面,则规定境外单位或者个人向境内单位或者个人出租完全在境外使用的有形动产不在征税范围之内。这些都属于指南第3.7条下所指的以标志物确定征税国的范例。其中,出口服务列举的情形较多,而进口服务列举的情形较少。

通过以上比较可以看出,国内的增值税法规吸收了OECD的《指南》精神,在细节层面吸收更多,原则层面则基本空白。究其原因,是两种不同的构建方法所致。《指南》属于国际法,国际法经常从原则出发;而各国的国内法,包括我国的增值税法规在内,则一般从具体规则出发。此外,我国的增值税法规和《指南》殊途同归,二者结合可以加深对立法精神的理解。

扩展阅读6:

欧盟的增值税指令

欧盟的前身是欧洲共同体("欧共体")。1965年4月8日,欧洲六国签订了《布鲁塞尔条约》,标志欧共体形成,开始向包括欧洲统一市场在内的各项目标迈进。1967年起,欧共体对外统一关税税率;1968年7月1日起,成员国之间取消商品的关税和限额，建立关税同盟。与此同时，欧共体加紧推进增值税。1967年之前，欧洲已经有部分国家实施了增值税，同时有部分国家还停留在多阶段征收的产品税和服务税的阶段。

增值税产生于欧洲，以价外税、多环节、只对增加值征收为特征，具有避免重复征税、中性的优点。为了不妨碍货物与服务的自由流动，减少对竞争的扭曲，保持税收中性，实现欧洲统一市场，1967年欧共体制定了增值税的指令，奠定了增值税共同框架，这是第一版的增值税指令。指令是成员国必须遵守的欧盟法律的一种。指令为各成员国指明目标，但不强调具体做法，做法由各国的国内法来确定。增值税指令自1967年以来不断更新，并将后续的一些法规都吸收进去，目前已经形成一个完整的体系。

欧盟现有的增值税制度成型于1993年。该制度下各成员国均征收增值税，在不低于15%的前提下各成员国自定税率，自行征收。同时，欧盟理事会通过立法对各成员国的增值税体系进行协调，形成统一的增值税体系。欧盟理事会的立法主要由指令和实施条例两部分组成。现行指令全称为"欧盟理事会第2006/112/EC号指令"，是欧盟的增值税共同体系的基础。增值税指令之外，还有其他的欧盟法规针对具体问题作出规定，这就包括实施条例。现行实施条例的全称是"欧盟理事会实施条例第282/2011号"，于2011年3月15日通过，为实施指令明确了方法。

目前的欧盟增值税指令，主体框架是2006年版的，之后2008年又做了少量的修订。目前这个框架主要包含以下内容：

1.概述和适用范围，即增值税的一般原则；

2.适用区域，即欧盟各成员国；

3.纳税人，即从事营业活动的机构或个人。大多数情况下增值税只对纳税人征收；

4.应税交易，即征收范围；

5.应税交易的地点，也就是纳税地点。一般来讲有两种，一种是目的国，另一种是原产国；

6.交易时间，即纳税义务发生时间；

7.计税基础；

8.税率；

9.免税规定；

10.扣除规定，即进项税抵扣；

11. 合规义务；

12. 特殊计划，即各种税收优惠等特殊规定；

13—15. 各种杂项规定。

这个框架貌似包罗万象，但终究是框架，是粗线条的，细节之处留给各成员国通过国内立法来自由发挥。同时，欧盟增值税指令最主要目的就是避免重复征税或者不征税、维护中性原则，减轻纳税人合规负担，因此其内容侧重于税收管辖权划分方面。这从下文的简单介绍当中可以看得出来。

一、征税范围

征收范围包含4项，其中3项跟我国的增值税相同，分别是：

1. 提供商品；

2. 提供服务；

3. 进口商品；

与我国增值税不同之处在于多了个第4项，叫作：

4. 从其他成员国获得商品。

如何理解这个第4项呢？我们来举个例子。

2020年1月31日，英国已经宣布脱欧，但是关于脱欧之后的相互关系还没有达成协议，谈判还在继续。此时英国仍然要遵守欧盟的增值税指令，与欧盟各成员国之间在增值税处理时还是互相当成成员国对待。根据增值税指令，假设英国零售店从法国批发商手里买手包，手包从法国离境，再入境英国，这种情况下英国零售店取得手包就是从其他成员国获得商品，英国零售店要缴税。

你可能会说，奇怪啊，增值税一般是卖方来缴，英国零售店是买方怎么要缴税？其实也不奇怪，这是进口的一种变形，进口商品是一般是进口方（买方）缴增值税。"从其他成员国获得商品"类似于进口商品，是从进口商品中单分出来的一种情形。之所以要单分出来，是因为欧盟成员国之间已经取消了海关，成员国之间商品流动不按进出口对待，无法按照进口来缴税。把"从其他成员国获得商品"排除之后，欧盟增值税指令中的进口商品仅指从非成员国进口商品的情形。

同时，法国批发商不仅不需要缴税，其采购这批手包时付给上家的款项里面含有的增值税还可以作为进项税正常抵扣。类似于我国出口商品"免抵退"，但不需要专门办理出口退税手续。

由于脱欧谈判以"从此萧郎是路人"式的"硬脱欧"收场，从2021年1月1日起英国就不需要遵守欧盟增值税指令了，接下来欧盟成员国会把英国当成非成员国来对待。假如还是跨国买手包，那就是进出口业务。英国零售店按进口商品缴纳增值税。进口商品负担的增值税，整体上和前一种情形下"从其他成员国获得商品"缴纳的增值税数量相等。但是不同之处在于英国零售店需要报关，在报关环节缴纳。报关耗时耗力还要排队等待，显然遵从成本要高出一大截。法国批发商那边，不论是出口还是供应给欧盟成员国，增值税处理都一样，都是类似"免抵退"但不需要专门办理出口退税手续。

欧洲增值税指令同欧盟关税同盟相关法令一道，为跨国的商品和服务流动、推动欧洲的经济一体化发挥着巨大的作用。但是英国的吃瓜群众不知道珍惜，非得要脱欧，英国的商人只能大呼无奈！

二、纳税地点

无论商品还是服务，纳税地点无非有两个选择，要么是交给销售方所在地税务机关，要么是交给购买方所在地主管税务机关。前一个纳税地点为原产地，如果选择前者就称为原产地原则；后一个纳税地点是消费地，如果选择后者就称为目的地原则（或者消费地原则）。欧盟两个原则并用，根据征税范围不同分别规定如下：

1. 一般说来，销售商品适用原产地原则，根据起运地确定纳税地点。但是凡事都有例外，如果交易的对象是需要安装的设备，则纳税地点在设备所在地。

2. 销售服务要看买方是不是纳税人。如果是纳税人，适用目的地原则；如果不是纳税人，适用原产地原则。换成白话来说，B2B在买方所在地纳税，B2C在卖方所在地纳税。例外情形较多，例如：其一，2015年开始对数字服务按买方所在地确定纳税地点，不论买方是不是纳税人；其二，针对与不动产相关的服务纳税地点按不动产所在地确定。

3. 从其他成员国获得商品遵循目的地原则，一般以商品运输的终点确定纳税地。

4. 从欧盟之外进口商品遵循目的地原则，一般以商品进入欧盟的地点确定纳税地。

针对前文提到的从欧盟成员国进口商品，英国脱欧之后，纳税环节会发生变化，而纳税地点不会发生变化。鉴于英国脱欧之后仍会遵循OECD

《国际增值税/货物劳务税指南》下的目的地原则,且欧盟和OECD在纳税地点方面的规定大同小异,这种情况也在意料之中。

扩展阅读7:

大道至简——欧盟一招理顺B2B跨境服务增值税的启示

跨境服务的增值税管辖权划分是个难题,OECD颁布了《国际增值税/货物劳务税指南》(以下简称《增值税指南》),力推目的地原则(Destination Principle),并制定了一套规则来实现它。《增值税指南》中的第一条指引(Guideline 3.1)开门见山地明确:

跨境交易的服务和无形资产须依据消费地税收管辖区的法规来征收入消费类税收。

欧盟则根据OECD《增值税指南》的精神制定颁布了《增值税指令》[①],并且用其中的整整一章来应对这个问题;我国则通过2016年3月23日财政部和国家税务总局下发的《关于全面推开营业税改征增值税试点的通知》(财税〔2016〕36号,以下简称"36号文件")外加一系列总局公告来应对这个问题。本系列共五篇文章,我们以欧盟的《增值税指令》为主线,将36号文件与其进行对比,比较在划分增值税管辖权的过程中双方各自的做法。

一、欧盟《增值税指令》下的B2B服务一般原则:在买方所在地纳税

《增值税指令》标题五为"应税交易地点",规定应税交易应当在哪个国家征税。欧盟的税收法规本来就是为了协调成员国之间税收管辖权而制定的,因此所谓的征税地规定只管跨境交易,而且只管到国家层面;至于各成员国境内交易以及各个成员国内部不同税务机关之间如何划分管辖权,那就归各国国内法管,欧盟不管。标题五之下第三章为"服务提供地",规定跨境服务在哪个国家征税,本节从其用语,所有的"服务提供地"均指

---

① 《增值税指令》全称是欧盟理事会第2006/112/EC号指令,目前最新版本为2022年版本。

在哪个国家征税[①]。

第三章下第一节为"定义"。第二节为"一般规则"（General rules），含第44条和第45条，分别针对B2B和B2C确立一般规则。第三节为"特别规定"（Particular provisions），该节内容比较多，包括第46条至第59a条，共分为10节分节。需要说明一下，《增值税指令》标题四"应税交易"下第三章"提供服务"下的第24条将提供服务定义为"所有不构成供应货物的交易"，该章下第25条则明确提供服务可以包含转让无形资产。本节同样从其用语，但凡提到《增值税指令》下的"服务"，均指"服务和无形资产"。

《增值税指令》标题三为"纳税人"，其中第9条明确纳税人是指独立开展经济活动的人。所谓经济活动指制造商、贸易商、服务提供商的活动，以及利用有形或者无形财产取得收入的持续性行为。第10条说所谓独立开展经济活动是指排除了雇佣关系下的情形。第41条明确纳税人包括法人。纳税人的定义与我国基本一致。欧盟的《增值税指令》用"向纳税人提供服务"来定义B2B服务，用"向非纳税人提供服务"来定义B2C服务，并区分两种服务来分别制定税收管辖权规则，纳税人这个身份又多了一层含义。

《增值税指令》下的B2B服务一般规则与OECD《国际增值税/货物劳务税指南》的B2B服务一般规则（B2B general rule，即Guideline 3.2）一致，都是在顾客所在地纳税，这是目的地原则最直观的体现。《增值税指令》第44条规定：

就向纳税人提供服务而言，服务提供地是服务接受方纳税人的营业场所所在地。但是，如果该服务接受方在其营业场所所在地之外拥有固定机构，且该服务向该固定机构提供，则服务提供地为该固定机构所在地。如果不存在上述营业场所和固定机构，则服务的提供地为该接受服务的纳税人的永久住址或者经常居住地。

也就是说，B2B服务在买方所在地纳税。有人说，买方所在地就是消费地，这条规则直接实现了目的地原则。其实不然。增值税意义上的最终

---

① 第三章后面还有个第三a章，规定了第三章一些例外情况。因为涉及范围较窄，本文略去。

消费是指个人消费者的消费行为,企业都是中间环节,不是最终消费者,服务的购买方如果是企业,其所在地并不一定是最终消费地。但是这个原则的妙处在于,增值税链条环环相扣,只要一直适用这个规则,最终会将征税权传递到个人消费者的消费地,从而间接地实现了目的地原则。

欧盟的这个规则很简单,没有附带任何条件。虽然《增值税指令》中还有若干"特殊规定"对诸如现场服务、不动产相关服务、运输服务等服务作出了例外规定,但是在主规则层面并没有附加任何额外条件。B2B的服务种类繁多,只用一条规则,而且如此简洁的一条规则,来搞定大部分增值税管辖权问题,欧盟是不是欠考虑?还有没有别的做法?下面我们介绍一下我国的做法做个对比。

二、36号文件对B2B进口服务规定全部在境内征税

我国的跨境服务增值税管辖权规则并没有以B2B和B2C为主线来划分。要说主线,更像是以进口服务和出口服务为主线来进行划分。其中进口服务的规则表述较为笼络;而出口服务的规则表述较为详细。此外,不论是进口服务还是出口服务,都没有区分一般规则和特别规定,只是列举了具有一定特征的或者特定税目下的进口服务或者出口服务和无形资产应在我国纳税的情形。我国的跨境服务增值税管辖权法规主要见于36号文件。

36号文件附件一《营业税改征增值税试点实施办法》第一条明确,在中华人民共和国境内(以下称"境内")销售服务和无形资产构成应税行为,同时第十二条明确"在境内销售服务和无形资产"是指服务(租赁不动产除外)或者无形资产(自然资源使用权除外)的销售方或者购买方在境内等情形。早年看到这里,觉得销售方或者购买方只要有一方在中国境内就征税,这不是双重标准,两头占便宜吗?后来看了OECD的《国际增值税/货物劳务税指南》,明白这里面大有深意。原来,提供服务的情形很多,且各有特点,有些需要按销售方所在地确定征税地,有些需要按购买方所在地确定征税地,有些还需要按别的标准来确定征税地。36号文件附件一第十二条同时列举了各种标准,全文如下。

第十二条 在境内销售服务、无形资产或者不动产,是指:

(一)服务(租赁不动产除外)或者无形资产(自然资源使用权除外)的销售方或者购买方在境内;

(二)所销售或者租赁的不动产在境内;

（三）所销售自然资源使用权的自然资源在境内；
（四）财政部和国家税务总局规定的其他情形。

36号文件中如此规定，就是为了保证覆盖所有情形。一套体系中有多种标准并不可怕，实际执行中只要对于同一种服务适用单一标准，就不会出现两头占便宜的现象。两头占便宜会导致重复征税，削弱增值税的中性特征，这不是36号文件的立法意图。

36号文件将购买方在境内定义为在境内销售服务和无形资产，实际效果是针对进口服务确立了在境内征税的一般原则，对B2B进口服务而言，这在客观上达到了欧盟的B2B一般规则同样的效果，也符合OECD《增值税指南》的精神。本着确定征税权尽量宽泛的原则，这条规定中并没有附带任何条件。

三、36号文件仅对列举的若干出口服务放弃征税权

对于B2B出口服务，我国大多数情况下放弃了征税权，与OECD在买方所在地征税的精神一致。在具体形式上，我国采取了对列举的若干出口服务适用零税率和免税的做法。如前所述，欧盟在买方所在地纳税的一般规则适用范围中不适用于诸如现场服务、不动产相关服务、运输服务等服务，除此之外适用于所有的B2B服务，在买方所在地纳税。而我国将适用在买方所在地纳税规定的B2B出口服务，与不适用该规定的服务诸如现场服务、不动产相关服务、运输服务等服务同时分别列举。36号文附件四《跨境应税行为适用增值税零税率和免税政策的规定》第一条按服务类型列举了零税率的适用范围，第二条则按服务类型列举了免税的适用范围。其中36号文附件四第一条第（三）款列举了适用零税率服务范围如下：

向境外单位提供的完全在境外消费的下列服务：
1.研发服务。
2.合同能源管理服务。
3.设计服务。
4.广播影视节目（作品）的制作和发行服务。
5.软件服务。
6.电路设计及测试服务。
7.信息系统服务。

8. 业务流程管理服务。

9. 离岸服务外包业务。

10. 转让技术。

36文附件四第二条第（三）款列举了免税服务范围如下：

向境外单位提供的完全在境外消费的下列服务和无形资产：

1. 电信服务。

2. 知识产权服务。

3. 物流辅助服务（仓储服务、收派服务除外）。

4. 鉴证咨询服务。

5. 专业技术服务。

6. 商务辅助服务。

7. 广告投放地在境外的广告服务。

8. 无形资产。

36文附件四第二条还在第（五）款将以下服务纳入了免税服务范围：

为境外单位之间的货币资金融通及其他金融业务提供的直接收费金融服务，且该服务与境内的货物、无形资产和不动产无关。

上述列举零税率和免税服务时都将服务限定为"向境外单位提供"，表明了该规定仅适用于B2B出口服务。同时，以上列举的服务都因为购买方不在我国境内从而不在我国征税，体现了按购买方所在地纳税的原则，达到了与欧盟B2B一般规则相同的效果。

四、36号文件为出口服务零税率设置了直接出口条件

零税率和免税待遇不同之处在于，享受零税率待遇可以退还相应进项税，比起不能退还进项税的免税待遇更为优惠。出于这种区别，对零税率的征管更严，设置了取得相应资质或者在相关政府主管部门进行合同备案等前置条件。国家税务总局发布的《适用增值税零税率应税服务退（免）税管理办法》（国家税务总局公告2015年第88号）明确，在办理申报时需要提供相应证明，具体如下：

……

2.与境外单位签订的提供增值税零税率应税服务的合同。

提供软件服务、电路设计及测试服务、信息系统服务、业务流程管理服务,以及离岸服务外包业务的,同时提供合同已在商务部"服务外包及软件出口管理信息系统"中登记并审核通过,由该系统出具的证明文件;提供广播影视节目(作品)的制作和发行服务的,同时提供合同已在商务部"文化贸易管理系统"中登记并审核通过,由该系统出具的证明文件。

3.提供电影、电视剧的制作服务的,应提供行业主管部门出具的在有效期内的影视制作许可证明;提供电影、电视剧的发行服务的,应提供行业主管部门出具的在有效期内的发行版权证明、发行许可证明。

4.提供研发服务、设计服务、技术转让服务的,应提供与提供增值税零税率应税服务收入相对应的"技术出口合同登记证"及其数据表。

这些法规中要求提供的上述证明文件有佐证服务的B2B性质的作用,同时也排除了外购服务出口情境下享受零税率待遇的可能性,等于为零税率出口服务增加了一个直接出口的限制条件。免税服务则没有类似需求。

五、36号文件对部分B2B出口服务设置了完全在境外消费的条件

36号文件附件四第一条第(三)款和第二条第(三)款针对列举的零税率和免税服务还同时设置了完全在境外消费的条件。第二条第(五)款还针对该款中列举的服务设置了"该服务与境内的货物、无形资产和不动产无关"的条件。36号文件附件四第七条明确,所谓完全在境外消费是指:

(一)服务的实际接受方在境外,且与境内的货物和不动产无关。

(二)无形资产完全在境外使用,且与境内的货物和不动产无关。

(三)财政部和国家税务总局规定的其他情形。

针对上述"与境内的货物和不动产无关"的条件,国家税务总局在解读中举了一个例子如下:

境内A咨询公司与美国B集团签订法律咨询合同,如果实际是为B集团在我国境内的子公司提供的法规咨询,则该咨询不属于完全在境外消费的咨询服务。

请注意本例子中服务的实际接受方是中国境内的子公司，而不是欧盟B2B一般规则下的哪种营业机构所在地之外的固定机构。因此，相对于欧盟的B2B规则而言，这又是一个额外的条件。

这是个转售服务的例子，税务总局认为该项服务的实际接受方在境内，因而不给予零税率或者免税待遇，即A公司出口服务时征税。但是考虑到境内的中国子公司进口服务时还要面临征税，这种做法造成双重征税。那么设置B2B出口服务增加完全在境外消费这个条件用意何在呢？其用意是否重要到不惜背离目的地原则和中性原则来实现呢？

六、对比和思考

OECD《国际增值税/货物劳务税指南》附件一中的例二也是个转售服务的例子（见图4-4），这个例子与36号文件解读中的上述例子情形基本相同，但是税务处理完全相反。OECD《国际增值税/货物劳务税指南》在B2B主规则下还明确了根据商业协议来判断顾客的做法，并据此明确图4-4中情形下在A国征税。36号文件如果也奉行这一精神，就会规定类似的转售服务在中国适用零税率或者免税而不是征税。

例2：涉及三方的两次交易

```
    A国                    B国
  ┌─────────────┐      ┌─────────────┐
  │   S公司     │服务2 │   T公司     │
  │ (零售分析师)│◄─────│ (营销公司)  │
  └─────────────┘      └─────────────┘
                          │
                     服务1│
                          ▼
                       ┌─────────────┐
                       │   A公司     │
                       │ (食品零售商)│
                       └─────────────┘
```

图4-4 转售服务案例

欧盟的《增值税指令》在标题四"纳税人"下第28条明确，纳税人以自己名义代他人参与提供服务时，应视为同时接受和提供该服务。如果应用到图4-4中的例子，就是视为B国T公司向A国S公司提供出口服务，同时A国S公司向B国A公司提供进口服务。在《增值税指令》第28条规则和第44条的B2B的一般规则共同作用下,上例中T公司出口服务时B国政府放弃征税权,A公司进口服务时按规定扣缴增值税,与OECD推荐的做法完全相同,而且这样一来整个增值税链条完整、没有重复征税,且能够实现目的地原则。

从以上转售服务的例子可以看出《国际增值税/货物劳务税指南》B2B一般规则的妙处,即不论增值税的链条有多长,中间经过几次跨境,只要始终坚持B2B服务在顾客所在地征税,最终会将税负全部传递到终端消费者,在最终消费地征税,实现目的地原则和中性原则,因此其简单和简洁并不是欠考虑,而是大道至简的体现。

我国没有将在顾客所在地征税确立为B2B一般规则,而且将其当成特别规定对待,同时还附加了多项额外条件。对B2B服务处理方式的差异,根源在于欧盟和中国针对跨境B2B服务管辖权的政策目标不同。欧盟的《增值税指令》毕竟是国际法,重点关注协调税收管辖权以实现增值税的目的地原则和中性原则,而我国的36号文件等一系列法规是国内法,重点关注维护税收权益。两者关注点不同,思路自然不同。同时,欧盟大道至简的做法,值得我们思考和借鉴。

扩展阅读8:

理想很丰满,现实很骨感——面对B2C非现场服务,欧盟也背离了目的地原则

上节说到目的地原则要求在最终消费地征收增值税,现在我们来看针对B2C服务如何实现目的地原则。这个问题看似简单,似乎只需要识别了顾客的消费地,在消费地征税就可以了,但是实际上不简单,税务机关怎么知道顾客在哪里消费服务呢?能做的只是推断而已。只要是推断,就会见仁见智。所有基于推断的规则,应用起来都有可能与实际脱节。因此,欧盟《增值税指令》中有个兜底条款,见第三章第三节第10分节"防止双重征税以及不征税"。该分节只含第59a条,其内容相当于企业所得税法规中的一般反避税条款,授权成员国为了实现目的地原则可以超越现有规则,按照自己推断的实际使用和享受服务地点来确定纳税地。该条内容如下:

为了防止双重征税，不征税以及扭曲竞争，成员国可以针对第44条、第45条、第54第1款第二分段、第56条、第58条、第59条管辖的服务：

（a）对已经确定为在其境内提供的部分或者全部服务，如果实际使用和享受发生在欧盟之外，考虑将其确定为发生在欧盟之外；

（b）对已经确定为在欧盟之外提供的部分或者全部服务，如果实际使用和享受发生在其境内，考虑将其确定为发生在其境内……

OECD的《国际增值税/货物劳务税指南》将B2C服务分为两类，一类是现场服务，另一类是非现场服务。在OECD看来，现场服务消费地就在服务实施地，这个容易推断；而非现场服务大概率是回家消费，因此就以顾客的永久住所/经常居住地来判定消费地。OECD根据上述思路针对B2C服务分别制定了两条一般规则（general rules），规定现场服务在服务实施地征税，非现场在顾客的永久住所或者经常居住地征税，大路朝天，各走一边。

OECD的《国际增值税/货物劳务税指南》代表理想。现实和理想之间往往存在距离。在现实世界中，欧盟的《增值税指令》将上述两条一般规则都贬为特别规定，然后另外扶持出了一条违反目的原则的B2C一般规定。这样下来，在欧盟的《增值税指令》体系中，**B2C现场服务直接看特别规定，而B2C非现场服务要先看特别规定，对于特别规定中没有列举的服务，再看一般规定。篇幅所限，本节暂不涉及现场服务，只讨论非现场服务，我们先来看看欧盟这个B2C一般规定，再看被贬为特别规定的非现场服务规定。**

一、欧盟将原产地原则确立为B2C一般规定

欧盟《增值税指令》标题五"应税交易地点"之第三章"服务提供地"之第二节"一般规则"（General rules）第45条规定：

就向非纳税人提供服务而言，服务的提供地应确定为供应商营业场所或者提供服务的固定场所所在地，如果供应商不存在上述营业场所或者固定场所，应按其永久住址或者经常性居住地确定服务提供地。

也就是说，B2C服务实施原产地原则（Origin Principle）。这与OECD倡导的目的地原则背道而驰。如果说偶尔用一用原产地规则，本来也无伤大雅，但是欧盟把它确定为一般规定，是不是太过分了？

不必大惊小怪，我国针对出口服务的一般规定也是这样。前文说过，36号文件附件一《营业税改征增值税试点实施办法》明确，服务和无形资产的销售方和接受方只要有一方在中国境内就属于在境内销售服务和无形资产，从而应当在境内缴纳增值税。出口服务由于销售方在境内，根据以上规定一般情况下需要在境内纳税。这等于将原产地原则确立为出口服务的一般规则。同时，36号文附件四《跨境应税行为适用增值税零税率和免税政策的规定》中对部分列举的出口服务给予零税率和免税待遇以体现目的地原则，但是零税率服务和免税服务范围有限，终究属于特殊规则。这就是说，B2C出口服务一般情况下适用原产地原则，特殊情况下适用目的地原则，这与欧盟的做法一致。

OECD的《国际增值税/货物劳务税指南》在大树特树目的地原则的同时，也知道现实中很多国家或组织包括欧盟和中国在内，都将原产地原则确立为B2C服务的一般原则。但是欧盟并没有批评这种做法。想必OECD明白这是出于征管上的考虑，服务提供方纳税人终究是企业，管理起来比消费者个人容易多了。目的地原则是理想，原产地原则是现实。实现理想的征管成本太高，最终多数国家选择了面对现实，这也无可厚非。OECD非但没有批评这种做法，还给这种做法找了一个台阶，说这不是背叛理想，而是最终消费地本身就不容易确定，只能采取各种方式去推定，推定中会用到各种标志物，如果将销售方的营业地选做标志物，换言之，假定服务在该场所消费，也是可以理解可以接受的[①]。

这个原产地主规则应用起来也会遇到头疼的问题，比如说如何认定服务的提供方，欧盟《增值税指令》第46条规定：

中介以他人之名代他人提供给非纳税人的服务的，提供地应为其底层服务根据本指令确定的服务提供地。

这一条虽然适用于所有B2C服务，但是不直接规定服务提供地，因此没有成为一般规定，而是属于特别规定。这是《增值税指令》第三章下第三节"特别规定"下的第一个条款。该节共分为10个分节。其中第一分节题为"中介提供的服务"，只含第46条这一条。

---

① 请参见OECD《国际增值税/货物劳务税指南》第3.10段。

第46条对于数字经济非常重要。各种网络媒体平台上的服务，例如下载软件、提供游戏等服务，平台往往只是充当中介而已，商户往往以自己的名义经营。第46条针对这种情形规定，判断服务提供地时可以忽略平台的作用，视为商户直接向消费者提供服务。第46条与B2C一般规则共同作用的结果就是在商户永久住址或者经常性居住地征税。当然了，这与电子商务销售货物的规定相反，如果是销售货物，电子商务平台往往要视同自己销售货物承担纳税义务。

二、欧盟将顾客所在地规则确立为B2C非现场服务特殊规定

针对B2C服务，OECD的《国际增值税/货物劳务税指南》第3.6条指引（Guideline 3.6）规定：

为了应用第3.1条指引（即实现目的地原则，笔者注），除第3.5条指引规定的情形（即现场消费的情形，笔者注）之外，顾客经常居住地的行政管辖区针对B2C提供的服务和无形资产拥有征税权。

这是OECD针对非现场B2C服务的一般规则，以下我们简称其为顾客经常居住地规则。

欧盟的顾客所在地规则见于《增值税指令》第58条和第59条。这两条都属于第三章下第三节"特别规定"，表明欧盟并没有给其一般规定的待遇。其中第58条属于第三节下的第八分节"向非纳税人提供的电信、广播和电子服务"，第59节属于第九分节"向欧盟之外的非应税人提供的服务"。这两条除了确立顾客所在地规则的适用范围之外，还将"顾客永久住址"与"顾客经常居住地"一并确立为顾客所在地判断标志，反映了简便务实的作风。对比一下：OECD的相应判断标志只有顾客经常居住地，没有顾客永久住址。由于存在这种细微的差别，我们将欧盟的上述规则简称为"顾客所在地规则"，以区别于OECD的"顾客经常居住地规则"。

可以看出，欧盟的"顾客所在地规则"与OECD的"顾客经常居住地规则"在内容上大同小异。但是两者地位并不对等，前者是特别规定，后者是一般规则。另外，欧盟的顾客所在地规则与欧盟的B2B主规则很相似，都是顾客所在地来确定纳税地，但是两者地位也不对等。在B2B服务那一边顾客所在地规则是一般规则，在B2C服务这一边顾客所在地规则是特别规定。

三、欧盟的B2C顾客所在地规则应用场景之一：数字经济

欧盟《增值税指令》第58节规定：

向非纳税人提供以下服务的，其服务提供地为该非纳税人的营业场所（where that person is established）、永久住址或者经常居住地：

（a）电信服务；

（b）广播和电视播映服务；

（c）以电子方式提供的服务，特别是附件Ⅱ中列举的服务。

服务供应商和顾客通过电子邮件沟通，这一点并不表示提供的服务构成以电子方式提供服务。

附件Ⅱ将以电子方式提供的服务列举如下：

（1）提供网址、主机托管、远程维护程序和设备；

（2）提软件以及后续更新；

（3）提供图像、文字、信息以及数据库供查询；

（4）提供音乐、电影以及游戏，包括机遇游戏和赌博、提供政治、文化、艺术、体育、科学和娱乐广播以及活动；

（5）提供远程教育。

第58条规定与OECD的非现场服务规则基本一致，都直接体现目的地原则。第58条之下的服务，不论是提供给欧盟之外还是提供给欧盟中不同国家，都优先适用这条特别规定，不能适用这条特别规定时才适用一般规定下的原产地原则。

四、欧盟的B2C顾客所在地规则应用场景之二：出口服务

向欧盟之外出口B2C特定服务适用《增值税指令》的第59条，内容如下：

向营业场所、永久住址或者经常居住地在欧盟之外的非纳税人提供以下服务的，其服务提供地为该非纳税人的营业场所、永久住址或者经常居住地：

（a）转让或者授权版权、专利、许可、商标以及类似权利；

（b）广告服务；

（c）咨询师、工程师、咨询公司、律师、会计师提供的服务以及类似

服务，以及数据处理以及提供信息；

（d）有义务来全部或者部分地避免寻求或者行使本条下的业务行为或者权利；

（e）银行、融资以及保险包括再保险交易，出租保险箱除外；

（f）提供人员；

（g）出租有形动产，但不包括出租交通工具；

（h）提供接入位于欧盟境内的天然气系统、与之相连的任何管网、接入电力系统、供热系统和冷却系统，以及通过系统或者管网发送或者分发与上述服务直接相关的其他服务。

需要注意，如果服务接受方是欧盟成员国的非纳税人，则不适用以上规定，而是要适用第45条的B2C一般规定，在供应商营业场所或者提供服务的固定场所所在地纳税，如果供应商不存在上述营业场所或者固定场所，应按其永久住址或者经常性居住地纳税。

这一条内外有别的规定反映出欧盟没有想两头占便宜。针对出口到欧盟之外的以上B2C服务，是个要不要征税的问题，欧盟在这一点上接受了目的地原则，放弃了征税权；而欧盟成员国之间提供的以上服务，反正欧盟之内总有一个国家要征税，不存在要不要征税的问题，只存在谁来征税的问题，这时候征管效率就成为优先考虑事项，因此欧盟采取了原产地规则。

五、我国对B2C进口服务的一般规定：适用顾客所在地规则

前文说过我国针对出口服务一般按原产地原则征税，现在我们来看看进口服务。36号文件附件一《营业税改征增值税试点实施办法》明确，服务和无形资产的销售方和接受方只要有一方在中国境内，就构成在境内销售服务，从而应当在境内缴纳增值税。这一将接受方在境内定义为在境内销售服务和无形资产的规定也适用于接受方为境内个人的情形。这就是说，一般情况下B2C的进口服务需要在境内纳税，这客观上是对进口服务适用了顾客所在地规则，直接体现了目的地原则。

但是，我国没有针对以上规定出台具体的操作规定，表明上述规定并未实际施行。出于征管成本效益方面的考虑，这可以理解。但是随着进口B2C非现场服务体量持续增长，加之服务中广泛使用互联网平台导致交易识别成本以及合规成本持续降低，整体上非现场服务的征管成本降低很快，效益提高很快，制定具体政策并开始施行这一规定是早晚的事情。跨境电商进口商品税收征管方面的进展就是一个旁证。

扩展阅读9：

一视同仁，大同小异——欧盟针对现场服务的B2B和B2C增值税管辖权规则

本篇我们来讨论现场服务。OECD在《国际增值税/货物劳务税指南》中对B2C服务设置了两个一般规则，分别是针对现场服务的第3.5项指引（Guideline 3.5）和针对非现场服务的第3.6项指引（Guideline 3.6）。其中第3.5项指引内容如下：

为了应用第3.1条指引（即实现目的地原则，笔者注），针对通过以下方式提供服务和无形资产，服务实际实施地的行政管辖区拥有征税权：

（1）服务在一个容易辨认的地点实际实施；

（2）一般情形下服务在提供的同时同地消费；

（3）一般情形下需要服务提供人员与服务消费人员同时出现在提供服务或者无形资产的实际实施地。

OECD认为对现场B2C服务而言，服务的实施地能很好地代表消费地，因而将以上规则确立为《增值税指南》中B2C一般规则之一。欧盟则认为这么好的规则不应局限于B2C服务，还要扩大到B2B服务，这样一视同仁后，现场服务提供商就不需要识别顾客是企业还是个人，这会极大地降低合规成本和征管成本。出于这种考虑，欧盟不区分B2B和B2C，规定只要是列举范围之内的现场服务，一律在服务实际实施地纳税[①]。

欧盟的《增值税指令》在第三章下第三节为"特别规定"下，设置了10个分节。其中第四、第五、第七分节均针对现场服务，以下我们分别介绍这三个小节，并与我国相关规定进行对比。

一、欧盟针对文艺体育科教娱乐类服务的规定

虽然总体上一视同仁，欧盟针对现场服务的B2B和B2C细节规定还是有所不同。第四分节分为第53条和第54条，分别针对B2B和B2C现场服务。其中第53条针对特定B2B现场服务规定如下：

---

① 《国际增值税/货物劳务税指南》第3.45段。

向纳税人提供的文化、艺术、体育、科学、教育、娱乐和诸如交易会、展会等类似活动的入场服务,以及入场的辅助服务例如组织者的活动,应当按服务的实际实施地确定服务提供地。

第54条则针对特定B2C现场服务规定如下:

1.向非纳税人提供的文化、艺术、体育、科学、教育、娱乐和诸如交易会、展会等类似活动的入场服务,以及入场的辅助服务例如组织者的活动,应当以服务的实际实施地确定服务提供地。

2.向非纳税人提供的以下服务应当以服务的实际实施地确定服务提供地。

(a)运输辅助服务,例如装卸和货物管理以及类似服务;

(b)对有形财产的评估和加工。

对比第53条和第54条规定可以看出,B2C服务适用实施地标准的范围略宽于B2B服务。两者重合的部分是文艺、体育、科教、娱乐类服务,这是典型的现场服务之一,而且一般规模较大,适用实施地标准的成本效益高,因此不区分B2B和B2C服务一并适用实施地标准;而运输辅助服务和对有形财产的评估和加工服务虽然也需要现场提供,但是往往较为零散,适用实施地标准不会显著降低征管成本,因此只对B2C服务适用实施地标准,而对于B2B服务则适用一般规则,即原产地标准。

二、我国针对文艺体育科教娱乐类服务的规定

针对进口服务,我国的36号文在附件一第十三条对部分进口行为在征税时进行了排除,明确下列情形不属于在境内销售服务或者无形资产:

……境外单位或者个人向境内单位或者个人销售完全在境外发生的服务。

在境外实施的现场服务,一般会被理解为完全在境外发生。如果照此理解,我国的进口现场服务实际上不区分B2B和B2C,统一不在境内征税。这一理解虽然并没有形成正式文件,但是从36号文件针对出口服务的相关规定中可以推断出来。

针对出口服务，36号文在附件四第二条在列举免税服务时，针对出口的以下服务采取了类似的现场服务标准，即服务实施地标准，见第（一）款：

……

4. 会议展览地点在境外的会议展览服务。

5. 存储地点在境外的仓储服务。

……

7. 在境外提供的广播影视节目（作品）的播映服务。

8. 在境外提供的文化体育服务、教育医疗服务、旅游服务。

国家税务总局公告2016年第29号针对以上列举的服务解释如下：

（四）会议展览地点在境外的会议展览服务。

为客户参加在境外举办的会议、展览而提供的组织安排服务，属于会议展览地点在境外的会议展览服务。

（七）在境外提供的广播影视节目（作品）的播映服务。

在境外提供的广播影视节目（作品）播映服务，是指在境外的影院、剧院、录像厅及其他场所播映广播影视节目（作品）。

通过境内的电台、电视台、卫星通信、互联网、有线电视等无线或者有线装置向境外播映广播影视节目（作品），不属于在境外提供的广播影视节目（作品）播映服务。

（八）在境外提供的文化体育服务、教育医疗服务、旅游服务。

在境外提供的文化体育服务和教育医疗服务，是指纳税人在境外现场提供的文化体育服务和教育医疗服务。

为参加在境外举办的科技活动、文化活动、文化演出、文化比赛、体育比赛、体育表演、体育活动而提供的组织安排服务，属于在境外提供的文化体育服务。

通过境内的电台、电视台、卫星通信、互联网、有线电视等媒体向境外单位或个人提供的文化体育服务或教育医疗服务，不属于在境外提供的文化体育服务、教育医疗服务。

可见对于出口的文艺体育科教娱乐类服务，我国不区分B2B与B2C，统一按现场服务对待，因其实施地在境外而给予免税。此外，既然境内企业提供上述服务可以免税，那么可以推断境外企业提供上述服务不应征税。总结下来，不论进口还是出口，上述服务都因为其实施地在境外而不在境内征税。这一点上我国与欧盟的立场是一致的。

三、欧盟针对餐饮服务的规定

欧盟针对餐饮服务增值税管辖权的相关规定见于《增值税指令》第三章下第三节"特别规定"的第五分节和第七分节。其中第五分节标题为"餐厅和包餐服务"，只含第55条，该条明确针对除第七分节情形之外的餐厅和包餐服务，规定以服务实施开展地为服务提供地。第七分节标题为"在船舶、飞机和火车上提供的餐厅和包餐服务"，只含第57条，适用于在欧盟区域之内的此类服务，规定以旅程的始发地确定服务提供地。对于欧盟区域之外的此类服务，并无特别规定，推断是适用B2C的一般规定，即以服务方机构所在地来确定服务提供地。

四、我国针对餐饮服务的规定

对于进口服务，我国只在36号文附件一第十三条中作了一个笼统的规定，此外并没有详细的规定，更没有针对餐饮行业的具体规定。但是，国家税务总局在解读36号文附件一时，举了以下例子：

境外单位或者个人销售的服务（不含租赁不动产），属于下列情形的，不属于在境内销售服务，不缴纳增值税：

……境外单位或者个人向境内单位或者个人销售完全在境外发生的服务。例如，境内个人出境旅游时的餐饮、住宿服务。

这就说明在进口餐饮服务方面，我国的立场与欧盟一致，都是以现场服务实施地确定征税地。

关于出口餐饮服务我国并无特别规定。也就是说，境内企业如果在境外提供餐饮服务，由于服务提供方在境内，需要在境内纳税。这虽然不合理，但也不难理解。这种情形终究很少见，不在立法的优先考虑范围之内。

总结一下，针对现场服务，欧盟和我国基本上都采用的服务实施地标准确定服务提供地，划分管辖权。

扩展阅读10：

"苍天已死，黄天当立"——基于财产所在地的增值税管辖权规则

一、OECD在特定情况下认可财产所在地规则

OECD说，有时候需要特殊情况特殊对待，因此一般规则之外需要特殊规定，于是《增值税指南》在B2B的一般规则（Guideline 3.2）和B2C的一般规则（Guideline 3.5）之外，设置了若干具体规则（specific rules）。当然了，背离一般规则是需要前提的，第3.7条指引（Guideline 3.7）将此前提确定为同时满足两个条件：

（1）如果适用一般规则从中性、合规和征管效率、确定性和简单、有效性、公平性各方面考虑不能导致合适的结果；

（2）采用别的标志物比起根据一般规则确定征税地会导致显著更好的结果。

第一个条件可以概括为"苍天已死"，第二个条件可以概括为"黄天当立"，总结下来就是说，B2B和B2C各自的一般规则固然美妙，但是需要考虑成本效益。适用这些规则之前先要识别顾客是企业或者个人，这需要付出额外成本，如果运用这些一般规则效果还不错，那还可以凑合着用，但是如果效果也不尽如人意，那么就要考虑抛开这些一般规则，基于别的标志物来制定特别规则。OECD说，与有形财产相关的服务就是这样一个例子，各国可以考虑基于财产所在地来确定纳税地。

有形财产包括动产和不动产。针对涉及不动产相关服务，OECD给出了《增值税指南》中的第3.8条指引（Guideline 3.8），内容如下：

与不动产相关的跨境提供服务或者不动产，征税权可以分配给不动产所在地税收管辖区。

关于有形动产的增值税规则，《增值税指南》指出在B2C的情形下可以考虑采用财产所在地标志，在B2B的情形下不建议背离一般规则，即仍要以顾客所在地为基础确定征税地。

二、欧盟的不动产相关服务规则

《增值税指令》第三章下第三节为"特别规定",该节共分为10节分节,其中第二分节涉及与不动产相关的服务。该分节下只有第47条,内容如下:

与不动产相关的服务,包括专家和地产代理提供的服务、酒店或者类似行业如度假营提供的食宿服务、授权使用不动产、建筑工作的准备和协调活动例如建筑师以及监理公司提供的服务,提供服务的地点应按不动产的所在地确定。

该规定同时适用B2B和B2C业务,与OECD《增值税指南》中的第3.8条指引精神相符,这里不再做解释。

三、欧盟的动产相关服务规则

《增值税指令》第三章下第三节"特别规定"下第六分节涉及租用交通运输工具,内含第56条一条,共分3款。其中第1款针对短期租赁,第2款针对长期租赁,第3款则定义"短期",指不超过30天(其中针对船舶则指不超过90天)。

第1款针对短期租赁,不分顾客是企业还是个人,规定统统以交通工具置于顾客处置之地确定服务提供地。

第2款则针对长期租赁,仅适用于顾客为非纳税人的情形(即B2C,笔者注),规定不使用财产所在地标准,而是按顾客的机构所在地、永久住址或者经常居住地确定服务提供地。与此同时,第2款给出了一个例外,就是针对游艇规定了与短期租赁交通工具一样的待遇,即以交通工具置于顾客处置之地确定服务提供地。本条没有提到针对企业的长期租赁,那就是说B2B长期租赁不适用本条,而是适用B2B一般规则,在顾客所在地征税。这就是说,针对长期租赁,不论B2B和B2C都是在顾客所在地征税。

短期租赁和长期租赁分别对待,主要是出于征管成本的考虑。针对短期租赁比如说租车公司向旅客提供车辆,在机场交接,那么就采用动产所在地这个标志,将机场确定为服务提供地点,租车公司不需要区分顾客是企业还是个人,也不需要顾客提供住址证明,简单明了,容易操作。这虽然背离了目的地原则,但是合规成本低。由于短期租赁交易量巨大,这样做合规成本节省会很可观,因而这种背离是合算的。而长期租赁交易量不那么巨大,识别顾客身份以及了解顾客住址信息的总体成本就不那么高,节省成本会很有限,这时候就没有必要背离目的地原则了,按顾客所在地来确定服务提供地就好了。

四、我国针对不动产相关服务的规则

36号文件附件一第十三条明确:

下列情形不属于在境内销售服务或者无形资产:
(一)境外单位或者个人向境内单位或者个人销售完全在境外发生的服务;
(二)境外单位或者个人向境内单位或者个人销售完全在境外使用的无形资产;
……

针对上述第(一)项,国家税务总局在解读中举例说,境外某一工程公司到境内给境内某单位提供工程勘察勘探服务不属于完全在境外发生的服务。这就是体现不动产所在地规则的一例。

针对出口服务,36号文附件四《跨境应税行为适用增值税零税率和免税政策的规定》第二条列举的免税服务范围中的第(一)款中包含了若干与无形资产相关服务,具体如下:

1. 工程项目在境外的建筑服务。
2. 工程项目在境外的工程监理服务。
3. 工程、矿产资源在境外的工程勘察勘探服务。

以上规定也是体现不动产所在地规则的例子。此外,36号文件附件四第一条第(三)款和第二条第(三)款列举一般性B2B服务时(请参考:大道至简——欧盟一招理顺B2B跨境服务增值税的启示),均设置了完全在境外消费的条件,同样体现了不动产所在地规则。

附件四第七条明确,所谓完全在境外消费是指:

(一)服务的实际接受方在境外,且与境内的货物和不动产无关。

（二）无形资产完全在境外使用，且与境内的货物和不动产无关。

（三）财政部和国家税务总局规定的其他情形。

国家税务总局在解读36号文件附件四第七条第（二）款时，针对出口无形资产举了一个例子如下：

境内C公司向印度D公司转让一项有关高铁轨道铺设的专利技术，用于D公司在印度高铁项目，则该专利技术属于完全在境外消费的无形资产。

这个例子中销售的无形资产与境外不动产相关，因此适用不动产所在地规则，不在境内征税。

五、我国针对动产相关服务的规则

与动产相关的进口服务，可以直接适用36号文在附件一第十三条。该条对部分进口行为进行排除，明确有些情形不属于在境内销售服务或者无形资产，其中第（三）款为：

（一）境外单位或者个人向境内单位或者个人销售完全在境外发生的服务。

……

（三）境外单位或者个人向境内单位或者个人出租完全在境外使用的有形动产。

国家税务总局在对解读36号文在附件一时，举了以下例子：

境外单位或者个人销售的服务（不含租赁不动产），属于下列情形的，不属于在境内销售服务，不缴纳增值税：

……境外单位或者个人向境内单位或者个人出租完全在境外使用的有形动产。例如，境外汽车租赁公司向赴境外旅游的中国居民出租小汽车供其在境外自驾游。

在这个例子中，我国的立场与欧盟一致。

针对与动产相关的出口服务，则可以适用36号文在附件四第一条和第二条的相关具体规定。其中第二条在列举免税服务时，明确部分服务以有

形动产所在地为标志,包括第(一)款中的如下服务:

3.标的物在境外使用的有形动产租赁服务。

可以看出,针对有形动产租赁,我国的进口服务与出口服务均以资产使用地来确定征税地。

36号文附件四第二条规定的免税范围还包括:

(二)为出口货物提供的邮政服务、收派服务、保险服务。为出口货物提供的保险服务,包括出口货物保险和出口信用保险。

这是出口服务按有形动产所在地确定征税地的另一种情形。针对上述内容,国家税务总局公告2016年第29号《国家税务总局关于发布〈营业税改征增值税跨境应税行为增值税免税管理办法(试行)〉的公告》(以下简称"29号文件")第一条进行了细化,在第(九)款"为出口货物提供的邮政服务、收派服务、保险服务"的标题下明确:

1.为出口货物提供的邮政服务,是指:
(1)寄递函件、包裹等邮件出境。
(2)向境外发行邮票。
(3)出口邮册等邮品。
2.为出口货物提供的收派服务,是指为出境的函件、包裹提供的收件、分拣、派送服务。
纳税人为出口货物提供收派服务,免税销售额为其向寄件人收取的全部价款和价外费用。
3.为出口货物提供的保险服务,包括出口货物保险和出口信用保险。

六、我国同时应用于动产相关和不动产相关的出口服务规则

针对出口服务,第29号文件第一条在解释免税出口服务的范围时,在多项服务中都将动产与不动产相提并论,一并列为标志物,其中包括:

(十三)向境外单位销售的完全在境外消费的鉴证咨询服务

下列情形不属于完全在境外消费的鉴证咨询服务：

……

2.对境内的货物或不动产进行的认证服务、鉴证服务和咨询服务。

（十四）向境外单位销售的完全在境外消费的专业技术服务

下列情形不属于完全在境外消费的专业技术服务：

……

2.对境内的天气情况、地震情况、海洋情况、环境和生态情况进行的气象服务、地震服务、海洋服务、环境和生态监测服务。

3.为境内的地形地貌、地质构造、水文、矿藏等进行的测绘服务。

4.为境内的城、乡、镇提供的城市规划服务。

（十五）向境外单位销售的完全在境外消费的商务辅助服务

……

4.下列情形不属于完全在境外消费的商务辅助服务：

……

（2）对境内不动产的投资与资产管理服务、物业管理服务、房地产中介服务。

（3）拍卖境内货物或不动产过程中提供的经纪代理服务。

（4）为境内货物或不动产的物权纠纷提供的法律代理服务。

（5）为境内货物或不动产提供的安全保护服务。

……

（十七）向境外单位销售的完全在境外消费的无形资产（技术除外）

下列情形不属于向境外单位销售的完全在境外消费的无形资产：

……

2.所转让的自然资源使用权与境内自然资源相关。

3.所转让的基础设施资产经营权、公共事业特许权与境内货物或不动产相关。

4.向境外单位转让在境内销售货物、应税劳务、服务、无形资产或不动产的配额、经营权、经销权、分销权、代理权。

梳理以上规定中可以看出，我国增值税法规中使用动产所在地为判断服务提供地标志物的情形很多，与以不动产所在地为标志的情形旗鼓相当。相比而言，欧盟的增值税法规中以动产所在地为标志物的情形比起以不动产所在地为标志物的情形要少很多。还可以看出，欧盟的法规与OECD的主张基本一致。OECD在使用不动产所在地标志物时态度比较坚决，在使用动产所在地标志物时态度比较谨慎。究其原因，财产所在地规则终究是例外，OECD和欧盟都想尽可能多适用B2B和B2C一般规则。

扩展阅读11：
铁路警察，各管一段——国际运输服务的增值税管辖权规则

OECD《增值税指南》指出，运输服务在多个税收管辖区实施，客运如果按照B2C现场服务的规定来确定服务提供地，将会导致一项业务同时在多个税收管辖区产生纳税义务，既不效率，也不简化，因此各个税收管辖区可以考虑特殊规则。但是OECD并没有针对运输服务制定特殊的规则，具体规则由各国通过国内法来确定。

一、欧盟的B2C运输服务分段管辖规定

欧盟的《增值税指令》第三章下第三节为"特别规定"，其中第三分节题目为"运输服务"，适用于向非纳税人提供的运输服务。本分节含第48条至第52条共五条，其中第48条针对客运，第49条至第52条针对货运。总体上看，本分节接受了OECD的建议，对服务实施地标准进行了修正以适应运输业的特点，这包括成员国之间按运输距离比例划分增值税管辖权，以及针对区域之外的运输服务放弃增值税管辖权。

第48条针对向非纳税人提供的客运服务，规定按照运输距离比例来确定服务发生地，从而确定服务提供地。

第49条针对向非纳税人提供的货运，同样规定按照运输距离比例来确定服务发生地，从而确定服务提供地。但是这条规定不适用于欧盟成员国之间的货运。

第50条针对向非纳税人提供的货运，规定如果发生在欧盟成员国之间，则按起运地确定服务提供地。这一条可以看作本分节中的例外，其目的是简化征管。

第51条则对"欧盟成员国之间货运""起运地""到达地"进行定义。

第52条规定，针对向非纳税人提供的货运，发生于欧盟成员国区域之外水域的部分，成员国不得征收增值税。

需要注意的是，本分节不适用于B2B服务，说明B2B运输服务仍旧适用B2B服务的一般规则，即按照顾客所在地确定服务提供地。综上所述，欧盟区分B2B和B2C、客运和货运、成员国之间的运输以及与非成员国之间的运输、陆地区域和水域，对运输服务分别适用不同的服务提供地标准，包括顾客所在地、起运地、服务提供方所在地（即原产地）、运输距离比例五个标准，但其主流是按运输距离比例来确定运输服务提供地。

二、我国的国际运输增值税管辖权依据——国际法

国际运输的特殊性决定了其适用特殊的增值税管辖权规则，包括国际法和国内法。国际法方面，我国依据国际税收条约给予缔约国对方居民国际运输业务免税待遇，包括间接税方面的免税待遇。国家税务总局网站将相关协定待遇以及依据进行了总结，其中针对国际空运总结如图4-5所示。

4.互免间接税	日本、丹麦、新加坡、阿联酋、韩国、印度、毛里求斯、斯洛文尼亚、以色列、乌克兰、牙买加、马来西亚（2000年议定书）、香港、澳门	避免双重征税协定（或安排）
	津巴布韦、越南、乌兹别克斯坦、美国、乌克兰、土库曼斯坦、叙利亚、罗马尼亚、秘鲁、阿曼、新西兰、马达加斯加、黎巴嫩、吉尔吉斯斯坦、科威特、哈萨克斯坦、以色列、加拿大、文莱、比利时、白俄罗斯、苏联、巴布亚新几内亚	航空协定税收条款
	美国、法国、泰国、土耳其、卢森堡、荷兰、芬兰、新加坡、斯里兰卡、巴林、波兰	互免国际运输收入税收协议或换函

图4-5 税务登记相关规定

而针对国际海运总结如图4-6所示。

4.互免间接税	日本、丹麦、新加坡(第8条及议定书)、阿联酋、韩国（第8条及议定书）、印度(第8条及议定书)、毛里求斯、斯洛文尼亚、以色列、乌克兰、牙买加、马来西亚(2000年议定书)、中国香港	避免双重征税协定（或安排）
	日本、比利时、德国、挪威、丹麦、芬兰、瑞典、荷兰、保加利亚、巴基斯坦、塞浦路斯、罗马尼亚、巴西、马耳他、克罗地亚、越南、乌克兰、希腊、古巴、格鲁吉亚、阿尔及利亚、智利、朝鲜、意大利、加拿大	海运协定税收条款
	美国、前南斯拉夫（互免海运收入税收协定）、俄罗斯（海运合作协定）、老挝（河运协定）、波兰、斯里兰卡、阿根廷、智利、意大利	互免国际运输收入税收协议或换函

图4-6　针对国际海运相关总结

国家税务总局公告2018年第11号《国家税务总局关于税收协定执行若干问题的公告》第二条和第三条对执行以上税收条约中的免税规定明确了口径，规定如下：

（一）缔约国一方企业以船舶或飞机从事国际运输业务从缔约国另一方取得的收入，在缔约国另一方免予征税。

从事国际运输业务取得的收入，是指企业以船舶或飞机经营客运或货运取得的收入，以及以程租、期租形式出租船舶或以湿租形式出租飞机（包括所有设备、人员及供应）取得的租赁收入。

（二）上述第（一）项的免税规定也适用于参加合伙经营、联合经营或参加国际经营机构取得的收入。对于多家公司联合经营国际运输业务的税务处理，应由各参股或合作企业就其分得利润分别在其所属居民国纳税。

（三）中新税收协定第八条第三款中"缔约国一方企业从附属于以船舶或飞机经营国际运输业务有关的存款中取得的利息收入"，是指缔约国双方从事国际运输业务的海运或空运企业，从对方取得的运输收入存于对方产生的利息。该利息不适用中新税收协定第十一条（利息）的规定，应视为国际运输业务附带发生的收入，在来源国免予征税。

（四）企业从事以光租形式出租船舶或以干租形式出租飞机，以及使用、保存或出租用于运输货物或商品的集装箱（包括拖车和运输集装箱的有关设备）等租赁业务取得的收入不属于国际运输收入，但根据中新税收协定第八条第四款，附属于国际运输业务的上述租赁业务收入应视同国际运输收入处理。

"附属"是指与国际运输业务有关且服务于国际运输业务，属于支持和附带性质。企业就其从事附属于国际运输业务的上述租赁业务取得的收入享受海运和空运条款协定待遇，应满足以下三个条件：

1.企业工商登记及相关凭证资料能够证明企业主营业务为国际运输；

2.企业从事的附属业务是其在经营国际运输业务时，从事的对主营业务贡献较小但与主营业务联系非常紧密、不能作为一项单独业务或所得来源的活动；

3.在一个会计年度内，企业从事附属业务取得的收入占其国际运输业务总收入的比例原则上不超过10%。

（五）下列与国际运输业务紧密相关的收入应作为国际运输收入的一部分：

1.为其他国际运输企业代售客票取得的收入；

2.从市区至机场运送旅客取得的收入；

3.通过货车从事货仓至机场、码头或者后者至购货者间的运输，以及直接将货物发送至购货者取得的运输收入；

4.企业仅为其承运旅客提供中转住宿而设置的旅馆取得的收入。

（六）非专门从事国际运输业务的企业，以其拥有的船舶或飞机经营国际运输业务取得的收入属于国际运输收入。

此外，《国家税务总局关于发布〈非居民企业从事国际运输业务税收管理暂行办法〉的公告》（国家税务总局公告2014年第37号，以下简称"37号公告"）就以上免税的操作进行了指引。具体操作方法见于第二章"征收管理"，包含税务登记、核算要求、扣缴要求等内容。其中税务登记的规定如图4-5所示。

第五条 非居民企业应自有关部门批准其经营资格或运输合同、协议签订之日起30日内，自行或委托代理人选择向境内一处业务口岸所在地主管税务机关办理税务登记，并同时提供经营资格证书、经营航线资料、相关业务合同以及境内联系人等相关信息。

显而易见，免税是以取得相关经营资格证书为前提的。

上文提到的协定条款表明，非居民企业从我国取得国际运输收入时，我国政府给予免征增值税待遇。这等于针对协定缔约国企业提供的进口国际运输服务确立了按照其机构所在地确定服务发生地的规则，即原产地规则。

此外，大陆与台湾之间虽然签署了避免双重征税协议，但至今尚未生效，因此36号文件在附件三《营业税改征增值税试点过渡政策的规定》中，专门针对从台湾地区进口的国际运输服务，以国内法的形式给予了免税待遇，具体免税范围列举在其第一条第（十七）款，相关内容如下：

台湾航运公司、航空公司从事海峡两岸海上直航、空中直航业务在大陆取得的运输收入。

台湾航运公司，是指取得交通运输部颁发的"台湾海峡两岸间水路运输许可证"且该许可证上注明的公司登记地址在台湾的航运公司。

台湾航空公司，是指取得中国民用航空局颁发的"经营许可"或者依据《海峡两岸空运协议》和《海峡两岸空运补充协议》规定，批准经营两岸旅客、货物和邮件不定期（包机）运输业务，且公司登记地址在台湾的航空公司。

以上待遇虽然出自国内法，但是与上文中国际法下待遇相同，因此也放在此处，在国际法的标题下加以介绍。

三、我国国内法中的国际运输服务零税率规定

由于国际运输业务的特殊性，我国国内法中并没有像其他服务一样区分进口服务和出口服务对其分别制定增值税政策，而是不看服务的接受方，只要是国内企业提供国际运输业务就给予零税率或者免税待遇。

在零税率待遇方面，36号文附件四《跨境应税行为适用增值税零税率和免税政策的规定》第一条明确：

中华人民共和国境内（以下简称"境内"）的单位和个人销售的下列服务和无形资产，适用增值税零税率：

（一）国际运输服务

国际运输服务，是指：

1. 在境内载运旅客或者货物出境。
2. 在境外载运旅客或者货物入境。
3. 在境外载运旅客或者货物。

（二）航天运输服务

以上规定表明我国实际上放弃了对于境外实施的运输服务的增值税管辖权，这与欧盟的按运输距离比例分段确认运输服务提供地的规则精神一致。

四、我国国内法中的国际运输服务免税规定

36号文附件四《跨境应税行为适用增值税零税率和免税政策的规定》第三条规定：

按照国家有关规定应取得相关资质的国际运输服务项目，纳税人取得相关资质的，适用增值税零税率政策，未取得的，适用增值税免税政策。

同时，36号文附件四《跨境应税行为适用增值税零税率和免税政策的规定》第二条规定的免税服务范围中，也包括：

（三）以无运输工具承运方式提供的国际运输服务。

这一条可以理解为出口运输服务免税的延伸。

针对以上无运输工具承运规定，国家税务总局公告2016年第29号《国家税务总局关于发布〈营业税改征增值税跨境应税行为增值税免税管理办法（试行）〉的公告》（以下简称"29号文件"）第二条第（十九）款进行了细化，明确属于以下情形的国际运输服务免税：

1. 以无运输工具承运方式提供的国际运输服务。
2. 以水路运输方式提供国际运输服务但未取得《国际船舶运输经营许可证》的。
3. 以公路运输方式提供国际运输服务但未取得"道路运输经营许可证"或者"国际汽车运输行车许可证"，或者"道路运输经营许可证"的经营范围未包括"国际运输"的。

4. 以航空运输方式提供国际运输服务但未取得"公共航空运输企业经营许可证",或者其经营范围未包括"国际航空客货邮运输业务"的。

5. 以航空运输方式提供国际运输服务但未持有"通用航空经营许可证",或者其经营范围未包括"公务飞行"的。

这些细节的规定也与欧盟按运输距离比例来分段确认运输服务提供地的规则精神一致。

五、我国国内法中针对境外邮政服务和收派服务的不征税和免税规定

如果将邮政服务、收派服务也视为运输服务,则《国家税务总局关于营改增试点若干征管问题的公告》(国家税务总局公告2016年第53号,以下简称"53号文件")的以下内容也可视为针对国际运输服务的一条特殊规定。53号文件第一条明确:

境外单位或者个人发生的下列行为不属于在境内销售服务或者无形资产:

(一)为出境的函件、包裹在境外提供的邮政服务、收派服务;

这条规定适用于境外单位与个人,其服务提供地标准与上文中讨论国际运输服务相同。同时36号文在附件四第二条在针对境内企业列举免税服务时,在其中第(二)款中包含了:

(二)为出口货物提供的邮政服务、收派服务、保险服务。为出口货物提供的保险服务,包括出口货物保险和出口信用保险。

针对上述内容,国家税务总局公告2016年第29号《国家税务总局关于发布〈营业税改征增值税跨境应税行为增值税免税管理办法(试行)〉的公告》(以下简称"29号文件")第一条进行了细化,在第(九)款"为出口货物提供的邮政服务、收派服务、保险服务"的标题下明确:

1. 为出口货物提供的邮政服务,是指:
(1)寄递函件、包裹等邮件出境。
(2)向境外发行邮票。

（3）出口邮册等邮品。

2.为出口货物提供的收派服务，是指为出境的函件、包裹提供的收件、分拣、派送服务。

纳税人为出口货物提供收派服务，免税销售额为其向寄件人收取的全部价款和价外费用。

可见，境内企业适用该项免税的口径与53号文件下境外企业适用免税的口径基本相同，都是对在境外提供的服务免税，这与欧盟的做法相同。

六、我国国内法中的国际货运代理业务免税规定

国际运输服务一般通过国际货运代理进行结算。根据36号文件附件一《营业税改征增值税试点实施办法》下的税目注释，货物运输代理不属于运输服务，而是属于现代服务项目的商务辅助服务，但是由于其与国际货运服务相关度较高，这里也做个简单介绍。根据36号文件附件三《营业税改征增值税试点过渡政策的规定》第一条第（十八）款，纳税人提供的直接或者间接国际货物运输代理服务免税，具体范围和相关规定如下：

1.纳税人提供直接或者间接国际货物运输代理服务，向委托方收取的全部国际货物运输代理服务收入，以及向国际运输承运人支付的国际运输费用，必须通过金融机构进行结算。

2.纳税人为大陆与香港、澳门、台湾地区之间的货物运输提供的货物运输代理服务参照国际货物运输代理服务有关规定执行。

3.委托方索取发票的，纳税人应当就国际货物运输代理服务收入向委托方全额开具增值税普通发票。

以上针对国际货运代理的免税规定，同样不区分接受方是境内企业还是境外企业，一并给予免税，与国际运输业务的待遇相同。国际货运代理业务与国际运输业务享受同样的免税待遇是十分必要的，因为国际运输业务处于上游，国际货运代理业务处于下游，国际货运代理向客户收取的业务收入中绝大部分是国际运输业务收入，而且由于其业务的特点，区分两种性质的收入不现实。因此，针对国际货运代理给予免税，为落实针对国际运输业务免税提供了保障。

综上所述，我国通过签署相关税收条约，针对缔约国对方的居民企业给予的国际运输业务免税待遇，同时通过国内法针对国际运输服务，采取了不征税、零税率以及免税等多种形式，放弃了税收管辖权。总体上，我国针对非居民企业和居民企业提供的国际运输服务都放弃征税权，这种做法与欧盟按运输距离分段确定运输服务提供地的规则在精神上是一致的。

扩展阅读12：

税率升至8%，新加坡GST如何切换？

新加坡的货物与劳务税（Goods and Services Tax，GST）诞生于1994年，与我国现行的《增值税暂行条例》同时生效。新加坡的GST与我国的增值税相似度极高，我们当成增值税来理解就能大致把握了。

从2007年起新加坡GST的标准税率为7%。从2023年1月1日起，标准税率升至8%，2024年1月1日起，将进一步升至9%。为了指导过渡期的操作，新加坡税务局（Inland Revenue Authority of Singapore，IRAS）于2023年1月10日出台了51页的第四版《2023税率变化：GST登记企业的指南》[2023 GST Rate Change: A Guide for GST-registered Businesses（Fourth Edition），以下简称《指南》]，详细列举了各种情形下的处理方式。

《指南》适用于GST登记企业。GST登记相当于我国的增值税一般纳税人登记，登记后的企业依法计算货物与劳务税并允许抵扣进项税。

一、供应时间规则

我们曾经亲历过多次增值税税率变动，明白过渡期税务处理的关键是对照法规中的纳税义务发生时间规定来确定适用税率。其基本原理是：如果纳税义务发生在切换日之前，就适用旧税率；如果纳税义务发生在切换日之后就适用新税率。因此，了解过渡期规则之前先要了解纳税义务发生时间规则。

新加坡GST法规中将纳税义务发生时间的规定称为"供应时间规则"（time of supply rules），该规则要求按照收款时间和开发票时间孰先来确定纳税义务发生。我国《增值税暂行条例》中的纳税义务发生时间规定虽然表述比较复杂，梳理下来与此基本一致。

这里需要做个说明。新加坡GST法规中的税务发票（tax invoice，以下简称“发票”）与我们印象中的发票不同，只是由销售方在白纸上自行打印的固定格式的单据而已。IRAS只提供了发票模板（见图4–7），并规定了其中应包含的信息，别的都不管。

不需要到税务局领用发票，也不需要税控机，更不需要发票认证抄报税。这够便利了吧？ IRAS仍旧觉得不好意思太麻烦纳税人，还提供了一个简式发票（simplified tax invoice）模板（见图4–8），并规定了票面价税合计在1 000新币以下的情形下纳税人可以开具简式发票。

另外，针对向非增值税登记纳税人的顾客（比如个人顾客）销售，IRAS规定销售方可以不开具发票，只提供收据（receipt）即可。这里说的收据就是商家的小票而已，除了必备的商家名称和GST登记号、顺序号、日期、金额之外，IRAS只规定收据上面必须注明“价格中包含GST”，别的都不管。

Figure 5：Sample of a Tax Invoice

TAX INVOICE

Gallery Photo Supplier
888 Jalan Ang Teng
Singapore 560009

GST Reg No: M2-1234567-K

(Customer's Name)

(Customer's Address)

Date: 5/1/2023

Invoice No: F012345

Type of Supply: Cash / Credit Sale

S/No	Description	Qty	Unit Price ($)	Total ($)	Discount ($)	Total ($)
1	Yashica MG2	10	90	900	45	855.00
2	Pentax Z-1 Body	20	1 000	20 000	1 000	19 000.00
3	Nikon W35	30	200	6 000	300	5 700.00
4	Canon Prima 5	40	220	8 800	440	8 360.00
	Total					33 915.00
	Add GST @ 8%					2 713.20
	Amount Due:					36 628.20

Thank you. We look forward to being of service to you again.

图4–7 新加坡的税务发票样式

Figure 6: Sample of a Simplifiod Tax Invoico

```
        Gallery Photo Supplier
           888 Lorong Jalan
           Singapore 560009

GST Reg No: M2-1234567-K    Invoice No: 1234

Date: 05/01/2023

Description                  Subtotal
Fiji200 (3-pack)              12.00
Energy battery (AA 8-pack)     9.00

Grand Total                   21.00*
Amount received               50.00
Change                        29.00

*Amount payable includes GST

           Thank You
```

图4-8 新加坡的简式发票样式

以上发票、简式发票和收据都属于供应时间规则中所称的"发票"。

二、过渡期一般规则

由于供应时间规则采用收款时间和开具发票时间孰先的原则，因此只要两个时点当中任何一个在2023年1月1日之前，纳税义务就发生在2023年1月1日之前，就会适用旧税率7%。但是IRAS认为发票上的时间很容易倒填（新加坡没有防伪税控系统），开具发票这个时点不可全信，需要引入另一个时间点。因此《指南》中新增了交货或者提供服务的时间，即"基础纳税时点"（basic tax point）。《指南》规定，任何交易只要收款时间、开票时间和基础纳税时间这三个时间点横跨2023年1月1日，则构成跨期交易，需要适用以下过渡期规则：

1. 2023年1月1日之后开具发票的情形

（1）2023年1月1日之前收到全款的，适用旧税率7%。

（2）2023年1月1日之后收到全款的，适用新税率8%；但是对于其中2023年1月1日之前交货或者提供服务对应的价款，可选择适用7%旧税率。

（3）2023年1月1日前后的分期收款分别适用7%和8%的税率；但是针对基础纳税时点在2023年1月1日之前的情形，即便收款在该日之后，纳税人仍可以选择适用7%旧税率。

纳税人如果选择适用7%的税率，不需要IRAS审批，也不需要填报额外的表格，自行申报即可。此外纳税人还需要保存书面材料证明交货或者提供服务发生在2023年1月1日之前，以备IRAS核查。证明材料包括送货单、验收单、客户知情书等商务文书。如果此前已经开具了税率8%的发票，而现在改为选用7%的税率，则纳税人需要开具贷项通知单（credit note）冲销差额或者冲销原发票重开发票。冲销的时间窗口截至2023年1月15日，可自动延期至2023年4月15日。

2. 2023年1月1日之前开具发票的情形

（1）如果2023年1月1日之前收到全款且已经完成货物交付或者服务提供，适用7%的旧税率。

（2）2023年1月1日之前未收到全款或者未能完成交货或者服务提供，则在该日之后收款且该日之后交货或者提供服务对应的款项适用8%新税率，其余的款项适用7%旧税率。

对于适用开具7%发票现改为8%发票的情形，开具贷项通知单和新发票的流程与上述第1种情形下类似。时间窗口规定稍有不同。贷项通知单开具的时间截至2023年1月15日。如果需要延期，需要提出相应期限并向IRAS书面申请。从7%税率调整至8%税率的，销项税的核算调整必须于2023年1月15日之前完成。

三、反向征收机制（reverse charge）下的过渡期规则

所谓反向征收机制就是买方缴纳GST，适用于境外服务商提供B2B服务的情形。这与我国普遍适用的付款方扣缴非居民增值税制度类似，但是新加坡GST的反向征收机制范围很窄。新加坡从2020年1月1日起开始对境外服务商提供服务征收GST，并开始采用反向征收机制。适用反向征收机制的服务称为RC交易（Reverse Charge Transaction）。RC交易包括境外服务商提供的部分B2B服务（即境外服务商向已经在新加坡进行GST登记的纳税人提供的服务），以及境外服务商提供的B2C模式（即境外服务商向新加坡个人或者未在新加坡进行GST登记的纳税人提供的服务）下的进口数字服务。在B2B服务方面，只有以下两种情形下接受境外服务商提供的服务（简称"进口服务"）的已登记GST纳税人才可以适用反向征收机制：

情形一，部分免税的已登记GST纳税人。换成我国增值税下的说法，就是兼营免税项目的增值税一般纳税人。

情形二，不取得业务收入的慈善机构以及志愿福利机构。

从以上范围可以看出，GST已登记纳税人中的主流，即正常全额抵扣

进项税的纳税人进口服务并不适用反向征收机制。对于这些纳税人来说，境外服务提供商缴纳的GST可以等额减少自己应缴纳的GST。境外服务提供商少缴或者不缴的GST，自己这里会等额补上。对于IRAS来说，谁缴税都一样。有了这种互相牵制垫底，IRAS就宽容地允许境外服务提供商在一般情况下针对B2B服务免予缴纳GST，服务接受方自然也没有进项税可以抵扣。

而那些涉及免税的GST纳税人或者不取得业务收入的GST纳税人，要么是部分抵扣进项税，要么是根本不需要抵扣进项税，因而境外服务提供方缴纳的GST不会减少或者只能部分减少服务进口方自己应缴纳的GST。这种情形下如果不在这个环节征收GST，IRAS无法从后续环节全部找回来。因此IRAS对其适用了反向征收机制，并规定服务进口方可以按规定抵扣进项。当然了，该规定下进口服务的进项税最多只能部分抵扣。

反向征收机制下的GST过渡期规则与前述基本规则相同。

1. 2023年1月1日之后服务提供商开具发票的情形

（1）如果2023年1月1日之前已经付完全款，则适用7%的旧税率。

（2）其余情况下2023年1月1日之前支付的款项适用7%旧税率，该日之后支付的款项一般情况下适用8%新税率。2023年1月1日之前提供服务对应的价款，即便该日之后付款，可选择适用7%旧税率。

2. 2023年1月1日之前服务提供商开具发票的情形

（1）如果2023年1月1日之前支付全款，或者货物交付或者服务提供已经完成，则适用7%的旧税率。

（2）2023年1月1日之前未支付全款或者交货或者服务提供未能全部完成，则对于在此日之后收款且此日之后交货或者提供服务对应的款项适用8%新税率，其余的款项适用7%旧税率。

3. 采用入账时间纳税的特殊处理

反向征收机制下服务接受方还可以选择用入账时间来确定供应时间。如果纳税人做了这种选择，则入账时间代替了开具发票时间。将以上第1种和第2种情形下相应规则中的开具发票时间统一替代为入账时间即可把握这种情形下的规则。

四、其他情形

现实中还会存在各种情形，比如说新登记企业、注销GST登记企业、新选择反向征收机制的企业、放弃反向征收机制企业等。对此《指南》中都详细规定了各种处理口径。IRAS这份不厌其烦的《指南》，方便了纳税人对照执行，也最大限度减少了争议，总之是很亲民的。

扩展阅读13：

主播纳税类比处理，增值税的内耗谁能治愈？

经济活动千变万化，税收法规法力无边。直播带货给税法适用带来了很多难题。有些难题说大就大，因为这种新业态、新模式、新服务内容，现行的税法制定时没有考虑到。同时有些难题说小就小，因为万变不离其宗，新业态、新模式、新服务内容可以类比到旧业态、旧模式、旧服务内容中去适用税收法规。只要思想不滑坡，办法总比困难多。眼下的问题不能坐等法规完善，可以通过类比来解决。

一、广告和代销之间的内耗

将直播带货类比到传统的商业活动中去，需要解决类比选项之间的内耗。类比到哪种活动最合适呢？这是个见仁见智的问题。篇幅所限，我们只比较两个选项，一是发小广告的人员，二是商场或者超市里的导购，目的是用前者代表广告服务，后者代表代销服务。

比较二者的收入水平，就知道导购的技术含量远高于发小广告。发小广告就是宣传推广，相当于增值税税目下的"广告服务"①。导购则是推销商品，其业务活动中当然包含宣传推广，但是在宣传推广之外，还包括招揽顾客、向潜在顾客介绍商品、与潜在顾客互动促成交易、商谈价格和其他交易条件等更多内容。如果将直播带货与二者进行比较，显然直播带货服务活动内容丰富，更接近于导购而不是发小广告。

直播间里有购物链接，这个链接如何看待？有人说这个链接应当类比为小广告，并据以将部分收入定性为广告费收入。这一点笔者不敢苟同。笔者觉得这个链接应当类比成超市货架上的一堆货，即堆头，因为你动动鼠标就能把货物放进购物车里。不管是网店的虚拟购物车还是超市的实体购物车，接下来你都可以推到收银台付款完成购买，这远远超出了小广告

---

① 现实中开具"广告服务"发票往往需要广告业资质。我们这里出于类比目的，暂时忽略发票和资质这些细节。

能够实现的功能。

因此,直播带货更接近于代销服务。

二、税目之间的内耗

有人说,带货收入要区别对待,应当将坑位费视为广告服务收入,将佣金视为经纪代理服务。对于适用哪个税目我们后面讨论。这里笔者只想说,笔者对分开对待的主张并不认同。首先坑位费和佣金是服务费的两种计算方式,不代表两种服务。其次,即便是两种服务,也不该分开适用税目。

有人说,如果是两种服务,依据兼营规则应当分别适用税目。这种说法没有依据也不容易做到。

(一)兼营的范围有多宽你知道吗?

最新的兼营规则见于营改增文件即财税〔2016〕36号附件一《营业税改征增值税试点实施办法》(以下简称"36号文附件")第三十九条:纳税人兼营销售货物、劳务、服务、无形资产或者不动产,适用不同税率或者征收率的,应当分别核算适用不同税率或者征收率的销售额;未分别核算的,从高适用税率。

但税法中对"兼营"从来都没有定义过。其外延一直是通过排除"混合销售"来实现的。目前的"混合销售"概念见于36号文附件一第四十条:一项销售行为如果既涉及服务又涉及货物,为混合销售。从事货物的生产、批发或者零售的单位和个体工商户的混合销售行为,按照销售货物缴纳增值税;其他单位和个体工商户的混合销售行为,按照销售服务缴纳增值税。

可见混合销售和兼营一样都是针对提供复合服务的情形而言的。同时满足两个条件才构成混合销售:

(1)同一项销售;

(2)同时涉及货物和服务。

因此,复合服务如果不构成同一项销售,或者虽然构成同一项销售但不涉及货物只涉及服务,即使是多种服务,也不构成混合销售,因而构成"兼营"。现实中纳税人很少提供单一的服务,服务一般都是两种或者多种服务复合而成的。按这个规则,兼营的情形太普遍了,都要分开适用税率吗?

(二) 分开核算，我太难了！

比如一个纳税人同时从事两种服务，两种服务之间的关系可能是泾渭分明的，也可能是高度相关的。"兼营"的规则要求分开确定税率，这对于泾渭分明的情形理论上是可行的，对于高度相关的服务则不可行。而且辩证法告诉我们，事物之间的联系是普遍的，同一企业提供的两种服务之间，或多或少存在一定的联系，泾渭分明只存在于理论上，现实之中几乎不存在的。相关的服务要求按"兼营"处理，人为将其分开，往往是强人所难，操作中容易产生争议。

从这一点来说，"兼营"不是个好规则。混合销售规则要求适用同一个税率，相比而言好多了，可惜混合销售的范围太窄了。

(三) 分开税目，依据何在？

最重要的一点是，无论兼营还是混合销售，36号文附件一中讨论的都是如何适用税率，没有讨论如何确定税目。其中36号文附件一第四十条的混合销售规则只说了按货物征收增值税或按服务征收增值税。这虽然解决了混合销售情形下的税率适用问题（如目前货物税率为13%，现代服务业税率为6%），但是对税目只区分到了货物和服务两大类，没有进行细化。实践中税率同为6%的服务有很多税目，36号文附件一没有针对这种情况下如何确定税目进行明确。而36号文附件一第三十九条的兼营规则，则更是直白地只讨论税率，根本没有讨论税目。因此，针对复合服务如何确定税目，36号文附件一中没有规定，别的文件中也没有规定，这方面竟然是个政策空白！

没有明确的规则，开票时怎么办呢？如果两种服务跨度不大，实践中有一种模糊处理的做法，即开发票时只写到共同所在的二级或者三级税目，比如说，写成"现代服务业——商务辅助服务"，或许能回避末级税目上的区别（请参考：别问我促销手续费什么税目，打死也不说！）。但是，如果跨度太大二级税目都覆盖不下该怎么办？

难办！

因此说，即便是两种服务，分别确定税目不仅不容易做到，而且没有政策依据。何况坑位费和佣金并不一定代表两种服务。

既然不能分，就该合。针对复合服务要建立以合为主的规则，建议采用英国上诉法院在G&F案例（请参考：别拿媒婆不当专家——G&F英国增值税案例）中针对"单一复合服务"确定的分析方法，分"主要成分"和

"主导性成分"两个层次来确定税目。由于直播带货中,针对推销的货物,代销服务是最终目的,因而是主要成分,应当据此来确定整个服务的税目;而广告服务是实现代销的手段,是辅助性的,不是主要成分,在确定税目时可以忽略不计。另外,在带货的同时,直播间还可能通过浮窗等广告位为所推销货物之外的其他商品提供广告服务。一般来说,这些服务收入明显小于代销收入,即代销收入是主导性成分,则这些广告收入仍应当按代销服务来确定税目。

三、主播、平台和商家之间的内耗

又有人要问了,广告服务和代销服务,对于主播的税负似乎没有影响,因为广告服务和代销服务都适用6%的增值税税率,何况大多数主播的年收入还不到180万元,增值税全免。那么这个区别重要吗?

很重要,因为这个区别对平台和货主商家影响很大。

先说平台。主播收入定性会影响平台等一系列相关参与方收入的定性。对这些企业来说,如果是广告服务收入就会涉及文化事业建设费,如果不是广告服务收入就不涉及文化事业建设费,这个差别很大。

再说商家。直播带货的业务模式下,主播们绝大多数都不会是商家的员工,而是以外部机构或者独立个人劳务的形式出现,理论上要向商家开具发票,其发票上的税目会影响商家的企业所得税前扣除。商家拿到主播或其机构开具的发票后,要根据发票上的税目将支出进行归类。如果税目为广告服务,则需要将支出归入广告费和业务宣传费,这类支出的扣除限额为收入的15%(个别行业为30%)。如果税目为佣金服务,扣除限额为收入的5%。如果税目为代销服务对应的税目,则将支出归入一般的销售费用,相应支出并无税前列支限制。这个差别也不可忽视。

可见主播的税目,是平台和商家的坑,是参与各方之间内耗的焦点。

四、呼唤"代购代销货物"回归

假定确定按代销服务确定税率,那么问题来了,税目是什么?现行的增值税法规中找不到直接对应的税目,这又是个难题(请参考:别问我促销手续费什么税目,打死也不说!)。

仅就传统业态而言,这个问题还不严重,因为究竟是买断模式占主流。根据《国家税务总局关于商业企业向货物供应方收取的部分费用征收流转税问题的通知》(国税发〔2004〕136号,以下简称"136号文件")买断模式下那些与销售额或者销售量挂钩的收费,按平销返利行为冲减当期进项税额处理，事实上适用了货物的税率（目前为13%）；只有与销售额或者销售量无关的收费才适用6%税率。传统业态虽然也面临确定税目的难题，但是涉及面有限也就得过且过了。然而随着电商特别是直播带货的兴起，代销模式越来越普遍，面临这个难题的从业者越来越多，解决这个问题就迫在眉睫了。

营业税时代有个"代购代销货物"税目，很多人因此而怀念营业税时代，并呼唤"代购代销货物"尽快回归。

五、统一治愈内耗

税法覆盖不全不可怕，可以通过类比来解决。最怕税法条理不清内耗严重，那会让人欲哭无泪。

销售说到底是一种服务，只不过由于存在买断和代销两种业务模式，在增值税和营业税并存的时代，将两种业务模式割裂开来分别适用增值税和营业税，营改增之后则分别适用13%和6%的增值税税率。这种割裂本身就是个问题，由此还衍生出税目确定、混合销售和兼营等一系列问题。这些问题在营改增时没有解决，电商业态又进一步凸显了其严重性。

营改增政策出得仓促，瑕疵在所难免（请参考：我开玩笑有人当真，虚开发票60亿元），但并不说明营改增方向有错，而是说营改增需要继续深化，在深化中解决现有问题。因此，笔者建议，近期内应恢复"代购代销服务"税目，明确复合销售确定税目的规则。长远来看，则最好统一到单一税率上。统一能有效治愈所有内耗。

扩展阅读14：
欧盟出手严管跨境零售电商增值税

欧盟理事会于2017年和2019年通过了若干指令，对第2006/112/EC号指令（以下简称《增值税指令》）进行了重大修订，并相应修订了第282/2011号实施条例（以下简称《实施条例》）。修订的内容于2021年7月1日开始生效。这次修订主要与跨境电商B2C业务相关。

根据《增值税指令》，增值税的征税范围包含提供商品、提供服务、进口商品以及从其他成员国获得商品。其中"从其他成员国获得商品"类似于进口商品。因为欧盟成员国之间已经取消了海关,成员国之间商品流动不按进出口对待,成员国之间的跨境销售情形下"从其他成员国获得商品"无法按照进口来征税,因此单独形成一种征税范围。从其他成员国获得商品遵循目的地原则,一般以商品运输的终点确定纳税地,换言之就是在商品的输入国,适用该国的税率纳税,在B2C的情形下,就是在消费者所在国纳税。把"从其他成员国获得商品"排除之后,进口商品仅指从非成员国进口商品。

跨境电商缴纳增值税,在欧盟市场主要涉及两个纳税环节。第一个环节是商品进入欧盟的环节,即进口通关环节,第二个环节则是进入欧盟之后在欧盟内部销售,包括各成员国之间跨境销售的销售环节。本次修订后两个环节的政策都发生了重大变化。

一、进口通关环节的政策变化

从欧盟之外的第三国进口到某一欧盟成员国的货物,一般情况下需要在进口环节缴纳增值税。当然了,有一般就有例外。本次修订法规修改了原先一些例外规定,同时新增了一些例外规定。

1. 取消进口免税额

原制度下,低于22欧元的进口货物免征进口环节增值税。新制度取消了这项规定,意味着今后进口到欧盟的所有的货物都应要征收增值税。

2. 引入了进口一站式服务(Import One-Stop Shop,简称"IOSS")制度

IOSS制度是后文将要讨论的OSS的组成部分,属于简化申报的制度。IOSS适用于从非欧盟成员国向欧盟成员国(即进口货物到欧盟)销售低值货物的情形。为简化增值税的申报和缴纳,加快通关速度,欧盟引入了该制度。该制度下,低于150欧元的货物(以下简称"低值货物"。顺便说一下,150欧元也是欧盟关税的起征点)在进口环节可以不纳增值税,而在销售环节由商家通过IOSS端口申报缴纳增值税。

IOSS制度不是强制的,商家可以选择应用。不论是否在欧盟内设立机构,商家都可以选择采用IOSS。但是,对于未在欧盟设立机构的商家,除非其机构所在国与欧盟有增值税互助协议,否则只有通过在欧盟设立机构的电子中介进行交易时才能采用IOSS。

应用IOSS前先要注册。一般是在其机构所在国注册。没有在欧盟设立机构的商家在其电子中介所在国注册。一旦注册,就针对所有进口低值货物，按月汇总在注册所在国纳税。注册所在国税务局收到税款后，分配给消费者所在各国。

该项制度不适用于应征欧盟协调消费税（EU Harmonized Exercise Duties）的货物（如烟、酒）。

3.引入简化申报的特殊安排

未选择采用IOSS进行简化申报的进口低值货物远程销售进口，可以采用简化的申报方法，即特殊安排，由邮局、快递公司、报关行等报关代理机构在送货时从消费者手中按消费者所在国标准税率收取增值税，并按月汇总，于次月16日之前缴纳给政府。该项制度同样不适用于应征欧盟协调消费税的货物（如烟、酒）。

二、销售环节的政策变化

从其他成员国获得商品即欧盟成员国之间的跨境销售遵循目的地原则，在商品输入国适用该国的税率纳税，同时在商品输出国不仅不需要缴税，该批货物对应的增值税进项税还可以正常抵扣。也就是说，商家在商品输出国的税务处理类似于我国的出口商品"免抵退"，但不需要专门办理出口退税手续。新政策下的相关变化包括：

1.取消原来成员国各国自定的远程销售征税门槛

从其他成员国获得商品一般规定下商家必须在商品输入国办理增值税登记才可以在该国纳税，对于远程销售的小商家来说这是个不小的合规负担。为了减轻合规负担各国普遍设置门槛（年销售3.5万—10万欧元），并针对成员国之间的跨境销售进行规定，如果在商品输入国的远程销售未达到门槛，就不需要在该国纳税，因此也不需要在该国办理增值税登记。但是商家需要就该远程销售在商品输出国纳税。也就是说，未达到门槛的成员国之间跨境远程销售，视为在商品输出国的国内销售纳税。该规定只适用于在欧盟内设立机构的远程销售商家。

这次修订取消了各成员国自定的门槛，而代之以年销售收入1万欧元的统一门槛。请注意，新规定下1万美元的计算口径是商家的全部跨成员国销售收入额，不区分商品输入国，而原规定下的计算口径要区分商品输入国分别计算。也就是说，新门槛不仅金额大大降低，口径也更为宽泛。这就意味着今后绝大多数欧盟成员国之间跨境销售要按照一般规则进行税务处理，即在远程销售的消费者所在国进行增值税登记，按该国适用税率在该国申报纳税。

2. 引入一站式服务站（One Stop-Shop，简称"OSS"）制度

取消上述远程销售征税门槛之后，大量的远程销售商家需要在欧盟多个成员国同时纳税。为此，欧盟推出了一种纳税申报方面的便利措施OSS制度。该制度适用于所有以B2C方式销售商品和提供服务的商家。OSS制度下远程销售的商家可以只在欧盟的一个成员国进行增值税登记，并且基于该登记通过线上平台向欧盟所有成员国就远程销售以及跨境服务进行增值税申报。

OSS制度又可以细分为欧盟内的OSS（Union OSS）和欧盟外的OSS（Non-Union OSS）。其中欧盟外的OSS仅适用于服务（指未在欧盟设立机构的纳税人向欧盟成员国的消费者提供的发生在欧盟成员国的服务）；欧盟内的OSS则既涉及服务（指在欧盟一个成员国设立机构的纳税人向未设立机构的成员国消费者提供服务），又涉及远程销售（指纳税人跨成员国进行远程销售，不论其是否在欧盟设立机构）。

例如，如果商家未在欧盟内设立机构场所，但向多个欧盟成员国远程销售货物，则可以利用欧盟外的OSS制度，任选一个成员国进行增值税登记，并且基于该登记通过线上平台向所有消费者所在的成员国进行增值税申报。

上文提到，欧盟内设立机构场所的电子商家如果跨成员国远程销售年收入达到1万欧元，就需要在消费者所在地成员国进行税务登记并申报纳税。对于在多个国家同时开展销售的商家，这意味着巨大的合规工作量和成本。这种情形下就可以利用欧盟内的OSS制度，选择一个成员国（比如其机构所在国）进行税务登记，并且从该国通过OSS平台按季度报送一张申报表，向所有国家进行纳税申报。这就大大降低了电商的增值税合规成本。欧盟委员会预测有95%以上的电子商务销售者会从中受益。

在欧盟内OSS制度下，接受申报的成员国税务局会将收到的税款向消费者所在地成员国进行分配。

OSS制度为纳税人提供了便利，但是也有缺点。即按OSS申报的情形下，货物的进项税额，包括在海关缴纳的进项税额，不可以抵扣。从这一点上说，OSS制度可以理解为针对成员国之间跨境销售商品制定的简易征收政策，相当于我国针对小规模纳税人的简易征收政策。但是该制度下并没有设置较低的征收率，而是仍旧适用消费者所在国的正常税率。

3. 将线上商城和平台（合称"电子中介"）视同商品或者服务提供者

增值税是间接税。在B2C的语境下，增值税由商品或者服务的提供者向消费者收取，并缴纳给政府。新制度规定特定情形下，电子中介会被视为商品或者服务提供者，从而负有义务向纳税人收取增值税并上报缴纳给政府。例如，如果商家没有在欧盟设立机构，但是在欧盟内部跨成员国远程销售货物或者在欧盟某一成员国之内远程销售货物，则促成销售的电子平台具有以上收税和纳税的义务。为完成该项义务，电子中介也可以利用上文提到的OSS制度来降低合规成本。

4. 强化电子中介的记账义务

新制度加强了对线上商城和平台的税务监管措施，规定即使它们不构成视同提供商品或者服务，不具有扣税义务，仍要按规定保存相关记录，相关记录要保存10年以上。

三、影响和应对

取消22欧元的进口货物起征点影响重大。欧洲委员会在其新闻公告中说，此前该项规定被广泛滥用，甚至有些商家将智能手机按此规定免税报关，据估计欧盟各成员国每年为此损失70亿欧元的税款。取消起征点之后，这个漏洞不复存在。

另外，IOSS制度将进口低值货物的纳税环节从进口环节推后到零售环节，在增加透明度便利征管的同时变相地提高了税基。该项政策与前述取消22欧元进口货物起征点的变化相叠加，会增加部分B2C跨境电商的税务负担，压缩其利润空间。

取消各国的远程销售征税门槛会增加跨境电商的税务合规成本。通过电子中介以及报关代理来加强征管的措施会促进跨境电商的税务合规。OSS制度（包括IOSS）从简化税务合规程序、降低纳税人合规负担、加快通关速度、提高运营效率等方面促进跨境电商的发展。

向欧盟进行远程销售的商家要及时联系电商平台等合作方，了解其新的做法，分析各种新政策的影响，并制定相应的应对措施。应对方面，跨境电商可以借助专业人士分析新政策对运营效率以及税务负担和税务合规成本的影响，必要时应调整现有商业模式以适用政策变化。

扩展阅读15：

电商的岁月静好和欧盟的负重前行

欧盟的《增值税指令》重点关注跨境交易，主要目的在于协调成员国增值税国内法之间的关系，解决其不能各自独立解决的问题。欧盟借助《增值税指令》，一方面针对提供服务的纳税地点确立了目的地原则，另一方面，则出于减轻纳税人合规负担的目的开展了征管创新。

目的地原则厘清了"钱归谁"的问题。征管创新了回答了"谁来收"以及"如何收"的问题。欧盟现行的增值税征管方式，例外之中有例外。多层的例外显示了欧盟费尽心思降低纳税人合规成本的初衷。

在欧盟的《增值税指令》下，跨境提供B2C服务很多情况下需要在顾客所在国纳税，需要解决服务提供方异地纳税不方便的问题。为此欧盟推出了迷你一站式服务站（Mini One-Stop Shop，简称"MOSS"）制度，后来又将其升级成为（One-Stop Shop，简称"OSS"）制度。

一、MOSS提醒您一站交清

从北京开车去天津，早年要交3次高速费：第一次出北京进河北，第二次出河北进天津，第三次在天津出高速。总共90公里要3次停车缴费，你说闹心不闹心？现在好了，中间的主路收费站都拆了，天津出高速时一次性缴费，拥堵减少了，车速提高了，司机的体验也提升了。高速公路这方面，天津的收费站收了全程高速费去和北京河北分割，谁也不吃亏。MOSS制度也是这个意思。

关于MOSS的欧盟增值税法规（以下简称"MOSS法规"）从2015年开始实施。其适用对象为数字服务，包括：

第一，电讯服务。

第二，广播以及电视播放服务。

第三，通过电子方式提供的服务，简称"电子服务"，包括通过互联网或者电子网络提供的服务。其特点是自动化程度较高，依赖于信息技术。

B2C电子服务的提供商太难了。它们的顾客遍及欧盟各成员国，根据目的地原则需要在所有的欧盟国家缴纳增值税，这样很不方便。于是欧盟就推出了这个MOSS制度。MOSS的原理就是服务提供方只在一个国家注册为增值税纳税人并缴纳增值税，别的国家就不需要注册不需要纳税了。

这一个国家收了税，再按照目的地原则和别的国家去分割收入。这个制度通过欧盟26个成员国之间的相互结算，避免了无数服务提供方分别向各国纳税导致的巨额合规成本，或者说用成员国政府的负重前行换来了纳税人的岁月静好。

服务提供方可以选择向一个欧盟成员国来纳税，首选是自己的注册地，其次是营业地。如果在欧盟多个成员国都有营业地，可以任选其中一个国家。如果是欧盟成员国的公司，则可以选欧盟的任何一个成员国去纳税（即便在该国没有营业机构）。但是，MOSS只适于跨境销售，纳税人国内销售没有理由给别国政府添麻烦，就不用到MOSS这里来捣乱了。

MOSS法规规定，不光是欧盟成员国的企业（指营业地址或者是固定场所在欧盟成员国的企业）可以享受MOSS，非欧盟成员国的企业也同样可以享受。非欧盟成员国的企业是指没有在欧盟区域内营业或者在欧盟区域内没有固定的营业场所的企业，一般是远程销售企业。这些远程销售企业可以根据顾客来源在欧盟内任选一个成员国纳税。

二、OSS养成记

从MOSS到OSS，少了一个代表"Mini"（迷你）的"M"，标志着MOSS扩围了。OSS法案又叫电子商务政策，把服务商岁月静好的征管待遇，从电信、广播电视、电子服务三类纳税人扩大到向欧盟成员国的终端顾客远程销售货物以及向欧盟成员国的终端顾客提供服务的纳税人。这一批政策从2017年12月5日被纳入欧盟法规，随后又进入欧盟的《增值税指令》以及《实施条例》。该法案生效日期为2021年1月1日。

OSS法案涵盖以下业务行为：

（1）所有B2C服务；

（2）欧盟成员国之间远程销售货物；

（3）通过电子商务平台进行的若干国内货物销售；

（4）以寄售的方式远程销售从第三国进口的低价值货物（150欧元以下）。

电子商务从业者众多，规模差别很大。对此，欧盟的OSS法规一方面规定电子商务平台的运营商应被视为商品的提供方，从而负有收取并缴纳增值税的义务；另一方面针对小微企业引入两个门槛来简化其增值税合规义务：

（1）欧盟成员国之间的跨境提供电信、广播电视以及电子服务，年收入额1万欧元以下的，一般不采用OSS方法，仍然由其所在地成员国来征税；

（2）针对年收入额10万欧元以下的纳税人简化MOSS下的合规义务。例如，确认顾客所在地的证据，原先需要提供两项，现在简化成只需要一项。

第（EU）2020/194号实施条例规定了OSS下的登记办法，纳税人根据规定选择地点进行登记纳税。

三、绕开海关走IOSS

OSS涵盖了跨境电子商务，这不免与海关的管辖范围发生重叠，因为电子商务终究涉及货物进口，而货物进口本来是海关的管辖范围。由于欧盟成员国之间不存在海关，因此，只有非欧盟国家的商家通过电子商务平台远程销往欧盟的商品才会涉及海关与税务局之间的管辖权重叠。

重叠之下如何处理？本着方便纳税人的原则，欧盟允许纳税人自行选择在海关缴税或者通过OSS缴税。如果选择OSS，就会适用OSS下针对从第三国进口商品远程销售的IOSS计划，该计划适用于150欧元以下的进口商品。IOSS下，销售方在进口环节不用缴税快速通关，待销售给顾客的时候，再收取增值税并IOSS端口向纳税注册地国家申报缴纳增值税。这个计划不仅加速了通关，而且可将向欧盟各国出口的货物的增值税集中在一处（OSS登记国）缴纳。极大地方便了纳税人。

OSS的初衷是便利纳税人，因此尽管是一系列便利措施，也没有强制纳税人接受，而是设置为可选项。所以，有些情况下纳税人仍有可能不选择IOSS，而选择在海关缴纳增值税。针对这类纳税人，欧盟又推出了另一项便利措施，称为特殊安排，即允许由进口商、邮局、快递公司或报关代理来代为报关，按月纳税。

四、最后，我们谈钱

OSS不只方便纳税人，降低合规成本，促进跨境贸易，还将有利于防范增值税逃税欺诈，保证欧盟的企业公平竞争。据测算，以上方案将会为欧盟每年增加70亿欧元的财政收入。可见，欧盟的负重前行是利己利人。

第五章
进口税暗潮汹涌

本章导读

　　进口税一般由海关征收，包括进口关税、进口增值税、进口消费税、反倾销以及补偿性关税，其中以进口关税最具代表性。本章前五个案例均涉及进口关税，讨论了进口关税的税率和计税基础等问题。

　　世界的关税制度在WTO和WCO等框架下正在走向全球协同。WTO继承和发展了关贸总协定的全部成果，是一个开放、公平、无扭曲竞争、致力于监督世界贸易和使世界贸易自由化的国际组织，它要求各国对关税做出大幅度减让以使国际贸易完全自由化。WTO鼓励成员国采用对等的、永久性的最惠国待遇，同时在一定程度上允许各国在最惠国待遇之外采取一些别的优惠制度作为补充。普惠制就是WTO允许的例外制度之一，本章第四个案例即展示了普惠制在实践中的运用。

　　本章第六至第八个案例则展示了美国的反倾销及补偿性关税，以及相关企业的应对措施。随着贸易战加剧，应对反倾销以及补偿性关税对有些企业来说成为生死存亡的大事，而且有些应对措施本身也饱含风险，使用须谨慎。

本章中各案例的分析重点如下：

序号	案例题目	分析重点	主要涉及的国家（地区）	扩展阅读
一	进口关税出口价——日商岩井美国公司案例	进口税计税基础	美国	
二	非市场经济特殊待遇——美亚美国进口关税案例	进口税计税基础	美国	
三	海关眼中的独立交易原则——美亚美国进口关税案例	进口税计税基础	美国	
四	普惠制待遇下的双重实质改变标准——美亚美国进口关税案例	进口税优惠税率	美国	
五	小米印度连遭暴击，进口关税扑朔迷离	进口税计税基础	印度	WTO不够好吗？为啥还要RCEP？
六	化铝大法绕不开反倾销税	进口税计税基础	美国	
七	浑水露怯了	反倾销以及补偿性关税	美国	
八	浑水歪打正着	反倾销以及补偿性关税	美国	

第一节　进口关税出口价——日商岩井美国公司案例

关税说起来很简单，一般就是计税价乘以税率。关税有进口关税和出口关税之分。按照常理，进口关税按照进口价值确定计税价，出口关税按照出口价值确定计税价。也就是说，进口按 CIF 价征关税，出口按 FOB 价征关税。这本来是顺理成章的事情。但凡事总有例外，美国的进口关税按出口价格 FOB 确定计税价。

一、骨骼清奇的美国关税法规

美国 1930 年的《关税法案》明确进口关税以向美国出口销售的"出口价值"确定进口关税计税价。由于价值涉及判断，判断因人而异，而交易价格相对明确客观，因此实践中各国海关都参照交易价格来确定计税价。1979 年的《贸易协定法案》第 201 节干脆将法规中的"出口价值"修改为"交易价值"。现行有效的美国关税法规 19 USC（1988 年法案）在第 1401 条明确规定：

进口商品的交易价值指该商品为了向美国出口的目的被销售时实际支付或者应付的价格……

以上法规用了"向美国出口"而不是"在美国进口"的字眼，将计税价确定为出口销售的交易价。进口关税出口价，很别扭，原因何在？或许是立法者觉得进口关税本来就是向出口商征收的，基于出口价值才说得通。这里笔者只管大胆假设，就不小心求证了。不管是出于什么考虑，现实的问题是从原产地出口到美国进口之间会发生很多事情，这些事情都有可能导致争议。比如，中间商赚的差价要不要算到进口关税计税价值里？这方面的争议案例就不少，其中最著名的就是 1992 年的日商岩井案例。

二、中间商日商岩井

这个案例的起因是美国纽约的地铁运营商从日本进口地铁车厢。买方是美国公众利益公司纽约市大都会运输局（Metropolitan Transportation Authority of New York City，简称"MTA"），制造商是日本公司川崎重工有限公司（Kawasaki Heavy Industries Ltd. 简称"KHI"）。日本企业喜欢以商社为核心抱团形成族系企业，因此哪里都少不了商社的身影。这个交易中由日本著名的商社日商岩井公司（Nissho Iwai Corporation，简称"NIC"）担任中间商。NIC在美国的子公司日商岩井美国公司（Nissho Iwai American Corporation，简称"NIAC"）也参与其中。

MTA与NIAC于1982年3月17日签订合同，约定购买KHI生产的325辆旅客车厢。制造用的部件来源于美国和日本，单价84万美元。同一天，NIAC将合同下的权利义务转让给NIC（本合同以下简称"销售合同"）。

KHI与NIC之间的协议则约定KHI依据销售合同要求生产325辆车厢，并以FOB日本神户的条款向NIC交货，单价8 000万日元（本合同以下简称"采购合同"）。

合同约定的货物于1983年8月18日至1985年6月27日分16批在美国报关入境。其中前11批120件，美国海关（United State Customs Service）按采购合同价格估定计税价值，双方并无争议。但是到了后5批共205件车厢报关的时候，海关突然改按销售价格估价征税。因为美国产部件的价值免进口税，美国海关按单价84万美元的销售价格减去美国部件的价值后得出50万美元的余额，确定为计税价。

从采购合同价格到销售合同价格，差了一个中间商的差价。税基上升关税增加，增加的税负按合同约定该由中间商NIC承担。NIC不乐意了，授命NIAC于1983年8月4日提出异议，要求美国海关出具裁定，基于采购合同价格估定计税价。

三、两级法院的观点不同

美国海关改变执法口径也是事出有因。原来这段期间美国海关正在美国国际贸易法庭（United States Court of International Trade，简称"CIT"）同别的公司打官司，那项诉讼也涉及中间商差价的问题，万一胜诉了呢？美国海关拒绝了NIAC出具裁定的请求，理由是采购合同价格不能代表向美国出口的销售价格，而且有类似案例正在CIT审理当中，等那个案件明朗之后再说吧。

后来那个案件判下来了，美国海关败诉。但是面对NIAC，美国海关还是坚持原来的主张。毕竟每个案件都有其特殊之处，希望还在，明天会好。NIAC被迫于1985年12月按海关的要求缴税，货物随即放行。NIAC马上向CIT提起了诉讼，核心诉求是以采购合同价格为基础确定进口关税计税价。

CIT判决NIAC败诉，支持美国海关基于销售合同价格确定关税计税价的做法，理由是"销售合同最直接导致商品出口到美国"。NIAC随即向联邦巡回法院的上诉法庭

（以下简称"上诉法院"）提起上诉，上诉法院于1992年12月28日撤销了CIT的判决，支持了NIAC的立场，确认应基于采购合同价格确定进口关税计税价。

四、过往的判例

上诉法院认为，根据以往案例中确立的原则，争议中的焦点问题可以分两步来分析：

（1）制造商向中间商销售的货物是否出于向美国出口的目的？

（2）中间商支付的价格和买方支付的价格哪个更适合作为进口关税的估价基础？

关于第一个问题，上诉法院援引了之前的McAfee案例，认为本案中既然采购合同明确了制造商按照销售合同的要求进行生产，那么可以确认制造商KHI向中间商NIC/NIAC销售商品就是出于向美国出口的目的。

关于第二个问题，上诉法院援引了之前的Getz案例，认为该案例中并没有限定说计税价所依据的销售交易中的购买方必须位于美国。而且该案件明确了，只要制造商向中间商的销售价格符合法规中的条件，该价格也可以成为进口关税的计税价基础。此后的McAfee案例也是根据这一原则判决的。总而言之，虽然说也存在一定的限制条件，原则上应以基于制造商的销售价格确定进口关税计税价。

五、"首次销售"原则不可动摇

美国海关争辩说，本案与前面提到的两个案例都不同，因为本案中涉及制造商，前两个案例顶多只是简单组装而已，不应将前两个案例中确立的"首次销售"原则用于所有案例。

上诉法院说，没错，本法庭没有说凡是三层销售的都可以按"首次销售"价格为基础来确定进口关税计税价，如果"首次销售"的价格被人为压低就不应采用；本法庭只是说只要制造商的价格符合法规规定就可以被用作进口关税的计税价基础。换言之，只要销售的货物明确会出口到美国，且交易价格符合独立交易原则，同时没有非市场因素对价格的合法性产生影响，那么制造商的销售价格就可以被用作进口关税的计税价基础。本案的采购合同中约定相关车辆系为特定的美国买方MTA专门制造，可以确定是"用于向美国出口"，且不存在其他可能的目的地，明显符合第一点要求。

美国海关对于第一点也没有异议，但是对于第二点有异议。美国海关争辩说，

KHI与NIC是关联企业，该交易并不符合独立交易原则，不是符合法规规定的交易。另外本案中车辆组装用的部件中有约42.55%原产于美国，其余57.45%原产于日本，合同中采用了一种类似"进料加工"的安排，这也与之前的案例不同。美国海关认为美国部件由NIAC采购，所有权归NIC，组装过程中美国部件的所有权自始至终不曾转移给KHI，因此采购合同中的价格不是整车的销售价格，不能用作进口征税的计税基础，只有销售合同的价格是整车的价格，可以用来作为进口关税估价基础。换言之，美国海关将交易理解为：NIC从美国供应商采购了美国产的部件，又从KHI采购了日本产的部件，组合成了整车。按照这种理解，KHI销售给NIC的是部件不是整车，而出口到美国的商品是整车，现在要确定整车的计税价，怎可以基于部件的价格来确定？因此，NIC向KHI采购部件的采购合同价就用不上，只能用销售合同价格。

上诉法院认为上述说法是错误的。NIC与KHI之间采购合同的标的是整车，不是日本产的部件。另外虽然合同中规定有美国部件的比例，但这是为了满足向日本进出口银行融资的需要，并不足以证明该项交易不符合独立交易原则。

此前初审法院CIT认为本案涉及制造商，不同于McAfee案例，不可以套用McAfee案例确立的"首次销售"原则。另外，因为KHI广泛地参与了与MTA之间的谈判，且在随后MTA与NIAC签订的合同中拥有重大的利益关系，本案中KHI对进口车辆享受的权益比起McAfee案例中的简单组装商要多出好多，这与McAfee案例大相径庭。基于以上两点，CIT判定应基于销售合同价格确定进口关税计税价格。上诉法院认为，以上区别不够重大，不足以排除适用McAfee案例确立的"首次销售"原则；另外，上诉法院认为强调KHI角色的重要性只能更加证明其与NIC之间的交易（即采购合同下的交易，笔者注）是法律意义上的主导交易，应该成为确定计税价的基础。

最后上诉法院认为本案与McAfee案例的关键点一致，应当适用"首次销售"原则，以采购合同价格为基础确定进口关税计税价。

六、刷新了认知

之前了解到美国的进口关税和反倾销与补偿税以FOB价格为基础，但是本案中大说特说的"首次销售"原则仍旧刷新了笔者的认知。带着这种认知去看美国关税，就会发现与采用CIF价格为基础的别的国家相比，名义税率相同的情况下，进口关税实际负担要低很多。另外，由于实务中"首次销售"价格存在人为操纵空间，可以想见美国海关在执法中对于独立交易原则会非常关注。

第二节　非市场经济特殊待遇——美亚美国进口关税案例

美国商务部确定的非市场经济国家清单是贸易战的一项利器。目前该清单上的国家有11个，包括9个前苏联国家（亚美尼亚、阿塞拜疆、白俄罗斯、格鲁吉亚、吉尔吉斯斯坦、摩尔多瓦、塔吉克斯坦、土库曼斯坦、乌兹别克斯坦），外加中国和越南。世界上没有绝对的市场经济，各国政府都或多或少地干预经济，为什么单单拎出这11个国家给个"VIP"待遇呢？由于太扎堆了，显然不是依据干预经济程度挑选出来的，而是因为太扎堆了。如果按政府干预程度划分不应当这么扎堆。再看这11个国家，打酱油的9个前苏联国家的共同点是没有经历过"休克疗法"。中国和越南的共同点是什么呢？好像是成长太快了。

美亚案例中，美国海关基于中国的非市场经济地位等因素，拒绝了对原产于中国的货物适用首次销售原则，从而大幅提升了进口关税的计税基础，导致其进口关税大幅增加。

一、业务背景

本案中进口商是注册在美国的Meyer Corporation（以下简称"美亚美国"），是Meyer International Holding Ltd.（以下简称"美亚国际"）旗下的子公司。美亚国际的控股架构如图5-1所示。

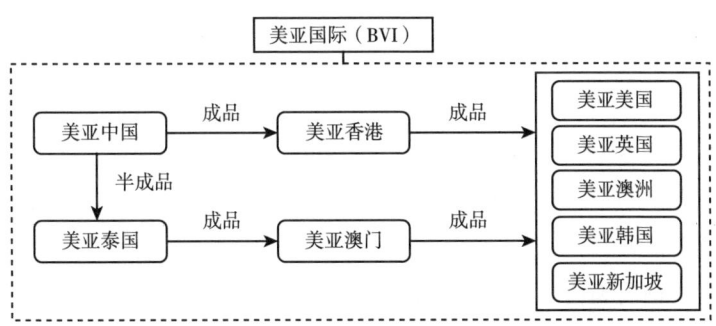

图5-1　美亚国际控股架构

图 5-1 中也标出了美亚国际的集团内价值链。其中 Meyer Industries Ltd.（以下简称"美亚泰国"）和美亚（肇庆）金属制品有限公司（Meyer Zhaoqing Metal Products Co., Ltd.，以下简称"美亚中国"）为制造商；Meyer Marketing Co. Ltd.（以下简称"美亚澳门"）和 Meyer Manufacturing Company Ltd.（以下简称"美亚香港"）为中间商；美亚国际在各国设立的销售公司，包括美亚美国在内，都是负责当地市场的分拨商。

美亚国际从事厨具的生产和销售。其中美亚中国既生产成品，也生产半成品即坯盘。美亚中国的成品通过美亚香港和各国的分拨公司进行销售。美亚中国的半成品坯盘则供应美亚泰国，由美亚泰国加工成成品，然后通过美亚澳门和各国分拨公司进行销售。

二、争议过程

针对美亚美国从泰国和中国进口的货物，2006年美亚美国向美国海关CBP提出申请，要求按照首次销售原则确定进口关税计税价格。2006年9月，美亚美国在普华永道的协助下，向美国旧金山海关就泰国生产的货物进行了陈述。美国旧金山海关随后同意适用首次销售原则。大约一年后，美亚美国在普华永道的协助下，再次向美国旧金山海关就中国生产的货物进行了陈述。美国旧金山海关随后再次同意适用首次销售原则。但是之后美国海关审计部门针对适用首次销售原则问题进行了调查，得出结论说以上进口货物不满足适用首次销售原则的条件。

2010年年初，美国海关总署开始介入。2011年9月，美国海关总署向当地海关下发内部文件，支持当地海关观点。普华永道代理美亚国际与美国海关展开沟通，无果。美亚美国随即向美国国际贸易法庭（CIT）提起诉讼。这官司一打就是十年。

三、争议焦点

本案中，美国海关援引了日商岩井案例（请参考：进口关税出口价——日商岩井美国公司案例）中确立的首次销售原则适用条件，即以下四点：

（1）进口货物被真实销售；
（2）销售的货物明确会出口到美国；
（3）交易价格符合独立交易原则；
（4）不存在任何扭曲性的非市场影响因素。

美国海关认为美亚必须证明其进口货物同时满足以上四个条件，才可以适用首次销售原则，即以中间商（美亚香港和美亚澳门）向生产商（美亚中国和美亚泰国）的采购价格为基础确定进口关税计税基础。美国海关认为美亚一方提供的证据可以证明前两点，但无法证明后两点，因此本案的争议聚焦到了后两点。篇幅所限，本文只讨论最后一点即非市场影响因素，独立交易原则问题留待下一篇文章讨论。

四、美亚一方的证据

中国的非市场经济地位是美国商务部确定的，美亚一方对此无法反驳只能接受。但是美亚一方认为，中国的非市场经济因素并不影响其交易价格的制定，并提供了证人证言如下：

（1）普华永道对美亚美国的供应链分析中并未发现任何证据表明存在中国政府支持或者存在中国政府补贴，美亚一方的其他证人也支持这种说法；

（2）美亚中国从未收到中国政府给予的直接或者间接税收减免，或者收到政府提供的任何无偿服务；

（3）中国中央和地方政府也从未以资金方式鼓励其出口；

（4）美亚中国拥有自己的场地，其水电供应商也并非政府运营；

（5）在中国经营出口商品与经营内销商品一样，不存在特别的经营权；

（6）中国的政党和政府并没有指示美亚中国雇佣特定员工或者指定特定人员进入公司管理层；

（7）中国中央和地方政府并没有给美亚中国下达生产定量，也并没有指定原料供应商；

（8）中国的政党和政府并没有向美亚中国提供资金以偿付劳工成本；

（9）铝制以及不锈钢制炊具并不在美国的报复性及补偿性关税范围内。

五、美国海关的观点

美国海关则提供了相关文件，并由其内部专家出庭作证，指出：

（1）中国是一个非市场经济体；

（2）普华永道没有提供信息证明不存在影响价格的非市场因素；

（3）关于可比公司的非市场因素影响，普华永道也没有提供信息；

（4）美亚泰国从中国采购部分半成品；

（5）美亚中国位于中国；

（6）美亚一方的证人Mr. Kam只是美亚中国的五位高管之一，作证时说道，可能有些政府补贴只有公司总经理知情，自己并不知情；

（7）美亚中国并不拥有土地所有权，只是拥有一定年限的土地使用权；

（8）美亚一方的证人Mr. Kam在法庭上已经确认，并不知晓向美亚中国提供水电的供应商是否收到政府补贴。

基于以上证据，美国海关补充说，在确定进口货物计税价格时，还要考虑法定的价格调增调减项目，其中相关协助的价值属于调增项目之一，但是美国海关不知晓是否存在政府协助（相关协助的一种），普华永道也没有分析这一点。据此，美国海关主张，相关法规要求进口货物的价格必须能够估定才可以成为进口关税的计算基础，但美亚一方并不能证实其进口货物的价值可以依据中间商的采购价格估定，在这种情形下，不能适用首次销售原则，只能采用默认的价格，即进口商（美亚美国）向中间商（美国香港和美亚澳门）支付的价格来确定进口关税计税价格。

六、CIT法院的观点

CIT法院于2021年3月1日作出判决。基于相关法规以及双方提供的证据，CIT法院认为：

（1）美亚国际不能证实制造商（美亚中国或者美亚泰国）向中间商（美亚香港或者美亚澳门）的销售价格并未受到中国的非市场经济影响。证人Mr. Kam所知有限，其证词不足为信。

（2）美亚泰国从美亚中国采购半成品，美亚也未能证明以上半成品采购价格并未受到中国的非市场经济影响，从而使美亚泰国的产品价格间接地受到中国的非市场经济影响。

（3）最后，美亚一方并未提供其母公司美亚国际的财务信息，而本法庭认为这些信息在分析中国的非市场经济影响时非常关键。

因此，CIT法院认为：

被告美国海关的决定事实清楚，予以支持。原告美亚一方事实并非不准确，但是不全面，不足以支持其立场。因此，不能采用中间商（美亚香港和美亚澳门）的采购价格来确定进口关税的计税基础。原告证词最多只能证明其不知是否存在政府补助，其结论模棱两可。被告虽然只是讨论了市场扭曲的各种可能性，但是由于原告没有提供所需要的财务信息，被告也无法提供进一步的分析。因此，可以认定美亚国际一方无法证明非市场因素没有影响到中间商的交易定价，因此其进口货物不满足适用首次销售原则的条件。

CIT法院接着说，美国关税法规19USC中的第1401a（b）（1）规定，确定进口计税价时，需要对销售交易中发票价格进行法定调增调减，其中调增项目包括：

（1）包装成本；

（2）买方发生的销售佣金；

（3）相关协助的价值；

（4）买方直接或者间接支付的，作为购买进口商品条件的特许权使用费或者许可费；

（5）卖方发生的，后续再销售、处置以及使用进口商品发生的直接或者间接费用。

该条法规规定，如果针对以上项目缺乏足够信息，则应视为无法确定交易价格。由于美亚美国无法提供以上调增调减项目相关的信息，因此不满足适用首次销售原则的条件。

综合以上，CIT认为原告未能证明其可以依据首次销售原则进行进口关税估价。

七、毫无悬念

本案中CIT法官说，中国是个非市场经济国家，因此，美亚国际只有证明非市场因素没有影响交易定价才可以适用首次销售原则。为了证明非市场因素没有影响交易定价，需要同时满足三个法规方面的条件与四个事实上的条件。

三个法规方面的条件是指相关国家的法规要做到：

（1）不存在针对某个出口商出口许可和业务许可的限制性规定；

（2）出台法规对公司的管控去中心化；

（3）以其他方式正式保证对公司的管控去中心化。

四个事实条件是：

（1）出口商对出口商品独立定价，不受政府干预且不需要经过政府审批；

（2）出口商有权商谈并签订合同；

（3）出口商有权自主选择管理层，不受政府影响；

（4）出口商有权保留出口货物取得的货款，对利润和亏损独立处置。

以上条件难以满足，主要原因在于进口商举证困难，想证明一件事不存在很难。反方只要列出各种可能性，并提出无穷无尽的资料要求即可击败正方；正方单单满足这些资料要求就很难，要排除所有的可能性就更难了。本案中，进口方美亚一方出于某种原因不愿意提供美亚国际的财务信息,这只是个表面现象,本质上是其无法提供足够证据排除所有的可能性,因而其败诉是必然的。

八、"大杀器"

本案的影响超出了美亚国际本身。在判决书中,法官表示首次销售原则似乎并不适用于涉及非市场经济参与者或者非市场经济成分的交易,意图扩大打击面。由于影响巨大,超出了CIT的权限,CIT已经向美国最高法院寻求澄清,待澄清后才可以形成生效的判决。如果最高法院支持其主张,将会明显抬高所有非市场经济国家特别是中国和越南向美国出口货物的关税,严重削弱其出口产品的竞争力。

在现实中涉及非市场经济的交易有以下三种情形:

(1)货物在非市场经济国家制造;

(2)货物在市场经济国家制造,但包含非市场经济国家成分;

(3)货物由非市场经济国家的实体销售,不论产品是否在市场经济国家制造,以及是否包含非市场经济国家成分。

结合以上三种情形,可以更加明显地看出本案的影响也超出了原产于非市场经济国家的产品范围。所有美国进口产品只要涉及非市场经济交易,在本案后都存在关税成本上升的风险。由于涉及交易很多,本案的破坏性远远大于对某一产品开征报复性及补偿性关税。相对于报复性及补偿性关税这种精准武器,非市场经济国家清单像是一件"大规模杀伤性武器"。

第三节 海关眼中的独立交易原则——美亚美国进口关税案例

一、独立交易原则失火,殃及首次交易原则的池鱼

在日商岩井案例中,美国法院明确适用首次销售原则需要同时满足四个条件,其中第三个条件是"交易价格符合独立交易原则"。美亚美国案例中,2007年美国海关经过审计得出结论说,美亚香港和美亚澳门向关联方采购进口货物的交易价格不符合独立交易原则,加之其他原因,否决了对其适用首次销售原则。

美亚美国在起诉过程中主张其价格符合独立交易原则。

美国关税法规 19 USC 中的第 1401a 节规定，只有同时满足以下两个条件时，关联交易价格才被认为符合独立交易原则：

（1）通过对进口商品销售的条件检查，表明买卖双方的关联关系没有影响交易价格；

（2）交易价格非常接近测试价格。

可以看出，以上两个条件分别针对过程和结果。诉讼过程中双方的举证都围绕以上两个条件展开。

二、美亚一方的初步证据

美亚一方的初步证据集中在过程方面。美亚美国的前执行董事 Darrin Johnson、美亚泰国的财务经理 Siukai Kwok、美亚澳门的销售总监 Sharon Lau 以及美亚中国的生产经理 Kan Ming Kam 出庭作证。普华永道的海关以及国际贸易总监 Craig Pinkerton 则作为专家证人出席作证。

Johnson 先生作证说，美亚国际旗下各关联主体在组织结构上各自独立，独立运营，独立核算，相互竞争，各自负责实现自己的利润目标。美亚美国向集团内关联方采购产品时，每年要进行 3—4 次市场分析，以了解市场竞争、产品供应、零售价格等因素并考虑消费者需求。美亚澳门向美亚泰国或者美亚中国采购时，会考虑订单情况以及生产能力等因素。至于美亚香港的内部采购以及内部谈判情况，法庭对此没有进行调查，美亚一方也没有提供证据。

美亚泰国的财务经理 Siukai Kwok 作证说，美亚泰国 96% 的产品都销售给美亚澳门，过程中美亚泰国一方与美亚澳门的营销经理谈判确定销售价格。美亚泰国从来没有赔钱卖过。

美亚澳门的销售总监 Sharon Lau 作证说，其负责与美亚美国谈判，拿到订单后根据所列货物分别转手向美亚泰国或者美亚中国下单。总体上 80%—90% 的订单会向美亚泰国下单，其余的则向美亚中国下单，偶尔也有向第三方厂家下单的情况发生。如果是美亚中国接单，则通过美亚香港转单。如果订单涉及美亚品牌，则美亚澳门要向美亚美国支付佣金。

三、美国海关要求提供更多证据

美国海关主张，在确定独立交易价格时，相关法规要求不仅看买卖双方如何安排商业关系，还要看如何形成价格；其中满足以下条件之一则表明关联关系没有影响价格。

（1）价格确定的方式与行业内通常做法一致；

（2）价格确定的方式与卖方非关联交易定价的做法一致；

（3）价格足以覆盖成本，并保证关联销售利润水平与卖方在相当长的一段时间内销售同类或者类似产品的总体利润水平一致。

美国海关认为在本案中第二项测试不适用（根据后文推测，是因为美亚泰国非关联销售很少）。美亚泰国需要证明其满足条件一或者条件三。要证明符合条件一则需要提供关于行业内通常定价做法的证据。要证明符合条件三则需要提供产品成本、利润相关的资料，包括财务报表、会计记录（包括账簿、物料单、存货记录、劳动力成本和制造费用记录、期间费用资料）以及其他相关资料。

四、美亚一方的第二波证据

针对以条件一即"正常定价做法"测试和条件三即"总成本加利润"测试，美亚一方主要依靠普华永道的专家Pinkerton先生的证词。

Pinkerton先生作证说，普华永道通过应用"正常定价做法"测试以及"总成本加利润"测试，认为美亚泰国的关联交易符合独立交易原则。

在"正常定价做法"测试方面，普华永道以"全部成本加成"和"运营成本加成"为利润指标，将美亚泰国的总体利润水平与泰国的其他厨具制造商进行了比较，以"全部成本加成"和"运营成本加成"为利润指标，结果发现美亚泰国的利润水平在四分位区间之内。此外，Pinkerton先生用了十多页的篇幅，对美亚泰国与美亚澳门之间，以及美亚澳门与美亚美国之间的谈判方式进行了详细描述，并举例进行了说明。

在"总成本加利润"测试方面，普华永道认为相关法规并没有要求进口商必须提供具体的和准确的信息，尤其是母公司的信息，而且本案中母公司并不制造同类货物的情况下，更不需要提供母公司的信息。为了"总成本加利润"测试的目的，普华永道浏览了以下资料：

（1）相关产品的成本计算单；

（2）材料成本以及劳动力成本，制造费用、期间费用的分摊情况；

（3）销售价格（FOB价格）。

普华永道认为测试对象应当是总装制造商即美亚泰国，而不是美亚国际。美亚国际是个投资公司，其利润来源于资本利得以及房地产投资，不必将其利润水平与美亚泰国相比。普华永道将美亚泰国向美国出口产品的利润水平与其总体利润水平进行了比较，发现两者相等，即在合理范围之内。

关于美亚中国的关联交易，普华永道也进行了类似的分析，得出了相同的结论。

五、法庭判决

法庭认为，美亚一方未能证明美亚中国向美亚香港的销售满足"正常定价做法"测试，原因如下：

（1）其选择的可比公司并不在美国市场销售；

（2）美亚一方并未就非市场因素对可比公司的潜在影响（请参考：非市场经济特殊待遇——美亚美国进口关税案例）提供信息；

（3）美亚一方提供的信息不足以证明可比公司生产的产品与美亚中国相同或者类似；

（4）可比公司的毛利/成本比率分布区间过于广阔，如2010年度为1.2%—19.6%；2011年度为 –10.5%—10.5%；

（5）可比公司只包含上市公司，代表性不足；

（6）证明集团内谈判的证据不足；

（7）美亚中国的价格由美亚香港决定，而不是由美亚中国与美亚香港谈判确定；

（8）若干信息不准确。

法庭认为，美亚一方也未能证明美亚泰国向美亚澳门的销售满足"正常定价做法"测试，原因如下：

（1）其选择的可比公司虽然都是泰国公司，但规模均小于美亚泰国；

（2）其选择的可比公司均未在美国销售；

（3）其声称由于最低订单导致有限风险从而利润水平较低的说法并不成立；

（4）可比公司只包含上市公司，代表性不足；

（5）美亚一方提供的信息不足以证明可比公司生产的产品与美亚泰国相同或者类似；

（6）可比公司的毛利/成本比率分布区间过于广阔。

关于"总成本加利润"测试，法庭认为，相关法规中说到的"公司"并不限于卖方或者制造商，而应当包含母公司。因此，该测试下需要提供母公司的财务报表。美亚一方未能满足该项资料要求。另外，美亚泰国只向关联方销售，因此不适用作为测试对象，其向美国的销售构成其销售总额的绝大多数，因此将其美国销售的利润水平与总体利润水平相比较也没有意义，其总体的利润水平也不准确。美亚中国的情况与美亚泰国类似，且若干单个交易中，向美国销售的利润水平与可比利润水平存在差异。

综上所述，法庭认为美亚一方未能证明其关联交易符合独立交易原则。

六、观察和评论

关税和所得税都强调独立交易原则。独立交易原则只有一个，但是一千人心中会有一千个哈姆雷特，管理关税的海关和管理所得税的税务局对独立交易原则的理解不尽相同，对证明独立交易原则的要求也不尽相同。二者的相同之处在于都强调通过比较（请参考：没有比较就没有伤害——可口可乐案中的可比性分析）来实现以及验证独立交易原则，而且都从过程和结果两个方面进行比较。二者的不同之处在于，海关对于过程的强调多于税务局。在可比交易选择方面，由于关税的计税基础是价格，海关对于可比交易中产品的相似性强调较多；而所得税的计税基础是利润，因此税务局更关注功能风险方面的相似性而不是拘泥于产品的相似性。在转让定价方法方面，由于同样的原因，税务局认可的方法较多，海关认可的方法较少。本案中美亚一方用到了交易净利润法并采用了两个利润指标。美国海关虽然没有反对使用这种方法，但是通过反复强调市场相似性要求，否认了应用这种方法得出的结论，间接地否认了使用这种方法。

OECD的《转让定价指南》反映了国际税务界在独立交易原则方面的共识。本案中双方都只依据美国的国内法提出主张，没有提到OECD的《转让定价指南》，说明了美国海关不像美国税务局那么认可OECD《转让定价指南》的权威性。换一个角度来说，美国海关对于独立交易原则的理解较为任性。

美国海关任性的理解，加之美亚一方的难言之隐（不想提供美亚国际的财务信息），决定了在独立交易原则这一点上美亚一方没有胜算。因此，法庭的判决结果完全在意料之中。

第四节 普惠制待遇下的双重实质改变标准
——美亚美国进口关税案例

在美亚美国案例中，美亚一方一边力争适用首次销售原则降低计税价格，一边主张享受普惠制待遇免税。但是两条战线都没有成功。那么什么是普惠制？美亚的产品为什么不能享受普惠制待遇？本文一探究竟。

一、谁给各国划成分？

进口税方面的"优惠制度"（preference programs）就是区别对待。优惠一些国家的另一面就是惩罚另一些国家，这种惩罚和上一篇文章中讨论的对非市场经济国家的惩罚（请参考：非市场经济特殊待遇——美亚美国进口关税案例）本质上是一样的。因此优惠制度本身就是一种贸易战武器，需要管控。

目前对优惠制度的管控以世界贸易组织（WTO）最为权威。WTO鼓励成员国采用对等的、永久性的最惠国待遇，同时在一定程度上允许各国在最惠国待遇之外采取一些别的优惠制度作为补充。普惠制（Generalized System of Preferences，GSP）就是WTO允许的例外制度之一。普惠制是各国自定的，单向的，理论上是临时性的。

普惠制是鼓励发展中国家的，或者说是惩罚发达国家的。一个国家是不是发展中国家，没有官方机构来划成分，只有一些国际组织的意见可供参考。但这是仅供参考而已，给不给普惠制待遇由进口国自定。例如2015年世界银行将中国从发展中国家清单中移除，改"成分"为"上中等收入国家"。此后，欧盟就当即做出反应，不再给予中国普惠制待遇；但是澳大利亚、新西兰和挪威却没有采取行动，至今还给予中国普惠制待遇。

美国商务部称，普惠制是美国最大的也是最古老的贸易优惠制度。美国的普惠制由1974年的贸易法案确立，如今涵盖119个国家和地区（即"受益发展中国家"，Beneficiary Developing Country，以下简称"BDC"），涉及数千种货物。美国给予普惠制待遇时，不仅看经济发展水平，还有别的考量。对于曾经一穷二白的中国，美国从未给予普惠制待遇。美国对印度本来给了普惠制待遇，但是2019年贸易战高潮时，美国以市场准入方面的理由取消了对印度的普惠制待遇。

二、聚焦到双重实质改变

现在回到美亚美国案例，美亚美国从中国和泰国进口货物。由于中国不是普惠制受益国家，原产中国的货物就被排除在普惠制待遇之外了。同时，泰国是普惠制受益国家，原产泰国的产品有机会享受普惠制待遇。但是这仅是机会而已，不等于能够成为现实。

首先是产品范围。美亚泰国生产的一部分厨具属于普惠制范围内的货物（归类为税号7323930045下的不锈钢制厨房用品），另一部分产品比如铝制厨具则不在普惠制范围之内，首先要被排除出去。排除过后剩余的原产泰国的不锈钢制厨房用品（以下简称

"产品"），能不能享受普惠制待遇还要符合别的条件。

2006年美亚美国向美国海关CBP提出申请，在要求适用首次销售原则的同时，还要求针对泰国生产的部分产品享受普惠制待遇。2007年美国海关经过审计调查后得出结论说美亚泰国从中国进口的坯盘并没有经过双重实质改变，因而不能享受普惠制待遇。美国海关援引相关法规说，进口商品需要同时满足以下条件才可以享受普惠制待遇：

（1）货品必须在受益发展中国家（BDC）种植、生产或者制造；

（2）货品直接从BDC进口至美国；

（3）BDC生产的材料价值加上在BDC进行的加工的直接成本两项合计不低于货物进口至美国时估定价值的35%。

另外，BDC生产的货品中如果用到非BDC材料，该材料必须经过"双重实质改变"。具体地说是"品名、特征或者用途"方面的改变。

美亚泰国从中国进口半成品坯盘，在泰国加工成锅体，再配上从中国进口的玻璃锅盖一起出口到美国。美国海关说，由于每套锅具中都包括原产于中国的玻璃锅盖，已经不符合普惠制待遇条件。加之从中国进口坯盘，在泰国加工后，泰国成分的价值未达到美国进口价值的35%，也不符合普惠制待遇条件。

法庭认为，仅仅因为套装产品中存在非受益发展中国家生产的部件就否认整套产品的普惠制待遇，这没有法律依据。此后，本案中的争论聚焦到了35%的泰国价值和双重实质改变方面。

三、美亚一方的主张

这两个问题是相关的。美亚一方认为，已经提供的证据足以表明美亚泰国用中国产的坯盘加工成有包层的金属盘，再加工成锅体，是双重实质改变，在计算普惠制本地成分比例时，应当将该金属盘的成本计入泰国成分。美亚一方根据这一立场计算出其泰国成分大于35%是适当的，美国海关否认其普惠制待遇是不对的。

美亚一方的证人，普华永道的海关专家Pinkerton先生作证说，普华永道对美亚泰国的运营情况进行过尽职调查，经过调查认为用中国产的坯盘加工成有包层的金属盘，是双重实质改变。这个过程涉及14道工序，其中第2道工序称为"深拉"，美国海关也承认这道工序构成一次实质改变。第6道工序则称为"修边"，经过这一道工序之后形成的锅壳可以作为半成品对外出售，这种半成品在商业上与成品锅体完全不同，因此，第6道工序可以视为第二次实质改变。两次实质改变事实清楚，符合双重实质改变条件的结论毋庸置疑，美亚泰国使用的有包层的金属盘应视为原产泰国的材料参与泰国成分比例的计算。

普华永道还审阅了相关的证言、材料发票和付款文件，认为美亚美国的成本计算单是准确的。依据该成本计算单，美亚泰国经过了11步计算得出了泰国成分比例。计算过程的第3步是归集非泰国成本，这一步将中国产的锅盖成本都计入了非泰国原产材料。至于第4步归集泰国成分时，则将泰国原材料成本、泰国直接费用、泰国劳动力成本和泰国制造费用进行了合计。第8步确定销售价格时取了首次销售价格（请参考：非市场经济特殊待遇——美亚美国进口关税案例）。最后一步则以泰国成分的价值为分子，首次销售价格为分母，得出各类产品的泰国成分比例在58%左右，远高于35%的美惠制待遇门槛。因此，美亚一方主张，其产品应当享受普惠制待遇。

四、美国海关的主张

美国海关一方则只承认"深拉"这一工序构成实质改变，此后的其他工序都不构成实质改变。美国海关的理由是第二道工序过后货品的名称就是"未完工的锅或者盘"，直到第14道工序结束后，货品的名称才变为"完工的锅或者盘"。也就是说第2道工序至第13道工序之间，货品名称和特征一直没有发生改变，且货品的形状和形式都没有发生重大改变，货品的用途也没有发生改变，因此这段过程中没有发生过实质改变。至于第6道工序，美亚一方并没有证明其生成的半成品是一种中间性的，可识别的商品，因为其并未证明人们愿意来购买它用于消费或者生产。虽然美亚一方举证说有过少量销售半成品的记录，但是该批销售对象是关联方，不能说明问题。总之第6道工序不构成实质改变。由于中国产的坯盘没有经过双重实质改变，其加工成的有包层的金属盘不应当按泰国材料参与泰国成分比例的计算，照这样算下来，泰国成分没有达到35%的普惠制待遇下限。因此，美亚的不锈钢产品不应当享受普惠制待遇。

五、法院判决

对于普惠制待遇，法院的判决只有一句话：经过分析生产过程，法院支持了美国海关的说法，否认了发生过双重实质改变，从而否认了普惠制待遇。

不同的进口税收优惠有不同的原产地标准。双重实质改变是普惠制对应的原产地标准，属于较为苛刻的一类。对比一下，北美自由贸易协议（NAFTA）下的原产地规则采用一次实质改变标准（请参考：浑水歪打正着），显然容易满足。如果按照NAFTA下的一次实质改变标准，用来自境外的材料制造产品，只要从材料到产品税号发生了变化，或者满足当地价值构成比例，就可以视作原产于产品生产国的产品。而在普惠制对应的双重实质改变标准下，从材料到产品如果只经过一次实质改变，即便是税号发生了变化，该产品依然不会被看作原产于发生这次实质改变的国家。反之如果在某国经历了两次实质改变，即经过原材料、半成品再到最终产品，则该产品可以视作用半成品制造的，该半成品才视为本地成分参与当地价值构成比例的计算中，然后根据这一比例判断是否构成原产于该国。这显然要严苛很多。

在普惠制下，中间有没有一个半成品阶段，并不是制造商说了算。首先要满足美国关税法规下"品名、特征或者用途"改变的要求，其次美国海关会基于商业惯例判断制造过程是不是满足这个条件。显然，这种判断不是非黑即白的，最终还是要看双方的证据和法官的心情，因此不确定性始终是存在的。跨国公司在安排全球价值链时，对此要有心理准备。

第五节　小米印度连遭暴击，进口关税扑朔迷离

小米近期在印度遭到政府部门围殴。"四大门派"一齐出手，分别是：

- 征收进口关税的财政部（Ministry of Finance）
- 实施《外汇管理法案》（FEMA）的中央执法局（Enforcement Directorate，ED）
- 管理工商事务的印度企业事务部（Ministry of Corporate Affairs，MCA）
- 所得税务局（Income Tax Department，IT）

一、焦点是特许权使用费

"四大门派"称事出有因，起因是小米技术印度私人公司（Xiaomi Technology India Private Ltd.，以下简称"小米印度"）向境外支付了特许权使用费。根据2022年1月5日印度财政部网站发布通告（以下简称"印度财政部通告"），小米印度一边进口成品手机在印度市场销售，一边通过合约制造商利用进口部件组装成手机在印度市场销售。过程中小米印度及合约制造商一直向高通美国（Qualcomm USA）以及北京小米移动软件有限公司（以下简称"小米北京"）支付特许权使用费（通知原文中用了相关法规中的

用语即"特许权使用费以及许可费"。由于相关法规对特许权使用费与许可费并无区分，本文一律简称"特许权使用费"）。

向境外支付特许权使用费见怪不怪，怎么惹出这么大动静？小米真的涉嫌违规还是印度政府有意打压？我们先冷静下来，从专业角度分析一下。四个政府部门各有侧重，也说明这个问题涉及多个方面。本篇关注进口关税方面。

印度财政部通告称，鉴于有情报表明小米印度通过低报进口价值偷逃关税，财政部的收入情报部门（Directorate of Revenue Intelligence，以下简称"DRI"）于是启动调查。经过调查，DRI形成初步意见，认为小米印度及其合约制造商向境外支付的特许权使用费应当包含在进口货物（成品手机和部件）交易价值之内计征进口关税，但是小米印度以及合约制造商没有做到这一点，因此DRI于2022年1月4日发布通知，要求小米印度提供说明，并补缴2017年1月4日至2020年6月30日的关税65.3亿卢比（约合8 780万美元）。

进口货物的买家经常会在买价之外向卖方或者其他境外主体支付特许权使用费。这些特许权使用费是否应当计入进口货物的关税完税价？这个问题不是非黑即白的问题，有一系列的相关法规。我们先了解一下相关法规。按照通过国际法把握国内法的原则，我们先看国际法，再看印度国内法。

二、国际法下的五大条件

目前国际上公认的进口关税估价规则，称为《关税及贸易总协定关税估价准则》（GATT Customs Valuation Code），其文本见于《关税与贸易协定第七条规则的实施协议》（Agreement on the Implementation of Article VII of the GATT）。该协议形成于20世纪70年代，乌拉圭回合谈判（1986—1994年）后作为附件成为WTO协定的一部分，俗称《WTO关税估价协议》（WTO CVA）。此外，国际商会对《关税估价准则》进行了细化，形成了国际商会注释（Commentary by International Chamber of Commerce），也受到各国普遍认可。同时，欧盟支持的国际海关组织（World Customs Organization，以下简称"WCO"）也对《WTO关税估价协议》进行了发声，其下属的海关估值委员会出版的《咨询意见及注释》（Advisory Opinions and Commentaries）在欧盟内外都有一定影响。

《WTO关税估价协议》第1条明确交易价格为海关估值主要基础。所谓交易价格就是向进口国出口的目的而销售货物时实际支付或者应付的价格（请参考：进口关税出口价——日商岩井美国公司案例）。《WTO关税估价协议》第8条则规定一定条件下交易价格应当调增或者调减。其中第8.1（c）款将特许权使用费列为调增项，并规定满足以下条件时，相关特许权使用费应加到交易价格之上：

（1）与被估价的货物相关；
（2）由买方直接或者间接支付；
（3）作为销售被估价货物的条件；
（4）尚未包含在已经支付或者应付的价款中；
（5）可以依据客观且定量的数据进行调整。

以上五个条件中有三个较为直白，就不做解释了。其余两个比较烧脑，就是"与被估价的货物相关"，以及"作为销售被估价货物的条件"。特许权使用费"与被估价的货物相关"这个条件相对宽泛，只要进口货物中含有相关的知识产权或者利用相关知识产权制造，为该知识产权支付的特许权使用费即与该进口货物相关。"作为销售被估价货物的条件"在实际应用中则相对复杂。这个条件简单地说就是不支付该笔特许权使用费，买方就买不到该进口货物，判断时要结合销售合同和特许权使用费合同的文本来具体分析各个条款以及两个合同之间的关系。

三、印度国内法下的两个核心条件

印度财政部通告称，DRI依据1962年版的海关法案的第14节以及2007年的进口征税估价规则，做出了要求补税的主张。

1962年版的海关法案的第14节确认了进口关税计税价格以交易价格为基础确定，包括进口货物价款以及为"成本和服务"支付或者应付的金额。上述"成本和服务"包括特许权使用费的情形。2007年的进口商品关税估价规则第10(1)款则明确：

下述实际支付或者应付的金额应计入交易价格之中：

（c）进口方发生的价款之外的，与进口货物相关的，进口方被要求直接或者间接支付的，作为销售进口货物条件的特许权使用费。

本款的注释中明确，货物进口后续过程中涉及的特许权使用费，不论是专利技术还是非专利技术，只要符合（c）款中的条件就应当计入交易价格当中。

可见印度国内法中相关规定本质上与WTO CVA一致，核心仍是两个判断标准，即"与进口货物相关"以及"构成销售进口货物的条件"。

四、下结论为时尚早

不论是国际法还是印度国内法,核心都关注"与进口货物相关"以及"构成进口货物条件"这两个判断标准。现实中常见的争议都会集中在这两个标准上。

由于本案目前还没有公布详细信息,我们只能根据常见情况做一些泛泛的分析。

一般而言,特许权使用费有针对商标支付的,有针对销售许可权支付的,也有针对生产技术支付的,以及针对软件使用支付的。各种情形下,争议点在两个核心条件之间的侧重可能有所不同。另外,关联交易也是一个影响因素。向关联企业支付的特许权使用费比起向非关联企业支付的更为复杂。

就拿支付给高通的特许权使用费举例,这是非关联交易。首先小米手机不会用到高通的品牌,因此可以排除品牌使用费以及市场分销权许可费,只需关注技术相关的知识产权的许可费用相关的规定。这当中涉及的知识产权要么是制造过程中用到的,要么是进口货物里面已经包含的。

如果是制造过程中用到的知识产权,还要进一步区分情况。假设这种情形:小米印度从高通进口芯片或其半成品,委托在印度的合约制造商生产手机,小米印度向高通支付生产技术相关的特许权使用费。这种情形下,如果相关生产技术是制造手机过程中使用的技术,则明显与进口的芯片无关,不涉及进口关税问题;如果是制造进口芯片有关的技术,则与进口芯片有关,这种情况下关键就看支付特许权使用费是否构成采购芯片的条件,如果构成则会涉及进口关税问题。

如果是进口芯片里已经含有的知识产权,则一定与进口的芯片相关。这种情况下关键仍是看支付特许权使用费是否构成采购芯片的条件。

由于目前没有看到案件详情,尤其是没有看到合同条款,暂时还无法判断事情的原委。因此就不再臆测了。根据以往的案例来看,印度的行政部门经常会基于各种奇葩理由做出各种过激举动,本案也不排除这种可能性,但是没有看到相关事实之前我们不宜妄下结论。毕竟关税估价是个很专业的领域,我们也要做一个理智的吃瓜群众。

另外,印度的司法系统还是比较靠谱的(请参考:一根筋印度税务局,十年沃达丰争议),对不靠谱的行政系统有不错的制衡作用。印度是WTO成员,有义务维护WTO规则,法院审理时会认真考虑这一点。相信小米会利用各种手段维护自己的权益,作出专业的应对。

第六节　化铝大法绕不开反倾销税

2021年8月23日，美国南加州地区联邦法院的陪审团经过9天的审理，认定中国ZW公司及其控制人刘ZT等10名被告有罪，罪名涉及1项共谋犯罪，9项电信及海关欺诈，以及7项向海关报送虚假文件和7项国际洗钱。中国ZW可能需要补缴18亿美元的反倾销以及补偿性关税（AD/CVD）。

一、美国市场重重地关上了大门

中国ZW就是中国ZW控股有限公司，是亚洲第一、全球第二压研铝制品生产商，2009年在香港联交所IPO上市。2020年度公司年报称：

中国ZW控股有限公司（「本公司」）为在开曼群岛注册成立的一家公众有限公司……本公司……主要营业地点位于中国……由本公司及其附属公司组成的本集团主要从事铝制品的生产和销售。本公司母公司为ZXXX，董事认为其最终控制方则为ZYYY，上述两家公司均在英属处女群岛（这是港式翻译，内地翻译为"英属维尔京群岛"，即BVI。笔者注）注册成立。

ZW上市之初，雄心勃勃地开拓美国市场，攻城略地，战绩辉煌。根据公司年报，2009年度公司在美国的销售额占其全部销售额40%以上。但是，前景中预示着危机。亚洲第一、全球第二压研铝制品生产商，把市场重心放在美国市场上，难免树大招风。2010年4月，美国商务部等部门对包括ZW在内的中国企业出口到美国的压研铝制品开展了反倾销调查。

反倾销以及补偿性关税（AD/CVD）是针对倾销和外国政府补贴行为的反制措施，是通过加征关税的手段抵制倾销和外国政府补贴对进口商品带来的价格优势，以保护本国产业。倾销就是外国制造商或者出口商在一国以低于正常价格销售产品。政府补贴就是政府以现金、税收抵免以及优于市场条件的贷款等方式为制造或者出口某些商品提供财务支持。

在美国，反倾销以及补偿性关税的实施涉及国际贸易委员会（ITC）、商务部

（DOC）以及海关和边境保护局（CBP）等政府部门。首先，国内的相关行业向ITC和DOC发起申请。一旦DOC立案，ITC和DOC会同时启动调查。其中DOC的调查针对企业，确定制造商或者出口商是否倾销商品以及受到补贴，而ITC则确定国内的相关行业是否受到了损害或者受到了威胁。一旦DOC初步认定反倾销和政府补贴成立，就会通知CBP暂停相关商品进口。如果DOC和ITC最终认定反倾销和政府补贴成立，DOC会发布反倾销以及补偿性关税税令，以延续暂停进口，并公布反倾销和补偿性关税税率。此后，如果发现倾销和政府补贴继续，则会指导CBP按DOC计算的金额征收反倾销以及补偿性关税（AD/CVD）。

2011年5月26日，DOC公布了A-570-967号令和A-570-968号令，对原产中国的铝压延产品征收反倾销关税和补偿性关税。根据A-570-967号令，ZW的铝压延产品适用33.28%的反倾销关税税率；根据A-570-968号令，ZW的铝压延产品适用374.15%的补偿性关税税率。两者合计，税率超过了400%。

谁能付得起400%的关税？反倾销以及补偿性关税封死了出口美国的路。受其影响，2010年度ZW美国市场的销售收入比例骤然降至29%。2011年度中国ZW美国市场的收入占比进一步降至3.9%。

二、化铝大法

ZW放弃了美国市场吗？没有那么容易。根据A-570-967号令和A-570-968号令，反倾销以及补偿性关税覆盖的产品范围是各种形式的铝材，包括铝管、铝条、铝棒、铝丝，也包括门窗的铝框架等半成品，但不包括制成品，如已经装上玻璃的铝门窗、易拉罐等。上帝关上了一扇门，好在没有关上窗户。ZW不再向美国出口半成品，改为生产制成品出口到美国。此后中国ZW的年报称，美国市场上空运货物用的托盘需求猛增，成为一个亮眼的业务增长点。

一开始，ZW没有直接出口托盘到美国，而是内销给其最大的国内客户LW，由LW出口到美国。后来看到LW出口的托盘顺利通关，没有涉及反倾销税和补偿性关税，就开始自己出口了。此后，中国ZW公布的美国收入占比开始反弹。2012年升至8.32%，2013年升至11.8%。

问题是，托盘有那么大的需求吗？没有。那么美国买家进口这么多托盘做什么？答案是，先囤着，等到时机合适再熔化，做成别的铝制品卖出去。这是长线投资啊，不光要有大格局，还要有大资金。这样的买家能找着吗？ZW还真找着了一家，是注册在美国加利福尼亚州的公司，叫作PFCT。

从价值链角度上看，有些别扭。ZW的辽阳工厂将铝锭先制成托盘，运到美国，PFCT再熔化制成铝锭，制成别的产品。从托盘到铝锭是返工，这一步要损失20%的价值。美国商务部在加征400%的AD/CVD的时候，有没有意识到制成品可以返工？20%的价值损失跟400%的税款相比，显示返工很合算啊。

要说返工这一步，单独来看也没有什么问题。谁让你对半成品征那么高的关税？谁让你制成品关税比半成品要低，而且低很多？PFCT追求利益最大化，进口托盘熔化成铝锭有错吗？哪条法律说不允许返工了？再说了，就算是PFCT有错，关ZW什么事？有客户需要托盘，ZW就出口托盘，这有问题吗？关税是进口商缴的，少缴关税是PFCT的事情，怎么连ZW以及ZW的前董事长刘ZT一起起诉了？

三、有一种关联关系叫作资金和管理上的控制

美国司法部说了，这不是PFCT一家的事情，这是个共谋犯罪，PFCT背后是中国ZW以及刘ZT。整个交易分段来看，似乎每段都没有问题，但合起来看就有问题。PFCT和中国ZW是关联公司，因此整个交易就不应分段来看，而是要合起来看。整体上看，是ZW通过返工的方式，实际上出口了应缴纳反倾销税的铝压延产品，逃避了反倾销税，要补缴反倾销税。美国司法部掐指一算，2011—2014年，ZW通过这种方式向美国出口了铝制托盘220万件，规避的关税高达18亿美元。

关联公司？啥叫关联公司？为啥是关联公司？

司法部说，啥叫关联公司，看看你的年度报告。你的年度报告上说，"公司控制人及其近亲为本集团的关联人士，关联人士控制或共同控制的实体为关联实体，关联人士对实体拥有重大影响或为该实体（或该实体母公司）的主要管理层成员的实体是关联实体"。我们查了，董事长刘ZT的儿子刘ZP曾经担任PFCT公司股东，构成了控制关系。

PFCT于2014年12月4日成立于美国加利福尼亚州，最初股东是刘ZP，几个月之后更换了股东。如果说PFCT由于刘ZP的缘故成为ZW的关联公司，那么这个关联关系也只是从2014年年底PFCT成立之日算起。扯不到之前，不能认为之前就开始逃避反倾销税的，对吗？但是起诉书称，后来虽然换了股东，但是现任股东仍然听命于刘ZT，还是存在控制关系。而且这个关联关系很早就成立了。

PFCT刚一成立，马上就在美国特拉华州成立了合资子公司PFCT Aluminium Acquisitions LLC（以下简称"PFCT子公司"）。这个名字透露了成立的目的就是收购。2014年12月31日，PFCT子公司同时吸收合并了7家加利福尼亚州公司（以下简称"前身公司"）。这7家前身公司均由美国籍人士邵CX于2004—2010年设立。邵CX原先是

ZW 的美国客户。此后从 2016 年开始，邵 CX 担任 PFCT 总经理。起诉书说，邵 CX 虽然不姓刘，但是听命于刘 ZT，受其控制，有 E-mail 为证，这种控制从很早以前就开始了。

四、有一种关联交易叫作让中间商赚差价

该案件由美国移民及海关署的国土安全调查局和 IRS 于 2016 年共同发起调查。2017 年美国司法部发起了没收财产的民事诉讼，开始从港口以及仓库中查封 ZW 进口到美国的铝制托盘。2019 年 5 月 7 日美国司法部向南加州地区联邦法院提起了海关欺诈等多项刑事诉讼。

中国 ZW 于 2017 年 9 月 17 日发表的《澄清公告》中回应说，美国司法部诉讼中涉及的数家公司，与 ZW 之间要么不构成关联关系，要么没有发生关联交易。

美国司法部的起诉书称，PFCT 一开始没从中国 ZW 直接购买托盘，而是通过一家中国公司 LW 购买，那又怎么样？就算 LW 是独立第三方，而且在中间赚了差价，这种背对背交易看似两个非关联交易，实际上却是一个关联交易。再说了，LW 的实控人和 ZW 董事长刘 ZT 的哥哥有亲戚关系，这也是关联企业。整个链条上的一系列公司都是刘家人（The Lius）控制的，这是个家族式的共谋犯罪。

确定关联关系不仅对逃避反倾销和反补偿关税这项指控很关键，而且对其他几项指控也很关键。起诉书称，由于隐瞒了关联关系，中国 ZW 在财务报表中将关联交易列示为第三方销售，虚增了业务收入和利润，构成证券欺诈；同时，为了实现以上犯罪将大量资金汇入美国，涉嫌洗钱。

五、城市套路深，我要回农村

目前陪审团已经认定 ZW 有罪，接下来要看法庭如何适用法律。所有的指控都以逃避反倾销与反补偿税为基础。起诉书中将该项罪名具体为海关欺诈以及向海关报送虚假文件。说起来有些冤枉是不是？进口的实物形态就是托盘，按托盘报关怎么就是报送虚假文件了？怎么就是欺诈海关了？所得税法规中有个一般反避税条款，大意是说如果一个业务安排主要目的是为节税，而不是出于商业目的，那么税务局可以忽略这种安排。美国关税相关法规中有没有类似的规定？或者此前有没有类似的案件？这是下一阶段的看点。

根据目前起诉书指控的罪名来看，ZW 可能涉及 18 亿美元的补税。被告个人不只面

临罚款，还要涉及刑罚。其中共谋一项指控就对应最高5年刑期，这还是最低的；其余23项罪名都是重罪，每一项罪名都对应最高20年的刑期。很吓人有没有？

第七节　浑水露怯了

美国政府对ZW的调查，还要从一个叫浑水的公司说起。

一、"没有人比我更懂中国的银行"

早年有一个美国青年Carson Block不远万里来到中国。先在中国创业，后来做律师。Block在中国期间学会了一个中国成语叫"浑水摸鱼"，后来回美国创办了一家投资基金，取名"浑水资本"（Muddy Waters Capital LLC，以下简称"浑水"）。浑水定位为积极投资机构，俗称"做空机构"，专门狙击财务报告有疑点的上市公司。一旦选定目标，就事先买入目标公司的空仓，然后发布研究报告，指责目标公司存在财务造假等巨大风险，等到目标公司股价下跌后平仓获利。浑水在其成名之战中，致使加拿大上市的中国公司中国林业股价下跌74%，最终导致其申请破产保护。2020年浑水做空瑞幸咖啡，致其股价下跌70%，并一度传闻要倒闭。当然了，浑水不只做空中国公司，一众欧美公司也倒在其枪下。浑水总结其战绩称，被选定的公司最终修改财务报表的不计其数，此外有6家公司退市，1家永久禁止证券交易。

2015年，浑水盯上了中国ZW。中国ZW注册于开曼群岛，在香港上市，总部位于中国，是亚洲第一、全球第二的压延铝产品制造商。浑水化名Dupre Analytics于2015年7月30日发布了做空报告（以下简称"浑水报告"）称，ZW自2011年以来，虚增收入385亿港币，占其收入的62%。

中国ZW的客户都是有名有姓的大客户，要已发货有收款才能确认收入，怎么做假？浑水报告称，中国ZW造假是有组织有预谋、链条很长技术手段很高的，虚增的385亿港币收入来自中国境内的银行。浑水说，银行贷款给刘ZT，刘家人在海外成立公司，通过中国境内刘家人控制的贸易公司（例如LW），伪装成客户付款给中国ZW，中国ZW确认了收入。至于这些铝制品，刘家人的海外公司买来后堆积在墨西哥、美国等地。

貌似很有道理，但是疑点太多。根据这种说法，资金从银行经过刘家人最后流到

ZW，最后如何流回银行？这一点就没有搞清楚。另外，刘家人手中的资金都占用在铝制品上面，拿什么还银行？385亿港币已经是个不小的数目，这个模式要持续下去，需要的资金不止385亿港币。就算中国的银行不差钱，贷款都是有期限的，到期不还如何交代？后来刘家人的铝制品被美国政府查封，到现在都没法变现，资金链是否早该断裂？为何直到现在还没有爆雷？

针对以上疑问，浑水报告中做了若干猜测。其一是ZW通过资本性支出输送利益给刘家人去还银行贷款，其二是通过土地融资拆东补西，但是这两种说法都缺乏关键证据，没有形成闭环。此后2018年3月Carson Block在自己的博客中说道：没有人比我更懂中国，也没有人比我更懂中国的银行。刘家人借银行的钱就没有打算还。这些银行是国有的，它们是中国政府非法补贴中国企业的工具。中国还纵容欺诈西方投资者。这些做法，超出了我们西方人的想象。这算是第三种说法吧？

Block的那篇文章中有一股怨气，暗示在做空中国ZW这件事情上，浑水失手了。浑水报告公布后，中国ZW于第二天停牌。2015年8月12日中国ZW发布了澄清公告，第二天恢复交易。此后股价一度下跌50%，但很快止跌回升，下一季度收复失地，不降反升。这么短的时间，浑水恐怕还来不及套现。

二、没有人比我更懂中国的增值税

浑水报告还说刘家人从中国ZW以及中国政府处骗取了增值税出口退税66亿港币，而且为了多退税有意抬高出口价格。这就错得离谱了。

浑水的说法是这样的：

> 刘家人秘密拥有了三家中国境内贸易公司（其中一家是LW，笔者注），这三家公司出口ZW的铝制品给刘家人在墨西哥、越南、马来西亚和美国营运的企业，从而骗取了本该属于ZW以及中国税务局的66亿港币的增值税退税。ZW本该拿到更多的增值税退税，因为它出口了590亿港币的产品。但是由于它为了隐藏出口收入，把大部分出口变成了内销，只留下了161亿港币的出口收入，就没有办法拿到这么多出口退税。另外，三家贸易公司有意抬高了出口铝制品的价格，以便收到更多的退税。中国海关的数据显示三家贸易公司出口铝制品的每吨价格比两类商品在墨西哥、越南和美国的进口申报价格高出67%。

这段说法反映了浑水根据不懂增值税出口退税。

中国的增值税出口退税，有生产型出口退税和贸易型出口退税之分。如果ZW自产的产品直接出口，就适用生产型出口退税，如果ZW生产的产品先内销给贸易公司（例如LW），由贸易公司出口，则适用贸易型出口退税。不论哪种方式，退税的资金来源都是在价值链前端各环节缴纳的增值税，这是很透明的。生产商通过外贸公司出口，也是很常见的做法，定价时也会把出口退税考虑进去。有些外贸公司从生产商采购货物的价格和向境外客户出口的价格持平，全部毛利都来源于从政府取得的出口退税。没有哪个生产商会傻到定价时不考虑出口退税，把这部分利润平白无故地让给贸易公司。浑水的报告看到ZW把外销变成了内销，就以为平白无故损失了出口退税，真让人无语。

浑水也不懂得贸易型出口退税额与出口价格无关。贸易公司按其境内采购货物发票上显示的增值税额，全部或者部分申请退还增值税。因此，LW的退税额只与其向ZW采购的价格相关，与其出口销售的价格无关。这一点，中国ZW在2015年8月12日发布的《澄清公告》中已经指出来了。

三、增值税还有个退税率？

浑水不明白，增值税出口退税的玄机在退税率上。前面说过，出口退税来源于价值链前端各环节缴纳的增值税。前端缴纳的增值税有全部退还的，也有部分退还的，两种结果是适用不同退税率造成的。比如，2011年，增值税退税率有17%、13%、0等。考虑到当时铝制品增值税的征税率是17%，增值税退税率17%就意味着前端缴纳的增值税全部退还，13%意味着前端缴纳的增值税只有部分退还，0的退税率意味着出口环节免税不退税。按照当时的规定，"其他铝合金制条、杆"的出口退税率是0，而"其他非工业用铝制品（不包括铝丝布、网、格栅及栅栏）""其他工业用铝制品、其他铝制结构体及其部件（包括结构体用的已加工铝板、型材、管子及类似品）""铝合金制非矩形的板、片及带（厚度＞0.2mm）"等出口退税率都是17%。因此，ZW在做出口退税筹划时，最关键是避免以出口退税率为0的"其他铝合金制条、杆"形态出口，而是将其加工成退税率为17%的"其他铝制品"来出口。后来，ZW出口美国的托盘，就是享受17%的全额退税。即便这些托盘后来要在美国熔化返工，损失价值20%，但是考虑到前边出口退税已经拿回来17%，真正损失的价值只有3%。拿3%的代价再度打开已经关闭的美国市场大门，仍旧是笔划算的生意。

中国的增值税退税政策很简单。看你出口时的实物状态。如果是铝条，就只免税不退税，如果是托盘，就全额退税。加工程度越高，出口退税率越高，这是出于鼓励出口高附加值产品，扩大境内就业的目的。只要达到这个政策目的，别的都不管。至于出口以后，进口方在国外拿这个托盘做什么，根本不管。你把它熔化了也罢，扔在太平洋里也罢，都不影响退税，只要你能收汇回来。ZW这种做法没有违反政策。

浑水根本不懂中国的增值税出口退税，不懂照样说，反正西方投资者也不懂，扯得越离谱越有人信。由于不懂税，就看不到在境外熔化铝制品的这种做法有利可图，是可持续的，看不到银行贷款预期可以偿还，反而舍近求远做了那么多猜测。一通猜测猛如虎，结果把自己绕晕了。

第八节　浑水歪打正着

照着浑水的报告去投资不见得靠谱。但是参考深水的报告去了解一个行业，一个市场，经常会有收获。浑水花了那么大工夫去做调查研究，工夫不是白费的。

一、失之东隅，收之桑榆

中国ZW将铝条加工成托盘出口，在美国熔化成铝条出售。尽管熔化过程中会损失20%的价值，但是在增值税出口退税方面会赚到17%，还有机会绕开美国400%的反倾销税，这个安排从税务角度不难理解。但是美国的反倾销税这一关不好过。从做空的角度来说，美国的反倾销税方面是个重磅炮弹。但是浑水竟然没有意识到这一点，根本没有从这个角度进行发挥。这证明了浑水不仅不懂中国的增值税，也不懂美国的反倾销税，而且是一点也不懂，没敢说。不像对待中国的增值税，不懂还敢放开胆子瞎说。由于不懂税，做了很多舍近求远的猜测，还引发了坊间各种传闻。有人说这是刘ZT将个人资产转移到境外的一种手段，这些说法的根源都在浑水的报告。

浑水虽然不懂税，但是发布的调查报告引起了美国政府的注意。2015年美国政府开始调查PFCT等公司。2017年美国司法部发起了没收财产的民事诉讼，开始从港口以及仓库中查封ZW出口到美国的铝制托盘。2019年5月7日，美国司法部向南加州地区联邦法院提起了海关欺诈等多项刑事诉讼，起诉的对象包括PFCT在内的几家美国公司，香港上市公司中国ZW，以及中国ZW的控制人刘ZT等一众个人，罪名包括共谋、海关欺诈、证券欺诈、虚假报关文件以及洗钱等。美国司法部的起诉书中大量复制了浑水报告中的内容，包括"刘家人"（The Lius）的说法、美国加利福尼亚州的仓库以及各种交易细节。此后中国ZW的股价连续遭受重创，一蹶不振。如果放在一个较长的时间尺度上去看，中国ZW还是被浑水的做空重创了。

二、浑水报告的价值挖掘

ZW出口铝材制成品到美国，在美国熔化出售，避开了美国的反倾销税。美国司法部起诉书说，你进口了托盘，目的是熔化，这是逃避反倾销税，因此应当补缴反倾销税。这个案件的最终结果可能是，中国ZW花了18亿美元的代价，证明了出口铝制品到美国，在美国熔化成铝条出售这种做法是行不通的。但是，浑水报告中披露了ZW的另一种做法，即ZW出口铝材制成品到墨西哥或者越南，在当地熔化之后，以墨西哥或者越南的原产地身份进入美国，仍旧没有缴纳反倾销税。查一下司法部的起诉书，就可以发现这种做法没有受到美国政府的挑战。

根据浑水报告，墨西哥的ALM集团公司，99%的股权归刘ZT的儿子刘ZP拥有，是刘家人控制的境外公司之一。浑水称，2011—2014年ALM集团公司购进了价值163亿港币的ZW铝制品，将其熔化成铝条后，对外售出了价值75亿港币的部分，其余的堆在仓库里。另一个刘家人控制的境外公司是越南的GALM公司，也是一样做熔化铝材的业务，2011—2014年购进了价值200亿港币的ZW铝制品。此外，GALM还计划在马来西亚建一家工厂。刘家人在2011—2014年向马来西亚出口了价值101亿港币的铝制品。为了取证，浑水下足了功夫，包括根据卫星图片监控铝制品的库存量，根据集装箱号码从中国某港口到越南追踪四个集装箱，并拍下了集装箱照片。

美国司法部的起诉书中，没有对这种做法提出挑战。说明了这种做法行得通。

三、美国关税法规无可奈何

美国司法部的起诉书中也提到了ALM和GALM，说明美国政府也注意到了这种做法。注意到了，但是没有提出挑战，说明法规上找不到挑战的依据。

2011年5月26日商务部公布了A-570-967号令和A-570-968号令（以下简称"反倾销令"），对原产中国的铝压延产品征收反倾销关税和补偿性关税。根据A-570-967号令，ZW的铝压延产品适用33.28%的反倾销关税税率；根据A-570-968号令，ZW的铝压延产品适用374.15%的补偿性关税税率。两者合计，税率超过了400%。

从以上法规上看，征收反倾销和补偿性关税要符合两个条件：第一，进口商品是反倾销令规定性质范围之内的铝压延产品，即半成品；第二，进口商品原产地在中国。

ALM和GALM熔化后形成的铝条,尽管从产品性质方面看,也许符合第一个条件,但是原产地在墨西哥或者越南,不在中国,不符合第二个条件,因此不适用针对中国铝制品的反倾销和补偿性关税。

现在比较一下两种做法。第一种做法是将铝制成品直接进口到美国,在美国熔化成半成品;第二种做法是将铝制成品先进口到墨西哥或者越南,熔化成半成品后再进口到美国。第一种做法意在打破反倾销和补偿性关税的第一个条件,使得进口时商品的形态不在反倾销令规定的产品范围之内。这种做法看似可行,但是经不住美国海关对相关法规扩大解释。第二种做法则意在打破反倾销和补偿性关税的第二个条件,使得进口商品的原产地不在中国。美国政府有没有可能对原产地规定也扩大解释,挑战这种做法呢?那就要看美国关税法规中的原产地规则。

美国关税法规下,商品的原产国为进口商品的制造、生产或者种植、养殖的国家。在如今经济全球化的背景之下,一件商品的生产很少在一国之内完成,很可能要在两个或者更多国家进行加工。这种情况下如何确定原产地呢?美国关税法规规定,如果一件商品在第二个国家发生改变,则满足以下条件时,可以确认为原产地在第二个国家:

如果在第二个国家加工或者添加材料使得该商品构成实质性改变。所谓实质性改变是指商品的名称、性质或者用途发生改变。

第二种做法下,ZW的铝制成品在墨西哥或者越南变成了铝条,名称和用途都发生了改变,因此构成实质性改变,原产地变成了墨西哥或者越南,不适用针对原产中国的铝制半成品的反倾销和补偿性关税。

四、寻找自由贸易协定的庇护

第二种做法下,美国政府有没有可能仍旧扩大解释,以规避反倾销和补偿性关税为由,依然征税呢?这就没有那么容易。因为要这么做,只能否认这些进口产品的原产地,而原产地规则受到多个国际组织和国际条约的约束。

从美国的角度来看,国际贸易条约下的原产地相关规则有两种:第一种是非优惠性的原产地规则,是适用WTO规则下的最惠国待遇时用到的原产地规则。其规则见于1994年关税与贸易总协定(GATT)下的第一、第二、第三、第六、第八章等。此外,WTO规则中的原产地协议和贸易促进协议也对各国有一定约束力。第二种是优惠性的原产地规则,用于支持条约性或者自治性贸易机制下超越WTO最惠国待遇的优惠待遇。

美国与墨西哥之间的贸易受北美自由贸易协议（NAFTA）约束，NAFTA也是一个国际条约。NAFTA之下，认定原产地的条件被称为"优惠条件"，共有五个，满足任何一条即可。其中第二条即"优惠条件B"指满足NAFTA附件401的条件，即满足以下三项条件之一即可：

（1）产品的税号发生变化；
（2）产品税号发生变化同时满足地区价值构成条件；
（3）产品税号未发生变化但满足地区价值构成条件。

这三项条件和前文提到的美国国内法下的原产地规则基本一致，但表述更为严谨，而且为了避免歧义不惜重复啰嗦，不给任何一方留下自由发挥的余地。

第二种做法下，ZW的铝制成品在墨西哥或者越南变成了铝条，税号发生了变化，满足了以上条件中的第一项，已经构成了原产地在墨西哥。这批铝条从墨西哥出口到美国，无法认定为原产于中国，因为过不了NAFTA这一关。NAFTA中的约定，属于国际法的范畴，美国法院不能像反倾销税法规那样随意扩大解释，否则加拿大和墨西哥不答应。

ZW赌上了18亿美元，证明了天时不如地利。美国的关税法规有弹性，留下的空隙很小，在美国之内很难规避。但是，适用国际法的地方，多了一层保护，规避起来相对安全一些。因此绕道墨西哥之类的地方进入美国更为可行。浑水也下了不少工夫，把这个教训传播开来。从这个角度说，浑水的报告那是一字千金啊。

扩展阅读：

WTO不够好吗？为啥还要RCEP？

世界贸易组织（简称WTO）是唯一一个致力于制定国家之间贸易规则的国际性组织。其主要职能是保证国际贸易平稳、有序、自由地进行。它作为一个正式的国际组织，同世界银行和国际货币基金组织一起成为世界经济的三大支柱。2001年11月10日，世界贸易组织第四届部长级会议在卡塔尔首都多哈以全体协商一致的方式，审议并通过了中国加入世贸组织的决定。30天后，中国正式成为世界贸易组织的成员。

转眼22年过去了。2020年11月15日，中国与东盟十国及日本、韩国、澳大利亚、新西兰共同签署了《区域全面经济伙伴关系协定》（RCEP），标志着全球最大的自由贸易区形成。RCEP现有的15个签约国家总人口、GDP总量、相互贸易总额均占全球约为30%，三分天下有其一。

不就是国际贸易那点事，怎么搞出这么多花样？又是WTO，又是RCEP。这两个是啥关系？这就得从拆墙说起。

一、拆墙无极限

话说小国寡民时代，鸡犬之声相闻，没有贸易也就没有贸易壁垒。后来"不安分"的人们开始了交往，于是有了贸易，随后就发现贸易很不容易。首先有劫道的绿林好汉，经常搞得商人们人财两空。好在绿林好汉们最后弃恶从善，劫道变成了设卡收税，这是关税的雏形，是贸易壁垒的一种。其次就是语言文字不同，度量衡不同，搞得贸易很不方便，这是另一种贸易壁垒。这时候秦始皇应运而生，书同文，车同轨，解决了一大难题。此后大清帝国政府垄断对外贸易，据说这种贸易壁垒令英国商人很不爽，发动了一场所谓的"贸易战争"，用坚船利炮打开了中国的市场。由此可见，是贸易早晚会碰到壁垒，发展贸易就得拆墙。小市场拆小墙，大市场拆大墙。抛开那些暴力拆迁不说，非暴力地拆除贸易壁垒好比愚公移山，子子孙孙前赴后继。进入世纪之交国际化进程明显加快，很多拆迁队还忙不过来。目前最大的非暴力拆迁队就是WTO，RCEP则是一个中型非暴力拆迁队。

世界贸易组织的核心是WTO协议。WTO协议是多个贸易国商谈签署的合同。合同中既约定各缔约国的贸易权益，同时也约束各缔约国政府，督促其制定互惠的贸易政策，促进贸易往来。WTO协议是一种多边贸易协议，是国际贸易条约的一种。国际贸易条约按照缔约国的多少，可分为两大类：第一类是双边贸易条约和协定，是指两个主权国家之间所缔结的贸易条约与协定；第二类是多边贸易条约和协定，是指两个以上主权国家共同缔结的贸易条约与协定。

双边协议相当于两家合计拆掉中间的界墙，一个小型拆迁队就可以搞定。多边贸易协议则是多家商量一起拆除边界，非得动用大型拆迁队不可。现存最大的拆迁队WTO有近160个成员，占全球贸易总量的95%。另外，大约有25个国家还在排队进行谈判争取加入WTO。RCEP号称全球最大的自由贸易区，但是与WTO相比，那就小巫见大巫了。

二、好汉不提当年勇

WTO成立于1995年，是一个年轻的国际组织。WTO的前身是在第二次世界大战后成立的关税及贸易总协定（GATT）。尽管WTO很年轻，但是其前身GATT已经超过50岁了。过去的五十多年是世界贸易发展极为迅速的一个阶段。商品出口平均每年增长6%。2000年的贸易总额是1950年贸易总额的22倍。GATT与WTO帮助建立了一个强盛和繁荣的贸易体系，对世界贸易的空前发展做出了贡献。该体系是在GATT框架下通过一系列或数轮贸易谈判形成的。GATT前几轮谈判主要商讨减免关税，后面主要商讨诸如反倾销与非关税壁垒等方面的问题。最后一轮谈判，即1986—1994年的"乌拉圭回合"谈判，促成了WTO的成立。

1993年12月15日，参加乌拉圭回合谈判的117个国家和地区在日内瓦达成了一个关于《建立世界贸易组织的协定》（草案），1994年4月15日在摩洛哥马拉喀什举行关贸总协定部长级会议，这些国家和地区的代表又分别代表本国政府在"乌拉圭回合"最后文本和世界贸易组织协定上签字，并在《马拉喀什宣言》中声明签署"乌拉圭回合多边贸易谈判结果最后文件"，通过部长级有关决定。1995年1月1日"乌拉圭回合"所达成的"一揽子协议"正式生效，世界贸易组织也同时在日内瓦宣告正式成立。

WTO首战关税，再战非关税壁垒，在货物贸易领域所向披靡。但是WTO是个有理想的青年，不满足于货物贸易领域，早把眼光投向了服务贸易领域。乌拉圭回合结束后，WTO接过组织谈判的接力棒。1997年2月，达成了有关电讯服务方面的协议，有69个国家政府超越乌拉圭回合谈判所达成的协议同意实施更广泛的自由贸易措施。同年，70个成员国达成金融服务协议，其内容涵盖了银行、保险、证券和金融信息领域95%以上的贸易额。

2001年11月WTO第四次会议在卡塔尔多哈召开（就是批准中国加入的那次会议），WTO进入了"多哈回合"。多哈会议议程包括非农产品关税、贸易与环境，世贸组织的规则如反倾销与补贴、投资、竞争政策、贸易促进、政府采购透明化、知识产权以及由发展中国家提出的他们在贯彻执行现行世贸组织协议时所遇到的困难等一系列问题。

理想很丰满，现实很骨感。进入21世纪，拆迁难度加大。"多哈回合"谈判多次陷入僵局，前景黯淡。WTO心灰意冷，把希望的眼光投向了中小型拆迁队当中的后起之秀们。

三、一大群人走得远，一小群人走得快

一大波双边或地区贸易协定（Regional Trade Agreement，以下简称"RTA"）支撑起了区域经济一体化，风景这边独好。区域经济一体化包括5种类型，按照自由化程度，从低到高依次为优惠贸易安排、自贸区、关税同盟、共同市场和经济同盟。而自由贸易区（Free Trade Area，简称"自贸区"）是区域经济一体化最主要的类型，占当前区域贸易安排的90%以上。

自贸区是指两个或两个以上国家或地区通过签署协定，在WTO最惠国待遇基础上，相互进一步开放市场，分阶段取消绝大部分货物的关税和非关税壁垒，在服务领域改善市场准入条件，从而形成的实现贸易和投资自由化，涵盖所有成员全部关税领土的"特定区域"。自贸区传统上涵盖货物贸易、原产地规则、争端解决机制等。随着世界区域经济一体化的快速发展，自贸区的内涵和外延不断加深，除上述内容外，自贸区还可能包含服务贸易、贸易投资便利化、投资自由化、技术性贸易壁垒、卫生和植物卫生措施、贸易救济、透明度、知识产权、竞争政策、政府采购、环境标准、劳工标准等内容。自贸区是WTO的一种加强（WTO Plus），WTO允许自贸区成员相互给予更优惠的待遇，而不必给予其他成员。它既是超越WTO的深入开放，又是对WTO自由贸易体制的补充；它既遵循多边贸易体制的基本原则，又在协定伙伴国家之间提供更加自由的经贸空间，实现互利。

RCEP是一个自贸区协议，2012年由东盟发起，历经31轮谈判于2020年终于签署，是后起之秀当中的佼佼者。

四、东方萌娃成长记

冷战期间，一众信仰自由资本主义的东南亚国家抱团取暖，于1967年8月8日成立了东南亚国家联盟（Association of Southeast Asian Nations，简称"东盟"）。后来冷战结束，天气变暖，继续抱团需要别的理由，于是各成员国举起区域经济一体化的大旗，并将原先敌对阵营的越南等国家拉进来。东盟目前有成员国10个：印度尼西亚、马来西亚、菲律宾、新加坡、泰国、文莱、越南、老挝、缅甸、柬埔寨。总面积约444万平方公里，人口6亿。另外有观察员国东帝汶和巴布亚新几内亚。东盟秘书处设在印度尼西亚首都雅加达。

自1976年以来东盟共举行了24次首脑会议。2003年10月，第九届东盟首脑会议在印度尼西亚巴厘岛举行。会议发表《东盟协调一致第二宣言》（亦称《第二巴厘宣言》），宣布将于2020年建成东盟共同体，其三大支柱

分别是"东盟政治安全共同体""东盟经济共同体"和"东盟社会文化共同体"。

三大支柱当中，经济共同体的建设难度相对较低，进展也最快，同时也最引人注意。按照经济共同体蓝图，东盟经济共同体将成为拥有6亿人口的单一市场和生产基地，成为均衡发展、具备强劲经济竞争力、与全球经济高度融合的区域。为实现经济共同体这一目标，东盟成员国多年来大幅降低区域内关税水平、逐步缩减非关税壁垒、协调技术规范和标准、简化海关手续，极大地促进了商品、服务、投资、劳动力和资金自由流动，贸易便利程度显著提升。

2014年，东盟十国国内生产总值总和达到2.6万亿美元。东盟自由贸易区已将关税水平降至零或者接近零，大大降低了商品流通的价格，减少了区域内企业进入各国市场的难度。

五、小球推动大球

东盟十国本身就是个小雪球，也为滚雪球而生。自1978年始，东盟国家每年与其对话伙伴（时为美国、日本、澳大利亚、新西兰、加拿大、欧盟，后相继增加韩国、中国、俄罗斯和印度）举行对话会议。这个"萌娃"人见人爱，"10+1"协定遍地开花。仅2010年1月1日，东盟与中国、东盟与韩国、东盟与印度三个自由贸易区同时启动。一大波"10+1"小雪球逐渐成形。

亚洲经济三巨头中、日、韩也在谈合作，但是一直谈不拢。于是"萌萌"的东盟启动了与中、日、韩（10+3）机制，充当三方之间的黏合剂，想把三家滚成一个大雪球，这是小球推动大球的另一个生动例子。

2012年1月，东盟与澳大利亚、新西兰的自贸区协议正式生效，又滚出了一个"10+2"中等规模的雪球。

2011年11月，东盟提出"区域全面经济伙伴关系（RCEP）"倡议，旨在构建以东盟为核心的地区自贸安排。2012年11月，在第七届东亚峰会上，东盟国家与中、日、韩、印、澳、新（西兰）6国领导人同意启动"区域全面经济合作伙伴关系"（RCEP）的谈判。到2020年东盟与中、日、韩、澳、新（西兰）5国正式签署协议，一个巨无霸的"10+3+2"雪球整合完成。

六、站在巨人的肩膀上

WTO是个巨人，是现有国际经济规则的规定者和未来规则的概念设计师。2001年11月11日（当地时间），中国代表团团长石广生在卡塔尔首都多哈签署中国加入世贸组织议定书，代表十三亿中国人接受了WTO规则，标志WTO引领的全球化进入黄金时代，中国也开启了波澜壮阔的经济腾飞时代。

但此后WTO规则停滞不前，RCEP则接棒站在巨人的肩膀上促进区域内经贸规则的优化和整合。RCEP协议包括20个章节，涵盖货物、服务、投资等全面的市场准入承诺，是一份全面、现代、高质量、互惠的自贸协定，自由化水平和服务贸易承诺显著高于原有的"10+1"协议。在投资方面，RCEP采用负面清单模式做出市场开放承诺；规则领域纳入较高水平的贸易便利化、知识产权、电子、政府采购等内容；RCEP协定还充分考虑了成员国间经济规模和发展水平差异，专门设置了中小企业和经济技术合作等章节以帮助发展中成员，特别是最不发达成员充分共享RCEP成果。RCEP通过采用区域累计的原产地规则，深化了域内产业链、价值链，利用新技术推动海关便利化，促进了新型跨境物流发展。

RCEP对中国而言是一个更高的平台，是新的起点。中国作为RCEP内最大的经济体又一次站到了聚光灯下，整装出发，期待续写辉煌！

第六章
税收征管殊途同归

本章导读

各国税务机关的使命都是收税，都在和逃税避税的纳税人斗智斗勇。各国税务机关使用的手段相近，都分征收、管理和稽查。本章选取了美国和中国共十个跨境税收案例，其中前四个案例涉及征收管理，后六个案例涉及稽查。

十个案例反映出美国和中国在跨境税收征管方面有很多相似性，都强调信息管税。相比而言，美国的信息要求范围更广，内容更多，复杂程序更高，致使纳税人以及金融机构合规成本高。相对而言，中国的信息要求目前在深度和广度方面正处于上升期，但由于起点较低，整体上尚有较大的发展空间。在稽查方面，中美两国税务机关都面临海外收入财产信息获取困难的问题，美国通过单边机制来解决这个问题，效果明显；中国则依靠多边机制下的信息交换来解决问题，进展迅猛。

本章中十个案例的分析重点如下：

序号	案例题目	分析重点	主要涉及的国家（地区）	扩展阅读
一	"FBAR"一抓就灵	金融账户税务合规	美国	1.美国没有发票，税收征管靠什么？
二	起诉"FATCA"违宪？吃瓜群众别捣乱了	金融账户税务合规	美国	2. W-8BEN表是块砖，哪里需要哪里搬 3.W-8ECI表格为什么没有存在感？ 4.个人和实体之间存在一个FATCA的距离 5.工具人的工具W-8IMY表格
三	不懂外汇的银行不是好税务	非居民税务合规	中国	6.越南外国承包商税——梳理清楚，避免吃亏
四	资金滞留中国，这锅该甩给俄罗斯	非居民税务合规	中国	7.美国版的非居民冤大头——宁可错杀三千，绝不放过一个 8.美国版的非居民冤大头——跨境电商三不管？
五	海外逃税第一案（一）——"FATCA"大赦和不准投降	税务稽查——海外收入	美国	
六	海外逃税第一案（二）——富豪养鱼，"FATCA"收网	税务稽查——海外收入	美国	
七	网红律师偷税案——开弓没有回头箭	税务稽查——境内收入	美国	
八	衢州反避税案件"细思极恐"的三个细节及冒牌"专家"的盲人瞎马	转让定价调查——信息交换	中国	
九	纸糊的离岸公司，稽查的重锤压顶	税务稽查——信息交换	中国	
十	境外税务局帮中国查税，看人下菜碟	税务稽查——信息交换	中国	9.跨国查账的正确姿势

第一节 "FBAR"一抓就灵

2021年1月14日,美国司法部下属的马萨诸塞特区检查官办公室发布通告说,麻省理工学院(MIT)的华裔科学家陈刚教授受到三项指控并遭到逮捕。陈刚教授1964年出生于中国,并在中国长大,1989年赴美,2000年加入美国籍,目前在MIT担任Pappallardo微米及纳米工程实施室主任,同时兼任固态太阳热能传导中心主任。指控文件说自2012年起,陈刚教授为中国工作,向中国(包括向中国政府官员)出谋划策以提高中国的科技水平,在中国驻纽约领事馆的要求下担任海外专家并且参与至少两项中国人才计划。

一、讲政治与讲法律

两年前,美国司法部发起了"中国计划",直指与中国合作的科学家,这个案件就是在这种背景下发生的,是"讲政治"。但是陈刚教授研究能源领域,旨在为中国也是为人类解决能源问题,保护环境,这造福全人类的事情,何错之有?要定罪是要讲法律的,哪条法律说不允许帮助别国发展科技?没有。那就找别的罪名吧。现成的一个三联指控套餐的就是电信欺诈、海外账户和不实税务申报。

电信欺诈?难道是发手机短信冒充公安局让你转账的那种?不是的,实际就是一般的欺诈,因为过程中用到了电子邮件,在美国的法律下就称为电信欺诈。涉嫌欺诈的理由据说是陈刚教授的科研项目接受了2 900万美元的外国资金(其中1 900万美元来自位于深圳的南方科技大学),但是没有向美国政府披露。起诉书说陈刚教授的项目同时受到美国能源部的资助,申请政府资金时要披露涉及外国的工作内容,以及是否同时接受了外国资助,但是陈刚教授没有披露,这就涉嫌骗取美国政府资金了。如果构成欺诈最高可判20年监禁,3年监视居住外加25万美元罚款。

海外账户和税务方面的指控都与海外银行报告(Foreign Bank Account Report,简称"FBAR")制度有关。根据美国的银行保密法(Bank Secrecy Act,简称"BSA",俗称"反洗钱法"),海外账户资金超过1万美元的,账户持有人就有义务在美国财政部的金融犯罪执法网(Financial Crimes Enforcement Network,简称"FinCEN")网站报送FBAR(Form 114),报送信息包括境外金融机构名称、账号、最大余额等。同时,根据美国税法，类似的内容还要体现在当年的纳税申报表上（Form 1040）。这两个报表都是按年度申报，在次年4月15日前完成。根据起诉书，陈刚教授2018年度在中国银行（BOC）至少持有3个银行账户，其中至少1个账户余额曾经超过1万美元，但是两项申报中都未体现该账户，因此被指控为瞒报该账户。如果构成瞒报，最高可判5年监禁，3年监视居住外加25万美元罚款。

二、讲证据

陈刚教授在2012年度和2013年度的FinCEN申报表和纳税申报表上曾经报送过中国银行这个账户的信息，并在2014年度和2015年度的所得税申报表上声明拥有海外账户且知道应当报送FinCEN申报表，但是却没有报送FinCEN申报表；2017年度和2018年度则在纳税申报表上"是否在外国境内金融账户拥有财务利益或者签字权限"的选项下打钩选择"否"；2020年6月23日报送2019年度FinCEN申报表上又报告了这个中国银行账户。这种前后矛盾的FBAR错误，很像是无心之失。报这个账户本身没有什么大不了，没理由有意瞒报啊。

IRS不会想不明白这个道理，只是不想放过这个现成的抓手而已。根据美国宪法第四修正案，不能无故搜查搜身，涉嫌欺诈的调查取证困难。前期调查发现了FBAR前后不一致，简直是瞌睡有人送枕头，给了搜查的底气，为取证创造了条件。起诉公告的署名人除了检察官之外，还包括国土安全部调查局（HSI）特工、联邦调查局（FBI）特工、国防犯罪调查局（DCIS）特工、国税务局犯罪调查部（IRS-CI）特工等。

三、讲动机

陈刚教授2020年1月22日从中国返回美国，在波士顿机场入境时被海关拦下搜查。现场盘问没有找出破绽，扣留了手机和电脑做详细调查。检查了近一个月，手机里发现了一张ATM的屏幕照片，显示余额超过1万美元。坐实了FBAR方面有过错，调查人员如愿以偿可以进一步调查了。随后电脑中发现一封邮件，让探员们如获至宝。

这封邮件是陈刚教授通过MIT的邮箱自己发给自己的，内容如下：

（1）加强中国合作；
（2）从历史潮流和现今发展阶段上看，中国科技强国是个基本国策，别无选择；
（3）我国经济体量位居世界第二，但是技术和经济结构以及人口素质还远远落后；

（4）环境代价太大，劳动力成本上升，发展不可持续；

（5）环保和发展同等重要，环保甚至更重要，清洁能源即使成本较高也要发展，减少钢铁水泥，依赖科技，经济增速放缓；

（6）党的十八大强调以科技创新为核心。我们认识到只有自主创新是不够的，需要规划和促进国际化创新，关起门来搞创新行不通，创新是驱动力量。

美国司法部的通告中特别强调了这封邮件，想证明陈刚教授"身在曹营心在汉"，以便为欺诈找到犯罪动机。科学家的头脑我等凡人难以揣测。请问给自己发邮件是记笔记的意思吗？还是给MIT汇报工作打的草稿？探员们的逻辑也有些奇怪。想证明陈刚教授有不可告人的目的吗？见过把不可告人的目的写邮件发给自己的吗？

陈刚教授在MIT的同事们不这么看。他们证实陈刚的工作就是筹资，和中国的联系都是出于筹资需要。MIT为陈刚教授聘了律师并支付了律师费。MIT的160名教职员工联名发布了一封公开信，表明陈刚教授被指控隐瞒的中国联系是例行的学术活动，相关法规并没有明确要求披露。与中国合作是学术界过去惯常的做法，MIT获得资金支持，中国分享研究成果，这是双赢。现在风向变了，不让这么做，也不能说抓人就抓人不是？

陈刚教授没有从美国能源部骗钱，而是替MIT从中国筹钱。看来欺诈这项罪名成立的可能性不大。

四、明明是一群特工，却伪装成税务局

要找碴还得看FBAR相关的两项罪名。FBAR是一件事两个罪。一件事即隐瞒海外账户，两个罪即违反银行保密法和违反税法，如果罪名成立，可能要面临5年监禁和250万美元罚款。这个罪名很容易成立，美国国税务局（Internal Revenue Service，简称"IRS"）内部的刑侦部门即犯罪调查部（Criminal Investigation Division，简称"IRS-CI"）以往的战绩就能说明问题。在银行保密法方面，2020年度IRS-CI发起了489起调查，提起诉讼建议345项，起诉253起，判刑226起，判刑率75%，平均刑期34个月。也就是说，一旦遭到起诉就凶多吉少。

FBAR不是两项罪吗？为什么只有美国税务局一家出力？只因为IRS-CI力量太强大了，能者多劳。这个部门管得宽，除了管税，还管打击贩毒、反腐、反恐、反金融欺诈、反洗钱，当然了，还要管银行保密法下的海外账户合规。这个IRS-CI部门拿着特工的证件，穿着警察的防弹衣，配备了长枪短炮、各种电子设备，还懂各种法律。不靠他们靠谁？

涉税案是最容易取证的案件，也是易于定罪的案件，还能为其他案件取证创造条件。20世纪20年代，芝加哥黑帮头目阿尔·卡朋手上命案无数但总能做到不留下痕迹。虽然屡次以非法持枪和藐视法庭罪被捕，但每次要么未定罪，要么定罪后免于入狱，或者最多入狱1年。最后阿尔·卡朋贩私酒没有缴税，痕迹太多无法消除，栽在IRS手里，因逃税罪获刑11年。IRS-CI在这件事上出尽了风头，至今还把阿尔·卡朋的照片印在自己的招聘广告上，下面注明"谁能拿下卡朋？唯我CI会计"。20世纪末美国橄榄球明星OJ辛普森杀妻案轰动一时。辛普森逃脱了杀妻的罪名，最后栽在IRS手里，因逃税入狱33年。通过这两个案件足见IRS-CI有多强大。

在涉税案中，FBAR小错重罚，纳税人经常疏忽，用起来最顺手。"讲政治"的时候一抓就灵。美国政府尝到甜头，加大投入。用来配合FBAR的海外账户税务合规法案（Foreign Account Tax Compliance Act，简称"FATCA"）就是这种情况下出台的。FATCA是IRS主导的，在纳税申报表下增加了一个Form 8938，要求纳税人报送海外账户信息，信息比FBAR丰富了很多。不怕你不报，IRS能从海外金融机构拿到美国税务居民的海外账户信息，跟纳税人申报的FBAR和Form 8938信息一比对，就等着IRS请你喝茶。

如果不想落到这帮特工手里，那就请记清楚自己一共有几个境外账户，哪个账户在过去一个年度曾经超过1万美元，然后别忘了每年4月15日前向美国财政部和IRS申报。如果觉得太麻烦，还是找一个会计师来报税为好。

五、讲资金流

能够借FBAR起诉，美国司法部已经稳赚不赔了。如果能找到逃税的证据，那就锦上添花了。

国土安全部调查局（HSI）特工Matthew J. McCarthy在陈述书中提到，从2012年起，陈刚教授与中国政府实体或者相关实体签订了至少4份合同，根据合同执行了不同的任务。这些任务包括：在南方科技大学担任顾问委员会委员、在国家自然科学基金会担任审核专家、担任中关村发展集团海外战略科学家、担任重庆第二外国语学院"杰出人才计划"顾问。这些任务美国司法部虽然看着不爽，但是不能定罪。还是从几项任务相关的资金往来中找突破口吧。

根据合同，陈刚教授直接获得几十万美元的直接收入，以及数百万美元的项目资金，其中从南方科技大学获得其1 900万美元的项目资金。但是MIT的院长随后声明说这1 900万美元不是提供给陈刚教授个人的，是提供给MIT的。这就尴尬了，此后美国司法部提供的起诉书中不再提这笔钱了。

另外，HSI从陈刚教授手机上的微信聊天记录中发现，陈刚教授获得武汉伙伴城市杰出人才奖200万元人民币以及3551光谷人才奖项下1 000万元人民币的安置补偿。同时，陈刚教授在武汉设立了一家热能存储公司，并获得拨款1亿元人民币。

看到这么多的资金往来，IRS-CI一定会眼里放光。但是查了一年没有查出逃税的证据。也许是火候还不够吧。检察官起诉的时间离美国政府到期换届还不到一个星期，自己的任期也不长了，只能用手上的证据先起诉了再说，不管小错大错，好歹有个成果。但是IRS查税还会继续。毕竟不管哪届政府，逃税都是说不过去的。

下面就看陈刚教授个人和手上项目的税务安排是否经得住稽查了。律师和会计师是不是靠谱，到了接受检验的时候了。

第二节　起诉"FATCA"违宪？吃瓜群众别捣乱了

一、"FATCA"动了美国富豪们的奶酪

2010年在奥巴马政府推动下，美国国会通过了《雇佣激励以恢复就业法案》。该法案中夹带了一个《海外账户税务合规法案》（Foreign Account Tax Compliance Act，简称"FATCA"），意在加强美国纳税居民海外金融账户信息透明度，打击富豪在海外隐匿资产逃税的行为。2013年美国财政部通过了落实"FATCA"的规章。针对个人纳税人，"FATCA"在纳税申报表下增加了一个表8938，要求纳税人填报海外账户信息；同时，要求金融机构上报 表8966收集美国税务居民的海外账户信息，用以和纳税人申报的 表8938的信息以及纳税人申报的"FBAR"信息（解释请见下文）比对，以识别瞒报行为。一旦发现瞒报，处罚相当严厉。

所谓"FBAR"就是海外银行报告（Foreign Bank Account Report，简称"FBAR"）。根据美国的《银行保密法》（Bank Secrecy Act，简称"BSA"），海外账户资金超过1万美元的，账户持有人就有义务在美国财政部的金融犯罪执法网（Financial Crimes Enforcement Network，简称"FinCEN"）网站报送FBAR（表114），报送信息包括境外金融机构名称、账号、最大余额等。同时，根据美国税法，类似的内容还要体现在当年的纳税申报表（表1040）上。

"FATCA"动了美国富豪们的奶酪，代表富豪利益的共和党人在立法阶段就百般阻挠。但是，当时共和党人在国会席位有限，力不从心，"FATCA"法案仍旧得以通过。共和党人不甘心失败，希望通过诉讼来废掉它。经过精心准备，这场诉讼于2015年7月14日在俄亥俄州南区的联邦地区法院发起，起诉人为两名参议员外加五名吃瓜群众。两名参议员为Mark Crawford和伦德·保罗（Rand Paul）。保罗参议员人称"伦大炮"，是个活跃人物，在此前不久的苹果避税听证会上言辞激烈，表现抢眼[请参考：难啃的苹果（一）——美国税制碎了一地]，在2020年的美国大选期间为时任总统的特朗普站台，在动员大会上做开场发言。两位参议员名义上为因自己受到损害而提起诉讼，实际上是为民请命。

其余五名原告则是居住在海外的美国公民，属于中产阶级这个范畴的，并不是富豪。从"FATCA"角度说，他们都属于吃瓜群众。看得出来，他们是两位参议员海选上来的现身说法的人民代表。

诉讼的对象是美国政府，具体就是美国财政部及其下属机构IRS和FinCEN。这场诉讼其实是作秀。参议员们以公职身份提起诉讼，只是想把参议院里面的辩论延伸到法庭上，真正切身利益相关的富豪们则隐身于事外。由于这件诉讼从一开始原告的资格就有硬伤，政府一方抓住这个弱点提出动议说原告不具备资格，诉讼应予以驳回。2016年4月26日联邦地区法院同意了被告也就是政府一方的动议。原告于2017年1月24日向联邦上诉法院提起了上诉。联邦上诉法院于2017年8月18日维持了原审地区法院的意见。

二、严刑苛法？

七名原告针对"FATCA"和"FBAR"涉及的5项法律规定提出挑战：
第一是"FATCA"的个人申报要求；
第二是"FATCA"的外国金融机构罚款；
第三是"FATCA"的穿透性罚款；
第四是"FATCA"下的政府间协议（IGA）；
第五是"FATCA"下的有意违规处罚。

1."FATCA"的个人申报要求

"FATCA"要求拥有特定外国金融资产的美国纳税人随年度所得税申报表一起报送相关报告，以披露开户金融机构名称和地址等信息，以及各特定资产在该纳税年度内的最高价值。这个申报是有门槛的。财政部部长根据"FATCA"的授权，针对纳税人的婚姻状态和境内/外居住地不同，分年末资产价值和年度内资产最高价值制定了不同的申报门槛，从5万美元到60万美元不等。

"FATCA"法案下，如果纳税人有意不申报则构成违规，每次违规罚款1万美元。如果未申报资产导致未缴或者少缴税款的，还要加罚相关税款的40%。原告要求废除以上申报要求。

2. "FATCA"的外国金融机构（"FFI"）合规要求、违规罚款以及流经罚款

"FATCA"给了FFI三个选项，如果三个选项都不能做到，则要承受相应的处罚。

选项一：FFI和财政部签订协议。

这当然是格式条款的协议。该协议下，FFI同意采取以下5项行动：

（1）收集所有账户的持有人信息，以便识别美国居民纳税人账户。

（2）向美国财政部报送年度报告以披露持有账户的美国居民纳税人（包括消极非金融机构的实质所有人）的名称、地址以及纳税人识别号等信息、账号、账户余额或者价值、账户年度内总收入及总提取或者支出金额。

（3）针对不遵守规定的账户持有人以及未能符合"FATCA"法规要求的其他金融机构及其分支机构的流经金额扣缴30%的预提税，即"流经罚款"。"流经金额"指来源于美国的支出金额。

（4）针对账户所有人，如果存在外国法律禁止向美国政府披露以上信息的，争取取得相应的免责文件。

（5）如果以上免责文件在合理的时间内无法拿到，则关闭该账户持有人的账户。

选项二：视同合规。

"FATCA"方案下财政部长有权判定视同合规。一般而言，如果FFI所在的国家或者地区与美国财政部签订了政府间协议（"IGA"），则该FFI会被判定为视同合规。

选项三：扣缴30%预提税。

FFI也可以选择从向未遵守规定的账户持有人，或者向没有达到合规要求的FFI及其分支机构，支付给其的金额中扣缴30%预提税（笔者注：选项一是下家不合作的情况下，FFI付款时扣税。选项三是上家不合作的情况下，FFI付款给第三方时扣税。请注意区别）。

也就是说，FFI如果选择以上选项之一，即达到合规要求。如果三项都未达到，它就不符合要求，那么任何付款只要经过它手，都会被上家或者下家扣税30%。这种上家下家双向连坐的规定实在厉害，更厉害的是该项下的可扣税支付金额并不区分美国来源和境外来源，法理不通。也就是说，这是纯粹罚款，跟税没有关系。

原告们企图废除该项申报要求和预提税的相关规定，IRS要求金融机构报送8966表格的规定以及"流经罚款"等规定。

3. "FATCA"下的政府间协议("IGA")

财政部代表美国政府与数十个外国政府达成了支持实施"FATCA"的政府间协议,这些协议采用两种模式,即模式一和模式二。

模式一IGA下,相关银行账户信息改由外国政府收集,并向IRS报送。模式一下的政府间协议规定,只要外国政府履行了协议义务,其辖区内的所有外国金融机构即被视同合规,不需要向IRS申报相应的信息,也不会受到相应的处罚以及承担相应的代扣税义务。个别原告的海外账户,涉及到加拿大、捷克、以色列、法国、丹麦与美国签订的政府间协议。这些协议都采取了模式一。

模式二IGA下,外国政府同意修改其国内法,允许外国金融机构直接向IRS报送相关信息。个别原告在瑞士等国家拥有银行账户,而美国与瑞士的政府间协议采取模式二。该协议从2014年6月2日起生效。

原告请求法庭宣布美国与加拿大、捷克、以色列、法国、丹麦和瑞士的政府间协议无效。

4. "FBAR"下的故意违规处罚

"FBAR",也就是海外银行账户报告,相关报送要求源于美国的银行保密法。该法案要求所有的美国人只要针对美国境外银行账户拥有财务权益或者签字权,就要每年向财政部申报表114,俗称"FBAR"。任何美国人只要年度内所有外国银行账户的金额在任何时点合计超过了1万美元,就需要报送该项报表。报送"FATCA"报表的人,同时都要报送"FBAR"报表,因为"FBAR"的门槛低于"FATCA"。

如果有意不做"FBAR"申报,财政部长有权处以罚款。罚款最低10万美元。如果账户余额的50%超过了10万美元,那么按违规时账户余额的50%处罚,上不封顶。原告要求取消这项罚款规定。"FBAR"下还有一项无意违反规定的处罚,即非故意的违规每次罚1万美元。原告没有针对无意违规处罚规定提出挑战。

三、没钱你当什么原告?

美国宪法第三条第二款规定,联邦法院受理案件,原告必须具备资格(standing)。原告要同时证明:(1)自己受到损害(injury或者a likelihood of future harm);(2)损害有因果关系(causation);(3)有可救济性(redressability),才取得诉讼资格。基于以上规定,联邦上诉法院认为原告不具备诉讼资格,理由如下:

1. 损害

法院认为现行法规中不存在任何银行记录私密性保护规定来阻止政府获取信息。原告认为自己的权益受到损害，这一点不能成立。相关的法律规定，所谓的损害必须是实体的和具体的。参议员试图以其公职身份对某项法律提起诉讼，而不是以个人权益受到侵害而提起诉讼，不符合以上要求。

2. 因果关系

原告声称受到了间接损害。所谓间接损害是指被告的非法行为伤及了第三方，导致该第三方反过来伤及了原告。原告认为在目前的"FATCA"方案下，外国金融机构作为第三方只有两个选择，一个是无视"FATCA"的要求，结果要遭受30%的FFI罚款；另一个是遵守"FATCA"的相关要求，从而拒绝与特定的美国人发生交易。在这里原告提出的损害证据是几个吃瓜群众的切身体会，比如说有一些外国金融机构拒绝为其开户，或者建议其关闭自己与配偶之间的联合账户，因为配偶是非美国人且不想向美国政府申报其信息。还有两位原告原来是美国公民，由于"FATCA"苛政被迫放弃了美国公民身份，成为海外"赤子"。其中一个原告 Daniel Kuettel 说，他以美国公民的身份去银行申请抵押贷款，银行不批，而放弃美国身份之后则很容易拿到了贷款。他也无法给其女儿开立银行账户，因为担心女儿也会因未能及时申报"FBAR"而受到IRS的处罚。

法院判决说，以上分析忽略了一个重要的事实，也就是说以上问题是FFI在执行"FATCA"过程中层层加码造成的，并不是法案本身造成的。超出法案要求收集非美国人的信息，拒绝给美国人开户，这些都是超出了"FATCA"法案要求的做法，都是银行造成的，并不是"FATCA"法案造成的。损害与违法行为之间不存在必然的因果关系。

3. 可救济性

原告必须提供足够事实以证明法院可以对相关的伤害提供救济措施，但是本案中这显然超出了法院的能力。

经过以上分析联邦上诉法院得出结论：七名原告都没有举证出存在任何针对自己的"FATCA"执法行动，包括要求遵守个人申报规定、受到罚款，或者被银行就付进或者付出境外账户的款项扣缴了税款。原告的海外资产也达不到个人申报门槛，罚款和信誉损失也轮不到你们头上。想当原告你得有资格啊！没钱你当什么原告？你没钱，这项法律跟你一毛钱的关系都没有，你就不要起哄了。这段话虽然很伤人，但是话糙理不糙。富豪们不满"FATCA"法规又不敢出面，想拿吃瓜群众当枪使，门都没有。

至于IGA，保罗参议员挑战说IGA违宪，说他被剥夺了宪法赋予参议员投票反对"FATCA"下IGA的权利。但是法院认为这不涉及具体、个人权利的剥夺，因而不具有实体性；另外参议员的立法权不是一项具体的权利，而是一项泛化的表达意见的权利，保罗参议员即使有权投票，也不见得能够否决"FATCA"下的IGA；总之这不归法院管。保罗参议员如果有意见就应该去参议院提，想在法院挑战IGA你是没有原告资格的。

综上所述，联邦上诉法院裁决原告没有资格起诉。联邦地区法院不予受理的判决应予以支持。

第三节　不懂外汇的银行不是好税务

做税务咨询久了，少不了遇到令人哭笑不得的事情。最近就有一件，是外汇方面的。

一家外资企业客户向境外母公司提供服务要收汇，去某著名银行开外汇结算账户。向银行提供了跟母公司签的服务合同。银行的审核人员反馈说，这个合同有敏感词"运营费用"，不能通过。银行说了，只有资本金项下结汇资金才可以用来支付运营费用，经常项下的资金不能用来支出运营费用，这个服务费合同不合格，不能开户。

这是哪跟哪啊？服务费外汇收入属于经常项目，经常项目早就兑换自由了，经常项目的"弟弟"资本项目还在奔向开放的路途上苦苦挣扎。为啥到了这家银行，资本项下能结汇的，经常项下反而不能结汇？

什么是经常项目？什么是资本项目？外汇账户管理是怎么回事？收汇、付汇、结汇、售汇又是什么？这些常识要赶紧理一理，看看有没有被颠覆掉认知。

一、银行听谁的？

外汇就是外币表示的、可以用作国际清偿的支付手段和资产。这个定义有两层含义，第一层含义强制外币表示，说明人民币不是外汇。现在随着人民币国际化，有些人民币被当成外汇管理，但终究不是外汇。外汇必须是外币现钞、外币存款、外币票据之类的。第二层含义是可以用作国际清偿，就是说结账时卖家愿意收。因此美元、欧元、日元、英镑都是外汇。

人人都想要的东西肯定是好东西。我们国家从小苦日子过惯了，凡是好东西都想留着。所以对外汇就看得很紧。收汇、付汇、结汇（外汇换人民币）、售汇（人民币换外汇）各个环节都要管。外汇的主管部门是外汇管理局，这是"婆婆"；但是外汇业务太多管不过来，越来越多的管理都是经营外汇业务的银行来代劳了。这些银行就相当于"小姑子"。"婆婆"信任"小姑子"，规定客户但凡收付外汇的，都必须在金融机构开立外汇账户，通过外汇账户来进行。当然了，金融机构要向外汇管理机关报告客户的外汇收支以及账户变动情况。

外汇账户分两大类。其中一大类叫作经常性账户，另一大类叫作资本性账户。经常类账户主要只有一种（现在叫作结算账户），资本性项目则是五花八门。从这里就能看出"婆婆"偏心了。管得松的不闻不问，所有外汇混在一起管，一个账户够用了；管得严的要专款专用，要开很多账户来管。

二、经常项目实现了兑换自由

经常项目是指国际收支中涉及货物服务、收益以及经常转移的交易项目。货物进出口、服务进出口都好理解，不做解释。收益常见的是利息、股息、特许权使用费，做国际税收的天天打交道，也不解释了。但是经常转移却一点也不经常，需要举个例子说明。

几年前某外资公司要向境外母公司付一笔赔偿款。起因是外资公司生产的设备出了事故，造成人员受伤。该人员起诉了其境外母公司，法院判决赔一大笔钱。母公司付了钱，让中国的外资企业承担。外资企业向母公司付款时银行要提供对外付汇税务备案表，依据是国家税务总局、国家外汇管理局公告2013年第40号《关于服务贸易等项目对外支付税务备案有关问题的公告》（以下简称"40号公告"）。40号公告第一条第（二）项规定境外机构或个人从境内获得的股息、红利、利润、直接债务利息、担保费以及非资本转移的捐赠、赔偿、税收、偶然性所得等收益和经常转移收入要办理税务备案。这里的赔偿款就是一种经常转移。

外资企业去找税务局开税务备案表。税务局说不需要税务备案啊，依据还是40号公告。40号公告第三条第（三）项说境内机构发生在境外的赔偿款不需要税务备案，没法出"备案表"。

税务局难得和外管局联合出了一个文件，结果外管局"婆婆"领导下的"小姑子"和税务局理解不一致。这就让这家外资企业为难了，只能再去找银行。银行说，发生在境内还是境外，该不该缴税，我们判断不清楚，还是要税务局出个"备案表"我们放心。再去找税务局，税务局说你要是愿意缴税，我们也可以出个"备案表"。如果不缴税，超出范围的"备案表"我们不敢出。

这家外资企业说，实在不行我们缴税吧，要不资金汇不出去。笔者说，再找找银行吧。再次找到银行，笔者解释说，40号公告第三条列举的几种情形，都是明显不需要缴税的，因此明确了不需要"备案表"。境外母公司从境内外资企业收款后原数转付给原告，是为了执行法院判决，没有从中盈利，明显是不需要缴税的。另外，境外母公司原数转付给原告,说明赔偿发生在境外,恰好就是40号公告第三条第(三)项所说的不需要税务备案的情形。反之,40号公告第一条第(二)项所说的赔偿款发生在境内,一般都是违约等原因造成的,一般和业务收入或者交易收入相关,往往可能是需要缴税的,因此需要税务备案。但这家外资企业不是后面这种情形。这么一说,银行再去仔细研究操作规程,一周之后款就付出去了。

经常项目外汇进出自由,兑换自由。根据《外汇管理条例》,只要具备真实合法的交易基础就畅通无阻。企业的经常项下收入可以自主决定保留或者是卖给金融机构。企业取得经营项目收入,只需要提供合同发票等,有时再加上报关单,就可以结汇;有外汇结算账户的企业也可以不结汇,留着花,这是结汇自由。另外需要购汇的时候,凭有效单证(包括合同发票等,有时再加上报关单或者税务备案文件)从银行购汇支付,或者从自己的外汇账户存款中支付外汇到境外,这是售付汇自由。整个过程中银行会审核交易单证的真实性、外汇收支的一致性,别的都不管。

经常项目管理宽松也有税务烦恼,就是都在一个结算账户下,银行经常不太在意如何细分不同的交易类型。而交易类型决定了是否缴税,缴多少税,企业方面马虎不得。上面那个案例就说明了这一点。

三、资本项目逐步放开

《外汇管理条例》中解释说,资本项目是指国际收支中引起对外资产和负债水平发生变化的项目,如何理解呢?有一个报表叫作"国际投资头寸表",相当于一个国家外汇方面的资产负债表。凡是要记在这个表上的项目都是资本项目。那么哪些项目要记在这张表上?一般是投资、债务之类的。

资本项目有两个特点。第一点就是出来混迟早要还的。比如债务最终要还本的;股权投资最终清算时投资成本外加资本利得或者损失要返还投资人。还钱的时候会有外汇流出。前面说过了,国家是从苦日子过来的,担心外汇流出,所以资本项目要记下来,时刻算一算自己欠别人多少。反过来也一样,别人欠自己多少也要记下。

除了要还以外,资本项目金额大,耐久性好,有的流动性很强。这些特点都让外管局"婆婆"害怕。外管局一方面担心通过资本项目外汇大量流失,就像2015年那次;另一方面也担心境外热钱涌入。因为担心,所以严管。严管的思路就是细分账户,专款专用。因此,我们看到不同的资本项目账户:典型的有资本金账户、贷款账户、保证金账户、资产变现账户等。根据账户不同,结汇、售汇、付汇的监管要求各不相同,但有一个共同特点就是专款专用。比如说外汇资本金账户,外商投资企业的外方投资者入资的资金就进到这个账户，一般只能用来支付外商投资企业的日常支出，不能用来购买设备、厂房等资本性支出（也有例外，限于篇幅不做展开）。为了保证专款专用，"婆婆"一直让"小姑子"盯着。以前企业动用资本金账户得事先拿合同发票等给"小姑子"看，"小姑子"核对支出性质和金额，然后才让结汇支出。2015年6月1日起开始实行意愿结汇，"小姑子"允许企业先支出，事后再提供合同和发票。

资本项目管得严了，企业也叫苦。比如说外资企业在境内并购，除了外商投资性公司之外，一般外资企业都面临缺乏资金渠道的问题。好在资本项目越来越放松。从2015年6月1日实行意愿结汇之后，外商投资企业的资本金账户外汇也可以结汇用于境内并购了。

四、经验主义害死人

我们现在说回文章开头这个案例，这是个经常账户开立业务。经常账户资金进出"婆婆"不要求"小姑子"管，但是经常项目开户要管。可能是这个"小姑子"没办过经常项目开户，原来一直审核资本项下的运营支出，久而久之以为所有的运营费用都应当从资本金账户结汇支出。经常项目账户"婆婆"没让她管过，她没见过经常项目下收入一直用来支出运营费用，还以为"婆婆"不允许这么做。因此，她拿来合同一看说，不对啊，你的经常项目收入怎么可以用于运营支出？

这真是经验主义害死人。经常账户是自由兑换，从来都是客户爱咋花咋花，银行根本不用管。这家银行偏要管，还管得振振有词，究其原因是连外汇管理的常识都搞错了。要跟缺乏常识的人讲道理，客户得有多难啊？银行展业原则里有了解客户、了解业务，笔者觉得这是不够的。建议这家银行再加一条叫作"了解常识"。希望以后不再出这种笑话，否则会流失客户的。

第四节 资金滞留中国，这锅该甩给俄罗斯

一、空穴来风

Mobius Capital Partners 的创始人，美国亿万富翁投资者马克·麦朴思（Mark Mobius）2023年2月底做客美国福克斯（Fox）电视台，跟商业频道的主持人玛丽亚·巴

尔蒂罗莫（Maria Bartiromo）吐槽说自己有一笔巨款滞留在了汇丰银行（HSBC）的上海分行，原因是中国政府限制资金流出。麦朴思接着说中国政府对经济的控制越来越严，在中国投资要十分小心。

福克斯借题发挥，说中国政府不遗余力地阻止Mobius资本从中国公司的股票中撤离，然后借麦朴思之口说中国的投资环境已经发生了变化，现在更看好印度和巴西。麦朴思历来看好中国，现在都动摇了，这可不是一件小事。

福克斯是美国主流媒体中的非主流，其商业频道处于同行鄙视链的底端。既然是商业频道，目标观众应当是理性的商人，而不是情绪化的吃瓜群众，不能罔顾事实只拣吃瓜群众爱听的说，如果这么不负责任误导了目标观众，让人家赔上身家，那只会砸了自己的饭碗。

看到福克斯这么不讲理，别的主流媒体不会放过打脸的机会。CNBC在2023年3月6日发布了后续报道，展示了一种完全不同的风格，那就是不能只听一面之词见风就是雨，要多方求证。

CNBC采访了中国的国家外汇管理局（SAFE）并引用SAFE发言人的话说，这件事是一个"具体操作的银行的基本流程和内部控制要求方面的问题……中国的跨境付款政策并没有改变"。CNBC说，SAFE表示要继续指导和要求商业银行优化跨境金融服务，提高服务水平。

同时，CNBC也采访了汇丰银行。此前香港的《明报》已经采访过麦朴思，并报道说问题已经解决。CNBC就《明报》的这条消息向汇丰银行询证，汇丰银行答复说，"我们对具体客户的情形不加评论"。

CNBC接着采访了另一家重磅投资人，位于上海的一家投资管理咨询公司Z-Ben的管理董事Peter Alexander。Peter表示没有遇到过类似问题。不光自己没有遇到过，跟十几家客户确认过了，也都没有遇到过类似问题。

CNBC报道说，Peter在领英上发帖表示业务一切照旧。

二、事出有因

别人都说没有遇到类似问题，那么麦朴思的问题出在哪里？从CNBC的报道中可以看出一些端倪。根据CNBC报道，SAFE发言人说过，"我们注意到相关市场参与者对银行处理其个人账户资金汇出业务存在疑虑"。而Peter Alexander也说麦朴思的问题出在用个人账户汇出资金。因为是个人账户汇出资金，出这种问题并不奇怪。Peter自己没有遇到过类似问题，是因为没有用个人账户来汇出资金。

在福克斯的访谈中，麦朴思说汇丰银行并没有给自己解释过原因，"只是设置了很多障碍。银行没有说不能汇款，而是说要提供过去二十年的记录，以证明钱是怎么赚来的。这也太离谱了吧！"

麦朴思的投资款进入中国，很可能是通过QFII或者RQFII等渠道。这都是资本项下的对公账户。资金进来时要审批，如果取得收益退出投资后仍旧原渠道汇出资金，由于已经审批过，手续相对简单，主要是办理对外付汇税务证明即可。但是，如果汇出时不走原渠道，而是改道走个人账户，那么问题就复杂了。

说到这里，又有人会问了。为什么不走原渠道，要走个人账户？怎样做到的？这个问题问得好。麦朴思的税务顾问那里一定会有全套的答案。

个人账户适用另一套监管手段，遵循另一套规则。具体说就是"境外个人购付汇看来源"，需要向银行提供收入来源的合法证明。麦朴思会说：我的资金是过去二十年积累下来的，难道要我提供二十年的资料？银行会说：只要是缴过税的收入，提供二十年的完税证明不难吧？话不投机半句多，于是就僵在这里了。

那么问题是怎么解决的呢？有媒体称，本次麦朴思汇款"受阻"的资金来源于其"出售上海物业所得"。这是一个重要提示。原来，真的不需要提供二十年的收入证明。如果你近期恰好卖了一套或者几套房子，收到的资金（税后）大于或者等于想汇出的金额，那就好办了，只提供卖房子的合同，外加相应的完税证明就可以汇出资金了。至于你当初买房的资金是怎么来的，没有人会关心。

三、几只看得见的手

既然有这个解决办法，汇丰银行为什么不早说？服务意识不到位啊！这也不能怪银行。银行对客户负有监管责任，相关法规不允许银行给客户出这种主意。客户遇到这种问题，要咨询自己的财务或者税务顾问。

根据财联社相关报道，汇丰中国相关发言人对财联社记者表示："我们无法就客户的情况发表评论，但需要澄清的是，我行未收到来自中国监管部门关于限制资金汇出的任何要求，也未获悉中国政府在跨境资金汇出方面近期有任何政策变化。与各国情况类似，商业银行业务办理需要遵循一定流程和内控要求。"

汇丰银行这段话的言外之意就是商业银行办理业务需要遵行多个国家的相关法规，不只是中国的法规，还有欧美的法规。

说到中国的法规，CNBC在报道中提到中国人民银行令〔2016〕3号《金融机构大额交易和可疑交易报告管理办法》，以证明中国政府在跨境资金汇出方面近期没有任何政策变化。2016年的文件现在还有效,这足以说明问题。但是CNBC说,中国在外汇以及汇出资金方面法规很严格。笔者认为这句话就不全对。中国在外汇方面有严格方面,也有宽松的方面。经常项目自由交换,不算严格;资本项目一般要审批,就算严格吧;但是在汇出资金监管方面,比起欧美并不严格。就说大额交易和可疑交易报告制度,在欧美早就是标准操作了,我国这还是后来学的。除此之外,美国还搞了FBAR和FATCA,OECD搞了EOIR和AEOI(请参考:终结银行保密,持续深化透明度),这些监管措施都给金融机构造成了很大的合规压力,这方面的合规成本是金融机构合规成本的大头,也是客户感觉麻烦的主要原因。比起这些来,中国那些金融监管措施都是小意思。

汇丰银行说的"商业银行业务办理需要遵循一定流程和内控要求",其中的核心要求是"了解客户"(KYC)。各银行的KYC流程依据各国的相关法规制定,由于美国政府要求最多,监督最严,金融机构针对美国法规的合规付出的精力最多。当年的孟晚舟事件,起因就是汇丰银行向美国政府举报了华为的可疑交易。客户是银行的衣食父母,若非万不得已谁想得罪客户?但是银行要做生意尤其是做美元生意,就躲不开美国的"长臂管辖"。因此,全世界的银行面对美国政府的监管都会战战兢兢,处理业务时会格外小心。

美国政府监管金融机构,主要是反洗钱,其次是反逃税。反洗钱方面,配合制裁相关"敌对"国家是一项重要内容。"敌对"国家的突出代表以前是伊朗,现在则是俄罗斯。因此,如果金融机构监管最近真的忽然严格起来,那么多半是因为加大了制裁俄罗斯的力度。麦朴思遇到的问题,如果真要甩锅,那也只能甩给俄罗斯。

四、打破刻板印象

之前给境外的投资者讲中国的税制,主办方要求将题目定为"资金出境"。见笔者很不解,主办方解释说,中国的外汇管理很严格,资金难以汇出,这是西方的一个刻板印象,可以借这个噱头吸引眼球。讲课的过程中,有听众果然问到外汇方面的问题。笔者简单介绍了资金出境的相关政策和流程,听众听了将信将疑。笔者也很震惊,想不到改革开放四十多年了,中国人对于西方的了解已经相当深入,而西方对中国的刻板印象仍旧这么深刻。

外国人了解中国的渠道,一方面是我们"请进来",另一方面是我们"走出去"。这两个方面都有一定难度。麦朴思也算是深耕中国二十年了,对中国的真实情况还是雾里看花。看来中国境内的外国人,有相当多一部分生活在象牙塔之中,对现实了解有限。"走出去"这方面,我们直接发声的机会并不多。几年前出国参加一个税务专业人士大会，会上关于中国的话题不少，大多是一些港台人士讲一些鸡毛蒜皮陈芝麻烂谷子的事情。笔者有机会讲了一些，会后一位德国的朋友跟笔者说，还是想听你多讲，有信息量。笔者的体会是，外面的那些所谓"中国通"，很多只能了解到中国一些皮毛，他们自己的信息来源仍旧主要依靠境外的媒体。外界通过这些人来了解中国，岂不是盲人骑瞎马？

在"请进来"阶段我们奉行"拿来主义"，闷声发大财。现在到了"走出去"阶段，我们的策略要改变一下，要奉行"送去主义"，多上台，多发声。要打破刻板印象，不能靠别人，只能靠自己。

第五节　海外逃税第一案（一）——"FATCA"大赦和不准投降

一、遇到对的人

黑人首富罗伯特·史密斯是美国PE（私募股权）投资行业的传奇人物，也是FATCA法案出台后海外逃税第一案的关键角色。根据美国国内收入局（即美国税务局，简称"IRS"）调查，2000—2015年，史密斯在海外隐匿资产2亿美元，逃税4 300万美元。案发后史密斯坦白从宽，争取宽大处理，并反戈一击供出了背后的金主罗伯特·布劳克曼，此人更狠，逃税高达20亿美元，创造了美国富豪海外逃税的纪录，也成就了迄今为止FATCA查税第一大案。布劳克曼的这桩公案，先要从史密斯的开挂人生说起。

史密斯出生于20世纪60年代，父母都是高校教师，自己也是个学霸+体育明星。高中时就破格进入贝尔实验室实习，后来从康奈尔大学拿到了化学本科学位。毕业后先进入卡夫食品公司工作，不多久就发现投行赚钱容易，意识到专业选错了。对学霸而言，专业不好就换吧，有什么难的？回头进哥伦比亚大学拿了MBA，毕业后如愿进了高盛。1994年被派到了高盛的硅谷办公室，进入技术投资领域。1997年史密斯遇到了一生的贵人布劳克曼，当时布劳克曼的公司据说要进行并购，聘请史密斯作为高盛的咨询师担任并购顾问。

确认过眼神，遇到对的人。虽然这一单并购没有做成，史密斯与布劳克曼却擦出了火花，成了忘年之交。两人都看到了IT技术与资本相结合爆发出的巨大能量，惺惺相惜。史密斯需要资本，布劳克曼需要史密斯这样年轻有为，懂技术、懂资本，投资眼光独到的后起之秀来帮助打理自己的资产。布劳克曼说：你在高盛屈才了，为什么不出来单飞？我自己的资金就够你做了。于是2000年史密斯在旧金山成立了自己的基金管理公司Vista，专为布劳克曼打理投资。布劳克曼一出手就给了3亿美元。

不到40岁的年龄，第一只基金就是3亿美元的规模，只要不是投胎特别好的，谁都会觉得自己是天下最幸运的GP（普通合伙人），对待LP（有限合伙人）金主，那得感恩戴德言听计从。但是时过境迁，史密斯后来在与IRS的和解协议中陈述中说：一开始我就有意见。我要10亿美元，他才给3亿美元，人在屋檐下，不得不低头。他让我把基金设在避税地开曼，并且约定所有纠纷都不能诉诸美国法庭，还要扣留我一部分业绩报酬作为对赌，这些我只能答应啊。虽然我是GP，但是基金架构和投资决策都是他定的。

这支开曼基金名叫Vista Equity Fund Ⅱ（简称"VEF Ⅱ"），唯一的LP是一家百慕大公司Point Investment Ltd.（简称"Point"），Point背后则是布劳克曼。史密斯在供词中还说：布劳克曼是我的人生导师，不光教导我投资，也教导我避税。他让我把我在VEF Ⅱ中8%的GP权益一分为二，一半（4%）由我本人持有，另一半要我设立一家离岸信托来持有。他说这样是为了避免在美国打官司，就是说一旦我的业绩达不到约定的标准，他与我产生了纠纷，可以在境外解决纠纷。现在我才明白过来，他把基金设置在境外，还让我在境外设置信托，都是为了方便他避税。我倒没想过为自己避税，但是胳膊拧不过大腿。设立这套信托架构的律师也是他介绍的，这位律师在得克萨斯州的休斯顿执业，从20世纪80年代就开始为布劳克曼家族服务。我付了80万美元的律师费，这位律师替我在伯利兹（Belize）成立了名为Excelsior的信托，在它下面成立了一家注册在尼维斯（Nevis）的有限责任公司Flash，通过Flash持有VEF Ⅱ其余的4%基金权益。

史密斯投资软件企业果然不负所望，Vista非常成功，后来管理的资产达到460亿美元。VEF Ⅱ的回报超过10倍，平均年化内部报酬率达到了29%，并从2005年开始分配收益。Flash用它的BVI银行账户开始从这支基金收钱。史密斯夫妇当年从中拿出250万美元在加利州买下一套豪宅，几年后Flash又在瑞士开了个银行账户，史密斯夫妇又从中拿出1 300万美元在法国买下三处房产。

二、查税靠分手

境外基金，境外合伙人，境外银行账户，这是为了逃税啊。但是史密斯说：投资我行，逃税之类的我这个GP啥都不懂，都是布劳克曼教的。但是不懂不行啊，1970年美国就出台了银行保密法（又称FBAR法案，请参考："FBAR"一抓就灵）要求美国人向财政部和IRS报告其控制的境外银行账户，提交报表的时候可不能说不懂。史密斯2011年没有申报FBAR，2012年进行了申报但是没有申报这两个境外账户。他也没法申报，这些资金都没有纳税，在境外藏了很多年，已经构成逃税。一旦被发现就是补税、罚款甚至坐牢。

但是自己不报就没事了吗？当时的奥巴马上台后主张严打富豪海外逃税，要从境外银行拿到美国人的账户信息。早在2010年，美国国会通过了《雇佣激励以恢复就业法案》，其中就包含了著名的《海外账户税务合规法案》（简称"FATCA"法案）。2013年美国财政部和IRS发布了最终版的FATCA实施条例，要求境外金融机构报送美国人的境外账户信息，如果不报，就别想做美国的生意了。

2013年史密斯和原配苏珊娜·麦克法登（Suzanne McFayden）闹离婚。盛怒之下麦克法登铁了心要查清楚史密斯花了多少钱养小三，这一闹就暴露出了海外资产和账户，引起了IRS关注。IRS以FBAR和FATCA罚款威胁为史密斯开户的瑞士银行提供信息。IRS的政策是坦白从宽抗拒从严，银行交出客户信息，并且说服客户配合IRS调查，就可以减轻对银行罚款。本着对客户负责任的原则，这家瑞士银行建议史密斯参与美国政府的大赦计划，这是FATCA法案实施之初的一个宽免措施，要求美国居民主动交代过去瞒报的账户信息，以争取免予刑事处罚。史密斯倒是想参与大赦计划，争取宽大处理，但是IRS不准投降，这就尴尬了。史密斯只能硬挺，接下来几个年度里，史密斯明知道IRS已经掌握了账户信息也只能硬着头皮继续瞒报。

硬扛下去不是办法，史密斯开始求生之旅。为了搞定前妻，史密斯向布劳克曼借了7 500万美元。要知道史密斯可是美国的黑人首富，个人资产70亿美元，离个婚还搞得周转困难，可见有钱也不好任性。2014年离婚终于尘埃落定。第二年史密斯迎娶了新太太霍普·多拉齐克（Hope Dworaczyk）。这位新太太上过《花花公子》封面，也曾经参与过特朗普的《名人学徒》电视真人秀。有人说史密斯这是在走上层路线，为以后铺路，而且有眼光，这恐怕不准确。当时如果有人说特朗普一年后能代表共和党当选总统，恐怕没有几个人会信的。后来史密斯确实给了特朗普不少政治捐款，但是这不能说明问题。史密斯给民主党也捐过好几百万美元，给后来随拜登上台的现任副总统卡玛拉·哈里斯（Kamala Harris）等一众民主党候选人都捐过款。因此，与其说猜得准，不如说是两边下注，广结善缘。

三、钱能解决的问题都不是大问题

不让投降那就改邪归正吧，第一步先将海外资产转回美国来。首富们都是通过慈善基金会来持有资产的。史密斯从海外将1.82亿美元的资产转入自己的慈善基金会，然后开始砸钱做慈善。史密斯一出手就是将1 500万美元的捐款给卡内基音乐厅。2015年度这个慈善基金会共向外捐款1.49亿美元，捐赠对象还包括联合黑人大学基金、国家公园基金、康奈尔大学等机构。2016年，史密斯又向母校康奈尔大学捐赠5 000万美元。2017年史密斯签署了比尔·盖茨和沃伦·巴菲特等发起的捐赠承诺书，宣布身后将绝大部分资产捐赠于慈善事业。2019年史密斯在一家大学的毕业典礼上宣布替所有毕业生偿还贷款，后来拿出3 400万美元来兑现承诺，连学生父母的贷款都一起还了，轰动一时。

第二步找律师。2013年史密斯签下了一个很牛的律所Kirkland & Ellis，组建了一个豪华的律师团队，团队成员包括曾在奥巴马政府代理总检察长的马克·菲利普（Mark Filip）和做过奥巴马白宫法律顾问的尼尔·埃格斯顿（Neil Eggleston）。这个律所还出过一个牛人，就是后来在特朗普政府担任司法部长的威廉·巴尔（William Barr），这个人后来起了关键作用，这是后话。除了这家律所外，史密斯还找了几名税务律师，其中一名后来做了IRS的局长，另外两名分别是当时已经离任的IRS前局长和前副局长。

早先史密斯想主动补税，提出修改以前年度的纳税申报表。但是IRS说：当初我手里没有证据，如果你主动交代才算投降，现在你被我抓了把柄还想投降？哪有这种好事？这是FATCA法案下的第一条大鱼，IRS可不想这么轻易收手。2016年IRS起诉到法院，大法官们开始调查。他们传唤了Vista基金的LP们，2018年又传唤Vista的联合创始人和总裁出庭作证。2018年秋天，联邦调查员搜查了那个给史密斯搭海外架构的得克萨斯州律师的办公室。几周之后，IRS的特工以及百慕大的警察搜查了百慕大律师Tamine的住宅，起获了一大堆文件以及加密的电子设备。Tamine律师是布劳克曼的海外信托管理人，一直担任布劳克曼和史密斯之间的联络人。两个美国人为了对付IRS，只通过一个百慕大律师进行联络，还使用了加密的电子设备，很有电影大片的感觉啊！

但是，IRS想得简单了。史密斯的豪华律师团队可不是白请的。2019年司法部准备起诉时，有关部门提出史密斯的投资涉及国家安全，要保密，不能调查。IRS的起诉人员和国家安全部门好几个月相持不下，2019年年底，官司打到时任司法部长巴尔面前。IRS咬死不松口，巴尔也没办法，只能劝双方继续协商，同时规劝史密斯要有立功表现，供出背后的布劳克曼，才能争取宽大处理。

没有消息就是好消息。这时候史密斯加紧活动。当时正值特朗普连任竞选，史密斯积极站台特朗普总统的政治捐款活动，在各种公开机会中赞扬了白宫应对疫情以及恢复经济方面的援助法案，现身说法表示这些法案对少数族裔社区帮助很大，为总统拉黑人选票。通过这些活动，史密斯接触到了财政部长史蒂文·姆努钦（Steven Mnuchin）。财政部是IRS的上级单位，这是个现官也是现管。2020年5月10日，史密斯在一次媒体见面会上称赞财政部长姆努钦以及"第一女儿"伊万卡，说二人在支持少数族裔企业方面非常投入，他们恨不得每天和史密斯通话讨论这些问题。但是这些马屁没有效果，姆努钦不发话，司法部还是要起诉。2020年7月，官司再度打到巴尔面前。巴尔一看这架势，态度更明朗了：不听我的我就不管了。最后关头史密斯让步了。

2020年10月9日，史密斯与司法部签署了不予起诉协议，同意与IRS开展为期5年的合作，向其揭露相关人员的逃税行为，同时自己也表示认罪，承认逃避税款4 300万美元，同意补缴税款和利息罚款共计5 600万美元，并承担FBAR罚款8 200万美元（FBAR罚款按账户最高金额的50%计算，上不封顶。请参考：起诉"FATCA"违宪？吃瓜群众别捣乱了），以上合计1.38亿美元（折算下来和范×冰案不相上下）。此外，1.82亿美元的慈善捐款本来是可以税前扣除的，史密斯主动放弃抵扣了，这又是几千万美元的税款损失啊。这就应了那句话，凡是钱能解决的问题都不是大问题。

这是一个多方共赢的结局。史密斯避免了坐牢，IRS钓到了一条20亿美元的大鱼，律所Kirkland & Ellis前后收了8 000万美元的服务费，其他的律所也没少赚。这才是：IRS长线钓鱼，史密斯反戈一击。欲知后事如何，且听下回分解。

第六节　海外逃税第一案（二）——富豪养鱼，"FATCA"收网

一、水深而鱼肥

在IRS眼中，布莱克曼是一条大鱼。在现实世界中，布莱克曼痴迷钓鱼。就连给自己的亲信命名代号，都是各种鱼。史密斯的代号就是"虹鳟鱼"。

布劳克曼1948年5月28日出生于一个商人家庭。早年先在福特汽车打工，后来去了IBM，成为IBM大型计算机服务的明星销售员。1970年布劳克曼开始创业，设立了环球计算机服务公司（UCS），向汽车经销商销售软件。这段时间布劳克曼还学习了编程。后来在其个人网站上，布劳克曼宣称：我内心深处始终是个码农。这倒不假。后来使用加密通信方式和给亲信命名代号的行为，很符合码农的特征。

但是，自称码农只是布劳克曼面向公众刻意展示的低调。身价60亿美元的布劳克曼真实的一面则是极尽奢华。拥有私人飞机，还有一条价值3 300万美元的游艇，能停直升飞机的那种。布劳克曼去西班牙旅行的时候，游艇要随行。当然了，这些支出都是在布劳克曼的公司里面列支，道理你懂的。

低调奢华的布劳克曼有一个烦恼，就是税太重。挖到第一桶金后，布劳克曼以父亲阿尔伯特·尤金（Albert Eugene）的名义于1981年在百慕大设置了一个信托"A Eugene 布劳克曼子女信托"，后来改名为"A Eugene布劳克曼慈善信托"（简称"布劳克曼信

托")。布劳克曼信托以布劳克曼夫妇及布劳克曼兄嫂为受益人。到了1997年，布劳克曼在布劳克曼信托下面设置了一系列的境外公司（简称"Steps"），并把自己的摇钱树软件公司UCS变成了Steps的子公司。这种把美国公司变成了外国公司子公司的做法被称为"倒置"，就是利用当时美国税法中的漏洞，将所得实现在美国境外，避免在美国缴税。这是一度很流行的避税手段。

但是，这种安排会导致资金流向美国境外。2000年前后互联网企业非常活跃，美国硅谷遍地都是投资机会，如何让这些资金回流美国赚钱呢？布劳克曼其实已经有了主意。也就是在这个时候布劳克曼找到了史密斯，把他的主意付诸实施。看过上篇大家已经明白了，史密斯这时候成立了一个Vista基金公司，在境外设立了一只基金叫作VEF-Ⅱ。这只基金背后的金主就是布劳克曼，此时布劳克曼已经在境外搭下了一个信托，在这个信托下面设置了一个公司叫作Point Investment Ltd.（简称"Point"）。Point担任了VEF-Ⅱ基金的唯一LP。

VEF-Ⅱ基金的资产规模，史密斯一开始要10亿美元，布劳克曼当时投了3亿美元，2004年再补投了7亿美元，最终达到10亿美元。这些资金都是布劳克曼从UCS赚到的钱，通过境外又周转回美国，然后通过史密斯在美国投资。赚钱省税两不误。

二、浑水摸鱼

富豪利用避税港规避美国税，这是逃税还是避税？20世纪也许可以称为避税。后来美国的反避税法规越来越严，出现了诸如Subpart F之类的法规，专门针对这种境外避税进行反制。例如Subpart F法规下，Point这种境外受控公司一旦取得了股息、资本利得等各种被动所得，会被视同当年向美国的股东进行分红，美国股东也立即产生纳税义务。Subpart F下想境外避税就不容易了。但是适用以上反避税法规时有个受控外国公司（CFC）测试。也就是说Point这种境外公司必须受美国股东的控制，才可以谈反避税。但是有没有控制IRS如何知道？布劳克曼在海外设立了一系列架构，目的就是把水搅浑，想模糊自己对境外公司的控制权。

想模糊也不容易。美国1970年出台了《银行保密法》，经过不断强化，最后形成了FBAR制度。境外公司总得开银行账户吧？这些银行账户到底受不受控制？布劳克曼每年报送纳税申报报表时，要一并报送FBAR报表。如果在FBAR报表中声明这些公司名下的银行账户受控制，就证明控制海外公司。反过来，如果称境外公司不受控制，那就不能在FBAR中申报其账户。如果实际上受控制，但又不申报这个账户，那就是欺诈政府，本身就是一项罪名。而且这种有意隐瞒就不是避税了，而是逃税，可能构成犯罪。

布劳克曼坚称对Point以及后来成立的Edge这类海外公司不存在控制，在FBAR报告中也不体现海外公司名下的账户。但是投资决策都是自己做的，怎么能掩盖控制的痕迹呢？这难不倒布劳克曼这种技术型富豪，布劳克曼通过境外的律师来操控这些公司。布劳克曼与律师之间，以及律师与其他相关人员之间，用上了一套加密通信设备来进行无纸化通信。

有了CIA的设备，做事方式也要向CIA看齐。布劳克曼给相关人员用上了代号。这个时候就能看出布劳克曼是个钓鱼迷。他给史密斯的代号是"虹鳟鱼"，给百慕大律师Tamine的代号是"鲑鱼"，此外还给其他的相关人员的代号"梭鱼"和"鲷鱼"等，给自己的代号则是"许可证"。这些代号都是为了对付IRS的，因此也给了IRS一个代号为"the House"。这个是什么意思？可能是官家，也可能是庄家，还可能是店家，不知道到底是什么意思。笔者总有一种奇怪的感觉，觉得他说的就是店家，而且是做海鲜的餐厅。还有他的那些公司名称，"尖"（Point）和"锋"（Edge）之类的，也跟钓鱼有关。人为刀俎我为鱼肉，这群鱼的感受你知道吗？

史密斯是个投资天才。布劳克曼投入VEF-Ⅱ的10亿美元，2016年就收回了20亿美元，还只是一部分。布劳克曼赚到的钱又重新投入史密斯的其他几只基金，都是在这些架构下不断在境外循环。一样的赚钱，一样的逃税。

三、被鱼反杀

这段时间美国的政府也没闲着，2010年出台了一个FATCA法案。原来的FBAR是靠纳税人自觉申报的，报得全不全美国政府也不知道。FATCA法案之下美国政府就能从境外的银行拿到信息。2014年FATCA法案付诸实施，海外银行无奈地配合，开始把账户信息交给了IRS。

2012年百慕大的开户银行受到监管压力，要关闭布劳克曼的账户，于是布劳克曼转向瑞士开户。这也只是权宜之计啊。那时候G20已经宣布银行保密制度终结（请参考：终结银行保密，持续深化透明度），瑞士的银行也快挺不住了。这仍旧难不倒布劳克曼。大风大浪见多了，这家银行不行换个银行就可以了。布劳克曼没有意识到，这次遇到了黑天鹅。后来瑞士的银行账户果然也被冻结了，这是后话。

屋漏偏逢连夜雨。2011年史密斯婚姻出现危机，布劳克曼感觉大事不妙，开始想辙。后来布劳克曼制订了一个金蝉脱壳的"末日计划"：设立新的信托跟原来的代持人断绝关系，让儿子放弃美国公民身份，移居到海外，重新设立一套境外架构，甚至还想买一家不跟美国做生意的瑞士银行，彻底摆脱FATCA和FBAR的骚扰。除了买银行不现实没有实施之外，其他都做了。金蝉脱壳的这套文件代号为"末日文件"。

有了新壳，旧壳要销毁，消除痕迹。平时布劳克曼要求不保留书面资料，只保留加密的电子记录。这时候，布劳克曼指示律师"鲑鱼"再过一遍现有资料，看有没有漏网之鱼，还派律师各处找相关人员，将对方手中的证据也一并销毁。

到了要逃生的时候，布劳克曼与史密斯都用到了慈善。2016年律师"鲑鱼"通过加密邮件，向布劳克曼建议多做慈善捐赠以证明慈善信托的慈善诚意，抵挡IRS的攻势。布劳克曼通过布劳克曼信托向一家大学捐了2 500万美元，此后又向别的大学捐赠数千万美元。

布劳克曼也明白，人是最不可控的因素，说到底还是要做人的工作。布劳克曼贷款数百万美元给知道太多内情的律师"鲑鱼"，让他在澳大利亚买一套房子移居过去避风头。史密斯这边布劳克曼不太担心，两人是一条绳上的蚂蚱。谁知偏偏就是史密斯被IRS攻破了。祸到临头各自飞，钓鱼的布劳克曼被"虹鳟鱼"给反杀了。

四、一网打尽

2020年10月1日，就在史密斯与司法部签署和解协议的前夕，美国司法部针对布劳克曼向加利福尼亚北区法院提起了诉讼。指控涉及欺诈政府、洗钱、逃税、违反银行保密法、销毁证据、妨碍司法等9项罪名，由于逃税、违反银行保密法等罪名是分年度来指控的，每一个年度就算一项指控，所以合计起来有39项指控。这个案子跨越20年（1999—2019年），涉及税金20亿美元，不愧是FATCA第一案。

说起来这个20亿美元税款有些夸张。根据福布斯估计，布劳克曼净资产50亿—60亿美元，难道说全部资产的1/3都该缴税？史密斯那边，净资产70亿美元，承认逃税只有4 300万美元，加上利息和罚款合计缴了1.4亿美元过关。起诉书是IRS的一面之词，里面有水分。要通过法庭审判才能挤干水分。

法庭审判还没有开始，舆论审判已经开始。《福布斯》上发了一篇文章，题为《操纵狂隐形富豪几乎毁掉了黑人首富》，在文中扒出布劳克曼过去与客户之间的官司，把布劳克曼描绘成一个压榨客户的黑心商人，还把布劳克曼比作毒害青年心灵的《星球大战》黑武士，指责他一手策划并教唆纯洁的黑人青年史密斯逃税。这篇文章让笔者看不懂。布劳克曼一手造就了史密斯这个黑人首富，这难道是他最大的错？对史密斯而言，是恩还是怨？史密斯逃税是自愿还是被迫的？是自学成才还是布劳克曼教会的？目前舆论中也只有史密斯的一面之词，偏听则暗。到了案件审理过程中，双方你来我往，或许会更加明朗。

布劳克曼不是黑人，得不到同情分。他是个技术宅，不像史密斯那样长袖善舞走上层路线，因此在政府部门和舆论方面都吃了大亏。但是布劳克曼的律师也不是白请的。律师否认所有的指控，花了100万美元把布劳克曼保释出来，然后宣称布劳克曼患有老年痴呆症，不能到加利福尼亚州受审，申请在居住地得克萨斯州就地受审。美国司法部说你躲得过初一躲不过十五，拖延是没有用的。

美国富豪海外逃税，美国政府不是不知道，也不是置之不理，而是悄悄编织了反避税法规以及FBAR法案两张大网，张在那里早早等着。等了很多年，又出台了FATCA法案，开始集中收网了。可叹布劳克曼这个高智商富豪，钓了一辈子鱼，最后被IRS一网打尽。回头一看，中了IRS放水养鱼秋后算账的百年大计。

要说布劳克曼失误在哪里？笔者觉得是两点：一点是相信技术忽略人性，以为加密通信牢不可破自己就安全了，没想到队友会反水，再好的装备也没有用；另一点则是过于相信瑞士银行，没有意识到银行保密时代已经一去不复返了，没有料到瑞士银行会那么配合IRS，更不会预料到今天瑞士信贷银行走到了破产的地步。这两点总结到一点，就是技术宅富豪的途径依赖。在当今这个黑天鹅满天飞的时代，途径依赖害死人。

第七节　网红律师偷税案——开弓没有回头箭

在美国税务局IRS的犯罪调查部门公布的2022年十大案件中，美国加利福尼亚州律师埃文纳提（Michael Avenatti，以下简称"阿文"）的偷税案位列榜首。这个案件涉及金额并不大，只因主角的知名度极高才获此殊荣。阿文在2018年杠上了时任总统特朗普，成了家喻户晓的人物，后来又因为敲诈耐克，于2019年3月25日在纽约被捕。

阿文被捕的当天，纽约南区联邦检察官召开了新闻发布会，宣布阿文涉嫌敲诈，正在接受调查。同时在美国大陆的西端，加利福尼亚州中区的联邦检察官Nicola T. Hanna也在洛杉矶召开新闻发布会，宣布自己也在起诉阿文，罪名包括电信诈骗、欺诈银行、未进行纳税申报等。东海岸与西海岸的两个联邦检察官办公室能够同步举办新闻发布会，充分说明领导重视，措施得力，政法干部工作认真扎实。

加利福尼亚州中区检察官办公室早在2018年9月就向加利福尼亚州中区联邦法院南部分院提交了起诉书。根据罪名、涉及的受害人和涉及的年度，共形成36项指控。这是重罪起诉，需要大陪审团批准。2018年的时候阿文风头正劲，审批有一定难度。到了2019年4月10日，阿文已经臭名昭著，大陪审团的批复拿到了，起诉正式开始。

这3项罪名中，所谓电信诈骗实际上是挪用当事人资金，涉及5名受害人，时间跨度从2015—2019年，金额合计数千万美元。5名当事人中比较有名的是NBA球星哈桑·怀特塞德（Hassan Whiteside）的前妻。怀特塞德给了前妻400万美元的和解费，被阿文挪用了。挪用资金的情节这里一概略去。我们来重点关注与税务相关的情节。

一、工资税说停就停了

美国税法规定，雇主向员工支付工资时要扣缴四种税，第一种是所得税，由员工负担；第二种是社会保险税；第三种是医疗保险税；第四种是失业保险税［基于联邦失业税法案（Federal Unemployment Tax Act）而征收，所以简称"FUTA"］。社会保险税和医疗保险税都是基于联邦社会保险法案（Federal Insurance Contributions Act）而征收，所以又合称"FICA Taxes"，由雇主和员工同时缴纳。失业保险税则由雇主缴纳。以上所谓的四种税实际上就是个人所得税加上三险，在美国合称"工资税"（payroll taxes）。工资税中的员工负担部分，包括所得税和FICA，对于雇主来说有代收的性质，因此又合称"信托基金税"（trust fund taxes）。不要被这个名字误导了，这不是对信托基金征收的税，而是说雇主扣下的税不是自己的，是受政府之托而为政府保管的资金（held to be a special fund in trust for the United States），通俗地说就是已扣税款。公司每季度末要报送雇主联邦税申报表（941表格），申报当期支付的工资额和已扣员工的工资税额以及自己应缴的工资税额。

阿文在华盛顿州和加利福尼亚州开了几家名为"Tully's Coffee Store"的咖啡店，放在一间名为Global Baristas US LLC（简称"GBUS"）的公司名下运营。阿文早期也是个守法青年，GBUS从2013—2017年一直按规定预扣工资税，前期还能及时缴纳税款，但是从2015年9月开始就只扣不缴了。统计下来这一期间少缴工资税320万美元，包括240万美元已经预扣员工的税款和80万美元自身的税款。被IRS整天追着要钱肯定不好受，阿文后来干脆不申报了。

税款说不缴就不缴了，纳税申报说停就停了。这律师咋就这么任性呢？这都是缺钱惹的祸。

二、和IRS斗智斗勇躲避追缴

IRS很快就找上门来了，提醒阿文不缴税不申报是不行的。阿文是个有抱负的大人物，整天大事都考虑不过来，纳税这种小事且要靠后，IRS这种小人物自然顾不上搭理。IRS无奈，于2017年6月26日向GBUS所在地华盛顿州金县有关部门发出了针对GBUS的联邦税收留置通知（notice of federal tax lien），称GBUS欠税约500万美元，要求冻结相应财产。同年8月起，IRS向若干金融机构和相关公司发出了针对GBUS的追缴通知（levy notice），要求将其持有的GBUS财产或者应支付给GBUS的财产上缴给联邦财政部。

此前2016年10月，IRS来请阿文喝咖啡。阿文很诚恳地告诉对方，GBUS的报税问题他真不知道，这事情不是他分管的，他去了解一下再答复。IRS发起追缴行动后，阿文指使GBUS员工今后咖啡店的收款不要存入本公司的账户了，要存入另外一个账户。这个账户的开户人是GB Autosport-LLC（以下简称"GB Auto"），是阿文运营赛车队的实体。从此，收到现金再也不用担心追缴了。

那么客户通过信用卡付款怎么办？也有办法。阿文要求为GBUS处理信用卡业务的TSYS公司变更商务信用卡处理账户的户主，从GBUS改为Global Baristas LLC（以下简称"GB LLC"）。GB LLC是GBUS的母公司，也受阿文控制。为此阿文还指示自己律所的助理为GB LLC紧急开立了一个银行账户，以接收咖啡店顾客的信用卡付款。

阿文的咖啡店主要的业务在华盛顿州的西雅图，是波音公司的总部所在地。阿文的咖啡店就租用了波音公司的房产。由于长期拖欠房租，波音不干了。阿文只能答应拿若干咖啡摊位以及若干设备抵债。这些实物抵完债还有剩余，波音此时已经收到IRS的追缴通知，按说余款应当上缴国库。但是阿文早有安排，事先说服波音将房租合同和抵债合同的签约方从GBUS变更为GB Hospitality-LLC。严格地说这家签约公司是虚构的，因为从来没有登记过。可见当律师就是有胆量，敢拿虚构的公司签合同。最后，阿文通过自己律所的银行账户收到了余款。

阿文知道纸里包不住火，存入GB LLC账户的资金也不安全，还要赶快转出。于是阿文将这些资金转到自己的律所，即阿万纳提及助理APC（以下简称"A&A"）以及伊根·阿万纳提LLP（以下简称"EA LLP"）的名下，或者用来还债。

三、申报这件事阿文曾经纠结过

阿文起初还按规定如期申报，也曾经在2009年度个人所得税申报表（1040表格）上申报了税额57万美元，在2010年度申报表上申报了税额28万美元。但是申报完了没钱缴税怎么办？只能拖着。直到IRS扣押了他的一套房，阿文只能卖出这套房缴税，才于2015年11月结清了以上税款。

既然申报之后会有这么多麻烦，从此阿文干脆就不申报了。美国税法规定，年度内毛收入超过2万美元（该数额随通货膨胀调整）就要申报。2011—2013年度阿文没有达到申报门槛自然不需要申报。2014—2017年度均达到了门槛仍没有申报这就不对了。前两个年度阿文心里过意不去，还申请了延期半年，也就是说从次年4月15日延期至10月15日。但是半年期限很快到了还是没钱，所以没法申报。人常说，虱子多了不咬，债多了不愁。后面两个年度阿文干脆也连申请延期都懒得做了。

个人申报表和名下的合伙企业申报表是互相链接的。阿文的律所EA LLP是合伙企业，要申报合伙企业申报表（1065表格）。这实际上是个信息申报表，只需要列出企业的收入和成本费用向IRS报备即可，合伙企业层面不需要纳税。合伙企业的所得最终会汇总到合伙人个人的1040表上，在个人层面缴税。阿文这边自己不打算申报1040表格，合伙企业那边如果申报了1065表格，税务局又会来催促1040表格，那多烦人啊？这1065表格也不能申报。于是2015—2017年度又多出了3项指控。

阿文的另一个律所A&A是公司性质，税务上选择按小公司（S corporation）对待。这种公司的税务待遇与合伙企业类似，也是不在公司层面缴纳所得税，而是把收入和支出汇集到股东个人层面缴纳所得税。小公司应报送1120-S表格。这个表格的用途与合伙企业报送的1065表格类似，也与阿文的1040表格相链接。这同样不能申报啊。阿文2015—2017年度3个年度没有申报1120-S表格，又多出了3项指控。

四、银行要纳税申报表怎么办？

没有申报纳税还会带来别的麻烦，比如说贷款时银行要看纳税申报表。这也难不倒阿文。2011—2013年度，GB LLC和EA LLP这两个律所经营业绩不好，没有所得，个人也不需要申报，同时还欠着IRS高达850万美元的税款。但是这不能跟银行说啊，于是阿文伪造了一整套纳税申报表和一套财务报表，谎称2011年度年收入450万美元，应纳税150万美元，2012年度数字翻倍。2014—2016年度阿文共向密西西比一家小银行——人民银行（不是我们的央行）贷款三笔，共计4 300万美元。

五、曾经是一个好青年

耐克案之后，阿文同时面对三场官司，辗转于加利福尼亚州和纽约两处监狱之间，其中在纽约的监狱里住进了安全级别最高的监区，享受了比对待恐怖分子更细心周到的照顾。这一系列的经历让阿文彻底认清了现实。2022年6月16日，阿文向法庭认罪。2022年12月5日，加利福尼亚州中区联邦法院判处其入狱14年。

阿文曾经是一个好青年，是怎么变成偷税漏税的贪污犯、诈骗犯的？看看阿文前半生的人生轨迹，又似乎顺理成章。学生时代帮着政客们收集对手黑材料，后来敲诈勒索、拖欠税款和挪用客户资金，这些事情之间一脉相承，无缝衔接，丝滑顺畅。人在江湖身不由己，既然选择了这个方向，那开弓没有回头箭。

但是合法和违法之间有一条界线。作为律师不会不知道这条界线，为什么会选择视而不见？极度自恋的人总会产生自己无所不能的幻觉，或者总是坚信未来一定会有奇迹降临，所有的烦恼都会烟消云散。这是病，得治。

第八节　衢州反避税案件"细思极恐"的三个细节及冒牌"专家"的盲人瞎马

《中国税务报》约笔者就浙江衢州的反避税案件做一个评论。看完案件介绍，笔者的第一反应就是这是一个普通的转让定价案件，标的也不大。但是魔鬼在细节，仔细看一下，就"细思极恐"了。

一、抓大不放小

第一个细节就是标的太小。被调查企业M公司年销售额只有6 000万元人民币，最终调查补税只有120万元。就是因为不大，所以细思极恐。税务局现在有精力去做这么小的反避税案件了，可见国际税收征管能力已经很强大。20世纪90年代笔者还在税务局工作，看到外资企业普遍亏损，也怀疑有转让定价的问题，但是不知如何着手。当时有能力做反避税调查的都在总局国际司，再加上少数发达地区的省局的国际处，全国上下满打满算没有几个人。后来税务局的国际税队伍不断壮大，现在每个省都有了少则十几人，多则上百人的国际税收团队，主力都是高学历、高素质的年轻人。这些队伍在国内有密集的培训和交流，还参与国际学习交流，专业水平提高很快。

往前倒推10年，当时所有的反避税案件都是大案，补税动辄上亿上十亿元。像这个120万元的案件根本不可能立案。当时征管能力有限，只能抓大放小。现在像衢州这样的四线城市，税务局都有能力成立反避税调查小组，就这么一个120万元标的的案件展开调查，这说明了什么问题？我们可以推测一下税务局的反避税调查覆盖面可以有多大！

二、未关联申报者，虽小必诛

第二个细节仍然在立案环节，与关联申报有关。被调查企业M公司是位于衢州的一家中外合资企业，产品的90%通过关联交易销售给外方股东，即位于香港的H公司（股权占比35%），由H公司再销往世界各地。衢州市税务局从出口退税系统中看到M公司与H公司之间发生了关联交易，但是检索所得税申报系统，发现M公司未申报年度关联交易往来汇总表，并由此判断M公司存在隐瞒关联交易事实，有避税嫌疑。

2017年3月17日，国家税务总局发布了2017年第6号公告《特别纳税调整及相互协商程序管理办法》，其中提出了税务机关通过关联申报审核，同期资料管理和利润水平监控等手段，对企业实施纳税特别纳税调整监控管理。该文件第四条明确规定，未按照规定进行关联申报或者准备同期资料，是税务机关重点关注的风险特征之一。因此，很多企业因为未关联申报而受到怀疑并遭到精准打击。收集和积累数据是反避税管理的基础工作，为了打好这个基础，税务局对未关联申报者，虽小必诛。在大数据时代，想通过隐瞒信息来逃避税务调查，往往适得其反，低估税务局获取和利用信息的能力一定会付出惨重代价。企业开展税收筹划一定要基于信息透明的前提，守住合法合理的底线。

三、杀鸡用牛刀

第三个细节是用到了情报交换手段。由于M公司采取了不配合的态度，调查组便通过情报交换系统向香港税务局发送了专项情报请求。香港税务局回函提供了H公司股东变动情况、公司章程和周年申报表，以及不同年度销售给境外客户的部分形式发票以及收费凭证等。调查人员将取得的形式发票与M公司的出口报关单进行了逐一的核对，根据出口日期、出口国家和口岸以及产品数量，逐一筛选出359笔销售业务的价格，并以此为依据，对H公司的再销售价格进行分析，发现二者存在差异较大。

"情报交换"又称为"应要求的信息交换"（简称"EOIR"），说起来早已有之，不足为怪。值得关注的是，标的这么小的一个案件，衢州市税务局不惜通过国家税务总局向香港税务局发起了专项情报请求，而且香港税务局迅速回复，提供了完备的资料。由此推断，税务情报交换的频次和力度该有多大？

四、碰到了"专家"

以上几个细节反映了税务局的国际税收征管能力增长迅猛,绝不是20年前可以想象到的那个样子。回复《中国税务报》时,笔者写道:

第一,以前的转让定价稽查由总局牵头,省级税务机关执行,集中大城市大型企业,现在开始下沉到三四线城市,规模较小的企业,说明税务机关风险导向的反避税管理已经比较成熟。另外。案例中可以看出税务机关通过各种渠道收集信息,尤其是通过跨境的税务情报交换来获取相关的信息,反映出税务机关的跨境税收征管能力已经今非昔比,这一点也让人印象深刻。

接下来笔者提到了离岸公司,写道:

第二,境内个人或者公司设立离岸贸易公司,通过离岸贸易公司开展进出口交易是很常见的做法。离岸贸易公司在经济实质以及功能风险方面普遍存在着严重不足。案例中的问题在很多离岸公司同样存在。预期税务机关会将这个案例中的经验进行复制,应用到离岸公司中去。因此离岸公司受到反避税调查的风险急剧增加。

第三,除了以上转让定价风险以外,很多的离岸贸易公司还存在着因为实际管理机构在境内而构成中国居民企业的风险,或者在境内构成常设机构的风险。这些境内税务风险应当一并加以分析。建议有关企业对相关风险进行梳理,并采取相应的应对措施,以保证企业能够长期健康地发展。

笔者并没有说这个案例中的外方是离岸贸易公司。之所以提起离岸贸易公司,是因为工作中经常会遇到离岸贸易公司,碰到与本案中H公司相似的问题(比如说经济实质和功能风险不足)。这些离岸公司规模半大不小(M公司这种规模的居多),往往还有专业人士提供服务。但是专业人士鱼龙混杂,经常会遇到冒牌"专家",有"专家"掺和时就很难搞。服务客户的时候,往往与一些"专家"直接间接发生各种各样的碰撞。

五、"专家"的主观主义

冒牌"专家"的一半是专家,另一半是无知无畏的自信。半懂不懂的"专家"最能蛊惑人。比如有"专家"说:什么情报交换?CRS只交换个人账户信息,不交换企业信息。这让人无语。专项税收情报交换机制或者称为EOIR早已经存在,中国签订的100多个双边税收协定中几乎都有情报交换相关条款。此外,一些没有签订双边税收协定的国家(地区)和中国都签订了税收情报交换协定。因此,税收情报交换网络几乎已经覆盖全球。"专家"不了解的事情,就宣布它不存在,迷之自信着实让人佩服。

就国际税收而言,是否了解EOIR是识别"专家"的标志之一。CRS是一个黑天鹅,而EOIR是个灰犀牛。知道CRS的很多,知道EOIR的相对较少。对灰犀牛视若无睹,反映了"专家"的主观主义。

六、"专家"的经验主义

很多"专家"对税务局的认知还停留在20世纪。离岸贸易公司一些不合规的做法,在那个信息不透明的时代行得通,现在就行不通了。但是"专家"说没有问题:你说的风险我还没有见过相关的案例,因此可以忽略。对此笔者很无语。如果没有见过可以成为论据,盲人最有发言权。

"专家"对于国际税收就是盲人摸象。先不说每年发生这么多案例,你能了解到几分之一,就算你能读到的案例报道,背后发生了什么你能了解几分之一?离岸贸易公司会产生各种各样的问题,千疮百孔,任何一个问题都是致命的。反避税调查谈判过程中,税务局会从各个角度提出挑战,但是由于一些问题法规相对模糊,取证相对困难,税务局能从其他角度突破的情况下,会选择省力的路径,落脚到其他问题上去。比如这个案例,最终落脚到转让定价上,你凭啥肯定谈判过程中税务局没有从其他角度提出过挑战呢?试想一下,本案中如果在转让定价方面税务局无法突破,会不会从其他方向突破呢?

七、盲人骑瞎马最危险

离岸贸易公司是一种简单粗暴的避税方法。此前国内反避税的法规还不完备,加上税务机关的征管能力有限,有些离岸贸易公司一时得逞,给很多人造成了错觉,以为这样做没有风险。事实是目前反避税的法规越来越健全，税务机关的征管能力也有显著的提高，偷鸡不成蚀把米的可能性是非常大的。"专家"不仅对国际税一知半解，对国际税收动态一知半解，对税务局干脆不了解，或者说对税务局征管能力的理解还停留在20世纪或者十年前，对客户的建议全部来自自己少得可怜的经验，盲人骑瞎马最危险。

回到衢州的案例上。《中国税务报》在这个案例后援引宁波大华电器有限公司财务负责人邹雅平的评论说："……从拟上市公司和上市公司接受问讯的情况来看，境外实体功能定位关联交易是否存在转让定价风险等涉税问题，逐渐成为证交所关注的重点……"（请参考：中国税务报文章《特别纳税调整之后，你认真听过税务局的建议吗？》）。转让定价是国际税收的基本范畴之一，税务局不光很懂，而且有充分的征管能力去应用它，此外证交所等很多别的监管部门也懂它。而且不仅是转让定价，随着中国企业"走出去"的进程逐渐加快，很多政府部门开始关注国际税收的其他方面。政府部门懂得越来越多，无知无畏盲人摸象的"专家"的迷之自信会误人的。

第九节　纸糊的离岸公司，稽查的重锤压顶

2021年12月30日，国家税务总局深圳市税务局稽查局（以下简称"深圳税务局"）公布了针对某公司（以下简称"深圳公司"）的税务行政处罚事项告知书，称"你公司2015年1月至2021年3月，通过在香港设立空壳公司和开立银行账户，收取境外机构支付的业务款，隐瞒收入1 744万元，未申报纳税……是偷税……"据此追缴各种税款322万元，并依法加收滞纳金，处少缴税款1倍的罚款322万元。此外，针对未扣缴个人所得税的行为也处以1.5倍的罚款计104万元。

这个案件让离岸公司的老板们脊背发凉。很多离岸公司都没有场所、没有人员，没有经济实质，是纯粹境外空壳公司。不少老板们觉得把钱藏在离岸公司，就远离了中国税，殊不知没有经济实质的离岸公司就像纸糊的房子，经不起风吹雨打，何况稽查的重锤压顶。

学术界看到这个案件也很诧异。境外空壳公司这种做法是避税啊，应当用反避税那套工具来拆解，什么刀子、剪子、尺子、圆规之类的，怎么抢起了处罚偷税的大锤？

笔者代表吃瓜界，谈一点自己的看法。虽然这个案件背后有着极其特殊的背景，但是笔者吃瓜是讲原则的，只限于税务相关。

一、国际避税见怪不怪，国际偷税少见多怪

好事坏事，但凡沾上"国际"二字，就立马高大上起来。"偷税"多难听，"避税"高大上。因此，印象中"偷税"好像总是国内的事情，涉及国际的一般都是"避税"。"国际避税与反避税"，说起来很顺口。实际上不是的，偷税就是偷税，跨境偷税还是偷税，这个道理放之四海而皆准。随便举个例子：美国至今最大的个人偷税案就是个跨境偷税案。

纠正一下，在美国那不叫偷税，叫逃税。偷税具象化是把手伸进政府的口袋里拿钱，逃税具象化是看到政府伸手拿钱，捂紧自己的口袋撒腿就跑。如果抛开"普天之下莫非王土"这个东方观念，比较而言，逃税这个画面似乎更贴近纳税人的感受。不管叫什么，是一个意思，性质一样严重，处罚一样严厉。

美国这个案件是这样的：靠销售和开发软件起家的美国富豪罗伯特·布劳克曼做私募股权投资，在百慕大设立了家族信托，又在信托下面设立了一系列的离岸公司，投资所得就藏在离岸公司里，没有向美国政府纳税。后来东窗事发，被美国政府以欺诈政府、洗钱、逃税、违反银行保密法、销毁证据、妨碍司法等9项罪名起诉，要补税20亿美元。这个案件最后被美国司法部定性为逃税，核心论据就是富豪隐瞒了信息，与深圳税务局行政处罚事项告知书说的"隐瞒收入未申报纳税……是偷税……"惊人的相似。当然了，也有细微的不同之处，就是布劳克曼隐瞒的是对离岸公司和海外账户有控制权的事实，而不是赤裸裸地隐瞒收入信息[请参考：海外逃税第一案（二）——富豪养鱼，"FATCA"收网]。这种细微差别，是两国反避税法规完善程度不同造成的。但是不管怎样，逃税还是逃税，没有因为跨境了就成了避税。

二、完善的税法把避税逼成逃税

避税的画面是，看到政府伸手拿钱，就开始左右横跳，同时还念叨，"我喜欢看你心里不爽，又拿我无可奈何的样子"。避税不是逃税，我就在你眼前没有逃，抓不住我只能怨法律有漏洞。苹果公司的几家子公司，根据很多国家法律来看是爱尔兰公司，根据爱尔兰法律来看又是外国公司。苹果通过这几家子公司把海外利润都转移到避税地，各国税法都拿它没办法[请参考：难啃的苹果（一）——美国税制碎了一地]。这是典型的避税。

通过完善法规来反避税，就是堵塞法规的漏洞，挤压避税的空间。特朗普税改出台

了一系列国际税新规则（请参考：美国税改釜底抽薪），苹果这个套路就玩不下去了。布劳克曼那个案子的背景是，美国税法中有受控外国公司规则，规定离岸公司的利润要拿回美国征税，已经没有避税空间。布劳克曼打死不想缴税，就只能铤而走险，隐瞒对离岸公司和境外账户的控制权，从而避免适用受控外国公司规则，这就涉嫌虚假申报，成了逃税。生生一个"逼上梁山"。

说到反避税法规，很多人以为就是所得税法规中的特别纳税调整规则部分。这个理解太过片面。特别纳税调整这部分法规内容很丰富，我们只举一个例子，就是一般反避税条款，在《企业所得税法》和《个人所得税法》都有，内容大同小异。其中《企业所得税法》第四十七条是这么说的：

企业实施其他不具有合理商业目的的安排而减少其应纳税收入或者所得额的，税务机关有权按照合理方法调整。

以上法规中说到的"不具有合理商业目的"和"按照合理方法调整"，句句都在"理"。但是公说公有理，婆说婆有理，到底要合谁的理？说了等于没说。由于理不直气不壮，对于违反特别纳税调整规则的行为，税务机关处理起来要比对待偷税温和很多。避税不可以加滞纳金，只可以加利息。不可以罚款，可以加罚息。偷税的罚款区间是0.5倍至5倍，避税的罚息至多5%。这不光是量上的差别，质上的差别更大。偷税是违法行为，标记为劣迹，明星偷税一定面临着封杀；避税虽不是光彩的行为，但是不违法，是否封杀还难说。

因此，如果把反避税法规片面理解成特别纳税调整法规，螺蛳壳里做道场，那就南辕北辙了。实际上反避税法规的使命是缩小特别纳税调整规则的适用范围，多一些理直气壮，少一些无奈的温和。

三、大锤一出，谁与争锋？

中国的反避税法规与美国相比存在较大差距，按说避税的空间更大，但是实践中按避税处理的比例反而低很多。其中玄机在征管层面。

以往国际反避税，都是税务局里面的国际税部门来调查的。处理的过程叫作"特别纳税调整调查"，处理的方式叫作"特别纳税调查调整"。成天把这么拗口的字眼挂在嘴上，不温和的也会磨得温和，不谨慎的也会被拘束得谨慎。这是有历史原因的，因为早期的国际反避税都是针对外资企业的，涉外无小事，小心行得万年船。而内资这方面，对应的说法就是"稽查"和"处罚"，表达简洁有力，行动气势如虹，自家人讲什么客气？长期以来这两个体系井水不犯河水，就算偶尔有磕碰，总体上也能相安无事。然而近年来随着大量中国企业"走出去"，两种体系碰撞就多起来了，合作也多了。"走出去"的税收政策归国际税部门解释，遇到案件稽查部门也来查。深圳的案例，显然是稽查局主导，国际税部门配合（包括协调与香港税务局的情报交换）。"走出去"企业就是这样，有幸同时享受两种体系的全方位服务。

反避税这边工具很精巧，相当于刀子、剪子、尺子、圆规之类的。比如深圳公司这个案子，可能会用到：

（1）税务居民规则。那个香港空壳公司（以下简称"香港公司"）的实际管理机构在内地，是内地税务居民，所有所得应当在内地纳税。

（2）常设机构规则。香港公司的人员在内地工作，构成内地常设机构，应当在内地纳税。

（3）受控外国企业规则。香港公司没有合理商业理由不分红，应当视同分红给境内股东在股东层面纳税。

（4）转让定价规则。深圳公司向香港公司提供服务，应当按照独立交易原则收费，在深圳纳税。

稽查这边，工具只有一个，那就是定性为偷税，处以罚款，这相当于大锤。遇到需要从重从快的案件，大锤打头阵是不二之选。因此，实操中反避税的工具会陈列出来用以威慑，漫天飞舞的是处罚偷税的大锤。

稽查的大锤抡起来，老板们已经吓破胆了，这时候挂在一旁的反避税工具也显得狰狞恐怖。补税反正是躲不过了，偷税罚款上限是五倍，如果你承认偷税则从轻处罚只罚一倍，你难道真想一条一条掰扯《企业所得税法》和《个人所得税法》，较真收入不是境内公司的收入，这是避税不是偷税？你的问题可不止这一个，怎么处理就看你态度了。再说了，收入有没有经过个人账户？从业务发生直到稽查期间，个人和境内公司有没有隐瞒过账户、收入和关联交易信息？有没有如实报告过境外子公司？

以上情景纯属虚构，如有雷同实属巧合。

四、珍爱生命，远离大锤

薇×案是境内避税，所谓合法合规的税务统筹在处罚偷税的大锤之下土崩瓦解。深圳这个案例是跨境避税，纸糊的房子哪能承受重锤压顶？一些"专家"对反避税的那套工具视而不见（请参考：衢州反避税案件"细思极恐"的三个细节及冒牌"专家"的盲人骑瞎马），对稽查的大锤也可以视而不见吗？深圳这个案例对许多公司而言无疑是当头棒喝。老板们该醒醒了，火山已经喷发，海啸即将来临，离岸公司还可以是纸糊的吗？

第十节　境外税务局帮中国查税，看人下菜碟

国际税收情报交换，是跨境税务稽查中的终极手段。外国税务局会用到，中国税务局也会用到。有运用成功的，也有运用不成功的。

一、没有无缘无故的爱也没有无缘无故的恨

《中国税务报》于2022年3月30日刊登了《国际情报交换要把握好"可预见相关性"原则》一文（作者：何文倩；作者单位：国家税务总局武汉市税务局）。文中举了一个稽查手段运用不成功的例子，是这样的：

A国某税务机关发现其管辖企业雇用了一名外国足球运动员，这个运动员已符合A国居民纳税人的条件，应就其世界范围内的收入在A国申报纳税。然而，调查人员发现该球员申报的收入比较低，经过国内调查取证，没有发现未申报收入，于是决定向其国籍所在地B国发出情报交换请求，情报请求写道"鉴于该运动员收入低于行业薪资水平，且在你国有家庭，有两位老人要赡养，三个孩子要抚养，我方认为其在我国申报的收入明显不合理，可能有部分收入被隐匿在你国，请提供该运动员在贵国所有的银行账户余额和交易明细"。

这样的请求……因为疑点仅凭臆断，没有实证，且需要对方国家提供的信息涉及面非常广，没有所属期，没有明确可能支付隐匿收入的交易对象……对方国家拒绝回复。

发出情报交换请求结果石沉大海，这很悲剧，就像守一座守不住的城，盼一个盼不来的人。失败了就该找原因。世上没有无缘无故的爱，也没有无缘无故的恨。请求方要先从自己身上找原因。这篇文章中说道：

基层调查人员在撰写情报交换请求的时候，有一个非常重要的原则叫作"可预见相

关性"原则,就是从一个理性人的角度判断,提出的情报请求与所描述的税收调查目标看起来是紧密相关的。

换言之,要做到"可预见相关性",首先需要有明确的调查目标,其次请求的信息要与该目标紧密相关。引文中说道:

从其反面来说,就是要防止"钓鱼取证",也就是要防止在没有确切证据的情况下,试图通过广撒网收集证据来发现罪证。

这正是失败的原因所在,说得很明白了。但是这里笔者有个看法:"钓鱼取证"容易让人误以为是"钓鱼执法",如果翻译成"撒网式取证"就可以避开这个误解。

二、大胆假设别轻率

国际情报交换,是各国税务机关依据《多边税收征管互助公约》等公约和协议开展的相互协作机制。被请求一方税务机关有义务提供协助,但终究是帮忙性质,请求一方不能过分。引文中说道:

当基层税务机关合理怀疑企业或者个人的有关情况缺少一些重要信息,而这些重要信息在国外时,他们就可以按照程序,向本国的主管机关提出情报请求,主管机关再与其他国家的主管机关交换信息。

所谓"合理怀疑"就是有确凿证据。情报交换中要列出具体证据。在上述例子中,仅凭该运动员收入低于行业薪资水平就发起调查,有些轻率,说明前期工作不到位。发起请求前应当多收集证据。比如说,能够证明该运动员申报收入明显低于其生活水平、低于从公开渠道了解到的收入水平等。如果这样做了就会主动很多。自己该做的工作不做,请求别人来帮忙时推给别人,别人凭啥要帮你?求人不如求己。

因此,要目标明确,证据确凿。引文对此明确道:

"可预见相关性"原则需要调查人员向对方国家情报交换人员明确调查的背景资料,要解释清楚根据我国的税收法规,纳税人可能违反了什么规则,必要时简要解释我国的税收法规。明确调查所涉及的纳税人、交易对象、税种、所属期、情报载体(财务报表、登记信息、转让定价报告等），当案件情况复杂的时候，可以利用表格、关系网络图、资金流向图等各种更直观的方式展现出来。

三、小心求证要具体

别忘记了，税收情报交换是请求别人帮忙，要有个度，别过分。

首先信息要具体，要有具体的范围。"请提供该运动员在贵国所有的银行账户余额和交易明细"这就过分了。至少要有个年度范围，其次要考虑对方的工作量，有个数量范围，并设身处地考虑一下工作量是否超出对方可以接受的范围。如果是已经实施CRS之后的年度，对方税务机关可能已经掌握银行账户余额以及交易明细了，收集起来顺手，这种大批量的信息要求也许就不过分。但要这种情况下要向对方说明是CRS信息，提醒对方先去查询CRS信息，让对方明白工作量不是很巨大，不要望而生畏。但这是例外情况，如果不是这种例外情况，一般情况下信息只能按条提供，不可以这么大批量要求。

文章中指出：

情报请求有时候涉及多条信息，当提出每一个问题时，要向对方解释为什么这条信息是必须的，这样能够帮助对方更快确定你的请求不是"钓鱼取证"。另外，调查人员还需要向对方国家明确，为什么认为我方需要的情报可能在对方国家，以及谁可能持有这些信息，明确到持有人的名字或公司名称、与被调查人的关系、地址甚至电话，这样可以让对方国家更快定位这些情报。

换言之，国际税收情报交换的原则是只能就具体信息向别人求证，不能把收集信息甚至分析的工作一股脑甩给对方。文章中对此明确：

避免出现这样毫无目标的描述——"请提供任何你方认为可能证明该跨国企业的这笔交易不符合独立交易原则的证据"，会使对方国家不知道到哪里去找情报给你，对方国家也没有义务替我方判断什么样的证据能够证明一些交易不符合独立交易原则。

四、求人办事讲情商

文中提到，国内税务人员在调查跨国企业或高净值人群时，面对国内非常有限的证据，常常感到束手无策，因此想到了运用税务情报交换。上面这个例子就是针对高净值人士的调查。A国税务机关在税务情报交换请求中写道：

鉴于该运动员收入低于行业薪资水平，且在你国有家庭，有两位老人要赡养，三个孩子要抚养，我方认为其在我国申报的收入明显不合理，可能有部分收入被隐匿在你国。

相信B国税务人员看到这条请求后，会脑补出这样一幅画面：一个打工人，上有老下有小，收入勉强糊口而已，A国税务局却兴师动众地来找他的麻烦，动机可疑啊！有没有不可告人的目的？这终究是求人办事，情理上说不通的事情，别人凭啥帮你？这个例子说明了，国际交往中不讲情商是不行的。

由此想到另一件事。多年前某记者为了表扬某贫困地区基层税务局，报道了税务干部们为了几十元税款，跋山涉水几天几夜的事迹。文章写得很感人，配图是税务干部向偏远山村进发的照片，也很感人。送审时这篇文章却没有通过。领导说，群众看到这篇报道，不会心疼税务干部有多辛苦，只会问一个问题：这么苦的地方你们忍心去收税？

那篇报道就是没有情商的另一个例子。这里顺便说一下，如今农业税取消了，屠宰税取消了，贫困地区减免税了，税收政策越来越有"情商"了，税收征管也更讲"情商"了。

收税这件事，古今中外都不受待见，"税吏"一度就是冷酷无情的代名词。尽管如此，政府要过日子，该收还是得收。为了收得理直气壮，各国政府不约而同地扛起了"劫富济贫"的大旗，向富人要税。境外最近发生的多个税务案例也说明了，基于"仇富"的这一共同点，各国税务局达成了空前的国际大团结。

扩展阅读1：

美国没有发票，税收征管靠什么？

靠自觉……那是不行的。要靠信息。"信息管税"的思路，我国一直在讨论，也一直在探索。近日，中共中央办公厅、国务院办公厅印发了《关于进一步深化税收征管改革的意见》，提出实现从"以票管税"向"以数治税"分类精准监管转变。"以数治税"是大数据时代"信息管税"的升级版，两者本质上是一回事。未来会取消发票吗？取消发票以后的世界是什么样子？那么我们来看看没有发票，依靠信息来征管的美国是怎么做的。

发票的作用无非是把上家和下家联系起来，这样上家缴税下家抵扣，上家确认收入下家列支成本费用，形成一个闭环。信息管税同样能达到这个效果。当然了，美国没有增值税，所以用不着那么环环相扣的增值税发票，只要考虑所得税，确保下家列支成本费用时，上家已申报收入就行了。为了达到这一目的，税务局会要求下家提供交易信息给税务局，让税务局能够据以找到上家，并与上家申报的收入信息核对，看看有没有不报或者少报收入。

但是如果海量的交易信息都报送税务局，税务局也处理不过来。因此根据收款人（上家）的不同类型，美国税务局（IRS）针对交易信息采取了分三层管理的方法。大体情况如下：

一、不是一个人在战斗

第一层是向美国境内企业付款。这一层管理最松，下家合规负担最轻。一般来说只要上家是美国境内企业，下家只要留存对方身份信息就行了，不需要向税务局报送这些身份信息，更不用向税务局报送交易信息。企业与企业之间的交易，在交易总量中占比最大，在"以票管税"的思路下是管理重点。但是在"信息管税"的思路下，IRS的管理反而最宽松。这样靠谱吗？上家不报收入税务局会知道吗？这就多虑了。企业之间的资金流都是银行处理的，在银行会留下痕迹。美国的银行系统出于反洗钱等目的，有一套严密的资金监控和报告制度，银行执行起来也很认真。这种环境下，企业完全可以瞒报收入，但是银行的资金流水如何解释？因此对于企业之间的交易，美国税务局倒不担心上家不报收入，因为这不是税务局一个人在战斗，有银行帮忙。

长期以来我国的银行和税务的信息没有打通，有些企业向银行报一套财务报表来吹牛求贷款，同时向税务局报另一套财务报表来少纳税。税务机关经常是一个人在战斗，只能"以票管税"，很累。为了应对"以票管税"，不法分子会虚开发票。税务机关要查处虚开发票，仍旧离不开银行，只有寻求银行帮助才能理清资金流，发现资金回流的情况。银行这种情况下倒也能支持，但是除此之外跟税务机关的合作就不那么情愿了。好在现在情况开始好转，银行与税务机关之间的合作越来越紧密。

假发票案件的根源，除了税制本身的原因（如免税农产品、免税废旧回收物资造成的增值税链条不完整）之外，还有一种情形就是个别税务机关"纵容配合",让上家以极低的税负大量开出发票供下家抵税。这种情形下税务局不仅是一个人在战斗了,还要同时对付"卧底",这就更累了。

二、F1099"小报告"

第二层是向美国居民个人的付款。这是零散税源,如果只靠IRS来管理,征管成本会高到天上去。因此IRS更加注重借助付款人从源头进行管理,付款方的合规负担较重。这种情况下付款方需要向税务局报送付款信息。最常见的报送工具就是1099表(F1099)。这是一种个人支出的信息申报表(information return),一般是一式两联,在年度结束后向收款方及税务局同时分别报送。这是付款人(下家)针对上家个人收款人向税务局打的"小报告"。

1099表格是个大家族,根据付款的种类不同,分好多种。例如,1099-INT针对应付或者支付给个人的利息;1099-DIV针对支付给个人的股息;1099-MISC针对支付给个人的服务费等杂项收入;1099-S针对支付给个人的不动产交易收入等。不同收入用不同表格,再加上要针对每个付款人分别填一张表,一个大型的企业年度结束后报送的信息申报表往往要用卡车来装,现在虽然电子化了,一个U盘就搞定了,但是填表的工作量一点也没有减少。

三、源头扣缴

1099表格上填报的针对美国个人付款信息,无非是利息、股息、服务费、不动产交易信息等,虽然零散,比起工资来就不那么零散了。针对工资这种超级零散的税源,就算用"小报告",税务局的征管成本仍然会太高。因此各国税务局都干脆让付款人扣税,美国也不例外。雇主第一次发工资前,要向员工发一个W-4表收集员工姓名和纳税申报表状态等信息;每月发工资时扣税;年底填写W-2表一式两份,上面有工资和扣税信息,一份给员工,一份报税务局。员工根据W-2表信息去做年度申报(由于年度申报时考虑各种扣除项目,年度申报时往往会退税)。税务局拿到W-2表信息,可以用来核查。

这就是扣缴,是第三层了,是征管最严、付款人合规成本最高的一层。除了工资薪金之外,机构向个人收款人支付的医疗支出、律师费支出都要扣税,这些都是特殊规定。另外,向境外企业或者个人的付款也要扣税,这是普遍性规定。向境外企业或者个人的付款就要用到各种W-8表格了。

总结一下：对于付款环节的税务征管，从宽松到严格分三个层次。第一个层次是对美国境内企业的付款，只需要记住对方的税号留存备查即可，不需要年度报送信息。第二个层次是针对个人的相关付款（工资薪金除外）。这些不光要记住对方的税号，还要通过1099表格报送相关的收入信息给税务局和收款人。第三个层次则是干脆直接在付款环节代扣税，这包括支付工资薪金的情形，也包括向境外收款人付款的情形。

四、不要发票要W表

在我国，付款人只要付款时拿到发票就万事大吉了。美国没有发票，付款人要在交易发生时收集对方的身份信息，然后根据对方身份不同，如上文介绍的情况区别对待。交易发生时收集对方信息会用到W表。其中用得最多的就是W-9表，这是用来收集美国公司和个人收款人身份信息的。如果是境外个人或者公司，则用W-8表来收集。W-8表也是一个大家族。这方面随后专文介绍，这里先略过。下面我们来介绍一下W-9表。

W-9表的正式名称是"向纳税人要求识别号及其证明表"，是付款人向收款人提供的，要求收款人填报其身份信息并返还给付款人，供付款人留存的表格。W-9表适用于收款人为美国纳税人的情形。美国纳税人包括美国个人、个体业主、个人独资企业、C型公司、S型公司、有限责任公司、合伙企业、信托和遗产信托等。这几种类型列在表格中表头部分的第4行，收款人根据自己的种类在上面打钩即可，付款人根据其类型分别对待处理。

除了收款人类型之外，表头部分还有收款人的名称（姓名）、地址、账号等信息。表格的主体分为两部分。第一部分是税号（Taxpayer Identification Number，TIN）。如果是个人，税号这行填自己的社会保险号（Social Security Number，SSN，相当于我国的身份证号）；如果是企业，税号这行填自己的企业代码（Employer Identification Number，EIN）。第二部分是证明部分，主要是声明：我是美国人，税款扣缴（backup withholding）并不适用于我，我提供以上信息属实。

可见，W-9表格的核心功能是付款人拿到收款人的税号并留存备查。如果收款人不提供税号怎么办？那就扣税吧，扣付款部分的24%。当然了，有些收款人纳税信誉有问题，即使提供了税号也可能被扣税。由于存在这种特殊情况，一般情况下的纳税人会在W-9表的证明部分声明税款扣缴程序不适用于自己。

需要留存W-9表格的付款人范围很广泛，包括美国的境内机构和境外机构。美国的"信息管税"思路下，不论是境内机构付款人还是境外机构付款人，只要向美国收款人付款，都要收集W-9表。境外机构付款人中很常见的一类是美国境外的金融机构。如果是这类付款人，还可能涉及海外账户税务合规法案（FATCA）下的合规义务。如果收款人不是个人，而是机构，特别是金融机构，则美国境外金融机构向其付款时并不涉及FATCA合规义务，这就是免予FATCA申报的情形。如果是这样情形，要在W-9表格中表头部分的第4行中填写相应的代码，以标示免予FATCA申报的情形种类。

五、代开发票是本末倒置

总结一下，"信息管税"的思路下，税务局借助银行的资金信息来管理企业与企业之间的交易，很轻松，因此能够将主要精力放在企业与个人之间的资金往来上。向个人支付的工资薪金这些支出，公司当然是要扣税的，此外向个人支付的其他类型的支出则要求企业付款时通过W-9等表格来收集收款人身份信息，并通过1099等表格来向税务局报送资金往来信息，对零散税源的管理很到位。而我国由于银行与税务机关的信息流通不畅，税务局只能"以票管税"，将主要精力放在企业与企业之间的交易上。由于是一个人在战斗，很累，而且针对个人取得收入这种零散税源力度不够，形成软肋。

这给我们的启示是：从"以票控税"向"以数治税"过渡的前提是打通银行与税务局之间的信息障碍；另外，可以先从针对个人的非工资性付款开始试点，一方面这是尝试新的理念，同时这也是补齐短板。目前的做法下要求个人收款人到税务机关去代开发票，是把企业对企业交易下的发票制度强加到个人身上，本身就是舍近求远，本末倒置，而且对个人纳税人来说很不方便，尽管现在已经有很多便利，仍然还是各种各样的不方便，社会成本极高。还不如付款环节不要求提供发票而是要求提供身份信息，付款人收集收款人的身份信息和交易信息上报税务局，税务局以大数据筛查等方式促进收款个人主动申报。这样做，省却了收款人去税务局代开发票的麻烦，征管效果也许更好。

扩展阅读2：

W-8BEN表是块砖，哪里需要哪里搬

如果你在油管上申请开个账户，就会收到平台发来一张美国税务局IRS制作的W-8BEN表（见图6-1）。不要紧张，这只是IRS想收集你的身份信息而已。要想说清楚这个表格的来历，就要先科普一下美国的非居民所得税扣缴制度。

Form **W-8BEN**
(Rev. July 2017)
Department of the Treasury
Internal Revenue Service

Certificate of Foreign Status of Beneficial Owner for United States Tax Withholding and Reporting (Individuals)
► For use by individuals. Entities must use Form W-8BEN-E.
► Go to *www.irs.gov/FormW8BEN* for instructions and the latest information.
► Give this form to the withholding agent or payer. Do not send to the IRS.

OMB No. 1545-1621

Do NOT use this form if:	Instead, use Form:
• You are NOT an individual	W-8BEN-E
• You are a U.S. citizen or other U.S. person, including a resident alien individual	W-9
• You are a beneficial owner claiming that income is effectively connected with the conduct of trade or business within the U.S. (other than personal services)	W-8ECI
• You are a beneficial owner who is receiving compensation for personal services performed in the United States	8233 or W-4
• You are a person acting as an intermediary	W-8IMY

Note: If you are resident in a FATCA partner jurisdiction (i.e., a Model 1 IGA jurisdiction with reciprocity), certain tax account information may be provided to your jurisdiction of residence.

Part I Identification of Beneficial Owner (see instructions)

1 Name of individual who is the beneficial owner	2 Country of citizenship
3 Permanent residence address (street, apt. or suite no., or rural route). **Do not use a P.O. box or in-care-of address.**	
City or town, state or province. Include postal code where appropriate.	Country
4 Mailing address (if different from above)	
City or town, state or province. Include postal code where appropriate.	Country
5 U.S. taxpayer identification number (SSN or ITIN), if required (see instructions)	6 Foreign tax identifying number (see instructions)

图6–1 W–8BEN表局部

一、美国所得税法第三章明确传统意义上的非居民扣缴义务

发给你W–8BEN表的一定是“付款人”。收到这张表格意味着对方未来要付款给你，要你告诉他付款时要不要扣税或者要扣多少。付款人现在的身份，是“扣缴代理”（withholding agent），即向非居民付款的机构或者个人，相当于我国税法下的“扣缴义务人”，其扣缴义务见于美国所得税法第三章。

美国税法下第三章标题为“针对非居民个人和外国公司的预提税”。该章下的第1441节至第1446节是实体性规定，第1451节至第1465节则是程序性规定。但是，这里要敲黑板了。第1441节和第1442节下的扣缴又称为“第三章扣缴”；第1445节和第1446节的扣缴则不含在“第三章扣缴”内。

明明是第1441节和第1442节下的扣缴,却要冒充上级自称第三章扣缴,这不仅不严谨,而且对于初学者来讲很不人道。类似情形在美国税法中很常见。读美国税法经常云里雾里,这是原因之一。

美国税法下的扣缴义务人范围很广。美国所得税法第三章明确扣缴范围首先就包括个人,其次包括公司、合伙企业、信托、社团和其他实体,不分境内和境外,不论以何种身份行事,也不限仅于支付,只要对相关支付金额实施控制、收取、受托管理、处置,均构成扣缴义务人,都有替IRS扣缴税款的义务。该章下第1461节则规定,扣缴义务人对应扣缴的税款产生纳税义务,并且就该项税款免受他人追偿。也就是说,扣缴有理,不扣同罪。如果没有完成扣缴义务造成非居民纳税人未能完成纳税义务,则扣缴义务人和非居民纳税人都负有纳税义务,且都要负担利息和罚款。没办法,美国税法就是这么霸道。第1462节规定,收款人纳税申报时应申报应扣缴税款的所得,且已扣税款可以抵免。第1463节则规定,如果纳税人自己纳税了,则扣缴义务人不再负有额外的纳税义务。

二、第三章扣缴针对FDAP

前面说过,第三章扣缴专指第三章第1441节和第1442节下的扣缴义务。这两节中,第1441节针对非居民个人以及外国合伙企业,第1442节则针对外国公司,两节的区别在于非居民纳税人这方面,而在所得性质方面这两节并无不同,都是针对来源于美国境内的"固定或可确定的,年度或者定期的"(Fixed or Determinable, Annual or Periodic, 简称"FDAP")。FDAP的特点决定了可以按照支出总额来计税,方便扣缴(请参考:巴菲特想不通的美国税率倒挂)。

FDAP所得类型主要包括消极所得,即股息、利息、特许权使用费(包括租金)、若干无形资产转让所得以及个人服务所得(personal service income)。这个类型范围在第1441节(b)小节中有详细列举。第1441节(a)小节明确,扣缴代理向非居民个人或者外国合伙企业支付FDAP,一般需要扣缴30%的预提税。

第1441(c)小节则明确特定所得不需要扣缴税款。当然了,这里的"特定所得"大前提是非居民取得来源于美国的所得。显然,非居民来源于美国的所得范围较广,扣缴只适用于其中一部分。不需要扣缴税款的所得当中,最主要的是"实际联系所得"(Effectively Connected Income, ECI)。ECI指非居民取得的与在美国境内开展贸易或者营业相关的所得。这里边含了两层意思：第一层就是从营业以及贸易活动中取得的所得，大多数属于积极所得。第二层就是与美国有实际联系才在美国征税，限定了征税的条件。所谓的实际联系，大体上是在美国营业或者开展贸易活动的意思。这个实际联系原则，是税收协定中的常设机构原则的起源，但是其门槛远低于常设机构，因而构成ECI但不构成常设机构的情形很常见。

与FDAP不同，ECI需要按照净所得额适用累进的个人税率来纳税（如果是个人取得ECI），净所得额指收入总额减去成本和损失的金额。针对ECI，因为付款人不掌握成本和收入的数额，因而无法计算净所得，所以无法扣缴。ECI与FDAP是并列的关系，但其中有部分重合。第1441节中在（a）小节和（b）小节中规定只有FDAP需要扣缴，本身就已经将大部分ECI排除在扣缴范围之外了，其后（c）小节又将FDAP与ECI重合的部分从扣缴范围内排除，这个排除就彻底干净了。

上述重合的情形，这里举个例子加以说明。比如在美国开展营业活动时取得特许权使用费，这个所得属于FDAP性质，但是由于其取得于美国开展的业务且与美国有实际联系，因此也构成ECI。这种情形下根据第1441（c）小节，非居民纳税人应当按照取得ECI对待，自行申报而不需要接受扣缴。

第1442节将第1441节的以上规定从非居民个人以及外国合伙企业平移到外国公司，包括针对ECI的例外规定也一并平移过来。通过以上介绍可以看出，第三章扣缴主要针对FDAP，一般情况下需要扣缴税款。

三、W-8BEN表起于FDAP终于协定待遇

针对FDAP，IRS的征管手段以扣缴为主。为了征管方便，收款人需要提供资料证明其身份。收款人如果是美国纳税居民，则提供W-9表格；如果是非居民，则提供W-8表格。W-8表格起初只有一个，现在已经分化成了五个，其中最为常用的是W-8BEN表。

W-8BEN表格的正式名称是"美国税扣缴及报告用的受益所有人证明"。BEN是受益所有人（Beneficial Owner）的简称，受益所有人是税收协定中经常用到的概念。一般情况下收款人就是受益人，提供收款人信息即可。有时候收款人不是受益人。例如外国合伙企业之类的税收透明体收款的情形下，合伙企业是收款人，其合伙人则是受益人。如果收款人不是受益人，则要提供受益人的信息。

W-8BEN表格由三部分构成：

第一部分标题为"受益所有人识别"。包括受益人个人的姓名、永久住址、通信地址，美国纳税识别号（SSN或ITIN）、外国纳税识别号、索引号、出生日期等。请注意，W-8BEN表适用于受益人为个人非居民的情形。如果受益人是公司，则适用W-8BEN-E表格。

第二部分标题为"主张税收协定待遇"。包括协定居民国、协定待遇（特殊税率或特殊待遇）、享受协定待遇的条件以及受益人满足条件的情况说明。W-8BEN表的原理是：第1441节和第1442节要求，付款人向非居民收款人支付FDAP性质的款项时要扣缴30%的预提税，但是有些非居民收款人可以享受税收协定下的免税或者低税率待遇。为了管理协定待遇，IRS规定如果非居民个人可以提供W-8BEN表格证明自己有资格享受双边税收协定下的免税或者低税率待遇，则付款人可以免于扣税或者按低税率扣税，否则仍旧按30%扣税。

第三部分标题为"证明"，包括声明和签字。声明部分的内容涉及受益所有人、非居民身份、是否构成ECI、构成协定对方缔约国居民等事项，并授权本表可以向任何扣缴代理人提供（有时候W-8BEN表的接受方不是扣缴代理人，需要将表格转给扣缴代理人，因此需要这种授权）。从这部分的内容可以看出，W-8BEN表格的核心用途有三个：一是报名，即表明非居民身份，这就为付款人确立了第三章的扣缴义务；二是认账，即表明自己是相关所得的受益所有人，以便IRS跟进征管；三是待遇，即主张税收协定待遇。

W-8BEN表的用途不限于FDAP。W-8BEN表格起于管理FDAP，而终于管理税收协定待遇资格。税收协定待遇除了针对FDAP限制税率之外，还有针对营业利润和财产收益的优惠规定。享受这些优惠也需要用到W-8BEN表。

四、向外国合伙企业付款也会用到W-8BEN表

合伙企业在美国税法中一般情况下被视为透明体，即流经实体。扣缴代理向外国合伙企业付款，如果是FDAP则被视为向合伙人付款，一般情况下付款人就是扣缴代理，受益人就是合伙人。在上面这种情形下，外国合伙企业的非居民个人合伙人要向扣缴义务人提供W-8BEN表格，以证明自己的身份。税款则由付款人直接扣缴了，不需要外国合伙企业扣缴。

如果是向外国合伙企业支付ECI，情形则有所不同。美国税法第三章

第1441(d)小节明确，如果是外国合伙企业在美国开展贸易或者业务，取得收入可以免于扣缴，但是需要满足两个额外条件：第一，扣缴会增加额外的行政负担；第二，征税不会因为免于扣缴而受到影响。

在美国开展贸易或者业务取得收入属于ECI性质。以上第1441(d)小节规定明确了向外国合伙企业支付ECI性质的所得时，付款人不需要扣缴。前面说过，第1441(c)小节已经明确ECI免予第三章扣缴。这里第1441(d)小节的规定与之基本相同，不同之处在于针对向外国合伙企业付款时增加了两个额外条件，让付款人仍旧负担一定的尽职义务，并授权IRS在特殊情况下可以要求付款人扣缴。也就是说，向外国合伙企业支付的ECI性质款项，一般情况下不需要付款人扣缴，特殊情况下需要扣缴。

如果没有扣缴，这件事情还没有结束。ECI性质的所得，在合伙企业（包括美国合伙企业和外国合伙企业）向其外国合伙人分配所得付款时，合伙企业会涉及扣缴义务，且会用到W-8BEN表。这就是1446节扣缴，下一篇文章会介绍。

总结一下，W-8BEN表格很忙。本职工作是管FDAP，但是由于管理税收协定待遇方面的专业能力很强，时不时被拉去管ECI。由于管得宽，大家已经形成印象，就是无所谓本职工作还是额外工作，只要与协定待遇沾边都归他来管。因此说，W-8BEN表是块砖，哪里需要往哪里搬。

扩展阅读3：

W-8ECI表格为什么没有存在感？

一、要了解W-8ECI表格，先要了解ECI

美国税法下非居民所得有两种：一种是FDAP，另一种则是"与美国开展的贸易和经营活动实际联系的所得"（Effectively Connected Income，简称"ECI"）。FDAP以消极所得为核心，ECI以积极所得为核心。但是FDAP不等于消极所得，ECI也不等于积极所得。

积极所得和消极所得这两个概念是国际税收界20世纪总结出来的，容易理解。前者指辛辛苦苦地工作赚钱，后者指躺着赚钱。两者相比较，躺着赚钱更容易，也更容易征管。消极所得产生过程中不发生成本费用，因此可以按总额征税，方便扣缴；而积极所得产生过程中会发生成本费用，需要按照收入总额减去成本费用后的净所得额来计税，因为付款人不掌握成本费用信息，所以无法扣缴。税收征管不能靠自觉。能扣缴的一定要扣缴。因此消极所得征管上以扣缴为主，而积极所得征管上只能以自行申报为主。

FDAP和ECI是美国税法中很古老的两个概念，就跟古文一样，不容易理解。我们上一篇吐槽过FDAP，这次来吐槽一下ECI。

ECI所称的"实际联系所得"，包含了两层意思：第一层就是在美国开展贸易及营业（US Trade or Business，简称"USToB"）取得的所得，这一层的真正含义是指在美国从事产生积极所得的活动。第二层就是所得与USToB有实际联系，这一层的意思是说，USToB产生的积极所得肯定与USToB有实际联系，肯定包含在内了；另外一些消极所得如果与USToB有实际联系，也包含在内。

因此说ECI以积极所得为核心，也包含部分消极所得。上一篇说过FDAP以消极所得为核心，其中也包含部分积极所得。所以ECI和FDAP之间有多处重叠，然而这两个概念经常并列，能把人绕晕。实际上这两个概念并列时，只是在代表两种不同的征税方法：ECI代表按净额征税，FDAP代表按总额征税。词不达意这种现象是美国税法的典型特征，也常见于所有历史悠久的法律中。

基于ECI概念中的USToB，美国税法为积极所得确立了来源地判断标准。其中服务业看实施地，也就是提供服务的人员所在地；制造业看生产地；批发零售业看销售地。美国税法下个人和公司都有可能取得贸易及营业所得。个人取得此类所得的情形包括个人服务所得（personal service income）和通过合伙企业或者某些有限责任公司（LLC）经营的情形。个人服务所得后来进化成税收协定中的独立个人劳务和非独立个人劳务概念。公司取得的贸易及营业所得则进化成税收协定中的营业利润概念。

二、W-8ECI表的用途——支持不扣税

上一篇说到，W-8BEN表初衷是针对FDAP，主要支持扣缴（请参考：W-8BEN表是块砖，哪里需要哪里搬）。本篇讲到的W-8ECI表格（见图6-2），初衷则是针对ECI，主要支持免予扣缴。

```
Form W-8ECI          Certificate of Foreign Person's Claim That Income Is
(Rev. July 2017)     Effectively Connected With the Conduct of a Trade or
                           Business in the United States                         OMB No. 1545-1621
                     ▶ Section references are to the Internal Revenue Code.
Department of the Treasury  ▶ Go to www.irs.gov/FormW8ECI for instructions and the latest information.
Internal Revenue Service    ▶ Give this form to the withholding agent or payer. Do not send to the IRS.
```

Note: Persons submitting this form must file an annual U.S. income tax return to report income claimed to be effectively connected with a U.S. trade or business. See instructions.

Do not use this form for: Instead, use Form:
• A beneficial owner solely claiming foreign status or treaty benefits . . . . W-8BEN or W-8BEN-E
• A foreign government, international organization, foreign central bank of issue, foreign tax-exempt organization, foreign private
  foundation, or government of a U.S. possession claiming the applicability of section(s) 115(2), 501(c), 892, 895, or 1443(b) . . . W-8EXP
  Note: These entities should use Form W-8ECI if they received effectively connected income and are not eligible to claim an exemption for chapter 3
  or 4 purposes on Form W-8EXP.
• A foreign partnership or a foreign trust (unless claiming an exemption from U.S. withholding on income effectively connected with the
  conduct of a trade or business in the United States) . . . . W-8BEN-E or W-8IMY
• A person acting as an intermediary W-8IMY
  Note: See instructions for additional exceptions.

Part I   Identification of Beneficial Owner (see instructions)
1 Name of individual or organization that is the beneficial owner   2 Country of incorporation or organization

图6-2 W-8ECI表局部

W-8ECI表格全称是"外国人声明所得与在美国开展的贸易或者业务存在有效联系的证明"。W-8ECI表由两部分构成。第一部分仍是识别受益所有人，与BEN表下的第一部分大体相当。主要差别是第7行的美国税号必须填写。另外多了一行第11行，需要在这里列出每项ECI的性质。第二部分则是证明部分。证明部分反映出W-8ECI表格的核心用途有三个：一是报名，即表明非居民身份；二是认账，即表明自己是相关所得的受益所有人，以便IRS跟进征管；三是声称所得性质为ECI。

ECI一般需要自行申报，不再适用扣缴，因此收款人提供W-8ECI表格就可以免予被扣缴税款。付款人不需要扣缴税款，但要留存W-8ECI表格证明自己尽到了义务。收款人提供W-8ECI表格后，知道收款信息已经记录在案了，就会提醒自己按期自行申报。

为了表示自行申报的诚意，收款人填写W-8ECI表格时要填上纳税识别号，即适用于个人的"个人纳税人代码"（Individual Taxpayer Identification Number，以下简称"ITIN"），或者适用于公司的"雇主身份代码"（Employer Identification Number，以下简称"EIN"）。如果没有这些代码就要去申请。申请起来手续很简单，填一张表格发给IRS即可。

W-8ECI表格的用途是支持免予扣缴，但是并不是所有的ECI都能免于扣缴。对于那些不能免予扣缴的ECI，IRS规定不需要填报W-8ECI表。可见W-8ECI表格适用范围要小于ECI。

三、第1446节扣缴不归W-8ECI表管

ECI本不需要扣缴，但是如果是合伙企业（包括美国合伙企业和外国合伙企业）产生的ECI，分配给非居民合伙人时则可以扣缴。美国税法第1446(a)小节针对合伙企业的非居民合伙人取得的实际联系应税所得（Effectively Connected Taxable Income，以下简称"ECTI"）规定了合伙企业有扣缴义务，这就是第1446节扣缴。ECTI指合伙企业产生的ECI。美国税法下合伙企业不纳税，合伙人要纳税。如果合伙企业取得ECTI并将其分配给非居民合伙人，非居民合伙人可以选择由合伙企业扣税。

第1446节虽然在第三章之下，但是其扣缴不构成第三章扣缴。鉴于针对FDAP的第1441节和第1442节不守本分地自称第三章扣缴，而第1446节下的扣缴本分地自称"1446节扣缴"，因此造成了第三章扣缴和第1446节扣缴并列的奇观。

非居民合伙人分得的ETCI属于ECI性质的所得，是ECI的一种特例。前面说过，一般ECI的付款人只掌握收入信息，不掌握成本费用信息，因而无法计算所得，无法扣税。但是ETCI的付款人是合伙企业，既掌握收入信息，又掌握成本费用信息，完全可以计算应税所得直接扣缴。但是，合伙企业只掌握自己分配的ETCI，不掌握该非居民合伙人从美国取得的其他ECI类所得，如果适用累进税率则面临所得信息不全的问题。本着宁肯错杀不可错放的原则，第1446(a)小节规定针对ETCI要按最高档税率扣税。反正多扣缴的税款，自行申报时可以要求退还。基于目前的税率如果非居民合伙人是个人，则按个人最高档税率37%扣税；如果非居民合伙人是公司，要按公司税率21%扣税。

合伙企业分配ECTI给非居民合伙人，本属于ECI性质，却不能用ECI表，据说是因为W-8ECI表是用来支持不扣缴的，而ETCI却需要扣缴。IRS规定这种情况下须提供W-8BEN表（请参考：W-8表系列填表说明中ECI表部分，并注意这里假设非居民合伙人是个人，如果是公司则提供W-8BEN-E表，如果是别的类型的非居民合伙人，还有可能需要提供别的类型的W-8表）。W-8BEN表在第三部分"证明"中有"合伙企业ECI中的合伙人份额"的选项，就是供这种情形下使用的。

针对ECI却让W-8BEN表来代劳，这种规定很让人不解。这种情形下非居民错填W-8ECI的情况不少见，以致IRS在W-8ECI的说明中提醒，这种情况下非要提交W-8ECI表格也可以，但是不会影响第1446节扣缴。

实施了第1446节扣缴的合伙企业需要在其税务年度内向IRS预缴部分扣缴税款。预缴按季度进行，在合伙企业税务年度内第4、第6、第9、第12月的15日前缴纳，缴纳时应报送8813表。年度终了后3个月的15日内，合伙企业报送8804表格进行年度扣缴申报，并补缴其差额。

合伙企业每年应向其已经进行了1446扣缴的各个非居民合伙人送达8805表，列明其分配的ECTI。年度报送8804表格时，应附报全部的8805表。

四、适用协定待遇的ECI也不归ECI表管

前文说过，W-8BEN表格不仅支持扣缴，还支持享受税收协定待遇。针对积极所得，税收协定规定构成常设机构（针对公司和非独立个人劳务）或者固定基地（针对独立个人劳务）才在来源国征税。这种情况下，如果收款人能够提供资料证明其具有协定缔约国对方居民身份且符合享受协定待遇条件，则可享受不征税待遇，付款人就不扣税了。IRS规定收款人享受协定待遇需要提供W-8BEN表格。该表格"声明"部分有一项"与美国贸易或者业务相关但根据协定不应征税"，就是指的这种情形。

积极所得属于ECI，但ECI享受协定待遇时仍会用到W-8BEN表格而不是ECI表格，表明W-8ECI表的领地又被侵蚀了一块。

五、ECI的自行申报

免予扣缴意味着非居民纳税人收款方要自行申报美国税。

自行申报好处多多。ECI以收入减去成本费用后的净额为税基，适用普通税率，目前对个人而言普通税率是10%—37%的累进税率，对于公司而言则是21%的单一比例税率。前期被扣缴的税款，不论是按全额30%，按净额37%或者21%，都极有可能高于实际应纳税额，自行申报时此前已经被扣缴的各种税款有机会拿来抵免，此前已经多缴或者被多扣缴的税款还有机会要求退还。

纳税申报表是按年申报，正常情况下必须在次年4月15日之前完成申报。有不同的类别的申报表，分个人和公司，居民和非居民，要区分情况选用正确的申报表。比如，非居民个人就要用到1040-NR表。1040代表个人申报表，NR代表非居民（Non-Resident）；非居民公司则需要用到1120-F表格。

自行申报有这么多好处，就不要怕麻烦。如果实在怕麻烦，或者嫌烧脑，就去找专业人士。美国税法不仅复杂，而且脑回路清奇，内容散乱。除非是喜欢自虐，否则没有人愿意自己做。

扩展阅读4：

个人和实体之间存在一个FATCA的距离

美国税务局IRS于1991年推出的初版W-8表格只有半页纸，由付款人向外国收款人发出用于收集收款人的身份信息。该表格后经多次改版和分化，目前已经形成了包含W-8BEN、W-8BEN-E、W-8ECI、W-8IMY以及W-8EXP在内的表格家族（以下简称“W-8表族”）。在这个家族中，W-8BEN和W-8BEN-E是一对“孪生兄弟”，都是为了协定待遇而生。一个针对个人，另一个针对实体。W-8BEN-E的最后一个E代表Entity，是“实体”的意思。然而，这两“兄弟”的发展却大不相同。在最新的2017年版W-8表族中，W-8BEN只有1页，W-8BEN-E竟达到满满的8页（见图6-3）。本是孪生兄弟，差别咋就这么大呢？

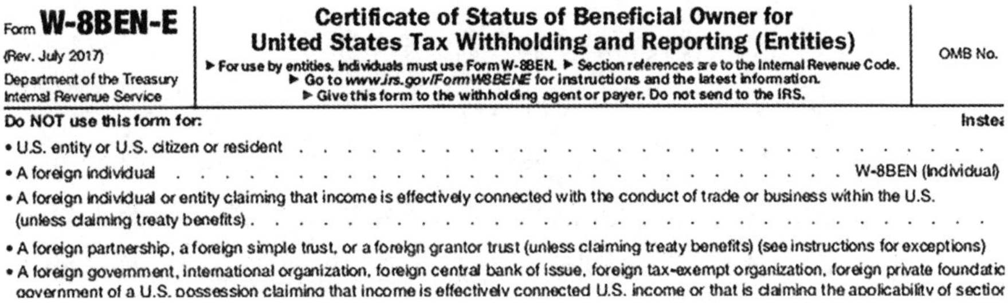
Form W-8BEN-E
(Rev. July 2017)
Department of the Treasury
Internal Revenue Service

Certificate of Status of Beneficial Owner for
United States Tax Withholding and Reporting (Entities)
▶ For use by entities. Individuals must use Form W-8BEN. ▶ Section references are to the Internal Revenue Code.
▶ Go to www.irs.gov/FormW8BENE for instructions and the latest information.
▶ Give this form to the withholding agent or payer. Do not send to the IRS.

OMB No.

Do NOT use this form for: Instea

• U.S. entity or U.S. citizen or resident . . . .
• A foreign individual . . . . W-8BEN (Individual)
• A foreign individual or entity claiming that income is effectively connected with the conduct of trade or business within the U.S. (unless claiming treaty benefits) . . . .
• A foreign partnership, a foreign simple trust, or a foreign grantor trust (unless claiming treaty benefits) (see instructions for exceptions)
• A foreign government, international organization, foreign central bank of issue, foreign tax-exempt organization, foreign private foundatic government of a U.S. possession claiming that income is effectively connected U.S. income or that is claiming the applicability of sectio

图6-3　W-8BEN-E表局部

差别起因于美国所得税法出了个第四章，提出了额外的扣缴义务，即“第四章扣缴义务”。W-8BEN主要针对个人，不涉及第四章扣缴义务，而W-8BEN-E针对实体，涉及第四章扣缴义务。

一、第四章扣缴

美国税法下第四章标题为“实施特定账户报告义务的税收”。所谓的特定账户报告义务产生于境外账户税务合规法案（简称“FATCA”）。该法案于2010年3月通过，要求外国金融机构和非金融机构报告美国人海外金融账户信息（请参考：起诉“FATCA”违宪？吃瓜群众别捣乱了），目的是揪出在海外藏钱的美国人以及其金融账户。如果未能履行以上报告义务，则会被课以惩罚性的预提税，即实施特定账户报告义务的税收。

第四章的核心内容在第1471节和第1472节。第1471节标题为"向外国金融机构的应扣税付款",这一条显然针对向外国金融机构(FFI)的付款。FATCA法案下,外国金融机构有义务识别美国人持有的账户,并向美国财政部报告美国人的账户信息。外国金融机构如果未能按FATCA规定开展相应合规工作,作为一种惩罚措施,第1471节要求付款人向应其支付应扣税付款金额(流经金额)时,扣缴30%的预提税。所谓"应扣税付款"(withholdable payment),与第三章扣缴的范围大同小异。具体地说,其基础也是美国来源的FDAP(请参考:W-8BEN表是块砖,哪里需要哪里搬),只是在例外规定方面与第三章扣缴有所不同。

第1472节标题为"向其他外国实体的应扣税付款",这一条针对向非金融机构外国实体(NFFE)的付款。美国人直接到外国银行开户,根据上述第1471节会被外国银行识别出来报告给美国财政部。但是,如果美国人设立一个外国公司,通过这个外国公司开设的账户[请参考:海外逃税第一案(一)——FATCA大赦和不准投降],银行如何识别出来呢?这就需要这家公司提供股东的身份信息给银行。为此,第1472节规定,付款人向金融机构之外的收款人或其受益人(以下统称"受益人")支付应扣税付款金额时,该受益人应提供其背后的美国所有权人(如公司的股东)的信息,如果受益人不配合,则付款人要针对应扣税付款金额扣缴30%的税款。

付款人必须从收款人手中取得W-8表格,以确定其"第四章身份",并根据其第四章身份确定是否应就其应扣税金额扣缴30%的税款,即"第四章扣缴"。显然,"第四章扣缴"的目的是获得受益人手中掌握的美国人账户信息。可能掌握这些信息的受益人只能是机构,包括可能掌握账户信息的金融机构,以及掌握所有权信息的非金融机构。填报W-8BEN表的非居民个人不大可能会掌握以上信息,因此非居民个人没有第四章扣缴义务,W-8BEN表中也不涉及与第四章扣缴相关的内容。填报W-8BEN-E表的机构则有可能涉及第四章扣缴义务,因此W-8BEN-E表中有大量的第四章扣缴相关的内容。

顺便一提,第四章扣缴针对以FDAP为基础的"应扣税支出",ECI不在其针对范围之内,因此适用W-8ECI表的非居民受益人也不涉及第四章扣缴义务。ECI表格和W-8BEN表格一样短,只有1页。

二、W-8BEN-E的结构

搞清楚了以上概念,现在来看一看这张表格长什么样。

W-8BEN-E表格的正式名称是"美国税扣缴及报告用的受益所有人证明（实体）"。该表由三十部分构成，笔者将其划分为四大板块：

第一板块由第Ⅰ部分和第Ⅱ部分组成。其中第Ⅰ部分是核心，其标题为"受益所有人识别"。除受益人的名称、地址、通信地址、美国纳税识别号（SSN或ITIN）、外国纳税识别号、索引号等常规信息之外，最重要的部分则是第三章身份和第四章身份。

第二板块由第Ⅲ部分构成，其标题为"主张税收协定待遇"。与BEN表下相同的是，包括协定居民国、协定待遇（特殊税率或特殊待遇）、享受协定待遇的条件以及受益人满足条件的情况说明。与BEN表不同的是，多了一条优惠限制（LoB）信息。篇幅所限，这里不做解释。

第三板块则包括第Ⅳ部分直到第XXIX部分，是针对第四章身份的细化。一旦在第Ⅰ部分中勾选了第四章身份，就要在这个板块中提供相应的详细信息。

第四板块由第XXX部分组成，其标题为"证明"，包括声明和签字。声明部分包括声称为受益所有人、非居民、是否构成ECI的情况、构成协定对方缔约国居民等，并授权向扣缴代理人提供本表。

三、受益人的填报要点：确定第四章身份

W-8BEN-E表适用于机构，W-8BEN适用于个人，这是适用对象上的区别。从内容上看，W-8BEN-E表比W-8BEN多出了个第四章身份，别的内容基本相同。相同的内容我们不重复，这里只介绍第四章身份相关内容。第四章身份基于美国税法第1471节和第1472节的规定自然形成金融机构和非金融机构两大类。在两大类之外，W-8BEN-E表格又区分出各类"良民"和"刁民"，即根据其合规/配合的状态和方式进一步细分，这样下来总共分出了32类。填报W-8BEN-E表格，就是从这32类身份中给自己找出对应的身份，然后声明一下。

32类身份，看着就头大。但是不要紧张，关键是避开几类"刁民"。第四章身份中有几类"刁民"受到重点关照：在金融机构方面是非参与FFI，在非金融机构方面是不合作的消极NFFE。

（一）非参与FFI

非参与FFI的定义见于第1471节，简单地说就是FFI中不积极配合IRS提供美国居民境外账户信息的"刁民"。要搞清楚"刁民"先要搞清楚"良民"。

第1471节下,"良民"以三种方式来配合IRS(请参考:起诉"FATCA"违宪?吃瓜群众别捣乱了),这种"良民"都称为参与FFI。

模式一是FFI直接与美国财政部签署协议,答应向其报告美国居民账户持有人的信息以及其境外账户信息,并针对"刁民",即不配合的账户持有人、不配合的其他FFI等,从流经的可扣缴付款中扣税30%。模式一可以称为"皇军"模式。

模式二是FFI所在国政府与美国财政部达成协议(简称"政府间协议",IGA),约定FFI向其所在政府报告美国居民账户持有人的信息以及其境外账户信息,所在国政府再将以上信息转报美国财政部。2012年7月26日美国财政部发布了《改善税收遵从,实施FATCA政府间协议范本》用于规范IGA。模式二可以称为"伪军"模式。

模式三是FFI将"刁民"的名单报告给上家,由上家从属于"刁民"的可扣税支出中扣缴30%的税款。模式三可以称为"保长"模式。

以上是三种参与FFI。在此之外还有视同合规FFI。视同合规FFI有四大型(登记型、许可型、非申报IGA型和所有人记录型)和无数小类,其共同特点是履行尽职调查等基本义务,但不需要履行报告义务。另外,还有一类惹不起的主,称为豁免受益所有人,主要包括政府机构、国际组织、中央银行等。参与FFI、视同合规FFI和豁免受益人都是"良民"。

以上参与FFI、视同合规和豁免受益所有人之外的FFI都是"刁民"。扣缴代理向以上"刁民"支付应扣缴金额时,要扣缴30%的税款。

(二)不合作的消极NFFE

第1472节下,扣缴代理向非FFI的外国实体(NFFE)支付应扣税付款时,如果该NFFE构成消极NFFE,同时不肯识别其主要美国所有人,且不肯声明主要所有人中没有美国人,也会构成"刁民"。对这些NFFE"刁民",一般也需要扣缴30%的税款。

所谓消极NFFE,是指非消极收入达到收入50%的非上市公司。消极收入是指利息、股息、特许权使用费等。消极NFFE生来就具有被美国个人控制替美国个人持有金融资产的嫌疑,所以第1472节要求其提供所有权人信息来洗清嫌疑。如果不能提供信息则要被扣税。

因此,填报W-8BEN-E表的目的就是声称自己是"良民"不是"刁民",并且从"良民"中给自己找到合适的标签。第四章扣缴目的是防止个别美国公民和美国税务居民在海外藏匿资产逃税,这些海外资产主要来自境外收入。但是第四章扣缴的基数则是FFI和NFFE经手的所有来自美国的付款、不管款项的受益人是谁。收入的主体和收入的来源都不匹配，税收扣缴还可以这么做？美国税法说可以。征税不是请客吃饭，用不着客客气气。对待"刁民"还讲什么客气？因此一定要填表声称自己不是"刁民"，否则后患无穷。

四、付款人的合规要点：相应扣缴和信息申报

付款人支付所有涉及第三章扣缴义务和第四章扣缴义务的付款，只要有理由认为对方是外国人，付款前都应当取得W-8表格，并根据表格实施相应的扣税行为。如果未拿到表格就付款，未扣该扣的税，要承担30%的税款。可见W-8表格是个保命符，付款人收到的W-8要妥善保管，否则要自己贴钱。

如果同时涉及进行第三章和第四章扣缴时，不需要重复扣缴，本着第四章扣缴优先的原则扣缴就可以了。由于税收协定待遇属于第三章扣缴的范畴，第四章扣缴优先意味着协定待遇靠后。这就客观上造成了国内法的效力高于国际法。这是美国税法的另一个特点。

扣缴义务人涉及第三章扣缴义务和第四章扣缴义务付款，不论是否扣缴税款，都要用纳税申报表1042表进行申报，同时，针对每个收款人都要在报送1042申报表时附一张信息申报表1042-S表。该项申报截止期为付款次年的3月15日。扣缴义务人会将以上1042-S表抄送相应收款人，供其留存备查。

扣缴义务人向消极NFFE付款，在1042表和1042-S表之外，还要附报另一份信息申报表8966表格。该项申报截止期为付款次年的3月31日。

总结一下，美国税法下的付款人有两大义务，一是扣税，二是报告信息。两个义务都不省心。

扩展阅读5：

工具人的工具W-8IMY表格

对于付款人而言，合规的关键是尽到扣缴义务。这包括针对"应报告金额"的第三章扣缴义务，针对"应扣税金额"的第四章扣缴义务，以及针对ECTI的第1446节扣缴义务。对于收款人而言，配合付款人合规的关

键是通过提供W–8表格来声明身份。上面三篇文章中提到的W–8BEN表、W–8BEN–E表和W–8ECI表都是这种用途。此外，有一拨收款人只是替别人收款，不是真正的受益人。这种情况下，就需要声明一下自己的工具人身份。这就用到了一个表格，即W–8IMY表。

工具人的情形有两大类，一类是由于从事的职业而替别人收款，这其中最典型的就是金融机构，这一类收款人可称为职业中介；另一类是则是由于其组织形式是税务上的透明体，因而虽然是收款人但却不是受益人，这类透明体收款人可称为流经实体。这两类工具人都必须向付款人提供W–8IMY表（见图6–4）。

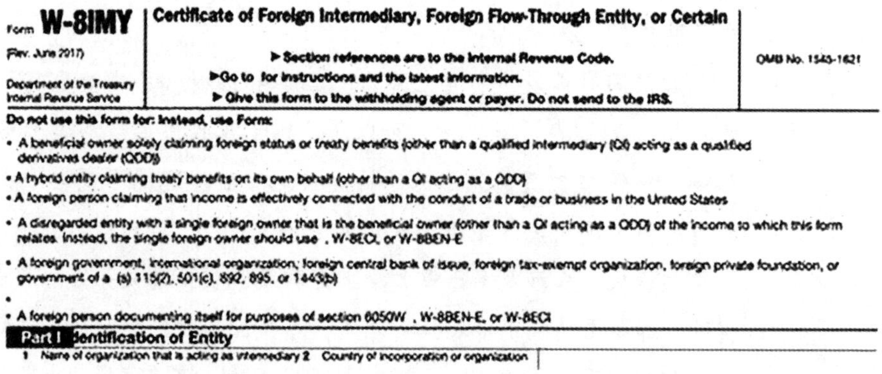
Form W-8IMY (Rev. June 2017) Department of the Treasury Internal Revenue Service

Certificate of Foreign Intermediary, Foreign Flow-Through Entity, or Certain

▶ Section references are to the Internal Revenue Code.
▶Go to for instructions and the latest information.
▶ Give this form to the withholding agent or payer. Do not send to the IRS.

OMB No. 1545-1621

Do not use this form for: Instead, use Form:

- A beneficial owner solely claiming foreign status or treaty benefits (other than a qualified intermediary (QI) acting as a qualified derivatives dealer (QDD))
- A hybrid entity claiming treaty benefits on its own behalf (other than a QI acting as a QDD)
- A foreign person claiming that income is effectively connected with the conduct of a trade or business in the United States
- A disregarded entity with a single foreign owner that is the beneficial owner (other than a QI acting as a QDD) of the income to which this form relates. Instead, the single foreign owner should use , W-8ECI, or W-8BEN-E
- A foreign government, international organization, foreign central bank of issue, foreign tax-exempt organization, foreign private foundation, or government of a (s) 115(2), 501(c), 892, 895, or 1443(b)
-
- A foreign person documenting itself for purposes of section 6050W , W-8BEN-E, or W-8ECI

Part I Identification of Entity

1 Name of organization that is acting as intermediary 2 Country of incorporation or organization

图6–4 W–8IMY表局部

一、W–8IMY表的结构

搞清楚了以上概念，现在来看一看这张表格长什么样。

W–8IMY表格的正式名称是“外国中介、外国流经实体及若干美国分支机构美国税扣缴及报告用证明”。该表由29部分构成，笔者将其划分为四大板块：

第一板块由第Ⅰ部分和第Ⅱ部分组成。其中第Ⅰ部分标题为“实体识别”。包含基础信息与身份信息。基础信息包括机构名称、设立国、地址、通信地址、美国纳税识别号（SSN或ITIN）、外国纳税识别号、索引号等常规信息。其中机构名称分两种情形分别在两栏填写，一栏是中介，另一栏是忽略实体，即流经实体，填表人根据其具体情况选择相应栏目填写。身份信息则包括第三章身份和第四章身份。其原理与W–8BEN–E表相同，选项方面则是中介和流经实体的分类细化。填表人提供本表，即表明自己不是所收到款项的受益所有人。

第Ⅱ部分标题为"忽略实体或者分支机构收到支付额"。这一部分适用于两种特殊情况。第一种情况是忽略实体如果有GIIN，需要报一下自己的GIIN号；另一种特殊情况则是在其居民国之外运营的分支机构收取支付额，需要说明一下。所谓GIIN就是全球中介识别号（Global Intermediary Identification Number），即FACTA系统的登记号。所谓忽略实体，就是非公司形式的单一业主的业务机构，如中国的个人独资企业等。忽略实体本来没有必要报送W-8IMY表格，除非自己有GIIN的情况下才通过W-8IMY表格报告一下自己的GIIN，声明自己是FATCA下的"良民"。

第二板块由第Ⅲ部分至第Ⅷ部分构成，其标题为"第三章身份证明"，是针对第三章身份的细化。一旦在第Ⅰ部分勾选了第三章身份，就要在这个板块中提供相应的详细信息。

第三板块则包括第Ⅳ部分直到第XXVIII部分，是针对第四章身份的细化。一旦在第Ⅰ部分中勾选了第四章身份，就要在这个板块中提供相应的详细信息。

第四板块由第XXIX部分组成，其标题为"证明"，包括声明和签字。声明内容主要是授权向付款人以及扣缴义务人等提供本表格。

二、流经实体

有一大类机构由于其税收透明体身份而需要填报W-8IMY表格，这类机构机构称为流经实体。流经实体与前面提到的忽略实体（disregarded entity）一样都是税收透明体。二者不同之处在于忽略实体只有单一业主，而流经实体是多业主。针对流经实体，W-8IMY表格的功能就是找出背后的受益所有人，并且针对受益所有人分割收款金额。同样是税收透明体，由于忽略实体只有单一业主，受益所有人很明确，且收款金额100%归该业主，因此没有必要报送W-8IMY表格，由其业主直接提供相应W表格即可。而多业主的流经实体才涉及确认受益人身份以及分割收款金额，因而需要填报W-8IMY表格。

流经实体需要填报W-8IMY表格的情形有以下三种：

1. 外国合伙企业和若干外国信托收款

合伙企业是税收透明体。信托当中，一般而言复杂信托是税收实体，简单信托以及委托人信托则是税收透明体。因此，外国合伙企业和外国简单信托或者外国设立人信托都是税收透明体，因而是流经实体。

针对涉及第三章扣缴的付款而言，如果付款给外国流经实体，收款人是该流经实体的所有权人或者受益所有人（这里面有个例外，ECI性质的付款和处置从事ECI的合伙企业权益的情形下的，该流经实体则被视为收款人）。如果付款给外国合伙企业，收款人是其合伙人。我们知道，外国收款人需要提供W-8BEN表、W-8BEN-E表和W-8ECI表等文件证明自己的收款人身份。同样的道理，流经实体需要用到W-8IMY表格来证明自己的工具人身份。

涉及第四章扣缴的付款的相关规定大同小异。如果付款给外国流经实体（ECI性质的付款除外），一般情况下收款人是流经实体的所有权人或者受益所有人（比如外国合伙企业的合伙人）。这种情形下的流经实体是工具人，同样需要用到W-8IMY表格来证明自己的工具人身份。

向流经实体付款时，不仅需要搞清楚背后的所有权人或者受益人所有人的第三章身份和第四章身份，还需要搞清楚各自应分得的收入。这就需要流经实体在提供W-8IMY表格的同时，提供所有权人或者受益所有人的扣缴证明（withholdng certificate）或者/以及配套的扣缴声明（withholding statement）。所谓扣缴证明就是W-8表格（针对非居民纳税人）、W-9表格（针对居民纳税人）以及8233表格。所谓扣缴声明就是列示背后所有权人或者受益所有人应分得收入的分割单。

因此，外国合伙企业和外国简单信托或者外国设立人信托等流经实体都通过W-8IMY表来声明自己的第四章身份，声称该项收款不是ECI性质，并且声明会传递从受益人处收到的文件，或者附上自己向受益所有人出具的扣缴声明等扣缴证明文件，同时声明承担第四章义务。总结下来，就是供出背后的受益人，并且传递相应文件。

凡事都有例外。有些外国合伙企业和外国信托选择与IRS达成协议，同意承担第三章和第四章下的主要扣缴义务，这样自己就不再是流经实体，而是被称为扣缴外国合伙企业（WP）和扣缴外国信托（WT）。WP和WT也需要利用W-8IMY表来声明自己的身份，但是仅限于声明身份而已。

2.美国合伙企业和美国信托的上层外国合伙企业和外国信托

美国合伙企业具有第1446节的扣缴义务（请参考：W-8ECI表格为什么没有存在感？），其外国合伙人有义务向其提供W-8表格以表明身份。但是如果外国合伙人也是合伙企业，则该外国合伙企业仍旧是流经实体，需要被穿透，因此需要供出背后的合伙人。这种情况下，外国合伙企业仍需要提供 W-8IMY 表格，以声明会传递扣缴证明，并提供扣缴声明。

第1446节扣缴只针对ECI。判断ECI是付款人的责任。即便收款人在提供的W-8IMY表格中声明款项性质不是ECI，而付款人认为是ECI，付款人仍可以扣缴税款。

如果是层层嵌套的信托，也会存在类似需要。因此美国信托的上层外国信托也会出现类似的情形，会用到W-8IMY表格。篇幅所限，这里不做展开。

3.流经实体为其业主申请协定待遇

出于申请协定待遇的目的，判断一个外国企业是否构成流经实体时，要基于该实体居民国的法律来进行。因此，在外国合伙企业和外国信托之外，还可能存在其他形式的流经实体。不论是什么形式，由于是税收透明体，流经实体本身不能享受税收协定待遇，只能由其业主来享受协定待遇。这种情况下，收款的流经实体要负责把业主的W-8BEN表格或者W-8BEN-E表格等扣缴证明传递给付款人，并附上一张自己填报的W-8IMY表格说明情况，顺便声明自己的第四章身份，以及声明会提供扣缴声明。

三、职业中介

W-8IMY表格中称为中介的这一类机构，就是由于其业务性质是替别人收款，从而需要填报W-8IMY表格的金融机构等。包括以下情形：

1.合格中介（Qualified Intermediary，以下简称"QI"）

合格中介，主要是指自称"良民"的FFI（请参考：个人和实体之间存在一个FATCA的距离），利用W-8IMY表格来表明替别人收款的工具人身份，并声明愿意承担各种扣缴义务的职业中介。这其中也包括以合格衍生品经销商（QDD）身份承担扣缴义务的QI。

2.非合格中介（NonQualified Intermediary，以下简称"NQI"）

所谓非合格中介就是不构成QI的实体。NQI需要利用W-8IMY表格来表明替别人收款的工具人身份，声明自己的第四章身份，声明会根据第四章要求报告相关账户信息，并附上自己向受益所有人出具的扣缴声明等文件。

3.美国分支机构

所谓分支机构主要指外国金融机构的美国分支机构替客户收款的情形。这一类分支机构需要利用W-8IMY表格声称该项收款不是ECI性质，同时声明会传递从受益人处收到的文件，或者附上自己向受益所有人出具的扣缴声明，同时声明承担第四章义务。如果该分支机构利用已经选择按美国居民纳税人对待，也需要在W-8IMY表格中声明这一选择，这种情况下就不需要传递受益所有人的文件以及附上扣缴声明。

4.美国金融机构

指美国金融机构替别人收款的情形。与上面介绍的外国金融机构美国分支机构类似，该美国金融机构需要利用W-8IMY表格声称自己是替别人收款或者自己是流经实体，并且声明会传递从受益人处收到的文件，或者附上自己向受益所有人出具的扣缴声明。如果该外国金融机构已经选择按美国居民纳税人对待，也需要在W-8IMY表格中声明这一选择，这种情况下就不需要传递受益所有人的文件以及附上扣缴声明。

四、承上启下

总结一下，W-8IMY表格的核心功能是，声明这笔收款是替别人收的，并声明会提供背后的所有权人或者受益所有人的收款情况等相关信息。因此，填报W-8IMY表格意味着随后还要提供更多的资料，如扣缴声明等，同时要传递背后的所有权人或者受益所有人的W-8表格、W-9表格等文件。被供出来的所有权人或者受益所有人如果是非居民，则要提供W-8BEN表、W-8BEN-E表和W-8ECI表等表格给收款人，由其转交付款人。因此，W-8IMY表格一头连接付款人，一头连接所有权人或者受益所有人，起到了承上启下的作用。

扩展阅读6：

越南外国承包商税——梳理清楚，避免吃亏

外国公司从越南收款，付款人经常会扣缴外国承包商税（Foreign Contractor Tax，以下简称"FCT"）。FCT不是一个单独的税种，而是越南税务局针对非居民纳税人开展业务以及取得收入进行税收征管的一种系列征管方式，涉及的税种包括所得税和增值税，其中所得税包括企业所得税（CIT）和个人所得税（PIT）。

一、适用FCT的三类情形

针对非居民企业的税收征管，越南财政部出台了103/2014/TT-BTC号

文件《外国实体在越南开展业务或者取得收入的完成纳税义务指南》（以下简称"103/2014号文件"）。该文件中将基于合同安排在越南开展业务或者取得收入的非居民商业机构和个人统称为"外国承包商和外国分包商"，这就是"外国承包商税"的由来。实际上FCT针对的对象不限于建筑工程类的承包商，而是针对在越南购销货物、提供服务和取得消极所得的所有非居民纳税人。103/2014号文件第一条列举了该文件的适用范围，共分五种情形。笔者将其分为三类，并从所得税和增值税方面梳理如下。

（一）购销货物

购销货物产生的营业利润一般按纳税人的营业机构所在地来判断利润来源地，除非在买方所在国设立机构场所，一般情况下非居民企业就销售货物产生的营业利润在买方所在国纳税的情形并不常见。103/2014号文件第一条中列举的五种适用FCT的情形中，有三种与购销货物有关，包括国内出口、国内分拨货物以及国内提供货物三种情形。这些情形的共同特点是非居民纳税人在越南境内执行购销货物的部分功能，因而需要就应归属于这些功能的利润在越南缴纳所得税。

温馨提示：103/2014号文件下对非居民纳税人购销货物征税仅限于所得税，并不涉及增值税。对非居民购销货物征收增值税是在进出口环节由海关管理的，不需要税务局管理。因此非居民企业购销货物的FCT并不涉及增值税。

（二）提供服务

103/2014号文件第一条明确，非居民纳税人基于合同安排在越南境内提供服务应当缴纳FCT。该条还明确，所谓合同安排包括外国承包商与越南实体之间的合同，也包括外国分包商之间就分包主合同达成的分包合同。其中外国实体通过越南实体谈签的合同也包含在其中。

服务产生的所得也属于营业利润的范畴，对于非居民纳税人的服务所得，各国的国内法中会根据一定的联结度（Nexis）标准对其征税。从以上征税范围可以看出，越南对非居民服务所得征税，以服务在越南境内提供为前提。

在增值税方面，FCT对服务的征税范围略宽于所得税，具体地说是多了进口服务的情形。103/2014号文件第二条则通过反向排除的方式对此进行了说明，明确以下情形不适用FCT：

- 基于《投资法》在越南开展业务的外国实体；
- 向越南提供货物在边境交货，外国实体不提供附加服务的情形；
- 外国实体在境外提供服务且服务在境外使用的情形；
- 外国实体在境外向越南实体提供若干服务的情形，服务包括维修交通工具和机器设备，广告和营销服务（不含线上广告和营销服务）。

103/2014号文件第七条在列举增值税的计税基础时，进一步将服务收入明确为：

外国承包商或者外国分包商提供的应征增值税的，用于在越南境内制造、销售和消费的服务或者附带于货物的服务价值，包括：

（1）外国承包商或者外国分包商在越南境内提供，并在越南境内消费的服务或者附属于商品的服务；

（2）外国承包商或者外国分包商在越南境外提供，并在越南境内消费的服务或者附属于商品的服务。

对于在越南境内交货的货物销售或者附带服务（如安装、试车、维修保修、替换）的货物销售，货物只在进口环节征收增值税，服务根据本规定征收增值税。如果合同中没有分开规定货物和服务的价值，则整个合同价值应按本规定征收增值税。

（三）取得所得

103/2014号文件第一条规定非居民纳税人基于合同安排在越南境内取得所得应当缴纳FCT。其中所谓的"取得所得"就是取得财产收益以及利息和特许权使用费之类的消极所得。对于这一类消极所得，各国国内法中普遍结合财产所在地和支付方所在地来确定来源地，越南的规定也无例外。另外，越南的增值税法规中对这一类收入不征收增值税，因此取得这一类收入对应的FCT中不含增值税成分。

103/2014号文件第七条明确，外国承包商和外国分包商依据主合同以及分包合同取得的所有所得，不论其营业场所是否在越南境内，均需要缴纳企业所得税，包括：

（1）转让财产所有权或者使用权、转让越南境内合同或者项目的权利、

转让越南境内的其他财产权所得;

（2）版权所得，包括因为许可使用、转让IP权利、转让技术、软件版权等取得的所得;

（3）转让或者处置资产所得;

（4）利息所得;

（5）转让证券所得;

（6）合同违约金;

（7）其他。

二、FCT的三种缴纳方式

通过以上梳理可以看出，所谓FCT就是针对非居民纳税人在越南境内提供服务同时征收所得税和增值税，以及对非居民纳税人在越南境内购销货物和取得消极所得征收所得税。各种税尤其是增值税的征收范围有限，不是所有从越南的收款都涉及FCT，而且并不是所有FCT都同时涉及所得税和增值税，纳税之前要搞清楚到底涉及哪些税，不要缴了不该缴的税。

严格地说，FCT不是一种征管方式而是一系列征管方式，共包括以下三种计算方法。

（一）发票抵扣法，简称"申报法"

顾名思义，就是非居民纳税人进行增值税登记后，一边记销项税，另一边计进项税，按照销项税减去进项税之差自行申报缴纳增值税。既然销项税和进项税都能够核算清楚，那么计算应纳税所得额也不在话下，因此所得税也据实计算自行申报缴纳。

103/2014号文件第八条明确，如果同时符合以下条件，则按照申报法征税：

- 外国承包商或者外国分包商构成常设机构或者构成越南税务居民；
- 主合同或者分包合同下非居民纳税人在越南的运营超过183天；
- 外国承包商或者外国分包商会计核算符合越南的规定，申请并取得越南税号（TIN）。

（二）固定税率法，简称"直接法"

实际上就是核定加扣缴的方法。具体地说就是非居民纳税人不需要进行增值税登记，也不需要自行申报，而是由付款方按照确定的核定税率，在付款环节扣缴所得税以及/或者增值税。103/2014号文件第十一条明确，如果外国承包商以及外国分包商不符合第八条规定的条件（即适用申报法的条件。笔者注），则适用直接法。

103/2014号文件第四条第二款明确越南实体为扣缴义务人，应当在付款前扣缴FCT。扣缴义务人包括：

（1）根据越南法律成立的营业组织；
（2）政治、社会组织的营业组织；
（3）《石油法》下的石油承包商；
（4）在越南被许可营业的外国公司分支机构；
（5）在越南被许可营业的外国组织或者其代表；
（6）有资格开展国际运输的外国航空公司的订票处以及代理；
（7）提供海运服务的外国航运公司，外国物流公司的越南代理；
（8）证券公司，证券发行商；资产管理公司；证券投资基金或者外国组织开设证券投资账户的商业银行；
（9）越南的其他组织；
（10）越南的商人。

（三）混合法

所谓混合法，就是非居民纳税人进行增值税登记，按照销项税减去进项税的方法自行申报缴纳增值税，同时所得税则由付款人按照固定税率扣缴。

三、所得税固定税率

不难想象，面对三种方法，绝大多数的扣缴义务人都会选择最为简单粗暴的直接法。事实上直接法的确是FCT的主流，以致说起FCT，很多人以为只有一种直接法。

直接法和混合法下，所得税计算时都会用到固定税率。103/2014号文件第十三条对所得税的固定税率进行了列举。国家税务总局发布的《中国居民赴越南投资税收指南》（第35页）中也列举了所得税的固定税率，其内容与103/2014号文件第十三条基本相同，引用如下：

非居民企业在越南境内未设立机构、场所的，或者虽设立机构、场所但取得的所得与其所设机构场所无实际联系的，其应纳税额根据在越南境内取得的销售商品、提供劳务所得及相应百分比计算，具体如下：

（1）提供劳务：商店、酒店赌场管理为10%；销售商品时提供应税劳务的为1%，无法划分商品价值和劳务价值的为2%；其他为5%；

（2）按照国际贸易条例在越南境内提供和调拨商品：1%；

（3）特许权使用费：10%；

（4）船舶、飞机（包括其发动机及配件）租赁费：2%；

（5）井架、机械设备、运输工具租赁（上一点规定除外）：5%；

（6）借款利息：5%；

（7）证券转让、境外再保险：0.1%；

（8）金融衍生服务：2%；

（9）建筑、运输及其他活动：2%。

越南企业所得税的标准税率为20%，以上固定税率，部分可以看成核定利润率乘以标准税率得出的结果，其余则直接就是预提税率。

四、增值税固定税率

增值税方面，"直接法"就是按增值税应税收入乘以增值税固定税率计算应纳税额，不扣除进项税。计算过程中增值税应税收入为含税收入全额，包含越南方代垫的费用。国家税务总局发布的《中国居民赴越南投资税收指南》（第52页）中对增值税固定税率总结如下：

（1）不承包原材料的劳务、建筑服务：5%；

（2）与货物、建筑相关并承包原材料的生产、运输和劳务服务：3%；

（3）其他经营活动：2%。

根据越南2008年6月3日颁布的《增值税法》（13/2008/QH12号）及其2013年修正案，越南增值税税率分为零税率、5%、10%（基本税率）。其中零税率适用于出口商品，5%的税率适用农业、医药、卫生教学、科学技术服务等特殊行业，10%的税率适用于石化、电子、化工机械制造、建筑、运输等一般行业。FCT规定中的固定税率并未涉及出口商品以及对特殊行业的特殊对待，因此可以看成是针对服务收入适用10%基本税率的结果。之所以存在三种不同的固定税率，是因为总收入中存在不同比例的非应税收入需要排除在税基之外。比如，针对不承包原材料的劳务、建筑服务收入，如果将其中的50%视为越南境外发生因而排除在征税范围之内，则针对其余50%的应税收入乘以10%的基本税率就会得出5%的固定税率。

五、变被动为主动

FCT虽然是付款方扣缴，但是收款人并不是只能被动接受。付款人有可能错扣多扣，收款人要学会维护自己的合法权益。中国企业从越南收款之前，要吃透103/2014号文件和双边税收协定的内容，事先确定合同中的扣税条款，变被动为主动。

103/2014号文件第四条明确，双边税收协定对于常设机构和居民身份有规定的，应适用协定相关规定。这体现了协定优先的原则。这就是说，如果根据税收协定不应在越南纳税，则不适用FCT中的所得税部分。

1995年5月17日，中国政府与越南政府共同签署了《中华人民共和国政府和越南社会主义共和国政府关于对所得避免双重征税和防止偷漏税的协定》。该协定于1996年10月18日生效，1997年1月1日起执行。《协定》适用于越南的个人所得税、利润税和利润汇出税。因此，FCT中的所得税部分也在协定的涵盖范围之内。所以中国企业在越南开展业务或者取得所得，有可能适用协定待遇，不应缴纳FCT中的所得税部分。

比如，中国企业在越南提供服务且不构成常设机构的情况下，不应缴纳FCT中的所得税部分。如果不了解这种情况，就会被付款方错扣税款。如果了解到了这种情况，在合同谈判阶段，双方就应当对此予以明确，并体现在合同条文当中，以避免付款时产生纠纷。

另外，中国企业针对被扣缴的越南所得税，如果确系应当缴纳，则事后年度所得税汇算清缴时别忘记进行抵免。中国企业在付款时要确保收到符合规定的税票，以备支持抵免之用。

扩展阅读7：

美国版的非居民冤大头——宁可错杀三千，绝不放过一个

非居民就是外国公司或者外国人。非居民取得所得，要在所得来源国纳税。早年一直服务外资企业，发现中国境内的非居民经常多缴税。是外国人愿意当冤大头吗？不是，多缴有两个原因，一是国际税法太复杂，二是一根绳上拴两只蚂蚱的扣缴制度。近年来主要服务"走出去"企业，发现非居民"冤大头"在别的国家也很普遍。尤其在税法超级复杂的美国，扣缴义务人制造的非居民冤假错案多如牛毛。

一、宁可错杀三千，也不放过一个

比如P先生在油管（YouTube）上开个账号搬运视频，平台从美国粉丝手中收款，然后分成给P先生。这种情况下，P先生就是美国税法下的非居民纳税人，平台（付款人）就是扣缴义务人。美国税务局IRS远隔重洋找P先生这样的非居民纳税人（收款人）征税很不容易，因此会要求平台（付款人）在付款时扣税，这就是非居民扣缴制度。这个制度是一根绳，将非居民纳税人和扣缴义务人拴在一起，谁也跑不了。

非居民扣缴制度下，扣缴义务人（付款人）要来判断纳税义务人（收款人）该不该纳税，再来决定自己要不要扣税。这个世界上的事情比较复杂，不可能每件事都做对。美国税法规定，如果应扣未扣，扣缴义务人要承担应扣税款。在这种压力之下，即便努力想做个好人，扣缴义务人还是宁可错杀三千，也不放过一个。

但是P先生这种主播未必知道这些。他可能觉得人家是大平台，扣税肯定是有道理的。有时候想起来问一下平台，平台回答是税务局要求的。P先生一向尊重权威，觉得既然政府部门说的，要么有道理你当然得听，要么没有道理你也得听。然后就没有然后了。但是有些人不像P先生这样憨厚，会质疑他们是不是问的12366？这就不对了。美国税务局IRS有个类似12366的咨询热线，但是永远打不通。即使打通了人家会告诉你，你这些问题不该来问我，该问你的税务顾问。这也能理解。美国的联邦税务局一共才七万人，哪能比得上我国七十万人的税务系统。IRS忙不过来，美国人民也不好意思啥事都问IRS，他们更习惯问税务顾问。但是美国税法太多复杂，税务顾问分工很细。这种问题也只有专攻国际税的顾问才搞得清楚。

美国税法由三大部分组成：税法法典、财政部法规以及法院判例。法典和法规的特点是，明明你认得每一个字，读完了也不知道它在说什么。法院判例会好一些，但是数量太多，谁也不敢保证全部读过。美国的税务顾问大多数情况下会去参考IRS发行的公告（Publication）。公告跟税法不一样，说人话，但是也会时不时让你具体内容参考法典和法规某章某节。而且公告终究是解释税法的，可以回答普遍性的问题，不可能回复所有具体问题，比如卖视频要不要缴税的问题，法院判例没有直接可以援引的，公告也没有明确说。这种情况下有些税务顾问也吃不准，平台就更不明白了。

二、不明觉厉的W-8表格

平台向P先生第一次付款之前，会发过来一张W-8表格让他填。这种表格少则一页，多则七八页。填报说明从几页至十几页不等，特点是越看越糊涂。收款人顶多按自己的理解填上了，完全不知道这个表格的用意何在，更不会想到这个表格该不该填。很多情况下，这个表格就不该填，因为平台会发错表格。

凡是向非居民付款的情况下，美国税法要求付款人通过W-8表格向收款人收集信息，确认他的非居民身份，供平台来决定是否扣税以及扣多少。W-8表格是一个家族，里边有一系列的表格，平台要根据付款的性质和收款人的身份选用不同的表格发给收款人。

W-8表格家族里面最常用的就是W-8BEN和W-8BEN-E。BEN表格的正式名称是"美国税扣缴及报告用的受益所有人证明"。BEN是受益所有人（Beneficial Owner）的简称，是税收协定中经常用到的概念，受益所有人大多数情况下就是收款人本人。但是如果收款人是代别人收款，那么受益所有人就是背后这个人。W-8BEN表适用于收款人为非美国个人税务居民的情形，W-8BEN-E表适用于收款人为非美国实体税务居民的情形（最后一个E代表实体"Entity"）。如果收款人是P先生本人，那就适用W-8BEN表。如果收款人是P先生所在的公司，那就适用W-8BEN-E表。填报这个表格，目的是确认非居民身份以及税收协定待遇身份。

另一种较常用W-8的表格是W-8ECI，全称是"外国人声明所得与在美国开展的贸易或者业务存在有效联系的证明"。ECI代表实际联系所得（Effectively Connected Income）。填报这个表格，意味着确认非居民身份，同时承认所得来源于在美国开展的业务，要在美国纳税。

此外的几种表格就不太常用。W-8IMY表格全称是"美国税扣缴及报告用的外国中介、外国流经实体及若干美国分支机构证明"。IMY代表中介（Intermediary）。这个表格一般发给金融机构收款人。普通老百姓很少会见到。还有W-8EXP表格，全称是"美国税扣缴及报告用的外国政府及其他外国组织证明"。EXP代表豁免（Exemption），适用收款人为外国政府的情形，因为税收协定下政府所得是免税的。平头百姓同样见不着。

扣缴义务人经常拿错表格，BEN表和ECI表格傻傻分不清。不该发的表格也会发给收款人。就连油管和亚马逊那种大平台往往都会搞错，更不用说一众小平台了。

三、BEN表坑多

现实中收款人见得最多的是W-8BEN和W-8BEN-E表（以下合称"BEN表"）。瞎填的也最多。

BEN表的作用之一是向付款人声明税收协定待遇，让付款人不扣税或者少扣税。税收协定是两国政府之间关于分配征税权的合同，其内容之一就是限制对非居民纳税人的征税权。中国和美国之间就有税收协定。中美税收协定主要以两种形式限制非居民征税权：第一种是针对股息、利息、特许权使用费，规定了限定预提税率10%。这种所得在美国国内税法下预提税率是30%（请参考：巴菲特想不通的美国税率倒挂）。中国税务居民P先生享受协定待遇，预提税率可以降至10%，是不是很优惠？第二种是针对营业利润，规定了构成固定基地（针对个人）和常设机构（针对公司）才可以征税的原则。就是说P先生或者P先生所在公司（假定为T公司）在美国做生意，如果P先生在美国没有固定基地，或者T公司不构成常设机构，就不需要在美国缴税，只有具有固定基地或者常设机构的前提下，归属于固定基地或者常设机构的所得，才需要在美国缴税。

税收协定待遇管理上，中国的做法比美国清楚。2019年10月14日，国家税务总局通过2019年第35号公告发布了《非居民纳税人享受协定待遇管理办法》（简称"35号文"），自2020年1月1日起施行。35号文件后附了"非居民纳税人享受协定待遇信息报告表"，相当于美国的BEN表，其核心内容如下：

表6-1　　非居民纳税人享受协定待遇信息报告表（局部）

11.享受协定名称 The applicable treaty		12.适用协定条款名称 Applicable articles of the treaty	
13.非居民纳税人是否取得缔约对方税务主管当局开具的证明非居民纳税人取得所得的当年度或上一年度税收居民身份的税收居民身份证明 Whether the non-resident taxpayer obtained the tax resident certificate issued by the competent tax authority of the other contracting jurisdiction to prove the residence status of non-resident taxpayer for the year or its previous year during which the payment is received			□ 是 Yes □ 否 No
14.享受协定待遇所得金额 Amount of the income with respect which tax treaty benefits are claimed		15.享受协定待遇减免税额 Amount of tax reduced or exempted	
16.适用股息、利息、特许权使用费条款时，非居民纳税人为"受益所有人"的政策依据是《国家税务总局关于税收协定中"受益所有人"有关问题的公告》（国家税务总局公告2018年第9号）的： □第二条；□第三条第（一）项；□第三条第（二）项；□第四条；□其他：请说明_____ If the article of dividends, interest or royalties is applied, the policy basis for non-resident taxpayer to be the "beneficial owner" is the □ Article 2; □Item 1 of Article 3; □Item 2 of Article 3; □ Article 4; □ Others: Please specify_____ of the *Public Notice of the State Taxation Administration on "Beneficial Owners"* set forth in Double Taxation Agreements（Public Notice [2018] No.9 of the State Taxation Administration）			

　　填这个表格当然需要了解国际税，但不是很难。这个表格的原理很明白，填表说明中也说得很清楚。首先第12行填税收协定条款。比如如果是营业利润填第七条，如果是特许权使用费填第十一条。然后就是第15行，填享受协定待遇减免税额。如果是营业利润，因为是全免，那就按第14行享受协定待遇所得金额和25%的所得税率的乘积填写；如果是特许权使用费，那就按中国国内税法下的特许权使用费预提税率（10%）和协定中的限制税率（10%）之差乘以第14行的金额来填写。由于税率之差为零，实际上享受协定待遇减免为零，填零即可。

　　美国的BEN表对应的内容只有一行，是这样的："受益所有声明享受第9行标明的税收协定的第×条第×款待遇，要求对××所得按××%的税率来扣税。"

这行声明说的是税率而不是税额，会误导很多人，让人以为协定待遇只限制税率。如果享受中美协定待遇第七条，未构成常设机构不需要扣税，是否也该填这张表？如果填，如何填？有这么多的疑问，大多数收款人都会填错，填成要求按10%的协定税率来扣税。看似享受了优惠，实际缴了本不该缴的税。

此外，如果P先生在美国存在固定基地，或者P先生打工的T公司在美国构成常设机构，需要在美国缴税，这时候就要填W-8ECI表，而不是BEN表。付款人经常会错发成BEN表。如果收款人错填了BEN表，也会多缴税。

扩展阅读8：
美国版的非居民冤大头——跨境电商三不管？

别误会。"三不管"不是说没有人收税，而是说很多人找不到合适的报表。

一、不是FDAP，不归BEN表管

W-8BEN表和W-8BEN-E表合称"BEN表"，在现实中应用最广，其实本不该应用这么广。之所以如此，很多是付款人瞎发的。

BEN表主要适用于支付"固定或可确定的，年度或者定期的"（Fixed or Determinable, Annual or Periodic，简称"FDAP"）的情形。税收协定中的消极所得概念就是从FDAP中发展和提炼出来的（请参考：巴菲特想不通的美国税率倒挂）。FDAP是美国税法从征管方便的角度提出的概念，是消极所得概念的半成品，不仅包括消极所得，还包括个人服务所得（工资或者劳务费）和佣金等积极所得。美国的税法规定针对付给非居民的所有FDAP所得，付款人有扣税义务。因此收款前付款人要收款人填写W-8表格声明自己的非居民身份，方便付款人扣税。

美国税法规定FDAP所得按收入全额适用30%的税率来纳税。符合税收协定条件的收款人，如果在BEN表中声明其居民身份并声明适用协定待遇下对消极所得的优惠税率（例如中美协定下10%的税率），付款人就按协定税率来扣税。

只有需要被扣税的付款（一般是FDAP性质的付款）或者适用协定待

遇才用得着BEN表，这两种情形之外一般不需要填写BEN表。大多数付款人搞不明白这一点，本着宁可错杀三千绝不放过一个的宗旨，付款人可能胡乱发一个BEN表，收款人收到后瞎填一下返还付款人，付款人根据表上的内容扣税，扣了本不该扣的税。比如P先生在亚马逊上卖书，如果收到BEN表就应该问一下，卖书的所得不在FDAP范围之内，似乎不适用BEN表吧？但是收款人都是外国非专业人士，谁明白这个？不填或者稀里糊涂填了表，结果服务所得被当成FDAP被扣了税。

造成这种混乱的原因之一是BEN表围绕FDAP的概念来设计，不如根据税收协定下的概念设计的中国的35号文那么清晰。FDAP是个混乱的概念，以消极所得为主，也包含部分积极所得，多数人都搞不明白。

二、不是ECI，也不归ECI表管

如果是中国卖家通过美国的电商平台向美国顾客销售货物，电商平台在付款前还有一种可能，就是会向卖家发来一个W-8ECI表。这又是一个坑。W-8ECI表全称是"外国人声明所得与在美国开展的贸易或者业务存在有效联系的证明"。ECI代表实际联系所得（Effectively Connected Income）。填报这个表格，意味着确认非居民身份，同时承认所得来源于在美国开展的贸易或者业务，要在美国纳税。ECI所得应当由非居民纳税人（即收款人）自己向美国税务局IRS申报的，因此收款人一般不需要扣税。

ECI的含义有两层。第一层含义是所得来源于美国，因为纳税人在美国开展了贸易或者业务。这层意思与税收协定下的常设机构概念非常接近，是常设机构概念的起源。第二层含义是所得与贸易或者营业相联系。发这种表格，表示平台明白卖家的所得是积极所得，或者视同积极所得，不适用BEN表，没有犯那种积极所得和消极所得混淆的错误。卖家如果填表承认了ECI所得，也就确定了计税基数不是毛收入，而是利润额，适用税率也不是FDAP适用的30%预提税率（或者协定下的优惠税率），而是普通的税率（如果非居民纳税人为公司，目前税率为21%）。另外，即便是FDAP，如果与美国的贸易或者营业相联系，也视同积极所得对待，纳税方式如上。这一点与税收协定下的原则是一致的。税收协定下，如果股息、利息、特许权使用费等消极所得与常设机构相联系，也要归属到常设机构按照营业利润征税。

如果平台卖家填了W-8ECI表，付款人就不需要扣税了。剩下来的事情就是卖家自己去美国报税的问题。这是不是说，付款人乐得省事，喜欢给你发一张ECI表，把自己择干净？也不是。美国税法让付款人来选择W-8表格发给收款人，这么大的权利之后附了一个同样大的义务。如果付款人应扣税未扣税，自己要承担30%的税负。因此，付款人能不发ECI表格就不发ECI表格，能扣税就自己扣税。即使多扣了，也是收款人的问题，收款人可以自己去找IRS退税，付款人没有麻烦。

尽管非FDAP所得范围很广，但是由于ECI附有与美国的贸易或者业务相联系的条件，ECI实际覆盖的范围很有限。大多数情况下，电商商家在美国既没有实体经营地点也没有非独立代理人，不会产生ECI。所以，即使收到ECI表，收款人也要搞懂了再决定填或者不填。

三、"三不管"的积极所得

BEN表和ECI表覆盖不到的所得，就成了"三不管"吗？当然不是，美国税法要求纳税人自己申报。这些所得一般是积极所得，按照税法不需要在美国纳税，也不需要美国付款人扣税，但是如前所述，美国税法下的扣缴制度决定了它经常被错用BEN表或者ECI表，被错扣、错管、错报信息。接下来就是纳税人自己的事情，纳税人自己要去申报，在申报税的环节去修正错报，申请退税。

纳税申报表是按年申报，正常情况下是每年4月15日去申报。有不同的类别的申报表，分个人和公司，居民和非居民，要区分情况选用正确的申报表。比如，P先生是非居民个人，就要用到1040-NR表。1040代表个人申报表，NR代表非居民（Non-Resident）。

如果非居民个人在美国开展贸易或者业务，即使没有从中取得所得，甚至没有取得美国来源的任何所得，或者取得的所得全部为免税所得，仍要申报1040-NR表。这是强制要求。前边说过，是不是构成在美国开展贸易或者业务，有时候难以判断。这时候要不要申报1040-NR表？还是申报一下为好。因为申报了以后，就保留了享受扣除额或者税收抵免的权利。未来如果某项所得被判定为ECI，这些扣除额或者税收抵免就会派上用场。反之如果现在不申报，扣除额或者税收抵免可能会过期作废，未来如果某项所得被判定为ECI，就会因为费用无法扣除或者税款无法抵免而多缴税。当然，这种申报也不是强制的，是非居民纳税人自己选择的。这种情形称为保护性申报。保护性申报表中的收入和扣除额都可以填零，同时要说明申报的目的是保护性申报。当然了，在正常申报与美国开展的贸易与业务所得的申报表上，也可以同时为吃不准是否构成ECI的其他所得进行保护性申报，在这张申报表上说明情况即可。

如果没有在美国开展贸易或者业务，一般不需要申报1040–NR表。这种情况下，因为取得所得是FDAP所得，扣缴义务人付款时一般情况下已经扣过税了，对非居民纳税人没有强制申报要求。但是，如果是前面说的错扣、多扣税款的情形，非居民个人要申请退税就必须申报1040–NR表。当然了这不是强制要求，嫌麻烦不想申请退税也可以。

四、享受税收协定待遇的正确姿势

BEN表主要是针对FDAP的，同意兼有声明协定待遇的功能（请参考：W–8BEN表是块砖，哪里需要哪里搬）。很多非居民纳税人不明白BEN表如何填，导致在付款人扣税环节收款人未享受协定待遇。这种情况下收款人可以在申报时要求享受协定待遇。如果享受协定待遇，报送申报表时要附上一个享受税收协定待遇的8233表（见图6–5）。

Form **8233** (Rev. September 2018) Department of the Treasury Internal Revenue Service	**Exemption From Withholding on Compensation for Independent (and Certain Dependent) Personal Services of a Nonresident Alien Individual** ▶ Go to *www.irs.gov/Form8233* for instructions and the latest information. ▶ See separate instructions.	OMB No. 1545-0795
Who Should Use This Form?	**IF** you are a nonresident alien individual who is receiving. . .	**THEN,** if you are the beneficial owner of that income, use this form to claim. . .
Note: For definitions of terms used in this section and detailed instructions on required withholding forms for each type of income, see ***Definitions*** in the instructions.	Compensation for independent personal services performed in the United States	A tax treaty withholding exemption (Independent personal services, Business profits) for part or all of that compensation.
	Compensation for dependent personal services performed in the United States	A tax treaty withholding exemption for part or all of that compensation.
	Noncompensatory scholarship or fellowship income and personal services income from the same withholding agent	A tax treaty withholding exemption for part or all of both types of income.

图6–5　8233表局部

前边不是说过BEN表是享受税收协定待遇用的，这个8233表怎么也是享受税收协定待遇用的？两者有区别。8233表是纳税人自己填的，附在申报表后面自己报给税务局。BEN表是纳税人填了交给了扣缴义务人，由扣缴义务人留存的。另外8233表的协定待遇比较宽泛，各种各样的协定待遇都列举出来。而BEN表则主要是为了方便扣缴义务人扣缴税款，内容简化了，重点针对FDAP的。对于与扣缴税款无关的信息，并不反映在上面。

中国和美国虽然税制差别巨大，征管方式差别巨大，但是都存在非居民扣缴制度，存在税务局从严解释，付款人多扣税款的现象。解决这些问题的方式稍有不同，在美国是纳税人自己去申报，自己解决，在中国只能再找扣缴义务人一起向税务局去申请。这一点上来说，美国的解决的方法相对会容易一些。中国的做法必须扣缴义务人配合，增加了难度。但是不管在中国还是美国，国际税都是一项很专业的工作，最好借助专业人员，在付款环节避免被多扣税，从源头上解决问题。

扩展阅读9：
跨国查账的正确姿势

一、天下税务局是一家

财务打工人哪个没有经历过查账？但是经历过跨国查账的有没有？

话说某一天某跨国公司中国总部，电梯门"啪"的一下就打开了，五六个西装革履外国人杀气腾腾地鱼贯而出，直奔事先预订的会议室，然后就是要资料，做访谈，还告诉你答话前想清楚了，这可是呈堂证供。对了，这群人是美国证券交易委员会（SEC）派来的。这家公司是美国上市公司在中国的子公司。普天之下，美国上市公司经营到哪里，SEC就稽查到哪里。

税务稽查也有跨境的。中国公司有没有被外国税务局稽查过？这个可以有。但是你要是想象成上面那个场面那你就想多了。如果外国税务局要查你账，不会这么不远万里地自己飞过来，他们会客气地请求中国税务局帮忙。到时候来查账的还是你的主管税务局。主管税务局可能会和你说这是应外国税务局要求来查的，查账结果也要反馈回去。反过来，中国税务局要查外国公司的账，一样可以请外国税务局帮忙。

跨国税务稽查靠信息交换机制实现，这就是应要求的税务信息交换（EOIR）。这个机制下天下税务是一家。不就是查个账吗？还劳动您大老远飞过来？我们替您查了，把结果发您不就得了？

EOIR标准始于双边税收协定。经济合作与发展组织（OECD）在2002年修订了双重税收协定范本，在其中插入一个标题为"信息交换"的第26条。根据该条，缔约国双方主管当局应交换与各自税收相关的信息。尽管税收协定主体内容是针对所得税的，但是第26条信息交换涉及的税种不限于所得税，而是包括缔约国要求一方征收的其他所有税种。第26条还规定，要求一方对收到的信息应予以保密，被要求一方的义务不超出其现有的法律框架，信息要求即使与被要求一方税收无关，被要求一方也应当予以协助。此后，联合国也相应修改了其税收协定范本。联合国范本第26条内容与OECD协定范本基本相同。

二、无规矩无以成方圆

税收协定范本中提出的这些原则，如何实施呢？我们举个例子。中国居民个人王先生在非洲A国投资运营，王先生从A国取得的所得需要在中国申报纳税。假如说中国税务局怀疑王先生从A国取得的所得没有在中国申报纳税，根据中国与A国的税收协定，向A国税务局发起针对王先生海外所得的信息交换申请。根据协定，尽管这个信息交换是为了中国的征税目的，与A国的税收无关，A国税务局还是有义务协助的。但是，A国税务机关可能会说了：我们查了一下，王先生在我国做生意从来不记账，我们不知道他挣了多少。在我们国家，征税靠买方代扣，法律没有要求王先生保存账簿，我们不能超出本国法律规定的范围要他补账，所以抱歉，我们只能帮到这里了。

要做到天下税务是一家，这不是件容易的事。各国的税收制度千差万别，征管方式五花八门，征管能力参差不齐，合作起来有上心也有不上心的。深受跨国逃税之苦的国家就表现积极，而跨国逃税的既得利益国家或地区就消极怠工。但是讲到合作，就得有一个统一标准。有多少国际组织为这个统一标准操碎了心。2009年，国际税收论坛改组为透明度和税务信息交换国际论坛（以下简称"国际论坛"），此后即开始着手细化标准。针对早期EOIR实践中信息未保存或者保存不全、收集不到、交换不到的问题，国际论坛制定了一个《透明度和信息交换监控和评审参考条款》（以下简称《参考条款》）来为信息交换相关工作建立质量标准。该《参考条款》总结了10个要点，归类为3个方面，分别为信息的可得性（A1-A3）、信息获取（B1-B2）、信息交换（C1-C5）。在信息的可得性方面，三个要点分别是：所有权和身份信息（A1）、会计信息（A2）、银行信息（A3）。2016年，基于更新后的OECD税收协定范本第26条，国际论坛利用金融行动工作组（Financial Action Task Force，简称"FATF"）在受益所有人方面的工作成果，在EOIR标准中新增了受益权人信息的要求，并随后付诸实施，纳入了第二轮同行评审范围，《参考条款》也相应进行了加强，增加了受益所有人信息等内容。

三、先进督促后进

有了《参考条款》这个标准，国际论坛就开始进行同行评审。国际论坛秘书处牵头，与若干成员国（主要是发达国家）财税部门派出官员组成评审小组来具体实施这项工作。所谓同行评审，对发达国家来说是交叉检查，对落后分子来说则是虚心接受检查。同行评审从两个层面来进行，第一个是法律和法规层面，第二个则是实施层面。评审组针对《参考条款》中10个要点，从法律法规和实施层面对各国进行打分。得分共四级：合格、大体合格、部分合格、不合格。各项得分最后加权平均得出一个总体评分。

首轮同行评议2010—2016年举行，评审中发现问题真不少。以英属维尔京群岛（BVI）为例，在四个方面都被判定为不合格：

（1）会计信息可得性（A2）方面。BVI法规中没有对合伙企业和信托保存会计记录做出要求；没有对公司、合伙企业和信托的原始凭证做出要求；除了个别金融机构外，大多数情况下没有对会计记录和原始凭证的最低保存年限作出规定。

（2）在信息获取（B1）方面。BVI的政府部门只有权取得以及交换金融机构持有的信息以及与受益所有人相关的信息，其他信息则无权获取。

（3）信息交换机制的有效性（C1）方面。BVI只与21个国家或者地区签订了税务信息交换协议（TIE），其中只有8个实际生效实施。由于BVI境内法对政府权力的限制，TIE协议并不能得到有效实施。

（4）信息交换的及时性（C5）方面。存在应要求回复的信息不全面、不能在90天内回复的信息未能及时更新进展、回复信息前未能核实信息等情况。

主要由于以上缺陷，BVI在2013年被评为整体不合格。除了BVI以外，迄今为止先后被评为整体不合格的国家（地区）还有安圭拉、塞浦路斯、危地马拉、卢森堡、马绍尔群岛、巴拿马、塞舌尔、特立尼达和多巴哥。

这次检查结果总体来说，问题普遍存在，态度普遍良好，改进普遍迅速。具体情况如下：

（1）所有权和身份信息方面。20%的国家（地区）有关所有权和身份信息的法律框架存在重大缺陷。共性的问题是：无记名股票、海外信托、代持。其中以无记名股票为最常见。EOIR标准并不直接禁止无记名股票，但是要求相关国家建立适当的机制以便确认无记名股票持有人的身份。经过评审，40个国家或者地区修改了法律，结果125个国家（地区）中，90%要么不再允许发行无记名股票，要么虽然允许发行但是要求识别其所有权人。经过整改，无记名股票实际上已经记名了。第二轮时还存在无记名股票的国家（地区）降低到3%。

（2）会计信息的可得性方面。2010—2016年第一轮评审中，30个国家得到不满意的评价，占总数的20%，主要是在法律和法规框架上存在严重缺陷。为此，国际论坛提出了200项改进建议。到了第2轮再看，基本上都已经具备了法律框架。

两轮评审下来，银行信息99%的交换要求都能得到满足，所有权信息90%满足，会计记录70%满足。

四、得寸进尺

中国向来看重国际形象，在EOIR方面积极配合。国际论坛对中国的第一轮同行评审于2013年完成，我国各项得分均为合格，总体当然也是合格，第一轮结果堪称完美。不幸的是，第一轮完了还有第二轮，而且标准越来越高。

第二轮同行评审从2017年开始。到2020年9月1日，国际论坛秘书处以及同行评审小组已经完成了对80个国家的第二轮评审并发布了评审报告。其中2020年9月1日发布的这批共9个评审报告中，两个得分下降引人注目，其中之一是中国从合格降为大体合格，另一个是安圭拉从大体合格降为不合格。对中国的评审基于2020年4月30日的法律框架以及对该框架的实际执行情况，涉及2015年10月1日至2018年9月30日收到或者发出的信息交换请求。得分降低不是因为这段期间工作退步了，而是因为第二轮评审中新增了受益所有权信息的要求，标准提高了。

迄今为止，国际论坛在第二轮评审提出的418项改进建议中，164项与受益所有权相关。中国的受益所有人相关法规中以25%的所有权为起点进行识别，25%以下不识别所有权。这对于公司还说得过去，但是对于合伙企业以及信托来说则不合适。因此，国际论坛认为针对合伙企业以及信托的受益所有人识别法规没有跟上新标准的要求。由于这个问题，评审小组对中国在A1和A3两项上均将原先的合格降低为大体合格，影响了总体评分。

刚一达标你就抬高标准，国际论坛你不讲武德啊！国际论坛会说：那也是为了你好，一步到位怕吓着你，分步走你容易接受。这还没有完。两轮评审都没有重点关注银行信息，你知道为啥？因为第二轮过后还会有自动信息交换（AEIO）同行评审，目前已经在进行中了，那个是专门针对银行信息的。

另外在执行层面，第二轮评审期间中国收到了584件信息交换的请求并予以回复，总体上来说对方都表示满意。但是，在沟通的及时性方面存在改进空间。举例说，如果收到一件请求90天内无法回复，要及时向对方说明情况并及时更新进度。中国在这方面做得不够好。另外，国际论坛还指出中国存在专门从事EOIR的人手不足的问题。

针对所有改进建议，国际论坛要求国家税务总局在2021年6月30日之前提交后续应对措施。国家税务总局一向虚心接受国际论坛的批评，一定会增加人手。人多好办事。一方面替外国查账更及时了，另一方面来而不往非礼也，要求外国税务局协助查账的机会更多了。

附　录

附录1　术语索引（中文）

经济合作与发展组织（OECD）

由世界主要发达国家组成的国际组织，总部设在巴黎。

经济合作与发展组织协定范本/OECD协定范本

由OECD发起制定的所得税协定范本，几乎可以说所有的双边税收协定都是以该范本为蓝本制定的。

联合国协定范本

由联合国发起制定的所得税协定范本。联合国范本以OECD范本为基础，但做了一些修改以反映发展中国家的利益。

国际税收协定

指两个或两个以上的主权国家为了协调相互间在处理跨国纳税人征纳事务方面的税收关系，本着对等原则，通过政府间谈判所签订的确定其在国际税收分配关系的具有法律效力的书面协议或条约，也称为国际税收条约。它是国际税收重要的基本内容，是各国解决国与国之间税收权益分配矛盾和冲突的有效工具。

缔约国

指税收协定的缔约方。

主管当局

指由税收协定缔约国指定的负责解决双方发生的税收争端和解释协定的机构。

协定滥用

并非税收协定缔约国任何一方居民的人通过在其中某一缔约国设立管道实体等办法达到利用协定好处的做法。

目的地原则

是指在商品和劳务的最终消费的发生地进行课税，同时对出口货物要扣除增值税，使货物不含税出口，对进口货物足额足率征税，视同国内产品。

预约定价协议

跨国企业和一个或多个税务主管当局就允许企业在今后年度采用的转让定价的方法所达成的协议。

公平交易法（标准、原则或方法）

参照非关联企业间相似交易的作价（或利润）来确定关联企业间转让定价的方法。

公平交易价格

对关联企业间转让货物、劳务和无形资产确定的价格，该价格与非关联企业间按市场机制确定的价格相当。

合并

指允许关联公司，尤指母公司和子公司之间可将所得和亏损加总，因此其一个关联公司的亏损就可以冲抵另一个公司的盈利的规定。

受控外国公司法

从居民股东控制的外国公司取得的间接投资所得和某些其他被操纵的所得须计入居民股东的所得中征税，而不管这些所得分配与否（即消除了延迟纳税）。

关联调整

一国对纳税人采用的转让定价进行调整时要考虑关联纳税人所在国对关联纳税人采用的转让定价所做的相应调整的情况。

费用共担安排

根据合同安排，使用者参与无形资产的开发并分摊开发费用，使用者与开发者对开发产品共同拥有所有权。在美国的税收用语中，这种安排被称为"费用分摊安排"（cost sharing arrangement）。

跨境交易，跨国交易

将会对一个以上的国家的税收产生影响的交易活动。

直接投资

对公司的股本投资。股本投资可以使投资者对公司的经营管理施以实质性的影响。一般所有者权益占公司现有股票50%以上的就肯定是直接投资。在许多国家只要所有者权益达到或超过10%就被认为是直接投资。

居民

指与一个国家发生实质性联系从而在该国应就其来源于全球的所得纳税的人。

非居民

指与一个国家没有实质性联系因此该国不能对其全球所得征税而仅能对其来源于该国的所得征税的人。

非居民企业

指依照外国（地区）法律成立且实际管理机构不在中国境内，但在中国境内设立机构、场所的，或者在中国境内未设立机构、场所，但有来源于中国境内所得的企业。

双重居民纳税人

在某一纳税年度同时具有两国或多国税收居民身份的纳税人。

居民国

外国投资所有人在所得税方面被视为税收居民的国家。

居民管辖权

一种征税原则。根据这种原则一国可对其居民应取得的全部所得，不管来源于何处，进行征税。

常设机构

是一个营业场所，该营业场所是实质存在的、相对固定的、全部或部分的营业活动是通过该营业场所进行的。此概念用于确定税收协定中缔约国一方对缔约国另一方企业营业利润产生的所得税的征税权，缔约国一方不得对缔约国另一方企业的利润征税，除非该企业通过其设在该缔约国一方的常设机构进行营业。

注册地标准

以公司的组建地作为确定公司是某国税收居民的判定规则。

管理地标准

以公司被控制或管理的地点（通常是董事会开会并对公司事务进行控制的地方）作为确定公司是某国税收居民的判定规则。

积极所得

通常是指真正的商业经营行为所得，要求所得者真正参与产生该所得的活动当中，进行经营，承担风险。主要表现为非居民企业在收入来源国通过设立机构、场所从事经营活动而取得的所得，具体包括承包工程作业所得和提供劳务所得。

消极所得

又称被动所得、消极投资所得，是不需要通过参与真实营业活动获得的所得。这类所得通常包括股息、利息、租金、特许权使用费、资本利得等。

可归属所得

受控外国公司并非由于合理的经营需要而对利润不作分配或者减少分配的，上述利润中应归属于居民企业的部分，应当计入该居民企业的当期收入。受控外国企业利润中应归属于居民企业的部分，称为可归属所得。

来源国

外国投资所在地或所得发生地国家。

来源地管辖权

一种征税原则。根据该原则，一个国家对居民和非居民都仅就其发生在该国的经济活动所取得的所得征税。

国际双重征税

两个或两个以上国家在同一纳税年度对同一所得征税的现象。

非歧视，无差别

一种普遍接受的观念，即每个国家对非居民、外国人和外国投资的国内公司征税的方法在相同的条件下都应与对本国居民、国民或内资企业的征税方法相同或功能上相似。

最惠国待遇

一国给予另一国的居民或国民的待遇不得低于其给予其他国家的居民或国民的待遇（但不包括其本国居民或国民）。

国民待遇

一国给予非居民或外国人的待遇的优惠程度不得低于其给予本国居民或国民的待遇。

国家间公平

即要求资本输出国和资本输入国能公平地分享对跨国所得征税所取得的税收。

预提税

由来源国对股息、特许权使用费、利息或其他由居民支付给非居民的款项就其全额以比例税率征收的税。预提税由支付该款项的居民代征代缴。

抵免法

一国居民在国外被征收的税款可以从该居民相应的外国所得在本国所负担的税额中扣除，以消除双重征税的方法。

税收抵免

是对纳税人来源于国内外的全部所得或财产课征所得税时允许以其在国外缴纳的所得税或财产税税款抵免应纳税款的一种税收优惠方式，是解决国际所得或财产重复课税的一种措施。

直接抵免

指企业直接作为纳税人就其境外所得在境外缴纳的所得税额在我国应纳税额中抵免。直接抵免主要适用于企业就来源于境外的营业利润所得在境外所缴纳的企业所得税，以及就来源于或发生于境外的股息、红利等权益性投资所得、利息、租金、特许权使用费、财产转让等所得在境外被源泉扣缴的预提所得税。

间接抵免

指境外企业就分配股息前的利润缴纳的外国所得税额中由我国居民企业就该项分得的股息性质的所得间接负担的部分，在我国的应纳税额中抵免。

税收饶让

指居住国政府对其居民在国外得到减免税优惠的那一部分，视同已经缴纳，同样给予税收抵免待遇不再按居住国税法规定的税率予以补征。税收饶让是配合抵免方法的一种特殊方式，是税收抵免内容的附加。它是在抵免方法的规定基础上，为贯彻某种经济政策而采取的优惠措施。税收饶让这种优惠措施的实行，通常需要通过签订双边税收协定的方式予以确定。目前税收饶让抵免的方式主要有差额饶让抵免和定率饶让抵免两种。

扣除法

一国居民在国外被征收的税款在计算本国应纳税所得额时可以不予计入，以消除双重征税的方法。

延迟纳税

指通过设立外国公司进行外国投资取得的利润，允许在汇回投资者的居民国时才征税的做法。

实体征税法

一种实施受控外国公司法的方法。根据这种方法，受控外国公司的所得全部对居民股东征税或全部免除。

免税法

居民取得的来源于国外的所得可以部分或全部免除国内的税收。

间接外国税收抵免额

国内纳税人从外国公司取得的股息在计算国内税收时可以扣除的一笔税额。该税额等于外国公司在国外已支付的与该股息相对应的那部分分配利润所承担的公司所得税。

外国关联公司

指由纳税人通过直接或间接投资在其中拥有实质性权益的外国公司，实质性权益通常指拥有股权达到10%或以上。

外国税收抵免

来源于国外的所得在国外已缴纳的税收可以从该所得应缴纳的国内税收中扣除的规定。

入境交易

指由非居民向一国投入资金或其他资源的问题。

出境交易

指由一国居民在国外进行的投资或投入其他资源的行为。

间接转让中国应税财产

指非居民企业通过转让直接或间接持有中国应税财产的境外企业（不含境外注册中国居民企业，以下称境外企业）股权及其他类似权益（以下称股权），产生与直接转让中国应税财产相同或相近实质结果的交易，包括非居民企业重组引起境外企业股东发生变化的情形。

境外注册中资控股企业

指由中国内地企业或者企业集团作为主要控股投资者，在中国内地以外国家或地区（含香港、澳门、台湾）注册成立的企业。

境外中资控股居民企业

指因实际管理机构在中国境内而被认定为中国居民企业的境外注册中资控股企业。

母公司

对另一公司即子公司进行控制的公司。

子公司

直接被另一个公司（母公司）控制的公司。子公司的居民国与母公司的居民国不是同一个国家，则该子公司即是外国子公司。

受控外国企业

是由居民企业，或者由居民企业和中国居民控制的设立在实际税负明显低于企业所得税法中规定25%税率的50%（即实际税负为12.5%）水平的国家（地区）的企业。

离岸或外国投资基金

在国外成立的一种信托团体或互助基金会，专门从事股票、债券和其他投资性资产的间接性投资活动，这种投资基金会经常设在避税港地区。

参股免税

一种税收制度，它规定如果一居民公司至少拥有一外国公司某一最低比例的股份资本，则居民国可以不再对该居民公司从该外国公司取得的股息所得征税。

间接投资，证券投资，组合投资

一种股本或债务的投资。这种投资未使投资人对被投资公司产生实质性的影响。一般股份资本拥有量在公司现有股份中低于10%即为间接投资。

利润分割法

跨国企业根据其成员公司各自对整个企业盈利的贡献大小来划分利润归属的方法。

避税

通过合法的途径延迟、规避或减少纳税。

逃税

通过非法的手段少缴税，通常都要采用虚报、瞒报和故意欺骗的做法。

避税港

对所得（或某些形式的所得）或实体（或某些形式的实体）征低税或不征税的国家。

税收鼓励或优惠

是税收减免、税收抵扣、降低税率以及其他各种旨在吸引外资或影响经济行为的税收减让措施的通称。

税收饶让

由于税收优惠鼓励措施或定期减免税而被外国放弃征收的税，允许纳税人用作外国税收抵免额。

资本弱化

指企业和企业的投资者为了最大化自身利益或其他目的，在融资和投资方式的选择上，降低股本的比重，提高贷款的比重而造成的企业负债与所有者权益的比率超过一定限额的现象。在税务上，可以利用资本弱化，增加关联借款，减少投资的方式，从而在企业所得税税前获得更多的贷款利息扣除以减少企业所得税。

资本弱化规则

对负债/股本比过高的公司分配给非居民股东的利息的税前列支加以限制的规定。

加比法

为适用税收协定对具有双重身份的纳税人进行判定，将其确定为一国的税收居民的规则。

交易净利润法

一种确定关联企业间转让定价的方法。通常根据从事相似业务活动的关联成员赢取的利润和某些经济指标如投资资本或毛收入的比例来确定。

转让定价税制

关联成员间转让财产或劳务所作的价格如果不同于相同的转让发生在非关联方之间所作的价格，该税制规定要做调整。

非独立代理人

是税收协定中的一个概念。缔约国一方企业通过代理人在另一方进行活动，如果代理人有权并经常行使这种权利以该企业的名义签订合同,则该企业在缔约国另一方构成常设机构。这类因其活动使一方企业在另一方构成常设机构的代理人,通常被称为"非独立代理人"。"非独立代理人"可以是个人,也可以是办事处、公司或其他任何形式的组织,不一定被企业正式授予代表权,也不一定是企业的雇员或部门。此外,非独立代理人不一定是代理活动所在国家的居民,也不一定在该国拥有营业场所。

独立代理人

缔约国一方企业通过代理人在缔约国另一方进行营业时,如果该代理人是专门从事代理业务的,则不应因此视其代理的企业在缔约国另一方构成常设机构。这类专门从事代理业务的代理人一般称作独立代理人,其不仅为某一个企业代理业务,也为其他企业提供代理服务。经纪人、中间商等一般佣金代理人等属于独立代理人。

实际联系原则

指只就与常设机构有实际联系的所得进行征税的原则,亦称"归属原则"。只有那些非居民通过常设机构的活动实现的营业利润,以及与常设机构的活动有关的其他所得,可归属于该常设机构利润的范围,由收入来源国课税。依据这一原则,非居民企业未通过常设机构而取得的营业利润和与常设机构并无实际联系的其他所得,应排除在常设机构的利润范围之外。

引力原则

是常设机构所在国确定跨国营业所得应税范围所遵循的原则之一,指常设机构所在国不仅对通过常设机构取得所得要征税,对虽没有直接通过常设机构,但经营业务与常设机构经营相同或相类似所获得的所得,也要纳入该常设机构的征税范围,由其行使地域管辖权征税。

受益所有人

是指对所得或所得据以产生的权利或财产具有所有权和支配权的人。"受益所有人"一般从事实质性的经营活动,可以是个人、公司或其他任何团体。代理人、导管公司等不属于"受益所有人"。受益所有人通常用于判定非居民纳税人是否可以享受税收协定中的股息、利息、特许权使用费和技术使用费中的协定优惠待遇。

特许权使用费

是指使用或有权使用文学、艺术或科学著作,包括电影影片,无线电或电视广播使用的胶片、磁带的版权,专利、商标、设计、模型、图纸、秘密配方或秘密程序所支付的作为报酬的各种款项,在部分税收协定中也包括使用或有权使用工业、商业、科学设备或有关工业、商业、科学经验的情报所支付的作为报酬的各种款项。

专有技术

指为直接或在同等条件下进行某项产品或加工工业复制的需要所获取的所有未泄露的技术情报，无论其是否取得专利；并且由于专有技术是从经验中获得的，制造商仅从对产品的检验和对技术工序的了解是掌握不了的。

文学、艺术和科学作品

包括以下列形式创作的文学、艺术和自然科学、社会科学、工程技术等作品：文学作品；口述作品；音乐、戏剧、曲艺、舞蹈、杂技艺术作品；美术、建筑作品；摄影作品；电影作品和以类似摄制电影的方法创作的作品；工程设计图、产品设计图、地图、示意图等图形作品和模型作品；计算机软件；法律、行政法规规定的其他作品。

著作权

指对文学、艺术和自然科学、社会科学、工程技术等作品拥有的发表权、署名权、修改权、保护作品完整权、复制权、发行权、出租权、展览权、表演权、放映权、广播权、信息网络传播权、摄制权、改编权、翻译权、汇编权和应当由著作权人享有的其他人身和财产权利。

软件著作权

指软件著作权人享有的发表权、署名权、修改权、复制权、发行权、出租权、信息网络传播权、翻译权和应当由软件著作权人享有的其他权利。

程租

是指远洋运输企业为租船人完成某一特定航次任务并收取租赁费的业务。

期租

是指远洋运输企业将配备有操作人员的船舶承租给他人使用一定期限，承租期内听候承租方调遣，不论是否经营，均按天向承租方收取租赁费，发生的固定费用均由船东负担的业务。

光租

是指远洋运输企业将船舶在约定的时间内出租给他人使用，不配备操作人员，不承担运输过程中发生的各项费用，只收取固定租赁费的业务活动。

干租

是指航空运输企业将飞机在约定的时间内出租给他人使用，不配备机组人员，不承担运输过程中发生的各项费用，只收取固定租赁费的业务活动。

湿租

是指航空运输企业将配备有机组人员的飞机承租给他人使用一定期限，承租期内听候承租方调遣，不论是否经营，均按一定标准向承租方收取租赁费，发生的固定费用均由承租方承担的业务。

电子商务

通过因特网进行的商务活动。Electronic commerce 也可简写成 e-commerce。

《增值税指南》

即 OECD 为协调增值税管辖权而制定，并于2017年4月12日公布的《国际增值税/货物劳务税指南》。

《增值税指令》

即欧盟理事会第2006/112/EC号指令，与其实施条例，即欧盟理事会实施条例第282/2011号一起构成欧盟增值税共同体系的基础。

附录2　英文缩略语列表（英文排序）

英文缩略词	英文全称	中文全称
BEPS	Base erosion and profit shifting	税基侵蚀与利润转移
B2B	Business-to-business	企业对企业
B2C	Business-to-consumer	企业对消费者
BvD	Bureau van Dijk	毕威迪
C2C	Consumer-to-consumer	消费者对消费者
CbC	Country-by-Country	国别
CbCR	Country-by-Country Reporting	分国别报告
CCA	Cost contribution arrangement	成本贡献协议
CFC	Controlled foreign company	受控外国公司
CIT	Corporate income tax	企业所得税
CRO	Contract research organization	合约研发公司
CRS	Common Reporting Standard（Standard for Automatic Exchange of Financial Account Information in Tax Matters）	统一报告标准（金融账户涉税信息自动交换标准）
CTJ	Citizens for Tax Justice	公民税收正义组织
CUP	Comparable uncontrolled price	可比非受控价格法

续表

英文缩略词	英文全称	中文全称
DOTAS	Disclosure of Tax Avoidance Schemes（UK Legislation）	避税筹划安排披露（英国立法）
DTC	Double tax convention	双边税收协议
EBIT	Earnings before interest and taxes	息税前利润
EBITDA	Earnings before interest, taxes, depreciation and amortisation	息税折旧摊销利润
ECJ	European Court of Justice	欧洲法院
EU	European Union	欧洲联盟
FDI	Foreign direct investment	外商直接投资
FTA	Forum on Tax Administration	税务管理论坛（税收征管论坛）
G20	Group of twenty	二十国集团
GAAP	Generally Accepted Accounting Practice	公认会计准则
GAAR	General Anti-Avoidance Rule	一般反避税规则
GDP	Gross domestic product	国内生产总值
HMRC	Her Majesty's Revenue and Customs	英国税务海关总署
HTVI	Hard-to-value intangibles	难以估值的无形资产
IaaS	Infrastructure as a service	基础设施作为服务
IFRS	International Financial Reporting Standards	国际财务报告准则
IMF	International Monetary Fund	国际货币基金组织
IP	Internet Protocol	互联网协议
IP	Intellectual Property	知识产权
IRC	Internal Revenue Code（United States）	国内税收法典（美国）
IRS	Internal Revenue Service	美国国税务局
IT	Information technology	信息技术
JITSIC	Joint International Tax Shelter Information and Collaboration Network	国际联合反避税信息中心
LOB	Limitation-on-benefits	利益限制
MAP	Mutual agreement procedure	相互协商程序
MCAA	Multilateral competent authority agreement	多边主管税务机关协议
MNC	Multinational corporation	跨国公司
MNE	Multinational enterprise	跨国企业

续表

英文缩略词	英文全称	中文全称
NGO	Non-government organisation	非政府组织
OECD	Organisation foe Economic Co-operation and Development	经济技术合作与发展组织
PE	Permanent establishment	常设机构
PPT	Principal purpose test	主要目的测试
R&D	Research and Development	研究与开发
SAAR	Specific anti-avoidance rules	特别反避税规则
SEC	Securities and Exchange Commission	美国证券交易委员会
SME	Small and medium enterprise	中小企业
SPE	Special purpose entity	特殊目的公司
TFEU	Treaty on the Functioning of the European Union	欧洲联盟运作条约
TICA	Tax information exchange agreement	税收信息交换协议
TNMM	Transaction net margin method	交易净利润法
TOI	Transaction of Interest	关注交易
UK	United Kingdom	英国
UN	United Nations	联合国
US	United States	美国
VAT	Value added tax	增值税/货物和劳务税
VAT/GST	Value added tax/Goods and services tax	增值税/货物和劳务税
WACC	Weighted average cost of capital	加权平均资本成本
WHT	Withholding tax	预提所得税
WP6	Working party No.6 on the Taxation of Multinational Enterprises	第六工作组
WT	withholding tax	预提税
WTO	World Trade Organization	世界贸易组织

后记：前浪后浪，驯服了彼得定律就是冲浪

开始工作那年我淘到了一本《彼得定律》。这本书说，所有层级组织都逃脱不了失败的命运，因为做得好的员工都会晋升，一直到不胜任为止，因此所有人最终都会进入无能级，长此以往，所有的职位上都是不胜任的人在做。这本书看完我付之一笑，将信将疑。转眼30年过去了，每遇到迷惘之时，都会想到彼得定律，怀疑这就是自己的无能级。

迄今为止我的职业生涯经历过三个阶段，大致是10年税务局，10年打工（包括"四大"和外企），10年创业。在税务局这10年，税务政策背得烂熟，觉得自己很牛。跳槽到了"四大"，才发现这些远远不够，面对海关、社保、外汇、金融、公司法这些东西还是个小白。等到了外企，又觉得"四大"简直是个象牙塔，税务筹划方案如果脱离企业的内部外部环境会寸步难行。再往后，头上顶着全球500强顶尖跨国公司前税务总监的耀眼光环去创业，当时信心满满。2011年给一个大名鼎鼎的互联网企业去做培训，客户想听VIE，我不知道VIE是什么。看到客户友好但难掩失望的眼神，我的心理受到沉重一击。这时候我才深刻体会到了《彼得定律》的真正含义，层级组织让人眼光向内，重复自己熟悉的事情，限制了能力发展和自我成长，也限制了组织的创新和成长。

打破彼得定律的唯一途径是学习，冲破层级组织束缚的学习。2013年，我建立了"税智俱乐部"这个学习平台。税智俱乐部大咖云集，有境内外专家学者、税收政策制定者、税务咨询师、企业财务税务总监，是个开放型的平台。税智俱乐部围绕国际税收主题每月一期会议，通过专题演讲和自由讨论，分享各自的视角、见解和经验。2013年恰逢提出"一带一路"倡议，不知不觉之间国际税收"走出去"的东风已经悄然来临。税智俱乐部放眼世界，不时邀请千里而来的大咖分享境外的税收动态，我也选定了

这个方向进行学习和突破。

一边学习，一边实践，一边总结。"走出去"税收体系逐渐明朗。一方面，"走出去"企业在境外交了很多"学费"，税务风险管理方面亟须加强，而外资企业有上百年的经验，现成的一套体系可以拿来用。另一方面是税务筹划。税务筹划要做到全面、系统，切忌零敲碎打，中国企业走出国门如果还靠一两个点子打天下，那是要吃大亏的。通过向大咖学习和实践操作，一个涵盖架构、功能、资产、交易、转让定价的税务筹划体系逐渐形成，《"走出去"企业税务指南》这本书于2017年8月面世。这本书面向"走出去"企业的财务税务经理，梳理了"走出去"企业税务知识体系，系统总结了税务风险管理和税务筹划框架，并通过近百个案例进行阐释。在系统性方面，这本书开创了"走出去"企业税收的先河，至今仍然未被超越。

框架搭起来了，学习永无止境。如今信息铺天盖地，学习更多体现为整合知识。境外各国税制千头万绪，BEPS和数字税收一日千里。学习要抓住一个脉络，这就是通过国际税收协定把握所得税，通过OECD的增值税指南把握间接税，通过WTO规则把握进出口税。抓住这个脉络，大千世界尽收眼底。

很多人都怕水，表现有两种：一种是躲开，离水越远越好，这种人都是悲观主义者；另一种人是乐观主义者，觉得躲得过初一躲不过十五，还不如尽早投身水中学会游泳。对待彼得定律，悲观主义者会选择停在舒适区内，乐观主义者则选择面对恐惧，跨入未知领域，然后倒逼自己去学习，驯服彼得定律。我是乐观主义者，我选择了后者。

学游泳不是没有风险的，呛几口水那是小意思，还有可能发现自己选错了水面，下面水草横生，或者鲨鱼横行，所以时刻在纠错或者在准备纠错。但这就是生活，选择对抗彼得定律的人都是间歇性地踌躇满志，持续性地自我怀疑。

2020年的五四青年节，一个热词"前浪"扑面而来，引爆了很多中老年人的危机感。我觉得前浪后浪只是表象，彼得定律才是深层动力。前浪都是被彼得定律打败的，不是被后浪拍死的。前浪后浪早晚都会冲到沙滩上，这时候你或者怨天尤人，哀叹身为前浪的不幸然后化为泡沫消失在空气中；或者就地趴下，悄悄流回大海融入后浪卷土重来。你如何选择，体现了你与彼得定律如何相处。至于你是20岁还是50岁，这个关系倒不大。

觉得后浪是威胁的，一定是先被彼得定律打败了。驯服了彼得定律，前浪后浪都是冲浪。回首风起云涌的近30年，1992年邓小平南方谈话，中国"入世"，"一带一路"，这三个大事件各自成就了我的事业的三个阶段，时代的潮头不止一次将我冲到沙滩上，同时又给了我多次机会去冲浪。

在层级组织中对抗彼得定律，前浪自己跳出舒适圈还不够，还要鼓（逼）励（迫）

后浪跳出舒适区。我对团队的要求是："自己会做的让别人去做，自己不会做的学着做"。我称为"反彼得定律"。带团队就要让工作变得有趣。一份工作如果只是重复，让自己做到想吐，让团队做到想吐，那就是失败。学校让学生厌学，老板让员工无聊，都是大失败。帮助后浪驯服彼得定律才算得上成功。

要么打败彼得定律，要么被它打败。舒适圈外有另一番乐趣。趁着假期为每周一更的微信公众号积攒几篇文章，写着写着就想起了《论语》中的那句话："发愤忘食，乐以忘忧，不知老之将至。"《论语》是孔夫子当年的"微信公众号"，那么我就以转载孔夫子的这句话来收束本文，与所有的前浪后浪们共勉。

赵卫刚

2023年8月

反侵权盗版声明

中国财政经济出版社依法对本作品享有专有出版权。任何未经权利人书面许可，复制、销售或通过信息网络传播本作品的行为，歪曲、篡改、剽窃本作品的行为，均违反《中华人民共和国著作权法》，其行为人应承担相应的民事责任和行政责任，构成犯罪的，将被依法追究刑事责任。

为了维护市场秩序，保护权利人的合法权益，我社将依法查处和打击侵权盗版的单位和个人。欢迎社会各界人士积极举报侵权盗版行为，本社将奖励举报有功人员，并保证举报人的信息不被泄露。

举报电话：（010）88190744
　　　　　（010）88191661
QQ：2242791300
通信地址：北京市海淀区阜成路甲28号新知大厦
　　　　　中国财政经济出版社总编室
邮　　编：100142